CONSUMER BEHAVIOR
BUILDING MARKETING STRATEGY
13th Edition

消费者行为学

（原书第13版）

[美] **戴维 L. 马瑟斯博**（David L. Mothersbaugh） **德尔 I. 霍金斯**（Del I. Hawkins） 著
亚拉巴马大学   俄勒冈大学

陈荣 许销冰 译

机械工业出版社
CHINA MACHINE PRESS

图书在版编目（CIP）数据

消费者行为学（原书第13版）/（美）戴维 L. 马瑟斯博（David L. Mothersbaugh），（美）德尔 I. 霍金斯（Del I. Hawkins）著；陈荣，许销冰译 . —北京：机械工业出版社，2018.4（2025.3重印）

（华章教材经典译丛）

书名原文：Consumer Behavior：Building Marketing Strategy（13th Edition）

ISBN 978-7-111-59444-4

I. 消… II. ① 戴… ② 德… ③ 陈… ④ 许… III. 消费者行为论 – 教材 IV. F713.55

中国版本图书馆 CIP 数据核字（2018）第 049548 号

北京市版权局著作权合同登记　图字：01-2018-1198 号。

David L. Mothersbaugh, Del I. Hawkins. Consumer Behavior：Building Marketing Strategy.13th Edition.

ISBN 978-1-259-23254-1

Copyright © 2016 by McGraw-Hill Education.

All Rights reserved. No part of this publication may be reproduced or transmitted in any form or by any means, electronic or mechanical, including without limitation photocopying, recording, taping, or any database, information or retrieval system, without the prior written permission of the publisher.

This authorized Chinese translation edition is jointly published by McGraw-Hill Education and China Machine Press. This edition is authorized for sale in the Chinese mainland (excluding Hong Kong SAR, Macao SAR and Taiwan).

Copyright © 2018 by McGraw-Hill Education and China Machine Press.

版权所有。未经出版人事先书面许可，对本出版物的任何部分不得以任何方式或途径复制或传播，包括但不限于复印、录制、录音，或通过任何数据库、信息或可检索的系统。

本授权中文简体字翻译版由麦格劳 - 希尔教育出版公司和机械工业出版社合作出版。此版本经授权仅限在中国大陆地区（不包括香港、澳门特别行政区及台湾地区）销售。

版权 © 2018 由麦格劳 - 希尔教育出版公司与机械工业出版社所有。

本书封面贴有 McGraw-Hill Education 公司防伪标签，无标签者不得销售。

国际营销学界的两位大师联手，造就了非常经典的《消费者行为学》第 13 版。它系统介绍了在当今市场变动下，消费者行为的新特点和新趋势，用生动具体的营销案例和专栏拓展了消费者行为的视野。本书根据消费者行为总体模型组织各章内容，结构严谨，布局得当，解析精到，案例多彩。新版更是吸收了与互联网技术相关的最新研究成果，极具指导性和前瞻性。

出版发行：机械工业出版社（北京市西城区百万庄大街 22 号　邮政编码：100037）
责任编辑：程天祥　　　　　　　　　　　　　　　　　责任校对：殷　虹
印　　刷：北京机工印刷厂有限公司　　　　　　　　　版　　次：2025 年 3 月第 1 版第 11 次印刷
开　　本：214mm×275mm　1/16　　　　　　　　　　印　　张：32.5
书　　号：ISBN 978-7-111-59444-4　　　　　　　　　定　　价：109.00 元

客服电话：(010) 88361066　68326294

**版权所有・侵权必究
封底无防伪标均为盗版**

Preface 译者序

由戴维 L. 马瑟斯博教授和德尔 I. 霍金斯教授合著的《消费者行为学》于 2016 年迎来了更新的第 13 版。自 1980 年第 1 版问世以来，该书即成为全球众多高校商学院"消费者行为学"课程的教材，很多相关专业的学生从这部教材中获益良多。本书也是最早被引入国内的消费者行为学教材之一，北京大学的符国群教授于 2000 年首次将该书的第 7 版翻译成中文，此后又陆续组织了第 8 版、第 10 版和第 12 版的翻译工作，为该书在国内的广泛使用和学科知识传播做出了极大的贡献。在此基础上，希望我们翻译的第 13 版能够继续发挥"传播知识、启迪思想"的作用，对更多立志从事营销学相关研究的研究人员或营销实践者们有所帮助。

第 13 版总体上保持了该书一贯的组织结构和内容特色。在结构上，从影响消费者行为的外部和内部因素出发，再到消费者的决策过程，最后描述组织购买行为，逻辑合理，结构清晰。在内容特色上，开篇引言激发读者兴趣，"消费者洞察"深入分析营销问题，讨论题鼓励读者运用批判性思维，设置精巧，特色鲜明。

第 13 版也做了较多的修正和更新。开篇引言强化消费行为和企业营销战略的关联，突出了消费行为对企业战略制定的重要性；正文部分与现实趋势结合更为紧密，突出了新技术背景下的营销实践以及种族多元化融合和交流的趋势；案例部分更多采纳了时下热门的移动互联网、社交媒体等最新研究成果。此外，内容的编排也更为生动，使用了网页、包装、平面广告等多种元素。

在第 12 版的基础上，我们翻译了新增的内容。中文第 12 版为我们这一版的翻译提供了非常好的参考和指导，这要感谢符国群老师和前面各版本的翻译者们。同前面各版本一样，本版的翻译也是在团队的共同努力下完成的。除了两位主要译者外，以下翻译成员也承担了相应章节的基础翻译工作：第 1~5 章为时元皓、张紫琪、黄佳宁、张晶燕、李晨洋；第 6~11 章为赵妍、曹燚、王淼、王晨蕾、王馨瑶、王嘉欣；第 12~20 章为李响、石沛艳、石泉、范卓怡、谷钰、杨秋宁、冯佳安；各部分案例及附录为蓝丕楼、马正轩、廖爽、苗锦、孙嘉木；本书的电子课件为范卓怡。陈荣、许销冰负责本书的统稿并对全稿做最后的审核修改。在翻译过程中，机械工业出版社给予了热情的鼓励和多方面的支持。翻译团队的每位成员都做得非常细致认真，成员内部及时沟通推敲翻译中的难点，在此致以真诚的感谢！

消费者行为学的翻译是一项比较艰难的工作，翻译过程中经常遇到其他各学科的知识、专有表达等，翻译中肯定存在不少问题，希望各位专家、读者指正。

陈荣　许销冰
2018 年 1 月 30 日

前 言 Preface

市场营销力图影响消费者的行为方式。无论是对施加这种影响的组织、受到影响的个人还是整个社会，这种影响都具有重要的意义。我们都是消费者，也是社会成员，因此消费者行为以及试图影响它的尝试，对我们都是至关重要的。本书旨在理解消费者行为，这种理解有助于我们成为更好的消费者、更好的营销人员和更好的社会公民。

市场营销职业与消费者行为

本书的主要目的是从管理与运用的角度帮助学生理解消费者行为。大多数学习消费者行为课程的学生希望从事市场营销、销售或广告职业，他们希望获取对其职业有用的知识与技能。不幸的是，有些学生可能希望获取入门会计学课程所提供的那类知识；换句话说，他们寻求的是相对稳定、放之四海而皆准的规则，以便为其所面临的各种问题找到绝对正确的答案。对这些学生而言，在面对不断变化、难以预料且固执己见的活生生的消费者所带来的不确定性时，确实会感到沮丧。然而，如果他们能够接受和面对这种无穷无尽的不确定性，就会觉得运用消费者行为知识来制定营销策略极富刺激性且趣味盎然。

运用消费者行为知识制定营销策略是一门艺术。当然，这并不意味着科学的原理和方法就失去了用武之地，而是指这些原理成功运用于具体情境时需要人的判断，而我们不能用一套固定的规则来进行这种判断。

我们先来讨论一下营销与艺术的类似性。假设你想成为艺术家，就会先学习如何融会各种不同颜色、透视法等，以获得良好视觉效果的公认原理；然后，你会在实践中对其加以运用，逐步提高绘画能力。如果你具有某种天赋，又幸遇良师，并选择了合适的发展方向，你甚至可能创造出艺术杰作。希望成为营销经理、销售人员或广告经理的人也应当采取同样的方法，他们应先对影响消费者行为的各种不同因素或原理进行全面的学习研究，然后在实践中运用这些原理，制定出"可以接受"的营销策略。虽然知识和实践的结合通常能产生"过得去"的策略，但卓越的营销策略，就像艺术杰作，需要特别的天赋、勤奋、时机，甚至某种程度的运气（想象蒙娜丽莎不想做绘画的模特，情况会怎样呢）。

与艺术的类比之所以有益，还有另一层原因。我们所有人，无论是教师还是学生，都会问这样的问题："如何运用诸如社会阶层之类的概念制订成功的营销策略？"这与画家问"如何用蓝色创造一幅杰作"并没有两样。很明显，仅仅靠蓝色本身不可能创造出伟大的艺术品，要创造出上乘之作，画家必须了解何时和如何使蓝色与其他颜色进行有机搭配。同样的道理，营销经理要制定出成功的营销策略，必须了解何时以及如何将社会阶层的知识与其他方面的知识融为一体。

本书基于如下信念：有关消费者行为影响因素的知识和实践能够用来制定正确的营销策略。因此，我们试图做三个方面的事情。

第一，对有助于理解消费者行为的各种概念和理论予以较详尽和全面的描述，一般在每章或每章主要内容的开头部分进行介绍。我们认为，只有对某个概念形成透彻的理解，才可能在不同的情形下自如地运用这一概念。

第二，我们对制定营销策略时如何运用这些概念进行举例说明。我们也试图明确，这些实例并非告诉你"如何运用这一概念"，而是向你呈现"某个面临特定营销情境的组织是如何运用这一概念的"。

第三，在每章和每一主要部分的结尾，我们提供了一些要求学生运用这些概念予以分析的问题、活动与案例。

消费与消费者行为

本书的作者和每一位读者都是消费者。我们大多数人用于购买和消费的时间要多于工作或睡眠的时间。我们消费汽车、燃料等产品，也消费理发、房屋维修等服务，还消费电视、音乐会等娱乐产品。既然在消费上花费这么多的时间和精力，我们就应当致力于成为精明的消费者。了解消费者行为有助于提高我们的能力，使我们成为更明智的消费者。

营销人员不惜花费数以十亿计的美元，试图影响我们消费什么、何时何地以及如何消费。他们不仅试图影响我们的行为，而且斥巨资研究我们的行为。掌握了一定的消费者行为知识，同时也了解了营销人员如何运用这些知识，我们就能反过来研究营销人员。我们在观看喜爱的节目时，经常会受到电视广告的干扰，虽然这很令人心烦，然而也是极好的机会，使我们有机会揣测广告的目标、目标受众以及隐含的行为假设。既然广告无处不在，了解其试图如何影响我们及周围的其他人，对理解我们生活的环境无疑极为必要。

本书的各部分都提供了描述具体营销活动目标的各种实例。通过研究这些实例及其蕴含的原理，我们能够培养出甄别日常生活中遇到的各种营销活动的潜在逻辑的能力。

社会责任与消费者行为

对营销儿童食品的管制，其成本和收益如何？为了更好地保护儿童或成人的在线隐私，是否需要采取进一步的措施？联邦政府授权的香烟警告标签使用哪种类型和尺寸更合适？在行业领导者和消费者权益保护组织当中，这些问题饱受争议。作为受过良好教育的社会成员，我们有责任参与这些讨论，并提出积极的解决方案。而对这些问题发表有见解的看法，要求对诸如广告信息处理之类的因素有深入了解，这本身也是了解消费者行为非常重要的一个方面。

上面描述的争论，仅仅是需要掌握消费者行为知识的众多方面之一。在本书里，我们将提供一系列与此有关的论题，目的是培养将消费者行为知识运用到商业、个人和社会与政府管理事务中去的能力。

第13版的特色

如同世界的其他方面一样，市场营销和消费者行为的发展非常迅速。无论是消费者行为方式，还是研究这些行为的实践，都将继续演化。为了跟上环境变化的步伐，第13版容纳了许多重要特征。

互联网、移动营销和社交媒体

互联网、移动营销和社交媒体极大地改变了消费者购物和购买的方式，本书及所附的案例中融入了大量与技术相关的最新研究、实践和实例。

全球营销

以前的版本包含大量的全球化材料，这一版也不例外。绝大多数章节都包含多个全球化案例。并且，第2章和书中的一些案例专门讨论全球化问题。

种族亚文化

我们在这一版本中继续强调围绕民族亚文化的营销存在的问题。种族多样性正在强化，我们利用最新的研究和趋势来阐明这一重要议题。

战略应用

在这一版，我们依然强调消费者行为的概念和理论在令人兴奋的市场问题及重要的新兴趋势中的应用。这具体表现为我们对市场细分方案、开篇引言、深具特色的消费者洞察还有案例的高度重视。这个版本包含许多细分方案，提供对营销战略发展的见解。文中的示例和消费者洞察通过展示特定公司如何利用各种消费者行为概念来制定有效的营销策略，提供了额外的具有战略意义的深刻见解。最后，案例部分提供了将消费者行为概念应用于现实问题的机会。

篇章特色

每一章都各有其特点，旨在提高学生对内容的理解，使学习更加有趣。

学习目标

我们致力于使本书成为宝贵的学习和教学资源。我们相信学习目标于学生和教师双方都有益。每一章都从一系列学习目标开始，这些学习目标与主要学习成果结合起来，贯穿于各章和其他学习及教学资源中。

- 章节末尾的小结围绕学习目标组织内容，使其更清晰。
- 学生的测试内容紧紧围绕这些学习目标。

开篇引言

每一章都从一个引言开始介绍本章的内容。这些例子涉及企业、政府部门或非营利组织使用或误用消费者行为原则的情况。许多开篇引言是第13版的新内容。

插图

书中的图片涵盖了平面广告、网页、故事板、购买点陈列和包装等。每一个都与文章内容直接相关，包括对每一个插图的文本引用和描述性注释。我们在第13版更新的这些插图，在文中提供了生动的例子、概念的应用以及理论的展现。

对伦理与社会问题的综合涵盖

当营销者将消费者行为知识运用于营销实践时，他们会遇到各种各样的伦理问题。本书对此花了相当的篇幅进行讨论。第20章还专门论述与营销实践相关的社会和法规问题。书中有些案例，包括第VI部分的所有案例，都与伦理和法规问题有关。

消费者洞察

"消费者洞察"以专栏形式出现在每一章里，深入分析研究某一特别有趣的消费者问题或营销实践，并附有一些讨论题以鼓励学生进行批判性思考。

小结

小结部分整合了围绕学习目标组织的材料，使章节内容更清晰。

复习题

每章后面均附有复习题，可让学生或教师检查自己对本章内容的掌握和理解程度。这些复习题需要记忆，我们认为这是学习的一个重要部分。

讨论题

讨论题用于帮助或测试学生对本章内容的理解。回答这些问题要求学生运用本章内容提出建议或找到解决办法。由于这些问题的答案无须求助于课外活动（如顾客拜访），因此它们可以作为课堂作业。

实践活动

每章后面的最后一项学习辅助工具是有关实践方面的练习。这些练习要求学生把本章内容运用到外部实践活动中，如到商店观察购物点的陈列，访问顾客或管理人员，评价电视广告等。就复杂程度而言，这些练习题有些可以作为晚间作业，有些则可以布置成学期研究项目。

本书中的其他学习工具

除了每章后面的练习，还有三种有用的学习材料：案例、消费者研究方法概览和消费者行为审计。

案例

除了第Ⅰ部分，其他部分后面均附有案例。这些案例可以让学生在课堂上阅读，用于对某个特定问题进行讨论。学生喜欢这种方法，很多教师也觉得这些案例对促进课堂讨论颇有益处。

有些案例相对复杂，数据也多一些，这些案例可能要花好几个小时来分析。另外，也有少数案例可以作为学期研究课题来做。我们将其布置给学生，要求他们根据案例中提供的材料制订营销计划，并明确指出计划中所运用的消费者行为概念，结果相当成功。

每一个案例都可以从不同的角度来分析。案例后附有一些讨论题，但这并不排除运用另外一些问题来对案例进行讨论。事实上，虽然案例附在每部分的后面，但很多案例可以运用散布于全书各处的诸多概念和观点进行分析。

消费者研究方法概览

附录A对消费者行为分析中普遍采用的一些方法做了简要介绍。虽然这不能代替对营销调研课程的学习，但对于已修过这门课的学生来说不失为一种有益的回顾。对于没有修过市场营销调研课程的学生，附录A旨在使他们了解相关术语、消费者调研过程和主要研究方法。

消费者行为审计

附录B提供了针对某一营销战略进行消费者行为审计的模式或方式。制订营销战略需要回答很多消费者行为方面的问题，消费者行为审计实际上就是将其中十分关键的一些问题罗列出来。很多学生发现，在学期研究项目或课题中，如果需要将消费者行为与某个公司的实际或拟议中的营销战略联系起来，这时候消费者行为审计就尤为有用。

致谢

我们享受学习、讲授、咨询、写作和消费者行为学有关的一切过程,我们的大部分同事与我们感同身受。在第13版中,我们一如既往地想把这本书打造成学生爱读、喜读的经典。

许多人和组织帮助我们进行相关方面的研究,对于他们的帮助,我们表示衷心的感谢。我们要感谢DDB的Martin Horn,Claritas的Tom Spencer,Forrester Research的Sucharita Mulpuru和Becky Anzalone,Loyola Marymount大学的Dr. Sijun Wang,广东大学的Dr. Junwu Dong,Site Logic的Matt Bailey,Richco China的Ted Hornbein……由于要感谢的人太多,在此无法一一列举他们的名字。

我们同样要感谢麦格劳-希尔公司杰出的工作团队,包括品牌经理Kim Leistner,产品开发人员Heather Darr,营销经理LauraVogel,项目经理Jessica Portz,设计师Tara McDermott。

最后,我们要感谢俄勒冈大学和亚拉巴马大学的同事,感谢你们不离不弃地支持我们进行研究,给予我们深切的关心。

戴维 L. 马瑟斯博
德尔 I. 霍金斯

Contents 目 录

译者序
前言

第 I 部分 导论

第1章 消费者行为与市场营销战略 3
1.1 消费者行为知识的广泛运用 5
1.2 市场营销战略与消费者行为 6
1.3 市场分析 7
1.4 市场细分 8
1.5 市场营销战略 11
1.6 消费者决策过程 13
1.7 结果 14
1.8 消费者行为的性质 16
1.9 消费的意义 18

小结 / 关键术语 / 复习题 / 讨论题 /
实践活动

第 II 部分 外部影响

第2章 不同文化下的消费者行为 25
2.1 文化的概念 27
2.2 文化价值观的差异 29
2.3 非语言沟通的文化差异 37
2.4 全球文化 42
2.5 全球人口统计特征 44
2.6 跨文化条件下的营销战略 46

小结 / 关键术语 / 复习题 / 讨论题 /
实践活动

第3章 变化中的美国社会：价值观 52
3.1 美国文化价值观的变化 53
3.2 价值观与营销策略 60

小结 / 关键术语 / 复习题 / 讨论题 /
实践活动

第4章 变化的美国社会：人口统计因素与社会分层 72
4.1 人口特征 73
4.2 理解美国的年龄代 79
4.3 社会分层 87
4.4 美国的社会结构 87
4.5 社会地位的衡量 92
4.6 社会分层和营销策略 93

小结 / 关键术语 / 复习题 / 讨论题 /
实践活动

第5章 变化中的美国社会：亚文化 99
5.1 亚文化的性质 100
5.2 种族亚文化 101
5.3 非裔美国人 103
5.4 西班牙裔美国人 106
5.5 亚裔美国人 110
5.6 土著美国人 113
5.7 印度裔美国人 114
5.8 阿拉伯裔美国人 115
5.9 宗教亚文化 115
5.10 区域亚文化 119

小结 / 关键术语 / 复习题 / 讨论题 /
实践活动

第6章 美国社会：家庭与住户 123

- 6.1 美国住户的性质和影响 123
- 6.2 住户生命周期 126
- 6.3 建立在住户生命周期基础上的营销战略 133
- 6.4 家庭决策 134
- 6.5 家庭决策与营销策略 137
- 6.6 消费者社会化 138
- 6.7 面向儿童的营销 140

小结 / 关键术语 / 复习题 / 讨论题 / 实践活动

第7章 群体对消费者行为的影响 144

- 7.1 群体类型 145
- 7.2 参照群体对消费过程的影响 151
- 7.3 建立在参照群体影响基础上的营销策略 153
- 7.4 群体内沟通和意见领袖 154
- 7.5 创新扩散 161

小结 / 关键术语 / 复习题 / 讨论题 / 实践活动

第Ⅱ部分 案例 171

第Ⅲ部分 内部影响

第8章 知觉 189

- 8.1 知觉的性质 190
- 8.2 展露 190
- 8.3 注意 193
- 8.4 理解 199
- 8.5 知觉与营销策略 206

小结 / 关键术语 / 复习题 / 讨论题 / 实践活动

第9章 学习、记忆与产品定位 213

- 9.1 学习和记忆的本质 213
- 9.2 记忆在学习中的角色 214
- 9.3 高介入状态和低介入状态下的学习 218
- 9.4 学习、记忆和提取 223
- 9.5 品牌形象与产品定位 229
- 9.6 品牌资产和品牌杠杆 232

小结 / 关键术语 / 复习题 / 讨论题 / 实践活动

第10章 动机、个性和情绪 238

- 10.1 动机的本质 239
- 10.2 动机理论和营销策略 243
- 10.3 个性 247
- 10.4 个性在营销实践中的运用 248
- 10.5 情绪 250
- 10.6 情绪和市场营销策略 252

小结 / 关键术语 / 复习题 / 讨论题 / 实践活动

第11章 态度和影响态度 258

- 11.1 态度的构成 259
- 11.2 改变态度的策略 264
- 11.3 影响态度改变的个体与情境因素 267
- 11.4 影响态度形成和改变的营销传播特点 268
- 11.5 以态度为基础的市场细分和产品开发策略 275

小结 / 关键术语 / 复习题 / 讨论题 / 实践活动

第12章 自我概念与生活方式 281

- 12.1 自我概念 282
- 12.2 生活方式的性质 287
- 12.3 VALS™ 生活方式系统 289
- 12.4 地理生活方式分析（NIELSEN PRIZM®）292
- 12.5 国际生活方式 294

小结 / 关键术语 / 复习题 / 讨论题 /
实践活动

第Ⅲ部分 案例 298

第Ⅳ部分 消费者决策过程

第13章 情境的影响 323

13.1 情境影响的性质 324
13.2 情境特征和消费者行为 326
13.3 礼仪情境 333
13.4 情境影响与营销策略 334

小结 / 关键术语 / 复习题 / 讨论题 /
实践活动

第14章 消费者决策过程与问题识别 339

14.1 消费者决策类型 340
14.2 问题识别过程 342
14.3 影响问题识别的不可控因素 345
14.4 问题识别与营销策略 346

小结 / 关键术语 / 复习题 / 讨论题 /
实践活动

第15章 信息搜集 353

15.1 信息搜集的性质 354
15.2 搜寻信息的类型 354
15.3 信息来源 356
15.4 外部信息搜集量 364
15.5 外部信息搜集的收益与成本 364
15.6 基于信息搜集模式的营销策略 366

小结 / 关键术语 / 复习题 / 讨论题 /
实践活动

第16章 购买评价与选择 372

16.1 消费者选择和选择过程的类型 373
16.2 评价标准 376

16.3 个体判断与评价标准 379
16.4 基于属性选择的决策规则 381

小结 / 关键术语 / 复习题 / 讨论题 /
实践活动

第17章 商店选择与购买 391

17.1 零售业的发展 392
17.2 影响零售商店选择的因素 399
17.3 消费者特征与商店选择 403
17.4 影响品牌选择的店内和网上因素 405
17.5 购买 411

小结 / 关键术语 / 复习题 / 讨论题 /
实践活动

第18章 购后过程、客户满意和客户忠诚 415

18.1 购后冲突 416
18.2 产品使用与闲置 417
18.3 处置 419
18.4 购买评价和消费者满意 420
18.5 不满意反应 423
18.6 客户满意、重复购买和客户忠诚 425

小结 / 关键术语 / 复习题 / 讨论题 /
实践活动

第Ⅳ部分 案例 434

第Ⅴ部分 作为消费者的组织

第19章 组织购买者行为 453

19.1 组织购买过程 454
19.2 组织文化 462
19.3 影响组织文化的外部因素 462
19.4 影响组织文化的内部因素 465
19.5 组织购买者细分和市场营销战略 467

小结 / 关键术语 / 复习题 / 讨论题 /
实践活动

第Ⅴ部分 案例 472

第Ⅵ部分 市场营销法规

第20章 市场营销法规与消费者行为 477
20.1 市场营销法规与针对儿童的营销 478
20.2 对成人的营销及法规 483
小结 / 关键术语 / 复习题 / 讨论题 / 实践活动

第Ⅵ部分 案例 493

附录A 消费者研究方法 496

附录B 消费者行为审计 504

参考文献⊖

⊖ 全书各章的参考文献部分，集成为一个文件，扫此二维码可见。——出版者注

PART 1

第1部分

导 论

何谓消费者行为？为什么要研究消费者行为？营销经理真的会运用消费者行为的知识来制定其策略吗？政策管制机构和消费者保护主义者也会依此制定其政策吗？他们又是怎么制定的呢？深入了解消费者确实有助于我们的职业生涯，或使我们成为更好的社会公民吗？消费者行为是如何影响人类环境和我们的生活质量的？为了更有效地理解、运用消费者行为知识，我们应如何组织这些知识并更有效地运用它？

本书第1章将对这一系列发人深省的问题予以探讨。第1章除阐述全书所涉及的篇章内容的有用性和重要性之外，还将对这些内容做一个大致描述，并对图1-3所展现的消费者行为模型及其逻辑结构予以说明和解释。

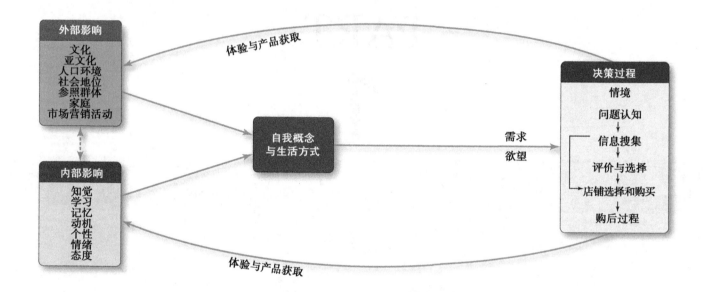

第1章

消费者行为与市场营销战略

学习目标

1. 界定消费者行为。
2. 总结消费者行为知识的运用。
3. 理解如何运用消费者行为知识制定营销策略。
4. 描述分析消费者行为的概念模型。
5. 讨论与消费含义相关的问题,讨论尝试影响消费含义的公司。

随着影响消费者行为的各种因素的快速变化和发展,营销人员面临着既严峻又令人激动的挑战。

营销的演变及消费者体验——商家为消费者获得一杯咖啡提供了不同途径。消费者可以购买咖啡豆或是磨好的咖啡粉自己制作咖啡,当然也可以选择去咖啡店买一杯现成的咖啡,比如星巴克。你认为这些选择中哪一项花费最多呢?当然你会认为第一项花费最少而最后一项花费最多——通常情况下,答案就是这样。但是为什么这些选择会有这样的区别呢?答案就在于商家在"类商品"产品("commodity-like"products)中层层添加的价值中。这包括商家提供的服务和消费者获得的体验,消费者也会将此视为产品的价值。因此,当一件产品从原料变为商品,再加上商家的服务和消费者获取的体验时,消费者就愿意花更多的钱。星巴克的成功就证明了因为它的服务以及带给消费者的更多的体验,消费者情愿为它的一杯咖啡花费更多。星巴克所做的远不止此。举例来说,一家在新奥尔良新开的星巴克还提供了"本地特色"的一系列服务。这样高度本土化的咖啡店旨在提供更多能够反映当地历史文化氛围的强烈体验,设计也据此进行。[1]

面向消费者的营销 vs. 为了消费者的营销——营销不仅在其为消费者提供的产品上有所变化,在与消费者的关系上也有所变化。一种从商家到消费者的力量改变了消费情形。简单地说,为了消费者的营销改变了面向消费者的营销。面向消费者的营销运用了大量的撒网式的营销方法来吸引尽可能多的消费者,这其中免不了要在那些对产品毫无兴趣的人身上浪费资源。这种营销方式常常重复频繁地让消费者接触其广告,以达到吸引消费者注意的目的。与之形成鲜明对比的是为了消费者的营销,这种营销方式往往只针对那些有需要购买商家产品的消费者们。这种营销方式认识到,不论商家是否允许,消费者都可以选择自己去了解某个产品(比如说网上搜索)。产品创造不再只掌握在商家的手里,消费者也能通过争取支持某个主意或是筹集资金来开始和参与到产品的革新之中去。消费者可以考证商家所承诺的有竞争力的价格是否属实,不论是航空运费还是产品本身。消费者也不再盲从卖家的宣传,因为他们可以很容易地看到其他顾客的评价(如亚马逊网)。[2]

社会化媒体——从商家到消费者的力量转换正在被社会化媒体的流行放大。如 Facebook、品趣志(Pinterest)、轻博客(Tumblr)、推特(Twitter)等在商家的直接控制和影响之外,这些媒体为大众用户提供了消费者之间可以相互交流的平台。举一个非常有趣的例子,超过 8 000 名用户在推特上反馈了便利店提供给其顾客的超长的收据。照片中,他们将这种收据缠绕在头上甚至是腰上。收据过长背后的原因是大数据。便利店通过顾客的便利店卡收集到了他们每笔支付的数据。当顾客结账时，收银台会将消费者的优惠券打印出来，而这种优惠券是基于消费者的历史交易而赠送的。便利店既是幸运的，也足够精明。它们注意到了一种趋势（社会化媒体能够使这些优惠信息有效和快速地传播），也意识到了这样做的消极性（消费者对于浪费以及缺少环境保护意识的认知），同时也在迅速做出改变（将更多的优惠券和奖励直接录入到顾客的便利店卡中）。这种"实时"动态在社会化和数字化媒体时代来临前是难以想象的。

这种从面向消费者到为了消费者的转变以及社会化媒体的流行使得商家对消费者行为的理解越发重要。一些商家运用"群众外包"让消费者对于它们所需要的商品拥有更多的发言权，这无疑是商家所理解的需要将消费者置于营销中心的观念的例证。这样的群众外包的例子还包括耐克的耐克概念（Nikeidea），诺基亚的贝塔实验室（Betalabs）和戴尔的创意风暴（Ideastorm）。这些例子也很好地印证了一个道理——商家学会与消费者交流要比简单地向消费者传达观念有价值得多。[3]

消费者行为学（consumer behavior）是研究个体、群体和组织为满足其需要而对产品、服务、体验和观点进行选择、获取、使用、处置的过程，以及由此对消费者和社会产生的影响。传统上，消费者行为研究侧重于购买前和购买后的有关活动。上述关于消费者行为学的界定较之传统观点更广泛，它将有助于引导我们从更宽广的视角审视消费者决策的间接影响以及对买卖双方的各种后果。

本章开篇所呈现的案例，概括了在包括科技进步在内的迅速变化的环境中，一些运用消费者行为知识的尝试以及消费者与商家互动、交流的方法。在本书中，我们将探索影响消费者行为的各种因素和趋势，讨论营销人员和政府管制机构如何有效地运用有关消费者行为研究的成果与知识。本章开篇案例至少从四个方面揭示了影响消费者行为的关键因素。

第一，消费者行为是一个复杂的、多层面的过程。消费者的决策过程往往涉及许多步骤，并受到多种因素的影响，包括人口统计因素、生活方式以及价值观等。尤其是当需要和欲望涉及多个人或群体时，消费者的决策过程就变得更加复杂，就如一个家庭必须通过讨论决定到哪里聚餐或度假一样。

第二，无论是营利性组织、非营利性组织，还是政府管制机构，成功的营销决策都需要对消费者行为的相关过程有着很好的理解。这就需要掌握消费者行为的相关知识与理论，如什么情况下消费者为什么会按照某种特定的方式采取购买行动。无论上述组织是否认识到，其实它们每天都在基于一些清晰的或不清晰的假设做出决策，这些假设主要是关于某种流程会导致消费者的一些行为。在图1-1中，每一个广告背后分别蕴藏着什么样的消费者行为假设？哪一个广告更好？为什么？

图 1-1

这两个广告宣传相似的产品，针对相同的消费者，然而却用了两种截然不同的方法，为什么会这样呢？这是基于对消费者行为和如何影响消费者行为的不同假设。

第三，成功的营销决策还需要组织收集关于某个特定消费群体介入本次决策的相关信息。消费者的决策通常都会受到环境和产品类别的影响。因此，开展消费者研究对于理解特定的消费群体在特定环境下对于一个确定的产品类别会产生什么样的行为是很有必要的。附录A提供了研究消费者的各种方法。

第四，影响消费者行为的营销实践涉及各种伦理问题，它们不但影响公司、个人，还会影响整个社会。这些伦理问题并不总是显而易见的，而且很多时候还涉及不同层面的权衡。快餐企业当前正面临这样的问题。当从事快餐服务的公司打算根据消费者口味和承受能力提供能满足更多消费者需要的产品时，它们也趋向于提供更高的卡路里、脂肪和盐。这些会引发与健康密切相关的问题，并引起政府和消费者群体的高度关注。

现有关于消费者行为的知识足以为企业和社会组织的营销活动提供大致指南。然而要想有效地使用这一指南，还需要时刻关注环境的变化并且在营销决策时充分考虑它们。当然，掌握这些知识也需要多做练习。本书按照特定的格式提供了一系列的练习机会：①在每一章的后面附有问题和习题；②在每一部分的后面附有较短的案例；③书后的附录B列出了在制定营销策略过程中对消费者行为进行审计的一些关键性问题。

1.1 消费者行为知识的广泛运用

1.1.1 市场营销战略

建立在确定的消费者行为理论、假设和坚实的研究基础上的营销决策，较之于单纯的直觉型决策，具有更大的成功的可能性。深入了解消费者，有助于减少诸如下面所描述的决策性失误。

美国庄臣公司（S.C.Johnson）最近将其Ziploc TableTops牌一次性餐碟产品退出了市场。耗资6 500万美元的营销推广，就这样化为乌有。该产品失败的一个重要原因是定价偏高，使得产品事实上并非真正意义上的"一次性产品"。一位零售商指出："并没有重复购买，事情就是这样。"[4]

本书的主要目的是帮助你获得可运用于管理实践的消费者行为知识，关键之处在于从管理实践和运用的角度理解消费者。在更深入地讨论市场营销战略和消费者行为之间的紧密联系之前，我们先来分析消费者行为知识与政府法规政策、社会营销以及消费者自身之间的关系。

1.1.2 管制政策

很多政府机构在发展、解释和实施各种旨在帮助和保护消费者的管制政策。例如，美国联邦食品与药品管理署（FDA）就是《营养标签和教育法》（NLEA）的监督与实施机构。NLEA要求食品包装必须以营养成分表（Nutrition Facts Panel）的形式明确说明营养信息。

NLEA达到其初衷了吗？最近的一项研究显示，答案并不肯定。现在的信息披露格式，对缺乏营养知识同时又非常渴望了解这些知识的消费者无疑大有帮助，但由于这项政策所带来的成本高达20亿美元，所以如果要把每1美元的成本与消费者从中获得的相应利益作比较，恐怕很难得出是否真的维护了消费者利益的明确结论。[5]

很明显，政府对营销活动的管制政策的有效性，离不开对消费者行为的深入了解。在本书各章中，我们都会讨论这一问题，并在第20章进行详细阐述。

1.1.3 社会营销

社会营销（social marketing）实际上就是运用市场营销战略与战术，来创造或改变人们的行为，使行为对个体或社会产生正面影响的一种营销方式。[6]如上所述，社会营销被应用于减少吸烟，鼓励孩子们适时地接种疫苗，促进诸如重复利用之类的"环境友好"行为，减

图 1-2

像奥克利这样的非营利商业公司尝试着去影响消费模式。一切形式的组织都必须基于消费者行为知识做出努力来使它们成功的机会最大化。

少有可能导致艾滋病的不良习气，提高人们的慈善意识，减少毒品使用等一系列社会事务。

如同商业营销战略一样，成功的社会营销战略也需要对消费者行为的良好理解。举例来说，奥克利（Oakley）"为实力，不妥协"的宣传口号（见图1-2）就使用了一种基于情感的号召力。在第11章，我们将进一步分析什么样的条件下这样的宣传更容易取得成功。

1.1.4 成熟的消费者

经济上发达的社会，通常被称为消费社会。生活在这一社会的人们，在消费活动上花费的时间，比任何其他的活动都要多，包括工作和睡觉（这二者也包含消费的要素）。除此之外，营销人员花费数以十亿计的金钱来试图影响消费者的选择。这种尝试不仅会以产品特征等形式出现在广告、网页、包装、推销技巧和店铺环境中，也反映在一些电视节目内容、电影里人物所使用的产品及中小学生所学习的书籍与阅读材料里。

消费者唯有准确地理解和把握这些劝说的战术，才能使自己不致被过度地操纵。同样，作为社会公民，了解企业采用这些战术赖以依存的消费者基础，有助于我们在必要的时候，呼吁政府适时采取措施，限制那些有损于公众利益的企业行为。也就是说，理解消费者行为为合理的商业道德环境提供了基础。

1.2 市场营销战略与消费者行为

前面关于消费者行为知识在营销领域的运用的描述，侧重于营销战略的发展、规制和它产生的社会影响，下面将对营销战略本身做更深入的探讨。

正如图1-3所描述的，营销策略在概念上很简单。它开始于某个公司对所专注市场的分析。基于在这一步进行的分析，该公司识别了拥有相似需求的不同种类的个体、家庭以及公司。这样的市场细分往往被描述为人口学统计、媒体偏好和地理位置等。基于该公司与其竞争对手相比的生产能力，管理层会最终选定一个或多个细分的群体作为目标市场（考虑到当前及预估的经济水平和技术条件）。

之后，营销策略就成型了。为了在竞争激烈的环境中求得生存，企业必须比竞争者更多的为目标客户提供价值。**客户价值**（customer value）是客户从整体产品中获得的各项利益扣除各种获取费用后的余额。从消费者角度理解价值极为重要。之前提到的Table Tops产品失败的原因是消费者觉得用一次就丢掉没有实现当初花费那么多钱的价值，或是丢掉之后会产生愧疚。所以营销策略追求的是在公司盈利的同时，带给消费者比竞争对手更多的价值。

营销策略一般体现在营销组合上。营销组合包括确定产品特征、定价、促销、分销和服务，这些都能够给顾客提供更多的价值。所有与之相关的特性组合起来，就构成了所谓**整体产品**（total product）。整体产品被呈现给目标市场，通过不断地整理信息和做出决策的方式，旨在提高目标群体的生活水准（个体和家庭）或工作绩效（商业机构和组织）。

观察图1-4。什么是星巴克的整体产品？很显然，星巴克不仅仅代表咖啡，代表食物和饮料，还给消费者一种独特的体验。商家现在越来越重视体验，甚至超过了它们重视产品和服务的程度。当商家刻意为顾客创造出一种值得铭记的经历时，这种"体验"就随之而来。虽然产品和服务在很大程度上对消费者是外在的，但体验对每位消费者都是内在的，正是消费者内心所经历的情感的、精神的、身体的和智力的感受构成了体验。

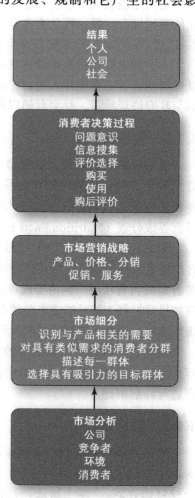

图1-3 营销策略与消费者行为

图 1-4

当你到一家餐馆或咖啡店的时候会买些什么？"体验"这种产品和食物、饮料同等重要。

营销策略实施带来的结果对于公司、个人和整个社会都有影响。公司希望树立良好的公司形象或者在目标消费者心目中有更高的地位，也希望在销售的同时令顾客满意，这是长期获利的关键。从个人角度，购买过程会导致某种程度的需要满足，还会引起财务支出，态度和行为的形成与改变。值得注意的是，有些消费是有害的。从社会角度，市场营销过程所产生的累积效应，影响经济增长、环境变化和社会福祉，而后者往往会带来伦理问题。

我们在图 1-3 中会做详细阐述。

1.3　市场分析

市场分析要求全面深入地了解潜在消费者的消费过程、自身能力、现有和潜在竞争者的实力，以及经济、物质和技术等要素相互影响的环境。

1.3.1　消费者

不了解消费者行为，就无法预测其需要与欲望，也无法对其需要做出恰当的反应。发现消费者现在需要什么是一个复杂的过程，但一般来说，可以通过直接的营销调研予以实现。例如，塔吉特百货公司（Target）想进入价值 2 100 亿美元的大专院校市场，尤其想进入房间装饰和个人饰品市场，为此，需要了解学生从"住家"到住进学校宿舍这一转变过程及他们的所需所想。

为塔吉特做调查的研究公司 Jump Associates，采用了一种独特的方法：该调查公司为高中毕业班的同学举办了一系列的"游戏之夜"，不仅邀请即将进入大学的同学参加，也邀请一些在大学校园生活了一年的同学参加。为了使同学们谈论校园住宿生活，公司设计了一种与进入大学各种问题相关的游戏，该游戏很自然地将话题引到大学生活。研究人员在旁边观察，同时将整个过程拍摄下来。

基于这一研究（焦点小组的一种特殊形式，参见附录 A），塔吉特成功地推出了专门用于大学宿舍生活的系列产品——托德·欧德汉（Todd Oldham），其中包括盒装的厨具和浴室用品等，这些是大学新生入学时必须采购的商品。[7] 塔吉特不断利用各种品牌商品及其他宿舍用品吸引大学市场，取得了巨大成功。

要深入理解消费者，就必须了解影响消费者行为的一些基本法则。这些法则将在本书的后续章节中深入探讨。

1.3.2　企业

每一个企业都必须透彻了解其满足消费者需要的能力。为此，需要评价公司的各个方面，如财务状况、一般管理技巧、研发能力、技术装备情况、声誉、营销技能等。营销技能包括新产品开发能力、分销能力、广告能力、服务能力、营销研究能力、市场和消费者知识等。

缺乏对自身优势的充分了解会带来严重问题。IBM公司当初进入家用计算机市场所遭受的失败，应部分归咎于这一点。虽然IBM在服务大型企业客户方面声誉卓著，并拥有一支一流的直销队伍，但这些优势在家用消费品市场并没有多大用处。IBM最近进入高端商业咨询服务领域，设立了IBM全球企业咨询服务部，取得了巨大成功。有趣的是，这次IBM又回归到其早期的核心优势，并专注于这一优势。

1.3.3 竞争者

在满足客户需求方面，如果缺乏对竞争者能力和战略的充分了解，就无法持续超越竞争对手。特别是对于关键竞争对手，更是需要知己知彼，才能百战不殆。除此之外，对于任何重要的营销活动，企业必须对下列问题做出回答：

（1）如果我们成功，哪些公司将遭受销售方面的损失？
（2）在受损失的公司中，哪些有能力予以反击？
（3）它们如何反击？是降价、增加广告投入，还是导入新的产品？
（4）公司的行动计划能否承受竞争对手的可能反击？或者公司是否需要额外的应变计划？

1.3.4 环境

经济状况、自然环境、政府管制、技术发展一方面影响消费者的需要与预期，另一方面对公司自身和竞争对手势力消长产生影响。自然环境的恶化不仅刺激了消费者对"环境友好型产品"的需求，也诱发了更多政府管制措施的出台，这些管制措施反过来又影响产品的设计与制造。

国际协议，例如《北美自由贸易协定》（NAFTA）极大地削弱了国际贸易壁垒，有力地促进了竞争，提高了消费者对众多产品的期望。技术日新月异的发展，极大地改变了人们的生活和工作方式，也提高了人们应对疾病的能力。企业网站、推特、Facebook等社会化媒体以及各种各样的应用软件也像技术进步一样改变了消费者交流沟通和接触传媒的途径。

很明显，没有对环境变化的把握，公司是不可能发展起坚实、有效的营销战略的。

1.4 市场细分

也许公司最重要的营销决策是选择一个或几个即将进入的细分市场。**细分市场**（market segment）是更大市场的一部分，该市场的需求与市场其他部分的需求存在显著差别。由于每一细分市场都有其独立的需要，针对该需要发展起来的整体产品，相较于企业采用无差异策略服务于多个细分市场的情形，能更好地满足消费者需要。

为了实现盈利，一个细分市场必须足够大才可行。然而，需要注意的是，柔性生产系统和专门化媒体等技术的进步使得我们能够提供大规模的定制服务，更小的细分市场甚至以个体为单位的细分市场在成本上成为可能。行为定位（behavioral targeting）是技术使得点对点的交流沟通更加有效的又一个案例。在行为定位中，顾客的线上活动被企业跟踪记录，然后据此推出了有针对性的标题广告。

市场细分涉及以下四个步骤：
（1）识别与产品相关的需要域；
（2）将具有类似需要域的消费者归为一个群体；
（3）对每一群体或细分市场予以描述；
（4）选择一个或几个有吸引力的细分市场。

1.4.1 与产品相关的需要域

企业以其现有或潜在资源能力进入某一细分市场，这些资源能力可能是声誉、既有产品、技术或其他技能。企业的第一项任务是确定其现在或将来能够满足的需要域。**需要域**（need set）这一术语反映了这一事实：在先进的经济体中，绝大多数产品可以满足多种需要。例如，手表不仅能够报时，而且可以显示身份地位，甚至还能够展现个人的风格等。图 1-5 是两则手表广告；一则是雷美诺时（Lumi Nox）的广告，另一则是帝舵（Tudor）的广告。尽管是同一种产品的广告，这两则广告基于什么样的不同需求吸引顾客呢？

图 1-5

两则广告针对的是同样的基本产品。但是，正如广告所示，这些产品可以满足基本功能之外的不同需要域。

识别企业现有或潜在产品可能满足的需要域，通常要求进行消费者调查，典型的方法是集中小组法和深度访谈法。需要域通常与其他一些变量，如年龄、家庭生命周期所处阶段、性别、社会阶层、种族、生活方式等联系在一起。很多企业在进行市场细分时以其中的某一变量为基础对消费者进行区分。例如，公司可以根据消费者的民族成分进行细分，以发现不同民族之间在消费需要上存在哪些共同点和不同点。虽然有效的市场细分通常始于消费者的需要，但也必须与这些需要相关的消费者特征联系起来予以考虑。在实际中，以需要为基础的细分和以其他消费者特征为基础的细分并行不悖，均可作为市场细分的依据。

需要域不但存在于产品，也存在于服务，还可能包括对各种购物场所的需求。消费者洞察 1-1 审视了传统商场和工厂直销店需要域之间的不同。

|消费者洞察1-1|　　购物中心和工厂直销店购物者的需要域

在零售体验中你追求什么？娱乐，品牌商品还是停车方便？事实证明，所有这些都是重要的，但其重要性对每一个消费者又不完全相同。因此，零售商必须知道这些需要域的存在，以及围绕这些需要域存在哪些顾客群。一项针对传统购物中心和工厂直销店购物者的研究发现了四个基本需要域。[8]

1. 基本需要

    清洁

    装饰

    员工服务和友好

    安全和保密性

    停车

2. 娱乐

    快餐

    电影院

    其他服务如银行和美发

朋友们愿意逛的商店
3. 便利
靠近工作地点和家庭
比较容易到达
4. 品牌
名牌商店
时尚潮流
新产品
商店众多

正如你可以看到的，上述每个需要域都代表一系列相关特征。企业可以依据消费者对不同需要域的重视程度，将他们分成不同的组别。例如，"基本"型购物者，只关心"基本需要"是否满足；"狂热"型购物者，关心所有的需要域，并特别强调娱乐；"认真"型购物者会更在乎名牌商品和方便性；"目的地"型购物者关心的是基本需求和名牌产品；"品牌"型购物者只关心名牌商品。很明显，购物者各不相同，零售商必须尽量使自己适应具有不同需要域的不同类型顾客。

思考题

1. 仔细想想你所知道的各种类型的零售商，你能将这些零售商与不同购物者细分市场匹配起来吗？
2. 你能对上面列举的各种购物者细分市场，按照人口统计特征如年龄、性别、收入、家庭角色等做出描述吗？
3. 你认为在线零售购物者的需要域是什么？

1.4.2 具有类似需要域的客户

市场细分的第二步是将具有类似需要域的消费者归入一个细分市场。例如，对价格中等而又新颖的运动型汽车，买主多是单身的年轻人，没有子女的年轻夫妇，或者其子女已成人并离开家庭的中年人。虽然这些人就人口统计特性而言差别很大，但在设计汽车特征甚至策划汽车形象时，他们可以并入一个细分市场。消费者洞察1-1同样是我们依据需要域为消费者分组的例子。例如，那些"基本型"购物者相似的地方是他们都最关注基本需求。

这一阶段通常需要进行消费者调查。具体调查方法很多，如集中小组法、调查法、产品概念测试等（见附录A）。也可以对现有消费者模式进行分析，或者依据对消费者行为的了解做出某些合理推断。

1.4.3 细分市场的描述

具有类似需要域的消费者被识别出来后，接下来就应当依照人口统计变量、生活方式、媒体使用特性等对这一细分市场的消费者进行描述。为制订有效的营销计划，对潜在消费者应予深入分析和了解。只有在完全了解的基础上，才能确保我们正确地识别消费者的需要域。另外，如果我们不了解消费者在什么情景下使用我们的产品，他们如何使用我们的产品以及消费者如何看待这些产品，用什么样的语言描述这些产品，沟通就可能遇到障碍。诚如前面所举的例子，虽然很多单身的年轻人、没有子女的年轻夫妇和子女已离开家的中年夫妇需要同样特征的汽车，但抵达这几个人群的媒介毫无疑问是不同的，针对不同人群所用的宣传语和广告主题也应存在差别。

1.4.4 选择有吸引力的细分市场

在对每一细分市场做了评估，对其有充分了解之后，企业必须选择其目标市场。所谓**目标市场**（target market）就是企业准备进入、集中精力为之服务的某个或某几个细分市场。目标市场选择取决于企业是否有能力为所选取的目标客户提供超越竞争品的价值并获得利润。因此，细分市场的规模和增长潜力，现在和将来的竞争程度，提供超额价值的成本等，均是选择目标市场时应考虑的主要因素。表1-1提供了一个用于评价和比较不同细分市场吸引力的简单工具。

表1-1 细分市场的吸引力

评 价	评价指标得分[①]
细分市场规模	
细分市场增长率	

(续)

评　　价	评价指标得分①
竞争者优势	
消费者对现有产品的满意程度	
与企业形象的匹配程度	
与企业目标的匹配程度	
与企业资源的匹配程度	
分销渠道的可得性	
需要的投资额	
细分稳定性和可预测性	
服务成本	
获得持续竞争优势的可能性	
沟通渠道的可得性	
风险	
细分市场盈利性	
其他	

① 1 为最低分，10 为最高分，得分越高表示吸引力越大。

如表 1-1 所示，细分市场的规模越大，增长率越高，就越具吸引力。然而，我们并不能因此忽略市场的盈利性。即使规模很大，如果不具盈利性，也是没有什么意义的。而要寻找具有盈利性的细分市场，就需要最大程度地达成客户需求与企业产品服务的匹配。因此，剔除无利可图的客户和细分市场是必要的。尽管剔除客户是困难的，但可以提高利润。荷兰国际集团的 ING Direct 网上银行的经营实践证实了这一点。ING Direct 是家业务明确的银行（bare-bones bank），只经营有限的银行业务（不提供支票业务），且绝大多数是在线业务。ING Direct 支付较高的利率，因此吸引了不少客户，但公司并不想长期维持与某个客户的关系。正如其 CEO 指出的那样：

> 我们和其他金融企业的区别类似于提供外卖业务和不提供外卖业务的饭店的区别。我们经营业务并不侧重关系，而基于薄利多销。我们需要降低成本，如果客户需要很多情感性接触，就会增加费用。[9]

ING Direct 先确定高成本客户，然后善意地建议他们到社区银行去开设账户，因为社区银行的经营侧重于关系的维护，可与客户密切接触，更好地满足其需求。通过放弃这些客户，ING Direct 降低了成本，提高了利润。（请思考一下，放弃客户会有什么潜在风险？）

应当指出，每一细分市场要求为其制定独特的营销战略与策略。应对营销组合的每一方面进行审视，以决定在不同的细分市场对这些方面应做出何种安排和调整。有时，要对不同的细分市场制定完全不同的营销组合计划，而在另外的情况下，可能只需要对广告信息或零售通道做出不同的安排就行了。

1.5 市场营销战略

对每一选取的目标市场，都应分别制定营销战略。选择目标市场的关键性标准或依据是企业是否有能力提供较高的消费者价值。消费者价值很大程度上是由营销战略决定，所以企业在评估潜在目标市场时，应当发展一般的营销战略。

市场营销战略（marketing strategy）主要回答这样一个问题：我们如何为目标市场提供较竞争者优越的消费者价值？为此需要企业形成一套一致的营销组合计划。所谓**营销组合**（marketing mix），是指产品、价格、分销、传播、服务的相互搭配。正是营销组合各因素的相互整合，决定企业提供的整体产品或服务在多大程度上满足消费者需要以及它们的价值大小。例如在本章开篇，我们就介绍了星巴克将产品、服务和顾客体验结合起来，为消费者创造了价值。

1.5.1 产品

产品（product）是消费者获得和用于满足其需要的任何东西。消费者所购买的或追求的是需要的满足，而不是具体形态的物质特性。[10] 正如露华浓（Revlon）公司的前任总裁所说："在工厂我们制造化妆品，在商店我们出售希望。"消费者购买1/4英寸①的电钻，并不是为了获得电钻及其部件本身，而是为了获得1/4英寸的孔眼。联邦快递公司丧失了很多当夜抵达的信件递送业务，并不是由于其竞争对手做得更优越，而是传真机、互联网迅速发展引起的必然结果，因为传真机、互联网能以更快捷、便宜的方式满足同样的需要。

我们使用产品一词，专指物质产品或核心服务。例如，小汽车是一种产品，同样，汽车的变速器检修以及出租车服务也是产品。每年，美国的超级市场有30 000种新的或改进型产品（包括食物、饮料、宠物产品和家居产品等）问世。[11] 很明显，其中很多产品将以失败告终，要获得成功，产品必须较竞争品能更好地满足目标市场的需要。

消费者购买产品时的决策还包括了产品的包装、品牌和标识等内容，因为它们具有功能性和象征性意义。当星巴克去掉了原来标识中环绕一周的"Starbucks Coffee"文字，只剩下了其象征性的"美人鱼"标识时，一些顾客在社交媒体上对新标志表达了他们强烈的不满。你认为星巴克的新标识带来了更大效用吗？这样的判断又是基于何种考虑呢？

1.5.2 传播

营销传播（marketing communications）包括广告、人员分销、公共关系、包装以及企业提供的关于它自身及其产品的其他信号。有效的传播战略需要回答如下一系列问题。

（1）究竟传播给谁？虽然大多数情况下，信息传播主要面向目标客户，但也有一些信息是面向渠道成员，或面向那些对目标客户购买行为有影响的人员。例如，在购买婴儿尿布和其他婴儿护理品时，很多消费者从儿科护士那里寻求建议。营销这类产品的企业直接与这些护士沟通可能是一种明智之举。

通常，企业还需要决定在目标市场内谁应当获得所传递的信息。对于儿童食用的早餐麦片，传播对象到底是儿童，还是其父母，或者两者都应作为传播对象？对此问题的答案，恐怕会因市场、国别不同而异。

（2）我们希望传播对目标受众产生何种影响？管理者常常认为，广告和其他营销传播的目的就是为了增加销售。虽然这是最终的目标，但对大多数传播活动，其行动目标可能并不局限于此。比如，传播的目标可能是让受众了解产品，刺激受众搜寻更多与产品有关的信息，让其喜欢该产品，或者让其向他人推荐该产品，在购买该产品后对产品产生好感等。

（3）什么样的信息更有助于获得企业所希望的传播效果？信息传播中应使用哪些词句、图片或符号，以吸引受众的注意并产生希望的结果？传播的营销信息可以是纯粹的事实陈述，也可以是完全象征性的内容。决定用何种方式表达信息内容应因时因地制宜。获得有效的信息，一方面应深入了解目标受众对信息载体即词句、符号所赋予的含义，也就是受众如何理解这些词句和符号，另一方面还应把握受众的感知过程。例如图1-6中的广告，许多年长的消费者或许很难理解这种广告方式，但是很明显这种广告是传播给特定的青年群体的。

（4）采用何种传播方式和媒体？是否使用人员推销方式传递信息？能否依赖包装传递信息？或者仅仅借助直邮或互联网让客户主动找到我们？如果在大众媒体上做广告，应采用何种具体的媒体工具（如电视节目、广播、杂志、报纸和网络）？有必要调整我们广告中所

图 1-6
营销组合的各个方面都要基于目标受众的需要和特征来进行设计。一些人可能并不欣赏这种广告，但是它确实对目标市场有效。

---

① 1英寸＝0.025 4米。

用的语言吗？对于媒体工具和语言问题，万事达卡（MasterCard）的方法值得学习。

西班牙裔是美国最大的也是增长最迅速的少数族裔。当我们想将价值不断传递给他们时，万事达卡就有必要在各个传播渠道中使用他们的语言。[12]

（5）什么时候与受众沟通？我们应集中在购买决策即将做出之前进行营销传播，抑或按周、月、年平均分配传播力量？消费者会在购买前的短时期内主动搜集信息吗？如果是，从哪里搜集呢？回答这类问题，则需要掌握消费者购买特定产品所采用的具体程序。

1.5.3 定价

价格（price）是消费者为获得拥有和使用产品的权利而必须支付的金钱数量。消费者可以拥有一件产品，也可以仅仅拥有产品的使用权，比如租用一件产品。经济学家常常假定，同一件产品价格较低时比价格较高时销售得更多。然而，价格有时被作为品质信号，产品定价太低，会被认为品质一般或品质很低。高价位产品还提供关于购买者的信息，即表明购买者有能力消费价格昂贵的产品，对于某些消费者，这是一种希望拥有的产品特征。星巴克的咖啡要价相对较高，然而它却使消费者能够在负担得起的情况下买"高档货"，享受一种理想的生活方式。因此，要确定产品价格，必须深刻地了解价格所起的象征性作用。

应当指出，产品价格并不等于消费者为拥有产品所付出的成本。**消费者成本**（consumer cost）是指消费者为拥有和使用产品所带来的全部利益而发生的所有支出。如前所述，拥有一辆小汽车，除了购买时支付的购置费外，还有很多其他的费用，如保险费、燃料费、保养费、牌照费、停车费以及购车所付出的时间、精力等。要在企业收益不变的条件下，使产品对消费者具有更大价值，途径之一是降低产品的拥有成本或运行成本。一旦成功，客户总体成本会降低，同时企业收益会保持在原来水平甚至实现增长。

1.5.4 分销

分销（distribution）实际上是让客户在需要的时候能买到产品，它对企业的经营成败至关重要。绝大多数情况下，消费者不愿为获得某一特定品牌而伤神费力。很明显，有效的渠道决策应建立在掌握消费者在何处购买的知识的基础上。今天的分销决策还要求了解交叉渠道（cross-channel）的选择。精明的零售商力求每一渠道（如线上或线下）发挥其最大优势。例如，零售商总想实现实体店库存和线上销售规模、种类的平衡。显而易见的是，采取这一方式的零售商必须运用适当的促销策略，如把热销、时尚且利润高的商品陈列在商店内吸引客户，而通过在线方式销售其他商品。[13] 最后，零售商的特点，例如在消费者洞察1-1中提到的那些，必须被理解并付诸实施。迪士尼对它的商店进行了调整使其更具互动性，这种改变大大提升了商店的访客数量和销售量。这种模式上的改变看起来似乎非常专注于娱乐，但实际上它非常适合于迪士尼的品牌形象和顾客特点。尤其是新的迪士尼零售方式设置了更多的运动元素来满足娱乐购物者。例如，商店里会放置一张游戏台，孩子们可以组装汽车，这些汽车来自孩子们可能玩过的非常流行的迪士尼电影《汽车总动员》，还有一座孩子可以进入的两层的公主城堡。[14]

1.5.5 服务

在前面界定产品概念时，我们把一些核心服务如理发、修车、治病等也包括在产品之内。这里所指的**服务**（service）则主要是指主产品或核心服务配套的一些辅助活动，这些辅助活动有助于提高主产品或核心服务的价值。比如，我们把修车看成一种主产品或核心服务，而将修好的车送到客户家里则是一种辅助性服务。很多教科书没有将服务列入营销组合之内，本书则将其视为其中一个有机部分，原因在于服务在决定产品市场份额和产品相对价格方面具有关键作用。企业如果不能提供有效的辅助服务，在竞争中会处于劣势。

提供辅助服务自然需要消费者为此付费。关键之处是企业应提供那些确实能为目标客户带来价值的辅助性服务。如果辅助性服务多不为消费者所看重，那么只会徒增成本，最终导致销售额的下降。

1.6 消费者决策过程

正如图1-3所描述的，消费者决策过程是介于营销战略与营销结果之间的中间变量。换句话说，营销战略所产生的营销结果是由战略与消费者决策过程的交互影响所决定的。只有消费者感到产品能满足其某种需要，意识到产品及其提供的利益，同时认为该产品是一种最理想的满足其需要的途径，购买它并感到满足之后，公司才会获得成功。在本书中，我们将用相当大的篇幅来探讨消费者决策过程。

1.7 结果

1.7.1 对企业的影响

1. 产品定位

公司营销战略最基本的后果是它的**产品定位**（product position）——产品或品牌相对于竞争产品或竞争品牌在消费者心目中的形象。这种形象由一系列关于产品或品牌的信念、情感以及联想等组成。产品形象的形成并不必然要求消费者购买或使用该产品。除了对产品的直接体验之外，从公司或其他来源所获得的关于产品的信息，对消费者形成某一产品或品牌的形象也具有影响。很多公司刻意为其产品定位并经常测量产品实际定位状况。因为某一品牌的定位与目标客户所欲求的定位相吻合时，消费者购买该产品的可能性会大大增加。

图1-7中的广告将自己的品牌定位成一种"有趣"的品牌。广告商以色彩和图像强调这种"有趣"的形象和特征。

图 1-7

这则广告将产品定位为"乐趣"。

2. 销售额和利润

销售额和利润对企业持续生存和发展十分重要，因此，几乎所有企业都根据销售额和利润来评价营销活动的成败。正如我们所看到的那样，只有在最初对消费者进行了正确的分析，同时使营销组合与消费者决策过程相匹配，才能产生理想的销售额和利润。

3. 客户满意

营销实践表明，保持现有客户通常较吸引新的客户更加有利可图。保持现有客户的前提是这些客户在购买和使用企业产品过程中产生满意感，因此，**客户满意**（customer satisfaction）是营销人员十分关切的一个方面。

如图1-8所示，为了创造最初的销售，企业必须使消费者确信其产品或品牌较竞争品牌具有更高的价值。为此，企业应对潜在消费者的需要以及他们获取信息的程序有十分透彻的了解。创造满意的客户，随之增加未来的销售，要求消费者在使用你的产品之后，一如既往地相信你的产品确实能满足其需要，并比竞争品牌更为出色。换言之，企业所提供的价值必须达到或超越客户的预期，必须充分满足他们的需求。而要做到这一点，就需要更深入透彻地了解消费者行为。

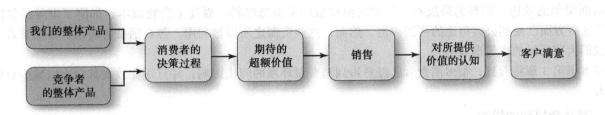

图 1-8　创造满意的客户

1.7.2　对个人的影响

1. 需要的满足

不论购买是否发生，消费过程对个人最明显的后果是，最初触发这一过程的需要在某种程度上获得满足。这一满足水平可以是完全满足，也可能是负满足状态，即最初的需要感不仅没有缓解，反而有所加剧。这里涉及两个关键过程，即实际需要的满足和对需要的知觉。这两个过程紧密联系，很多情况下处于等同状态，然而有时它们会出现背离。例如，人们可能会食用一些辅助食品如营养品，因为他们认为这些食品有助于人体健康，而实际上这些食品对人体健康可能并没有直接影响，甚至有负面影响。消费者保护及政府管制的目的之一，就是确保消费者能够判断产品到底在多大程度上满足其需要。

2. 有害消费

在意识到消费带来的利益的同时，也不应该忽视消费者行为带来的消极后果。**有害消费**（injurious consumption）是指个体或群体所做的消费决策对其长期福利造成负面影响。我们可以举出很多这样的例子，譬如：①由于商家积极的营销努力和低利率的信贷而产生的过度消费；②不健康产品的消费，包括快速食品、香烟、酒等；③参与类似于赌博一类的活动，这种活动可能对某些人的财务带来灾难性的后果。

一种含咖啡因的酒精饮料近期已经引起了 FDA 的注意。这种饮料看上去容量不大，但酒精和咖啡因的含量很高。据估计，一听这种新型的咖啡因酒精饮料对人的影响相当于 5~6 听啤酒对人的影响。而且，这种饮料也增加了人们涉足危险行为的机会，例如对驾驶的影响，部分是因为饮料所含的咖啡因会导致驾驶员过于陶醉其中。[15]

虽然这些问题是我们所关切的并将在本书中予以讨论，但同时也应当指出，抽烟喝酒几乎与人类文明相伴相随，赌博亦是如此。烟草的使用在现代媒体和广告出现之前便已存在，即便没有大规模的营销活动，其消费在全球范围仍呈上升趋势。不可否认，建立在消费者行为分析基础上的现代营销活动助长了某些形式的有害消费，然而营销活动并不是唯一原因。正如下面所要看到的，它可能还是治疗某些社会疾病的良药。

1.7.3　对社会的影响

1. 对经济的影响

消费者购买决策的累积效应是决定一国经济状况的决定性因素。消费者关于消费和储蓄的决策既影响经济增长，也影响资本可得性和资金成本，还对就业水平产生冲击和影响。消费者所购买产品的种类、品牌均会对行业增长率、工资水平以及支付的平衡等产生影响。在像美国、欧盟、日本这样的较大的经济体中，消费者所做决策会对很多其他国家的经济产生冲击。

2. 对物质环境的影响

消费者决策既对其自身的也对社会的物质环境产生影响。美国消费者在出行时相对依赖大量的私人汽车，而不是公共交通系统，一方面加剧了美国城市的空气污染，另一方面也增加了从其他国家进口不可再生资源的需求。大多数发达国家和很多发展中国家的消费者以肉食作为蛋白质供应的主要来源，由此导致牧场增加而森林面积减少以及水域污染，粮食、水和能源的低效利用等一系列问题。这也影响了许多消费者的健康。目前，用乙醇（从谷物、甘蔗或大米中提炼而成）替代石油作为汽车燃料，已成为日益流行的趋势，我们从中也可看到与前面类似的效应。燃料的高成本，再加之粮食被用来提炼燃料，提高了食物成本，加剧了世界的贫困水平。[16] 这些方面已受到公共舆论的强烈抨击。然而，这些资源之所以被利用，源自消费者需求，而消费者需求是由我们大家所做的决策形成的。

在本书第3章将看到，很多消费者已经意识到消费对环境的间接影响，并且正在改变其行为以减少对环境的危害。

3. 对社会福利的影响

消费决策也会对社会福利产生影响。社会花多少钱用于私人物品购买，花多少钱用于公共物品（例如教育投资、公园和医疗保健系统建设等）购买，实际上由消费者间接选举出来的代表来决定。这一类决策对社会的整体生活质量产生决定性影响。

如前所述，有害消费，对社会和个人均产生冲击。缘于吸烟、酗酒、吸毒所引起的社会成本是很高的。市场营销活动既可用来增加也可用来降低这些有害消费，因此，它对社会福利影响至深。考虑下面的情形：

根据美国公众健康服务署的资料，在美国10大死亡原因中，如果人们能够改变仅仅其中5个方面的行为，7大死因就会急剧地减少。这5种行为分别是：药物依赖（例如使用抗高血压药物）、饱食、抽烟、缺乏锻炼、酗酒与吸毒。这些行为都与消费活动及公众对营销活动的反应密不可分。消费者选择与社会问题之间的联系是十分清楚的。[17]

然而，这些问题虽然十分令人沮丧，但它们均可经由利他的社会营销活动予以解决。从这一角度看，市场营销与消费者行为既可以恶化也可以减轻严重的社会问题。

1.8 消费者行为的性质

图1-9是一个关于消费者行为的模型，我们以此模型来描述消费者行为的一般结构与过程，同时据此统领全书内容。该模型是一个**概念性模型**（conceptual model），它所包含的细节不足以预测某种特定的消费者行为，然而，它的确反映了我们对消费者行为性质的信念和认识。消费者在内外部因素的影响下形成自我形象和生活方式。其中，内部因素主要包括生理和心理方面，外部因素主要指社会、人文和人口统计方面。消费者自我概念与生活方式导致与之一致的需要与欲望的产生，这些需要与欲望大部分要求以消费来获得满足。一旦消费者面临相应的情境，消费决策过程将被启动。这一过程以及随之而来的产品获取与消费体验会对消费者的内部特性和外部环境产生影响，从而最终引起其自我形象与生活方式的调整或变化。

当然，生活很少会像图1-9所示的那样，消费者行为似乎从不会如此简单，如此结构化、有意识、充满机械性和线性化。快速审视你和你周围朋友的行为，你将发现现实中的消费者行为通常是复杂的、无意识的、杂乱无章的和循环往复的。需要指出的是，图1-9仅仅是一个模型，是分析问题的一个起点，它将帮助你思考消费者行为。当你审视这一模型并阅读以该模型为基础的后续各章时，你还需要不断将课本里的这些描述与现实世界丰富多彩的消费者行为联系起来，这样你对该模型的理解才不致偏颇。

图1-9所示模型中的每一个因素，都将在后面的章节里予以详细讨论。下面将对模型的各重要部分做一简要的透视，以便你对各个部分之间的联系有一个大致的了解。我们的讨论以及本书的内容是循着模型从左到右的顺序来组织和安排的。

1.8.1 外部影响（第Ⅱ部分）

将影响消费者行为的因素分类，在某种意义上带有主观或武断成分。例如，我们将学习视为一种内部影响，而事实上人类学习在很大程度上与模仿他人以及与他人相互作用有关。从这一意义上看，学习也可视为一种群体互动过程。在图1-9里，连接外部影响与内部影响的线条两端均带有箭头，这是表示相互作用、相互影响。

在讨论外部影响时，大规模的和宏观的群体影响将置于更靠前的章节，而小群体或微观群体的影响则置于随后的章节。文化也许是最有影响的行为影响因素，本书第2章专门讨论不同文化下消费模式的差别。从第3章到第7章，我们详细讨论美国文化。在第3章里，我们重点考察文化价值观。我们将看到，虽然美国人有很多共同的价值观和类似的消费行为，但行为上的多样性和变化性十分明显，由此既创造了新的市场营销机会，又带来了独特的社会动力。图 1-10 向我们展示了商家如何在其广告中接纳多样性。

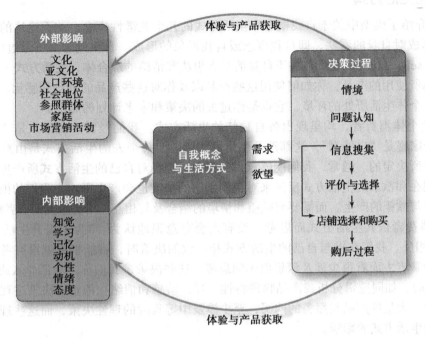

图 1-9 消费者行为总体模型

图 1-10

美国文化越来越多样化，而这则广告显示出了商家对多样性的接纳。

第 4 章进一步讨论美国社会，分析重点是人口环境和社会分层。在人口环境部分，将介绍人口数量、教育、年龄、收入、职业和人口地理分布等方面的情况。第 5 章则讨论种族、宗教和地域为基础的亚文化。第 6 章讨论了家庭和住户、家庭购买决策等。第 7 章阐述群体对消费者行为的影响过程及群体沟通，包括新产品和新技术采用过程中群体所起的作用。总体而言，第 2~7 章比较了影响美国消费者行为的各种外部因素，同时也不时强调跨文化的差异和变动。

1.8.2　内部影响（第Ⅲ部分）

内部影响始于知觉，即个体接触刺激物并对其赋予某种含义的过程，第 8 章将专门对此论述。然后是学习，也就是长期记忆系统的内容与结构的变动，这是第 9 章讨论的主题。第 10 章涉及三个相互联系的主题：动机，即行为的动因或理由；个性，个体在不同情境下一致而独特的反应倾向；情绪，对行为产生影响且十分强烈和相对难以控制的情感。第 11 章讨论消费者态度。态度是对某人或某种事物的好恶倾向，它包括情感的、认知的、行为的多种成分，反映人们对外部环境的某些方面如零售店、电视节目、产品的所思、所感、所为。

态度在很大程度上为前面所述的各种内外部影响因素所支配。

1.8.3 自我概念和生活方式

第12章详细地介绍了模型中关于自我概念和生活方式的几个关键性概念。前面论述的内外部影响变量相互作用，导致个体形成对自身的看法，即自我概念或自我形象的形成。自我概念又将通过生活方式反映出来。实际上，**自我概念**（self-concept）是个体关于自身的所有想法和情感的综合体，**生活方式**（lifestyle）则是你如何生活。后者涉及你所使用的产品，你如何使用这些产品以及你对这些产品的评价和感觉。生活方式是自我概念的折射，也反映了个体生活所处的环境，它也是你过去的决策和未来计划的总汇。

无论是家庭还是个体消费者，均呈现出各自独特的生活方式。我们经常听说某人是"事业型"的，或是"模范家长"，或某个家庭是"户外型"，这都涉及生活方式问题。一个人的生活方式是由意识到的和没有意识到的各种决策或选择所决定的。通常，我们能够意识到我们的选择对自己的生活方式所产生的影响，然而却不太可能意识到我们现在和欲求的生活方式反过来对我们所做的决策也会产生影响。我们的模型显示，自我概念和生活方式导致需要与欲望的产生，而需要与欲望和情境的结合及其相互作用会触发消费者购买决策过程。

这并不意味着消费者依其生活方式而思考。没有人会有意识地认为，"为了提升生活方式，我要喝依云（Evian）矿泉水"；相反，我们在做与自己的生活方式相一致的决策时，可能根本就没有考虑生活方式。大多数消费者决策，从消费者方面看很少涉及深思熟虑的思考。这些决策，我们称之为低介入或低涉入决策（low-involvement decisions）。如同逻辑分析或产品物理特性一样，情感和情绪在消费者决策过程中无疑起着非常重要的作用。虽然如此，大量的产品与服务的购买，至少涉及中等程度的理性决策，而这些理性决策大多又受购买者现在和所追求的生活方式的影响。

1.8.4 消费者决策过程（第Ⅳ部分）

消费者决策源于消费者意识到或感觉到某个问题的存在（如"我很渴"）和某种机会（如"这值得一试"）。下面的讨论里所使用的"问题"一词同时包含前面所指的问题与机会的含义。消费者问题通常发生在特定的情境下，情境的性质将影响发生于其中的行为。第13章较详细地讨论了情境因素对消费者决策过程的影响。

如图1-9所示，消费者需要与欲望可能激发一种或多种水平的消费者决策过程。重要的是，对很多产品的购买，消费者可能只花相当有限的精力从事决策活动，此时情绪和感觉对购买决定的影响可能与产品特征和事实一样重要。虽然消费者通常只花很少的精力于决策过程，但决策结果对个人、公司、社会均将产生重要影响。所以，本书将对决策过程之每一阶段予以详细阐述。第14章讨论问题的认识。第15章涉及信息搜集。第16章论述评价与选择。第17章讨论店铺选择和购买。第18章则阐述使用、处置和购后评估等问题。技术，尤其是互联网在消费者决策过程中的重要性，将在上述章节里不断被强调。

1.8.5 组织（第Ⅴ部分）与管制（第Ⅵ部分）

一些机构和商业组织也可能是消费者，例如当奔驰公司从供应商那里购买仪表盘配件时，奔驰公司就是消费者。这种类型的营销活动通常被称为B2B（business-to-business）营销，用以区别B2C（business-to-consumer），而后者是本书的焦点。组织机构的特性及它们的行为方式必须引起企业特别的注意。在第19章，我们将显示建立在个体和家庭消费者行为基础上的模型如何扩展到组织购买者的消费行为上。

管制也是能够影响到卖家活动的消费者行为中的一个方面，它与我们的模型的各个部分都密切相关，同样值得我们注意。第20章讨论消费者保护与政府对营销活动，尤其是针对儿童的营销活动的限制与管理，侧重点将放在阐述消费者行为知识如何在这些领域扮演其重要角色。

1.9 消费的意义

随着本书内容的展开，我们将呈现很多关于消费者行为的理论和研究结果，同时也将穿插一些影响消费者行为的营销实例。在阅读这些材料的时候，很容易忽视这样一个事实：消费者行为不仅仅是一个研究课题，也不仅仅是发展营销策略或形成政府管制政策的基础，对于消费者，消费本身具有更深邃的意义与内涵。[18]

试想有这样一个人，名叫安德烈。他是一个差点无家可归的人，却为能拥有一双耐克运动鞋而感到由衷的自豪。很显然，他本可以买一双其他品牌、价格便宜很多且同样能够满足其身体需要的运动鞋。虽然他没有明言为什么要买价格昂贵的耐克鞋，但一种合理的解释是，耐克鞋可以作为一种可见的标志，表明安德烈作为成功人士重新回归社会。事实上，耐克公司目前正在遭到社会的指责，很多人认为它通过市场营销活动所创造的成功感和地位感不适当地抬高了其产品的价位。对此，你是如何看待呢？在阅读消费者洞察1-2中不同的意义和动机的时候，请仔细考虑一下这个问题。[19]

当你阅读接下来的章节时，请记住消费者做出的决策是一系列复杂因素共同作用的结果，且它们常常反映了超越了单纯的功能的、有着细微差别的、强烈的意义和动机。

消费者洞察1-2 消费的意义和动机

消费者行为学研究消费者购买某件产品的原因。理解消费者行为既是营销策略制定的核心，也是本书的主要关注点。政府机构一定要向公民"推销"某种观点或服务，例如平价医疗法案、增税等；非营利性机构也要努力说服消费者来为它们做出贡献；公司要努力说服消费者去购买它们的产品和服务。一些产品和服务是必需的，然而大多数的消费却不是基于需求进行的，至少从功能上来看不是。许多公司会花费大量的金钱和精力去让消费者购买他们并不需要的产品、服务或品牌。而消费者往往更渴望得到那些在他们支付能力范围外的产品或服务。这样一来，一些消极的财务后果可能会因此产生，比如信用卡欠款等。下文中我们主要来探讨在基本功能和需求之外驱使消费者购买某种产品的因素，它们是更深层次上消费意义的体现。

平常的意义——有时候消费者知道自己想要什么。从最简单的每天必需但是无须花费很多时间决定的东西，像是牛奶、面包和袜子，到需要谨慎做出决定的更昂贵的物件，如汽车、电视甚至房子。即便在这些情形中，这些产品会满足基本需求，但是它们对于消费者来说意义却远不止此。汽车和房子在很长一段时间中都将意义非凡，因为它们往往会和拥有者的一些重要人生节点相联系，比如第一次约会，孩子迈出的第一步等。当和一些重要的事情和人联系在一起的时候，很平常的产品也会有了不平凡的意义。第12章将会有这样的观点：一件商品会比本身有更多的价值，或相较于最初的意义有了更深层次的意义。

规避的意义——消费者往往也知道他们不需要什么而相应地做出消费选择，至少在绝大多数情况下是这样的。消费者不希望自己在生活中因人身伤害的隐患而恐惧，所以他们会选择安全系数高的汽车，也会买像是烟雾报警器、一氧化碳探测器等设备来减少人身伤害。消费者也不希望他们的生活中充斥着财务风险，所以他们会购买保险和一些附加的担保，甚至会雇用理财策划师。风险和风险规避也是消费者行为和决策的重要部分，这点将在第3章和第16章详述。

创新品牌的意义——苹果手机的营销无疑是成功的，它使得苹果公司成为世界上最具盈利能力的公司之一。[20]消费者情愿在长队中花费很长时间等待，只为买到一部新款的苹果手机。然而，如果不是苹果手机的存在，消费者可能并不会觉得自己需要这样的产品。苹果手机很明显不只是一部手机，它对于消费者来说还有很多意义，包括产品创新、行业前沿、复杂设计和智能操作等都远远大过手机本身的意义。事实上，某个产品的品牌个性会和其功能性需求一样，成为驱使消费者购买的重要因素，这点会在第10章中详述。

产品创新程度越高，商家就越需要有能力去看出消费者基本需求和新兴技术的匹配关系。下面的几句话就是关于先于消费者需求的创新的。

你不能总是问消费者要什么，然后尽力满足。当你给他们想要的东西的时候，他们又想要新的了。[21]

——史蒂夫·乔布斯（Steve Jobs）

关注于目标群体去设计产品并不简单。大多数时候，直到你把新产品呈现到他们面前时，他们才知道自己到底要什么。[22]

——史蒂夫·乔布斯

像苹果手机一样成功是很多商家的梦想。然

而，很多新产品却不能获得成功。为何出现这样的情况？商家又应该怎么调整策略呢？这将是第7章中的关键内容。

功能之外的意义——女士脱毛在美国很流行，以至于诞生了很多朝阳产业，例如剃刀、化学脱毛剂和电解脱毛术等。然而，在法国、意大利等国家，女士却不习惯脱毛。[23]佳洁士"牙齿美白贴片"产品的开发开创了美白牙齿非处方的时代，并成功进入了这个价值极高的市场。[24]这些例子都说明了"需求"的形式不尽相同。尽管脱毛或者美白牙齿可能并不会提升一个人的身体状况，在一些国家或文化中，这样的做法却与某种归属感或被尊重的需要有很强的联系，这在第10章中也会提到。一些消费者群体认为商家创造了许多消费者非必需的"需要"，并担心这对个体甚至整个社会都会有不良影响，这一方面在第20章会更多关注。

思考题
1. 你认为产品为什么要具备消费者所需要的意义？又是通过什么实现的呢？
2. 某些营销会鼓励消费者购买他们并不需要的产品，你能指出这样做可能带来的消极后果吗？
3. 商家会创造需求吗？

小结

1. 界定消费者行为

消费者行为学是研究个体、群体行为和组织为满足其需要而对产品、服务、体验和观点进行选择、获取、使用、处置的过程，以及由此对消费者和社会产生的影响。

2. 总结消费者行为的运用

消费者行为学可能被应用在四个领域：①营销战略；②监管政策；③社会营销；④消费者教育。营销战略涉及的内容包括：基于对市场和细分市场的了解确定营销组合的层次，创造理想的结果。监管政策则是积极促进一些政策、方针和法律条款的出台，来保护和帮助消费者。社会营销则是通过营销战略和策略的应用去改变或引导消费者的行为，使得这种行为无论对消费者个人还是对整个社会都产生积极的影响。培养更成熟的消费者涉及消费者教育，让消费者了解自己的行为以及营销者如何影响自己的行为，从而使自己成为更健全的公民、更有效率的购买者，并反过来影响企业的经营伦理。

3. 理解如何运用消费者行为知识制定营销策略

消费者行为学和营销战略之间的相互作用包括五个阶段。第一个阶段是分析，主要是收集数据并追踪公司、竞争对手、环境和消费者的变化趋势。第二个阶段是市场细分。一个细分市场是大市场的一部分，细分市场的需要在某种程度上不同于大市场。公司细分它们的市场并选择一个或若干个作为目标市场，这些细分市场往往和公司的能力及市场环境具有最好的匹配度。第三个阶段是形成营销战略，主要是根据目标市场和市场环境为企业的营销组合设置一个适当的水平。第四个阶段是消费者决策过程，该过程包括一系列的步骤，包括问题觉察、信息收集、评价可选方案、购买、使用和购后评价等。第五个阶段是结果阶段，结果体现在个体、公司和社会多个层次。利润最大化，往往是企业层面上的目标；在个人和社会的层面，可能产生的不利影响对公司、政府组织和监管机构是非常重要的。无论是收集信息，制定试图影响消费者决策的营销战略，还是评价营销效果，营销者在每一阶段都需要理解和掌握有关消费者行为的概念和理论。

4. 描述消费者行为的概念模型

我们这里介绍的消费者行为概念模型可以分为四个相互关联的部分。外部和内部因素影响着消费者自我概念和生活方式的形成，它们又反过来影响消费者的决策过程。外部影响因素（第二部分）包括文化、参照群体、人口统计特征和市场营销活动。内部影响因素（第三部分）包括知觉、情感、态度和个性。自我概念是个体关于自身的所有想法和情感的综合体，生活方式则是你如何生活。后者涉及你所购买的产品，你如何使用这些产品以及你对这些产品的评价和感觉。内部和外部影响因素对自我概念和生活方式的形成均有影响，并反过来影响消费者的决策过程（第四部分）。能够涉及所有这些组成部分的是组织（第五部分）和监管部门（第六部分）。一些机构或商业组织也可能是消费者，例如当奔驰公司从供应商那里购买仪表盘配件时，奔驰公司就是消费者。这种类型的营销活动通常被称为B2B营销，用以区别B2C营销，本书侧重对后者的讨论。组织机构的特性及它们的行为方式必须引起企业特别的注意。政府的限制与管理是影响消费者行为的另一个重要方面,因为根据我们的模型,它会渗透到几乎每一项营销活动,因此也需要引起我们的特别重视。

5. 讨论与消费意义相关的问题以及商家影响消费意义的尝试

消费的意义远不止于满足消费者的最低或基本需要。因此,消费者购买耐克运动鞋并不仅仅是为了满足安全和运动支持等功能性需要,还涉及身份、个性及群体接受程度等与象征意义相关的需要。一些人批评营销人员试图灌输或放大消费者的欲望,使其超出了对产品基本功能方面的需求。虽然这些批评可能是正确的,但也要意识到,即使在营销活动相对缺乏的时代,人们对上面所描述的欲望和象征意义的需求也是天然存在的。当然,无论如何,营销活动中的伦理含义是必须予以认真考虑的。

关键术语

概念性模型(conceptual model)
消费者行为(consumer behavior)
消费者成本(consumer cost)
客户满意(customer satisfaction)
客户价值(customer value)
分销(distribution)
有害消费(injurious consumption)
生活方式(lifestyle)
营销传播(marketing communications)
市场营销组合(marketing mix)
市场营销战略(marketing strategy)

市场细分(market segment)
需要域(need set)
价格(price)
产品(product)
产品定位(product position)
自我概念(self-concept)
服务(service)
社会营销(social marketing)
目标市场(target market)
整体产品(total product)

复习题

1. 消费者行为领域是如何界定的?
2. 从本章开篇引言中能得出什么结论?
3. 了解消费者行为有哪四种主要用处?
4. 什么是社会营销?
5. 什么是客户价值?它为什么很重要?
6. 怎样才能提供一流客户价值?
7. 什么是整体产品?
8. 在流程图1-3市场分析中的消费者分析部分涉及哪些内容?
9. 在流程图1-3市场分析中的公司分析部分涉及哪些内容?
10. 在流程图1-3市场分析中的竞争者分析部分涉及哪些内容?
11. 在流程图1-3市场分析中的环境分析部分涉及哪些内容?
12. 描述市场细分过程。
13. 什么是市场营销战略?
14. 什么是市场营销组合?
15. 什么是产品?
16. 有效的传播策略有哪些要求?
17. 什么是价格?对于消费者而言,产品价格与产品成本有何不同?
18. 书中服务是如何界定的?
19. 创造满意的客户涉及哪些?
20. 对公司而言,营销过程及消费者对它的反应造成的后果是什么?
21. 对个人而言,营销过程及消费者对它的反应造成的后果是什么?
22. 对社会而言,营销过程及消费者对它的反应造成的后果是什么?
23. 什么是产品定位?
24. 什么是有害消费?
25. 什么是消费者生活方式?
26. 描述消费者决策过程。

讨论题

27. 为什么有人在网上购物，买 iPod 或经常在 TGI Friday 用餐？
    a. 为什么另外一些人不买上述产品？
    b. 你如何从很多品牌或型号中选择一个品牌或一种型号？其他人会以同样的方式做出同样的选择吗？
28. 对消费者洞察 1-1 中的问题做出回答。
29. 流程图 1-9 所示模型对营销者有何用处？
30. 你认为流程图 1-9 中的模型是否应做出改变？为什么？
31. 描述你的生活方式。你的生活方式与你父母的生活方式有何不同？
32. 在未来五年内，你预期你的生活方式会有什么改变吗？是什么原因引起这些变化？由于这些变化，你将购买什么样的新产品或品牌？
33. 描述你最近的一次购买，此次购买在多大程度上遵循本章介绍的消费者决策过程？你如何解释其中的差别？
34. 描述几种不仅仅包含产品属性的"整体产品"。
35. 描述下列产品可能满足的需要以及消费者为获得整体产品利益而支付的总体成本：
    a. 数码摄像机
    b. 眼睛激光外科手术
    c. 摩托车
    d. 运动型多用途车（SUV）
36. 你如何界定"Hard Rock Cafe"所提供的产品？它满足了什么样的需要？
37. 在多大程度上营销者对涉及其产品的有害消费负有责任？
38. 社会市场营销如何帮助社会缓解社会问题？
39. 回答消费者洞察 1-2 中的问题。
40. 指责耐克鞋在某些群体中产生一种象征性的成功是否恰当（参见消费者洞察 1-2）？说明理由。
41. Robert 的 American 快餐公司提供含中草药的快餐，公司总裁声称："我们不做研究，但产品卖得很火。"[25] 你如何解释公司的成功？公司这样做的优势是什么？有何风险？

实践活动

42. 访问一家零售店的经理或该店的市场营销经理，弄清该经理是如何制定市场营销战略的。将其战略制定过程与本章中描述的方法进行比较。
43. 访问一家地方慈善机构的经理，确定该经理对该机构支持者的行为假设。在何种程度上该机构运用市场营销战略来赢得社会支持？
44. 访问五名大学生，要求他们描述最近三次在餐馆用餐的情境。你能得到哪些情境如何影响消费者的结论，以及哪些个体如何影响消费者的结论？
45. 访问一家或多家销售下述产品的商店，对商店所采用的销售技术（卖场陈列、商店布置、营业员等）进行描述。在这样一些策略背后隐含哪些关于消费者行为的信念？通常，派一名男同学和一名女同学在不同时间访问同一名营业员是颇有价值的，销售诉求上的变动有时是非常有启发的。
    a. 书与杂志
    b. 手机
    c. 家用办公用品
    d. 昂贵的艺术品
    e. 昂贵的珠宝
    f. 个人电脑
46. 访问销售以下产品的销售人员，了解他们自己在购买这些产品时的行为模式：
    a. 高档珠宝
    b. 宠物
    c. 高尔夫用品
    d. 种植和花园用品
    e. 鲜花
    f. 汽车保险
47. 分别访问三位最近购买了大件商品和三位购买了小件商品的人。在哪些方面这两组消费者的决策过程类似？在哪些方面不同？

PART 2

第II部分

外部影响

本部分集中讨论图中模型所示的消费者行为的外部影响。将影响消费者行为的因素分成哪些单独的专门领域，即把哪些归入外部影响因素之列，哪些归入内部影响因素之列，本身带有某种程度的任意性。例如，我们将在第Ⅲ部分学习的内容侧重于内部影响因素，然而大量的学习活动涉及对他人行为的模仿和与他人的互动。很明显，学习与家庭、同伴等外部因素密切关联。在这一部分，侧重点是不同群体的功能作用，而非个体对这些群体做出反应的过程。

在本部分，讨论先从大的、宏观层面的群体影响开始，然后再逐一讨论较小、较微观群体的影响。随着我们讨论的深入，影响的性质将从一般的准则转为对具体行为的明确期望。第2章研究文化如何导致各国家和其他文化间的行为差异。第3～6章主要集中于美国社会，讨论美国社会的价值观、人口统计特征、社会分层、亚文化和家庭结构。第7章则阐述群体对人们行为产生影响的机制。同时，在这些章节里还将穿插一些其他文化下的例子，将外部影响如何在美国和世界各地运作进行对照。

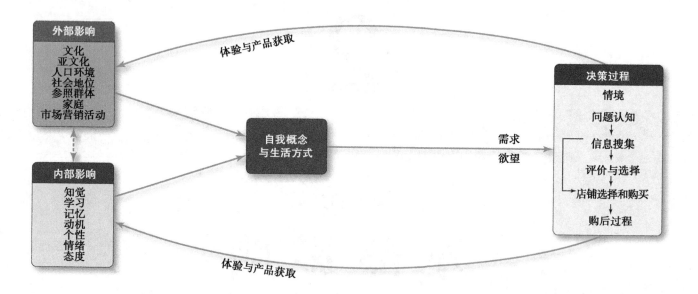

第 2 章

不同文化下的消费者行为

学习目标

1. 界定文化的含义。
2. 描述不同文化的核心价值观及对行为的影响。
3. 理解跨文化差异的非语言沟通。
4. 总结全球青少年文化的关键方面。
5. 理解全球人口统计的作用。
6. 理解进入国外市场的关键影响因素。

企业往往渴望全球化。全球化的好处是明显的，但挑战也是惊人的。当进行众多跨国和跨文化营销时，及时的适应、调整和仔细考虑是必要的。下面的例子（塔吉特、粉兔子和苹果）表明了由全球商标法产生的品牌和标志问题。

塔吉特：美国与澳大利亚比较——坐落于明尼阿波利斯市，拥有1 800家门店的零售商，最近在加拿大开了第一家国外门店[1]。尽管这是塔吉特第一次冒险越过美国边界，不过从1968年起，在澳大利亚就有塔吉特百货商店。澳大利亚塔吉特（300家店，38亿美元年收入）与美国塔吉特有着惊人的相似之处，①相同字体的塔吉特名称；②在它的店面、官网和广告上红白相间的公牛眼标志；③标语"期待更多，花费更少"以及它所提供的那些与美国塔吉特店里相似的、让消费者很难区分的产品。

这种看似奇怪的现象可以在商标法和区域品牌与地方品牌的发展历史中找到解释。在全球化不那么流行时，大部分的商标只能在一个国家设立。一个进行跨国商业活动的公司必须分别在每个国家为它的品牌获取商标（美国塔吉特在1966年到1967年是这么做的，澳大利亚塔吉特在1968年也是如此）。为什么美国塔吉特会允许这样的做法值得揣摩，但一位专家这么解释：

> ……这两个塔吉特可能有一些非正式的握手协议。50年前，零售最初还只是地方企业，几乎很少有国际品牌。美国塔吉特和澳大利亚塔吉特交互经营的可能在当时似乎还很遥远。

目前，美国塔吉特和澳大利亚塔吉特没有直接的竞争。但消费者购买的全球化性质，互联网接入提供的国家边界渗透率，以及美国塔吉特渴望越过它的边界的发展需求共同描绘了一幅可能在前进中产生挑战和冲突的图景。

粉兔子（Pink Bunnies）：劲量（Energizer）与金霸王（Duracell）比较——商标法的局限性也容许了两个电池兔子的存在：美国与加拿大的劲量兔和欧洲与澳大利亚的金霸王兔子。1973年金霸王创造了金霸王兔子来象征它的电池寿命长。在1973年到1980年的全球广告中，由金霸王电池供电的打鼓兔子比用竞争对手电池供电的兔子寿命长。但是，1987年当金霸王在美国未能更新其商标，劲量兔子趁机注册了商标：戴运动型眼镜，穿辫啪作响的拖鞋，有着更明显粉色皮毛的兔子，击打着一个明显更大的鼓。今天，美国和加拿大的顾客更熟悉长着毛茸茸的粉色毛发，戴运动型眼镜并打鼓的劲量兔子。当它继续前进时，一个同样标志性的毛茸茸的粉色铜顶金霸王兔子却只存在于欧洲和澳大利亚。[2]

苹果：计算机与音乐的较量——苹果电脑即现在所熟知的苹果公司，是技术领域的领导者，同时也是一个标志性的全球品牌。苹果股份有限公司是Beatles的持股公司。苹果电脑和苹果股份都有一个苹果的标志，只要两公司在各自领域（电脑与音乐）都很出色，这两个公司就能够创造它们的商标差异。然而，当苹果电脑通过iTunes进入音乐领域时，事情便混乱了。在2006年，法院支持了苹果电脑。这两个公司在2007年达成许可协议。[3]

正如我们通过本章和其余各章所学，名字、标记和符号构成了消费者关于品牌的意象、信仰和态度，而这些是消费者行为的重要驱动因素。鉴于品牌名称和标识对于购买这些品牌的消费者的重要意义，当地和全球法律如何管理品牌名称和标识的使用是至关重要的。

跨国跨文化营销是一项困难和极具挑战性的任务。如图2-1所示，文化（和国别）的差异可能存在于人口统计特征、语言、非语言传播以及价值观等方面。全球营销的成功取决于在多大程度上了解和适应这些差异。

本章侧重讨论在价值观和非语言传播方面的文化差异。除此之外，还将简要地阐述不同国家和不同文化下人口统计特征的差异是如何影响消费者行为的。

在详细讨论这些差异之前，我们必须先了解跨文化营销中广泛存在的一些问题，其中包括全球化、对跨国品牌的态度以及伦理观念等。全球化不仅仅意味着产品的进出口，还包括价值观、生活方式与态度的输出和引进。一直以来，大家一般认为全球化的影响是单向的，主要是美国与其他西方跨国企业和品牌在影响其进口国的价值观和生活方式。毫无疑问，这种影响的确是存在的。例如在印度，电视广告铺天盖地，反映了很多西方人的价值观，如个人主义和对青少年的重视等。随着时间的推移，这些广告不仅会影响很多印度人的生活方式，而且还会影响他们的价值观、思维和情感等。[4]

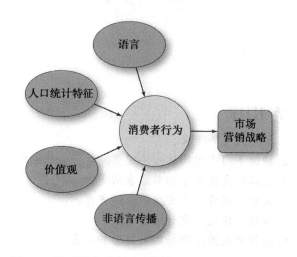

图2-1　影响消费者行为和市场营销战略的文化因素

然而，随着产品、品牌、文化和价值观的国际流动性的增强，全球化带来的影响会日趋双向。因此，一方面，诸如奔驰之类的西方品牌在日本等东方国家仍然是豪华车的标志；另一方面，诸如日本的雷克萨斯（Lexus）之类的一些东方品牌，在美国等西方国家也已建立起了类似的豪华车的地位。类似的例子还有：[5]

- 英式足球以英国足球明星大卫·贝克汉姆（David Beckham）为标志而引进美国，与此同时，美式足球（又名"橄榄球"）则开始登陆中国。
- 原宿是一个广义的"街头"时尚，是由有时尚意识的日本青年发展出来的，它以独特而具有创造性的方式包含了西式元素，现在已风靡全球。
- 因崇尚"巴西风情"，巴西的产品和时尚在伦敦风靡一时，其主要通过百货商店、文化活动以及积极正面的新闻媒体报道来推广促销。不仅在美国，甚至在全世界都出现了类似的趋势。

尽管全球化会影响文化价值观，但这并不意味着所有的文化都会日趋同化。尽管年轻一代的消费者似乎更相似、更现代化，但在某些情况下，同样市场中的年长者则会坚持对传统的尊重。

例如，如《超级女声》似乎就是模仿《美国偶像》的中国版的选秀节目。然而，中国的立法者也力图通过制定法规来规范参赛者的言行，使之更符合传统，并约束裁判，使之不能为难参赛者。据一位专家说：

主管部门并不支持那些煽情和带有逆反性质的竞赛项目，这些节目促进了个人主义和个人成就感。赢者成为偶像并对中国民众产生相当的影响。[6]

除了年长者与当局力图保持传统的文化价值观之外，世界各地的消费者通常会对当地的历史文化遗产拥有强烈的自豪感，有时甚至还会不相信或憎恨国际品牌，视之为不负责任并会伤害当地文化和商业活动的事物。事实上，最近的一项研究表明，无论在哪个国家，世界上的公民可以分为四种基本类型：[7]

- 全球公民（55%）——对国际品牌持积极态度，视之为高品质的产品，并且非常关注品牌企业对东道国的社会责任。在巴西、中国和印度尼西亚有很多这一类型的公民，但在美国和英国则很少。
- 全球化梦想者（23%）——对国际品牌持积极态度，并体现在各个方面，较少关注企业对东道国的社会责任。这类人在各国的分布基本一致。
- 反全球化公民（13%）——对国际品牌持消极态度，不喜欢宣扬美国价值观的品牌，不信任跨国企业。在英国，这类公民较多，而在埃及和南非则比较少见。
- 全球化不可知论者（9%）——在进行购买决策时，并不特别注重国际品牌，会和当地品牌进行比较，不认为全球品牌有其特殊性。在美国与南非，该类公民较多，而在日本、印度尼西亚与土耳其则较少。

企业责任和伦理问题涵盖从劳工政策到产品消费的负面影响等各个方面。美国的烟草业就是个典型的例子。美国的烟草公司正在向亚洲、拉丁美洲、非洲与东欧等地区的发展中国家进行积极营销。因吸烟引起的疾病已成为亚洲的头号杀手，而且女性吸烟问题日益严重，这已引起了广泛关注。[8] 正如世界卫生组织的一位官员所说：

"我们发现，在日本，西方的香烟品牌已成为一种标榜自由的工具，烟草公司还鼓动年轻的日本女性吸烟，暗示如果要伸张自己的权利，打破身上的枷锁，就要吸烟。"[9]

很显然，国际营销或隐或明地涉及了伦理道德问题。

2.1　文化的概念

文化（culture）是知识、信念、艺术、法律、伦理、风俗和其他由社会成员所共有的能力、习惯等构成的复合体。

关于文化，有几个方面需要澄清。首先，文化是一个综合概念。它包括影响个体思维过程与行为的几乎每一个方面。尽管文化无法决定一些生理特性和习性，例如饥饿和性别，但它确实可以影响这些方面是否得到满足以及得到满足的时间和方式。文化不仅影响我们的偏好，还会影响我们进行决策的方式，[10]甚至是我们感知周围世界的方式。其次，文化是一种习得行为，它不包括遗传性反应和倾向。由于人类多数行为是经由学习获得，而非与生俱来的，所以文化确实广泛影响着人们的行为。

再次，由于现代社会的复杂性，文化很少明确规定详细的行为规范。在大多数工业化社会里，文化只为大多数人提供行为和思想的边界。最后，由于文化本身的性质，我们很少能意识到它对我们的影响。人们总是与同一文化下的其他人一样行动、思考和感受，因为只有这样，看上去才是"正常的"或者"正确的"。

例如，大多数美国人都把甜玉米当作热菜。而在不同的国家，甜玉米的吃法却各不相同。法国人把甜玉米加到沙拉里凉拌，而不是当作热菜吃；英国人把玉米放在三明治和比萨的上面；在日本，学生把玉米罐头当作课后餐；韩国人则喜欢把甜玉米洒在冰激凌上。[11]

其中某些吃法对你来说可能是奇怪甚至是不可接受的，但对其文化下的成员来说却再自然不过了。这就是文化的性质。我们的许多偏好都受到我们所在文化的影响，而我们一般都意识不到这一点。

文化主要通过为个体设置较为宽松的行为"疆域"，通过影响诸如家庭、大众媒体的功能而发挥作用。应当说，它为个人或家庭生活方式在哪些约束下演变提供了一个框架。

文化对个人行为设置的"疆域"或"边界"，实际上就是我们通常所说的**规范**（norms）。简而言之，规范就是关于特定情境下人们应当或不应当做出某些行为的规则。规范源于**文化价值观**（cultural values），或者大家普遍持有的信仰。违背文化规范将受到其他社会成员的**制裁**（sanctions），或是惩罚，这种惩罚可能是轻微的不认同，也可能是被整个群体抛弃。因此，如图2-2所示，文化价值观产生一定的社会规范，不遵循这些规范时将会有相应的制裁，而规范与制裁则最终影响人们的消费模式。

前面的讨论也许会使人产生一种印象，似乎人们时刻意识到文化价值观和规范的存在，并对触犯某种规范要受到何种惩处有清楚的了解。通常，现实情况并非如此。我们遵从某种文化规范时，实际上并未加以任何思考，只是因为不按此行事反而会觉得不自然。例如，在从事商务活动时我们很少意识到与别人谈话时的距离有多近,然而这一距离却已被你所在的文化所界定,尽管在不同文化下,人们可以容忍的谈话距离是不一样的。

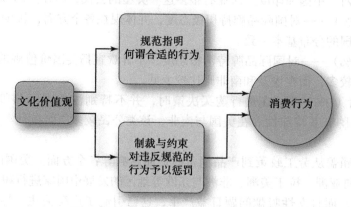

图 2-2　价值观、规范、制裁和消费模式

文化并非静态的,它会随时间的变化而缓慢地演变。营销人员一方面要了解目标市场现在的文化价值观,另一方面还要了解正在出现的新的文化价值观。对文化差异理解上的失误,可能会导致严重的后果,例如:

- 最近,一位印度企业家加入了华盛顿红皮肤(Washington Redskin)的一场板球比赛的啦啦队。在推崇传统文化的印度,是不认可这样的行为的。立法者对球队进行施压,球队只好用当地的鼓手替代啦啦队。因为在印度人眼中,啦啦队"粗野下流,不合印度的文化传统"。[12]
- 一家美国电子公司与一位日本客户签订了一大宗合同。美国公司的总裁专程飞到东京参加签字仪式。正式签字前,日本公司的总经理逐字逐句地审阅合同内容,持续了很长一段时间。最后,美方公司的总裁按捺不住,提出额外一项让价折扣。虽然日方总经理颇感意外,但仍不动声色地接受了这一"惠赠"。美方总裁错误地认为,日本人长时间地审阅合同是要重新谈判。而事实上,日方总经理缓慢地审阅合同细节,只不过是为了表达其对合同的重视,并显示其权威。
- 立顿(Lipton)开发了一个名为"小菜"(Side Dishes)的速食产品线,该产品线在美国销量很好。然而在拉美,这个立顿希望加速发展该产品线的巨大市场上,销量却欠佳。原因是拉美的主妇对其家庭角色持有非常传统的观点,她们认为给家人做速食品意味着自己非常懒惰或厨艺很差。[13]

星巴克的 CEO 提醒那些希望走向全球的美国企业:"最大的教训是不要假设其他市场的消费者与美国是一样的,即使他们也说英语,或言行举止像美国人。"[14] 然而,通过有效的战略,并时刻关注当地消费者的需要,经验老到的零售商和制造商还是能够在世界范围内取得成功的,正如图 2-3 所示。

图　2-3

许多公司在世界各地同时提供标准化和定制型产品。

2.2 文化价值观的差异

文化价值观是一个为社会的大多数成员所信奉,被认为是社会普遍倡导的信念。文化价值观是通过一定的社会规范来影响人们行为的。社会规范规定了在一定的社会情境下,哪些行为反应是可以接受的,哪些是不能接受的。要弄清行为上所体现的文化差异,一个有用的办法是了解不同文化背景下人们价值观的差异。

影响消费行为的价值观很多,而且这些价值观随文化而异。我们将从较广泛的意义上将文化价值观分为三种形式,即他人导向价值观、环境导向价值观和自我导向价值观。对消费者行为影响最深远的文化价值观都可归入其中的一种形式或类别。

他人导向价值观(other-oriented values)反映社会对于个体之间、个体与群体之间以及群体彼此之间应如何相处或建立何种关系的基本看法。这些看法对市场营销活动产生巨大的影响。例如,如果社会更加重视集体活动,消费者在做购买决策时可能会较多地依赖于他人的帮助和指导。此时促销活动如果过分强调个体独立性,就不能引起消费者的共鸣,从而效果就不一定好。

环境导向价值观(environment-oriented values)反映社会对其与经济、技术和物质环境之间相互关系的看法。作为一名营销经理,在一个强调问题解决、承担风险和以追求绩效为目标的社会所做的营销计划,显然应有别于在一个以宿命、安全、地位和等级为导向的社会所做的营销计划。

自我导向价值观(self-oriented values)反映的是社会成员认为应为之追求的生活目标以及实现这些目标的途径、方式。同样,它们对营销管理具有特别重要的意义。例如,接受和使用信用卡很大程度上取决于人们对即时消费和延迟消费的基本态度。

表 2-1 列出了 18 种文化价值观,它们在绝大多数文化下都是非常重要的。大多数价值观属于两分的,如物质的还是非物质的。应当指出,这并不意味着一种非此即彼的情境,而是一个统一体。例如,两个社会均具有重视传统的价值观,但程度上可能会有差别,一个社会可能较另一个社会更接近非常传统这一极。对于某些文化价值观,两分法可能并不合适。例如,对于一个对清洁赋予较低重要性的社会并不必然意味着该社会对脏乱赋予较高的重要性。下面将对表 2-1 列出的 18 种文化价值观做更深入的讨论。

表 2-1 与消费者行为密切相关的文化价值观

他人导向价值观
- 个人与集体。社会是重个人活动和个人意见还是重集体活动与群体依从?
- 年轻与年长。家庭生活是更多的满足大人的还是小孩的需求?年轻人还是年长的人被视为领导或楷模?
- 扩充家庭与有限家庭。在多大程度上一个人应对各种各样的家庭成员承担终身义务和责任?
- 男性与女性。在多大程度上社会权力的天平自动偏向男性一方?
- 竞争与合作。一个人的成功是更多的依赖超越别人还是更多的依赖与他人的合作?
- 多样性与统一性。对宗教信仰、族群、政治观点和其他重要的行为和态度是否具有包容性?

环境导向价值观
- 清洁。社会对清洁的追求在何种程度上超过健康所要求的限度?
- 绩效与等级。社会激励系统是建立在绩效的基础之上,还是建立在世袭因素如家庭出身、阶级等的基础上?
- 传统与变化。现存的行为模式是否被认为优于新的行为模式?
- 承担风险与重视安定。那些勇于承担风险、克服种种困难去达成目标的人是否更受尊重和羡慕?
- 问题解决与宿命论。人们是被鼓励去解决问题还是采取一种听天由命的态度?
- 自然界。人们视自然界为被征服的对象还是视其为令人景仰的圣地?

自我导向价值观
- 主动与被动。更积极、主动的生活取向是否更为社会所看重?
- 纵欲与禁欲。感官愉悦的享受如吃、喝、玩、乐在多大程度上会被接受?
- 物质性与非物质性。获取物质财富到底有多重要?
- 勤奋工作与休闲。超过经济所需的更拼命工作是否更值得尊敬?
- 延迟满足与即时满足。人们是被鼓励及时享乐还是未雨绸缪?
- 宗教与世俗。在多大程度上人们的行为和态度由宗教戒律所支配?

2.2.1 他人导向价值观

1. 个人与集体

社会是提倡个人创见还是更重视集体合作与对群体的依从？个人之间的差异是受到尊重还是遭受指责？荣誉和奖赏是给予集体还是给予个人？对这些问题的回答，能够揭示出一种文化到底是个人取向的还是集体取向的。个人主义是美国文化的特色。澳大利亚、英国、加拿大、新西兰和瑞士的文化也非常强调个人主义；而韩国、墨西哥、日本、印度、俄罗斯以及中国的文化则更强调集体主义。[15]

个人与集体价值观被认为是区分不同文化的关键因素之一，它对个体的自我概念具有决定性影响。毫不奇怪，来自不同文化背景的消费者，由于在这一价值观上存在差异，他们对很多营销活动的反应，像如何看待国外产品、[16] 广告[17] 以及互联网[18] 等均具有明显的差异。以下是一些例子：

- 相比于个人主义文化，在集体主义文化盛行的国家，一项服务失败后消费者更在意自己是否受到了尊重和关心。[19]
- 相比于个人主义文化，来自集体主义文化的消费者在购买时更多的是模仿而不是创新。[20] 因此，"尽显本色"或是"与众不同"的广告主题在美国会比较有效，而在中国、韩国和日本则效果欠佳。
- 在集体主义文化盛行的国家，比如韩国，广告往往更多的采用名人诉求；而在个人主义文化主导的国家，如美国，广告中的名人诉求则较少。[21]

有意思的是，你或许会认为集体主义文化不会特别重视奢侈品，然而事实是，奢侈品在集体主义文化中相当重要，但是理由却不同。在个人主义文化中，购买一件奢侈品是为了张扬自己的个性或者显示自己与众不同；[22] 而在集体主义的亚洲社会中，完全不是这么回事。正如一位专家所描述的：

> "品牌作为符号，其作用已远远超越了产品内在的特征。买一块昂贵的手表或一个显示地位的品牌产品，实际上是购买了一张'俱乐部会员证'，或者一种'我也像你'的标记。"[23]

类似地，炫耀性消费通常与个人主义社会相关。然而，最新的一项研究表明，品牌声誉对集体主义国家的炫耀性消费品的购买决策产生的影响更大。[24] 另一项研究也指出，集体主义国家对外观的关注比个人主义国家高出了40个百分点。一种解释是，不同文化下，特定的行为是由不同的原因产生的。正如一位专家所说：

> "穿着讲究……在个人主义文化中可能传递了一种个性特征。然而，在集体主义文化下的消费者，则可能把这当作一种表明群体成员身份，表明自己关注群体规范，跟随群体潮流以及避免在群体成员面前丢脸的方式。"[25]

尽管这些概括性的描述非常有用，但同样要认识到文化价值观能够而且确实在发生变化，尤其是在亚洲的发展中或发达国家城市出身的青年消费者中，这种变化更加明显。可以说，个人主义文化也正在这些国家悄然兴起。[26] 例如，26%的中国青少年认为个性是非常重要的一种品质，比他们父辈的两倍还高。[27] 尽管这个比例比西方国家低很多，然而这实实在在地代表了一种重要的趋势。看看下面这段对一位年轻日本女性的描述：

> 在日本，年轻单身的女性正在步入新的"历程"。日本80后职场女性的典型形象是初级职员。然而今天，日本女性在企业中正在进入更高的职业阶层，这导致她们更加具有独立性。现在的女人们正走出家庭，寻找自己的人生之路。越来越多的女性会说："我不喜欢随波逐流，我能够找到自己的生活之路。"[28]

面对着这样的一些改变，传统不像过去那样具有吸引力。例如，20世纪80年代后期，希赛多（Shiseido）成功地开发出Perky Jean化妆品系列，广告主题是："无人不买。"一位公司高管说道："这样的广告现在再也行不通了。"

亚洲年轻一代和年长一代消费者所持有价值观的差异说明,没有文化是一成不变的,营销人员必须同时注意到不同文化之间的差异以及文化内部的差异。[29]

2. 年轻与年长

在多大程度上家庭的核心活动集中于满足小孩而不是大人的需要?孩子们是否影响家庭的购买决策,在多大程度上影响?对于涉及儿童用品的购买决策,孩子们又起何种作用?荣誉、地位和重要的社会角色是更多的赋予年轻人还是年纪较大的社会成员?是年轻人还是年长者的行为举止与服饰更多的被其他社会成员效仿?

虽然美国社会明显是年轻导向的,但在许多亚洲文化中,一直以来都非常重视长者的智慧。因此在这些文化中,广告使用成熟的代言人较年轻的代言人更容易获得成功。然而,随着以年轻人为目标顾客的广告越来越多,这些广告大多采用年轻人代言,一些亚洲文化正在步入年轻导向。[30] 请看下面对中国台湾地区的描述:

> 这里绝对是年轻导向的,具有很时尚的文化……这是个极具潜力的消费经济体,以年轻人为定位的产品可以确保卖得很好。[31]

图2-4展示了七喜在中国对青春主题的运用。这些独特的户外"灯牌"标志在中国大城市是很常见的。

图 2-4

这个七喜在中国的户外标志表明年轻化趋势正在亚洲文化兴起,历史上亚洲文化以尊重长辈和智者为传统。

在阿拉伯国家也随处可见这种年轻化的趋势。一项对来自沙特阿拉伯、巴林、科威特以及阿拉伯联合酋长国的消费者调查显示,众多年轻的细分市场正在快速成长,其中最有吸引力的一个市场(35%)是由已婚核心家庭构成的,他们更加年轻,更加崇尚自由和个人主义,女人们更倾向于外出工作,从而在家庭决策中拥有更大的话语权。[32] 这些年轻化趋势可以解释为什么最近的研究发现,在阿拉伯国家和美国的电视广告中反映出许多相似的价值观,比如独立和尊重老年人。[33]

孩子们对于购买决策的影响以及他们以什么方式对父母施加影响,与社会是更加尊重长者还是更加重视年轻人的价值观有很大关系,这对企业营销有很重要的意义。[34] 例如,一项研究比较了斐济岛和美国孩子影响购买的策略。斐济岛和其他太平洋岛国的人其个人主义意识较淡漠,更加尊重权威和长辈,所以斐济的孩子更倾向于用"恳求"而不是用"需要"策略来获得他们所要的东西,父母们更愿意正面地回应这种"恳求"(购买孩子们请求的物品);

相反，美国孩子更多采用"需要"而不是"恳求"方式，美国的父母通常会对这类"需要"做出正面的回应。[35]

中国实行一个家庭只准生一个孩子的计划生育政策，由此导致很多家庭视孩子为中心。事实上，这些孩子被一大家的长辈宠着，以至于他们被称为"小皇帝"。[36] 看看下面对上海姓周的一家以及他们10岁女儿的贝拉的描述：

> 在传统的儒家文化熏陶下，尊敬和听从长辈是天经地义的，然而在今天的中国城市中，随着世界的快速发展，越来越多的孩子开始影响他们的父母。当去年周家想买一台电视机时，是贝拉挑的牌子；当他们出去吃饭时，是贝拉坚持要去必胜客。[37]

很明显，虽然在中国这样的亚洲国家，其传统文化正在发生变化，但也不要忘记，传统的细分市场和传统价值观依然存在，记住这点是非常重要的。营销人员不仅仅要适应跨文化的发展，也要注意同一文化内部的发展。

3. 扩展家庭与有限家庭

对于任何社会，家庭都是基本的社会单位，然而，在不同的文化下，家庭的定义以及家庭成员之间彼此的权利、义务存在很大差异。正如在第6章中将要看到的，不论在何种文化下，家庭都将通过遗传和早期社会化对我们的行为产生终生的影响。然而，在不同的文化背景下，一个人在不同时期对其他家庭成员应尽多大的义务以及哪些人员被认为是家庭中的一员仍有很大的区别。

在美国，家庭是从狭义上予以界定的。较之于其他国家，家庭在美国社会起的作用相对比较小。一般而言，只有成为家庭的主要成员或核心成员，一个人才觉得有某种强烈的责任与义务，而且随着新的家庭的建立，对原有家庭成员的义务感呈下降趋势。在许多其他国家和地区，例如南美、斐济、以色列和亚洲，家庭的作用非常强大。家庭义务往往涉及表姊妹、表兄弟、外甥甚至更多。下面的一段描述体现了一个庞大中国家庭的复杂性。

> 在中国人生活的方方面面，家庭都是至关重要的，人们对于非家庭成员一般都不太信任。因此，中国人建立了一种家庭化的社会联系，其程度比其他任何文化环境下都高。他们将家庭的概念延伸到更深的层面，从紧密的家庭到稍微远一些的亲戚，到更远的甚至不是真正意义上的家庭成员，哪怕他们只是与某个家庭成员相联系。有时候甚至还包括与之相联系的整个家庭。因此，中国的家庭实际上是一个联系交往的系统，而不是西方人所理解的纯粹的情感单元。[38]

很明显，营销人员需要了解家庭在其所处文化下所发挥的重要作用并很好地加以适应。例如：

- 较之于美国人，墨西哥和泰国的青少年和刚刚自立的年轻人在消费价值观和购买习惯上，会更多的受到他们父母和家庭的影响。[39]
- 由于印度消费者喜欢成群结队地购买，或是和家庭成员一起购物，Biyani（一家类似于沃尔玛的折扣商店）专门开设了U形和C形的过道，以给人们提供一个讨论购买决策的私人角落。[40]

4. 男性与女性

荣誉、较高的社会级别以及重要的社会角色是否主要赋予男性？女性的生活方式与命运是否从其出生之日起就能够准确地加以预测？是由丈夫还是妻子，抑或由两者共同做出重要的家庭决策？总的来说，我们生活在一个男性占支配地位的社会。然而，这种支配程度，即使在相对具有同质性的西欧各个国家，也存在较大的差别。

男性与女性价值维度影响着市场营销的众多方面，既有表象的影响，也有潜移默化的影响。例如，在伊斯兰国家和美国的广告中所描述的女性角色和女性行为是不同的。[41] 事实上，当美国军队与一家阿富汗机构合作创作以婴儿照片为特征的广告时，他们发现"所有的孩子都不得不是男孩，而且广告文案更多聚焦于男性"。这些广告是用来维护阿富汗人的骄傲并阻止自杀式袭击。[42]

在当今很多国家，妇女的角色和地位正在改变和拓展。[43] 对营销人员来说，这既是新的机会也是挑战。[44] 例如，日本女性婚后继续工作的比例日益上升，这使得节约时间的产品以及其他面向职业女性的产品需求上升。在英国最近一个选举圈,主要政党以受过教育的妇女为目标人群,并通过"妈妈网"来挑选她们。这是英国最大的育儿网站,拥有12亿用户,这些用户主要是高收入并受过大学教育的妇女。[45]

男性化维度也可以强烈影响运动和锻炼的参与度。在韩国、墨西哥、巴西和法国等男性导向的国家和文化中,男性和女性运动和锻炼的参与度是有很大的差异的(男性偏高)。然而,我们还必须考虑现代的趋势。例如,在墨西哥,体育运动的男性导向有所减缓,年轻的墨西哥女性参与运动也被慢慢接受了。最近的一个例子便是长跑运动员安娜·格瓦拉(Ana Guevara),她的收视率有时比男子足球的收视率还高——这在墨西哥体育史上闻所未闻。一位专家认为这表示"墨西哥女性地位的转变"。[46] 来自韩国和中国的女性现在是女子职业高尔夫的新生力量,在女子职业高尔夫协会(LPGA)最近12场主要大赛中获得了6场胜利。如图2-5所示,随着女性在职业运动中越来越高的参与度,女性角色正在发生改变。

图 2-5

全球女性角色的改变产生了新的营销机会。在许多文化中,女性在运动中的受欢迎度与参与度正在增加。

同样,记住传统的细分市场和价值观的存在当然是非常重要的,而且营销人员必须适应不同文化以及同一文化内部的变化。例如,最近一项针对中国内地女性的研究发现,传统的和现代的细分市场同时并存。[47] 在香港特别行政区,传统价值观也并没有因经济和社会的独立而衰退。这种冲突是内化的,正如下面的引文所示:

> 面对中国的传统文化和西方文化,香港女性正位于现代主义和传统主义的十字路口。一方面,她们在家庭和社会的经济地位与决策地位在不断提升;另一方面,她们仍承受着女性应该成为贤妻良母的传统期望的压力。[48]

对营销人员来说,这给其在对市场进行细分时带来了挑战。而在某些情况下,这种挑战却可以帮助消费者(通过产品、定位、广告等)应对传统和现代价值观之间的矛盾。

5. 竞争与合作

成功是更多的依靠超越别人,还是与他人的合作获得?是否社会中的每一个成员都钦羡成功者?更加男性化以及个人主义导向的文化,例如英国、美国和澳大利亚,倾向于更加重视竞争,并公开地表示对竞争的推崇。集体主义文化,即使是有很高的男性化特征,例如日本,也更加倾向于认为公开的竞争姿态是不应该的,因为这么做会使其他人没面子。[49]

不同文化或社会在这些方面的差异可以从它们对比较广告的不同反应中得到体现。例如,在美国,比较广告受到鼓励,而在其他文化中使用比较广告则会遭到消费者的抵制,甚至是一种违法行为。正如人们所预料的那样,在像日本那样的合作性文化环境下,比较广告被视为趣味低下,在中国也是如此。然而,百事可乐公司发现日本年轻消费者对用直率而滑稽的方式嘲笑竞争对手普遍持赞同的态度。[50] 所以，作为原则，使用比较广告应当谨慎，并且只能在经过大量测试后才能应用。

6. 多样性与统一性

社会成员在宗教、民族背景、政治信念和其他重要的行为方式和态度上是否兼收并蓄？在一个重视多样性的社会里，人们不仅接受个人行为和态度千差万别的现实，而且在饮食、装束以及其他的产品、服务上也会追求丰富多彩。相反，一个崇尚统一性的社会不可能接受各式各样的口味和产品偏好，尽管这样的社会随着时间推移也会受潮流、时尚和其他变化的影响。

集体主义文化更加重视统一性和遵从，[51] 而个人主义文化则更加重视多样性。例如在中国和日本，群体内部的影响（如想和其他人看同一部电影）要远远大于英国和美国。[52] 然而，很显然的是，在许多集体主义社会里，与青年运动相关的经济和社会变革意味着要比传统社会更加包容多样性，虽然接受的绝对水平要明显低于个人主义社会。

2.2.2 环境导向的价值观

1. 洁净

清洁卫生是否极为神圣或者它仅仅是小事一桩？对家庭、办公室和公共场所的清洁要求是否超过了合理的健康要求？在美国，清洁卫生极受重视，单单液体除菌香皂就有上亿美元的市场。[53] 事实上，很多来自其他文化的人认为，美国人在个人卫生方面过于偏执。

对于清洁的重视程度在经济发达的文化体之间存在差异，但最大的差异存在于经济发达国家和经济欠发达国家之间。在很多经济落后的国家，缺乏有效的卫生保障为人们带来一个健康环境。即使在印度这样经济正在迅速崛起的国家，很多地方仍由于缺乏基本的卫生保障而导致大量的健康问题。[54] 尽管麦当劳常由于对他国当地文化的负面影响而受到诸多指责，但它却因为给当地提供了卫生的食品和洗手间而受到好评。[55]

2. 绩效与等级

机会、奖赏、荣誉是基于个人业绩与能力，还是取决于个人出身、级别、所处社会阶层等因素？是否所有的人从生命开始之初就在经济、社会和政治等方面拥有平等的机会？某些社会团体是否被赋予某些特权？产品或品牌是基于其完成某项任务的能力还是基于声望、地位而受到欢迎？

在一个地位和等级导向的社会里，对于功能不相上下的商品，人们往往以价格高低、质量、品牌声望的大小为主要的选择标准，如自有品牌或专卖店品牌。[56] 因此，相比于美国的广告，日本和印度的广告更倾向于诉求地位和财富。[57] 根据李维斯负责其瞄准新兴市场的dENiZEN品牌的执行官所说：

> 我们已经意识到一个新的消费者群体正出现在新兴的并迅速崛起的中产阶级之中，即追求用商品来彰显身份的买主。这一现象主要存在于新兴市场中：它们存在美国以外的市场，如印度、印度尼西亚、墨西哥和巴西。[58]

绩效、等级与权力距离这一概念密切相关。**权力距离**（power distance）是指人们接受将权力、权威、地位及财富的不平等视为社会的自然和内在现象的程度。[59] 在印度、巴西、墨西哥、法国和日本，接受程度比较高；而在澳大利亚、丹麦、新西兰、瑞典和美国，接受程度则较低。研究表明，较之于权力距离较小的国家及地区，在权力距离较大的国家里，广告中专家权威的观点会有更大的影响，[60] 而且消费者更喜欢在购买商品时参考其他人的意见。[61]

然而，如何行使权力可能取决于其他文化因素。在美国，权力被视为一种强制方式，而在日本，它则被看作是一种关系。所以，在美国的交易谈判中，如果客户拥有更大权力，他们往往会用这些权力来压低价格以获取更高利润，而这在日本却是行不通的。在与其他国家的合作伙伴谈判时，营销人员应了解这些细微的差别。[62]

3. 传统与变化

传统是否由于"传统"本身而被看重？变化或"进步"是否构成改变既有模式的合理理由？相比于美国人，韩国消费者在接触新事物和新的思维方式方面更趋保守，对于变化他们或许更感不安。[63] 英国的文化也更加看重传统。这种价值观可以反映在广告中，相比于美国的广告，英国和中国的广告更注重传统和历史。[64]

同样，应当意识到，传统价值观虽然无处不在，价值观的变化也是有目共睹。例如，中国和韩国的文化现在都在拥抱变化。在中国，以前偏于西方概念的"现代性"现已成为产品的重要属性，尤其是对城市的年轻一代。最近的一项研究表明，中国的营销人员已经开始根据广告受众的特征来细分市场。针对主流电视观众，广告更多采用传统诉求；对于锁定年轻顾客的杂志，如《依都锦》《时尚》和《三联》，更多采用现代的诉求，更多强调科技、时尚和高贵。[65] 韩国、日本和最近中国的城市年轻消费者经常率先采纳和使用新技术，并且都要求极高。[66] 沃达丰（Vodafone）发现，亚洲的消费者非常看重技术水平，其在日本市场份额的下降，就是因为创新不够，不能保持技术优势。[67]

4. 承担风险与重视安定

文化中的英雄是否勇敢地面对困难并努力战胜之？敢于拿现有的财富和职位冒险去从事新业务的人是受到钦慕，还是被认为草率、鲁莽？这一价值观关系到对模糊性和不确定性规避的容忍程度。这一点对于企业家精神的形成，对于经济的发展以及新产品的接受影响巨大。一个安于现状，对承担风险采取回避态度的社会是不可能培养出足够多的企业家，从而取得经济的改变与增长的。新产品导入、新的分销渠道、新的广告主题和品牌依赖的形成都受这种勇于承担风险的价值观支配。[68]

5. 宿命论与能动解决问题

人们视困难和灾难为挑战并勇于战胜之，还是采取一种听天由命的态度？社会上是否盛行一种"人定胜天"的乐观态度？宿命论者往往觉得他们没办法控制事情的发展结果。持这种价值观的消费者对产品质量的期望没有那么高，而且不满意时也不大可能采取正式的途径去投诉。[69]

西欧和美国人更愿意能动地解决问题，而墨西哥和大部分中东国家的消费者喜欢采取宿命论观点。如许多我们之前已经讨论过的价值观，传统和现代的方法可以共存。思考下面的例子：[70]

- 传统：在亚太地区，传统的超自然的信仰被认为能强烈地影响产品的销售业绩。特别是，名字被认为与命运有很强的联系。在我们研究的品牌名字中，有超过50%的商标和创造性的绘制字符，阐述了品牌名称中的"幸运"内容。并且"幸运名称"在高不确定性的市场营销环境下比低不确定性的市场营销环境下更加普遍。
- 现代：老虎式领导（tiger leadership）是一种新的领导风格，其正盛行于东南亚，它是由西方企业家风格与不知疲倦的亚洲职业道德相结合而成的。

6. 自然界

自然或自然界是否被赋予一种正面价值，抑或被视为被制服、被驯服的对象？传统上，美国人将自然界视为被制服和被改进的对象，而大多数北欧国家非常重视环境保护。在这些国家，包装和其他环保性规则较美国严厉得多。事实上，一家英国公司最近发明了一种零排放的摩托车，用氢作为燃料。不过他们也存在担忧，因为这种摩托车开起来没有任何声音。你会想要一辆启动时根本不会发出任何声响的摩托吗？[71]

反过来，美国和加拿大较之于南欧国家和大多数发展中国家对环境更为重视。当然，这也不一定完全是由于文化价值观所致，部分原因也许是财务能力的差异所造成的。前述对自然的看法所存在的差异，主要由消费者购买决策、消费实践和回收努力等多个方面反映出来。[72]

对于以上我们讨论的所有价值观，虽然在国家之间以及国家内部都会存在很大差别，而这也创造了很多市场机会。

2.2.3 自我导向的价值观

1. 主动与被动

人们在工作和生活中是否采用一种积极主动的姿态？身体技能或体能是否较非物质技能更受重视？人们是否特别强调做事和行动？美国人更倾向于从事体力活动和对任何问题采取一种"行动"导向的态度。"不要静观事态，要行动"，这是美国人面临问题时的普遍反应。各国参加体育活动的人们也有很大的差异，尤其是女性，这可以从我们之前的讨论中看出。一方面，在参与体育运动程度低的国家，运动器材的市场相对狭小；另一方面，这也会影响广告的主题和形式。例如，以运动为主题的瓶装水在像日本这样的国家就不合适，因为这个国家有 2/3 的男性和 3/4 的女性一年锻炼少于两次。

2. 纵欲与禁欲

沉溺于吃喝玩乐在多大程度上被社会接受？一个抑制自身欲望的人被认为是怪物还是值得称道？在与这些问题相关的价值观念上，伊斯兰文化相对保守，同样，许多亚洲国家包括印度也倡导抑制个人欲望。37% 的沙特阿拉伯人认为谦卑是非常重要的，而只有 9% 的美国人这么认为。[74] 也许不用觉得奇怪，相比于美国和澳大利亚的广告，印度的广告诉求很少是与性相关的[75]。中国更是从法律上禁止广告使用性的诉求。[76]

在阿拉伯国家，广告、包装和产品必须严格遵守伊斯兰标准。宝丽莱（Polaroid）的即时相机迅速被接受，这是因为它们允许阿拉伯男人能够为他们的妻子和女儿拍照，而不用担心妻女在影棚里抛头露面。

与之形成对照的是，巴西和欧洲的广告里经常含有一些赤裸裸的性诉求内容（按美国标准）。例如，Radox 广告提供了一个很好的关于营销人员如何把握性尺度的例子。虽然这对一些文化是适用的，但在不接受性诉求的文化中是无法实现的。

3. 物质性与非物质性

个人物质财富的积累是正当的和值得推崇的吗？较之于家庭背景、知识或其他活动，个人物质财富能赢得更多的社会地位吗？

存在两种类型的物质主义：**工具性实用主义**（instrumental materialism）和**终极性实用主义**（terminal materialism）。前者是指人们获得产品、物件是为了从事某些活动，如购买雪橇是为了去滑雪。后者则指这样一种情境，此时对物品的获取是为了拥有这些物品本身。很多人收藏艺术品并不是将其作为获利或达到其他目的的手段，而是为了获得拥有艺术品本身所产生的那份快乐。不同文化背景下，人们对这两种形态的物质主义的侧重程度是有很大差异的。[77]

财富的增加、与国际媒体和品牌的更多接触以及现代化，似乎正在使物质主义在那些通常被认为是非物质主义的地方兴起。例如，在更倾向集体主义的中国，家庭和婚姻关系可能被认为比财富更重要，但一些青年现在比他们的美国同龄人表现出更强的物质主义。[78] 不仅仅只有年轻人有此趋势，在不同的文化中物质主义的类型也有着微妙的差异。例如，尽管美国消费者对获得财富的重要性给予很高的价值评价（称为物质主义的中心维度），韩国消费者就更倾向于将财产作为一个手段来展示自己的成功（成功维度），因为它被视为可以振奋所有的家庭成员的因素。[79]

4. 勤奋工作与休闲

劳动或工作仅仅是一种谋生手段吗？还是它并不依赖于外在报酬而受到人们的赏识？当基本经济需要获得满足后，人们是继续勤奋工作还是倾向于从事更多的休闲活动？例如，在拉丁美洲的一些地方，工作被视为不可摆脱的累赘，然而不同年龄层对工作的看法还是有差异的。在墨西哥，100% 的年长一辈认为"整天拼命工作是一件不好的事情"，而只有 28% 的年轻一代会有这种想法。不过在英国、新西兰、法国、加拿大和澳大利亚，情况完全相反，年长一辈约有 55% 同意上述观点，却有约 80% 的年轻人同意这种说法。不过在美国和中国香港，两代人对这种观点的认同比例（大概为 50%）是差不多的。[80]

然而上述这些态度并不完全反映真实的工作模式。例如，周工作时最高的地方是中国香港（48.6 小时）和墨西哥（41.6小时），最低的地方是法国（34.1小时）和加拿大（34.8小时）。[81] 不管怎样，这种价值观对生活方式和奢侈活动的需求有很重要的影响。

5. 延迟满足与即时满足

社会是鼓励人们及时行乐还是居安思危、细水长流？获得即时的快乐、享受和利益是否更为社会所倡导？是为不久以后还是为子孙后代更为社会所提倡？还是为长远利益而忍受短期痛苦更为社会所提倡？美国、英国和澳大利亚倾向于短期导向，而印度、匈牙利、巴西、中国则倾向于长期导向。这一类价值观对于制定分销策略，鼓励储蓄和倡导使用信用卡均有重要意义。例如，在短期导向的文化中，有价值的经营目标会包括"今年的利润"，而在长期导向的文化中，则会包括"从现在开始十年的利润"。[82] 另外，在长期导向的文化中，信用卡被较少使用，而现金和储蓄卡则更加普遍。[83]

6. 宗教与世俗

日常活动在多大程度上被宗教教义支配和影响？美国明显是一个世俗社会，而很多信奉伊斯兰教和天主教的国家的文化则具有浓厚的宗教色彩。[84] 了解一种文化里宗教影响的程度和类型，对有效地设计营销组合是至关重要的。[85]

显然，前述讨论并未涵盖不同文化下的所有价值观。然而如果能使读者切实感受到文化价值观的重要性以及不同文化下人们在价值观的不同层面差异颇大这一事实，目的就算达到了。

2.3 非语言沟通的文化差异

对于任何一个进入某种外国文化的人来说，**语言沟通系统**（verbal communication system）上的差异即刻便可感受到。美国人在英国、澳大利亚旅游一般能自如地交流，但在发音、语速和含义上的差别仍是十分明显的。例如，一家美国的搜索引擎Dogpile（www.dogpile.com）将它在欧洲的名字改为WebFetch，因为它意识到在英国，"pile"的意思是痔疮或是小狗的排泄物。[86]

试图直接将营销传播信息从一种语言翻译成另一种语言，可能导致无效的传播。表2-2列举了遇到这类翻译问题的例子。

表2-2 国际市场营销中的翻译问题

- 高露洁的"Cue"牌牙膏在法国销售时遇到了问题，因为在法文里，Cue是对烟头的一种粗俗叫法，即"烟屁股"
- 派克笔误将embarazar（使怀孕）理解为"使尴尬"，在一则墨西哥广告中说道："它不会在你的口袋里漏墨水而令你怀孕。"（实际是想表达"不会让你难堪"。）
- Pet（宠物）牌牛奶在法语国家里遇到了困难，因为Pet除了宠物的含义外还有"放屁"的意思
- 家乐氏的Bran Buds在瑞典被翻译成"燃烧的农场"
- 联合航空公司专为太平洋地区航线准备了一份内部杂志。封面上刊载的是澳大利亚电影明星保罗·霍根（Paul Hogan）在偏远乡村的一张照片，标题是"霍根把营房扎起来"。而这句话在澳大利亚还有另一层意思，那就是霍根炫耀他的同性恋关系
- 中国一家企业试图将其"紫罗兰"（pansy）牌男内裤出口到美国（pansy既有紫罗兰的含义，又有缺少丈夫气和搞同性恋男子的意思）
- 美国航空公司将它新的一流皮椅引入墨西哥，主题是"Fly in Leather"（在皮革中飞翔），但是如果直译就成了"Fly Naked"（赤裸飞行）

直译和俚语的问题是由于一些文字包含有独特的象征含义，一种语言里的词语可能在另一种语言里难以找到对应的词汇，某些文字在另一种语言里发音困难，均使直译和俚语翻译问题更加突出。[87]

- 一家全球性的软饮料公司曾想将一款乳脂产品打入日本市场，但调查发现日文里没有与该特征相对应的词汇，于是该公司就找了一个相近的词，即"牛奶般的"。[88]
- 玛氏公司为了使其M&M's的名字在法国能够发音绞尽了脑汁，因为在法文里，既没有连字符&，也没有撇点加"s"这种表达式。为此，玛氏公司不得不大量刊载广告教法国人将M&M's发音为"aimainaimze"。
- 为了在巴西推销其Ziploc牌食品袋，陶氏公司（Dow Chemical）不得不大量刊载广告以创造zipar这样一个含义为"拉开"的词汇，因为在葡萄牙语里没有对应词。

影响非语言沟通的因素还包括对幽默的理解、对文字的表达形式和语速节奏等方面的差别。即使是说同一种母语的人，如果文化背景不同，他们对幽默的理解，对于文字的表达形式、节奏均会存在差别。[89] 虽然如此，只要小心谨慎，语言翻译一般还不至于成为跨文化沟通中的主要障碍。人们常常忽视或没有意识到的是，每一种文化有其独特的非语言沟通系统，也就是说，存在与某种特定文化不可分割的非文字语言。**非语言沟通系统**（nonverbal communication system），是一种文化赋予某一行为、事件和事物的某种主观含义。

下面将讨论影响非语言沟通的七个方面。如图 2-6 所示，这七个方面包括：时间、空间、象征、友谊、契约、事物、礼仪。

2.3.1 时间

不同文化下时间的含义主要在两个方面存在差异。一是时间观，即一种文化的整体时间取向；[90] 二是对特定情况下运用时间所做的解释。

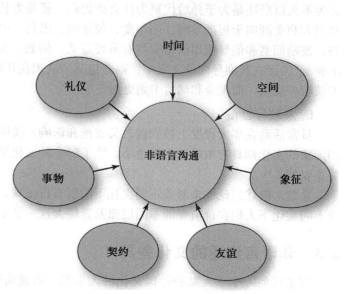

图 2-6 影响非语言沟通的因素

1. 时间观

大多数美国人、加拿大人、西欧人和澳大利亚人往往视时间为不可逃避的、固定的和线性的。时间是通向未来的路径，它被分成很多的小段或小节，如小时、天、周等。时间如同有形物体，人们可以对它做出安排，可以浪费也可以失去它。他们认为一个人在某一特定时间只能做一件事情，同时，他们还有一种强烈的对现在和不久的将来的关注导向。对时间的上述看法被称为**单向时间观**（monochronic time perspective）。

大多数拉美人、亚洲人和印第安人倾向于将时间视为更连续的和更少受制于安排的。在他们看来同时介入多项活动是十分自然的。人与人之间的关系较日程安排处于更优先的地位，各种活动有其自身的运行节律而不是完全取决于事先规定的日程表。在这些文化下，人们有一种强烈的关于现在和过去的时间导向，基于这类看法形成的时间观被称为**多向时间观**（poly chronic time perspective）。

持单向时间观的人和持多向时间观的人存在很多差异，表 2-3 列出了其中的一些主要差异。[91]

表 2-3 两种时间观的比较

单向时间观	多向时间观
特定时间只做一件事情	同时做多件事情
集中精力于手头的工作	易分心和易受干扰
对待截止日期和计划十分认真	将计划和截止日期置于次要地位
专心于工作和任务	专心于人和关系
强调准时	准时性取决于关系
习惯于短期关系	偏爱长期关系

在单向和多向时间观的文化背景下，营销活动应有哪些差异呢？很显然，人员推销、谈判风格和谈判策略，以及广告主题均须针对不同时间观做出调整。带有截止日期的竞赛和销售在单向时间观文化下将比在多向时间观文化下更加有效。在多向时间观占支配地位的文化下，方便食品如果仅仅是依节省时间和方便来定位，通常可能会失败，因为这种文化会认为节省时间"不是人们思维过程中一个特别重要的部分"。例如，在有些

国家有着更加多样性的观点，如阿根廷，快餐店往往被视为具有昂贵和现代的"色彩"，代表着现代和自由的价值系统。在阿根廷，节省时间并不像在美国等持有单向时间观的文化下那么受重视。[92]

有意思的是，即使在同一个文化内部，不同年龄的人的时间观也是不一样的，而且根据情境的不同人们的时间观也会发生变化。例如在日本，工作是根据单向时间观安排的，而平时的休闲娱乐比较像他们文化所应该表现的那样，体现出了多向时间观。[93] 美国人尽管是倾向于单向时间观的，但是年轻一代的消费者却显现出了多向时间观的特点。这个被称为MTV的一代似乎没有时间长度的观念，你经常会发现他们一边做作业一边看电视，甚至还在上网！所以美国的广告人员很难吸引这些受众的注意也就不足为奇了。

2. 时间使用的含义

时间的具体运用在不同文化下具有不同的含义。在世界大多数地方，某项决策所需要的时间是与其重要性成比例的。美国人通常在开始讨论某项业务之前做好了充分准备并备有"现存答案"，这样在正式讨论该业务时反而小觑其重要性。在很多情况下，日本和中东的经理人员会被美国人坚持直接进入正题和快速成交的要求吓跑。

无论是在美国还是日本，准时被认为十分重要。准时是指按时赴约，不管是邀请者还是被邀请者均须准时。根据一位专家的观点：

> 时间就是金钱，是地位和责任的象征。在单向时间观的文化中，让别人久等是一种冒犯性的行为，会被认为传递了某种信息；而在多向时间观文化的国家，人们则不会做这样的理解。[94]

不同文化对"让别人久等"的定义也有显著的差别。在美国，30分钟可能被视为像"永恒"那么长，然而在中东的一些国家，这只是很短的一段时间。正如你了解的，在特定的国家做生意之前，先弄清楚这些差异是非常有必要的。

2.3.2 空间

人们如何使用空间以及赋予这种使用以何种意义，构成非语言沟通的又一重要形式。[95] 在美国，大就是好，而且越大越好。公司办公室空间是按职位高低而不是按需要分配的。公司总裁的办公室最大，然后是副总，再就是更低一级的领导。

空间的另一种运用形式被称为**个人空间**（personal space），即在不同的情境下他人离你多远或多近才使你感到比较自然。在美国，一般商务上的会面，以3～5英尺㊀较为适宜。如果是纯私人之间的交谈，则可在18英寸至3英尺之间。在北欧的一些国家，无论是商务交谈还是私人间的交谈，距离会稍远一些，而在大多数拉丁美洲国家，距离则近得多。

一位美国商务人员在拉丁美洲会晤他的拉美同行时，可能会后退以保持他所习惯的谈话距离，主人则会随客人的后移而步步逼近，以保持令他感到舒适的"个人距离"。"追逐"的结果极为滑稽，而双方可能均未意识到各自的行为及其原因。不仅如此，谈话各方会根据自身的文化感受赋予对方的行为不同的意义。在上面的例子里，美国人可能会认为拉美人盛气凌人、过于热心，而拉美人则认为美国人冷漠、势利、不好接近。

2.3.3 象征

如果你看到一位身着粉红色衣服的婴儿，你很可能认为这是一个小女孩；如果是蓝色着装，你可能认为这是一个男孩。在美国，这样假定或推测十有八九不会有错，但在其他很多国家如荷兰，情况却非如此。不同文化中，颜色、动物、形状、数字和音乐所带有的象征含义都是不同的，对符号所带有的象征含义缺乏了解将会导致严重后果：

㊀ 1英尺＝0.304 8米。

- AT&T 有一则大拇指朝上的广告,而在俄罗斯和波兰不得不将其更改,因为在这则广告里,有出示手掌的镜头,而这种动作被认为带有冒犯的意味。所做的改动其实很简单,只是将拇指朝上的手势改为显示手背而不是手心。
- 万宝龙(Mont Blanc)在笔的末端有一个白色标志——白朗峰六角星标志。然而,在阿拉伯消费者身上则会产生负面的效应,因为它看上去就像是"大卫之星",以色列的国家标志。万宝龙不得不费九牛二虎之力来澄清这种误解。[96]
- 在美国,女性的金发被认为是美的标志。而通过对欧洲七个城市的调查发现,最能象征美丽的发色是不同的。马德里、巴黎、伦敦的民众以深褐色为美,米兰认为黑色是美的,而汉堡则更倾向于金发色。[97]

表2-4对不同文化下某些符号的象征含义进行了描述。[98] 尽管有些符号、标记在不同文化下其含义各不相同,但也有很多标记可以跨越文化,在多个国家传递相同或类似的信息,如家乐氏的"托尼"与"老虎"标记在美国、中国等很多国家均受欢迎。(见图2-7)

图 2-7

家乐氏的老虎在众多文化中是一个有效的象征。

表 2-4　数字、颜色和其他符号的含义

- 白色　　在远东是丧事或祭奠死人的标志,而美国则比喻幸福、纯洁
- 紫色　　在很多拉美国家,紫色与死亡相联系
- 蓝色　　在荷兰有女性化含义;在瑞典和美国则有男性化和男子气概的意思
- 红色　　在乍得、尼日利亚和德国,红色表示倒霉和不吉利;在丹麦、罗马尼亚和阿根廷,红色则是吉利的色彩;中国新娘穿红色吉服,而在美国和法国,红色是男性化的色彩
- 黄花　　在墨西哥暗示死亡,而在法国则表示忠诚
- 百合花　在英国喻示死亡
- 数字7　在加纳和新加坡是不吉利的数字;在摩洛哥、印度、捷克、尼加拉瓜和美国是吉祥的数字
- 三角符　在韩国是不吉祥的符号,而在哥伦比亚则是幸运之符
- 猫头鹰　在美国是智慧的象征,在印度则是不祥之物
- 鹿　　　在美国表示速度和优雅,在巴西则表示同性恋

2.3.4　友谊

与友谊相随的权利和义务是非语言沟通的另一种形式。美国人比生活在其他文化下的人更快、更容易结交朋友,同时也更容易放弃或终结友谊关系。很大程度上,这应归因于美国社会和地理上的高度流动性。每隔几年就要挪动工作和居住地的人,必须能在较短的时间里结识朋友,同时很自然地面对与朋友分开的现实。在世界其他很多地方,友谊的形成极为缓慢,也极为投入,因为这种友谊意味着深远而持续的义务。正如下面引文所指出的那样,对全球很多的文化来说,友谊和商业紧密联系在一起,包括亚洲和拉美人。

在许多国家,协议上的文字仅仅为了履行法律上的需要,在国人的眼中,情感和个人的友谊远比冷冰冰的事实重要得多。[99]

另外,在许多文化中,长期的成功关系涉及更多的含义,而不是像西方人所理解的"知道某人"这么简单。例如,中国的"关系"是非常复杂的:

"关系"字面上的解释是个人之间的联系或友谊,基于此,人们在做生意和日常的社交活动中可以获得很多可靠的资源和优势。它的主要特点是:①很长一段时间连续的互帮互助;②人们长久地记得朋友的喜好;③可以超越双方之间的关系包括其他社会网络中的群体,即关系可以被转移;④这种

关系网络是基于个人而不是基于群体的；⑤地位是起到作用的——跟上级之间的关系可以延伸到上级的下属，但是反过来却行不通；⑥社会关系产生于商业关系之前，前者对后者能否顺利发展具有一定影响。[100]

然而，应该指出的是，在一个日益交互融合、现代化和全球一体化的环境下，像"关系"这样的传统观念也面临挑战。下面的文字描述了一个中国的现代专业人员的紧张感：

> 这有点奇怪，即使扮演活跃的、现代的、自信的商务人员的角色，我们仍然在内心深处寻找某些更深层次、也更传统、更情绪驱动的信任、尊敬和关系。但另一方面，我们也意识到，在生活节奏日益加快的现代环境下，在商业领域形成一种很深的关系几乎是可望不可求的事。然而，对我们来说，仍是"虽不能至，心向往之"。[101]

一位专家指出，依据人们所欲建立的关系的深度和时间长度，可能需要采用不同的营销方法。

2.3.5 契约

美国人依赖其完备而富有效率的司法系统来确保商业义务得以履行，确保各种冲突得以解决。在其他很多国家，由于未建立起那样一套严密的系统，因此只有依赖于友谊、亲缘关系、地方性道德规范或者非正式的习惯来指导商业行为。例如，在中国，相较于合同，商务关系也会受制于友情方面的道德约束。[102] 在美国法律体系下，我们要对合同内容字斟句酌，而在中国，则要对潜在交易伙伴仔细审查。一位驻中国的美籍CEO说：

> 在中国，人们更注重人际关系，这一点比在美国重要得多，中国人在买你的产品之前，会对你进行很多的了解。[103]

在几乎所有场合，美国人总假定价格对所有的买主都是一样的，而且价格高低接近市价，与提供的服务密切相关。在购买某些产品、服务的时候，如乘坐出租车，美国人通常并不事先询问价格。在很多拉美、亚洲和中东国家，情形则不同。实际上，在这些国家，销售前几乎所有价格都是可以商量的，包括工业产品的价格。[104]

2.3.6 事物

事物的文化内涵导致可以预测的购买行为方式。一位学者指出，在俄罗斯，先行富裕起来的人对昂贵和显示身份的品牌需求十分强烈。这位学者写道：

> 他们也许不愿改变使用当地生产的牙膏的习惯，但他们却需要"李维斯"服装、"万宝龙"钢笔和酩悦香槟（Moët &Chandon），以此建立起自尊和显示其地位。[105]

不同文化赋予各种事物包括产品以不同的含义，使得送礼成为一件棘手的事情。[106] 例如，将座钟作为礼品送给商业客户或分销商在很多国家是十分普遍的，但在中国就不合适，原因是，中文里"送钟"和"送终"同音。什么时候接受礼物的一方需要回赠礼品呢？在中国，这取决于两方之间关系的亲密程度，关系越亲密，越不需要回赠礼品。[107]

在商业活动和很多社会情境下需要赠送礼品，用于送礼的物品在不同文化下有很大不同。比如，刀具在俄罗斯、日本和德国一般不宜作为礼品送人。在日本，很多公开生意场合，均需赠送一些小额礼品，然而在中国则是不合适的。在中国，礼品应该私下赠送，而在阿拉伯国家，礼品应当在他人在场时赠送。

2.3.7 礼仪

礼仪（etiquette）是指在社交场合被普遍接受的沟通的行为方式。假设一个美国人正在准备一则商业广告，显示人们共进晚餐的情形。其中有一个人正准备用叉子拿一块食物。右手拿叉、左手放在桌子底下的情境在美国是十分自然的。然而，在很多欧洲国家，有着良好教养的人总是左手拿叉，把右手放在桌子上。

在一种文化下被认为粗鲁和令人不快的行为，在另一种文化下则可能是十分盛行的。美国男子跷着二郎腿、露出鞋底的坐姿在一些东方文化下就容易引起反感，因为在这些文化下，脚底和鞋底是不能显露于外的。许多美国人对不满意的服务会抱怨很多，而许多亚洲国家的人则不愿意这么做。英国人因为其传统的保守特性，也同样不习惯于抱怨。这些因素都可能导致美国的管理者在将服务引入国外时对顾客的反应做出错误的判断。[108]

不同文化和语言下，正常声调、音高、语速，甚至讲话时的姿势均存在很大差异。西方人常把亚洲人高声、起伏的演讲错认为是愤怒和发泄情绪的信号。如果一个西方人这样做的话，就是这意思，但在亚洲这是很正常的情况。

随着美国与日本贸易的增加，美国人对日本礼仪的细微之处也逐步有了更多的了解。例如，日本谈判人员在谈判过程中很少说"不"，因为日本人认为这样直截了当不太礼貌，相反，他可能说"那很困难"，实际上这就意味着"不"。日本人对一项请求总是以"是"作答，这里的"是"并不是说"是，我同意"，而是"是的，我知道了你的请求"。美国人在谈话时，习惯于盯着对方的眼睛，但很多日本人觉得这种行为粗鲁且具有侵略性。

日本商务礼仪的另一个方面是名片的使用："在日本，一个没有名片的人是没有身份的。"在日本这样一个社交礼节十分考究的国度里，名片的交换成了一种最基本的社交礼节。交换名片折射出很深的社会寓意。一旦完成这样一种看似细小的礼节，双方都能了解对方在公司或政府机关的位置，从而较准确地把握彼此之间的交往尺度。什么是"meishi"（名片）？就是当两个人见面时互相交换的商务卡片！这在美国是十分普遍、简单的活动，而在日本则成了一种不可缺少的复杂社会交流。

其他文化的人也发现学习与西方人做生意的礼仪细节同样是非常重要的。中国的一些公司领导开设培训项目以帮助商务人士熟识其他文化的礼仪。根据这种项目的负责人所说：

中国的商务人士通常很精明，但还需要更多的学会儒雅，如在国际会议等场合注意手机静音、不抽烟。[109]

合适的、基于不同文化的礼仪及其重要性是显而易见的。尽管人们并不否认礼仪随文化而异，然而仍有一种强烈的感觉，认定"我们的方式是自然而正确的"。

2.3.8 关于非语言交流的结论

你会由于其他国家的人用其本国语言如西班牙语或德语对你说话而不安或惊异吗？显然不会。每一个人都知道世界上的语言五彩纷呈，多种多样。然而，一般而论，大多数人会觉得自己所使用的非文字"语言"是自然的、与生俱来的。我们经常误解他种文化下的这类"语言"，原因是，当实际上是用"日语""意大利语"或"俄语"表达时，我们却把它们当作"英语"来理解，而这种误解是可以且必须避免的。

2.4 全球文化

营销人员正在面临的一个重要议题是，一个或多个全球消费者文化或细分市场正在出现，那么其出现程度究竟有多大呢？有迹象表明的确有这方面的发展趋势。[110]这种全球文化共享一系列与消费相关的标志，这些标志在不同文化下具有共同的含义，代表相似的愿望。这种全球文化的一个例子是，地方文化中那些视自己具有世界视野、学识渊博和具有现代性的那部分人。这些人虽然生活在不同的文化背景下，却享有许多类似的价值观和消费行为。

这种全球性消费者文化是由大众媒体、工作、教育以及旅游的全球化造成的。一些产品（如手机和互联网）和品牌（如索尼、耐克）已经成为这种文化的象征。这并不是说这些品牌在全球使用相同的广告，而是其背后的主题和象征是相同的。例如在许多国家,现代职业女性的时间压力都非常大,将洗发和护发合而为一的香波就可以定位为节约时间而打动消费者。在美国或德国等国家,许多女性热衷运动,广告可以描述该产品在健身后的使用;而在日本,女性很少光顾健身房,该产品则可以在居家的情景中传播。飞利浦电器就是根据这种全球文化来发展其产品的定位策略的。[111]

也许如今与全球文化最接近的是城市青少年,下面我们将对此进行详细探讨。

全球青少年文化

_____,一位19岁的hip-hop音乐玩家,在耐克专卖店中寻找一双新款的空军1号运动鞋_____,更愿意人们称呼他的昵称"Jerzy King",三年前搬到_____。一位音乐学院的辍学者,从没走出过_____,他随身带着一个迷你CD机,里面是艾姆(Eminem)、吹牛老爹(Puff Daddy)和Fabolous的说唱音乐。在这个特殊的日子里,他身穿蓝白相间的羊毛绒夹克,上面带有多伦多枫叶(Toronto Maple Leafs)的标志,看上去非常潇洒。[112]

你能颇具信心地填上前面的空格吗?故事中的这位年轻人叫王琦,居住在北京,然而,他的行为与在世界其他地方如欧洲、北美和南美以及亚洲的成千上万的年轻人相比并没有太大的差别。正如之前所说,认为对年轻一代的影响只是由美国通过一些品牌,如李维斯、可口可乐、Lady Gaga,单向传播到世界的其他地方是不对的:

> 现在影响是双向的。美国人正在当地的健身俱乐部推广学习宝莱坞的舞步。M.I.A是一个流行乐坛的新秀,她有斯里兰卡的血统,并在伦敦长大。她把受到的嘻哈、瑞格舞和南亚的影响完美地融合在一起;而日本动画片也已席卷全球。[113]

相似和趋同化的生活方式、价值观与购物使得全球青少年市场变得极为诱人,尤其是其庞大的规模。例如,最近一项对16个国家/地区的青少年(14~19岁)进行的调查显示,86%的人认为商品有助于标榜和传播他们的个性。调查还发现前三类消费商品有明显的相似之处,如表2-5所示。[114]

表 2-5

国家/地区	第 一 类	第 二 类	第 三 类
阿姆斯特丹	旅游	服装	饮食
中国香港	服装	饮食	运输
马来西亚	运输	饮食	旅游
新加坡	饮食	服装	娱乐
韩国	饮食	服装	娱乐
英国	旅游	服装	手机
美国	服装	饮食	音乐

什么原因导致了这种趋同化倾向呢?最大的影响因素是全球化的大众传媒,包括互联网和最新的移动设备。音乐、运动和时尚似乎是几大主要的趋同点,然而真正趋同的是其潜在的价值观,如独立及冒险。营销人员正在利用这些不同文化下年轻人的相似点来推出全球性品牌,或对其现有品牌重新定位以吸引青少年这一巨大市场。针对全球青少年迅速增长的上网趋势,李维斯的反应是,在亚洲发动了一场在线宣传活动,专门针对"年轻、技术精通的引领潮流者"。其网站的重点是西方音乐和风格,目的是促销其重新剪裁的501型"重生"牌牛仔裤,其主题强调该款牛仔裤是专门为"今天"的年轻人设计和重新剪裁的,并用整幅网页展示一位青少年穿上新的李维斯牛仔后获得了"新生",给人面貌焕然一新之感。[115]图2-8展示了另一个针对全球青少年的广告。

图 2-8

这个广告利用全球青少年呼吁世界各地有风格的领导者。

对国际市场营销人员来说,理解全球青少年市场的最新趋势是极其重要的。这些最新趋势包括:[116]

- 技术是主流。电子青少年(wired teens)是一种全球性的现象,而不仅仅局限于发达国家。全球 56% 的青少年都是"超级连接机",因为他们每天至少使用 2 个及以上的电子设备(如手机和互联网等)。
- 美国的青少年不再引领潮流。现在引领潮流的是思维方式和"创造力"。最具创造力的是欧洲(而非美国)青少年,他们易于接受新观念,而且喜欢用各种不同的方式来表现自己,如个人网页和艺术等。
- 目前领军的不再是美国的品牌。美国的品牌曾经是全球青少年的首选,而现在排在前三位的品牌却是索尼(日本)、诺基亚(芬兰)和阿迪达斯(德国)。

随着全球青少年的文化日趋脱离美国的影响与品牌,美国的市场营销人员必须设法了解全球潮流并跟上潮流引领者的步伐。另外,理解青少年的行为、态度和价值观也无不打上其所在文化的烙印,这一点很重要。正如一位专家所说:"欧洲的青少年不愿意被认为和美国人有同样的口音。"[117] 而且,上面关于全球青少年的趋同性的描述最常见于生活在城市里的中产阶级家庭的青少年身上。生活在乡村、家庭经济条件比较贫困的青少年,更遵循离他们社会更近的传统文化。例如,在中国,可口可乐将大城市、小城市及乡镇做了区分,请看下面的例子:

> 在小城市以及乡镇,可口可乐描述了一位著名的中国演员坐在乡村酷热的公交车上,它强调的重点是口味和价格。而在中国最大的市场上,它的电视广告则是:"一位炙手可热的综艺节目主持人,在炫耀他的舞技,似乎可口可乐具有神奇的效力,可以使他吸引路对面一位迷人的女士。"据可口可乐一位经理所说,"城市的电视广告目标人群是这样一群年轻人,他们渴望按照自己的方式做事,而明星坐在公交车上的广告则完全相反。"[118]

农村市场和城市市场之间的区别是下面讨论的人口统计学的一个方面。

2.5 全球人口统计特征

像中国和印度这样的国家,经济迅速增长,个人可支配收入不断提高,中产阶级也越来越强大,这对全世界的营销人员来说都是令人振奋的。[119] 但也有人担心,如果这些国家以及其他国家的经济继续以这种速度发展,燃料和食品成本会提高到什么程度。[120] 在某种程度上讲,这种快速发展不仅创造了机会,同时也带来了挑战。

如图 2-9,在中国作为自行车替代品的汽车,持有量快速增长,为人们远距离出行提供了很多便利。然而,高尾气排放量和交通拥挤也日益变得令人担忧。[121]

可支配收入只是人口统计特征的一个方面。**人口统计特征(demographics)**主要指人口的规模、结构和分布。人口规模指社会中个体的数量，结构则是关于年龄、收入、教育和职业的统计。人口分布则是指人口的地域或地理分布，如多少人生活在乡村，多少人生活在郊区或城市。

人口统计特征与文化价值观互为因果。一方面，人口密度很高的社会可能形成集体取向而不是个人取向的价值观，因为这有助于此条件下的社会更平稳地运转。另一方面，强调勤奋工作和获取物质财富的文化价值观可能促进经济进步，从而直接或间接地改变人口统计特征。比如，随着一国经济的发展，在步入发达社会过程中收入将提高，家庭规模将变小。

对于营销人员而言，人口统计特征中最重要的一个方面是收入，尤其是收入的分配。人均收入较低的国家可能有一个规模可观的中产阶级，而人均收入相同的另一个国家其绝大部分财富可能掌握在极少数人的手里。如表2-6所示，如果用人均收入来衡量，巴西只比罗马尼亚高一点。[122] 然而，两国收入的分布差异悬殊。巴西有将近45%的收入掌握在10%的人手中，相比而言，罗马尼亚前10%的家庭只掌握了国家21%的收入。表2-6显示的这些差别对消费有何影响？

图 2-9

在中国，个人收入的快速增长导致汽车拥有量的爆发，因此增加了个人便利，但同时交通拥挤和尾气排放问题也越来越令人担忧。

表 2-6

国家	人均收入（美元）	占总收入前10%的人口比例（%）	以购买力平价计算的人均收入（美元）
巴西	4 791	45	8 596
加拿大	35 133	25	35 078
智利	7 305	45	12 262
中国	1 721	35	4 091
埃及	1 412	30	5 049
法国	34 008	25	29 644
印度	707	31	2 126
日本	35 604	22	30 290
肯尼亚	531	37	1 395
墨西哥	7 401	37	11 317
罗马尼亚	4 575	21	9 374
英国	37 266	29	31 580
美国	41 674	30	41 674

资料来源：Per Capita Income and Per Capita PPP:2005 *International Comparison Program*(International Bank for Reconstruction and Development/ The World Bank,2008):Percent of Total Income to Top 10 Percent of Population:*The World Factbook* (Washington, DC:Central Intelligence Agency, 2008).

营销人员日益趋向于用**购买力平价**（purchasing power parity，PPP），而不是收入平均数或中位数评价一个市场。购买力平价是根据每个国家购买一篮子标准产品所花费的成本计算得出的。某个国家的普通家庭可能用美元计算的收入较低，但是，相比用美元计算收入较高的国家，这些家庭也许能够购买更多的产品，因为当地消费物品价格较低，或是有政府支持的卫生保健等。世界银行按购买力平价计算了世界各国的人均收入，并在每年的《世界银行图册》上公布。[123] 注意到巴西的购买力比其人均收入大很多是非常有启发意义的。对购买力平价的理解是如何影响营销人员做出有关市场潜力的判断和进入决策的呢？

表2-7是美国、菲律宾、日本、加拿大和印度人口年龄分布的估计。[124] 从表中可以看出，菲律宾和印度人口中有超过40%的人在20岁以下，而这一年龄的人口只占美国和加拿大人口的1/4，占日本人口的约1/5。在中东，一个大规模的婴儿潮正在涌现，其人口的2/3小于25岁，正好对应了我们之前讨论过的在这个地区出现的年轻化趋势。[125] 在这些国家中，人口年龄结构的差别意味着什么呢？

表 2-7 (%)

年 龄	美 国	菲律宾	日 本	加拿大	印 度
<10	14.1	22.7	8.7	11.3	23.3
10~19	14.5	20.7	9.4	13.3	21.9
20~29	13.6	17.8	11.3	13.8	16.9
30~39	15.4	13.8	14.4	14.5	14.1
40~49	15.1	10.8	12.9	16.6	10.0
50~59	11.0	7.4	13.2	13.0	6.3
>60	16.3	6.8	30.1	17.7	7.5

2.6 跨文化条件下的营销战略

在本章我们看到，跨文化价值观和人口结构等因素的多样性可能意味着企业有必要调整产品和服务，以适应当地的需要。一个形容这个适应过程的术语是**全球本土化**（globalization），即行销全球的产品与服务适当考虑各地的情况做某些调整。[126] 跨文化营销活动，尤其是跨文化广告应在多大程度上实行标准化，目前备受争议。[127] 标准化营销战略无疑能带来费用的大幅度节省。同样，美宝莲（Maybelline）面向亚洲市场推出的"曼哈顿"化妆品，在中国、新加坡采用的就是完全一样的广告。广告中一位迷人的亚洲模特，身着迷你裙，背后是夜色中的曼哈顿。该广告以年轻、美丽和含蓄作为诉求，可以在很多国家播放，但它在有些伊斯兰国家可能还是不合适并且会被禁止。

有时候，无差别营销是可能的，但是企业必须要经常根据不同的文化而做出相应的调整。我们之前在马来西亚的肯德基案例中已经讲到过这一点。现在来看麦当劳：

> 麦当劳从前一直致力于在全球范围提供统一的产品和服务，现在它在一些国家对其产品进行调整，以适合当地顾客的口味。如在日本提供的汉堡包加上了煎鸡蛋，在泰国则用甜且略带熏味的猪肉汉堡。然而麦当劳做的最大调整是在第一次进入印度时。在印度没有西方麦当劳餐厅提供的全牛肉"巨无霸"，食谱上取代"巨无霸"的是有羊肉的 Maharaja Mac[128]。

麦当劳也对它的商店布局进行调整。如图 2-10 所示，在伊斯兰国家设有家庭区和个人单独的区域。

除了价值观和人口统计因素，对国际品牌的态度也可能影响到产品的定制需要。例如，更高水平的爱国主义和民族中心主义会使消费者对国际品牌产生更负面的看法，此时可能需要采用更多的本地定制。[129] 米勒啤酒（Miller）就是这样做的，米勒针对特定市场开发出专门的地方性品牌，并称之为"亲近地方"。例如，在秘鲁：

> Cusquena 牌啤酒瓶上就有印加人的石头墙图案和纹路，用来向印加精湛的工艺致敬，直至今天我们仍可在每个瓶子上感受到这种文化遗存。[130]

图 2-10

在伊斯兰国家，麦当劳提供了家庭区和个人独立区域，以此来适应男女之间互动的文化规范。个人独立区只提供给男性。

另外，更高水平的国际主义和世界主义似乎导致对国际品牌更加积极的态度，从而使标准化在这样的市场更加畅通无阻。通常，大多数公司是将全球化与本土化融合，成功的关键是在两者之间取得平衡。

进入外国市场的考虑因素

对于试图进入的每一个地域市场，公司需要考虑七个方面的因素。有关这七个因素或变量的分析，对决定是否进入该市场以及在何种程度上应采用本地化营销策略将提供必要的背景和依据。某些专家，最好是对当地市场有深入了解的专家，通常能在这些方面提供有用的信息。

（1）就文化层面而言，某一地域的消费者是同质的还是异质的？营销活动经常是在特定的地域范围内和一定的政治、经济体制下展开。法律要求和现有的分销渠道常常促使人们以上述方式提问和思考。这里隐含着一个假设，那就是地理或政治的边界等同于文化的边界。正如我们已经知道的，国家的地理边界代表了普遍的趋势，但是在某一国家内部存在的差异也是至关重要的，需要我们提起注意。例如，最近的研究表明，在拉丁美洲，营销策略不仅要考虑跨国（如巴西和智利）的差异，同时还要考虑一国内部（如地区、城市／乡镇）的差异。[131]

同样地，中国有很强烈的地域性文化以及城市／农村文化，而且不同的文化在收入、年龄和教育上有着非常明显的差异。[132] 因此，营销活动必须根据文化和人口统计上的群体而设计，而不是仅仅以国家为参考。

（2）在某种特定文化下，某一产品能满足何种需要？很多公司在进入新市场的时候，是带着公司的现有产品和技术来评价该市场。需要回答的问题是，现有的产品需做何种改进和调整以与当地文化相适应？例如，在美国，自行车和摩托车主要是供娱乐之用，而在很多其他国家，它们是一种基本的交通工具。

（3）需要该产品的群体是否足够大并有能力购买吗？回答这一问题，需要进行初步的人口统计分析，确定有多少人或家庭需要并有能力购买该产品。例如，尽管中国有超过13亿的消费者，但是据估计，对于大多数西方食品而言，其有效市场低于这个总数的。[133] 在今后的日子里，类似中国和印度这样的大国的经济将会飞速发展，可以预料其潜在市场将会扩大。另外，还要考虑客户采用信贷方式购买，获得政府津贴或购买价格稍低的同类产品的可能性。这种方法已经被宝洁公司在中国采用，它设计了一个分层的价格体系，用来吸引收入相对较低的消费者。[134] 事实上，许多营销人员看到了下层中产阶级市场的增长力。例如，巴西的"C阶层"顾客每月挣600到2 600美元，现在正是他们最大的细分市场，卖给这些顾客的车在2009年增加了50%。[135]

（4）哪些价值观与本产品的购买和使用有关？本章第一部分侧重讨论了文化价值观及其对消费者行为的影响。价值观对拥有、购买、使用、处置产品的影响应当认真分析和探究，因为营销策略就是建立在此分析的基础上。

（5）对产品有哪些分销、政治和法律限制？一国的法律制度对企业市场营销组合策略的制定有重要的影响。中国最近颁布法令，在家庭观看期间，禁止电视广告中有性诉求。同时中国还加强了经营新网吧的法规条例。最近英国禁止广告向未满16周岁的青少年营销快餐食品，并限制了相关的替代品。而巴西则立法限制酒精广告的数量。[136] 这些法律限制使企业不能在营销活动中使用标准化的方式。思考中国对性诉求的禁止，会对美宝莲在亚洲针对其曼哈顿化妆品产品线制作的广告有哪些影响？

分销也存在着挑战，像通用、耐克和宝洁这些公司在向中国的二线城市如长春等扩张的时候发现了这些问题。在这些地方，相比一线城市如北京等，分销的实践是不同的，需要适应当地的特殊情况。[137]

（6）我们能以何种方式传播关于产品的信息？这一问题要求对以下各方面展开调查：①有哪些媒体可以利用，这些媒体面向哪些受众；②产品满足何种需要；③与产品及其使用相联系的价值观；④文化中的语言系统与非语言沟通系统。公司促销组合的所有方面，包括包装、非功能性产品特征、个人推销技术和广告，应当建立在对这些因素的分析之上。

互联网似乎是一个用来和消费者沟通的非常普遍的媒介，然而，正如我们之前见到的那样，各个国家互联网的接入准则大不一样，同时真正会在网上购物的消费者比例也相差很多。研究表明，在线营销要获得成功，对不同的国家有针对性地设计其网站是至关重要的，因为网站上文化的差异会对购买和忠诚产生影响。

（7）在该国营销该产品会引起伦理或道德上的问题吗？所有营销活动既要从财务上也要从道德层面上予以评价。正如本章开篇所讨论的，国际市场营销过程中会提出很多道德问题。道德层面的慎重考虑在第三世界和发展中国家营销时尤为重要和复杂。以家乐氏在发展中国家营销早餐麦片为例，以下道德问题应纳入营销决策视野：

- 如果我们成功，平均的营养水平是提高还是降低？
- 如果我们成功，从长远看，我们所占用的资金是否较之于其他用途下更有利于消费者和社会的福利？
- 如果我们成功，对本地现有提供早餐产品的制造商将产生何种影响？

这样的道德问题分析不仅是应当做的，还能解决当地政府与经济利益的冲突。理解国际市场营销上的道德问题，并有所行动是较困难的，但也必须得做。

消费者洞察2-1提供了一个说明联合利华（Unilever）如何处理全球洗衣产品的大量问题的例子。

消费者洞察2-1　　联合利华适应全球销售洗衣产品

联合利华在美国国外销售其洗衣产品非常成功，原因是公司不断适应相关国家的内部和外部、现有和新兴的因素。一个惊人的统计是，全世界每半小时有700万人使用联合利华的产品洗衣服，其中有600万人是直接手洗。下面我们逐个看看关于联合利华的全球战略的七个考虑因素。[138]

1. 文化同质性

在全球洗衣市场，非均质性，即使在一个国家，也可能如此。例如，巴西东北部和东南部地区是非常不同的。一个区别是，在最贫穷的东北地区，大多数人洗衣服是直接用手使用肥皂来进行的。而在较富裕的东南地区，大多数人洗衣服是使用洗衣机或者使用更有效的肥皂液。

2. 需要

手洗和洗衣机洗衣服导致不同的洗衣产品需要。此外，在发展中国家，对联合利华来说最重要的是要关注产品使用效果，即产品必须适应并满足高强度的清洗需要，能够清除由于体力劳动产生的汗、气味和污渍。

3. 支付能力

很显然，支付得起是产品具有竞争力的体现。然而，联合利华还面临从手洗向机洗的转变情境，这种转变很大程度上依赖于一个国家或地区的经济发展水平，后者又决定消费者是否买得起洗衣机。采用洗衣机，反过来，如我们之前所看到的，也将改变洗衣产品的类型和数量。

4. 相关价值

清洁、方便和可持续性是洗涤产品在不同文化都需要关注的核心价值。在许多国家，存在一个被称为"任天堂的孩子"的细分市场，这些孩子倾向于不出去玩，因此衣服不会被弄脏。此时联合利华的核心战略就是开展"污垢很好"活动，强调玩和弄脏衣物是小孩子健康成长必不可少的一部分，以及"让联合利华来操心如何把他们的衣服洗干净"。

5. 基础设施

一个广泛的基础设施问题是，洗衣粉是否放入热水中溶解。在许多发展中国家，无法方便地获得热水或大量的水。联合利华在印度做出的回应是推出了Surf Excel快洗，一个添加了酶的基础产品，只需要更少的水并能够在较低的水温环境下工作。

6. 沟通

欧洲传统上，衣服是使用大量的热水来清洗的，人们唯一的真正的目的是清洁和杀死细菌。这一趋势正在发生逆转，联合利华将更环保的产品引进欧洲，欧洲人也开始使用凉水来节约能源。这种转变的一个有趣的结果是，欧洲消费者要求抗菌添加剂能够杀死病菌。[139]

7. 伦理问题

全球消费者转向采用全自动洗衣机，将有助于联合利华实施标准化。它的重大影响是水的使用。这是因为相比手洗，机洗需要更多的水，这当然取决于漂洗次数。不断革新的产品和较少的用水需求，对联合利华既是一个性能问题，同时也是一个伦理问题。

正如你看到的，随着目标市场在一些关键方面的演化，联合利华必须不断创新并努力适应。

思考题

1. 即使经济条件允许，代际因素如何影响洗衣机的采用？
2. 你认为联合利华为满足不同市场的需要、欲望和偏好，除了价格和形式（块状和粉末状）外，还需要对哪些产品属性进行调整？
3. 哪个核心价值观与可持续发展和绿色营销有关？该价值观是否随国家和文化而变？

小结

1. 界定文化的含义

文化被认为是包括知识、信念、艺术、法律、道德、风俗和其他为社会成员所获得的能力的复合体，它几乎包含了影响个体行为与思想过程的所有方面。

文化主要通过对个体的行为设定"边界"和影响家庭、大众媒体等社会组织而发挥作用。文化边界或规范由文化价值观决定，后者是指为社会所认可、所欲求并为人们所普遍持有的信念。

2. 描述文化的核心价值观及其对行为的影响

文化价值观被分为三种类型：他人导向价值观、环境导向价值观和自我导向价值观。他人导向价值观反映社会关于个体与群体的合适关系的观点和看法。

与这一方面有关的价值观包括：个人主义与集体主义；年长与年轻；扩展家庭与有限家庭；女性与男性；竞争与合作；多样性与统一性。环境导向价值观涉及的是社会与其经济的、技术的和物质的环境之间的关系。环境价值观的例子有：洁净、绩效与等级；传统与变化；风险承担与重视安定；问题解决与宿命论；自然界。自我导向价值观反映的是社会成员认为应为之追求的生活目标以及实现这些目标的方式与途径。这类价值观包括：主动与被动；纵欲与禁欲；物质性与非物质性；勤奋工作与休闲；延迟满足与即时满足；宗教与世俗。

3. 理解跨文化差异的非语言沟通

非语言沟通系统是一种文化赋予新闻、事件和事物而非文字的主观意义。影响营销人员的非语言沟通因素主要包括时间、空间、象征、友谊、契约、事物和礼仪。

4. 总结全球青少年文化的关键方面

有证据表明，世界范围内青少年至少享有某种共同文化的某些方面。促成这种共同文化形成的主要力量是大众传媒、流行音乐以及共同崇拜的体育明星。新兴的方面包括技术的重要性。事实上，美国的青少年和品牌已经不再引领全球潮流。

5. 理解全球人口统计的作用

人口统计特征是指人口的规模、结构和分布。不同文化下，人口统计特征差别颇大。人口统计特征一方面影响文化价值观和消费模式，另一方面它又受文化价值观的制约和影响。

6. 理解进入国外市场的关键影响因素

发展跨文化营销策略时，以下七个问题是必须认真回答的：①某一地域的消费者在文化上是同质的还是异质的？②在某种特定文化下，某一产品所满足的需要是什么？③有足够多的人购买得起这种产品吗？④哪些价值观与产品的购买、使用有关？⑤对产品有哪些分销、政治与法律限制？⑥我们如何传播关于产品的信息？⑦产品的营销会引起道德上的问题吗？

关键术语

文化价值观（cultural values）
文化（culture）
人口统计特征（demographics）
环境导向价值观（environment-oriented values）
工具性物质主义（instrumental materialism）
单向时间观（monochronic time perspective）
非语言沟通系统（nonverbal communication systems）
规范（norm）
他人导向价值观（other-oriented values）

个人空间（personal space）
多向时间观（polychronic time perspective）
权力距离（power distance）
购买力平价（purchasing power parity，PPP）
制裁（sanctions）
自我导向价值观（self-oriented values）
终极物质主义（terminal materialism）
语言沟通系统（verbal communication systems）

复习题

1. 跨文化营销中涉及哪些伦理问题？
2. 文化是指什么？
3. "文化为行为设定了边界"这句话意味着什么？
4. 什么是规范？规范是如何获得的？
5. 什么是文化价值观？
6. 什么是制裁？
7. 文化价值观可以根据它影响的三种关系之一进行分类——他人、环境和自我。描述每一种价值观，指出它们彼此之间的不同。
8. 下列每对文化价值观取向有何不同？

a. 个人与集体
b. 绩效与地位
c. 传统与变化
d. 有限家庭与扩展家庭
e. 主动与被动
f. 物质的与非物质的
g. 勤奋与休闲
h. 承担风险与重视安定
i. 男性与女性
j. 竞争与合作

k. 年轻与年长
l. 问题解决与宿命论
m. 多样性与统一性
n. 延迟享受与及时行乐
o. 禁欲与纵欲
p. 宗教与世俗

9. 什么是非语言沟通？为什么这是一个很难适应的领域？
10. 下列每种非语言沟通形式的具体含义是什么？
    a. 时间
    b. 空间
    c. 象征
    d. 友谊
    e. 契约
    f. 事物
    g. 礼仪
11. 什么是关系？
12. 工具性物质主义与终极性物质主义有何区别？
13. 单向时间观与多向时间观有何差别？
14. 哪些影响力量促成了全球青少年文化的形成？
15. 什么是人口统计特征？为什么人口统计因素对国际市场营销者特别重要？
16. 什么是购买力平价？
17. 什么是全球本土化？要适应当地的需要应考虑哪些因素？
18. 在决定是否进入某一个国际市场时，要考虑的最关键的七项因素是什么？

讨论题

19. 如果我们不打算从事国际营销或出口营销，为什么还应当研究外国文化？
20. 一国的文化是更可能从其艺术博物馆还是它的电视广告中反映出来？为什么？
21. 世界上各种文化是日益趋同还是日益更具独特性？
22. 为什么不同文化下的价值观存在差异？
23. 本章列举了18种（三个类别）与营销有关的文化价值观。描述另外两种与营销有关的文化价值观并将它们置入书中所介绍的三种类别中的某一类。
24. 从三类文化价值观中选择两种具体的价值观，描述与这两种价值观相关的社会规范以及在违反这些规范的情况下个体将遭受的制裁。
25. 最有可能影响下列产品消费的文化价值观是什么？描述为什么这些价值观特别重要？
    a. 互联网
    b. MP3播放器
    c. 牛奶
    d. 快餐
    e. 山地自行车
    f. 手机
26. 除了文化差异外，美国和其他国家之间还有哪些差异可能影响下列产品的相对使用水平？
    a. 互联网
    b. MP3播放器
    c. 牛奶
    d. 快餐
    e. 山地自行车
    f. 手机
27. 为什么物质主义在韩国比美国兴盛，在集体主义文化下，物质主义被认为要更低？
28. 斐济岛和美国的儿童采取不同的策略来影响他们父母的决策，其背后的价值观是什么？有何营销意义？
29. 面向男性取向的文化和面向女性取向的文化，营销实践上应有什么样的差别？
30. 回答消费者洞察中的问题。
31. 为什么非语言沟通系统随文化而异？
32. 哪些非语言沟通因素与下列产品的营销有关？
    a. 手表
    b. 珠宝
    c. 纸巾
    d. 洗衣粉
    e. 唇膏
    f. 女装
33. 一个西方公司进入日本市场时，人际关系会起到什么作用？
34. 你认为在多大程度上正在形成一种单一的全球性的青少年文化？
35. 今天的青少年在步入40岁左右年龄时是否还会形成一种全球性文化？为什么会或为什么不会？
36. 人口统计特征是如何影响文化价值观的？文化价值观又如何影响人口统计因素？
37. 是什么原因造成了收入与购买力平价之间的差异？
38. 本章提供了一种分析外国市场的七步程序。运用这一程序，把你所在的国家作为一个市场来分析下述产品：

a. 日本产笔记本电脑
b. 韩国产汽车
c. 意大利产太阳镜
d. 智利产葡萄酒

39. 在向发展中国家引进像快餐之类的熟食时，会遇到哪些主要的伦理问题？
40. 美国烟草公司应否允许在第三世界国家销售烟草制品？说明理由。
41. 发展中国家如何才能保持其自身文化，使之不过分西方化或美国化？

实践活动

42. 访问两位来自不同文化的学生。确定在这两种文化下，下列产品的使用情况以及与这些产品相关的文化价值观上存在的文化差异：

    a. 礼品卡
    b. 能量型饮料（如红牛）
    c. 快餐店
    d. 运动器械
    e. 音乐
    f. 互联网

43. 访问两名来自不同文化的外国学生，报告他们在非语言沟通方面意识到的本国文化与美国文化的差异。
44. 访问两名来自不同文化的外国学生，报告他们所感知的关于其本国文化与美国文化在文化价值观上存在的差异。
45. 访问一名来自印度的留学生，问一问他对在印度销售消费产品的美国公司会提出哪些建议。
46. 访问两名来自东南亚的留学生，问一问他们所感知的物质主义和炫耀性消费。报告他们对自己国家的传统价值体系是加强还是相冲突。
47. 假设你是一名为你所在州或省级旅游公司工作的咨询顾问，你被要求提供关于吸引外国游客的促销主题。如果德国人和澳大利亚人被确定为目标顾客，你将提出何种建议？
48. 分析一种外国文化，对下列产品提出一种在该文化下进行营销的方案：

    a. 汽车
    b. 啤酒
    c. MP3 播放器
    d. 折扣商店
    e. 电影
    f. 化妆品

第3章

变化中的美国社会：价值观

学习目标

1. 理解美国文化价值观的核心
2. 总结自身、环境及他人导向价值观的变化
3. 讨论与绿色营销相关的价值观
4. 讨论与公益营销相关的价值观
5. 讨论与对同性恋营销相关的价值观
6. 讨论与性别营销相关的价值观

在美国，性别角色仍在持续演变之中。越来越多的女性从事传统意义上男性的工作，并且越来越多的男性从事传统意义上女性的工作。[1]最近，食品杂货店中的购物行为引起了市场营销人员的注意。雅虎（Yahoo!）最近的调查表明，美国51%的成年男性是家中主要的食品杂货采购者。也许这有些夸大男性在其中的参与程度，但其他研究亦表明男性参与食品杂货店采购的任务多于以往任何时候。你也许好奇是什么导致了这种转变，原因很多，下面择要进行讨论：第一，代际变化。年轻一代中女性受教育程度比她们的同龄男性高，这改变了职业生涯和家庭动态，进而导致夫妻家务活动分工的变化。第二，经济因素。在最近一次的经济衰退中，消失的工作岗位有近3/4原来是由男性从事的，这是致使夫妻重新进行家务分工的又一原因。第三，男性/女性价值观自身的改变。在美国，关于男性/女性的价值观正在从传统的男性主导到两性更加平等的方向转变。由于这种转变，男女角色差异在降低。思考下面的摘录：

> 相比于女性支配的文化，在男性支配的文化下，家务劳动较少由夫妻共同承担。在前一文化下，男性承担更多的家庭购物活动。欧盟统计局的数据……显示了低"男性化"能对花时间购物的男性比例的变动做出52%的解释。

考虑到男性日益增多地参与食品杂货店的购物活动，一些市场营销因素变得很关键。首要因素是弄清男性和女性购买活动的差异。RIVET近期的一项调查显示，男女的购物活动存在以下差异：

男性的购物特点：①坚持买自己熟悉的牌子；②较少按清单购物；③较少搜寻店内的特价商品。

女性的购物特点：①由于多样性的缘故，更可能更换品牌；②更可能进行计划之外的购买；③更可能走遍商店全场。

这些差异对零售商有一定的影响，如优惠券的作用可能对男性来说并不明显，零售商品牌的吸引力可能对女性来说更显著。充分理解这些不同点对杂货店零售商来说很重要。第二个重要的营销因素是针对男性对杂货零售进行多方面调整，包括商店布局、店内促销、食品广告等。例如，开展一些迎合男性的主题活动，如啤酒之夜或许能够使购物活动更具吸引力。提供免费样品也非常有效，据说这是促使男性转换品牌的主要因素。最后，在广告中适当地包含一些以男性为主导地位的主题也是很有必要的。目前仅有1/4的男性觉得零售行业的广告设计是针对他们的。

在第2章，我们讨论了不同文化背景下价值观的差异对消费模式的影响。本章则侧重探讨同一文化背景，尤其是美国文化下，因时代不同而引起的价值观

的变化,并探讨其对消费模式的影响。[2] 本章开篇案例中强调的美国社会中男性和女性角色的变化,反映了第2章中所描述的"男性与女性"价值观的变化。很显然,文化价值观并非一成不变,而是随时代而变化。在3.1节,我们先讨论美国人价值观的总体变化,随后讨论伴随这种价值观变化的四种新的营销趋势:绿色营销、公益营销、对同性恋消费者的营销和基于性别的营销。

3.1 美国文化价值观的变化

可观察的行为变化,包括消费行为的变化,往往是人们文化价值观潜在变化的反映。**文化价值观**(cultural value)是社会普遍倡导的信念。为了理解当前和未来的消费者行为,有必要了解潜在的价值观的变化。谈起美国人的价值观,人们总认为所有美国人的价值观都是相同的,但事实远非如此。在美国,不同的个体以及不同的社会群体,其价值观往往存在着本质的差别。此外,价值观的变化常常是缓慢的,而且不同的个体和不同的社会群体之间的价值观的变化也不平衡。尽管像"9·11"和最近的大萧条这样的一些突发事件会引起价值观的强烈变化,然而缓慢的演变是更加普遍的现象。对这些突发事件的反应会形成短期的行为或态度的转变,但它们能否代表长期价值观的转变,则需审慎的观察。

图3-1描述了我们对美国价值观变化的评估。图中价值观和在第2章中用于描述不同文化的价值观相同。需要强调的是,图3-1是基于作者对美国社会的主观理解。你应该自由地,甚至是强迫自己挑战这些判断。

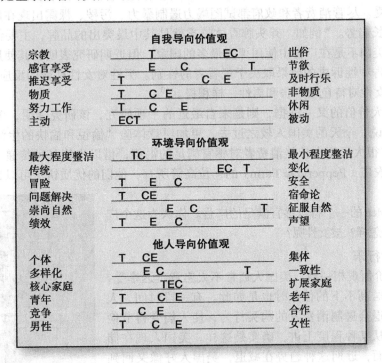

图3-1 传统、当代及正在涌现的美国价值观

注:T代表传统;E代表正在出现;C代表当代。

3.1.1 自我导向价值观

传统上,美国人具有积极主动、讲究实惠、勤奋工作和富有信仰的个性特征,并有吃苦在前、享受在后的性格倾向。第二次世界大战结束后,美国人开始注重休闲和及时行乐,这种风气在20世纪70年代和80年代早期得到了加速发展。虽然这些变化一直延续至今,但是我们接下来将侧重讨论最近的经济衰退(被一些人称作大萧条)对特定价值观如物质主义和及时行乐等造成的影响。

1. 宗教与世俗

整体而言,美国是一个世俗社会,人们的日常行为没有受到宗教戒律的严格束缚。虽然如此,仍有约82%

的美国成年人有宗教信仰，30%的人每周参加至少一次宗教活动，54%的人认为宗教在他们的生活中占据十分重要的地位。[3]

虽然许多美国人在行为上没有像口头上所宣称的那样虔诚于宗教，但与宗教相关的信念却深深地影响着他们所做的许多决策。[4]那些认为宗教在其生活中极其重要的人信念更加保守，他们在政治上表现积极，作为消费者也比较活跃。其积极的政治表现包括试图规范各种各样的营销活动，包括产品（尤其是那些"邪恶"的产品如酒、博彩和色情）和广告。[5]其消费模式既有正面的行为（如购买带有宗教性质的物品和书籍），也有负面的行为（如避免接触或联合起来抵制某些产品）。

保守的宗教群体经常受到媒体追捧且拥有相当大的政治力量，而且确实有很多美国人热衷于宗教，但就总体而言，美国文化仍是一种世俗文化。世俗主义越来越盛行，导致不同宗教信仰的人彼此通婚现象增加。[6]但是经估计，美国的人口中只有25%的人有虔诚的宗教信仰[7]。针对这个群体的广告要细致入微，只是简单地在产品上打上宗教的标志是没有太大作用的。只有当产品与宗教匹配时（如咨询中心），类似十字架这样的宗教符号对购买的行为才有积极的影响。如果产品的感知特性不适合宗教（例如酒），包含宗教符号只会适得其反。而且，对宗教越虔诚的人，上述影响作用越明显。[8]在第5章讨论亚文化时，我们将更深入地探讨宗教对我们所在社会的影响。

2. 感官满足与节欲

节欲是一种美德，这一信念与美国传统宗教价值导向密切相关。然而，随着美国社会更趋世俗化，追求感官满足日益为人们所接受。尽管消费者和政府都试图竭力遏制暴力、污秽、裸露出现在广告、电影和电子游戏中，但这种现象仍呈增长趋势。[9]例如，斧头牌香体喷雾就是其中最突出的品牌，主要依靠性诉求吸引目标顾客——年轻男性。尽管美国不是在广告中使用裸露最多的国家，但近期研究表明，其使用率仍居于巴西、韩国和泰国之上。然而，广告中性诉求的效果取决于观看者的性别。男性对女性裸露的反应比女性更积极。然而，拥有更自由的性观念的女性对待色情广告和男性一样积极。[10]

对感官满足赋予更大价值的又一证据，则是来自最近的一项研究，该研究表明，美国人较之以往更加重视开心和刺激。换句话说，今天的美国人较之过去，更加愿意体验"愉悦和愉快的生活，各种刺激和恐怖场景"。[11]食品行业无疑在很大程度上依赖消费者对感官满足的渴望，借以出售各种传递"愉快""开心"和"刺激"的食物。诚如非凡农庄（Pepperidge Farm）的一位高管所言，他们的优质饼干可以让顾客"随时随地放纵一下自己"。[12]

图3-2展示了TBP4Men的一个符合感官满足的广告。你认为这个广告被男性接受的情况会是怎样？被女性呢？

3. 延迟享受与及时行乐

与重视感官满足的价值观相一致，美国人通常不太愿意延迟享受，即使在面对大额消费和居高不下的债务时也是如此。有一段时间，人们曾以为巨大的经济衰退会遏制消费者的购买行为，使人们变得节俭和更倾向于延迟享受。从某种程度上讲，确实是这样。美国人现在储蓄多了，债务少了。然而，近期这种趋势在减退，美国人好像又回到了以前的消费习惯。如下面所言：

> 事实上，消费是很难控制的，这一整代消费者是在及时享乐思想和信贷文化中成长起来的。[13]

确实很难说，是美国消费者即时享受的价值观真正受到了影响（如图3-1所示，它们的确有一定联系），还是他们在支出和储蓄行为上的改变与经济衰退下的经济限制有更多关系。因此，我们看到了某种"回潮"的趋势，即又回到与经济衰退前相一致的"即时消费"水平。

4. 物质与精神

美国人一直保持着重物质消费的传统，结果使它成了一个消费驱

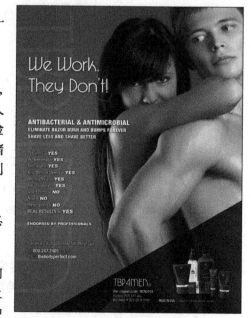

图 3-2
美国文化强调感官享受。像TBD4Men这样立足于这种需求偏好的产品和广告在大多数情况下广为人们接受，除非它们偏离得太远。

动的社会。众所周知，美国人工作时间长，部分原因是为了追逐物质财富。也就是说，美国人花更多的时间和精力去挣钱，为的是购买商品和接受服务，如购买汽车和外出旅游。电视是影响物质主义的一个因素。正如一些研究者所言：

> 电视是非常强有力的媒体……消费者经常用电视上获取的信息来认识社会现实，比如富裕程度。经常观看电视的人会觉得高档产品和服务已经很普遍，当然，实际并非如此。[14]

就像我们所看到的，最近的经济衰退在某种程度上降低了支出水平。不过，也要看到，至少某些节约和节俭更多是出于对经济而不是价值观的考虑。正如一位专家所指出的，消费者正在经历"节约疲乏"，即由于外部限制而不是内在价值观变化而减少消费。思考下面这段来自一位年轻女性的引言，她道出了在经历"节省"生活的尝试后，又决定重新"花费"，重回以前消费生活的心路历程：

> 一段时间后，我下定决心，不玩了，我需要新衣裳，我要购买。虽然我妈妈不高兴，但我管不了这么多。在我看来，停止消费无异于停止生活。[15]

虽然物质主义似乎是主流，但在一部分消费者中，也存在背离和淡化物质主义的倾向。角色超载、心身疲惫和情绪衰竭引起部分美国人重新思考生活中的优先事项，开始有意识地简化生活。思考下面这段引言：

> 我拥有所有让我看上去似乎很成功的东西——高档的汽车、华丽的服饰、豪华的住宅以及顶级健身俱乐部的会员。外表可谓富丽堂皇，然而在内心深处，我跌进了被物质填充的万丈深渊。[16]

消费者试图减少其对消费和物质财富依赖的努力，被称为**自愿简朴**（voluntary simplicity）。自愿简朴是一个范围广泛的连续体，从小的生活调整、减少消费，到整个生活方式的巨大改变；后者包括减少工作，降低收入，住更小的房子和降低日常花费。关键在于它是一种自觉和自愿的决定，而不是出于经济需要。过简朴的生活，主要理由是减轻生活压力，提高生活的满意度，当然也包含一些其他动机，比如环境保护主义者也会提倡简朴的生活。尽管过简朴生活似乎只代表了美国人口一个相对较少的部分，但是这一人群的壮大必定会对经济和营销带来机会，包括二手产品市场的兴旺和绿色产品的畅销。[17]

5. 勤奋工作与休闲

美国人一直具有勤奋工作的优良传统，使得生活在这个社会的人整天忙忙碌碌。美国全职工作者每周平均工作时间约为40小时，其中24%的人每周工作时间超过40小时。从1970年至今，外出工作的已婚妇女增加了50%，从41%增加到现在的61%。[18] 美国人长时间工作的原因有很多。其中一个很明显的原因是，美国人具有强烈的物质导向。他们拼命工作，目的是能拥有一套大房子、两辆车和美好假期。另一些美国人，因为缺乏相应的技能和机会，不加班加点，很难维持像模像样的生活方式。不过，美国人勤奋工作也因为工作对他们而言是非常有意义和有价值的，他们从中获得了自尊，并得到同事的尊重。[19]

部分是由于工作时间的增加，工作在人们心中相对于休闲的重要程度比过去几十年有所下降。显然固定工作仍然十分重要，在这次经济衰退中高失业率使得人们更加坚信这个观点。然而，近期的一项研究发现，有子女的女性工作者中，认为全职工作对她们来说很理想的比例相对于1997年下降了11个百分点；与此同时，认为兼职工作对她们来说很理想的比例增加了12%。[20] 然而，超过2/3的已婚育女性在外面工作是为了赚钱。总体来讲，这些统计数据表明，一些因素，诸如时间压力、角色冲突等，与人们的工作和生活的其他重要方面产生的竞争是相关的。这就为那些能够给予人们便利的市场营销者提供了机会。但我们还是不能脱离工作。一项研究发现，51%~65%的美国人会在晚上、周末、假期这些非上班时间查阅工作邮件。[21] 可以说，现在人们往往同时注重工作和休闲，两者在人们的生活中水乳交融。

6. 主动与被动

美国人重视积极、主动的生活方式。尽管在美国坚持体育锻炼的成人不足一半，但多数美国人对娱乐活动和解决问题的活动持积极态度。看电视是人们主要的娱乐形式，20世纪80年代中期却开始大幅度下滑

（18～24岁的年轻人比任何其他群体看电视都要少），[22] 取而代之的是互联网、运动、烹饪、园艺以及其他形式的活动。并且，儿童在被安排好的活动中花费的时间继续增长。[23] 下面的引文说明美国人在这一价值观上存在很大的差异，但是大多数人更赞成第二种说法。

> 我理想的假日是：有一个舒适的海边度假胜地、一张海滩椅和一杯菠萝果汁。
> 我也需要度假，一两天就好了。时间再长我就受不了，我必须做一些事情。[24]

图3-3描述了地中海俱乐部（Club Med）是如何拥有为积极休闲活动设计的71个全球度假村的。

3.1.2 环境导向价值观

环境导向价值观界定社会成员与经济、技术和自然环境的关系。传统上，美国人一向崇尚清洁、变化、绩效、冒险、解决问题和征服自然。虽然这些传统价值观的根基没有动摇，但也正在经历一些大的变化。

1. 清洁

长期以来，美国人一向重视清洁和个人卫生，这种对卫生的关注现在似乎有些弱化，尤其是在家庭卫生方面。很可能是因为工作对时间的要求越来越多，不过分讲究的家居环境越来越多地被人接受。[25] 然而，这种变化并不代表主流。美国家居生活电视台HGTV的电视节目《使命：组织》(Mission：Organization)的流行表明，尽管美国人可以接受比较凌乱的家居环境，但他们对此并不感到舒服。很显然，这里蕴藏着很多营销机会。[26] 例如，iRobot公司的Roomba机器人得到了发展，原因就是它满足了人们对清洁的渴望，同时又提供了很大的便利性并且节省时间。

清洁的另一个方面——个人卫生，对大多数美国人来说仍然非常重要。一项最近的研究表明，像普瑞来（Purell）一样的洗手液是妈妈们必备的用品。[27] 图3-4显示了高乐氏（Clorox）是如何强调卫生的，这符合美国人对个人卫生的重视程度。

图 3-3

地中海俱乐部的广告符合美国价值观中的休闲、积极性、感官满足和冒险。

图 3-4

高乐氏的这一广告表明，美国人继续高度重视清洁。

2. 传统与变化

美国人乐于接受变化。传统观念认为，"新"就意味着"改进"。虽然崇尚变化，但当今的美国人却不再那么轻易为变化而变化。新产品的不合格、许多新的政府方案的实施代价过高以及快速的技术更新所带来的一系列问题，是导致观念变化的根本原因。另一个原因是美国人口的老龄化。在第4章中我们会了解，美国人口的平均年龄在上升，随着年龄的增长，人们一般不太容易接受变化。不过，许多美国人还是会欢迎变化的。一位专家将一个正在成长的群体称为创意阶层（creative class），它包括这样一些职业，如建筑师、科学家、工程师、医疗保健工作者和商务人士，他们靠创造新的想法和技术生存，或是专门处理非常复杂的问题。这个群体如今占整个劳动人口的33%，而在1900年只有10%。菲亚特（Fiat）重振其在美国的品牌，把目标市场定位在崇尚数码营销、病毒营销与公益营销的创意阶层，该公司认为这些营销方式特别适合这一市场。[28]

3. 冒险与安全

美国人勇于承担风险的倾向似乎也在改变。从20世纪30年代到80年代中期，人们更强调安全感。这在很大程度上是由30年代的经济大萧条、第二次世界大战以及冷战所带来的巨大的动荡和不确定性造成的。虽然如此，承担风险依然被为人们所看重。看看经济增长时期的创业者，不断涌现的小公司以及追求无拘无束的生活方式的自营业主，我们便会发现，承担风险仍然是美国社会的主流。

表3-1表明，由于最近的经济衰退，现在的美国人似乎更强调安全。然而，一项关于美国人是否重视安全的长期研究表明，在过去的几十年，求稳求"安全"的倾向呈下降趋势。这也意味着，短期对安稳的重视，在经济条件好转之后会让位于"求变和冒险"。[29]

4. 解决问题与宿命论

美国人常以能解决问题而自豪，正如我们之前看到的，问题解决者和创新型工作者占所有工作者的比例正在增加。总体上，美国人相信只要付出足够的时间和精力，任何事情都可以办到。例如，即便处于最近的经济衰退之中，接近2/3的美国人认为"作为美国人，我们总能够找到解决问题的办法"。[30]营销人员每年推出成千上万种新产品，强调的就是这些产品比现有产品能更好地解决消费者面临的问题。在后面有关绿色营销和公益营销的部分，我们还将对这种价值观所产生的后果进行讨论。

5. 崇尚自然与征服自然

传统上，自然界被视为障碍。人们为了满足自身的欲望，试图驯服自然，却没有认识到这样做给自然和人类带来的严重后果。但在最近30年，美国人对自然的态度发生了很大的变化。

专家担心环境保护主义已经消亡了。一些专家引述了这样一个事实：1990~2000年间，自称为环境保护主义者所占的比例，从73%下降到了47%。这种下降在一定程度上可能是真实的，当然还可能是因为人们定义环境保护主义的方式不同。例如，最近的一项盖洛普民意测验（Gallop Poll）显示，80%的美国人对环境保护主义持积极或赞同态度（21%为积极的态度，49%为赞同但不积极的态度）。这使得"积极"的参与度自2000年以来上升了5个百分点。下述迹象表明，美国人对环境的担忧仍然很强烈，甚至呈上升趋势：

- 83%的人认为保护环境改变了他们的生活方式。
- 回收利用（89%）、节能（85%）和环保购物（70%）依旧是主流。
- 67%的人说，"即便是在艰苦的经济时代，也要选择购买对社会和环境有益的产品。"
- 51%的人表明愿意为具有环境效益的产品支付更高的价格。[31]

表3-1呈现了IRI/TNS基于消费者对环境的态度和行为而定义的8个消费人群。[32]

如果能使关注环境的消费者相信其产品是环保的，企业将能够获得巨大的收益。这种方法被称为环境企业营销。**环境企业营销**（enviropreneurial marketing）是企业首创的环保型营销实践、策略和战术，其目的在于取得具有竞争力的差异化优势。研究表明，这种营销方法能够提升新产品的成功率和市场份额。[33]

在随后的绿色营销一节中，我们将对企业如何应对环境价值观做进一步讨论。

表 3-1　IRI/TNS 绿色细分市场

1. 生态中心主义者（16%）：他们强烈地表达对环境的关注，所有的购买行为都受环境信念的支配，愿意为环保产品支付更高的价格。他们质疑企业的绿色行动，认为那些仅仅是营销策略。他们受过高等教育，收入高，居住在美国南部和西部

2. 受人尊敬的管家（7%）：强烈地表达他们对环境的关注，所有的购买行为都受环境信念的支配；愿意为环保产品支付更高的价格，不质疑企业的绿色营销行为，十分关注社团和文化；教育程度低，收入低，西班牙裔市民

3. 自豪的传统主义者（14%）：这类人主要的环保行动是保持家庭有效且高效的运转（使用隔热产品和节水产品）；以家庭为中心，努力工作，居住于中西部农村

4. 珍惜地球妈妈（18%）：这类人致力于使家庭高效运行的环保行为是为了省钱（买二手货、冷水洗衣服、自然晾干衣服）。注重实用和削减每日开支，低收入，居住于农村，为女性

5. 怀疑者（13%）：这类人相信如全球变暖、碳排放增加这些环境问题，但质疑企业绿色行动；教育程度和收入水平极高，沿海城市，为男性

6. 环保时尚者（14%）：这类人关注环保，但行为与信仰不符，喜欢表现出具有"环保意识潮流"，或许会尝试环境友好产品，但仍继续购买钟爱的非绿色产品，为年轻人

7. 绿色天真者（11%）：环境问题未深入他们的思想和行动，是很宅的低收入者

8. 环保反派（7%）：这类人轻视环境问题，认为气候变暖不存在，对企业环保行动很消极，认为只是营销策略；中等收入，男性，居住大都市的小部分区域

6. 绩效与地位

美国人又重新开始注重产品的实用性，而不只看重其名牌。虽然消费者仍然愿意购买有名的品牌，但前提是除了声望以外这些品牌必须在款式和功能上令人满意。这种观念的变化使在价格、服务和质量方面令消费者满意的商店销售量大增，如沃尔玛（Walmart）和塔吉特百货（Target）等，而且对于优质零售商提供的私人标签品牌比如艾伯森（Albertson's）、塔吉特百货和沃尔玛也同样适用。与此相反，一些成本结构不合理或形象不好的店铺，如盖普（Gap）、凯马特（Kmart）和蒙哥马利·沃德（Montgomery Ward），则在市场中苦苦挣扎，甚至不得不关门大吉。[34]

3.1.3　他人导向价值观

他人导向价值观反映了社会中对个体与群体之间适当关系的看法。历史上，美国是个崇尚个人主义，鼓励竞争，注重男性气质和青春活力，崇尚核心家庭同时注重统一的社会。如今这种价值取向的某些方面正在发生变化。

1. 个人与集体

美国社会最显著的特征就是强调个人主义。看看美国任何一部轰动一时的电影，不难发现，其主要人物都是个人英雄式的，不论面临多大压力，他们也绝不向集体妥协。美国人讲究"做你自己的事"的价值观，即使为每一代青少年所设计的制服，也留有相当大的让其发挥个性的余地。这种价值观对销售人员的激励系统、广告主题、产品设计和消费者投诉行为均有影响。[35]例如，有较高个人主义倾向的消费者更可能投诉，转换品牌，并且在遭遇不满意的服务时更易于传播负面的消息。[36]个人主义也是定制化浪潮得以盛行的原因，目前汽车、卡车和摩托车的顾客定制市场每年都会超过 20 亿美元。探索频道和 CMT（乡村音乐电视）已经加入到这一趋势中，其推出的节目《美国机车》（American Chopper）和《卡车把戏》（Trick My Truck）吸引了众多特立独行的年轻男性观众。[37]

2. 多样性与统一性

一方面美国文化崇尚个人主义，另一方面也给某种程度的统一性尤其是群体的一致性留有空间。从某种意义上，美国是由那些追求宗教自由和受到各种形式迫害的人一起缔造的，美国的宪法和法律力求保护各种不同的宗教和政治信仰。然而，历史上，美国人始终坚持新的移民应当尽快采用美国社会主流的语言、服饰和价值观念。那些背离主流群体的人，通常会面临不同形式的排斥。种族少数群体和宗教少数群体尤其如此。

自第二次世界大战以来，美国社会日益崇尚多元化。且看以下论述：

贺曼（Hallmark）推出了一款名为"共同线索"（Common Threads）的系列贺卡，上面的信息反映了各种世界文化，强调全球社区和多元文化表现。[38]

研究人员推测，类似共同线索的产品市场体现了"文化的创造性"，"26%的美国成年人关注自我实现、精神性和自我表现，喜欢外国的奇异事物。"[39] 对于任何种族，在搜索产品时，文化的创造性更可能使客户突破传统的种族界限。

尽管对种族的、宗教的和阶层的偏见没有完全消除，但正如图 3-5 显示的，美国文化正在变得更加重视多样化而不是一致性。一项最近的研究发现，61% 的美国人觉得正在增加的种族和民族的多样性"是一个向好的改变"。在年轻人中，这一比例更高。[40] 在本章的营销战略——对同性恋者的营销章节，我们将研究美国人对多样性日益增长的接受程度。

3. 核心家庭与扩展家庭

美国是一个移民国家，最初来美国定居的人，其原来家庭的一些成员并没有一同来到美国。随着美国的成长，在人口西迁的过程中，也出现了同样的现象。即使到现在，频繁的迁徙和较高的社会流动性，意味着很少有孩子能有机会与其姑姑、叔叔、堂（表）兄妹、侄子、侄女一同亲密地生活在一起。[41] 同样，孩子一旦成人，有了自己的事业，他们就会离开家乡和父母出外谋生。传统家庭成员的分开常常会淡化成员之间的家庭意识，这反过来也削弱了家庭对个人的影响。

这并不是说美国人不爱他们的家人，或美国人的家庭成长方式不影响他们以后的生活道路，而是说一个 35 岁的美国人在手头吃紧时，其表哥并没有义务一定要借钱给他（在许多别的文化背景下情况则不见得）。同样，这个 35 岁的美国人也不太可能和多个或一个表哥、姑姑、侄女之类的亲属住在一起。美国文化中家庭的角色将在第 6 章深入讨论。

4. 青年与老年

传统上，老年人几乎在所有文化中都受到高度重视。与年轻人相比，老年人更有智慧，因而被视为楷模和领导。然而，在美国文化中，从未出现过这样的图景。这或许是因为把荒原开垦成为一个新型生产国需要强壮的体力、坚韧的毅力、青春的活力和丰富的想象力。随着美国发展成为一个工业国，对年轻人的重视也一如既往。第二次世界大战后，这种观念更加强烈，以至于汽车、服装、化妆品以及发套等产品似乎都是为年轻人设计的。例如，在美国广告中，对年轻的诉求远比对老龄和传统的诉求更吸引人。[42]

然而，这种以青年为中心的价值观也渐渐在发生变化。由于老年人口增加，老年人可自由支配的收入增加，老年人对政治和经济的影响也逐渐增强。专供老年人使用的化妆品、药品、护发产品于是应运而生。而且，这些产品的广告模特也开始使用老年人，如朱丽安·摩尔（Julianne Moore），她们与目标顾客更加亲近。不过，大多数这样的产品还是直接或间接地诉求更年轻的形象。

广告中对年龄的描绘是一个棘手的问题。因为人们总是倾向于认为自己比实际年龄年轻，所以如果广告使用的代言人比目标顾客年轻一些，就会引起更加积极的反应。另外，如果产品本身诉求于年轻，或者属于炫耀性产品，在广告中使用年龄较大的代言人，往往会导致年轻消费者远离这些产品。这两方面结合起来，或许可以解释广告代言人大多是年轻模特的原因。[43] 然而也有一些人担心广告过多描述年轻的使用者，会在某种程度上让老年消费者觉得被忽视了。显然，在这个方面，营销人员仍有许多值得思考的地方。

5. 竞争与合作

长期以来，美国都是一个高度竞争的社会，竞争的观念早已深入人心，反映在社会、政治、经济等各个方

图 3-5

美国人越来越看重多样性。因此，在许多广告中使用了多样性的方法。

面。无论是在商业、娱乐业还是体育中，卓越的竞争优胜者都会得到丰厚的物质奖励。虽然在学校和商业中提倡协作和团队精神，但这种协作往往是为了使某个团队能在竞争中超越对手。基于此，美国成为率先允许比较广告的国家也就不足为奇了。

6. 男性与女性

像大多数其他社会一样，美国社会长期以来都是男性导向的。不过，如本章的开篇案例所讲的那样，随着两性角色的演变，这种导向正在发生变化。尽管美国社会的男性导向正在减弱，但整个社会的男性导向还是很明显的。例如，如果只能生一个孩子，37% 的父母表明他们更想要男孩，而只有 28% 的父母想要女孩。[44] 瞄准儿童群体的教科书为女孩介绍的体育活动（35%）要少于男孩（65%）。[45] 然而，这个观念也在发生变化。例如，偏爱男性老板的雇员比例在持续下降，而偏爱女性老板者则在持续上升。[46] 这种由性别角色演变引起的营销意义将在本章后面部分讨论。

3.2 价值观与营销策略

我们已讨论了许多与价值观和价值观变化相关的市场营销的内涵。关键是，公司营销组合的各个方面都应与目标市场的价值观相一致。下面我们将讨论适应美国人价值观变化的四个营销反应：绿色营销、公益营销、对同性恋消费者的营销和基于性别的营销。

3.2.1 绿色营销

随着美国人对环境问题的日益关注，营销者提出了**绿色营销**（green marketing）的理念。[47] 绿色营销大体包括：①产品的生产、使用和废弃物的处理与传统的同类产品相比，对环境的危害性小；②开发对环境有积极影响的产品；③把产品的购买与某个环保组织或事件挂上钩。范例有：[48]

- 李维斯（Levi's）近期推出了李维斯生态产品线——全有机棉牛仔裤。
- 哥伦比亚广播公司（CBS）开创了 EcoAd 项目，即一个公司的广告收入的 10% 投入当地的环境事务。参与者会得到"绿叶"生态广告标志。
- 欧迪办公用品公司（Office Depot）提供可回收的环保打印机和复印纸，包含 35% 使用过的可回收纤维，并用绿色包装和"绿色欧迪办公用品"的名字强调环保。

关注环保的消费者，不见得一定会购买绿色产品。即使对于那些非常关注环境的消费者而言，如果价格太高而质量差，不能使环境更好，或是消费者怀疑厂家的绿色声明，[49] 都有可能造成消费者不购买这种有绿色诉求的产品或服务。跨越这些障碍对绿色营销的成功是至关重要的（见图 3-6 中的奥迪 TDI 清洁柴油广告）。例如，本田公司在 2007 年停止生产雅阁混合动力汽车，该车型每加仑燃料仅比油改气的雅阁多行驶 1 公里，而价格却比其高 15 000 美元，所以销量很小。[50]

联邦贸易委员会（FTC）理解消费者对产品绿色声明的质疑。随着所谓的绿色产品在数量和类型上越来越多，联邦贸易委员会推出了名为"绿色指南"的自愿性指导准则。它提供了许多处理广告和包装信息的可接受和不可接受的实例，这些信息与环境有关。以下一些事件促使 FTC 对准则进行修订：[51]

- 首先，"生态友好"之类的术语在某些方面似乎误导了一些消费者，这些消费者认为环境友好产品"在所有环境中都具有深远的意义，没有任何实质性的弊端"。据 FTC 观察，很少有产品能完全符合消费者的理解和期待。

图 3-6

环保产品，如奥迪 TDI 柴油，也必须满足消费者的利益才能成功。

- 其次，存在所谓的**绿色漂洗**（greenwashing）实践，即公司在促销中强调一些没有"基础"的环境利益。

绿色指南主要修改的地方有：①一种环境友好产品需清楚声明在哪方面是环境友善的；②取缔第三方证明和环境友善印戳。这种取缔反映了这样的事实，即一些公司在产品上使用第三方甚至是自己的环境证明标记，而根本没有事实根据来支持相关的环境利益诉求（了解更多的消费者指南，请登录 www.ftc.gov）。[52]

3.2.2 公益营销

公益营销（cause-related marketing，CRM）这一术语有时可以与社会营销（social marketing）交替使用。然而，严格来讲，两者是有区别的。在第1章中已经提到，社会营销是为改善个人或社会福利而进行的营销活动，对企业本身并没有直接的利益。与此相比，公益营销则是将企业和企业的产品与相关事件或公益事业结合在一起，目的是在为相关公益事业发展出力的同时提高产品销售额或改善企业的形象。[53]企业与相关公益事业联系起来，目的是为了与消费者建立一种长期关系，同时建立企业与品牌形象，最终提高企业的销售额。一个公益营销的很好的例子是 Secret 公司的"Mean Stinks"反欺凌运动。

分析一下图 3-7 中的两则广告。左图是则社会营销的广告，该广告促进了国际社会的利益，但并没有提高某一企业的利润和形象；右图则是一个公益营销的广告，其目的是促进某一理念，同时提高产品销量和改善企业形象。

图 3-7

左边的"走一走"广告，促进了世界社会的利益，而没有为某个商业公司提高利润或形象。这是一个社会营销的例子。

右边 Secret 公司的"Mean Stinks"广告代表的是公益营销。它不仅有利于一个公益事业，也提升了商业公司的形象和销售。

公益营销的基础是针对消费者价值观的营销，并且是一种有效的营销方式，因为它与美国人的价值观一致。[54]例如，在大多数公益营销项目中，一个普遍的主题就是利用美国人的问题解决导向，即提出一个问题，如乳腺癌、艾滋病或是环境污染，然后鼓励人们为解决这一问题尽一份力。过去十年间，消费者对公益营销的期待、接受和反馈增长迅速。

调查表明，许多消费者愿意走更远去寻找那些支持公益活动的商店和产品，并且他们愿意为这些产品支付更高的价格。此外：

- 71% 的人购买过与公益相关的品牌或产品。
- 88% 的人认为公司在完成销售目标的同时应致力于社会改善。
- 74% 的人声称当向朋友推荐产品和服务时，企业对社会公益事业的投入是考虑的重要因素。
- 86% 的人在价格和质量相同的情况下，更可能转向基于 CRM 的品牌。[55]

既然消费者接受 CRM，那么公司在 CRM 上的花费日益增多也就不足为奇了。从支出方面来看，对公益营销方面的赞助，已经从 1990 年的 1.2 亿美元增加到 2008 年的 15 亿美元，这表明它是企业赞助的第三大领域！[56]然而，消费者对公益营销的怀疑和冷漠是个非常大的挑战。当消费者感觉公司从事公益营销是出于内在价值观（公司总裁认为公益营销是其道德义务），消费者对公司的信任会提升，这也会带来正面口碑，并促进消费者的购买。相反，如果消费者感到公司从事公益营销仅仅是为了提升自身形象，或是出于被迫，这类公益营销有可能降低消费者对公司的信任，导致负面口碑和销售减少[57]。基于对公益营销的反应，下面描述了四个不同的消费者群体：[58]

- 怀疑者（质疑CRM的真诚度和有效性）："我认为其中的大多数都是假的。因为它们所贡献的是如此之少，根本不会起到什么作用。"
- 平衡者（相信CRM但是不会据此采取相应行动）："我不想这么说，但是对于杂货店，我的确是去离我最近的一家。'食品之狮'（Food Lion）愿意这么做（参加CRM）……让我感觉很好，但是有时候我不愿意花费额外的努力……但有时我觉得我确实有这样的义务。"
- 归因导向者（关注CRM背后的动机）："我总是用怀疑的态度看待他们，但是我会尝试做出一些判断，基于他们是谁，他们在干什么来形成一些常识，并希望看到最后的结果。"
- 关注社会者（出于对帮助他人的渴望）："我想，只要他们（从事CRM的企业）在做，就我知道的而言其背后的动机的确是值得怀疑的。即使这样，我还是认为支持这些企业是重要的，因为这样可以强化它们的良好行为。"

企业和相关公益事业相互"匹配"，才能产生好的营销结果，关于这一点正在逐步形成共识。[59]例如，ConAgra——一家食品营销公司，推出了"更好地哺育孩子"的活动来与儿童饥饿做斗争，佳洁士（Crest）和美国男孩女孩俱乐部联合发起了"健康微笑2010"活动，来教育孩子们文明用语。这两个案例都是业务与公益事业相匹配的范例。[60]

除此之外，正如在消费者洞察3-1中提到的，一个用于公益营销的独特方法正在被汤姆鞋（Toms Shoes）应用。你认为这个方法克服了公益营销面对的一些挑战吗？

消费者洞察3-1　汤姆鞋的公益营销"烤入品牌"（Baked into the Brand）

一个塔吉特连锁百货商店突然出现在美国最昂贵的地段之一——纽约的时代广场。商店被笼罩在一片粉红色的产品中，这些产品包括自行车、毛衣、拖鞋、T恤衫等。一辆咖啡车外提供粉红色甜甜圈。商店存在的短短一个月内，所有收益都转到了乳腺癌研究基金会。[61]在北美洲每个为无家可归的人建造的家庭栖息地，惠而浦（Whirlpool）捐赠了一个炉灶和一个冰箱。[62]与红十字会携手，宝洁汰渍"希望的承载"为自然灾害的受害者提供移动自助洗衣店（比如飓风卡特里娜过后的新奥尔良）。[63]

这些公益营销活动建立了一个公司和非营利组织之间的合作关系，往往导致"通过做好事来做得好"。营销者在善意的光环中提升了他们的底线，而非营利组织得到了所需的捐赠和公众的关注，并且消费者为自己购买商品，从而为有价值的事业做出贡献。尽管"三赢"有好处，批评者还是指出了公益市场营销的缺点。如果消费者认为企业与公益的关系是慈善事业的发展，企业可能会失去消费者的信任。市场营销可能会教导消费者，只有在得到一些回报并且不消耗自身成本的前提下才做出贡献，而不是直接贡献给非营利组织。与直接从公众那里获得的不受约束的捐款不同，慈善机构与公司合作而得到的捐款可能伴随着契约和义务。[64]

然而，汤姆鞋的成功给公益营销带来了新的转变。汤姆鞋不与非营利组织或慈善机构合作。相反，汤姆鞋是一个"谋求利润"的公司，但伴有"一对一"烤入品牌的公益活动。消费者每购买一双汤姆鞋，公司就为需要鞋子但买不起的孩子们捐赠一双汤姆鞋。在2013年春，汤姆鞋在59个国家捐赠了1 300万双鞋。它现在正扩大自己的努力范围，为向15个国家捐赠眼镜而努力。汤姆鞋的"烤入品牌"策略被描述为故事的故事——以行动来讲故事。购买汤姆鞋的消费者行为讲述了品牌和消费者的故事。以故事为先。公司"谋求利润"的角色使做正确的事情得以持续。[65]

思考题

1. 营销人员的首要动机是提升底线。他们应该得到因与非营利组织的伙伴关系而产生的青睐和良好的声誉吗？
2. 市场营销告诉消费者，他们可以通过自己的消费改善世界，只有当他们得到一些回报并且不消耗自身成本时才做出贡献。你同意这一观点吗？
3. 与公益营销相关的考虑是否适用于诸如汤姆鞋这样的新的营销方式？

3.2.3 对同性恋消费者的营销

随着美国社会大多数人日益崇尚多样性，他们对种族、宗教的多样性也就更加包容。另一个日益获得社会承认和接纳的群体是同性恋者和他们的组织（在这一小节，我们依照商业出版物的惯例，将男女同性恋者称为同性恋市场）。总体上，52%的受访者认为同性恋在道德上可以接受，而2001年只有40%的人持有这样的观点。最坚决有力的支持来自年轻男性（62%）和女性（59%），看起来年轻的一代因为价值取向的多样化而支持了我们的观察。[66] 有趣的是，美国人重视个人的权利及其维护，已经不是停留在对生活方式的意见和看法上。例如，超过70%的受访者支持同性夫妇进入医院的权利，60%的受访者倾向于允许同性恋者在军队中服役。在年轻群体中，这些支持数字更高。[67] 对同性恋者的接纳程度，也可以从流行电视节目如《现代家庭》和《L族的世界》里更多公开露面的同性恋角色中得到印证。

在保护和增加同性恋者的权利方面，州政府和联邦政府都有所行动，包括军队对同性恋者的开放和同性恋者享有夫妻的权利，包括婚姻合法。此外，将近90%的《财富》500强公司保护雇员的性取向。[68]

在我们开始之前，需要强调的是，同性恋消费者，就像异性恋，在种族、地域、职业、年龄存在显著差异。这些和其他因素影响他们的消费行为，并且在大多数情况下，这些因素比他们的性取向发挥着更大的作用。

从规模和购买力上看，同性恋市场是非常可观的。同性恋市场的规模估计占美国成年人口的7%，即有1 600万18岁以上的人，其购买力估计达7 500亿~9 000亿美元。[69] 非常自然的是，许多企业已断定，同性恋市场是一个有高度吸引力的细分市场。我们不妨来看一下以下一些例子：[70]

- 美国航空公司（American Airlines）在其网站上特别为男女同性恋者、双性恋者和变性者创建了一个网页。温德姆酒店（Wyndham Hotel）则与该航空公司合作，给予通过该网页的所有预订20%的折扣。
- IBM有一个"致力于促进变性者和IBM接触的销售团队"。
- 瑞典家具公司宜家1994年推出同性恋主题广告时引起了舆论的哗然。而2006年其再次进入同性恋市场，推出这样一则情景广告："一对黑人和亚洲人组成的男同性恋夫妇及其女儿和金色猎犬在一起，并以一句画外音结束：'为什么沙发就不能摆出不同的风格，就像家庭一样？'"不同于1994年的公众反应，这则广告没有引起大众争论。

任何企业，若想赢得同性恋者市场，首先必须保证其内部对同性恋员工没有歧视。最近一项调查发现，82%的同性恋消费者更愿意购买他们认为对同性恋态度友好的公司的产品。[71] 人权运动基金（www.hrc.org）通过它的公司平等指数（CEI）来向同性恋消费者提供公司是否具有这种特点的信息，CEI指数测量了一个公司对待它的GLBT（男同性恋、女同性恋、双性恋和变性者）员工、客户和投资者的平等程度。

1. 产品问题

在大多情况下，同性恋者的生活方式与其他消费者没有什么不同，他们也不要求对产品做什么改动。比如，同性恋者与异性恋者在选择旅馆时的四条最主要的理由中有三条是相同的。根据重要性排序，它们分别是便利、顾客服务和亲友推荐。[72] 然而，对产品稍作改动来创造机会是可能的，而且是可以获利的。比如，在电视领域，针对同性恋观众的新闻、关注、节目和电影越来越受欢迎。"The Logo and here!"网络最近已经启动，以应对日益增长的该种需求。另外，随着对同性恋婚姻的关注日益提高，像陶瓷库房（Pottery Barn）和蒂芙尼（Tiffany's）这样的公司都对性别因素保持中立态度，而像"同志婚礼网上公司"（www.gayweddings.com）这样的网站也开始出现，来服务于同性恋市场。

要求对标准产品予以调整的另一个领域是金融服务。诚如美国运通公司的一位营销经理所说：

> 通常，同性恋夫妻对有关社会保障和不动产计划方面的问题比较关注，因为同性婚姻经常得不到法律的承认。[73]

美国运通Ameriprise金融设有专用于这一市场的GLBT网页。在它的网站上有如下声明：

> Ameriprise金融是首批为同性伴侣和单身人士提供双重客户分析的金融服务公司之一。双重客户分析允许金融顾问帮助同志伴侣创建未来的分享计划。我们的金融顾问使用一种包括税务、保护、地产、退休和投资战略的综合理财方法。

2. 传播问题

无论在加拿大还是在美国，有很多面向同性恋者的媒体。考虑到同性恋市场的规模和购买力，同 1997 年相比，以同性恋为导向的印刷媒体的支出已经增加了两倍多，超过 3.5 亿美元。并且越来越多的《财富》500 强公司正在做同性恋广告。[74]

相较于普通人群，同性恋者大多是技术痴迷者，他们更愿意网上冲浪，因而也就能接触到更多的品牌，并利用更多的时间上网。[75] 营销人员在开发他们的网站时考虑到了这个因素。[76] 例如，iTunes 提供同性恋播客，Orbitz 在其旅游网站上有一个男同性恋和女同性恋的页面。而且正如我们看到的，Ameriprise 金融为 GLBT 制作了一个漂亮的网页。营销者如 Virgin Mobile 正在它们的网站上针对 GLBT 群体使用目标横幅和活动以促进产品销售，比如 OutTraverler.com、SheWired.com、gay.com。

由于面向同性恋市场时很多产品并不需要做出改变，这样大多数公司最初进入这一市场时采用的是标准化广告。Anheuser-Busch 公司、米勒酿酒公司（Miller Brewing）、百利甜酒（Baileys Original Irish Cream）、美国运通公司（American Express）都是采用标准化广告最早进入该市场的厂商。然而，现在大多数同性恋印刷媒体上的广告（62%），专门为同性恋消费者创作。[77] 这类广告会描述一对同性恋夫妇，而不是像标准广告那样描述一对异性恋夫妇，整个广告都包含同性恋的主题，比如图 3-8 中泰诺（Tylenol）的广告。

据估计，大约一半的同性恋群体很少或从不阅读同性恋导向的刊物，而花相当多的时间看普通媒体。[78] 一位男性同性恋者这样说道："我们一般不只阅读《外出》（Out）杂志和《倡导者》（The Adrocate）之类的同性恋刊物，如果进入任一男同性恋者的公寓，你很有可能也会看到《名利场》（Vanity Fair）和《人物》（People）之类的杂志。"[79] 在网站上也是如此，同性恋消费者访问最多的 10 大网站中就有 8 个是普通网站，如雅虎、亚马逊、美国有线电视新闻网（CNN）和 eBay 等，这些都不是专门为同性恋者设立的。[80]

在标准的大众媒体中推出同性恋主题的广告，会让不接受同性恋群体的部分市场人士产生强烈反应，他们强烈要求广告直接面对最大数量的观众。[81] 最近的一项研究比较了主流广告（广告出现异性恋夫妇）和明显的男女同性恋广告（男性或女性夫妇）或含蓄的男女同性恋广告（有同性恋象征性图像的广告，如彩虹旗、粉红三角形和自由戒指（freedom rings）等）。这项研究发现，同性恋者和异性恋者同样喜欢主流广告；此外，虽然异性恋者不喜欢明显的同性恋广告，但他们的态度不会受含蓄的男女同性恋广告的影响。总而言之，无论明确或含蓄的同性恋广告都比主流广告更受同性恋者的青睐。[82] 该研究建议，如果营销人员希望广泛吸引主流市场，并兼顾同性恋消费者，那么使用象征性的同性恋图像（主流市场不甚明了）则是一种有效的策略。这点很重要，因为研究表明，同性恋消费者会回报那些在同性恋媒体上打广告和在广告上采用同性恋主题的企业。

最后，对于在同性恋媒体上做广告，像"同性自豪周"这种支持同性恋群体的活动是另一种重要的营销方式。

图 3-8

针对同性恋群体的广告，范围可以从同性恋媒体中的标准广告到如拥有明显同性恋主题的泰诺广告。

3.2.4 基于性别的营销

正如我们在本章开头所看到的，如今美国的性别角色正在发生变化。这种变化正朝着两个方向发展，越来越多的女性从事传统的男性导向的工作，更多的男性从事传统的女性导向的工作。我们难以想象，仅仅在一两代之前，购买汽车的通常模式是男人一个人做主。而如今，在所有汽车的购买中，受到女性影响的有 80%，其中对所有新车购买的影响超过 50%（在 1984 年只有 20%），对所有运动型多用途车（SUV）的购买占 40%。[83]

女性性别角色的变化是相当惊人的，越来越多的女性加入到职业大军中，拥有的财富和购买能力也在增加,并且有着更加积极主动的生活方式。从汽车到运动装备,到金融服务,几乎在每一个产品或服务领域,营销人员清楚地意识到将女性作为一个市场细分的重要性。看看下面的例子:
- 凯迪拉克针对职业女性推出了 CTS 车型,用影星凯特·沃什(Kate Walsh)代言,品牌口号是"真实的问题是,当你发动车子的时候,你是否感受到了喜悦?"
- 哈雷-戴维森(Harley Davidson)在其网站上有一个叫作 Women Riders 的页面,资助女性参加 Garage Party 活动,因为现在它的客户群中女性的比例在提高。[84]
- 耐克拥有完全针对女性的高尔夫球和服装生产线,并且在其网站上有为耐克训练俱乐部和其他产品的模块,这些内容可以通过 iTunes 访问。

性和**性别** (gender) 这两个词有时可交错使用,指一个人生理上是男性还是女性。**性别身份**(gender identity)是指女性特征(温柔和同情等表现特征)和男性特征(如进攻性和支配欲等特征)。这些特征是两性特征的极端表现,而每一个特征在不同个体身上的表现程度又不相同。在生理上,毫无疑问,男性多朝着男性化的方向发展,女性则朝着女性化的方向发展。[85]

性别角色(gender roles)是指在特定社会中对男性或女性来说比较合适的行为。以上对汽车购买行为的讨论已表明,在过去的 30 年中,美国社会的性别角色发生了巨大的变化。这种变化的基本特征是,以前被认为男性才适合的行为现在对女性来说也可以接受了。但正如我们一开始看到的,以前被认为女性才适合的行为现在对男性来说也可以接受了。

性别角色是**先赋角色** (ascribed role),个体对这种角色没有或很少有自主性。先赋角色与**成就角色** (achievement role)相对应,后者以个人的表现为基础,个体有一定的自主性。在一定限度内,个体只能选择自己的职业角色(成就角色),而一般不能选择性别角色(先赋角色)。

根据对两种不同的生活方式的好恶,研究人员发现,区分传统型或现代型的性取向(traditional or modern gender orientations)是很有意义的。
- 传统型。在这种类型的家庭里,丈夫的责任是挣钱养家,妻子则负责操持家务和养育孩子。
- 现代型。在这种类型的家庭生活里,丈夫和妻子应共同分担家庭的责任。双方都工作,夫妻共担家务和养育孩子。

美国人对现代生活方式越来越偏爱,从 1977 年的 35% 上升到了最近的 71%。[86]另外,只有 25% 的人赞成女性应该回到她们传统的角色中去,而且 87% 的人赞成父亲可以和母亲一样有能力照顾好孩子。[87]然而,尽管男性和女性都对"现代生活方式"这种一般化概念表现出强烈的认同感,但大多数人还是意识到过上这种生活方式也是有代价的。例如,80% 的家里有 5 岁或 5 岁以下子女的母亲更愿意在家中陪伴子女,即使她们有另外的选择。[88]将近一半的男性和女性,都相信如果母亲能够"待在家中,只负责打理家务和照顾孩子"会是最好的选择。[89]

正如本章开篇所言,男性参与家务呈上升趋势。很重要的是,关注重点放在男性身上,不管他是已婚还是未婚。对于已婚男士,尽管做家务活动越来越多,但普遍的模式依然更多倾向传统性别角色。最近的一项盖洛普民意测验揭示了男女双方所做的家务活的情况。每项活动的数据是调查对象对所提问题答复的百分比,如表 3-2 所示。问题是:"在你的家庭中,谁最有可能从事以下各项工作?"

表 3-2　男女家务劳动分工

活　动	丈夫(%)	妻子(%)
汽车保养	69	13
清理院子	57	12
理财	35	18
购置日常用品	16	53
洗涤	10	68
打扫房间	9	54

资料来源:F.Newport,"Wives Still Do Laundry, Men Do Yard Work," *Gallup*, 2008 www.gallup.com, accessed May 26, 2008.

自20世纪90年代中期以来，这些数据并没有发生多大的改变。这11项活动中，男性占多数责任的只有2项，意味着妻子即使也在外工作，在家也需要做大部分工作。原因之一是，由于一些传统习惯，女性仍然承担了大部分的家务劳动，男性只承担其中很少一部分。鉴于有62%的人认为"分担家务"是成功的婚姻中一个很重要的因素，[90]这可能导致强烈的怨恨，正如下面的引言：

"每个月都有一场战争。"霍普（32岁，一位图书编辑）承认，"这是我们之间吵架的唯一内容。"霍普说，让她的丈夫科恩（34岁，一位住院药师）做规定好的家务活也需要时时提醒。"他告诉我他会在睡觉之前洗盘子，也许他会，"她说，"但是到九十点时，脏盘子还在水池里，我就火大了。"[91]

伴随双职工家庭高水平的角色超载和压力，许多美国人开始认识到他们不可能熊掌和鱼兼得，如果可以选择的话，一些人会寻求改变。有时候这种改变是朝着非传统方向的，例如，居家父亲的数量开始增多。[92]有时候，这种改变是朝着传统方向的，例如，最近居家母亲的数量开始增加。[93]

正如我们已经看到的，女性对自身的角色有不同的选择和态度。图3-9中的广告展示了对待女性角色的两种截然相反的观点。在下面的章节里，我们将探讨美国社会中女性角色变化对市场营销的影响。

图 3-9

女性在当今社会扮演着多种角色，对社会角色有着广泛的态度。这两则广告对两种截然不同的女性及其态度进行了描绘。

1. 市场细分

如今，无论是女性市场还是男性市场，都不像以往那样具有很强的同质性，至少存在四个重要的女性细分市场：[94]

（1）传统主妇型。这类女性一般已婚，乐于待在家里，以家庭为中心，渴望获得丈夫和子女的欢心，希望从家务和志愿者活动中得到满足。她们也常感到不外出工作的压力，意识到放弃了赚钱的机会，觉得自己被家人养着，但通常对自己的角色还是满意的。

（2）无可奈何的主妇型。这类人通常已婚，乐于在外工作，但由于孩子年幼或者缺乏工作机会，或迫于家庭压力不得不待在家里。这类女性追求家庭之外的满足和意义，她们不爱做家务，对自己目前的社会地位有复杂的感情，对失去机会感到担忧。

（3）工作困扰型。这类女性或已婚或独身。她们喜欢待在家里，但是由于经济压力、社会压力或家庭压力，她们不得不工作，她们不能从工作中获得乐趣。她们喜欢大多数家务活动，但是由于没有时间而感到苦恼。她们对自己的角色感到矛盾，当子女年幼在家需要人照料时尤其如此。她们对失去参加家务劳动、志愿者活动和社会活动的机会感到不满，而又为自己在经济上对家庭所做的贡献感到自豪。

（4）事业型。已婚或独身，乐于工作，她们或者单纯从工作中得到乐趣，或者追求工作和家庭的双重满足。如果子女年幼需要人照料，此时她们对自己的角色感到矛盾，但一般对自己的角色感到满意。她们把家务视为累赘，感到时间紧迫。

虽然上述对女性的分类过于简单，但也表明了成年女性性格的多样性。值得注意的是，女性在她们的整个生命历程中，可能在不同时期属于不同的类别。例如，一位事业型的女性，当她发现尽管孩子还年幼，可是工作依然是必要的时，就会表现得比较像一位无可奈何的主妇。而且还应当注意，尽管职业女性的数量在过去30年增长了很多，其他类别的细分市场仍然有相当的规模，而且是独特且重要的。

在对待性别角色、工作和家务的态度和行为上，男性市场也同样存在着很大的差异。一种分类方法将男人区分为现代的和传统的，现代人更注重时尚、购物、下厨这些因素。[95]

2. 产品策略

很多产品正在失去其传统的性别特色。手枪、汽车、摩托车、电脑游戏、高尔夫球类产品、金融服务以及其他许多以前被认为专属于男性消费的产品，如今在设计时已开始考虑女性需求了。女性现在拥有更多的财富，更加独立，购买能力也逐渐增强，而且她们承受的时间压力也很大，这些都使得她们成为重要的目标市场。考虑下面的例子：

- 在所有家庭中，女性占主导地位的家庭已占到28%。Barbara的K型工具产品线成立于2003年，专门针对女性顾客，现已取得很大的成功。据Barbara的首席执行官所说，"女性已经大踏步前进，但是她们不会修理家中的物品"。这种工具被设计得非常新潮，而且很实用，具有专门针对女性设计的特点，例如手柄上加了软垫。[96]
- 对女性的攻击是一个很严重的社会问题。史密斯 & 韦森公司（Smith & Wesson）近期推出了一种专为女性设计的名为铁娘子（LadySmith）的手枪。他们发现"如果女性要掏枪自卫，她们并不是想要一把可爱的手枪"，所以，该公司不是用一些彩色的手柄将男式手枪"女性化"，而是为使女性使用方便而对枪支进行了重新设计，从而迎来了很大的成功。
- 现在，大多数女性出门在外工作的时间比历史上任何时期都要多，这给很多家庭带来了不小的时间压力，并且导致对便利产品和服务的需求。[97]正如图3-10所示，丰富的产品和服务已经出现以满足这方面的需要。

随着女性扮演的角色日益增多，她们消费有潜在危害的商品开始得到社会的认可。历史上，女性一直不是酒精与烟草制品的主要消费者，现在生产这些产品的企业已经把目标对准了她们，由此也产生了严肃的道德问题。

3. 营销传播

大量的研究表明，男性和女性对各种各样的沟通元素的处理过程和反应方式大不相同，这些沟通元素包括：性诉求、音乐、口语表达风格等。[98]举一个简单的例子，如果一项慈善事业的诉求是"帮助他人"，女性会给予更加正面的反应，而男性则对"帮助自己"的诉求反应最好。[99]这是由不同的世界观引起的，世界观不仅影响一系列沟通反应，同时也会影响消费行为。

男性和女性所使用的媒体以及对同一媒体的运用方式也是不一样的。例如，在社会媒体中，与女性相比（28%），信息对男性来说（36%）是一种更突出的目标。然而，与男性相比（33%），找到优惠券和促销活动，则是更多女性的目标（47%）。[100]同样，男性和女性经常访问的社交网站也不同。表3-3展示了Google提供的男性和女性访问最多的5个网站数据。

图 3-10
公司通过新产品和定位策略对增加的时间压力做出了反应。

由于女性作为一个群体有非常大的差异性,营销人员在进行营销沟通时必须考虑很多因素,比如种族、年龄、生命阶段以及雇用地位的差异性。女性形象题材的广告应格外小心,以免伤害某些特定的女性消费群体。[101] 例如,有些广告暗示做家务不重要,或者暗示在外工作的女性比待在家的女性有某种优越性,这类广告很可能伤害传统型的家庭主妇。有些广告表现出女性主要是男人的附属品,或者比男性卑微,这样会在所有的女性群体中造成负面影响。[102] 尽管如此,很多广告仍在继续这种策略。[103] 现在,一些公司开始正视这些问题。多芬(Dove)为了回应一些广告对女性过于理想或者不现实的描述,并导致她们自尊受挫,特意推出了"真实之美"活动,展现女性真实的一面。

表 3-3

女 性	男 性
Bebo	Slashdot
MySpace	Reddit
Classmates.com	Digg
Xanga	Last.fm
Ning	Delicious

资料来源:Statistics from "Study: Males vs. Females in Social Network Sites," at http://royal.pingdom.com, accessed March 1, 2011.

最后,在对性别角色的描述中,表现男性使用传统的女用产品或做传统上认为该女性做的事的广告很少。根据调查显示,只有1/4的男性感觉消费产品广告是针对他们的。[104] 然而,这种现象正在发生变化。为了对父亲、儿子产生积极影响,JIF 把广告词从"挑剔的妈妈选择 JIF"改为"挑剔的爸爸妈妈选择 JIF"。图 3-11 中的迪克西特(Dixie Ultra)广告也证明了角色的转变。这样的描述可能随时间增加。

4. 零售策略

正如我们开篇所讲的,即使购买同样的产品,男性和女性的购买行为也有差异。随着越来越多的男性开始采购杂货,零售商应考虑男性和女性忠诚度、品牌转换、优惠券使用、店内购买方式的不同。

另外,对零售和服务环境的不同方面,男性和女性的反应也是不一样的。例如,如果有一项失败的服务,男性大多数会关注问题的解决,而女性同时会关注问题的解决过程。在解决问题的过程中能够反映自己的想法,对女人来说相当重要,而男性则不大会关注这一点。所有这些区别都需要在员工培训项目中说明。[105]

图 3-11
迪克西特广告描绘的一名男性参与传统女性任务的场面仍然是有点不寻常的。虽然性别角色正在发生变化,但相较而言,描绘女性参与传统的男性任务更为常见。

小结

1. 理解美国文化核心价值观

文化价值观是人们普遍持有的信念,它决定人们的欲望与欲求。影响消费者行为的文化价值观可以分为三类,分别是与自我、他人、环境相关的价值观。有时候,一种行为趋势是多种价值观共同作用的结果。例如,有机产品消费是由家庭价值观和环境价值观共同促成的。

2. 总结各种文化价值观的变化

自我导向的价值观也在发生变化。尽管美国在工业化国家里工作时间是最长的,美国人不再那么强调为工作而工作。美国人更加强调感官享受,虽然最近的经济衰退压缩了支出,社会总体上似乎有一种满足即时享受的"回潮"。虽然宗教是重要的,也许在将来会更加重要,但美国相对来说仍是一个世俗社会。

那些影响我们与环境关系的价值观开始更注重行为绩效,而不是注重变化本身。我们也越来越重视环境的保护,强调承担风险的观念。

这几方面的价值观影响着个人与他人的关系。美国仍然坚持个人主义。男性主导地位比以前有所下降,也更加关注老年人和多样化。

3. 讨论与绿色营销相关的文化价值观

当今美国人开始从征服自然转向"敬畏自然"。这意味着人们更加关注环境保护,也意味着绿色营销开始受到重视。绿色营销涉及：①推出在生产、使用和处置过程中对环境损害更小的产品；②开发对环境有利的产品；③把产品的销售与某个环保组织或环保活动联系在一起。

4. 讨论与公益营销相关的文化价值观

美国人注重解决问题的价值观，使得人们更愿意为能够调整和改善公益事业做出贡献。公益营销就是把自己的公司、产品与某个社会问题或某项公益事业联系在一起，其目的是在促进该项事业发展的同时提升销售和企业形象。公司与公益事业联系起来有利于企业与顾客之间建立长期稳定的关系，有利于树立公司和品牌形象，最终促进销售额的增加。

5. 讨论与针对同性恋者营销相关的价值观

随着对多样性的重视，美国社会对其他的生活方式，以及包含同性夫妇的家庭持越来越开放和包容的态度。据估计，18岁以上的同性恋者有1 600万人，购买能力在7 500亿～9 000亿美元。许多公司认为同性恋市场有巨大的吸引力，并且投入了相当多的资源，利用专门的产品和促销努力来应对这个市场。在接近这个市场的过程中，公司内部对同性恋员工的支持性政策以及对重要的同性恋事件的支持，是非常关键的因素。

6. 讨论与性别营销相关的文化价值观

男性主导的观点正转变为男女平等的观点，这一变化导致性别角色发生改变。在过去的30年中，性别角色发生了巨大的变化，最根本的变化是如今的女性角色越来越趋向于传统的男性角色。男性角色也在发生变化，很多男性正在从事传统上被认为是女性从事的工作。事实上，美国社会的所有方面，包括营销活动都受这种变化的影响。

关键术语

成就角色（achievement role）
先赋角色（ascribed role）
公益营销（cause-related marketing, CRM）
文化价值观（cultural values）
环境企业营销（enviropreneurial marketing）
性别（gender）
性别身份（gender identity）
性别角色（gender role）
绿色营销（green marketing）
绿色漂洗（green washing）
现代性别倾向（modern gender orientation）
传统性别倾向（traditional gender orientation）
自愿简朴（voluntary simplicity）

复习题

1. 什么是文化价值观？文化价值观是否是该文化全体成员共有的价值观？
2. 分别按照本章所讨论的18种价值观描述当今美国文化。
3. 自愿简朴如何与物质主义价值观相联系？其营销含义有哪些？不同的产品类别其营销含义是否不同？
4. 什么是绿色营销？
5. 绿色营销背后的价值观是什么？
6. 环境企业营销是如何与新产品的成功和市场份额联系起来的？试分析在创建竞争优势方面，其与绿色营销有何价值。
7. 谈谈环保运动与很多商业业务之间的基本冲突。
8. 什么是公益营销？为什么公益营销常常是成功的？
9. 对于同性恋市场，公司面临哪些主要决策？
10. 性别的含义是什么？
11. 性别身份指什么？
12. 性别角色指什么？
13. 先赋角色与成就角色有怎样的不同？
14. 美国男性和女性的性别角色正在发生什么变化？
15. 传统的性别角色与现代性别角色有什么不同？
16. 根据职业地位和性别角色倾向描述女性市场细分。
17. 女性角色的变化对市场营销有哪些重要意义？

讨论题

18. 除图3-1所列举的价值观外，请列举你认为可补充的价值观，并讲述每种价值观对市场营销的意义。
19. 选出书中对当今美国人的价值观的描述中最不准确的三种价值观，并说明理由。

20. 选出书中对正在形成的美国人价值观中描述最不准确的三种价值观，并说明理由。
21. 回答消费者洞察 3-1 中的问题。
22. 哪些价值观与下列物品的购买和使用最密切相关？这些价值观是有利还是不利于这些产品的拥有和使用？它们是否正在变化？如果有变化，是朝有利还是不利于这些产品的方向变化？
    a. 饮食补充剂
    b. 救世军（The Salvation Army）
    c. 金融投资（股票、共同基金等）
    d. 家庭影院系统
    e. 日光浴沙龙
    f. 贵重珠宝
23. 你认为美国人对环境的关切更甚于他们对物质财富的关切吗？
24. 你认为与绿色营销相关的伦理问题是什么？
25. 解释绿色漂洗及其在 FTC 绿色指南修订中的作用。
26. 公益营销的目的是提高公司的销售额和企业形象，有人认为这是不道德的，你怎么看？
27. 对公益营销的四种反应类型中，你属于哪一类？为什么？
28. 假设美国电话电报公司展示同性恋伴侣使用其长途电话服务，或宝洁公司在一则电视广告中展现同性恋夫妇使用它的清洁产品，这是否会在那些不接受同性恋者的人群中引起反感和负面效果呢？如果不是，后者可能的反应是什么？为什么？
29. 你认为家庭主妇会不会对没有工作过于敏感或产生防御心理？如果是这样的话，这对市场营销有什么影响？
30. 针对本章所描述的四种类型的女性市场，为下面的每个项目设计一则广告：
    a. 自行车
    b. iPad
    c. 体育器材
    d. 早餐麦片
    e. 度假游轮
    f. 化妆品

实践活动

31. 寻找、复制或描述一则广告，要求本广告能够反映美国人在下列价值观上的态度。
    a. 主动与被动
    b. 物质性与非物质性
    c. 努力工作与休闲
    d. 推迟满足与及时行乐
    e. 纵欲与节欲
    f. 宗教与世俗
    g. 清洁
    h. 绩效与地位
    i. 传统与变化
    j. 冒险与安定
    k. 解决问题与宿命论
    l. 崇拜自然与征服自然
    m. 个体与集体
    n. 核心家庭与扩展家庭
    o. 多样性与统一性
    p. 竞争与合作
    q. 青年与老年
    r. 男性与女性
32. 采访一位素食主义者或有强烈素食主义倾向的人，影响他们采取这种饮食方式的价值观是什么？
33. 采访一位至少有十年推销下列商品经验的推销员，看看这位推销员是否注意到这些年来女性购买角色发生的变化：
    a. 手机
    b. 汽车
    c. 计算机
    d. 房屋
    e. 金融服务
34. 采访年龄相仿的事业型妻子和传统家庭主妇各一位，看看她们对购物、产品等的态度有何不同。
35. 组成一个五人的团队，每个团队成员采访五位已婚的成年男性。基于这些采访，开发一种分类方式，根据他们对待家务活儿或照顾孩子等活动的态度和参与程度将他们分类。
36. 选择两个对待环境态度不同的群体（例如，真正的自然主义和过分在意环境者），对每种类型找出一个你认为对其非常合适或贴切的广告。复制或描述该广告，并检验其选择的正确与否。
37. 采访下列商品的推销员各一名，分别了解男性和女性对这些商品表现出的兴趣。判断男性和女性是否关心这些商品的不同特征以及他们是否有不同的购买动机。
    a. 艺术
    b. 汽车

c. 高尔夫俱乐部
d. 个人护理用品
e. 衣服
f. 园艺工具

38. 采访十名男生和十名女生，请他们描述下列商品的典型拥有者或消费者。如果他们不能具体描述，则请他们说出这些典型拥有者的性别，并设法找出他们持这种看法的原因。最后说明这些商品的典型拥有者的职业地位和婚姻状况，并说出这些学生持这种看法的理由。
a. 宠物蛇
b. 面条机
c. 大型人寿保险政策
d. 动力工具
e. 人类栖息地贡献者
f. 个人健身教练

第4章

变化的美国社会：人口统计因素与社会分层

学习目标

1. 理解人口统计因素在影响消费者行为方面扮演的关键角色。
2. 定义"代际"概念并讨论存在于美国社会的各个年龄代。
3. 解释社会分层的概念以及社会经济因素在影响消费者行为方面扮演的角色。
4. 识别和讨论美国社会的主要阶层。
5. 理解社会阶层如何测量。
6. 讨论社会阶层在制定营销策略时的作用。

科技是大家所关注的热点。营销人员力图了解科技的主要使用者及其特征，以便更好地了解市场和满足客户需求。近日，斯卡伯罗夫研究中心（Scarborough Research）针对18周岁及以上的成年人开展了一项全国性的调查，发现存在所谓的数码产品发烧友（Digital Savvy）。[1] 他们是先进数码产品的早期采用者，也是下列科技信息的传播者：①科技产品的拥有；②互联网的使用；③手机功能的使用。斯卡伯罗夫研究中心定义了与这3类信息相关的18种不同行为，这些行为可以区分数码产品发烧友和普通消费者。在这18种不同行为中，数码产品发烧友至少会采用其中的8种，其数量占美国人口的6%，大约有1 400万成年人属于这类消费者！在定义了这一群体之后，斯卡伯罗夫研究中心从科技行为、人口特征、生活方式以及媒体使用这些方面研究其特性，得出了如下一些结论：

（1）科技行为：数码产品发烧友对各项科技产品的使用和拥有量都超过普通消费者，如MP3播放器、硬盘录像机（DVR）、网上银行、在线视频、用手机发送短信及电子邮件等。

（2）人口特征：数码产品发烧友的人口特征非常独特。往往都是年轻人、白领阶层、男性、高学历和高收入者。虽然普遍认为，科技产品的用户基本上都是年轻人，但数码产品发烧友则遍布各个年龄段，最年轻的数码产品发烧友并非最主要的用户。下表对数码产品发烧友和一般人口的年龄分布进行了比较。

表 4-1

年　　龄	一般人口（%）	数码产品发烧友（%）
18～24	13	22
25～34	18	31
35～44	19	24
45～54	19	16
55～64	14	7
66～64	14	7
65+	17	1

资料来源：Adapted from "Understanding the Digital Savvy Consumer," *Scarborough Research*, 2008.

（3）生活方式：数码产品发烧友生活方式的特点就是消费各类高档品（如高档酒店和豪华轿车等），去充满异域风情的地方旅游，如东亚、中亚和夏威夷等地方。他们上网时间较长，积极参与各类活动（瑜伽、高尔夫、保龄球、成人教育等），很多还是体育迷。

（4）媒体使用：数码产品发烧友也是数字媒体的主要使用者。就传统媒体而言，与普通消费者相比，数码产品发烧友收听广播电台的比例要略高一些，阅读报纸的人数大致持平，电视收视率则略低一些（除了高端电视机，如按次付费频道和其他高档频道）。他们收看新闻、体育和家庭节目（很多是有孩子的已婚家庭），也喜欢收看有关自己民族的专门节目，因为这一群体中有大量的亚裔和西班牙裔。

营销人员必须细分且充分了解他们的市场。正如开篇案例所示，人口特征是这一过程中一个重要的方面。在本章中，我们将讨论人口特征和社会地位这两个概念之间的密切联系。一些人口变量——收入、教育和职业——是社会地位的一部分，它们和其他的一些要素共同决定了社会阶级。首先，我们会介绍美国社会的总体人口特征，尤其是年龄及其相关概念、代际特征等，然后我们将关注社会地位和人口特征在社会分层中扮演的角色。

4.1 人口特征

人口特征（demographics）反映人口规模、分布和结构（见第2章）等方面的情况。人口特征既直接影响人们的消费行为，也会通过影响其他的个人属性（如个人价值观和决策模式）来间接地影响消费者的行为。[2] 考虑下面钟情于高档咖啡厅的消费者的人口特征：

> 如今，大多数咖啡厅的忠诚顾客的年龄在18~34岁之间，年收入超过75 000美元。18~34岁中的42%以及年收入超过75 000美元中的46%的人，都说他们在外面喝咖啡时，会直接去像星巴克一样的高档咖啡厅；而在所有外出喝咖啡的人群中，只有32%会做出这种选择。年轻人主要是被咖啡厅的环境、那里播放的音乐，以及这里似乎是年轻人的领地所吸引，而富人选择高档咖啡厅仅仅是因为他们想要最好的。[3]

非常自然的是，营销人员经常基于人口特征来细分和描述市场，并用这些信息选择合适的媒体，制定有效的促销主题。正如开篇引言中所描述的那样，在许多重要方面，人口特征通常与价值观、生活方式及媒体类型等密切相关。

4.1.1 人口规模和分布

当今美国人口大约有3.20亿，到2020年，估计将超过3.40亿。尽管出生率在20世纪70年代中期急剧下降，且在那之后一直保持相对稳定，但是从1960年开始，人口仍一直稳步增长。预期寿命的延长，"婴儿潮一代"进入生育年龄，移民的大量涌入是造成人口增长的主要原因。在未来几十年，人口将会保持继续稳定增长的趋势，但由于老龄化所带来的人口死亡，估计未来50年这种增长率会降低20%。这也意味着未来美国总人口仍会增长，但增长率会降低。[4]

全美的人口增长并不均衡，将来也不太可能均衡。例如，从2010~2020年，亚利桑那、内华达、得克萨斯和佛罗里达这些州的人口预期将至少增加15%，退休人员的增加和老年消费者的迁入，是造成这些州人口增长的部分原因。与此相反的是，纽约、俄亥俄、艾奥瓦和北达科他州的人口预计增长幅度将低于2%。[5] 正如我们在下一章要讨论的那样，一个国家的不同地区有不同的亚文化，每一个亚文化下的人们有独特的情趣、态度和偏好。图4-1提供了反映这些差异的一些例子。

4.1.2 职业

职业也许是我们用以判断初次见面者到底是什么人的最普遍的线索。这很显然，因为通常当我们结识一位新朋友，我们的第一个问题是："你是做什么的？"通过一个人的职业，可以推断他可能的生活方式。职业还与教育（从某种程度上决定职业的一个因素）、收入（从某种程度上决定于职业的因素）紧密联系在一起。

一个人的职业表明了其地位和收入。不仅如此，个体从事工作的类型、与其共事者的特点，直接影响他的价值观、生活方式以及消费过程的各个方面。由于职业的不同，人们对啤酒、清洁剂、宠物食品、洗发液和纸巾的消费也不一样。对传媒的偏好、个人爱好以及购买模式也受职业的影响（见表4-2）。

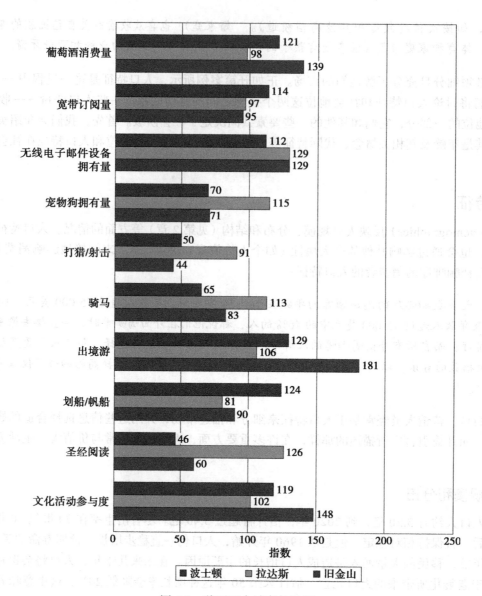

图 4-1 美国三大城市的比较

注：100 代表整个美国的平均值。

资料来源：Data from "The Lifestyle Analyst, 2008 Edition," published by SRDS with data supplied by Equifax Marketing Services. Used by permission.

表 4-2 职业对消费的影响

	批发和零售贸易	专业、科学和技术	采矿业和建筑业
产品			
国产啤酒	115	122	142
香烟	113	69	140
瘦身可乐	96	127	66
卫星无线电系统	87	143	139
活动			
划船	116	132	195

	批发和零售贸易	专业、科学和技术	采矿业和建筑业
狩猎	97	60	265
足球	112	115	172
看电影（前6个月）	109	121	93
购物			
塔吉特	101	123	85
沃尔玛	99	82	102
好市多	98	159	78
Academy Sports	92	89	156
劳氏	97	118	147
媒体			
美国喜剧中心	132	184	86
美国有线电视新闻网	83	101	93
华尔街日报	77	187	148
《美食与美酒》杂志	86	139	70

注：100=平均使用、购买和消费的水平。

资料来源：*Simmons National Consumer Study* 2010, Experian Information Solutions（Costa Mesa, CA 2014）。

4.1.3 教育

大约有87%的美国人有高中文凭，30%的人念完大学。要拥有一份能养家糊口的工作，教育程度变得越来越重要。传统上，制造业中的一些高薪职位并不要求有很高的教育程度，但这种观念早已过时。在制造业和服务业，高薪水的工作需要良好的技能水平、抽象的推理能力以及迅速理解和学习新技术的能力。缺乏这些技能的劳动者只能从事收入最低的工作，或是兼职工作，而这样是无法使家庭生活水平维持在贫困线以上的。[6] 正如以下数据所示，现代经济中，教育正成为收入的主要决定因素。

表4-3 收入水平：18周岁及以上劳动者（单位：美元）

教育水平	男性	女性
无高中学历	24 831	14 521
高中学历	36 753	24 329
大学肄业	48 237	32 253
学士学历	72 868	44 078
硕士学历	88 450	54 517
专业学位	147 518	87 723

由于个人倾向于寻找具备同等教育程度的配偶，故在配偶收入也计算在内的情况下，这些差异还会更大一些。

从某种程度而言，教育决定了收入和职业，从而影响购买行为，同时也影响人的思维、决策方式及与他人的关系。[8] 一般来讲，受教育程度低的人处于劣势地位。

教育程度极大地影响消费品位和偏好（见表4-4），然而，教育一般并不能对消费模式做出完整的解释。例如，同样是律师，一位是年薪3万美元的公设辩护人，另一位是年薪25万美元的私人辩护律师，两人虽然在教育背景上很相似，其生活方式却是不同的。

表 4-4 受教育水平对消费行为的影响

	大学毕业	大学肄业	高中毕业	高中肄业
产品				
鸡尾酒	103	92	96	113
啤酒	70	90	106	168
摩托车	87	113	122	70
随身听（苹果）	164	115	65	38
活动				
滑水	103	114	105	80
参观博物馆	175	103	64	40
国外旅行（持续 3 年）	135	100	84	73
选民登记	116	106	96	69
购物				
凯马特	75	97	119	107
Neiman Marcus	139	86	88	86
肯德基	68	112	110	126
加州比萨厨房	198	113	46	42
媒体				
《福布斯》	154	124	69	45
《人物》	129	113	85	52
尼克儿童	51	90	118	163
福克斯新闻频道	97	101	109	85

注：100= 平均使用、购买和消费的水平。

资料来源：Simmons National Consumer Study 2010, Experian Information Solutions（Costa Mesa, CA 2014）.

4.1.4 收入

家庭收入水平和家庭累积财产共同决定了家庭的购买力。虽然很多购买是以分期付款方式或信贷方式进行的，但一个人的信贷能力最终是由他目前的收入（财富）和过去的收入（财富）所决定的。

美国历史上绝大多数时期，人均实际收入一直在持续稳步地增长。对大多数中低收入的美国人来说，收入增长趋势一直持续到 20 世纪 80 年代，然后步入停滞甚至下降阶段；从 20 世纪 90 年代中期开始，家庭收入又再度攀升。[9] 在 20 世纪 90 年代中期到 2006 年期间，出现了几次明显的经济繁荣期。第一次发生在 1993～2000 年期间，第二次发生在 2002～2006 年期间。经济繁荣使得收入增加，消费能力提高。然而，经济的繁荣导致了一个严重的社会问题：收入差距日益扩大。一项研究表明，在 1993～2000 年的经济繁荣期间，实际收入中最高的 1% 部分增长了 10.1%，而余下 99% 只增长了 2.4%。更引人注目的是 2002～2006 年的经济繁荣期间的增长率差距，实际收入中最高的 1%，其收入增长了 11%，余下的 99% 只增长了 0.9%。财富增长的集中化表明，并非所有美国人在经济繁荣中都获得了同等收益。[10]

就像美国人在经济增长期并没有共享繁荣一样，在当前经济衰退期大家受到的影响也不一样。例如，当以前收入超过 100 000 美元的人数减少了 120 万时，大约有两倍的人（210 万）收入降低到 35 000 美元以下。即使当美国的经济出现积极信号时，消费者仍然会受到房地产市场价格的剧烈波动、高昂的油价，以及持续的经济和全球不稳定的影响。作为应对，消费者开始购买小型汽车和小型住房，少建新房，少做改建。[11] 在这种状况下，塔吉特百货通过把自己定位为物美价廉的零售商，借助 5% 奖励计划有效地吸引了消费者。[12]

这些趋势能维持多久还有待观察。收入中等的消费者经常想攀比购买奢侈品。一些公司采取称为从上层到大众（class to mass）的策略，让不太富裕的消费者有机会买得起超越其经济地位的奢侈品。然而，就现在而言，消费者是需要仔细权衡的。正如一位零售专家所说：

消费者仍有意愿"往上"购买。但如果想要买一条名牌牛仔裤，就得在其他方面削减支出。[13]

收入能够促进购买的发生，但通常并非引起购买的原因。例如，一个大学教授或律师可能和一个卡车司机或者管道工有着相同的收入，但他们消费的产品类型却可能有很大的不同。职业和受教育程度会直接影响消费者对产品、媒介、活动的偏好，收入却能提供获得它们的方式。[14] 因此，把收入作为市场细分的一个变量相对于其他人口统计变量而言往往更加有效。

对某些产品的购买来说，一个人觉得自己有多富裕和他实际有多少收入同样重要。[15] **个人可支配收入**（subjective discretionary income，SDI）是用来衡量消费者有多少钱可用于非必需品的消费。许多研究表明，SDI是家庭总收入（TFI）测量方法的有益补充，可以极大地提高预测效力。[16]

4.1.5 年龄

对许多产品来说，合适的年龄定位是非常关键的。年龄，承载了文化层面的行为和态度[17]，极大地影响着我们的自我观念和生活方式。[18] 毫不奇怪，从啤酒、卫生纸的购买到度假，无不受到年龄的影响。年龄还影响我们使用哪些媒体、在哪里购物、如何使用产品以及如何看待各种营销活动。[19] 表4-6表明了年龄对消费行为变化的影响。图4-2是很多年轻人喜欢的一则幽默广告。

据估计，2010~2020年，美国人口的年龄分布如表4-5所示。[20]

图 4-2

年龄影响着人们的思考、感受和行为。和年纪较大的消费者相比，这则广告中的幽默被更多的年轻消费者所喜爱。

表4-5 2010~2020年美国人口的年龄分布　　　　　　　　　　　　（单位：千人）

年 龄 分 类	2010年	2020年	变化百分比（%）
<10	42 132	45 496	+8.0
10~19	41 103	43 392	+5.6
20~29	43 051	43 112	+0.1
30~39	40 408	44 847	+11.0
40~49	43 638	40 892	−6.3
50~59	41 680	42 578	+2.2
60~69	28 851	38 474	+33.4
>69	28 071	37 013	+31.9

即使快速浏览这张年龄分布表，也可发现美国人口年龄结构正在发生重大变化，这种变化对市场营销有着深刻的含义：

- 在这段时期，由于10岁以下的人口将增长8%，所以市场对玩具、尿布、童装等儿童产品的需求将有中度增长。
- 青少年市场在经过了十年的萧条之后，将以中等的速度再次复苏。这意味着针对青少年市场的时尚、音乐和高科技产品的需求将增加。
- 就过去而言，人们通常会选择在20多岁这一年龄段结婚生育，但现在正逐渐推迟到30多岁。因此30~39岁年龄段市场需求的增加，需要市场提供更多的住房、儿童护理产品和服务、汽车以及保险来抵消20~29岁年龄段市场的增长停止。

- 由于40~49岁人口数量将会减少,这部分人群消费的产品也将相应减少。消费者数量的减少对以这个年龄段为主要目标市场的行业,例如金融服务,将会有巨大的冲击。
- 人口增长最快的是60岁及以上年龄段的人群,增长率将超过30%。由于退休人口或即将退休人口的增加,60~69岁的人群中大多数将会是单人或双人家庭。针对这部分市场的旅游、餐饮、第二住宅和金融服务行业将走向繁荣。69岁以上的人口增加也将会为营销人员创造许多新的机会。美容、旅游、舒适的退休居所和医疗保健需求强劲。

表 4-6

	18-24	25-34	35-44	45-54	55-64	65+
产品						
龙舌兰(Tequila)	102	140	111	114	90	45
威士忌酒(Scotch whiskey)	62	105	85	84	127	128
肉毒杆菌素(Botox)	33	145	199	52	65	83
蓝光光碟(Blu-ray)	138	113	114	110	86	51
活动						
踩滑板(Skateboarding)	297	145	108	49	62	15
远足/徒步旅行(Backpacking/hiking)	125	129	146	99	80	30
参加民事抗诉(Participating in civil protest)	105	116	97	93	106	88
参观博物馆(Visiting museums)	92	118	107	99	100	82
购物						
百货(Belk)	88	71	89	95	114	137
维多利亚的秘密(Victoria's Secret)	200	145	115	81	57	40
查克奶酪店(Chuck E. Cheese's)	128	214	130	75	46	23
芝士蛋糕工厂(The Cheesecake Factory)	140	138	97	106	75	58
媒体						
《读者文摘》(Reader's Digest)	39	50	75	88	123	203
《智族》(GQ)	237	125	126	83	39	38
美国退休者协会,杂志(AARP, The Magazine)	14	9	17	73	192	269
《商业周刊》(Businessweek)	60	74	70	126	112	140

人口普查数据及上述呈现的数据依年龄对人口分组,无论是对于了解市场还是细分市场均是十分有益的。例如,最近宝洁公司推出了ProVital牌玉兰油产品线,该产品线以50岁以上的女性为目标市场。ProVital牌玉兰油的代言人是51岁的女演员安妮·罗伯茨(Anne Roberts),然而,该产品并没有定位为消除皱纹:

> 年龄仅是一个数字,很多年龄在50岁以上的女性告诉我,伴随着年龄的增大,她们感到比以前更加自信、聪慧和自由。女性在重新定义美的内涵。研究发现,当谈到皮肤时,她们最关心的是干燥和活力,而不仅仅是一些皱纹。[21]

这些评论提出了生理年龄(实际年龄)和认知年龄(心理年纪)的一个重大区别。**认知年龄**(cognitive age)是一个人感知的年龄,是自我概念的一部分。[22] 它是通过了解与年龄相关的外表、感觉和行为等方面来衡量年龄的。对于老年消费者来说,他们的认知年龄通常比实际的生理年龄小10~15岁。在日本,也得到了相似的结果。[23] 健康、教育、收入以及社会支持这些方面的情况越好,认知年龄就越小。在许多行为方面,感知年龄比生理年龄更为重要,因此对年龄的认知能力也是营销的关键考虑因素。除了标准年龄分类以外,年龄代也具有丰富和深刻的影响,我们将在下文中进行讨论。

4.2 理解美国的年龄代

一代（generation）或是一个**年龄代**（age cohort）是指这样一群人，他们经历了共同的社会、政治、历史和经济变迁。一代人，由于他们过去相似的经历产生了相似的价值观和行为，所以经常被作为一个独特的细分市场。[24]

年龄代分析（cohort analysis）是这样一个过程，它既描述和解释一个年龄代的态度、价值观和行为，同时也预测其未来的变化趋势。[25] 每个年龄代与其他年龄代相比，其行为都会表现出不同。例如，到 2011 年，最早的婴儿潮一代将会进入 65 岁的传统退休年龄。当然，很多人会选择早些退休，而一些人则会选择继续工作。然而，如果假设他们的行为将与如今已退休的"大萧条一代"相同，就会犯错误。不同年龄代的人，其生活方式的形成受不同因素的影响，所以在他们整个的生命阶段，行为将有各自的特点。例如，婴儿潮一代掌握了很多计算机和网络的技术，所以他们退休后也会是网络的重度使用者；而现在他们的父辈已经退休，错过了掌握这些技术的时机。

在接下来的章节里，我们将一一描述构成美国主要市场的 6 个年龄代。[26] 2015 年，每一个年龄代以及出生年份、年龄范围、规模人数的情况在表 4-7 进行了详细介绍。

表 4-7　2015 年美国 6 个年龄代概览

代际分类	出生年份	年龄范围（岁）	规模人数（百万）
前大萧条一代	1930 年之前	≥86	6
大萧条一代	1930～1945 年	70～85	25
婴儿潮一代	1946～1964 年	51～69	80
X 一代	1965～1976 年	39～50	45
Y 一代	1977～1994 年	21～38	79
Z 一代	1995～2009 年	5～20	69

需要强调的是，"代"仅仅是影响行为的一个因素，而且每个代内部的差异往往大于不同代之间的差异。另外，代并没有严格的界限，那些处于两个代交替处的人往往不能清楚地被划分到任何一个群体中。

4.2.1 前大萧条一代

前大萧条一代由所有出生在 1930 年以前的人构成，在 2015 年差不多有 600 万美国人属于这一代，高死亡率使这一代人口规模迅速降低（2010 年为 1 200 万）。他们成长于比较艰难的时代，大多数人在大萧条时期（1929～1933）还是孩子，成年后又经历了第二次世界大战，他们目睹了社会、经济和技术的激烈变革。作为一个群体，他们非常保守，而且关注财务状况，重视人身安全。

和其他年龄代一样，前大萧条一代也是由许多独特的细分市场组成的，针对这个市场的营销战略必须综合考虑多种因素，例如性别、种族划分和社会阶层。[27] 事实上，这一代是更广阔的**成熟市场**（mature market）的一部分。年龄在 55 岁以上的消费者往往被归类为成熟市场。**老年生命周期模型**（gerontographics）是一种细分成熟市场的方法，该方法整合了与老年消费者的生理健康和精神面貌相关的成熟过程与生命事件。老年生命周期模型在成熟市场中识别出四个细分市场。健康的享乐主义者（healthy indulgers），由于这部分人身体和精神均比较健康，因此，他们具有活力，喜欢独立，也喜欢外出享受生活。多病的外出者（ailing outgoers），他们大多有健康问题，因此限制了他们的某些活动，但是他们对户外活动的积极态度表明，在财务允许的情况下，他们仍然会积极活动。身体健康的遁世主义者（healthy hermits），他们身体健康，但是由于遭遇过一些重大生活事件，如丧偶，导致自我意识弱化，变得沉默。身体虚弱的幽居者（frail recluses），他们接受了自己是老年人的事实，并不断调整其生活方式，以反映其生理能力的下降和社会角色的减少。从上述对成熟市场的细分中，你能够看出其对营销活动的启示吗？

前大萧条一代面临很多消费决策，其中之一就是要处置一些珍贵的物品，这些物品或者是因为不再使用，或者是因为不适合放在退休公寓中。这类决定对老人和他们的家庭成员来说，都是令人伤感的。

这枚别针对我来说意味着很多。我很高兴我的孙女能拥有它，然而在我的首饰盒里再也看不到它，心里挺不是滋味。[28]

沟通战略需要考虑媒体选择、信息内容以及信息结构。例如，随着年龄的增长，信息处理、记忆和认知能力的某些部分都在下降。年轻的消费者能接受的快速、简单的信息表达方式，对于老年消费者来说并不合适。[29]

这个细分市场需要很多独特的产品，从医疗服务到单个人享用的熟食不等。随着这一代持续衰老，辅助生活的服务业迅速发展。随着越来越多的人出门活动能力的下降，购物日益成为一个难题。尽管网上购物听起来不错，遗憾的是，这一代很少有人使用网络。

4.2.2 大萧条一代

这一代的人出生于1930~1945年，在2015年大约代表了2 500万美国人。他们在大萧条或第二次世界大战时期还在襁褓之中。在20世纪50年代到60年代初期的繁荣年代里，他们走向成熟。他们发现了辛纳特拉（Sinatra）和"猫王"普莱斯利，"发明"了摇滚，作为他们生命中很重要的一部分，音乐和电视伴随他们成长。

这个群体的大多数人已经退休或即将退休。许多人以房产和银行存款为主要形式积累了大量财富，虽然最近的一次经济低迷吞噬了他们房产和退休投资的部分价值。那些仍在工作的人往往在商界和政府中身居要职。这一代的成员往往已经是祖父母，他们有足够的收入来宠爱自己的孙辈，从而使他们成为高档儿童家具、玩具、婴儿车、汽车椅和儿童衣服的主要购买者。

这一代的许多人，尤其是较为年轻的那群人，依然身体健康，而且非常活跃。活跃的生活方式意味着对健身车、第二住宅、新车、旅游服务以及修养身心的成人教育具有大量需求。[30] 可能对于年轻的一代来说有些震惊，这一代中超过一半的人都上网，而且在这些上网的人中有超过一半的人用互联网为旅行做预订，而且有多达75%的人用互联网查阅健康知识。[31] 类似亚利桑那州菲尼克斯的"太阳城"这种所谓的"活跃的成人社区"正在成长，而且随着婴儿潮一代开始步入退休期，其成长会更加迅速。这些有年龄限制的社区，提供很多有趣的活动，它们吸引一些有能力为他们的住宅支付现金的相对富裕的家庭。[32]

以这一细分市场为目标的商家，改变以往对年老消费者的刻板形象，开始越来越多地强调积极生活方式的主题。很好的一个例子是金宝汤公司健康需求系列的广告（如图4-3），金宝汤就在吸引上文中所说的"健康的享乐主义者"。

尽管如此，这一年龄代仍然要处理很多年龄增长带来的问题。拿衣服来说，舒适十分重要。李维斯的行动休闲裤在这一代中取得巨大的成功，该休闲裤的裤腰带有弹性，而且专门为略微发福的身体设计。Easy Spirit品牌鞋也针对这一市场，牢牢把握舒适这一要点。但是，款式也不能被忽略，因为款式在维持积极的自我观念方面扮演着十分重要的角色。让我们来看看苏珊，一个71岁的老人在商场购物时的想法：

最近，我觉得挑选合适的衣服十分困难。我过去常常穿的衣服，也就是现在比我年轻些的人穿的衣服，我穿上之后不再有昔日看起来的效果。我的身材自然地变得不是那么好看。请认真听这句话，店里那些给60岁以上的人穿的东西实在是太糟糕了……我拒绝穿那些东西。那看起来像非常非常老的老太太穿的，而且非常过时。我喜欢款式新颖的休闲裤、漂亮的毛衣和好看的女式衬衫。[33]

图 4-3

成熟市场由很多不同的细分市场组成。金宝汤公司的健康需求广告将吸引"健康的享乐主义者"这一细分市场，而这些人往往健康、快乐并且喜欢外出享受生活。

很显然，养老院和居家照顾对于那些有重要健康问题和这一代中较为年老的群体来说非常需要。[34] 而且健康关照是主要的问题，也是主要的开支项目。此外，随着这一群体的衰老，信息处理、记忆、认知方面表现的退步也是需要在制定信息沟通策略时需要考虑的，就像对于前大萧条一代那样。[35]

资产管理对这个群体来说是非常重要的，一些公司，例如美林公司就为了满足他们的需要而开发了很多产品和服务。[36] 律师、会计师和金融师对那些财富继承者也非常有吸引力，这些人预计将是婴儿潮一代，他们继承了父辈积累的财产。随着股市的起伏以及越来越高的医疗保健成本，他们的财产变化巨大。然而，即使按最保守的估计，预计未来十年这个市场的价值也将达到 6 万亿～8 万亿美元。[37]

另外，正如前大萧条一代，这个群体的消费者也正在缩减住房面积和财产量，而且越来越多的人开始变得更加痴迷于技术，甚至从 eBay 那里寻求帮助。正如一位 eBay 的用户所言：

> 拍卖过程的最后关头是非常让人兴奋的，尤其是对像我这样的老年人来说，我们的生活不会再有比这个更令人兴奋的了。

资深网（SeniorNet）是一个非营利性组织，目的是通过在看护病房和休闲中心开设课程来帮助老年消费者学习如何使用计算机，而 eBay 一直都给 SeniorNet 提供了巨大的资助。[38]

4.2.3 婴儿潮一代

婴儿潮一代是指出生于第二次世界大战末期和 1964 年之间的人，2015 年美国有将近 8 000 万人属于这个群体。这个群体的庞大使他们对于营销人员来说格外重要。这个群体的大部分人成长于繁荣的 20 世纪五六十年代，他们被肯尼迪遇刺、越南战争、毒品、性解放、能源危机、高离婚率和"冷战"深深影响，同时也受到摇滚乐和披头士的影响。尽管这一代的早期和晚期出生的人有很大不同，但婴儿潮一代被认为更加以自我为中心、个人主义，经济上比较乐观，善于质疑、不迷信权威，而且比其他年龄代更加关注现在。[39]

婴儿潮一代的特点是较高的教育程度和收入，而且夫妻双方都有工作。同时，他们的时间比较紧张，尤其是较年轻的婴儿潮一代，因为他们试图做两份工作，并承担很大的家庭责任。电视仍然是接触这一代的主要途径。然而，婴儿潮一代比以往年龄代都更加痴迷于技术，网络提供了方便和定制化服务，这些都是婴儿潮一代所需要的。大约有 2/3 的婴儿潮一代会通过网络进行购物，80% 使用网络，他们使用社交网站的比例也比先前介绍的几个年龄代要高。[40]

对于这一代，空巢（empty nest）现象越来越普遍，这给他们提供了更多的财务和时间自由。实际上，超过 48% 的婴儿潮一代年收入高于美国平均水平，超过 10 万美元或者更多。[41] 这就带来了探险旅行、昂贵的餐馆就餐、第二住宅、游艺车、度假屋、私人教练等市场的不断增长。[42] 然而婴儿潮一代面临的重要问题是他们的父母需要护理。婴儿潮一代并不想让父母和他们住在一块，并且父母也不想成为他们的负担，这就会给护理业带来迅速增长和繁荣。[43]

退休不再是一件很遥远的事情，而且有很多人迈出了这一步。调查显示，婴儿潮一代打算继承和扩展"积极的退休"概念，这个概念是由大萧条一代发起的。在一项对 50~75 岁消费者的调查中发现，有 2/3 的人选择的退休定义是：通过开始新的活动、设置新的目标，来打开一个新的、积极的，并且是全身心投入的人生新篇章。[44] 索尼针对积极的婴儿潮一代的策略是：

> 索尼花费了 2 500 万美元来推出被称作 zoomers 的产品，这个名字反映了这一代积极主动的生活方式。一则广告中描述了这样的片段："一位花白头发的宇航员在用他自己的便携式摄像机拍摄地球。"他们的宣传语是："当你的孩子问你钱都去哪了，给他们看录像带就可以了。"索尼将最近这种摄像机销量的激增归功于对这个日益重要的细分市场的重新定位。[45]

婴儿潮一代在他们活跃的退休期中很多会成为祖父母，巨大的财富和购买能力使这一代成为玩具、度假、礼物卡、学习用品的重要目标市场。[46]

但是，很显然，随着婴儿潮一代年龄的增长，他们生理上的需要开始变化。特别是对于年老的婴儿潮一代，健康问题会越来越多地阻碍他们健康的生活方式，即使是健康的婴儿潮一代，随着他们年龄的增长，也会出现很多问题，他们对整形手术、治疗谢顶、健康俱乐部、男士和女士化妆品、头发烫染、健康食品以及相关产品的需求量会迅速增长。你认为图4-4中玉兰油的新生焕肤系列广告很好地针对了婴儿潮一代吗？

像大萧条一代一样，广告商应该避免广告主题和模式太年轻而不能代表婴儿潮这一个年龄阶段。一个婴儿潮一代的人指出：

　　我会拒绝从只使用女生作为模特的服装店购买服装，对于我来讲它们并不对我的钱感兴趣。[47]

虽然可以很容易对婴儿潮一代的特征给出一个概括总结，但是如何避免对这个群体的刻板印象以及如何对这个大市场进行细分是非常重要的。消费者洞察4-1对婴儿潮一代进行了详细的描述，并介绍了一些如何对该市场进行细分的方法。

图 4-4

婴儿潮一代正进入50岁或60岁。随着这个市场的成熟，它正在为控制体重的产品、染发剂、护肤品以及其他的对抗年龄的物品，例如玉兰油的新生焕肤系列产品，创造巨大的需求。

消费者洞察4-1　　超越刻板印象：对婴儿潮一代的市场细分

婴儿潮一代的市场是美国最大的一个细分市场，同时也是最多样化的一个市场。这种多样化要求营销活动要超越刻板印象，了解这个市场存在的细分机会。下面我们将介绍关于婴儿潮一代普遍的刻板印象，以及如何透彻了解这个群体的细分机会。[48]

- 如果认为婴儿潮一代具有相同的价值观和人生观，那是完全不正确的。实际上，婴儿潮一代由于财务和健康等人生经历的差异，他们的价值观和人生观也存在差异。*Focalyst*通过对人生观差异的研究，把这一代分为3个细分群体：

（1）昨天型（25%）。这个群体认为20世纪50年代的生活更好，对未来不乐观。健康和财务是这个群体最关注的问题。使他们消除疑虑、放心以及承认这个群体努力的营销信息比较有效。

（2）今天型（30%）。这个群体认为他们生活在一个令人兴奋的年代，对其今天的生活很满意。健康的身体和良好的经济条件让他们有一个积极的人生观。关注今天、沉迷和美好生活的营销信息对这个群体非常有效。

（3）明天型（45%）。虽然健康和经济状况不佳，但是这个群体认为明天会比今天更好，他们对未来一直充满着信心。这些人与社区和朋友的联系比较紧密，这也解释了这个群体为什么具有积极的人生观。强调稳定、乐观、精神向上的营销信息对这个群体比较有效。

- 婴儿潮一代以自我为中心，"自我一代"这个词用来形容婴儿潮一代非常贴切。但是实际上，很多婴儿潮一代比这个标签显示的要更善于交际，对环境也更为关心。一项研究显示，婴儿潮一代是"绿色一代"，这意味着他们会购买环境友好型产品。

- 婴儿潮一代不是技术发烧友，但互联网和移动设备是婴儿潮一代生活中的重要部分。这一代人中大约有80%使用网络，大约有一半使用无线网络（包含在笔记本电脑上使用无线网络），通过手机查收邮件，使用手机上网，使用手机接发即时通信信息。

- 婴儿潮一代属于婚姻空巢期人群，但婚姻空巢期人群的规模在逐渐减小，因此，实际上只有25%的婴儿潮一代处于婚姻空巢期，将近40%的婴儿潮一代在家里有小于18岁的孩子，还有许多家庭成年子女与父母住在一起。另外一些单身的婴儿潮一代会经常约会。关于住房，只有10%的人在未来五年准备减小住房规模。

- 婴儿潮一代大都是早退休型并且富有。实际上，超过一半的婴儿潮一代准备在退休年龄以后继续工作或参加志愿活动。1/6 正在从事他们的第二职业，相同比例的人正在继续在职教育。虽然许多人继续工作是为了找乐子，但也有一些人继续工作是出于经济压力而不得不推迟自己的退休年龄。仅仅有 10% 的婴儿潮一代每年年收入超过 15 万美元。这一代底部 20% 的人其净资产只有 2 480 美元。

非常明显，婴儿潮一代是巨大的且多样的。市场营销人员必须了解这个群体和它的细分群体，才能设计出合适的营销策略。

思考题

1. 是什么因素导致婴儿潮一代的人生观出现差异？
2. 为什么在未来五年内，只有 10% 的婴儿潮一代准备减小住房规模？
3. 当向较年老的消费者营销时，营销人员要承担什么样的社会和道德责任？

4.2.4　X 一代

X 一代，出生于 1965～1976 年。相比于他们的前辈一代或后辈一代，这一代人数量比较少，大约 4 500 万人，他们在经济艰难时期走向成熟。这是在双职工家庭长大的第一代人，而且有 40% 的人在 16 岁以前至少曾经在单亲家庭生活过一段时间。父母离婚往往是因为压力太大，或者其他一些涉及孩子的问题。然而，这些变化也使许多 X 一代的人对家庭有一个非常广泛的认知，他们认为家庭可以包括父母、同胞兄弟姐妹、继父继母、同母异父或同父异母的兄弟姐妹、亲密的朋友、同居的情人以及其他感情亲密的人。

这是第一代真正遭遇"降低预期"的美国人。这些被降低的预期基于许多"低谷"的事实，例如对年轻工人而言，工资和工作机会都是有限的，直到 20 世纪 90 年代中期经济复苏，这种情况才有所缓解。机会的相对缺乏，部分地造成这一代人倾向于较晚离开父母的家，而且成人之后也会回家同父母住在一起。对这一代人而言，不仅仅是通往成功的道路变得不确定，而且相比于婴儿潮一代，他们中的许多人不相信可以通过牺牲时间、精力和感情来换取职业或经济上的提升。[49]

这一代人面临世界范围内的苦楚，地方冲突和恐怖主义不断，环境持续恶化，艾滋病威胁他们的生命。这个群体的大多数人责怪婴儿潮一代带来的物质主义和自我中心主义，因为这会使他们很难看到自己的未来。早期的经济困难使得这一代人中的许多人成为企业家，这一现象不足为奇，他们更不倾向于在大公司里奉献自己的职业生涯。例如，超过一半的 X 一代拥有自己的事业，而这个比例在美国成年人当中只有 13%。[50]

X 一代的受教育程度很高，相比于他们之前的各代而言，他们有更多的人拥有大学学历，而且 X 一代的女性比男性受教育程度更高，这使得她们在工作中拥有更大的话语权。这一点，可以在家庭的动态变化中获得有趣的发现。超过 20% 的 X 一代女性要比自己的丈夫挣的更多，虽然很多人在适应这种改变，但是，这对长期以男性文化为主的美国社会来说，还是会让很多夫妇感到不适。下面是一位研究人员的观察：

> 在某种方面来说，人们一直有一个刻板印象，就是当一个男人的职业地位不如一个女性时会很自卑。我认为我们应该摆脱这种内在的预期，即一种"谁应该在谁之上"的观念。

X 一代女性的权利也扩展到了职业之外。一项研究显示，在所有的"代际"中，接触家居装修类媒体最多的是 X 一代的女性，而且她们中的大多数人愿意亲身投入家居装修的工程中，例如为住所多添一间房。[52]

图 4-5

许多 X 一代消费者现已为人父母，其需求成为很多公司的目标。

X一代将要进入不惑，虽然这一代人推迟结婚和生小孩的年龄，但是也有将近一半的X一代已经结婚并且有18岁以下的孩子。[53] 这有助于在2000年初期的经济衰退中保持住房市场的强势。这也是这一代由于抚养子女而越来越感觉到时间紧迫的原因。这一代将是汽车、家庭用具、儿童产品市场和旅游业的一支主打力量。图4-5的目标人群就是X一代中已经为人父母的人群。

尽管X一代是一个非常重要的市场，但接触他们并不容易。他们愤世嫉俗，对于产品、广告和购物都非常老道，物质主义，而且没有耐心。在很多方面，他们的口味是"非婴儿潮的"。类似 *Spin*、*Details* 和《箴言》（*Maxim*）等刊物，均是专门为这一代设计的。他们对广告中无礼的言辞非常敏感，但并不总是反对传统的方式。X一代的人希望产品和广告信息都是专门针对他们的口味和生活方式而设计的。

X一代更加多样化，而且相比以往的几代人，对多样化的态度更加开放，比如，X一代中超过45%的人可能是拉美裔。X一代相比以往的几代人更可能接受不一样的生活方式，例如同性恋夫妇抚养小孩，母亲离开家庭在外工作，没有结婚在一块同居，不同种族的人结婚[54]。X一代相比以往的几代人，更可能是技术发烧友，这一代中86%的人使用网络，1/2~2/3的比例在网上看视频，使用社交网站，收发即时信息等。

许多公司正在以X一代人作为目标，包括：

- 沃尔沃正在重新设计S40轿车的营销组合，来获得X一代和Y一代中较为年长的人群的芳心。他们和微软的Xbox以及维京集团（Virgin Group）都建立了战略联盟，并且创作了hip-hop风格的广告。[55]
- Learn & Master Guitar 在人口统计上的市场目标锁定为使用Facebook频率日益增长的X一代的男性，它在Facebook广告上的形象就是一个40多岁的男性，且取得了较好的广告效果。[56]

这些广告显示，成功的营销者不仅通过传统方式，而且通过目标客户现在的人生阶段和技术的使用来适配自己的目标市场。

4.2.5 Y一代

Y一代出生于1977~1994年，在2015年的时候达到7 900万人，可以和婴儿潮一代相匹敌。这一代增长如此迅速的部分原因是移民，证据表明，这一代人中西班牙裔占22%，这个比例比之前任何一代都要高[57]。他们是早期婴儿潮的孩子，有时也被称为"婴儿回潮"。

总体来说，这是第一代成长于女性拥有真正意义上的全职工作机会的一代人，也是第一代成长于双职工家庭的一代人，多种形式的家庭的存在被视为正常现象，有着显著的对宗教和文化差异性的尊重，计算机开始在家庭和学校普及以及网络兴起。他们的成长还伴随着高离婚率，[58] 艾滋病蔓延，很多人流离失所（包括许多青少年），毒品泛滥，枪支暴力以及经济的不稳定。Columbine枪击事件、俄克拉何马州爆炸案、克林顿和莱温斯基的丑闻、苏联解体以及科索沃问题都是这一代人遭遇到的关键事件。[59]

Y一代的特点是有强烈的独立感和自主权。他们充满自信，依赖自己，表达方式感性并思维活跃、创新，对周围事物保持好奇心。他们明白广告存在的目的是为了销售产品，而且不大可能对"天花乱坠的营销方式"做出积极反应。他们更喜欢加进幽默或讽刺元素的广告，或是反映了他们的某些实际情况的广告。他们喜欢根据他们独特的需求而定制产品的能力。对他们而言，品牌名称非常重要。[60] 他们认为使他们成为独特一代的因素有技术的使用、音乐和流行文化、宽容、智力、服装。Y一代是多样的，并且接受这种多样性，他们对不同生活的宽容度比以往任何一代人都要高。[61]

年轻的Y一代正在结束大学生活并开始踏入职场。Y一代中有1/3年纪较大的开始结婚并有了小孩。同以往的几代人相比，在这一年龄段，Y一代的结婚率是最低的，但是其他的替换形式如同居在不断增加。[62] 年轻的Y一代经历了最近严重的经济衰退，他们需要获得家庭的经济帮助或者搬回家和父母一块住。经济低迷时期的到来限制了他们近十年的收入，也降低了他们对未来的期望，这也导致了年轻的Y一代和年老的Y一代之间的巨大差异。[63]

虽然经济低迷，但是Y一代的市场规模和潜力还是吸引了大量营销者的关注。年轻的Y一代比任何年龄段的群体在服装上的花费都要多，所以服装市场是一个主要的关注点。[64] 随着他们走出青少年阶段，营销人员应该学会关注如何满足这些年轻的成年人的品位。就像一个专家指出的那样，"当他们厌倦了在青少年的地盘上购物时,这些人将准备去哪里?"[65] 零售商 Metropark 通过融合了音乐和时尚的有趣方式来吸引这个细分市场的消费群体。

Metropark 的每一家商店"前面都有一个流行音乐播音员,后面都有一个摆有沙发的休息区,一个杂志取阅台和一排功能饮料。那些专卖流行衣服的小商店售卖的品牌多达百余种,包括 OBEY 服装品牌标价 219 美元的高级牛仔裤和标价 149 美元的连帽卫衣。"[66]

其他的时尚零售商准备向这个群体提供那些能够负担得起、适合工作场所,同时具有时尚感的服装。

虽然没有完整的可利用的数据,Y一代的教育水平应该至少不低于 X一代,甚至更高。此外,Y一代年老者的数据显示,一个明显趋势是女性的教育水平要高于男性,这反映了不断改变的价值观和性别观。[67]

Y一代相比以往的几代更沉迷于技术,其中 95% 在线,66% 收发即时信息,83% 使用社交网站。[68] 这一代习惯于定制化的音乐和电视节目,如 MTV、Facebook、Maxim、American Idol 和 CSI。针对这个群体的广告必须放在合适的报纸、站点、电视、广播和视频游戏上——一种被称之为 "advergaming" 的策略。[69]

考虑到这个群体多种族的现象,针对这个群体的广告要刻画不同族裔和种族的形象。同样,基于他们对多样化的接受,刻画现代女性的形象和不同的生活方式也非常重要。选择传统的大众媒介接触年老一代可能很成功,但是对 Y 一代并不奏效。公司必须不断推出有创意的媒体和促销主题来捕获这个群体。考虑到他们加入社交网站的比例非常高,利用消费者之间的联系对这个群体而言非常合适。如前所述,音乐和时尚也是关键的接触点。图 4-6 展示了 Van Heusen 为了契合 Y一代特别设计的广告,该广告反映了这一代独特的方面,这则广告使用了创新的学院风格和社交媒体元素。

4.2.6 Z 一代

Z 一代出生在 1995~2009 年,在 2015 年这一代的美国人大约有 6 900 万,这一代又被称为数字原住民、@一代或者网络一代,因为这一代人都是出生在电脑、网络、移动电话出现之后。这一代人经历了全球动荡、经济不确定、恐怖主义、弗吉尼亚理工大学校园枪击案、网络欺凌、全球变暖等事件。[70]Z 一代的种族多样性要比 X 一代和 Y 一代都高,但是这一代的非洲裔比例并不比前两代高。[71] 此外,虽然习惯了离婚,但随着离婚率的下降,这一代大多成长于双亲家庭。

许多 Z 一代将进入二十几岁和十几岁。研究显示,Z 一代重视个人责任、公民参与和多样性。这个群体中年龄大者遵从自己的良心和公民意识。相比较 X 一代和 Y 一代在十几和二十几岁时的情况,Z 一代从整体上更加规避风险,以一种更加负责任的方式行事。并且,他们接受多样性,这种接受多样性的表现包括且不限于拥有一个同性恋的朋友。[72]

Z 一代身上被寄予的期望很高,这就产生了本不该这个年龄段拥有的焦虑。一个专家是这样描述这一代的:

我们看到一个被侵蚀的童年,他们已经不是小孩了,在很小的时候就成为一个小消费者。他们生活在一个重视成功和结果的社会,他们在离开学校之前就开始忧虑他们将要做什么。[73]

图 4-6

这则 Van Heusen 广告专为吸引 Y 一代设计,它使用了独特且充满创意的营销方法。

除去个人影响,这些压力的影响使 Z 一代相比较以上的几代获得了更高的受教育机会。虽然给出确定的预测还为时过早,但性别差异的确没有弱化的迹象。组成 Z 一代的十几二十几岁的年轻人,大约有 2 000 亿美元的购买力[74]。他们的直接购买力主要来自工作收入、压岁钱,他们的间接购买力则源于他们父母在他们身上的花费。尽管经济下滑趋势已经不可逆转,但一个最新的关于这个由十几岁的年轻人所组成

的市场的调查发现：[75]
- 其中40%没有受到影响，其他的受到负面影响。
- 他们采用更加聪明的购买方式（如促销和"货比三家"）来应对经济风暴。
- 青少年工作是为了买衣服、存钱上大学，或买一辆汽车。

除了购买力因素以外，青少年市场受到重视的因素还包括在青少年时期形成的偏好和品位会影响他们一生的购买行为。就像福特-福克斯（Ford Focus）的品牌经理所说的那样，虽然很少有青少年能够买车，但是与他们建立联系还是非常重要的，当他们想买车的时候首先就会想到福特。[76]

针对这个市场，营销者应该用合适的语言、音乐和形象。零售商意识到他们要不断地调整和升级他们的产品和服务，以保持对这个活跃的群体的吸引力，因为这个群体非常容易厌倦。以下是一个零售咨询商的观点：

> 迎合"商场老鼠"对任何一个零售商都是一个挑战——孩子们经常回来，你不得不经常改变展示，否则他们将感到厌烦而停止光顾。商店要知道他们多久会定期返回，以确定窗户和前台是每周还是每17天改变一次。[77]

诚实、幽默、多样性和信息对于青少年来说非常重要，其他可选媒体手段包括社交媒体对他们也十分关键。青少年是使用社交网站收发即时信息、发布和阅读博客、访问虚拟世界很高或者最高的群体。

图4-7展示了Be Tween Talk网站，这是一个目标群体为Z一代中的青少年的社交网站。这个网站为青少年提供了一个可以关注他们自己的忧虑和问题的论坛平台。

利用Z一代科技达人这一特征的公司还有以下几个例子：
- Tumblr是一个微型博客网站，允许从任何设备、任何地点方便地访问。它允许发照片、视频、音频、即时信息。它允许信息从微博链接到Facebook和Twitter上。[78]
- Gatorade知道青少年市场对于公司当前和未来的成功是十分关键的，所以它重新设计了面向青少年和青少年运动员的营销模式，其中就包括了移动更衣室之旅、Facebook和Twitter。[79]

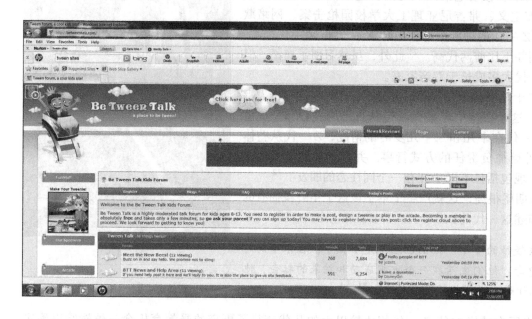

图 4-7

Be Tween Talk 社交平台目标是吸引Z一代市场。

Tweens指的是少年晚期和青年早期。这个群体对音乐、时尚、化妆品、视频游戏等市场而言是重要的。对于Tweens，父母的决策仍对他们起到重要的影响。Aeropostle是一个"瞄准妈妈"的商店，它希望同时吸引儿童和父母的注意。很多商店正在拓宽走廊和设计线路使推车更容易进入，像一个母亲描述的那样，这样做"利人利己"。[80] 我们将会在第6章关于家庭的讨论中，详细介绍对儿童的营销。

4.3 社会分层

社会等级的概念人人耳熟能详,然而大多数人在向外国人解释社会等级体系时感到很困难。下面一段话说明了社会等级的模糊性:

> 不论你喜欢与否,我们所有的人,至少在别人看来,是按一套复杂的标准来分类的——我们挣钱的多少、谋生的方式、父母亲是谁、在哪里上学、上过多长时间、谈吐方式、穿着、居住地以及对社会问题的反应,所有这一切构成了我们的政治经济地位和我们在美国这一社会的等级地位。[81]

社会阶层(social class)与社会地位(social standing)这两个词可以交换使用,意指**社会的等级**(societal rank),即社会按一种或多种因素判定的一个人相对于他人所处的地位。人们是怎样获得社会地位的呢?你的社会地位就是你所具有的为其他社会成员所希望拥有和看重的那些特征的总和。人们所受的教育、职业、财产、收入水平、承继物(种族、民族、父母的地位)均影响着他们的社会地位(见图4-8)。社会地位从下等阶层(那些没有或很少有社会所希望达到的社会经济因素)到上等阶层(那些具有很多被认为值得向往的社会经济特征)。具有不同社会地位的人,其需求和消费模式也不一样。基于此,**社会阶层体系**(social class system)可以这样定义:它是指对社会进行等级划分,即将社会按照态度、价值观和生活方式等,划分为若干个具有独特特征的人口群体。

对于美国和大多数工业社会而言,不存在"纯粹"的社会阶层,然而,很明显的是,在这些社会中,确实存在等级,而且在某一等级的人们与其他等级相比,确实拥有独特的行为模式。

美国社会存在的不是一套固定的社会阶层,而是一系列社会地位的连续体。这些社会地位的连续体反映了整个社会价值观的众多维度,或是众多方面。在一个像美国一样,以成就为导向的社会中,成就相关的因素仍然是首要的衡量社会地位的维度。因此,在美国,衡量社会地位的首要维度是教育、职业、收入,其次是住房档次或居住地地理位置。种族和性别尽管与成就不相关,但也仍能影响地位,所以也是社会地位的归因维度。同样,在美国,一个人父母的社会地位也是他本人社会地位的归因维度。然而,在像英国这样比较传统的社会中,世袭在影响一个人社会地位时扮演更加重要的角色。[83]

图4-8 社会地位的产生及其对行为的影响

很显然,社会地位的不同维度之间是互相关联的。从功能意义上来看,父母的地位影响了某个人的受教育程度,而教育反过来又影响了他的职业,职业带来收入,收入的高低限制了一个人的生活方式,包括他的居住条件。那么,这是否就意味着从某方面看社会地位高的人,从其他方面看他的社会地位也相应高呢?这就是**社会地位综合水平**(status crystallization)的问题。一个人在所有的地位维度上越具有一致性,其社会地位综合水平的程度就越高。在美国,社会地位综合现象并不严重。例如,许多蓝领工作者(如水管工和电工)的收入比许多专家(如公立学校的老师)要高。

4.4 美国的社会结构

美国的社会地位综合水平属中等,这证实了用社会阶层体系来划分社会地位是不完善的这一说法。但这并不是说,不能将社会人口划分成不同的地位阶层,每一阶层的人具有相似的生活方式,或是至少在某些产品类别或活动上是相似的。进一步而言，在社会地位综合水平较高的人群中，很多人的行为模式具有他们自身所属的那个阶层的特征。对营销经理来说，了解各个阶层相对典型的特征是非常有用的，即使这种特征只是一种简化的抽象概括。

不同的人把美国社会划分成不同的社会阶层体系。我们将援引科勒曼（Coleman）和雷恩沃特（Rainwater）提出的划分法。[84] 在他们的体系中，如表4-8所示，上层美国人占总人口的14%；按职业和社会联系的不同，余下86%的人还可进一步分为三个层次；中层美国人占总人口的70%，它可划分为由收入中等的白领和生活环境较好的蓝领工人组成的中产阶级（32%），以及拥有"工人阶级生活方式"、收入达到社会平均水平的蓝领工人（38%）两个层次；下层美国人占人口的16%，可分为勉强脱贫和在贫困中挣扎两个层次。

科勒曼和雷恩沃特对美国人口的阶层划分比例与美国人对自己的划分十分相似。[85] 接下来还会对此做详细介绍。

表4-8 科勒曼—雷恩沃特社会等级分类法

上层美国人

上上层（0.3%）：靠世袭而获取财富、贵族头衔的名副其实的社会名流

下上层（1.2%）：靠目前业务成就、社团领导地位起家的社会新贵

上中层（12.5%）：除新贵以外的拥有大学文凭的经理和专业人员。生活以事业、私人俱乐部、公益事业和艺术为中心

中层美国人

中产阶级（32%）：收入一般的白领工人和他们的蓝领朋友。居住在"较好的居民区"，力图干"正事"

工人阶级（38%）：收入一般的蓝领工人；各种收入、学历和工作性质背景，但过着典型的工人阶级生活方式的人

下层美国人

上下层（9%）：地位较低，但不是最底层的社会成员。他们有工作，不需要福利救济，生活水平只是维持在贫困线之上

下下层（7%）：接受福利救济，在贫困中挣扎，通常失业或做"最脏"的工作

各社会阶层及特征

社会阶层	百分比（%）	收入/美元	学历	典型职业
上层美国人				
上上层	0.3	1 300 000	硕士	董事长
下上层	1.2	990 000	硕士	公司总裁
上中层	12.5	330 000	医学学士	执业医生
中层美国人				
中产阶级	32.0	61 000	本科	高中老师
工人阶级	38.0	33 000	高中	装配工人
下层美国人				
上下层	9.0	19 700	高中肄业	门卫
下下层	7.0	10 900	小学	无业

注：收入根据美国2010年CPI进行了修正。

资料来源：Information for this table adapted from Richard P.Coleman, "The Continuing Significance of Social Class in Marketing," *Journal of Consumer Research*, December 1983, p.267; and Richard P.Coleman and Lee P.Rainwater, with Kent A.McClelland, Social Standing in America; New Dimensions of Class (New York, NY: Basic Books, 1978).

4.4.1 上层美国人

1. 上上层

上上层由社会名流和贵族构成。上上层人士一般都是最好的乡间俱乐部的核心成员和主要慈善活动的赞助者，他们为社会团体和市民活动提供资金和领导支持，常常是医院、大学和市政组织的托管人。

肯尼迪家族是美国上上层阶层的代表。在美国多数地区都有一个或几个家业巨大的大家族，这些人有豪华住宅、高级汽车，并有原创艺术收藏品，常常周游世界。除非进入政界或资助某项慈善活动或社会活动，他们一般不在公共场合露面。

2. 下上层

下上层常指社会的新贵——新近取得成功的社会名流。这些家庭上层地位的确立相对较晚，还没被上层社会所认可。在某些情况下，这些新贵的收入比上上层阶级还要多。比尔·盖茨（微软公司的创始人）和特德·特纳（Ted Turnero CNN 的创始人）是这个阶层的代表。大多数地区都有一个或几个在一代之内暴富起来的家族，他们中的很多人都得益于 20 世纪 90 年代高科技和网络的"大爆发"。

这个阶层的很多人继续过着中上层阶级的生活，下上层阶级的其他成员试图仿效旧有的上上层阶级。暴富的企业家、体育明星和娱乐圈人士的行为模式往往属于这一类，但他们常常不能和排外的上上层人士一样加入同一俱乐部或享受社会对"真正贵族"的那种尊敬，因此，他们中很多人便以挥霍浪费来摆阔。他们以汽车、房子、游艇、服装等来显示他们的财富。[86] 人们常常可以看到某个职业体育明星拥有 5 辆或 10 辆豪华汽车、多处别墅。这些人被称为**暴发户**（nouveaux riches），对这个阶层的人来说，讲豪华、赶时髦很重要，他们极力追求名牌和参加有影响力的活动。

尽管上上层和下上层的群体较小，但是这一群体对于一些产品来说却是重要的市场部分，因为它们对于上中层阶级来说是"好生活"的代表。图 4-9 展示了一个会吸引上层阶级的产品。

图 4-9

上层阶级愿意且能够购买那些不仅能够提升他们生活质量，同时又能够象征他们社会地位的产品和服务。

3. 上中层

上中层阶级没有世袭的家庭地位，也没有显赫的财富，他们的社会地位主要是通过事业上的成功而获得的。职业和教育是这一阶层人士成功的关键因素。这个阶层包括一些成功的专业人士、独立的生意人以及公司经理。如表 4-8 所示，他们一般都是大学毕业，其中很多人拥有专业技术职称或大学学位。

上中层人士比较自信和乐观向上，他们往往担心孩子没有能力过上他们所能过上的生活，并且认识到自己的成功得益于事业的成就，而事业上的成功又取决于他们所受的教育，因此他们十分关注孩子的教育问题。因此，对他们来说，让孩子上好学校和接受良好的教育十分重要。

上中层人士热衷于艺术和本地区的慈善活动。他们是私人俱乐部的成员，且在俱乐部活动中十分活跃。他们是退休保险、房地产和大学融资等金融服务的主要购买者。他们有体面的住宅、高级汽车、高档家具、名酒和环境优美的休养地。图 4-10 就是一则针对这个群体的广告。

这部分人在美国十分引人注目。很多美国人希望自己成为这一阶层中的一员。由于这一阶层受到很多人的羡慕，因此，对某些产品来说，这是进行市场定位的重要因素。图 4-11 描述了这种与前文讨论过的从上层到大众方法相关的"拉动式"策略。图 4-11 是一个销售"买得起的奢侈品"的"拉动式策略"的例子。

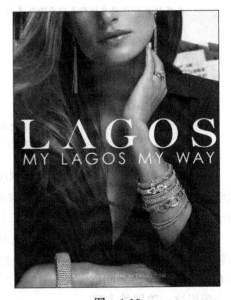

图 4-10

这样的广告将吸引上中层阶级。它强调优雅和修养。

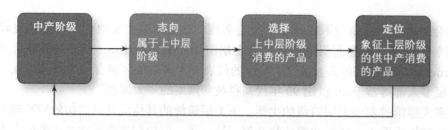

图 4-11　针对中产阶级的拉动式策略

4.4.2　中层美国人

1. 中产阶级

中产阶级由白领工人（办公室工作人员、学校教师、低层级的经理）和高薪的蓝领工人（管工、工厂监督员）组成，因此，中产阶级代表了白领工人中的大多数和蓝领工人中的顶层人物。中产阶级核心成员的典型特征是接受过一定程度的高等教育但是没有获得学位，有白领或工厂督导员职位，拥有平均水平的收入。因为裁员、外包和经济的波动，许多处于这一阶层的人非常缺乏安全感。[87]

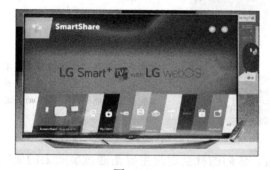

图 4-12

对准中产阶级的"拉动式"策略——将一个中等价位的产品定位成能让用户体验上中层阶级生活方式的产品。

图 4-13

这则家具广告将会吸引关注家庭并渴望价值的中产阶级。

中产阶级很在乎面子，特别在意邻居怎么看自己。他们一般住在郊外，房子比较简朴，但他们非常关注公立学校的质量、犯罪、毒品以及传统家庭价值观淡化等社会问题。同时，他们对自家的经济保障也表示担忧。由于公司削减养老金和医疗成本的不断上升，退休问题也日益成为其关注的焦点。

中产阶级更愿意买些材料回家自己动手加工。他们是下列行业或商品的主要目标消费者：家庭装修服务和装修材料、园艺商品、汽车零配件、住房、漱口剂和除臭剂。由于收入有限，他们必须仔细权衡眼前的消费欲望和未来的安全感之间的关系。图 4-13 展示了家得宝的一则广告，这则广告"让我们一起动手制作它"的活动会吸引这一阶层的人群。

2. 工人阶级

工人阶级包括工厂的熟练工人或半熟练工人、服务业职员、销售员。虽然这个阶层中的部分家庭是积极进取的，但他们中的多数人只求安稳和维持现状。20世纪90年代上半期，这部分人由于实际收入减少而受到了严重的冲击。同时，工业自动化程度提高和生产活动向发展中国家转移等现象也是导致工人阶层产生不安的原因。这一阶层中几乎没有人受益于20世纪90年代后期的股市猛涨，而且他们中的很多人其实在最近的经济衰退中受到了冲击。

工人阶层家庭一般居住在城乡接合部、杂乱的郊区或农村地区。他们的住房比较简朴，非常关注犯罪、黑帮、毒品以及社区环境恶化等社会问题。一般而言，即使目前居住的社区或附近学校的安全得不到保障或不尽如人意，他们也没钱把家搬到更好的地区。由于学历和技能都低，这个阶层中越来越多的人濒临更加贫困的危机。

很多工人贵族（working-class aristocrats）不喜欢中上阶层，他们比较喜欢与自己地位相称的产品和商店，以能做"真正的工作"而荣耀，视自己为美国的中坚力量。[88] 他们是小卡车、野营车、打猎器材、汽艇和啤酒的主要消费者。米勒酿酒公司的"米勒新生活"啤酒原本打算面向广大消费大众，最近公司改变策略，其营销宣传直接瞄准工人贵族，广告也大多以保龄球场、晚宴和乡村音乐为背景。图4-14展示了Homor TLC股份有限公司的Huskey工具品牌的广告，这一品牌的目标顾客很显然是这一群体。

图 4-14

这一广告将吸引工人阶级，尤其是工人贵族。

4.4.3 下层美国人

1. 上下层

上下层包括文化水平和收入都很低的人和那些没有技能的体力劳动者。[89] 他们大多干工资最低的工作。在2009年，美国政府把2007年制定的《最低工资法案》（The Fair Minimum Wage Act）中每小时最低工资提高到7.25美元。这是一个重大的改进，但对只有一人工作的三口之家来说，即使全年工作50个星期，如果拿最低法定工资，也很难保证生活在贫困线之上。这是20世纪60年代后期以来的主要变化，那时一个拿最低工资的人，尚可勉强支持一家三口的生活。更糟糕的是，这类工作大都是临时性的，而且很少有健康保险或养老金计划。50岁的临时工约翰·吉布森（John Gibson）在纳什维尔的一家公司看门，他的工资略高于最低法定水平。下面是他的谈话记录：

> "我情愿多干点儿活，"约翰说道，但是很多工作他又干不了。"为了过活，我只好委曲求全。拿到支票，我要做的第一件事就是付房租。"约翰独自住一套小公寓。他的无奈之一就是得吃快餐，虽然快餐很方便，他也并不讨厌快餐店的食物，但一个同事告诉他说，在家开伙比吃快餐便宜得多。为了最大限度地节约开支，他在救世军组织开设的廉价旧货店购买衣服。
>
> 由于只是个临时工，他没有健康保险。不过，根据政策，他能够享受田纳西州的某些福利保险。在此之前，他已住过医院。事后，因为欠债而被扣发工资，他只好求助于社会福利机构。如今，他自愿加入了这些福利组织，把大量业余时间花在公益事业上。他爱好高尔夫球运动，但很少有机会打球。由于没有养老金计划，也没有个人保险，他时常担心晚年是否能平安度过。[90]

这一群体的特点就是缺乏教育。[91] 上下层人士常常住在条件差的地方，那些地方犯罪、毒品和黑帮猖獗，这是他们生活中的真正威胁，他们每天为家庭的安全和孩子的未来提心吊胆。由于文化层次低，缺乏榜样的引导和机会，他们常常对生活充满绝望，并靠抽烟喝酒等有害性消费来麻痹自己。也由于上述原因，这个群体的成员不仅购买效率低下，而且短期倾向突出。[92]

营销体系并没有有效地服务于这一群体。这一群体很难获取金融服务,很多人没有开设银行账户。这就意味着他们通常需要为工资兑付以及其他账单的结算支付手续费。然而,研究表明,在这一群体中,存在着大量的营销机遇。他们更倾向于关注商品价值,而非商品成本,而且忠于品牌。在服务这一消费群体时,沃尔玛和Dollar General等公司做得不错,取得了丰厚的利润。[93]

2. 下下层

下下层或贫困阶层,被科勒曼和雷恩沃特称为社会的底层,他们的收入和受教育程度都最低。他们长期失业,是政府和非营利性组织救济的主要对象。第1章的消费者洞察1-2所描述的安德烈就是这样一个例子,他本是上下层,但失业后,沦为社会的最底层——下下层。

面向下层阶级的营销常常引起争议。把一些耐用消费品如电视机、冰箱出租给下下层家庭的租赁业很红火,因为下下层家庭没有足够的现金购买大件消费品,又没有足够的信用从一般商店获得信贷。虽然租赁服务满足了人们的实际需要,但它时常受到社会的批评,其原因是这种业务对信贷索要的利息过高。

营销"损害性"商品引起的争议更大。啤酒和烈性酒在下层居民区的销路非常好,但是,向下层市场大力推销这类商品的公司会冒招致舆论谴责的危险。当R.J.雷诺兹公司试图向城市里的黑人推销它的Uptown牌香烟时,舆论的谴责非常强烈,最后这种香烟不得不从市场撤下。雷诺兹公司的这一下场也许使人拍手称快,然而大众之所以对这种行为表示抗议,是基于大多数贫民缺乏足够的是非判断能力,不能做正确的消费选择,因而需要其他阶层所不需要的社会保护这一假设。当然,这种假设也肯定会引起争议。

另外一些公司由于营销活动抛开下下层也受到了社会的谴责。大的连锁零售店,尤其是食品连锁店以及金融企业很少在下下层生活的居民区开展业务。批评家认为,这些商业企业有责任在下下层居民区设立分支网点。受指责的企业则认为这是全社会的问题,社会不能把解决这一问题的责任强加给少数商家。然而,有经验的零售连锁店如Dollar General也开始针对这个市场开展业务,以满足这批人的特殊需要。正如这一行业的一位专家所说:

> 家庭收入低的人也是消费者,他们同样要吃、穿、用、住和养孩子。[95]

商家所面临的挑战是如何制定恰当的营销策略以有效满足这些消费者的需求并给公司带来合理的利润。

4.5 社会地位的衡量

衡量社会地位主要有两种基本的方法:单项指数评价和多项指数评价。**单项评价指数**(single-item indexes)是从教育、收入或职业方面去评价人们的社会地位。由于每个人总的社会地位受多方面因素的影响,用单项指数法评价个人的社会地位没有多项指数法准确。**多项评价指数**(multi-item indexes)同时考虑多个因素,并根据社会的观点来赋予权重。在此我们将重点介绍霍林斯黑德(Hollingshead)的经典多项指数评价法。[97]

霍林斯黑德社会地位指数(Index of Social Position,ISP)是由两项指标发展起来的社会地位指数,该指数得到了广泛的使用,其项目量表、权重、公式以及社会阶层得分显示在表4-9中。请注意,在美国为什么职业比教育赋予了更大的权重?

表4-9 霍林斯黑德社会地位指数(ISP)

职业等级(权重为7)	
职业名称	得分
大企业的高级主管、大企业业主、重要专业人员	1
业务经理、中型企业业主、次要专业人员	2
行政人员、小型企业业主、一般专业人员	3
职员、销售员、技术员、小业主	4
技术性手工工人	5

(续)

职业等级（权重为7）	
职业名称	得 分
操作工人、半技术性工人	6
无技能工人	7

教育等级（权重为4）	
学 历	得 分
专业人员（文、理、工等科的硕士、博士）	1
4年制大学本科（文、理、医等科的学士）	2
1～3年专科	3
高中毕业	3
10～11年教育（高中没毕业）	5
7～9年教育	6
少于7年教育	7
社会地位分＝职业分×7＋教育分×4	

社会地位等级体系	
社会地位	分数区间
上层	11～17
上中层	18～31
中层	32～47
下中层	48～63
下层	64～77

资料来源：Adapted from A.B.Hollingshead and F.C.Redlich, *Social Class and Mental Illness* (New York: John Wiley & Sons, 1958).

必须指出，多项目指数是用来衡量、反映个人或家庭在某一社区或社会集团内部所处的社会地位。正因为如此，某个变量上的高分有可能补偿另一变量上的低分。因此，以下三个人用霍林斯黑德社会地位指数衡量，均被划分为中产阶级：①受过8年教育的成功的中型企业业主；②4年本科毕业的推销员；③专科毕业的政府行政部门文职人员。在同一社会中，很有可能这三种类型的人其社会地位相差无几，然而他们的消费过程，至少对部分商品的消费过程，似乎是不同的。这便突出了这样一个事实：家庭的总体地位可能掩盖了个人地位的各个方面与特定商品的消费过程之间潜在有用的联系。

另一个值得重视的方面是，大多数关于社会地位的量度和理论产生于女性角色迅速变化之前。目前还没有一种量度可用以全面反映这种家庭地位双重来源（男女）的新现实。

最后，必须意识到在某些情况下，构成社会地位（多项指数评价）的单个人口特征变量对回答某一特定市场问题可能更为恰当。例如，使用媒体的习惯可能与教育程度的关系最为密切，而休闲活动则与职业的关系最为紧密。在这些情况下，营销人员采用直接的人口特征评价方式要比采用全球化的地位评价标准更有效些。只有在个人或家庭地位的总体指标特别重要时，才可以采用如社会地位指数这类的评价方式。最近的研究表明，在美国，社会阶层仍然是各种消费者行为的一个重要决定因素。[98]

4.6 社会分层和营销策略

虽然社会分层不能解释所有的消费行为，但它与对某些种类的商品消费是相关的。只要分别走访工人阶层居民区的家具店和上层社会居民区家具店，如Ethan Allen Galleries，我们就会清楚地发现这一点。另外一个是关于牛仔服的例子，特别是李维斯这一品牌。图4-15显示李维斯如何通过把不同的品牌定位于不同的社会阶层，从而覆盖了大部分美国市场的。你认为李维斯这种把不同品牌定位于不同社会阶层的市场策略是否有效？

尽管社会阶层分析的作用十分显著，但是有时只看社会阶层会使我们忽视潜在的机制和它们会带来的行为壁垒。对于营销人员和消费者来说，最大的挑战就是深入挖掘和社会阶层相关的基本方面，正如消费者洞察4-2中说的那样。

最后，不仅品牌，城市和社区相关活动也可以带来社会阶层问题。例如，许多城市正在努力扭转所谓的城市萎缩，努力吸引高端的开发者和零售商，以使其社区重新焕发活力。一个例子是哈雷姆（Harlem），该城市吸引了很多高档精品店，这些商店很多是新的黑人中产阶级所拥有，由此增加了哈雷姆的吸引力。但是同时这些精品店也取代了当地传统上"长期迎合下层阶级居民"的商店。99 这类城市的复兴努力到底具有什么样的社会含义？

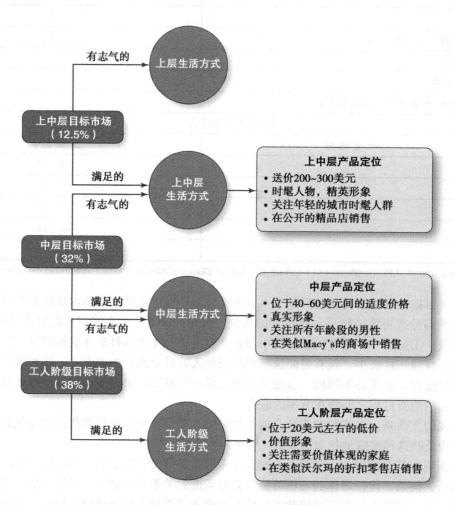

图4-15　李维斯公司对社会阶层细分市场的定位

|消费者洞察4-2|　　社会阶层，饮食质量和"99美分商店"

社会阶层和饮食质量之间的关系已经以很多种方式证实过，比如医疗社区。最近一篇文章显示：

一组流行病学的调查数据显示，饮食质量遵循一种社会经济梯度。高质量的饮食总是和富裕的生活联系起来，而社会经济地位较低的群体则倾向于消费能量密集但营养价值不高的饮食。

这篇文章还指出，深入挖掘各社会阶层的消费行为的潜在原因非常重要。谈到饮食，营养价值高的饮食总是花费更多金钱，而且弱势群体接触到健康饮食的渠道也非常有限。

一个研究潜在原因的调查之所以这么重要，是因为它可以帮助将高质量的饮食销售给社会经济地位较低的人群。也就是说，简单地把高质量饮食推销给穷人很可能是无效的，因为他们没有能力支付并且难以接触到这类产品的渠道（附近的商店销售这些产品的很少）。

下文是和一个超重的低收入消费者有关的一则故事。你会看到，他通过"99美分商店"接触到低价且有营养的饮食的这一途径，就是上文中提到的"障碍"的解决办法。

　　Papa Joe Aviance，一个洛杉矶的服装设计师、音乐家，有450磅[⊖]重。在他看了自己的一个录像之后，他决定开始减肥。"我曾经有450磅重。我距离糖尿病和高胆固醇就只有两个芝士汉堡的距离。在我人生中的很长一段时期我一直很胖，并且厌恶我自己。我要么即刻开始减肥，要么永远无法减肥。"Joe负担不起如"乔氏商店"或"全食"之类的高端食品商店里的水果和蔬菜，他听取了朋友的建议，到99美分商店购买。他每周在99美分商店里花50美元购买燕麦片、金枪鱼、鸡蛋、沙拉酱、蔬菜、水果等等，配合上每周散步的运动，在一年半里减掉了250磅的重量。

这个故事证实了那篇医学论文里的观点：并非社会阶层本身导致一些人不健康的饮食，而是一些关键的隐含因素。面对固定的食品开支预算，处于低社会经济阶层的人们觉得水果和蔬菜的高昂价格是阻碍他们选择健康饮食的障碍，因此他们只得选择便宜的、热量高的食物，即便那些食物的脂肪和糖类含量都很高。这些饮食因素最终导致了可以察觉的健康方面的不平等。低收入人群在糖尿病、心脑血管疾病、牙科问题等方面都比高收入人群有着更高的发病率。

Papa Joe Aviance 的故事使我们高度关注一些重要问题：①只是概括地观察社会阶层是远远不够的；②营销人员和政策的制定者一定要寻找更深入的潜在因素，并进行研究；③如99美分商店这样的公司在帮助低收入人群解决严重的健康问题方面，可以通过利用这些更深层次的潜在因素起到关键的作用，而非简单告诉每个人他们应该健康饮食。

能否意识到这一点可能是至关重要的因素。总的来说，美国人倾向于（错误地）认为财富分配非常平等。此外，人们对健康食品的选择较少这一现象的意识也较为缺乏。对这些挑战持有一个更为广阔的理解可能非常必要，因为市面上将会有更多像99美分商店这样的公司来解决阻碍低收入人群消费的壁垒。

思考题

1. 为什么对于营销人员来说少关注社会阶层而多关注与社会阶层有关的可能影响消费者和他们的行为的背后的原理更为重要？
2. 在减少低收入消费者面临的壁垒方面，公司都面临着怎样的挑战？
3. 大众对于财富分配的错误认知可能会如何推动有好的目的却会给出错误导向的在低收入人群中推广健康饮食的方法的产生？

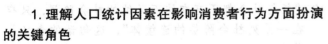

小结

1. 理解人口统计因素在影响消费者行为方面扮演的关键角色

本章对美国社会的描述部分是根据人口统计资料而进行的，包括人口的数量、分布和人口结构。人口结构指人口的年龄、收入、教育以及职业分布与构成。人口特征不是一成不变的。目前，美国人口增长缓慢，人口平均年龄在上升，南部和西部地区人口增长较快。除了对实际的年龄和收入做出测量，主观测量能够根据认知年龄和主观可支配收入给出新的消费理解。

2. 定义"代际"概念并讨论存在于美国社会的各个年龄代

一个年龄代或是一代人是指一群经历过相同的社

⊖ 1磅＝0.453 6公斤。

会、政治、历史和经济环境的人。年龄代分析是这样一个过程，既描述和解释一个年龄代的态度、价值观和行为，同时也预测其未来的态度、价值观和行为。如今美国社会中主要有六个年龄代——前大萧条一代、大萧条一代、婴儿潮一代、X一代、Y一代和Z一代。

3.解释社会分层的概念以及社会经济因素在影响消费者行为方面扮演的角色

社会阶层体系是指对一个社会进行等级划分。根据人们的社会态度、价值观和生活方式，把社会划分为几个相对稳定的具有某种相同特征的人口群体。美国社会不存在严格意义上的社会阶层体系，而是存在着由一系列社会阶层构成的连续体。这一社会阶层连续体具有全社会都重视的不同特征或因素。在美国，教育、职业、收入、住房类型，从某种意义来说是构成社会地位的重要因素。社会地位综合水平指确立个人和家庭的社会地位的各方面因素的一致性（如高收入、高学历）。

4.识别和讨论美国社会的主要社会阶层

尽管美国不存在单纯的社会阶层，但对营销经理来说，知道和了解主要社会阶层的总体特征是很有用处的。根据科勒曼—雷恩沃特的社会阶层体系，我们把美国社会分为7大类——上上层、下上层、上中层、中产阶级、工人阶级、上下层和下下层。

5.理解社会阶层如何测量

测量社会阶层的基本方法有两种：①综合评价几个方面，即综合指数测量；②评价某个特定方面，即单项指数测量。综合指数测量是对个人的总体社会地位或等级的衡量。

6.讨论社会阶层在制定营销策略时的作用

虽然社会阶层不能在所有产品和品牌的营销中起到作用，但是在很多情况下还是具有很大影响的，像李维斯就把社会阶层作为细分市场的方式。向社会下层提供的产品和服务要特别考虑伦理问题，对这方面采取何种行动需要特别慎重。

关键术语

年龄代（age cohort）
从上层到大众（class to mass）
认知年龄（cognitive age）
年龄代分析（cohort analysis）
炫耀性消费（conspicuous consumption）
人口特征（demographics）
数码产品发烧友（digital savvy）
一代（generation）
老年生命周期模型（gerontographics）
社会地位指数（Index of Social Position，ISP）

成熟市场（mature market）
多项评价指数（multi-item indexes）
暴发户（nouveaux riches）
单项评价指数（single-item indexes）
社会阶层体系（social class system）
社会等级（societal rank）
社会地位综合水平（status crystallization）
主观可任意支配收入（subjective discretionary income，SDI）
工人贵族（working-class aristocrats）

复习题

1. 什么是人口特征？
2. 为什么人口增长对于营销者来说具有重要意义？
3. 美国社会的职业结构发展趋势是什么？
4. 美国人教育水平的发展趋势是什么？
5. 美国人的收入水平的发展趋势是什么？
6. 主观可支配收入意味着什么？它如何影响购买？
7. 美国人口年龄分布的趋势是什么？
8. 什么是认知年龄？如何测量？
9. 什么是年龄代和年龄代分析？
10. 描述美国社会的每个主要年龄代。
11. 什么是社会阶层体系？
12. "任何社会都不存在纯而又纯的社会阶层，只存在一系列社会阶层的连续体"，这句话的含义是什么？
13. 在美国，决定社会地位的关键文化价值观是什么？
14. 社会地位综合水平的含义是什么？美国社会地位的综合指标是相对较高还是相对较低？为什么？
15. 简述本章所描述的每一社会阶层的主要特征（假定社会地位综合水平较高）。

16. "从阶层到大众"的含义是什么？与"拉动式"营销有怎样的联系？
17. 针对底层社会成员的营销引发了什么样的道德问题？
18. 营销者用以评价社会地位的两种最基本的方法是什么？
19. 多项指数评价标准的优点和缺点分别是什么？
20. 描述霍林斯黑德社会地位指数。为什么在美国职业比教育更为重要？在其他国家也是如此吗？

讨论题

21. 你认为在未来的10年中，人口因素的哪些变化对下列项目的市场营销影响最大？
    a. 高档餐厅
    b. 激光近视治疗
    c. 处方药
    d. 网上购物
    e. 绿色食品
    f. 杂志
    g. 慈善捐赠
22. 指出在美国人口状况发生变化后，消费需求即将上升或下降的商品各5种。
23. 为什么存在图4-1所示的地区差异？这类差异对销售软饮料的企业有何营销含义？
24. 人口平均年龄的增长是否会影响社会总的消费趋势？怎样影响？
25. 回答消费者洞察4-1中的问题。
26. 哪一种人口特征变量（如果有的话）与下列消费行为有最直接的关系？
    a. 观看电视上的极限运动节目
    b. 滑雪
    c. 出国旅行
    d. 家庭厨师
    e. 温泉理疗
    f. 参加（美国）全国汽车比赛协会（NASCAR）的活动
27. 描述下列各个公司的产品经理如何有效地接触前大萧条一代、大萧条一代、婴儿潮一代、X一代、Y一代和Z一代。
    a. 百事可乐
    b. Panera 面包
    c. 高尔夫频道
    d. About.com
    e. 美国人道协会
    f. iPod
    g. Facebook
    h. 佳洁士牙膏
28. 回答消费者洞察4-2中的问题。
29. 当你到达父辈那样的年龄时，你的生活方式与他们现在会有哪些不同？
30. 在制定下列产品或项目的营销策略时，如何应用社会分层知识？
    a. 牛仔裤
    b. 高档珠宝
    c. 垂钓
    d. 早餐麦片
    e. 参观博物馆
31. 你认为美国社会分层是越来越分明还是与此相反？
32. 你父母的社会地位综合水平是高还是低？为什么？
33. 根据霍林斯黑德的两项指数评价标准，你认为你父亲属于哪个社会阶层？你母亲呢？当你到你父母亲今天这个年龄时，你会属于哪个社会阶层？
34. 为下面每个人口特征变量说出两种产品，这些变量在其消费中起到了最大的决定作用。如果你可以将其中的两个变量合并，对每一种产品而言，你会另加入哪一个变量？
    a. 收入
    b. 教育
    c. 职业
35. 列举出三种产品，在预测其消费时使用主观可支配收入比使用实际收入更有效，证明你的观点。
36. 本章提到针对下层居民的营销引起了一些道德争议，你是怎么看待每一种争议的？你认为是否还存在其他的道德争议？
37. 你认为营销者通过大众传媒推销大多数下层居民或工人阶层居民买不起的商品从道义上说得过去吗？
38. 如果上题中的商品只限于儿童玩具，你的回答又是什么？
39. 图4-11所示的"拉动式"营销策略适合于哪些商品？请指出5种商品，然后再指出5种不适于这种策略的商品并说明理由。
40. 像哈雷姆这样城市复兴的努力会产生什么可能的伦理结果？

实践活动

41. 根据对虔诚的咖啡店消费者做出的人口特征分析，选择这个行业应该刊登广告的两个杂志，利用标准比率和数据（Standard Rate and Data, SRD）或西蒙斯研究局（Simmons Research Bureau）的研究成果，并对你的答案做出解释。

42. 采访下列地方的销售员各一名，并从人口统计特征方面描述一下各类商品的普通购买者。本章所预言的人口状况变化将会增加还是减少这类市场的一般消费者的数量？
    a. 梅赛德斯（Mercedes）代理商
    b. 电子产品商店
    c. 假日旅行社
    d. 童装店
    e. 哈雷–戴维森（Harley-Davidson）销售点
    f. 宠物店

43. 利用标准比率和数据或西蒙斯研究局的研究成果，选择下方列举的针对不同群体的杂志中的三种，分析在这些杂志上刊登广告的产品和广告类型的不同。
    a. 以收入分组
    b. 以年龄分组
    c. 以职业分组
    d. 教育水平

44. 访问3位年龄超过50岁的人，分别测量他们的认知年龄以及影响其认知年龄的变量。这些变量是否是引起认知年龄的原因？请确定认知年龄或他们的实际年龄是否是对消费行为的最大影响。

45. 访问以下各代的两名成员，看看他们对文中所描述的各自的特征有多大程度的认可，以及他们认为自己与社会中的其他代相比有何不同，并看看他们如何看待自己在大众媒体中被描述的形象，如今的商业给他们提供的服务如何。
    a. 前大萧条一代
    b. 大萧条一代
    c. 婴儿潮一代
    d. X 一代
    e. Y 一代
    f. Z 一代

46. 分别在价格高的、价格适中的、价格较低的商店采访下列商品的推销员各一名，并了解他们对顾客社会地位的观察，看看他们针对不同阶层消费者的销售策略是否相同。
    a. 男装
    b. 女装
    c. 家具
    d. 红酒

47. 分析不同杂志或报纸，描述针对本章所提到的7个社会阶层进行产品定位的广告（每个阶层选一则广告），解释每个广告如何吸引相应的阶层。

48. 采访30岁、40岁的非技术工人、教师、零售店职员和成功的商人各一名。根据多项指数评价标准评价他们的社会地位，并对其社会地位综合水平加以评价。

49. 分别参观保龄球馆和网球俱乐部停车场，分析所停汽车类型以及光顾这两种体育场所顾客的衣着和行为有何不同。

50. 到（无家可归者的）临时收容所、施汤所（Soup Kitchen）或其他针对低收入家庭的慈善活动中参加义务劳动，把自己的亲身经历和感受写成一份报告。

第 5 章

变化中的美国社会：亚文化

学习目标

1. 了解亚文化及其对独特市场行为的影响。
2. 分析非洲裔亚文化和相应的市场行为。
3. 分析西班牙裔亚文化和相应的市场行为。
4. 分析亚裔亚文化和相应的市场行为。
5. 分析本土美国人、印度人和阿拉伯裔美国人的亚文化以及相应的市场行为。
6. 描述各种宗教亚文化以及他们对市场营销的影响。
7. 解释地理因素在亚文化中扮演的角色。

如今，美国的种族亚文化仍然引领着美国的时尚、音乐和文化。[1]不同种族的亚文化衍生出不同的价值观、遗产和文化观念，这使他们的选择方式不同于所谓的主流美国人。例如，非裔美国人极为信奉自己的种族亚文化，有其独特的活动和家庭传统。他们通常会支持那些认可和尊重他们文化遗产的零售商，这些零售商销售本民族特色产品，雇用本种族的员工。

种族活动的赞助商为市场营销者提供了以可靠的方式支持和培育种族社区的机会。"Essence 音乐节"就是这种努力的一个例子。它最初是在 1995 年作为一个庆祝面向黑人女性的杂志 ESSENCE 25 周年的一次性活动而发起的。这个活动现在已经发展成为一个年度的、规模盛大的、持续多天的节日。自从 1995 年在新奥尔良的梅赛德斯－奔驰超级穹顶举办以来，ESSENCE 音乐节就成了美国黑人最盛大的文化和音乐活动，吸引了成千上万的人。

虽然超级巨星很有吸引力，但是 ESSENCE 音乐节不只是一场音乐盛宴。它最初的主题是"有目的的派对"。ESSENCE 音乐节是为回馈社区而设计的，它可能是唯一的集音乐家和励志演说家为一体的音乐主题活动。一系列关于教育、职业、美丽和家庭的授权小组研讨会在附近的会议中心举办。其中的活动包括"#YesWeCode 'hackathon'"，这将汇聚近百家科技行业最聪明的开发者、设计师以及富有影响力的商务人士，他们将和 50 名高潜力的青年人一起工作，研究如何将附近区域打造成繁荣的，无论种族、性别、能力及其他因素，人人可以体验成功滋味的社区。

活动的赞助商包括可口可乐、福特、麦当劳、宝洁"我黑我美丽"，美国 State Farm 保险公司、沃尔玛、Verizon、美国退休人员协会、美国癌症协会、雪弗兰、高露洁以及视频网站 We tv。ESSENCE 杂志的公司发言人称：

这个节日为我们的品牌营销人员提供了用相关方法将品牌呈现给观众的解决办法。对他们来说，杂志提供了一种解决方案，而网站则提供了另一种。这个节日的确以一种熟练的市场战略运转起来。无论何时我们都会告诉我们的顾客，它不只是一个杂志解决方案，而是一个全面的、全年的计划。

一些公司已经在跌跌撞撞地、努力地去涉足亚文化市场。正如 ESSENCE 杂志所做的，充分地理解一个种族群体并且呈现出真诚的、尊重的、合适的信息才是成功的关键。

在第 3 章，我们描述了美国价值观的变化如何给营销者带来机会和威胁，而美国社会另外一个极为重要的方面，就是其众多的亚文化，如本章引言所描述的非裔美国人亚文化。尽管如此，在不久之前，许多营销者还是将美国社会视为一个同质的文化，并认为这一文化主要以西欧价值观为基础。这向来就是一个不准确的观点，在今天更是如此，因为非欧裔的移民、不同的出生率和日益增长的种族意识使我们社会的异质性更加明显。

民族、种族、国别、宗教和地区的群体或亚文化上的多样化，是美国社会的典型特征。各种亚文化以不同的速度发展，同时它们各自也在不断变化。在这一章里，我们将描述美国的一些重要的亚文化，并重点论述在异质而不是同质的社会里如何实施营销战略。

5.1 亚文化的性质

亚文化（subculture）是主文化的一部分，其成员具有共同的独特价值观和行为模式。某一亚文化的成员所具有的独特的行为模式，是建立在该群体的历史及现状基础之上的。亚文化的成员又是他们生活在其中的主文化的一部分，因此其行为、信念无不打上了主流文化的烙印。如图5-1所示，个体在多大程度上拥有某一亚文化的独特行为，取决于他认同该亚文化的程度。

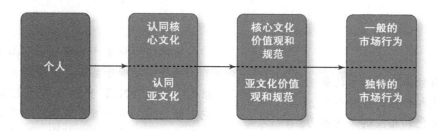

图5-1　亚文化认同会产生独特的市场行为

美国历来被视为一碗汤或是一个大熔炉。从不同国家来到美国的移民，很快（或至少在第二代）就放弃了他们原来的语言、价值观、行为方式，甚至宗教。他们获得了美国人的特征，那些特征大部分是西欧文化，特别是英国文化的产物。美国的主体文化十分博大，新移民所带来的改变微不足道。对于西欧移民来说，这种看法是比较合理和贴切的，但对于非洲、西班牙、亚洲和阿拉伯国家来的移民来说，却绝非准确，这也同样不符合土著美国人的经验。

今天，美国社会常被形容为一盘沙拉而不是熔炉。把少量新调料放到汤里，通常会失掉原有的风味，而且整碗汤的味道都会受其影响。但是在沙拉中，每种调料都保持着自己的独特风味，同时增加了整个沙拉的颜色和味道。不过，即使在沙拉的类比中，我们还需要加上代表核心美国文化的大量调味剂，这样才能将各种群体调和成一个统一的社会。

虽然族群是最普遍的亚文化，但宗教和地理区域等也构成了美国一些重要亚文化的基础。正如我们前面章节所描述的那样，每一代人也构成了一种亚文化。实际上，我们全都是若干种亚文化混合的载体。每一种亚文化都可能影响我们生活方式的不同方面。我们对于新产品或舶来品的态度会受到地区亚文化的强烈影响，对音乐的偏好则要受到时代亚文化的影响，对食物的偏好受到种族亚文化的影响，而我们对于酒的消费则受到宗教亚文化的影响。这些亚文化的影响会导致市场营销人员需要适应其市场营销组合的一个或多个方面，见图5-2。

图 5-2

有时，定制满足不同种族市场需求的广告是很重要的。

对营销经理来说，确定何种亚文化是影响某种特定产品消费行为的决定性因素是非常重要的。在下面的章节里，我们将讨论美国社会中主要的种族、宗教和地域亚文化。虽然描述集中在这些亚文化的一般性质，但应强调的是，在每一种亚文化内部又存在很多的变异。本章侧重讨论美国的亚文化，但实际上所有的国家都有丰富多彩的亚文化，这是市场营销人员必须考虑到的。

5.2 种族亚文化

广义上，我们将**种族亚文化**（ethnic subculture）定义为这样一种文化，其成员具有共同的独特行为，这些行为建立在相同的人种、语言或者国别背景下。在本章中，我们将单独介绍几种主要的种族亚文化。然而很多美国人属于多个种族群体。罗莫娜·道格拉斯（Romona Douglas）具有白人、黑人和美洲印第安人血统，她这样描述自己的感受：

> 假设之上黑人是一种样子，白人是一种样子，亚洲人又是另外一种样子，那么多种族的家庭是什么样呢？我不喜欢麦当劳的"街头黑人"广告，那不是我，也不是我小时候的样子。实际上，很多营销策划建立在单一种族社区的典型人物的基础之上。[2]

由于研究多种族群体可以加深我们的认识，因此，我们从介绍主要种族亚文化的一般特征开始。图5-3展示了我们对美国主要少数族裔群体现在和未来规模的预测。[3]这些数据清楚地表明，非欧洲族群在美国人口中所占的比例很大，并呈现上升的趋势（从2010年的38%上升到2030年的47%）。事实上，图5-3中所示的比例还低估了在特定地域少数族群的重要性。[4]例如在亚利桑那、加利福尼亚、佛罗里达、新墨西哥和得克萨斯，西班牙裔人口最多；在檀香山，亚裔美国人最多；非裔美国人则主要分布在南部以及东北部和中西部的城镇。相比之下，在缅因州、佛蒙特和西弗吉尼亚，90%以上的居民是白人。

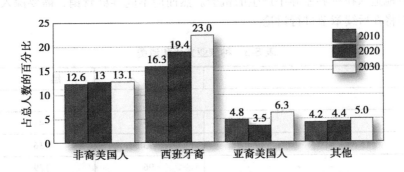

图5-3 2010～2030年美国的主要种族亚文化

注：西班牙裔可以是各种族的；其他种族包括美洲印第安人、阿拉斯加土著、夏威夷土著、太平洋岛民和两个或多个种族的混血后裔。

非欧裔族群增长相对较快的原因，一是出生率高，二是移民大量涌入。在过去的几十年里，美国新增人口的1/3是移民。每年大约有100万人移居美国。2009年美国移民的主要来源如表5-1所示。[5]

表5-1 2009年美国移民的主要来源 （%）

拉丁美洲	40.8
亚洲	36.5
欧洲	9.3
非洲	11.2

各种族移民的涌入，不仅扩大了种族亚文化的范围，而且强化了这些种族本土文化所具有的态度和行为方式。下面我们将描述一些主要的种族亚文化。关键要记住，所有的亚文化都是多样的，因而一般的描述不一定

适用于其每一个成员。

虽然人们的种族特质是比较持久的，但其影响却是有条件的；也就是说，一个人的消费习惯在多大程度上受到其种族的影响，取决于他跟谁在一起，他在哪里以及其现实和社会诱因这些因素。[6]因此，一个人的种族对于选择商务会议中的午餐可能没有影响，但却会极大地影响着他选择用什么来准备家庭晚餐。

另外，种族只是影响人行为的一个因素。正如我们在前面章节看到的那样，人口统计因素也是有影响的。例如，一个45岁、年薪9万美元的黑人医生和一个45岁、有相同收入的白人医生的消费习惯的相同点，要大于他们和属于相同种族却拥有低收入的服务工人之间的相同点。正如表5-2显示的那样，不同的种族拥有截然不同的人口统计特征。[7]因此，在假设观察到的种族之间的消费差异的确是由于种族因素造成的时候，我们应该格外慎重，这些差异通常会由于引入收入这类人口统计因素而消失。

表 5-2

	白人	黑人	西班牙裔	亚裔
平均年龄（2015）(岁)	39	33	28	38
高中或更大（≥25岁)(%)	87	84	62	88
学士学位或以上（≥25岁)(%)	30	19	13	52
18岁以下儿童(%)	47	61	71	51
增长率（2010～2030年)(%)	16	22	73	64
中等家庭收入（美元）	52 312	34 218	37 913	65 637

分析表5-3，哪些差异主要是由种族造成的？哪些是由其他因素造成的呢？

机敏的营销者积极地追求在种族差异中产生的机会。然而向不同族群营销，需要深入了解每一个种族的价值观和生活态度，我们将在后续章节进行讨论。

表 5-3 种族亚文化和消费

	白人	黑人	西班牙裔
产品			
健怡可乐	109	48	79
冰茶	93	136	109
木炭	96	129	88
卡布奇诺咖啡机	103	67	119
活动			
外出就餐（非快餐）	108	67	70
爬山（攀岩）	91	59	116
英式足球	92	75	240
CD（磁带俱乐部会员）	74	272	129
购物			
Dollar General	97	139	81
Talbots	92	125	101
星巴克	104	45	104
星期五餐厅	84	226	84
媒体			

(续)

	白人	黑人	西班牙裔
大都会（*Cosmopolitan*）	96	88	138
智族杂志	72	185	133
《美好的家园和花园》杂志（*Better Homes and Gardens*）	106	84	66
VH1	75	241	117

注：100=平均使用、购买或消费量。
资料来源：*Simmons National Consumer Study* 2010, Experian Information Solution（Costa Mesa,CA 2014）.

5.3 非裔美国人

非裔美国人或者黑人（调查显示非裔美国人对这两种称谓没有明显的偏好），[8] 占美国人口的13%，主要集中在南部和南部之外的各大城市。总体而言，非裔美国人大多比较年轻，受教育程度和收入水平都比白人低。但是由于这个细分市场的多样性，市场营销人员可以依据教育和收入水平对这个群体中不同成员进行营销。例如，1/3的黑人家庭年收入超过了50 000美元，将近10%的黑人家庭年收入超过100 000美元。[9] 另外，非裔美国人代表了1.1万亿美元的购买力，预计在2018年还会增长25%，这要比白人市场增长得更快。[10] 因此，毫无疑问，营销人员对这一部分市场很感兴趣。宝马最近加入了一个"urban-format"天狼星和XM电台（Sirius and XM radio）频道，喜剧演员杰米·福克斯（Jamie Foxx）成为FoxxHole卫星广播频道的宝马合作伙伴。这个活动得到福克斯和其他DJ的"无剧本的实况转播"，该活动的目的是通过音乐和喜剧拉近和非洲裔美国人的距离。这种合作能够帮助宝马更直接地接触非洲裔美国人，因为他们占有宝马市场的4.5%。宝马的营销副总裁认为：

> 这种合作关系能够让卫星电台通过喜剧演员的精彩表演传播宝马品牌。更让我欣喜的是，杰米本人就是一个宝马品牌的狂热追求者，并拥有宝马汽车。

5.3.1 消费者细分及特征

把非裔美国人看作一个单一的细分市场是错误的。最近一项研究通过调查3 400名13~74岁的非裔美国人，把他们划分为11类不同的群体。表5-4对这11类群体进行了描述，该表反映了非裔美国人在各方面的多样性，包括人口统计特征、生活方式和技术使用等。[11]

根据表5-4所显示的非裔美国人的多样性，如果制定营销策略时把非裔美国人看作同一市场很可能会失败。

表5-4 扬克洛维奇（Yankelovich）对非裔美国人做的市场细分

新中产阶级（new middle class）（5%）：年轻（25~44岁），较高的教育经历和收入水平（1/4超过10万美元），大多住在郊区，高技术使用者（每周使用网络55小时），对未来充满信心，自我定义为黑人，认为"黑人俚语"应该避免

广播电视型黑人（broadcast black）（17%）：中年（2/3超过44岁），女性，低收入（71%低于25 000美元），住在城市，单亲，低技术使用（4%上网），自信，独立，注重教育，自我描述为非裔美国人，认为"黑人俚语"应该避免，强烈支持购买黑人自己的产品

自我欣赏型（black is better）（11%）：中年（35~54岁），中上等收入，住在城市，单亲，自信而积极，自我认同为非裔美国人，特别重视信仰、职业和家庭，喜欢与同种族的人交往，在服装上花费较多

网上冲浪型（black onliners）（7%）：年轻（18~34岁），男性，中等/中上收入，品牌意识强，强烈重视与同种族的人交往，非常重视工作、家庭、学术，同白人和黑人均有交往，是博客和IM产品的重度使用者

数字网民（digital networkers）（7%）：年轻（青少年和20岁出头），在校学生或职业生涯早期，未婚，男性，住在郊区，中等/中上等收入，技术产品包括社交网络和IM的重度使用者，与黑人团体相对接触较少，缺乏自信，宗教意识弱，喜欢网上购物

"联系型"青少年（connected blacked teens）（12%）：这些青少年居住在家里，超过一半在单亲家庭成长，接受黑人媒体，具有科技头脑，品牌意识强，特别是与黑人文化有关的品牌，音乐发烧友，对生活态度积极，尊重年长者，不局限于仅仅与他们同种族的人交往

婴儿潮群体（boomer blacks）（6%）：年老的群体（平均年龄52岁），上中层阶级，重度网络使用者（90%），喜欢黑人广告和宗教，对机构不信任，对偏见很敏感，喜欢与同种族的人交往，强烈支持购买黑人自己的产品

信徒型（10%）（faith fufills）：年龄相对较大（35岁以上），女性，父母，已婚者，高度宗教信仰，花费很多时间在宗教和非营利机构做志愿者，中上层阶级，对未来具有积极的态度，认为不应该避讳他们的肤色，使用网络但不是技术狂

(续)

压力型（sick and stressed）(8%)：相对较老（45~65岁），男性，住在郊区，已为人父母，收入中低层（40%低于25 000美元），不乐观，经济和健康方面有压力，生活方式不健康，没有健康保险

家庭困难型（family struggles）(10%)：大龄组，大多是女性，为人父母，较低的收入（超过一半年收入低于25 000美元），重度电视收看者，大多使用网络，但是属于轻度使用者，与同种族的人交往密切，较少使用社交网站，对价格敏感，对品牌不敏感

中间派（stretched black straddlers）(7%)：年轻（18~34岁），中等收入，大多未婚，受到最大的种族歧视，自我认同为黑人，与其他种族人交往的行为方式同同本种族之间存在差异，强调工作、家庭和金钱，是技术的新接触者

资料来源：*Black America Today Study*（Radio One and Yankelovich，2008）.

5.3.2 媒体使用

非裔美国人使用大众传媒的比例要高于白人，其媒体偏好也与白人不同，他们比白人更容易受到大众媒体广告的影响。[12] 同样是大众媒体，非裔美国人更喜欢反映其自身文化的媒体，这可以在下面排名前10的杂志中得到体现（见表5-5）。

表5-5 黑人男性与女性阅读最多的杂志

黑人男性杂志排行榜前五	黑人女性杂志排行榜前五
1. *Jet*	1. *Ebony*
2. *Ebony*	2. *Jet*
3. *Sports Illustrated*	3. *Essence*
4. *Vibe*	4. *O, The Oprah Magazine*
5. *Time*	5. *People Magazine*

资料来源：Simmons Market Research Bureau，*Spring 2007 National Consumer Survey*.

在过去的几十年里，黑人与白人所观看的电视节目逐渐趋于同化。然而，与杂志一样，黑人与白人观看电视的差异性仍然存在，如涉及非裔美国人的议题、热点和问题时就会存在差异。一位与黑人娱乐电视（BET）合作的汽车行业广告商做过这样的评论：

> 我们和黑人娱乐电视合作了15年，很少有电视媒体能够像BET这样专注于非裔美国人，BET在这方面已经远远走在了前面。我们喜欢BET是因为其节目丰富多彩，不断创新。美国黑人市场并不是一个大的单一市场，即使很多人一直都是这样认为的，实际上这里面有许多细分的市场。BET的节目迎合了年轻的、年老的以及这个大市场中的每一个人。[13]

长期以来，在购买电脑和上网方面，黑人一直是相对滞后的，但现在不再是这种情形。最新数据显示，成年黑人的上网率高达81%，只比87%的整体上网率低一点点。这主要是由于诸如教育之类的因素起了很大作用（事实上，教育是比种族影响力更强的因素），如非裔美国大学生在某些时候有最高的网络使用率。[14] 另外，非裔互联网用户还有下列特征：[15]

- 与一般人（2.3小时）相比，每天上网时间（4.4小时）更多。
- 比一般网络用户更喜欢浏览不同类别的新闻和信息，如一般新闻、健康、经济和运动等。
- 喜欢有黑人倾向的新闻和信息。

毫不奇怪，以黑人为目标客户群的网站，如NetNoir（www.netnoir.net）和美国在线的"黑人之声"（www.blackvoices.com）等，正在吸引诸如IBM、惠普、富国银行、迪士尼和麦当劳之类的大型广告主。黑色星球网站（Black Planet.com）现在是美国最大的黑人网络社区，从黑人角度提供专题新闻、娱乐和就业信息。

最后，非裔美国人比白人更多的使用移动设备，包括发送短信、在社交网站如Twitter、e-mail、IM进行交流等。[16] 显而易见，像宝洁公司通过社交网站进行营销信息的传播，就是针对黑人消费群体行为采取的措施。

5.3.3 对非裔美国人进行市场营销

面向黑人的营销和面向其他群体的营销的原理是一样的。企业需要调整营销策略以适应表5-4中每一消费

群体的需求，但有时候企业采用统一的企业营销策略也是合适的。总体上，企业对使用统一的营销策略要慎重。引用非洲－美国咨询公司，Hunter-Miller 公司总裁 Pepper Miller 的观点：

> 黑人 X 一代催生了一个最大的市场和生活方式：嘻哈文化，但并不是所有的黑人 X 一代都是嘻哈帮。但是营销者在向非裔美国 X 一代传递信息的过程中仍然反映了他们对嘻哈文化的刻板印象。[17]

1. 产品

黑人的肤色和头发与白人不同，为白人设计的化妆类产品通常不适合黑人消费。最近一些主流厂商已经认识到这一点，开始为争夺黑人市场展开激烈的竞争。黑人每年在化妆品、护发、护肤品上的支出达到数十亿美元。欧莱雅建立了专门的部门来服务于这部分黑人妇女。伊曼（Iman）通过沃尔格林（Walgreens）和塔吉特销售的化妆品系列也是服务于这一市场的（www.i-iman.com）。图 5-4 展示了一张专门为非裔美国人的独特市场需求而设计的产品广告和另一张为满足各种群需要但正在向黑人推广的产品广告。

越来越多的厂商发现，为满足黑人的独特需求，改动其产品是值得的。除了护发和护肤品，还有以下例子：[18]

- Hallmark 以黑人人物和谚语推出"红木"贺卡系列。
- 芭比（Barbie）提供黑人娃娃。
- 通用汽车（GM）专门为黑人设计了 Escalade 及其他车型。

2. 沟通

在同某个少数族裔群体进行沟通时，经常犯的一个错误就是把其成员看成表面上虽然有差异但实质上却相同。不能认清这一点常常会导致针对黑人的广告只是简单地在黑人媒体上播放公司的标准广告，或者用黑人演员代替白人演员，却不改变广告的原稿、语言、布景以及与之相关的文化。[19] 捷豹汽车（Jaguar）所开展的针对富裕的非裔美国人的直邮活动给我们提供了一个很好的案例：① 改变演员的种族（黑人丈夫和妻子）；② 展示积极的职业形象（妻子是外科医生，丈夫是雕塑家）；③ 利用历史性的文化符号（他们居住在哈莱姆（Harlem），相当于黑人音乐和文化的麦加）；④ 提出号召积极工作的主题和口号"不是运气让你在你所在的地方"。需要注意的是，这个宣传活动是如何在很多方面（黑人演员、哈莱姆）专门针对非裔美国人社区，而其他方面（专业形象和努力工作）却对广义的美国消费者都是非常有效的。

向黑人传播的信息与向其他族群传播的信息的差异程度，应该根据情况而定。例如，有时，广告商只需替换广告中的模特或者消费场景，以此表示产品适合黑人的需要。这种做法通常适用于产品、诉求和语言对黑人和其他群体同样起作用的情况。图 5-4 中左边的广告就是利用这种方法的一个很好的例子。而在某些情况下，原先的广告需要做一些特定的改变来满足黑人的特殊需求，正如图 5-4 中右边的广告所示。通常，向黑人群体营销的广告用黑人演员或黑人代言人是很重要的。[20] 尤其是营销如化妆品等与种族相关的产品或向有强烈种族意识的群体营销时，则更须如此。[21] 类似于图 5-4 中的广告可以在黑人媒体和有黑人观众的一般媒体上有效运作。

图 5-4

相对于其他种群，非裔美国消费者既有独特的，又有共同的需求。

针对黑人和其他族群的一种有效沟通方式是事件营销。**事件营销**（event marketing）是创建或赞助对某一细分市场特别具有吸引力的某项活动或事件。例如，做礼拜在许多非裔美国人生活中占据了很重要的位置。为了拓展黑人教徒的市场，克莱斯勒（Chrysler）赞助了帕蒂·拉贝尔（Patti LaBelle）2006 年的"帕蒂福音"巡回演唱会。作为赞助商，克莱斯勒在每一场演唱会前都会举行试驾活动，每试驾一次，就向拉贝尔选定的宾夕法尼亚大学阿布拉姆森癌症中心（Abramson Cancer Center）捐助 5 美元。[22]

3. 零售

零售商经常调整商品组合来满足黑人购物者的需求。例如，艾伯森（Albertson）这家全国性的零售商，也调整了它的商品组合，使其适应周边的黑人社区。[23] 调查显示，影响黑人选择商店购物有三个主要因素：商店供应种族商品（51% 的黑人认为这是很重要的），雇用黑人（40%），尊重不同民族和种族的顾客（84%）。[24] 这种对尊重的关注反映出一个现实问题，那就是大多数黑人消费者在购物时得不到尊重，比如购物时被密切关注或其他细微的歧视，比如拖沓的服务。[25] 因此，对零售业者和服务人员进行文化敏感性的训练是很有必要的。[26]

此外，黑人比白人更倾向于把购物作为一种休闲方式，[27] 这意味着如果商店想要吸引黑人顾客，就必须不吝提供欢快有趣的购物环境。[28] 黑人对降价销售的反应也不同于白人，在采用信用卡、支票和现金等支付手段的意愿上和白人也有差别。另外，研究显示非裔美国人更倾向于购买民族品牌，以此来表明身份。尽管这导致了表 5-4 所示的存在于各个不同的黑人消费者细分市场上的品牌意识的差异。[29] 因此，企业在购物体验的各个方面都应认真对待，以适应黑人消费者的独特需要。

5.4 西班牙裔美国人

美国国家统计局将**西班牙裔美国人**（Hispanic）定义为：古巴、波多黎各、墨西哥、中南美人，或其母语和文化特征为西班牙语的民族。相对于非西班牙裔，西班牙裔要年轻些，教育程度低些，家庭收入少些。然而，考虑到这个群体的多样性，不同的教育和收入程度反而给营销者提供了更多的市场机会。例如，就西班牙裔家庭年收入而言，有近 40% 超过 50 000 美元，12% 超过 100 000 美元。[30] 另外，西班牙裔代表了 1.2 万亿美元的购买力，而且预计到 2018 年要继续增长 33%，相较白人市场增长得更快。[31]

如今，西班牙裔美国人市场是美国最大的、发展最快的种族亚文化市场。预计到 2030 年，西班牙裔美国人将达到美国总人口的 23%，市场营销人员已经清楚地意识到这一点。西班牙裔同美国的其他族群一样，也具有显著的多样性。许多营销人员认为，西班牙裔亚文化由三个主要亚文化和若干个少数族裔亚文化构成，因此它并不是一个单一的种族亚文化。其中包括：墨西哥裔美国人（占 66%）、波多黎各人（占 9%）、古巴人（占 4%）以及其他一些来自中美洲和南美洲的拉丁语族群（占 14%）。[32] 每一族群所讲的西班牙语都略有不同，价值观和生活方式也有差异。每一族群还倾向于住在不同的地区，如墨西哥裔美国人主要住在西南部和加利福尼亚，波多黎各裔主要住在纽约和新泽西，古巴裔主要住在佛罗里达，其他拉丁语族群则住在加利福尼亚、纽约和佛罗里达。他们之间的收入水平也有很大差别，古巴裔的收入略高于其他族群的平均水平。

也有人认为，虽然我们必须关注不同民族群体之间的差别，但也应注意到，相同的语言、宗教（大多数西班牙裔信奉罗马天主教）加上西班牙语媒体和西班牙裔娱乐明星的出现，已经为很多产品和广告活动创造了同质的文化基础。当然，视西班牙裔为单独的种族亚文化，还需要考虑文化适应、语言和代际影响，后面我们将对此进行讨论。

5.4.1 文化适应、语言和代际影响

西班牙裔人口增长的 40% 来自于移民，因此文化适应在影响西班牙裔消费者的态度和行为方面扮演着重要的角色。**文化适应**（acculturation）指的是移民适应新文化的程度。[33] 文化适应和语言使用高度相关，并且受到代际的影响。西班牙裔研究中心的一项最新研究显示，西班牙裔成年人可以分为三代人：

> 第一代人（63%）是那些生于美国之外的人。这一代人受教育程度和收入水平都比较低，强烈认同自己的西班牙裔身份，很大一部分人母语为西班牙语（72%），拥有传统的价值观，包括男权和等级的家庭决策模式。

第二代人（19%）是那些父母是移民但在美国出生的人。与第一代人相比，这一代人受教育程度和收入水平更高，更可能认为自己是美国人（虽然依然还有62%认为自己是西班牙裔），他们一半时间讲英语，一半时间讲母语，对传统价值观的认同不如第一代人那么强烈。

第三代人（17%）是那些其父母和自己都出生于美国的人。这一代人有最高的教育程度和收入水平，更可能认为自己是美国人（57%，仍然有41%认为自己是西班牙裔），通常以英语作为母语（只有22%是双语，没有人只说西班牙语），很少遵从传统的价值观。[34]

正如上面所显示的那样，收入、教育水平、语言和对西班牙文化的认同会随着年代而变化。但是，我们也应该注意到，大部分的西班牙裔或多或少对西班牙文化具有很强的认同感，[35] 这种强烈的西班牙文化特质在西班牙裔青少年中也一样存在，虽然他们很多出生在美国，被认为是第二代或第三代西班牙裔。正如在消费者洞察5-1中讨论的那样，西班牙裔青少年正在调和文化和语言，使得他们的文化更加趋向于美国一般文化，他们实实在在地生活在一个双语和双重文化的环境中。

| 消费者洞察5-1 |　　　　西班牙裔青少年：双重文化新青年

西班牙裔青少年占美国青少年总人口的20%，但他们对营销人员的重要性却远远超过这一比重。[36] 首先，他们的购买支出为200亿美元，这一数字可能还会大幅增长，因为预期该细分市场到2020年会增加62%，其增长速度为全美青少年市场的6倍。更为重要的是，他们和黑人青少年是美国整体青少年市场时尚和生活方式的领导者。

不像他们的父母那样，西班牙裔青少年并不感到融入美国文化（例如，像白种美国人那样做事和说话）有很大的压力。西班牙裔青少年成长的趋势是拥有双重文化，即适应并接受第二种文化，但同时也保留原来的文化。要做到这一点，需要进行平衡，特别是在言行举止方面需要做到家庭内外有别。而在西班牙文化中，家庭（核心家庭和扩展家庭）是十分重要的，所以要找到这种平衡就极具挑战性。表5-6将显示如何进行这种平衡。

这种平衡过程推动了双重文化的发展，似乎行之有效，正如三位专家描述的那样：

> 对于西班牙裔青少年的"西班牙化"，我一直感到很惊奇。他们和家人朋友说西班牙语，在学校和上网时使用英语，即使他们出生在这里，但他们还是更具西班牙文化的特点，这真让人惊叹。

> 这并不是双语的问题，而是双重文化的问题。他们沉浸在美国文化中，但同时为自己是西班牙裔而感到无比自豪。

> 在这一时代，作为西班牙裔是很酷的事情，这使他们更有吸引力和异国情调。西班牙裔青少年正在重温西班牙语，发扬他们自己的文化传统。

这些说双语的青少年与非西班牙裔青少年读相同的英文杂志，看相同的电视节目。事实上，他们很可能阅读诸如《17岁》和 YM 这样的青少年杂志。其中一份针对西班牙裔少女的杂志 Latina 虽然其大多数的广告是西班牙语的，但内容主要是英文的。另一方面，他们也看西班牙语的杂志、电视和收听西班牙语的广播。在西班牙裔青少年成长过程中，他们不仅听嘻哈和其他流行音乐，还听一些西班牙音乐以及墨西哥流浪乐队、非洲音乐、加利福尼亚的 norteño、得克萨斯的 tejano、佛罗里达的 salsa 和纽约的 meringue 音乐。现在，他们在把这些音乐推向更大范围的青少年。

表 5-6

个性：家庭之内	融合：家庭之外	区别：美国主流
家人	西班牙裔朋友和其他民族朋友	用自己的文化遗产来显示不同
尝试拉丁美洲的食物和饮料	拉丁美洲食物和饮料以及主流食品——墨西哥玉米卷和土豆片	

(续)

个性：家庭之内	融合：家庭之外	区别：美国主流
讲西班牙语	讲英语	讲英语、西班牙语和西班牙式英语
展现拉丁美洲符号	更有效地帮助他们归属主流文化的品牌，让他们更酷，易于被接受	打造能与主流品牌竞争的让他们自豪的成功品牌
听西班牙音乐，看西班牙电视		听和看西班牙语和英语的广播和电视
家人帮助保持文化认同	朋友提供便利，接触其他文化	打造像非裔美国文化（嘻哈文化）一样的自己的文化潮流

注：关于具体行为和态度的数据暂无。
资料来源：Adapted from *Nuestro Futuro*（Redwood Shores, CA:Chesken,2006），p.24.

思考题

1. 西班牙裔青少年在多大程度上引领青少年市场？请验证你的答案。
2. 许多西班牙裔青少年是双重文化的，这对营销者有什么挑战？
3. 解释家庭在西班牙裔青少年的双重文化倾向中所扮演的角色。

西班牙文化受到罗马天主教文化的深刻影响。该文化立足于家庭，大家族在几代人当中起着非常重要的作用（在美国文化中，大家庭已经逐渐失去了重要性）。西班牙文化同时强调男性的主导地位，体育活动尤其是拳击、橄榄球、足球在生活中具有特别的重要性。大男子主义的倾向表现在很多方面，包括丈夫在家庭决策中的主导地位。[37]

对于女性的合适角色，西班牙文化还是相当传统的。例如，女性被期望在家里准备食物。因此，一些食物提供商，如 Sara Lee 和通用磨坊花费了巨大的营销资源去接触西班牙女性。例如，通用磨坊的网站"Que Rica Vida"（富足生活的样子）将其各品牌定位于西班牙裔女性并解决她们关于食物、家庭和西班牙菜谱的问题。然而，由于文化适应能够影响性别角色的认知，对于企业来讲，了解其目标市场消费者在性别角色的观点是非常重要的。[38]

语言对于西班牙裔市场也是非常重要的，并且常常和文化特征强烈地交织在一起。代际影响和移民身份对语言的使用有很大影响。考虑这样的事实：38% 出生在美国的西班牙裔在家只说英语，而只有 4% 出生在美国以外的西班牙裔在家只说英语。[39] 可能更重要的是，西班牙语广告通常会更有效。[40] 考虑以下说法（以及图 5-5 中的清洁剂广告）：

图 5-5

当对西班牙裔进行营销时，像这个清洁剂广告一样的西班牙语广告常常更有效。不过，其效果也取决于文化适应水平。

> 当问及广告是否有效率，38% 的西班牙裔认为，英语广告没有西班牙语广告有效。在回忆率和说服力方面英语广告都只是西班牙语的 70%。很多年轻人和认同西班牙文化的人使用英语和西班牙语的混合形式，他们在西班牙语中混杂使用英语。在销售方面，56% 的西班牙裔成年人对于西班牙语的广告能够做出较好的反应。[41]

有了上面的数字，你对 Univision 这个西班牙语媒体会成为美国第五大媒体运营商就不会感到奇怪了，而且前三个最受西班牙裔喜爱的媒体都是西班牙语的。[42] 另外，最近的研究显示，定位于 18~49 岁的西班牙裔受众、最受欢迎的 53 个电视节目都是使用西班牙语。[43]

5.4.2 对西班牙裔营销

西班牙裔消费者具有更高的品牌忠诚度,尤其是对于那些能满足其独特需求的产品和品牌。价格很重要,但高质量全国性品牌的可获得性也同样重要。西班牙裔人比一般公众更不容易接受商店的自有品牌。[44] 营销者正在对营销组合的各个方面做出调整,以适应西班牙裔顾客的需要。

1. 沟通

如前所述,大多数西班牙裔喜欢讲西班牙语,使用西班牙语媒体。因此,尽管使用大众媒体也能吸引该市场中的一部分消费者,但要想真正进入这一市场,就必须使用西班牙语媒体。Univision、Telefutura 和 Telemundo 是美国排名前三的西班牙语电视台。西班牙语的广播节目也很普遍,这些节目既有当地的,也有全国性的。还有许多西班牙语的杂志,像《大都会》、《体育画报》、《箴言》(Maxim)。另外,西班牙文报纸在美国也十分常见。

关于沟通和媒体,非常重要的一点就是注意到现在正在出现的年轻化趋势将影响未来西班牙媒体的使用,特别是14~24岁的西班牙裔年轻人(在接下来的20年里,他们将迅速成长)[45],相对于西班牙语而言会花费更多的时间在英语电视、广播和印刷媒体上。这群人大都出生在美国,在语言使用方面以英语为主。另外,18~34岁的人在英语和西班牙语媒体上花费的时间相同。Telemundo 电视台对此做出反应,提供双语和西班牙语的电视节目,发展出像"小说主角"这样更能接触到西班牙裔年轻人市场的电视节目。SiTV 是一家新的有线电视台,提供用英语制作的西班牙主题的节目,面向西班牙裔年轻受众。[46]

西班牙裔的网络使用率很大程度上取决于语言和文化适应。那些比较适应美国文化并说英语的西班牙裔的网络使用率是82%,而那些出生在美国以外并不太适应美国文化的西班牙裔,其网络使用率是50%。[47] 这些总体的数据不能完全反映实际,因为西班牙裔(说英语的和说西班牙语的)更可能拥有自己的博客和网站,[48] 而且 Facebook 有80%的西班牙裔用户。[49] 对于寻求西班牙裔目标市场的公司而言,在线社交网络是十分重要的。在诸如 ESPNDeportes.com 之类的网站上,人们可以接触到西班牙文版的在线体育,西班牙语版的雅虎和美国在线也得以迅速发展。诸如 CiudadFutura.com 之类的西班牙语网络社区也逐步形成。西班牙裔网络用户通常更年轻,英语和西班牙语都很流利,很多时候更喜欢英语媒体。就像传统媒体面临的问题一样,在线西班牙媒体面临挑战:需要传播适合西班牙文化的内容,而不仅仅是语言的问题[50](见图 5-6)。

图 5-6

西班牙裔的网络使用率正在激增,为此网站 ESPNDeportes.com 正在进一步开发以适应这个市场独特需求的功能。

然而,语言翻译也是一个挑战,例如:

- Tang 果珍在广告中使用了"jugo de chino"一词描述产品,这对知道它代表橘子汁的波多黎各人来说,效果就很好,不过,这个词对其他西班牙裔没有意义。
- Coors 啤酒最近的广告使用了单词"guey",这在现代俚语中的意思是花花公子,这个词在俚语中还可以表示白痴和愚蠢。据一位专家说,消费者能否领会广告中的幽默与消费者所处的"代际"有关。[51]

成功地向西班牙裔营销，不只是要求翻译准确，也不仅仅是使翻译具有独特的吸引力和象征意义，这些远远不够，它需要营销者设身处地地理解西班牙裔的文化，也就是说理解不同的西班牙裔群体的价值观和整体文化内容。事实上，价值观一致性可以成为克服第二语言翻译不力的有效办法（如英语广告对于双语的西班牙裔）：[52]

- 李维斯开发了一系列西班牙语版的广告，详细介绍了一群西班牙裔年轻人沿着泛美高速公路去了解他们文化遗产的经历。此次营销事件包括一系列整合活动，通过互动性网站和社交媒体去联系年轻的西班牙裔消费者。[53]
- 百思买（Best Buy）创造了一个电视节目，试图弥合"数码发烧友"的西班牙裔青少年和他们父辈之间的代沟，后者往往对高新技术不太适应，但是由于等级观念而承担"买单"的角色。广告语写道："如果你们彼此疏远，不妨靠近Best Buy一点。"百思买认为，这个节目使得孩子和他们的父亲能有更多的交流。[54]

2. 产品

除了特别食品，营销者为西班牙裔市场提供的专门产品和服务均很少，但是最近，随着这个市场的规模增长，情况发生了改变。例如：

- 在近400家拥有大量西班牙裔消费者的商店里，家得宝推出了"Colores Origenes"系列涂料产品。此外，根据调查结果，家得宝为这些涂料的颜色进行特别命名，以便更好地反映西班牙裔消费群体的拉丁风情、氛围和形象。[55]
- 在科罗拉多，沃尔玛创造了Denver Bronco牌T恤专门针对西班牙裔消费者，其中一款衣服上印着"de todo corazón"的字样，在西班牙语里的意思是全心全意。沃尔玛的目标是把美国的运动传统和西班牙的文化符号结合在一起，那种T恤成为这一季度Denver Bronco品牌中最受欢迎的产品。[56]
- 另外，营销者通过在美国那些西班牙裔人口众多的地方分销产品，从而在中南美地区建立了顾客忠诚度。例如，高露洁在洛杉矶和迈阿密销售其家庭清洁产品Fabuloso。

一些试图进入这一市场的努力并未取得成果，原因是营销者没能真正理解这个市场的需求。例如，许多西班牙裔认为，把厨房设计成开放式是不合适的，他们觉得把厨房呈现给陌生人是一件让人不舒服的事情。西班牙裔还认为，现在为他们设计的房屋太过于刻板化。[57]

3. 零售

在西班牙裔市场进行零售，首先需要增加能讲两种语言的销售人员，并使用西班牙语广告标志、店头广告、西班牙化的店面装饰和产品。下面提供了一些具体的例子：

- 沃尔玛把西班牙裔作为自己六大主要目标市场之一，沃尔玛管理层不仅调整了自己传统商店的产品，如玉米面包的销售来吸引西班牙裔消费者，还在像得克萨斯州休斯敦这样有大量西班牙裔的地方开设专门针对西班牙裔的沃尔玛商店。这种商店的特色、布局、产品搭配等都是专门针对西班牙裔设计的。同时，还包括提供拉丁式糕点和咖啡的咖啡店，以及提供鲜鱼和鲜肉的服务柜台。[58]
- 在得州圣安东尼奥，一家名叫"Tianguis"的购物中心开业了，根据开发人员的设想，Tianguis会在拉丁裔美国人当中颇受欢迎，因为它提供了一个露天的购物市场。圣安东尼奥Tianguis购物中心不但提供了社区购物中心那样为顾客提供方便的商店，还提供了餐馆、娱乐和社区活动等类似于墨西哥村庄那样的环境。[59]

5.5 亚裔美国人

亚裔美国人代表了一种重要的亚文化。虽然他们总人数较少，但正处于持续的增长当中。对于市场营销人员来说尤其重要的是，亚裔美国人拥有最高的教育程度和收入水平，具有很大的潜在购买力。据估计，亚裔美国人的购买力高达7 130亿美元，预计到2018年将增长37%，其增长率已经高于白人。[60]然而，他们也是最多样化的一个群体，有着众多的国别、语言和宗教。虽然美国国家统计局在对这个群体的统计中包括了印度人,但是我们将在后面单独对印度人进行讨论。

亚裔美国人并非一个单一的亚文化。考虑图5-7中的Zaobao.com网站,该网站上的广告对亚裔美国人中的中国成员可能十分有效,然而,如图5-8所示,中国人仅仅占了亚裔美国人的1/4多一点,并与该亚文化中的其他群体没有共同语言或文化。

图 5-7

zaobao.com网站上的广告会吸引很多中国消费者,但对其他大多数亚裔美国人不会起作用。

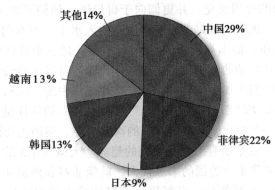

图 5-8 亚裔美国人的国籍背景

正如对西班牙裔美国人的营销一样,语言是个重要因素。有数据显示,80%的亚裔美国人容易被使用他们自己语言的促销打动。有2/3的亚裔美国人是移民,在每一个国家的族群中,除了菲律宾之外,希望选择本国语言作为首选语言的比例都非常高。另外,喜欢用自己国家的语言进行营销沟通的人比例也很高,这一点菲律宾人也不例外。[61] 语言的使用和能力与文化适应和年龄有关系,表5-7给出了各种不同国际背景的亚裔英语使用和熟练的情况。

表5-7 不同亚裔消费者语言使用情况

国家	在家只说英语	在家不说英语,但英语说得很流利	在家不说英语,英语也不流利
越南	12	33	55
中国	17	36	48
韩国	20	31	49

(续)

国家	在家只说英语	在家不说英语，但英语说得很流利	在家不说英语，英语也不流利
菲律宾	34	44	22
日本	53	20	27

资料来源：*The American Community—Asians*（Washington, DC: The Census Bureau, February 2007）.

显然，从表中的信息我们可以看出用本国语言进行沟通的比例非常高，特别对于那些英语不熟练的亚裔。说到精通英语，有研究显示，大部分亚裔倾向于使用本国语言或双语，仅仅有17%倾向于仅仅说英语。[62]

在不同的组群中，有差异的不仅仅是语言。事实上，亚裔美国人的概念更多的被研究他们的营销者而不是亚裔美国人自己所使用。不同国籍的人提到他们自己时，喜欢说自己的国籍而不是笼统的亚裔美国人。例如，越南人说自己是越南人而不是越裔美国人，只有日本人是一个例外，说自己是日裔美国人。[63]

虽然每一个国籍组群都是一个有自己语言和传统的独特文化，但是这些组群之间还是有许多共同点。当离开自己的群体来到美国时，他们都经历了一个文化适应阶段。许多人都来自于受到儒家文化影响的地区。儒家文化强调父为子纲、夫为妻纲以及尊老爱幼。他们赞赏保守行为，遵守非常严格的行为规范。他们的文化同样也是基于一种强烈的大家庭宗族观念。教育、共同努力和进步被他们的文化所看重。[64]

5.5.1 消费者细分和特征

市场细分研究公司按照人口统计和态度特征，把亚裔美国人划分为三个群体。将他们的共同点作为立足点开展营销活动是非常有用的，即使我们还需要在语言和文化符号方面进行一些调整。① 传统型：比较年长，大多数已退休，强烈地认同他们的母国文化，并更倾向于讲母语，他们不太关心社会地位。② 立足型：较年长，是一个保守但职业化的群体，他们有较好的教育程度和收入水平，对本国文化的认同程度相对较弱，不太执着于使用母语；他们愿意为高质产品出高价。③ 及时行乐型：是三个群体中最年轻的一个，该群体一般认同本国文化，他们讲双语，是感情冲动的、物质主义的群体，购物时属于感情型，关心形象和质量。[65]

亚裔人口许多方面的特征使他们更加容易定位。首先是地理集中度：65%的亚裔美国人口及消费力集中在加州、纽约、新泽西、夏威夷、得克萨斯和伊利诺伊。[66]第二个方面的特征是来自中国的讲普通话的熟练工人呈现增长趋势。这个趋势导致的一个变化就是在中国人的沟通当中，逐渐由粤语转变为普通话。[67]

最后一个方面是年轻化趋势，这是所有亚文化共同的趋势。大概有1/3的亚裔美国人的年龄在25岁以下，这一比率与白人相仿。[68]另外，那些生于美国的第二代人，就像非裔和西班牙裔美国人一样，虽然仍然保持着原有的文化，但是他们受到美国文化的影响，已经适应了当地的语言和文化。同时他们也影响美国的整体文化，促进时尚和音乐的发展趋势。正如在西班牙裔市场中那样，针对第二代人亚裔的英文媒体在不断涌现。基于这样的价值观，百事公司在一家叫Stir TV的电视媒体上播放英文广告。[69]本田公司也顺应了这一潮流：

> 本田公司选择了"Boba"，这是一种中国台湾地区发明的广受亚洲青年喜爱的饮料，这种饮料被认为是带泡泡的茶，里面有黑色胶状马铃薯原料做成的"珍珠"飘在甜冰茶里，它很快成为亚裔青少年心中的软饮料。本田公司在促销Civic和Acura RSX等定位于年轻人的汽车时，同时提供美式热饮和这种珍珠奶茶。Ponce（新市场部经理）从她年轻的亚裔同事那里得到这个创意，因为那个年轻同事经常光顾Boba店，而且她也注意到很多光顾该店的亚裔年轻人开的就是本田车。[70]

5.5.2 对亚裔美国人营销

如前所述，存在若干在国籍和语言上各不相同的亚裔美国人市场，每个市场又可以根据文化融入程度、[71]社会阶层、时代、生活方式或其他变量作进一步细分。虽然这给营销者带来了挑战，但是这群人的购买能力和多重的细分市场不断吸引着营销者的注意，促使他们为这些细分市场提供创造性的产品、购买方式和媒体选择。

地理集中性的增加有助于营销的有效性。因为在某一族群集中的地方，可以用母语制作广告来有效地接触目标群体。例如，在旧金山，KTSF 专门为中国和日本观众提供中文和日文的新闻和娱乐节目。很多 KTSF 的广告主，如麦当劳等，将其广告改用广东话播放；也有一些企业，如高露洁等公司，则使用它们在亚洲国家播放的广告。很多美国品牌如州立农业保险（State Farm）、富国银行、麦当劳赞助 KTSF 电视台进行 2008 年北京奥运会的报道。

直接卫星广播（DBS）也是一个重要的电视媒体。DBS 提供在全美范围内能够接触到任何一种语言使用者的途径。例如，EchoStar's Dish 网络提供一个叫"长城电视套餐"的中国套餐，有超过 20 个频道。DirecTV 给观众提供不同的语言选择，包括越南语、广东话和普通话，让消费者能够像在家里一样享受他们最爱的节目。[72]

有很多亚裔美国人精通技术，并经常使用互联网。亚裔美国人的上网率估计高达 90%。[73] 他们也是社交网站的重度使用者。[74] 针对亚裔美国人的互联网营销正在迅速发展。企业可以通过图 5-9 所示的中文网站用中文与华裔消费者进行沟通。在其他亚裔群体中，类似的网站也越来越受欢迎。一些公司如嘉信理财（Charles Schwab）等也开始用此类网站作为沟通渠道。

向不同的亚裔消费者进行营销，要遵循像我们前面对西班牙裔消费者营销所讨论的那些原则。要进行有效沟通，不只是把现有广告翻译成某种合适的语言那样简单，还需要采用与每一族群细分市场相关的文化符号和意义的广告。分析图 5-9 中沃尔玛的广告。这个广告面向一个特殊的亚洲种群。注意到，不同元素的搭配是为了聚焦于这个细分市场并与之交流。

其他一些针对亚裔美国人的成功营销活动包括：

- 旧金山一家连锁商店在中秋节（许多亚洲文化中的一个重要的节日）这天，选择四个有大量华人和越南人光顾的零售点举办特别活动，包括店铺广告和发放可以获得免费月饼和灯笼的促销券，在促销期间，这些店铺的销售量增加了 30%。同样，西尔斯百货（Sears）在中秋节广告中使用了普通话、粤语、越南语和韩语，具体的语言选择取决于商店附近的人口构成，它还提供与国籍相关的礼物和类似民族舞这样的娱乐活动。
- 西部联盟（Western Union）赞助了一系列的亚洲文化活动，比如在洛杉矶的亚裔中国春节文化博览会。大多数亚裔美国人都参加与他们的民族遗产有关的文化活动，这确实是一个有效的策略。[75] 他们还和国际报刊公司一起出版发行了《中国移民手册》来帮助新移民适应新的环境。这显示了企业深入民间、立足社区、定位于不同国籍移民特殊需求的营销努力，这些努力是对电视、广播和杂志等传统大众传媒的有力补充。[76]

图 5-9

5.6 土著美国人

土著美国人（Native Americans，美国印第安人和阿拉斯加原住民，美国人口普查局术语）的数量取决于采用的计量方法。美国人口普查局发布了三个土著美国人口统计数据：①一个部落的人口数量；②一个部落或加上另一个部落的人口数量；③一个部落加另一个部落，再加任意其他种族的人口数量。以第一种方法计量，大约有 280 万土著美国人，而用第三种方法计量则总数达到了 410 万。近乎一半的土著美国人住在西部，30% 住在南部。许多土著美国人住在保留地及其附近，其他则分散在全美各地。

美国土著部落大概有 550 个，每一个都有自己的语言及传统。许多部落都有保留地和准独立的政治地位。通常，美国土著居民收入有限，[77] 但不同部落有差异。土著美国人的总体购买力估计是 960 亿美元，并且预计到 2018 年会增长 28%，远高于白人的增长率。[78] 较大的部落见表 5-8：

表 5-8

部　　落	一个部落	多部落
切罗基族（Cherokee）	281 000	730 000
纳瓦约人（Navajo）	269 000	298 000
苏族（Sioux）	109 000	153 000
齐佩瓦族（Chippewa）	106 000	150 000
乔克托族（Choctaw）	87 000	159 000
普韦布洛族（Pueblo）	60 000	74 000
阿帕切族（Apache）	57 000	97 000
因纽特人（Eskimo）	46 000	55 000

近些年来，土著美国人对其遗产越来越引以为豪，更不能忍受对他们历史及当前地位不准确的刻板印象。因此，市场营销人员在使用土著美国人的名字及肖像时必须确保准确和合适。在像阿诺德·奥尔森（Arnold Olson）这样的土著美国厨师的带领下，美国土著菜肴正在进入美国主流文化。奥尔森将欧洲和美国土著风格相融合，创造了一些有趣的菜肴，例如北美野牛生肉片（bison carpaccio）和驯鹿意式烤面包（caribou bruschetta）。正因美国感兴趣并且乐于接受多样性，像这样的土著美国供应品正变得越来越重要和越来越受欢迎。[79]

较大的部落有他们自己的报纸和无线电台，而且还有全国性的面向土著美国人的报纸、电台节目和杂志。[80] 尽管相对于总人口来说，每个部落都很小，但是每个部落的地理集中度让市场营销人员的接近变得容易。部落活动的赞助商以及对部落学院、训练中心和社区中心的支持长久为这些公司带来了好的结果。例如：

- 印第安夏日公司（Indian Summer Inc.）是一个每年举办节日来"教育、保护和提升美国印第安文化，展示部族文化的多样性，为人们提供经济机会，加强社区建设和互相理解"的组织。哈雷－戴维森，合伙赞助商之一，致力于支持这个活动并和市场建立联系。[81]
- 耐克（Nike）与印第安健康服务署合作建立了一些教育项目来改善和提升保留地的健康状况。[82]

5.7 印度裔美国人

大约有 250 万美国人是印度裔（来自印度）。由于移民影响，这个细分市场的人口正在快速增长。印度裔美国人主要集中在纽约和加利福尼亚，在新泽西州、伊利诺伊州和得克萨斯州人数也较多。作为一个群体，他们受教育水平高，富裕，英语流利。但他们大多数仍保持与印度背景的文化联系。

那些对印度不熟悉的人常常认为它是一个同种族人组成的国家。然而，在一定程度上，它比美国更像欧洲。它有 28 个州、6 个联邦属地、15 种官方语言以及数十种其他语言和方言。因此，虽然来到美国的印度移民有共同之处，但也有许多基于他们自身背景的不同之处。

他们尽管在许多方面各不相同，但也共同享有一些重要的文化特质，例如：

- 他们都把教育看得很重，尤其是孩子的教育。
- 他们很关心财产安全，储蓄率高于美国平均水平。
- 他们没有"扔掉"的心态，他们购物看中价值、质量和耐用性。
- 在家庭决策中，丈夫更倾向于占主导地位。

印度裔美国人关注一般的大众媒体。他们能通过专业杂志被定位，比如《印度硅谷》(Silicon India) 和《印度生活与时尚》(India Life & Style)，或者像 IndiaAbroad.com 这样的网站，或者人口较多区域的有线电视、无线电台以及报纸。例如，西联汇款在一个聚焦该群体的有线电视频道——关注亚洲（Eye on Asia）上刊登了针对该细分市场的广告。有了可以接收印度各种各样频道的 Echo-Star's Dish Network's South Asia Package，全国覆盖成为可能。长期投入到印度裔社区中是得到该细分市场支持的一种有效方式。例如：

大都会人寿是九夜节（Navaratri）的一个重要赞助商。九夜节是一个宗教节日，吸引了来自纽约和新泽西州的 100 000 名参与者。正如一个参与者所说的：这个公司的一个主管加入了这个节日，并且公司推出了一系列纪念品项目的广告。现在我们感觉应该回报他们对我们的关注。[83]

网络也是对这些消费者进行营销的一种有效方式，但是这种努力需要对该群体有相当程度的了解：

已经 12 月了，Namaste.com 网站的假期高峰已过了两个月了。对于其顾客而言，圣诞节并不是重要的节日。"建议在圣诞节给印度人送礼物没有任何意义，这是错误的市场营销信息。排灯节（Diwali，在 10 月下旬开始的关于灯的节日）才是印度的圣诞节。"[84]

5.8 阿拉伯裔美国人

2000 年的人口调查显示在美国有 125 万阿拉伯裔美国人。但是美国阿拉伯裔协会（美国人口普查局官方指定的分析与阿拉伯裔美国人相关数据的机构）认为该数据受三个因素影响而低估了其数量。该协会基于另外的调查研究，估计阿拉伯裔美国人大概有 350 万。也许，在美国没有哪个群体会有更不准确的刻板印象了。例如，阿拉伯裔美国人最常见的宗教是什么？66% 的人认为他们自己是基督徒（由 20 世纪 90 年代早期的 50% 上升而来），24% 的是伊斯兰（由 20 世纪 90 年代的 50% 下降而来）。

阿拉伯裔美国人来自各个国家，包括摩洛哥、阿尔及利亚、埃及、黎巴嫩、约旦、沙特阿拉伯和科威特。他们享有共同的阿拉伯遗产和阿拉伯语。自从第二次世界大战，阿拉伯移民大多是躲避其国家政治混乱的企业家、地主或有影响力的家族。这些人中很多个体在到美国之前都上过西方的或西方化的学校，英语很流利。

超过 80% 的阿拉伯裔都是美国公民，大多数出生在美国。他们比一般人口更年轻，教育程度更高，并且有高于平均水平的收入。他们也更可能成为企业家。1/3 的阿拉伯裔美国人住在加利福尼亚、纽约和密歇根州。

大多数阿拉伯裔美国人很反感别人对他们文化的消极印象和错误理解，甚至电影《阿拉丁》中也包含了侮辱和错误。阿拉丁唱着他所来自的"野蛮国家"的歌曲。一个警卫恐吓一个年轻女孩要砍掉她的手指，因为她偷食物给一个饥饿的孩子。这些行为都是与伊斯兰国家法律不相符的。在神秘的阿拉伯，店面标语中的一些符号在阿拉伯语或其他语言里没有任何意义。2001 年 9 月 11 日世贸大厦及五角大楼撞机事件的后果是，激起了人们对阿拉伯裔的偏见，也加强了一些人对他们背景及宗教信仰的认识。

要进入这个市场的第一条准则是用尊重和准确来对待其成员。这里有针对这个市场的报纸、杂志以及广播和电视。EchoStar's Dish Network 提供一整套阿拉伯语的服务。而且沃尔玛也开始在阿拉伯裔美国人众多的地方调整其商品选择，比如在密歇根州迪尔伯恩提供沙拉三明治、橄榄以及穆斯林的问候卡。关注这个社区的独特传统可以带来丰厚的利润。[85]

5.9 宗教亚文化

正如第 3 章所讨论的，美国基本上是一个**世俗社会**（secular society）。也就是说，其教育体系、政府以及政治进程都不受宗教团体的控制，而且大多数人的日常行为都没有严格遵守宗教准则。虽然如此，大概有 80% 的人宣称自己有宗教信仰，30% 的人称一周至少参加一次礼拜，54% 的人认为宗教在他们的生活中十分重要。[86] 有趣的是，当有人退出宗教，会导致那些称自己有宗教信仰的人数持续下降，而另一些人则在变换着自己的宗教信仰。一个近期的研究显示，44% 的成年人更换过自己的宗教，在新教教派内更换或完全地退出宗教。[87]

事实是美国文化是相当世俗的且不可被看作所有社会中最优的文化。许多保守的基督徒更偏爱与他们的信仰相一致的社会和法律体系。关于流产、学校祈祷、进化论与神创论的教学，同性恋的权利等一系列事件的激烈争论都是美国社会分歧的证据。

宗教对很多美国人来说十分重要，也直接影响着他们的行为。这包括消费宗教主题的产品，[88]和避免消费像酒精一类的产品。在美国，不同的宗教有不同的价值观和行为。因此，在美国存在大量的**宗教亚文化**（religious subculture）。

5.9.1 基督教亚文化

美国的价值体系以及由此产生的政治制度和社会组织大多来源于基督教，而且主要是早期移民的新教信仰。尽管美国文化大体上是世俗的，但是它的很多传统和价值观都来源于基督教遗产。大多数的美国假日，包括圣诞节、复活节和感恩节，都有一定的宗教基础。除了复活节，其他的节日都不再像过去一样是单纯地以宗教主题为中心了。

虽然美国主要是基督教，但是在2010年称自己信仰的宗教是基督教的比例从1990年的86.2%下降到76%。[89]扬克洛维奇在跟踪调查一个由X代和Y代组成的叫作"年轻宗教"的消费心理细分市场。在电影《耶稣受难记》取得巨大成功之后，服装公司开始利用时尚趋势对年轻观众进行营销，包括写有"耶稣是我的家人"口号的T恤。一些零售商也开始接受这个趋势，而其他零售商则担心冒犯顾客，致使销量下降。[90]图5-10所示的网站C28似乎正在以这个群体为目标。

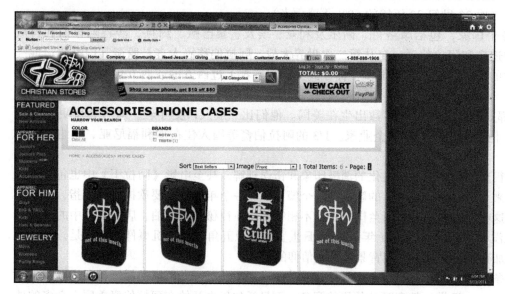

图 5-10

C28网站将会吸引扬克洛维奇所定义的"年轻宗教"细分市场。

福来鸡公司（Chick-fil-A）是少见的在星期日不营业的全国快餐连锁店。这是基于其创始人特鲁特·凯西（Truett Cathy）信仰的基督教准则。下面是摘录该公司市场营销副总裁关于这一决策的发言：

> 我们总会受到来自顾客甚至店主的压力，但是最终，我们感觉这就是我们的一项基础事务，而且我们不想在星期日营业。讽刺的是，很多人都尊重我们把其他事放在赚钱之前的这个事实。[91]

正如下面所讨论的，在这个国家，基督教有许多不同的形式，每一种都有自己独特的信仰和行为。

1. 罗马天主教亚文化

大约21%的美国成年人是罗马天主教徒。天主教会是高度结构化和层次化的，教皇是中心的宗教权威。个人对《圣经》和重大事件的解读是微不足道的。天主教会的一个基本教义就是结婚是为了繁衍后代。因此，节育是不允许的，其结果就是天主教徒平均家庭规模大于新教徒和犹太教徒。较大的家庭规模让经济收益和社会地位的提升更加困难。相对于其他宗教而言，这也对天主教徒产品消费类型造成重大影响。

天主教会在种族方面也是多样的。35%的成年成员来自于种族亚文化群体。回忆我们之前的讨论，西班牙裔的主流宗教是天主教，自从1960年，西班牙裔一直助力于天主教徒的增长。29%的成年天主教徒是西班牙裔，3%是非裔，还有3%是亚裔。[92] 说得再具体些，50%的25岁以下的天主教徒是西班牙裔。[93] 天主教徒往往集中在东北部以及有大量西班牙裔人口的地方。"Encuentro 2000:Many Faces in God's House"是一个特殊的活动，该活动第一次在全美范围内拥抱来自于所有不同民族、不同种族背景的人。大会上有拉丁音乐、民族村，反映亚洲经验的研讨会，以及来自不同民族背景的演讲者。[94] 这只是一个步骤而已。美国天主教主教会议在其官网上设有一个西班牙裔事务部门，致力于处理西班牙裔社区的教育及其延伸事务。就地方而言，巴尔的摩教区每年都为瓜达卢佩圣母举行弥撒，据说，她曾于1531年在如今的墨西哥城附近显现在一个印第安农民面前。

类似于新教徒，天主教徒在忠诚度和保守性上也各不相同。较保守的人与新教徒的保守派有许多共同的价值观和行为方式。天主教徒在消费上没有太多与宗教相关的限制和要求。以这个群体为目标的市场营销人员可以通过专门的杂志、电台节目以及社区活动来接触那些较忠诚的成员。

2. 新教亚文化

大约45%的美国成年人认为自己是新教徒。然而新教有许多不同类型的信仰，它们之间有很大不同，但大多把个人与神的直接沟通作为核心教义。通常，新教的信仰强调个人责任与控制。这已经被认为能够创造良好的职业道德和增加对科学知识的渴求，让人们乐意为未来献身以及缩小家庭规模。这些特征反过来又使得社会向上流动，造就了美国大多数精英执政的现状。

新教的价值和态度也在塑造着美国文化的核心。这一点相当正确，尤其是对于来自西欧的盎格鲁-撒克逊白人新教徒而言。就数量、财富、权力而言，这个群体历来掌握着美国，权力历来掌握在该群体的男性成员手中。

尽管新教组成了美国核心文化的基础，但是各教派内及教派之间的多样性在更大的群体内创造了大量的亚文化。许多宗教群体都有与市场营销人员直接相关的独特信仰。这些通常包括对一些含有兴奋剂的产品的消费，比如咖啡因或者酒精。然而，就像天主教一样，新教之间最基本的区别是他们对自己宗教信仰的保守程度。许多新教徒就保守程度而言是处于中间层级的。这是与美国占统治地位的文化价值观相一致的。保守的新教徒数量相当大并还在增长，与保守的天主教徒一起，代表了一种重要的亚文化。

3. 再生的基督教亚文化

再生基督教被视为基督教右翼、宗教右翼、保守基督教、福音派基督教以及原教旨基督教。**再生基督徒**（Born-again Christians）是以对圣经字面意思的强烈信仰为特征的，这是一种对宗教信仰的强烈承诺，已经有过再生经历，并鼓励别人相信耶稣。

再生基督教徒的受教育程度和收入水平往往低于一般人口。他们倾向于传统的性别角色定位。再生基督徒最有名的是他们关于一些事件的政治立场，比如流产、同性恋权利和学校祈祷。

他们的信仰通常会影响他们的消费模式。他们一般反对酒精和药物的使用。他们不看聚焦于性或其他他们认为不道德的活动的电影和电视节目。事实上，各种再生基督教群体都组织过抵制与他们的信仰相反的公司政策流程、赞助商行为及广告商（比如有关同性夫妻的）。

相比之下，他们能够接受描绘传统家庭（丈夫、妻子和孩子）价值观的节目、书籍和电影。富有名誉并支持这一价值观的公司能被该细分市场接受。

5.9.2 非基督教亚文化

1. 犹太教亚文化

犹太教在美国成年人中占2%。从历史上看，犹太教是独特的，是民族与宗教不可分割的结合体。历史上，美国犹太人往往与其他犹太人结婚，不过随着时间推移该情况有所改变。[95] 事实上，对Match网站成员最近的一个研究发现，81%的犹太教单身男性和72%的犹太教单身女性都说他们会和自己种族、民族以及宗教不同的人约会（这个比例和大多数其他宗教相似）。[96]

虽然犹太人大多集中在东北部，但也在快速向全美各地分散开来，尤其是向阳光地带分散。[97] 美国犹太人的收入和教育往往高于平均水平。在大多数方面，美国犹太人的消费模式都与同等收入和教育水平的美国人相似。

像其他宗教群体一样，忠诚的和保守的犹太教徒代表了一种不同于主流犹太教的亚文化。正统的犹太教有严格的饮食规定，他们禁止吃猪肉，严格指定其他食物的制作要求。符合犹太教饮食的赛百味快餐店（Subway）给当地学校提供适合犹太教的午餐，如图5-11所示。他们严格遵守犹太人的假期，许多犹太人都不参加基督教的重要节日，即使是比较世俗化的圣诞节。改革派的犹太教徒和对严格的犹太教义不太忠诚的犹太教徒很少受到那些惯例的影响。[98]

图 5-11

许多宗教都对其成员的饮食行为有规定。赛百味用它的网站来强调他们会持续提供符合犹太教准则的食物。

2. 伊斯兰教亚文化

回想我们之前的讨论，阿拉伯裔美国人不都是穆斯林，由此类推，美国的穆斯林也不一定是阿拉伯人。美国的穆斯林（大约占美国成年人口的0.6%）[99]在文化方面是多样的，包括阿拉伯裔美国人、非裔美国人、亚裔美国人以及西班牙裔美国人。伊斯兰教有许多不同信仰模式的教派，不过全都以《古兰经》为基础，但他们之间最显著的区别也是保守程度的差异和对宗教教义的字面意思重要性的理解。像美国其他宗教群体一样，大多数穆斯林的生活以工作、家庭、学习以及对成功和快乐的追求为中心。

通常，穆斯林对毒品和酒精的使用以及性放纵是持保守态度的。事实上，他们很多人反对约会。他们也非常看重家庭，尊重长辈，最年长的男性是家里的权威。虔诚的穆斯林不仅避免食用猪肉产品，而且不吃任何没有严格按照伊斯兰教规定制作的食物。下面引用了一个虔诚的巴基斯坦穆斯林关于为什么他不吃西方餐馆的食物的解释，阐释了这可能造成的压力：

> 我怎么能确定一个厨师是否会用烹调猪肉和培根的平底锅去烹调我的蔬菜呢？即使他使用不同的锅，我又怎么能确定他在烹调培根和蔬菜之间是否洗手了呢？我并不认为有什么方法可以让我从那里吃到纯净的食物。[100]

这些信仰与社会惯例相冲突，而且电影电视里描绘的景象也是移民到美国的老一代穆斯林与他们在美国成长的孩子之间的矛盾来源之一。[101]美国的穆斯林有他们自己的杂志、学校、社交俱乐部、婚姻服务还有书店。美国有超过1 100座清真寺和圣所。通常，这种亚文化不会吸引市场营销人员的注意力，除非它与阿拉伯裔亚文化重叠。

3. 佛教亚文化

美国佛教徒的数量与穆斯林差不多。他们主要是亚裔美国人或白人，尽管亚裔美国人更可能是基督徒（大约43%）而不是佛教徒（大约6%）。佛教徒的收入和教育水平稍高于平均水平，他们主要集中在西部。

在美国，佛教有各种教派。所有教派都强调的基本思想是万物轮回，轮回是苦难与重生的循环，是由于欲望和行为所造成的因果报应。轮回是可以逃脱的，并且跟随八正道的修行可以达到涅槃的境界。这把道德的和纪律的实践、专注度和冥想的训练以及智慧的开发结合在了一起。

迄今为止，市场营销者都忽视了这个市场。它的规模小，种族构成多样，使得这个市场很难定位。然而，专门服务于佛教徒的媒体正在发展，这将为精明的市场营销人员带来机会。

5.10 区域亚文化

由于气候条件、自然环境和资源的差异，加上具有不同特征的移民群体相伴而居，以及重大社会和政治事件的影响，导致了独特的**区域亚文化**（regional subculture）的形成。对于营销者而言，这些迥异的亚文化既带来了挑战也孕育着机会，例子如下：

- TGI星期五餐厅提供包括了70个标准项目和30个区域性项目的定制化菜单。这些区域性项目包括只在东南部流行的炸鸡排和只在密歇根供应的法国白乳酪开胃菜。
- 许多国家级的杂志也有地域版本。以《电视报》为例，它有25个区域版本覆盖其NFL节目。另外《体育评论》在一些城市发行特殊版本，例如《体育评论波士顿集锦》。[102]
- Wahoo's 这家在南加州、科罗拉多州、得克萨斯州和夏威夷（同时拥有在线业务 www.wahoos.com）的餐馆提供墨西哥玉米面豆卷，这种食物虽然对一些人来说听起来很奇怪，但它在西班牙裔消费者中非常流行。

尽管在较小的地理区域内开展营销活动是最为有效的，但是着眼于更大的地域范围，会使我们更容易看到各个区域在消费方式上的差别。表5-9列出了美国人数最多的四大区域之间的一些消费差异。这些差异表明，至少在某些产品上，美国和欧盟一样是个多样化的市场。专门化（区域的）营销通常比标准化（全国的）营销成本更高，因此营销者必须权衡增加的收益和付出的成本。制定营销决策的程序与第2章中跨文化营销部分所讲述的完全一样。

表5-9 区域消费差异

	东北部	中西部	南部	西部
产品				
进口啤酒	124	80	89	120
牙齿洁白器	99	96	107	94
早餐糕点	87	106	106	94
百吉饼（Bagels）	129	102	82	83
活动				
音乐会	109	112	95	87
飞钓	78	73	102	145
滑雪	104	87	82	143
高校足球迷	54	126	129	62
购物				
史泰博（Staples）办公	90	130	107	65
H&M	145	59	103	99

(续)

	东北部	中西部	南部	西部
达美乐比萨	91	68	117	112
红辣椒烤肉餐厅	110	129	91	76
媒体				
《纽约客》	216	60	62	106
《北美猎人》	91	178	64	86
《极速前进》(哥伦比亚广播公司)	78	109	109	95
《辛普森一家》(福克斯)	93	95	95	120

注：100=平均使用、购买或消费量。
资料来源：*Simmons National Consumer Study 2010*, Experian Information Solutions (Costa Mesa, CA 2014).

小结

1. 了解亚文化及其对独特市场行为的影响

美国社会日益多样化，这一方面是由于移民大量涌入，另一方面是非欧洲裔美国人的民族自豪感和民族认同感增强所致。一种亚文化的成员大多具有相似的核心价值观、信念和行为方式，而大部分人又同时隶属于多种亚文化。一种亚文化是一种更大的文化的一部分，这种更大的文化的成员之间具有不同的行为模式。拥有众多的种族、国籍、宗教和区域亚文化是美国社会的特征。这些亚文化的存在为市场营销人员提供了开发市场项目以适应各亚文化需求的机会。

种族亚文化的成员具有共同的行为方式，这种行为方式建立在共同的种族、语言和国籍背景下。在美国，非欧洲族群占有很大的比重，而且这一比重还在不断上升（将从2010年的38%上升到2030年的47%）。

2. 分析非洲裔亚文化和相应的市场行为

非洲裔美国人或黑人是一个很大的非欧洲种族群体，占到美国人口的13%。黑人虽然比一般美国人更年轻，收入也更低，但是他们快速增长的教育和收入水平、购买力以及文化影响力正在持续吸引市场营销人员关注这个巨大的、多样的亚文化市场。

3. 分析西班牙裔亚文化和相应的市场行为

西班牙裔代表了美国最大的、增长最快的种族亚文化群体。西班牙裔美国人有着众多的国际背景（来自墨西哥、波多黎各、古巴等），但是他们都讲西班牙语，并且具有共同的宗教信仰（罗马天主教）。另外，全国性西班牙语媒体和娱乐界人士的出现，也增强了西班牙裔亚文化的同质性。

4. 分析亚裔亚文化和相应的市场行为

亚裔美国人是最为多样化的一个种族亚文化。由于他们有着各种各样的国籍、语言和宗教信仰，因此从市场的角度看，不应当将他们视为一个单一的群体，相反，最好把他们视为众多民族亚文化的集合。

5. 分析土著美国人、印度人和阿拉伯美国人的亚文化

美国原住民、印度裔美国人、阿拉伯裔美国人虽然很少，但也是重要的亚文化。每一个族群都具有多样性，但是又具有共同的价值观和行为方式，使他们成为某种产品的一个细分市场。地理上的集中性和专门的媒体能够使营销者实施针对性的营销活动。

6. 描述各类宗教亚文化以及它们对市场营销的影响

尽管美国是一个相对世俗的社会，但大概82%的美国成年人声称自己有宗教信仰，而且大多数人认为宗教在生活中很重要。大多数美国成年人认为自己是基督徒，尽管随着时间的推移，该比例一直在下降。各种宗教亚文化存在于多个宗教信仰之内或其间，包括基督教、犹太教、伊斯兰教和佛教。在每种信仰中，最大的差别是其成员的保守程度。

7. 解释地理因素在亚文化中扮演的角色

区域亚文化是由于不同地区具有不同的气候条件、自然环境和资源、移民特点以及经历过不同的重大社会历史事件而形成的。区域亚文化会影响消费行为的各个方面，因此我们应当将美国视为一个由多个区域市场组成的大市场。

关键术语

文化适应（acculturation）
再生基督徒（Born-again Christians）
种族亚文化（ethnic subculture）
事件营销（event marketing）
西班牙裔美国人（hispanic）

区域亚文化（regional subculture）
宗教亚文化（religious sub culture）
世俗社会（secular society）
亚文化（subculture）

复习题

1. 什么是亚文化？
2. 是什么决定了亚文化影响个人行为的程度？
3. 美国文化是与"汤"还是"沙拉"的类比更接近？
4. 什么是种族亚文化？
5. 美国主要的种族亚文化群体各有多大的规模？哪一个种族亚文化群体增长最快？
6. 哪些国家或地区是美国移民的主要来源地？
7. 各种族亚文化是同质的还是异质的？
8. 描述受教育程度高低对黑人使用互联网的影响。这对营销有什么意义？
9. 描述一下扬克洛维奇团队发现的两种黑人消费者的类型。
10. 在向非洲裔美国人营销时，应当遵循哪些基本原则？
11. 西班牙裔美国人使用西班牙语的程度如何？在西班牙裔美国人中，语言和文化适应是怎样影响西班牙裔美国人互联网的使用频率的？
12. 西班牙裔美国人能否被当作单一市场？
13. 描述一下由 Pew Hispanic 研究中心划分的三代西班牙裔人群的特点。
14. 亚裔美国人的同质性有多大？
15. 亚裔美国人在多大程度上使用他们的母语？
16. 描述一下使得亚裔美国人更容易定位的三个正在出现的趋势。
17. 为什么美国被看作一个世俗社会？
18. 描述罗马天主教亚文化。
19. 描述再生基督教亚文化。
20. 描述犹太教亚文化。
21. 描述伊斯兰教亚文化。
22. 描述佛教亚文化。
23. 什么是区域亚文化？举例说明。

讨论题

24. 分析表 5-3，哪些差异是由民族和种族引起的？哪些是由其他因素引起的？
25. 就少数族裔群体的整合而言，你是否同意美国变得"越来越像沙拉而不是汤"的说法？这是好事还是坏事？
26. 米勒酿酒公司认为："年轻的西班牙裔、黑人和白人所具有的共性远比他们的差异重要。"对此，你是否同意？这种观点对哪些类型的产品最贴切？对哪些产品最不贴切？
27. 大多数新进入美国的移民来自非欧洲地区，英语能力有限，这为营销者提供了怎样的机会？向这些人营销是否提出了道德上的问题？
28. 对于那些收入低于贫困线的消费者进行营销时，企业的社会责任是否会起到作用？如果有的话是什么作用呢？
29. 回答消费者洞察 5-1 中的问题。
30. 下列人口中很多人收入很少，另一些人则很富裕，向这些群体的富裕者营销是否需要采取不同于面向其他富裕者的营销组合策略？
    a. 非裔美国人
    b. 西班牙裔美国人
    c. 亚裔美国人
31. 描述下列企业的广告经理应如何接近：①非洲裔美国人市场；②西班牙裔美国人市场；③亚裔美国人市场；④印度裔美国人市场；⑤阿拉伯裔美国人市场；⑥土著美国人市场。
    a. 百事可乐
    b. 塔吉特
    c. NBA d.《体育画报》杂志
    e. 联合之路

f. 戴尔笔记本电脑

g. 谷歌网站

h. 教练手提包

32. 在向少数族裔群体营销时，如果有的话，存在怎样的营销道德责任？
33. 你是否同意美国是一个世俗社会，为什么？
34. 描述下列企业的广告经理应如何接近：①天主教亚文化市场；②新教亚文化市场；③再生基督教亚文化市场；④犹太教亚文化市场；⑤伊斯兰教亚文化市场；⑥佛教亚文化市场。

a. 红牛

b. 温迪（Wendy's）

c. NBA

d.《箴言》

e. 联合之路

f. 戴尔笔记本电脑

g. Facebook

h. 雅诗兰黛化妆品

35. 在今后20年内，区域亚文化将变得更加明显还是更加模糊？为什么？
36. 从表5-9的每个类别中选择一个产品、服务或活动，并解释它们在各个区域间的消费差异。

实践活动

37. 观看2小时主要的有线电视（ABC、CBS、FOX或NBC）黄金时段的节目。节目中出现了哪些亚文化群体？它们是如何被刻画的？这些形象与课文中对这些亚文化群体所做的描述相符吗？为什么会有差异？对节目中间的广告重复思考这些问题。
38. 选择一个你感兴趣的产品，在图书馆查阅西蒙斯市场调查公司（Simmons Market Research Bureau）或MediaMark调查公司有关该产品的研究成果，分析它的消费随着种族群体或地域变化而变化的程度，它的消费是否也随着年龄、收入或其他变量的变化而变化？形成种族和地区间消费差异的主要原因是种族和地区本身，还是由种族群体或地区群体比主流文化群年龄更大、更富有，或其他原因造成的？
39. 查阅几份面向非欧洲种族或国别群体的杂志或报纸，有哪些类型的产品广告？为什么？
40. 在下列每一个群体中访问三个人，弄清他们对于自己的种族或国别群体在有线电视或广告中的形象的看法。

a. 非裔美国人

b. 亚裔美国人

c. 西班牙裔美国人

d. 阿拉伯裔美国人

e. 印度裔美国人

f. 土著美国人

41. 在下列每一个人群中访问三个人，弄清他们认同核心美国文化、种族或国别亚文化的程度，同时确定他们所在群体内的其他成员在多大程度上持同样的看法，并解释可能存在的差异。

a. 非裔美国人

b. 亚裔美国人

c. 西班牙裔美国人

d. 阿拉伯裔美国人

e. 印度裔美国人

f. 土著美国人

42. 采访以下宗教亚文化群体中的三个成员，并确定他们的消费模式受其宗教的影响程度。

a. 天主教

b. 新教

c. 再生基督教

d. 犹太教

e. 伊斯兰教

f. 佛教

43. 访问两个来自美国其他地区的学生，确定他们注意到的其家乡居民与现在所处地区居民在消费行为上的差异，试确定造成这类差异的原因。

第 6 章

美国社会：家庭与住户

学习目标

1. 阐述美国住户的类型及其对消费的影响。
2. 总结住户生命周期的不同阶段及营销启示。
3. 理解家庭决策的过程。
4. 描述住户在儿童社会化中所起的作用。
5. 解释与儿童营销有关的伦理问题的来源。

在美国，独居（solo living）的人数在不断上升。根据最新的人口普查数据，现在 27% 的住户仅由一个人组成（与 1970 年相比增长了 10%），即大约 3 200 万人独自居住。历史上从没出现过有这么多人选择独居的情况。据一位专家所说，如此特别的独居热潮是"自婴儿潮以来美国社会的最大变革"。[1]

晚婚、离婚的人数仍然较多，寡妇和鳏夫当然是图景中的一部分。对此，有一部分人的态度是超越年龄、社会还有种族的区别的，想要独居且有支付能力的人正逐渐增多，独居现象在城市蔚然成风。在旧金山、西雅图、明尼阿波利斯、亚特兰大、丹佛这些城市，超过 40% 的房产都是单人居住的。独居风潮蔓延到了包括像法国、日本、巴西、中国这样的国家，成为一个全球性的现象。

独居现象带来了可观的市场以及相应的营销启示，独居人群（平均支出为 34 471 美元）总共拥有 1.9 万亿美元的购买力。他们比占社会较大比例的育儿家庭购买者多消费 49%，比丁克家庭多消费 23%。从微型公寓到单人餐饮、公共餐厅和航空公司推出的单人旅途包裹服务，每个领域的营销者们都在不断地适应。的确，在独居风潮正盛的城市，房产短缺正促使着像微型公寓这样的小居室不断增多。纽约计划建造 300 平方英尺⊖的微型公寓，每月租金约为 2 000 美元。为了实现这个方案，现有的分区条例必须进行修正，因为它要求公寓最小的面积为 400 平方英尺。而在加州的圣何塞早已有 220 平方英尺的微型公寓，因为这个城市坐落于有着科技中心以及一室难求名声的硅谷。旧金山附近区域也将效仿，目前已经成功立法调整了建造规格的限制。小居室反过来又会刺激空间节省型、多用途型家具的需求，像宜家（IKEA）和 ItzyBitzy 这样的家具零售商们也乐观其成。

独居也许是近 50 年来最为关键的生活潮流，并且会深远地影响到营销和产品服务的设计与传播。

独居住户虽然很重要并在不断增多，但它仅是住户类型的一种。本章将介绍美国社会中的住户性质及影响，住户的生命周期，住户的决策程序，消费者社会化和对儿童的营销。

6.1 美国住户的性质和影响

6.1.1 住户的影响

对大多数产品来说，住户是基本的消费单位。住房、汽车和家用电器等产品，大部分是被住户所购买的。

⊖ 1 平方英尺 = 0.093 平方米。

另外，个人的消费模式，往往与住户其他成员的消费模式密切相关。例如，如果家长同意为一个孩子购买自行车，那么父母可能就得放弃外出度假的机会，或者取消为另一个孩子购买新衣服的打算，或者削减其他住户成员的某项开支。因此，营销者应当将住户视为一个消费单位，如图6-1所示。

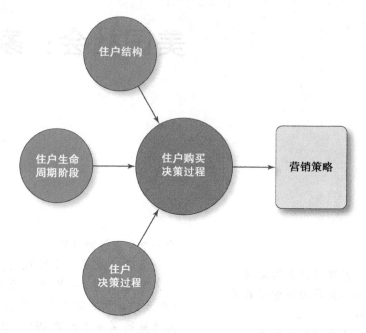

图 6-1 住户影响大多数消费决策

住户不仅对消费行为有着直接的影响，在子女社会化的过程中也扮演着重要的角色。家庭是社会文化和社会阶层的价值观与行为方式得以代代相传的重要场所。购买和消费方式强烈地受到人们的态度和技能的影响，而后者无不与家庭这一社会细胞有着千丝万缕的联系。

6.1.2 住户的类型

社会中存在很多种住户类型。美国国家统计局将**住户**（household）定义为：在一所房子（独立的一栋房子、一个单元、一组房间或者具有独立生活空间的一个单独房间）居住的所有人。**家庭住户**（family household）是指至少有两个以上成员的住户，成员之间存在生育、婚姻或者收养关系，其中一个人为户主（户主拥有或者租用他们所居住的住房）。**非家庭住户**（nonfamily household）是指一个人独自居住或者多个没有亲属关系的人住在一起而构成的住户。表6-1列出了目前美国住户类型的分布。[2]

表 6-1 家庭与非家庭住户

住户类型	数量（1000）	比重（%）
所有住户	117 181	100.0
家庭	78 850	67.3
已婚夫妇	59 118	50.5
孩子（<18岁）在家	25 129	21.4
家中无18岁以下孩子	33 989	29.0
单身父亲（家中孩子<18岁）	2 111	1.8
单身母亲（家中孩子<18岁）	8 394	7.2
其他家庭	9 227	7.9
非家庭	38 331	32.7

(续)

住户类型	数量（1000）	比重（%）
男性住户	17 694	15.1
独居男性	13 758	11.7
女性住户	20 637	17.6
独居女性	17 899	15.3

资料来源：*Households, Families, Subfamilies, and Married Couples:*1980~2007(Washington, DC:U.S.Census Bureau, 2011), Table 5.

历史上，家庭住户，特别是传统的家庭住户，一直是营销人员所关注的重点。**传统家庭**（traditional family）是指一对结婚的夫妻和他们生育或者领养的孩子居住在一起。然而，随着时间的推移，这种类型的家庭已明显下降。今天，所有的住户中大约有20%是结婚的夫妻带着孩子住在一起的，相较于1970年这类家庭所占的40%的比重，下降幅度明显。[3] 传统家庭减少的一个原因是由于离婚而造成单亲父母的增加。最重要的原因是单身者的显著增加，这有两个方面的原因：①年轻人推迟结婚年龄，直到快二十八九岁时才结婚，而不像20世纪70年代的年轻人那样，在20岁刚出头就结婚；②因为人口老龄化造成的单身老人比例增加。

再婚家庭也很重要，并且呈增长趋势。根据美国国家统计局的定义，**再婚家庭**（stepfamily）是一个已婚的家庭，至少有一个18岁以下的孩子（由婚姻关系带来的儿子和女儿）。高离婚率和高再婚率意味着大量的美国孩子与他们的继父母和异父母的兄弟姐妹在一起生活。并且通常存在着两个家庭，一个是由他们的母亲重新组成的家庭，一个是由他们的父亲重新组成的家庭。有研究指出，年轻成年人中的一半，至少有一个继亲（没有血缘关系）。[4] 创建和调整家庭成员之间的身份关系非常关键，也很困难，这种调整很多情况下是围绕消费活动展开的。想想以下引用的例子中，关于再婚家庭关系的挑战：

当爸爸妈妈离婚，妈妈再婚以后，所有的一切都变了。我们——爸爸和我，必须找到一种方法来适应没有妈妈的生活。我们发现冒险是我们共同的爱好，但是妈妈和我妹妹并不喜欢。我和爸爸爱上了潜水运动。尽管，我的继父也是我们家庭的一员，我的妈妈、妹妹和我是不一样的"我们"，因为构成后者的"我们"有很多不同的故事和独特经历可以分享。[5]

因为意识到重组家庭关系的复杂性和动态性，Café Press制作了各种卡片、T恤、马克杯和其他产品祝贺重组家庭的成立。其中一张卡片上写着："让家庭恒久的，不是血缘，而是爱。"

消费者洞察6-1讨论的是另一种正在增长的家庭趋势，即多代家庭。

| 消费者洞察6-1 | 多代家庭的增加 |

多代家庭（multigenerational family）是指一个家庭里面包含至少两代成人，或一个爷爷辈和至少一个其他的代际。近5 000万美国人生活在多代家庭，这个数字相比1980年增长了33%。造成这一趋势的因素有很多：[6]

- 移民人口的增加，移民更有可能生活在多代的家庭。事实上近1/4的西班牙裔和亚裔美国人生活在这样的家庭。
- 推迟结婚的年轻人和经济衰退。因为年轻人推迟结婚到20多岁，那些20岁刚出头的年轻人往往会与他们的父母一起居住，经济不景气也加速了这一趋势。
- 医疗保险削减和照顾老年父母的文化信仰。65岁及以上的老年人搬去和他们的孩子一起居住的比例有所增加。经济问题可能是另外一个因素。但是，一半以上的美国成年人还是认为与年长父母一起住是他们的责任，如果父母愿意的话。

多代家庭有不同的形式。第一种形式（47%）包含两个成年人一代，年轻一代的年龄在25岁以上。第二种形式（47%）含有三个或更多的代际。第三种形式包含祖父母和孙子，没有父母存在。这最后一种形式，称为间隔代（skipped generation），约占6%的比例，显示了美国老龄化如何直接影响隔代抚养。它大大偏离了美国的传统观念，即随着婴儿潮一代步入老年，他们进入空巢阶段，从而专心旅行和从事其他休闲活动。

营销人员发现，多代家庭既带来挑战也带来机遇。例如：

- Ameriprise 公司训练其咨询人员，以便帮助女性应对这样的事情：如果要照顾家庭成员或朋友（60% 的女性如此），她们如何进行工作上和财务上的规划。
- Caldwell 银行的不动产经纪人正在试图定位于多代家庭，向这类家庭销售大户型房子。例如，有五个卧室，可以被说成是"大家庭房间"的户型。
- Presto 提供了一种打印机设备，该设备可以发送电子邮件和图片，只需按一下按钮就可以打印出来，这种便利性使年迈的家庭成员即使技术不熟练，也可以与他人进行电子通信。
- 对于抚养孙辈的祖父母，存在大量为孩子们购物的机会，不仅包括礼品购买之类，还包括购买诸如纸尿裤、婴儿食品和其他满足基本需要的产品。

深度思考

1. 你认在经济复苏后多代家庭的增长趋势还会继续吗？
2. 在多世代家庭中可能存在哪些新的营销机会？
3. 针对多世代家庭，营销人员可能面临什么样的挑战？

此外，虽然美国国家统计局通过婚姻、生育或者收养关系来定义家庭，但很多没有正式结婚的伴侣毫无疑问把他们自己看作一个家庭。在美国大约有 620 万没有结婚却住在一起的伴侣（同性的和异性的）。在很多方面，他们与那些有着相同的人口统计特征的结婚夫妇有着类似的需求。然而，也有一些不一样的方面，譬如他们需要在法律上和财务上寻找有关联合置业、房产规划等方面的知识援助。同性夫妇能够通过一些特殊的媒介（见第 3 章）来接近，而接近未进行结婚登记的异性夫妇则困难得多，因为目前针对这一群体的媒介比较缺乏。

很显然，美国的家庭和住户正向着远离传统家庭模式的方向发展，营销人员必须适应这种变化。卡夫（Kraft）意识到家庭的多样性和重要性，开始在广告中描绘和食品相关的各种家庭类型的场景。最近的一个广告描绘的是一个父亲和女儿正在安静谈话的场景。

认识和适应各种类型家庭的不同需要和家庭内各成员的不同需求，可能是营销是否成功的关键。金宝汤公司（Campbell's Soup）的"一个汤满足所有人"（One Soup Fits All）的营销创意（见图 6-2），能够满足今天多样化的住户中的不同需求吗？

6.2 住户生命周期

美国家庭的传统观念是十分简单的：人们在 20 出头结婚，然后生育几个孩子，等到孩子们长大成人开始建立自己的家庭时，最初的这对夫妇也到了退休的年龄，最后，男子先去世，女子也在几年以后去世，这就是家庭生命周期。家庭生命周期对于细分市场和制定营销策略来说，是一项非常有用的工具。值得注意的是，用家庭生命周期进行分析有一个基本的假定，这个假定认为，大多数家庭都会经历若干阶段，这些阶段各有特点，具有不同的经济状况和购买模式。

然而，如前所述，当今美国住户形式日益增多，生命周期也更复杂，再也不存在大多数家庭都会经历的唯一的家庭生命周期。事实上，不同家庭具有不同的生命周期。研究发现，**住户生命周期**（household life cycle，HLC）有好几种模式，[7] 这些模式建立的基础是住户中成年人的年龄、婚姻状况、孩子的有无和年龄大小。图 6-3 所示的是一种划分方式。

住户生命周期假设，随着时间的推移，住户会经历一系列阶段，而这些阶段之间有着明显的区别。如图 6-3 所示，产生每种住户类型都有若干途径，从一种住户类型变为另一种类型也是经常发生的现象。例如，在几年之中，单身者很有可能结婚又离婚，但是却没有孩子（这样他的住户类型就从单身者变成年轻夫妇，然后又变成单身者）。或者，一个人还可以

图 6-2

这则金宝汤的广告致力于吸引不同的家庭成员和不同居住类型的人。

由于离婚或者生孩子，或者通过收养一个孩子而成为一位单身父亲或母亲。

阶段	婚姻状况 单身	婚姻状况 已婚	无孩子	孩子在家 孩子<6岁	孩子在家 孩子>6岁
年轻人（<35岁）					
单身1	×		×		
年轻夫妇		×	×		
满巢1		×		×	
单身父母1	×			×	
中年人（35~64岁）					
单身2	×		×		
延迟的满巢1		×		×	
满巢2		×			×
单身父母2	×				×
空巢1		×	×		
老年人（>64岁）					
空巢2		×	×		
单身3	×		×		

图 6-3　住户生命周期

每种住户在它的生命周期中都会面临一系列的问题，需要住户的决策者予以解决。这些问题的解决与选择和保持某种生活方式密切相关，因此也同产品消费有着密切的关系。例如，没有孩子的年轻夫妇大都喜欢度假和娱乐，满足这种需求的方式很多，有的夫妇选择户外活动，因此会消费一些野营设施及相关产品，另一些夫妇则喜欢现代都市生活，他们就会去电影院看电影、到餐厅就餐等。当这些家庭进入 HLC 中的另一些阶段时，人们又会面临不同的问题，如娱乐的时间、金钱减少，与养育孩子相关的问题变得更为重要等。

每一阶段的住户都有不同的需求、欲望、财务状况和经历，因此，HLC 为营销者提供了相对同质的住户细分市场，这些市场面临着相似的问题，在产品消费方面也有着相似的需求，具体将在消费者洞察 6-2 中讨论。

尽管图 6-3 把住户分为未婚和已婚两种类型，但是推动住户行动的主要原因是"结合"在一起的事实而非法律关系。不管是同性还是异性，如下所述，彼此忠诚的两个人将会有特定的行为，而无论他们结婚与否。

消费者洞察6-2　　消费者生命

消费者和住户会经历一些相对可预测的阶段。[8] 在不同的阶段，由于户型和主客观需求的变化，消费也会发生相应的变化。显然，无论处于哪一种阶段，房子都是必要的，因此房屋需求和住户生命周期密切相关。单身人士和即将开始工作的消费者通常会租房而非买房。因为房屋产权是美国民众理想和现实双方面的需要，所以住户生命周期的转变带来的挑战将产生搬迁或翻新上的需求。翻新成本高并且可能存在意想不到的隐性成本。在进行翻新决策时，两个因素起重要作用：

- 家庭成员（和朋友）对决策的影响最大。
- 住户生命周期所处的阶段转变是促成房屋翻新的关键。

最近的一篇文章显示，住户生命周期的转换（例如从没有孩子到有孩子，从有孩子到没有孩子）将带来对房屋翻新和改造的需求。以下列举了一些原理：

优先性——在有关家中管理和空间使用方面的讨论中，住户成员意见的重要性是否平衡？

包容性——住户成员在现在或不远的未来是否有一些特殊的、可能影响家中安排的物质需求？

调整性——住户是否能意识到需要调整家中的物质安排和物质环境？

显然，上述机制能由许多因素触发，但住户生命周期阶段及阶段的变化无疑是一个主要的因素。

一个与翻新改造有关的有趣的推论被称为狄德罗效应（Diderot effect），它实际上意味着一个变化将导致一系列其他需要或改变。下面的引言阐述了这一效应：

> 我想起了我的父母，他们一年前重新装修了洗手间和客厅。翻新使房子能够使用的年限加长了，随后他们又翻修了车库门和客房，现在正在计划着对厨房和主浴室进行装修，以及余下的地下室和另一间卧室。他们既不重物质享受也不奢侈，但他们想让房子看上去好些——更具时代感并维护良好。

狄德罗效应对消费者来说是对重构、更新、更换产品可能带来的一系列隐藏成本的警示。对装修者来说，狄德罗效应意味着他们能从目前客户身上发掘重复的业务需求，因此他们需要提高目前工作的质量。

思考题

1. 为什么营销人员对狄德罗效应感兴趣？
2. 选择住户生命周期的两个阶段，阐述上述的三个原理如何在引发装修需求上起作用。
3. 如果消费者们意识到狄德罗效应的存在，营销人员该如何克服决策障碍？

---

1. 单身 I

这个群体由 18～34 岁未婚的年轻人组成。大约有 6 900 万人属于这个年龄段，其中 68% 的男性和 60% 的女性处于单身状态。就像第 4 章所描述的那样，这个群体主要由 X 一代中较年轻者和 Y 一代中年纪较大的未婚者组成。Y 一代较大成员年龄的增长以及该群体整体结婚年龄的推迟是造成该群体人数增长的主要原因。[9] 在这个阶段，他们离开父母并逐渐建立起自己个人的生活，这是一个成长和变化的时期，既令人激动和向往，又充满恐惧和痛苦。

这个群体还可以分为两个部分，一部分是跟父母或者其中一方住在一起，另一部分是自己独居或者跟其他人一起居住。美国大约 4 400 万单身者的居住情况分布如表 6-2 所示。

表 6-2　美国单身者的居住情况

	男性（%）	女性（%）	总计（%）
（%）男女总计单独居住	14	12	13
与父母同住	46	40	43
与他人同住	39	48	43

那些跟父母住在一起的未婚者，通常年龄比较小，75% 的人年龄在 25 岁以下。大多数人是在读书，刚从高中或者大学毕业且刚刚开始工作。尽管这个群体的收入比较低，但他们也没什么大的固定开支。他们生活丰富多彩，社交广泛，喜欢上酒吧、看电影、听音乐会，也喜欢购买运动器械、服装和个人保健用品。

那些跟别人合住的单身者，通常是和一个或几个人共租一套房子。他们比那些跟父母住在一起的单身者承受着更多的经济压力，因为他们需要把相当一笔开销放在房屋租金和与此相关的费用上。他们所使用的产品，与在家居住的单身者相同，同时他们还是方便性家用产品、高级公寓、赛车、俱乐部度假等活动的主要消费者。他们已经开始为今后谋划，将收入分散在人寿保险、储蓄、购买股票和共同基金等众多活动上。图 6-4 所示的卡尔文·克莱恩（Calvin Klein）的牛仔裤广告就是为了吸引这两种群体。

那些单独居住的单身者一般来说年龄稍大，其中 70% 的人超过 25 岁。通常来说，他们比这个群体的其他人收入更高，但是他们的花费也更多，因为没有人跟他们分担住房费用。总体上，他们跟其他单身者具有相同的需求。

2. 没有孩子的年轻夫妻

结婚（或同居）意味着住户生命周期一个新阶段的开始。25～34 岁年龄段的结婚率（50%）比小于 25 岁者的结婚率（14%）要高许多。为了形成一种共同的生活方式，两个年轻单身者各自的生活方式必须做出极大的调整。一方面，共同决策和分担家庭责任对他们来说是一种全新的体验，[10] 另一方面，许多新的问题如储蓄、购买家具和复杂的保险等，都需要夫妇加以认真考虑并做出决策。

图 6-4

单身的年轻人十分活跃，并且通常拥有可自由支配的收入，这一点十分关键。对于广泛的休闲娱乐产品市场，他们是重要的消费者。卡尔文·克莱恩牛仔裤广告以其巧妙的情节和浪漫氛围无疑会吸引到这些年轻人。

年轻夫妇处在住户生命周期这一阶段的时间，由于许多夫妻推迟要孩子，或者决定不要孩子而延长了。

这些家庭中大多数是双职工家庭，因此相对其他群体更为富裕。与"满巢Ⅰ"家庭相比，这个群体大量消费的是剧院门票、昂贵的服装、奢侈的度假、餐馆饮食（他们的食物支出中有一半花在餐馆和外出用餐上）以及酒精饮料等。他们也是豪华汽车、高级公寓和高档家具等产品的重要客户。

图6-5包含了一个吸引这个群体的广告，它同时也能吸引单身群体和满巢家庭中的一些成员。我们注意到浪漫的氛围在这个广告中扮演了重要的角色，它迎合了人们想要逃离烦忧和日常压力的心理渴求。

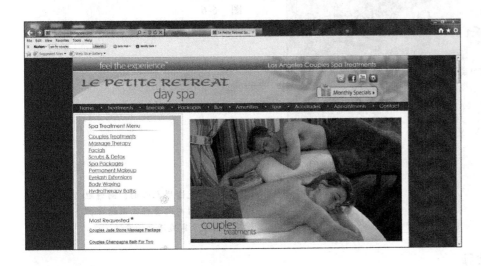

图 6-5

这个营销手段完美地定位到了情侣们想要从忙碌的工作安排中逃离出来，以寻求惬意和浪漫新奇的需求。

3. 满巢Ⅰ：结婚并有幼子的家庭

大约6%的住户属于有孩子的年轻夫妇。第一个孩子的到来，常常会给家庭生活方式和消费方式带来许多变化。一方面，婴儿服装、家具、食物和保健用品等新的消费品很自然地出现在这个阶段中；另一方面，生活方式也大大改变了。妻子通常会离职几个月或几年时间来照顾孩子（在子女小于6岁时，妻子在外工作的家庭中有62%的会如此选择）[11]，由此导致了家庭收入的减少。他们可能会搬到新的住处，因为现有的住宅不适合孩子居住。同样，度假、餐馆、汽车的选择也必须考虑有小孩的现实。

对夫妻年龄处于25～35岁的家庭来说，从无小孩阶段到小孩幼年阶段，收入和支出的变化表现为以下几个方面（见表6-3）。[12]

如表 6-3 所示，由于与孩子有关的消费（如食品、保健品和玩具等）增加以及总收入的减少，家庭的可支配收入减少了。

在这一阶段，寻找到称职的小孩看护成为一个重要的问题。实际上，这一问题在住户生命周期的其他阶段也同样存在。如果夫妻中的一方在家照看小孩，那么在晚上或周末外出时，小孩看护仍然是一个问题。对于单亲家庭或双职工家庭，通常需要小孩白天照看的服务，但要寻找到这样的服务很不容易。

妈妈们在住户生命周期中拥有 1.7 万亿美元的购买力。下面罗列的是公司迎合满巢 1 阶段的妈妈需求的例子：

表 6-3

开支	比重变化（%）
收入	-9.4
在家就餐	24.3
外出就餐	-9.6
酒类饮料	-25.0
成人服装	-8.3
儿童服装	215.7
保健	16.1
教育	-28.8
个人护理产品	-2.6

- 卡夫提供了一个叫作"大叉小叉"（Big Fork, Little Fork）的 iPad 应用软件，用来向父母提供关于孩子和家庭的健康饮食建议。[13]
- 妈妈俱乐部（Club Mom）是一个在线忠诚计划，向购买诸如克莱斯勒汽车的妈妈们提供建议、资源和折扣。[14]
- 麦当劳也通过在餐厅提供面向儿童的娱乐设施来吸引这一群体。

图 6-6 中包含了定位于这个市场的一个广告。它表明了娱乐活动的抉择是如何随着家庭中幼儿的增多而改变的现象。

图 6-6

抚养孩子是愉悦人心的，同时也意味着沉甸甸的责任。而这个广告只落点于家庭活动的愉悦。

4. 单亲家庭 I：年轻的单身父母

现在，单身者生育或者收养孩子已经日益普遍。在美国，有大约 40% 的孩子是由未婚母亲所生的[15]，这个数字从 1990 年以来一直保持稳定。其中，40% 是由未婚但住在一起的父母所生的，造成这种现象的一个主要原因是离婚。在美国，有 40% 的婚姻以离婚告终，这个数字从 20 世纪 80 年代开始下降。[16] 尽管大多数离婚的人会再婚，大多数婚外生子的母亲最终也都结了婚，但美国住户中仍有超过 9% 的单亲家庭，其中 80% 的情况下孩子由母亲抚养。

这个群体中的年轻成员，尤其是那些从未结过婚的人，一般只受过有限的教育，收入也很低，他们通常是第 4 章所讲的较低社会阶层的成员。这个市场中的年长者和离婚后可以从前夫或前妻那里得到资助的人，经济上则较为宽裕。尽管如此，他们中的大部分人仍然处于巨大的压力之下，因为他们没有伴侣来帮助他们抚养孩子。

单亲家庭特殊的家庭状况，使这些年轻的父母对看护孩子、易于准备的食品和娱乐等产品有着特殊的需求。他们既要工作，又要养育孩子，时间压力巨大，使他们不得不时刻保持着充沛的精力。他们中间只有很少的人能获得经济援助。他们大多数租房子住，所以并不是家用设施和家庭装修用品的主要消费者。他们主要购买的是省时省力的产品和服务，质量只要过得去就可以了，但价格不能太高。

5. 中年单身者

中年单身者这一群体由那些从未结过婚，或者离婚后不必养育孩子的人组成，他们大都在35～64岁之间，包括X一代和婴儿潮一代。

中年单身者一般独自生活，实际上，在收入较高的情况下，独自生活日益被看作一种很多人愿意接受的生活方式。中年的独居者组成了大约1 500万住户，占所有独身者的47%。他们比年轻单身者的收入要高，但由于单独生活，不能获得规模经济。例如，对于一对夫妇或一个家庭来说，只需要一个洗碗机和一个干衣机，而每个家庭成员都能使用；对于单身家庭来说，尽管只有一个人使用，却需要同样的家庭设施。类似地，很多食品和其他用品对单身者来说，无论是在数量还是尺寸上都是不合适的，或者由于尺寸变小导致价格更高。因此，在这个重要而且日益增长的市场，实际上存在很多未被满足的需求。[17]

中年单身者在很多方面与年轻单身者需要相似，但是其生活方式使他们花钱更多。他们可能住在豪华的公寓里，常常去昂贵的餐馆用餐，购买高档汽车，或者经常旅游。同时，他们还是重要的礼品消费者，中年男性单身者经常大量地购买首饰，作为礼物送人。

6. 空巢 I：中年结婚但无小孩的家庭

20世纪80年代和90年代的美国，生活方式发生了很大的变化，这也影响了很多年轻夫妇，使他们不要孩子。[18] 另外的一些空巢家庭，则是由于第一次结婚所生子女在父母再婚时不与后者同住造成的。此外，孩子长大后，自己成家立业后也不再与父母同住。这三种情况造成了大量的空巢家庭，这一年龄群体中（35～64岁）大约55%的结婚夫妇都没有年龄在18岁以下的孩子。随着婴儿潮一代从中年步入退休年龄，这一细分市场仍会非常庞大，也很重要。

通常，家庭中的两个成年人都有工作，因此十分繁忙，但是由于没有孩子的负担，他们又拥有较年轻时多的空闲时间。他们的开支主要用于外出用餐，进行费用昂贵的度假，购买第二套住宅和豪华汽车以及购买节省时间的服务（如清洁、干洗和购物）。此外，他们还是金融服务的主要购买者。他们还大量购买高档孩子用品，作为礼物送给侄女、外甥、孙子以及朋友的孩子。

图 6-7 所示的广告和产品会吸引这个群体。

7. 延迟的满巢 I：带有小孩的年龄偏大的夫妻

很多婴儿潮一代和X一代的人，直到三十多岁才有第一个小孩，由此产生这样一种新现象：大量成家立业的中年人初为人父。回顾表 6-1，家有不到18岁孩子的已婚家庭占到了住户总数的21.4%，而年轻夫妇只占到了住户总数的6%。然而，有小孩（包括延迟满巢 I 和满巢 II）的中年已婚夫妇（35～64岁）占到所有住户总数的15%左右，但是却占到有孩子但小于18岁的已婚夫妇的71%。[19]

这一群体与年轻父母群体的主要差别是收入，前者的收入明显要高。由于在有小孩前较长时期获得不错的收入，所以他们拥有更多的资本和财富。他们在小孩抚养、按揭还款、房屋保养、草坪护理、家居装修等方面的支出远远高于其他群体。另外，他们希望他们的孩子得到最好的东西，愿意而且能够支付与此相关的费用。比如说，尿布和化妆品专门市场预计会有双倍的增长。传统体量巨大的销售商，例如金佰利（Kimberly-Clark），会赋予像便利尿布这些高端的产品以夜

图 6-7

这个服务和广告能吸引到空巢消费者。他们有着足够的资本来支付像这样的旅行，并且乐意享受它所承诺带来的身心放松和暂时脱离现实压力的内容。

光这样更有生气的特性。[20] 除了在孩子身上的大量开支之外，他们在诸如食物、酒精饮料、娱乐、储蓄等与小孩抚养无关的项目上，支出也要高于更年轻的父母群体。

8. 满巢Ⅱ：孩子住在家中的中年夫妇家庭

这个群体与延迟的满巢Ⅰ相比，最大的区别就是孩子年龄的大小。这个群体的孩子一般超过6岁，比起年轻夫妇来，他们的孩子更加独立。然而，长大的孩子又会有另外一些特殊的消费需求，一般来说，有6岁或更大些孩子的家庭，是各种类型的课程（钢琴、舞蹈、体操等）、牙医（正牙、补牙）、软饮料、低糖麦片和各种快餐的主要消费者。

由于需要更多的空间，他们往往需要更大的房子和汽车。另外，父母们要花更多的时间接送孩子，因此他们在汽油上的支出也比一般家庭多。这些产品的消费，再加上他们对服装的大量需求以及为孩子上大学攒钱的需要，使家庭经济压力加大。当然，这种情况会在孩子上学、妻子重新工作后有所缓解。妻子重新工作，会给家庭带来较大的时间压力。ConAgra食品公司基于父母希望简化用餐时间和工序的需求，推出了便于准备的宴会餐，并获得了巨大成功。[21]

我们在第4章中已经看到，这一市场以及单亲家庭Ⅱ（将在下面描述）中的青少年也是重要的消费者，他们在自己的用品购买以及家庭消费决策中具有重要的影响力。

9. 单亲家庭Ⅱ：孩子住家的中年家庭

有孩子，年龄在35～64岁之间的单身人士常常面临严重的经济压力。有孩子的单身人士所面临的需求与那些有孩子的中年已婚家庭非常相似，然而，婚姻家庭所能获得的经济上、感情上和时间上的支持，单亲家庭却很少能够得到。这种家庭中的人喜欢选择一些节省时间的产品，如即食食品等，他们还喜欢到快餐店用餐。同时，这个市场中的孩子负有大量的家务责任。

需要指出的是，在当今社会，对那些年龄较大，在经济上有保证，在未来准备或者不准备结婚的女性来说，成为单亲母亲（通过领养或者生育）日益成为一种生活方式。单身妈妈协会是一个认识到这种需求并为她们提供帮助的组织。该协会认为，主动选择成为单身妈妈的女性大多是在30～40岁之间，她们具有较高的收入和较好的职位，因此比其他的单身父母具有更好的经济保障。[22]

10 空巢Ⅱ：已婚老年夫妇

这一市场大约有1 100万户，在未来10年中将略有增长。对于许多年龄在64岁以上的夫妇，大部分已经退休。由于年龄的关系、社交倾向和日益下降的经济地位（这是由于退休造成的），他们对于保健、住房、食品和娱乐有一系列特殊的需要。这个群体中较年轻的成员大多数比较健康、积极，在经济上比较富裕。他们有大量的时间，是娱乐、旅游和第二套住房市场的重要客户。他们也会花费大量的时间在孙子们身上。他们越来越多地带孙子，有时候是他们自己的孩子出去旅游。就像第4章所述的那样，由于年龄的增长，健康保护和生活护理对这一群体的成员变得越来越重要了。[23] 图6-8展示了一个满足这一细分市场需求的产品设计广告。

图 6-8

随着消费者年龄的增加，他们的经济状况、自由支配的时间、物质精神需求也会发生相应的变化。

11. 老年单身者

在美国,有大约 1 700 万老年单身者,并且这一群体随着婴儿潮一代的老龄化正在日益增大。大约 70% 的老年单身者是女性,其中又有大约 2/3 的老年单身者独自居住。由于年老、单身和退休等客观情况,他们对于房屋、社交、旅游和娱乐有许多特殊要求。他们的配偶已经去世,现在他们正肩负着许多财务责任,这些责任原先也许是由他们的配偶承担,因此,有许多理财企业为这个群体提供专门的服务。[24] 那么,对这部分老年人市场进行营销活动,会涉及哪些道德和社会问题呢?

6.3 建立在住户生命周期基础上的营销战略

住户生命周期是一个重要的市场细分工具,因为其每个独特的阶段都涉及不同的需求、欲望和消费模式。但是,由于每个阶段、每个人在其他一些重要方面(如教育背景和收入状况等)存在不同,住户生命周期只有与这些因素结合到一起,才能在市场细分和战略规划方面发挥更大的作用。

例如,想想在住户生命周期的不同阶段,我们对度假的需要是如何不断改变的。年轻的单身者希望有活跃、冒险和浪漫的假期;还没有孩子的年轻夫妇有类似的需要,但是不需要有邂逅浪漫伴侣的需求。满巢家庭 I 最需要的,则是让父母和孩子都开心地度假。由于职业、收入和教育水平的不同,人们对如何满足这些需要存在很大的差异。例如,一对自由职业的夫妇会选择巴黎和热带地区的度假胜地;一对白领夫妇可能会去一个滑雪胜地,或者参加一个以年轻单身者为主的"旅游套餐"活动;一对蓝领夫妇可能仅仅是走亲访友。

表 6-4 是住户生命周期与职业矩阵(HLC/occupational category matrix),其中纵向栏目表示 HLC 的各个阶段(这决定了住户可能面临的问题),横向栏目是一系列职业(这提供了可能的解决方案)。这一矩阵可以用来为许多产品进行市场细分,并为目标市场制定适当的营销策略。在一系列产品的营销中这种矩阵是非常有效的,因为它不仅考虑了职业,还考虑了其他合适的变量。

表 6-4 住户生命周期与职业矩阵

住户生命周期阶段	职业分类				
	高层管理者/技术精英	行政/专业人员	技术/销售/职员	技工	非熟练工
单身 1					
年轻已婚夫妇					
满巢 1					
单身家庭 1					
单身 2					
延迟的满巢 1					
满巢 2					
单亲家庭 2					
空巢 1					
空巢 2					
单身 3					

为了有效地使用这一工具,可以针对公司感兴趣的某项活动或某个问题开展营销,如准备晚餐,提供有营养的零食,安排周末度假或者计划一次夏季旅行。通常采用焦点小组访谈的方式进行研究,目的是确定与矩阵中的每一单元有关的以下信息:

(1)为了满足某种需要或完成某项活动,目前有哪些产品和服务正在使用?
(2)使用现有产品满足需求是否具有象征意义和社会意义,如果有,具有什么象征意义和社会意义?

（3）目前这些产品和服务究竟是如何被使用的？
（4）市场中的成员对现在的解决方式满意程度如何？需要做出那些改进？

具有吸引力的市场，是那些规模足够大，从而能够满足公司的销售目标，并且现有产品尚未全部满足其需求的市场。这种方法已经被应用于电影、地方性面包屋和金融服务业，并且获得了成功。[25] 那么，什么类型的汽车能最好地适应每个车库？什么类型的广告能促进它的销售？

6.4 家庭决策

家庭决策（family decision making）是指直接或间接由两个或两个以上家庭成员做出购买决策的过程。由群体（如家庭）做出决策的过程，在很多方面不同于由个人做出决策的过程。考虑一下孩子和成人购买早餐麦片这一行为，是谁意识到要购买早餐麦片？麦片的型号和品牌是如何选择的？每个人考虑的产品特点一样吗？父母经常是实际的购买者，但难道也是由他们做出选择的吗？这个决策是由孩子还是一位家长做出的，还是由他们一起做出的？父母中由哪一位做出决策？当时间和产品变化时，这一点又会如何变化呢？住户生命周期不同阶段，这些决策会有不同吗？

人们常常将家庭决策同组织的购买决策相比较，这虽然可以提供有用的视角，但是却没有抓住家庭决策的实质。组织一般具有比较客观的标准（如利润最大化）来引导购买，而家庭则没有这样明确的、整体的目标。大多数工业品是由不太熟悉或购买结果对他们无关紧要的人进行购买的，但是大多数家庭购买则不一样，它们会直接影响到家庭中的其他成员。

家庭决策最重要的方面是它天生具有感情色彩，从而会影响家庭成员彼此之间的关系。[26] 为孩子购买一个新玩具或一件新校服，并不是一项简单的购买行为，而是对孩子爱与奉献的象征。决定全家去餐馆用餐，或者购买一台新的电视机，对家庭其他成员来说，也都具有感情上的意义。在家庭开支上意见不一致，常常是导致婚姻不和谐的重要原因。家庭购买决策的程序和结果，对于家庭中的成员以及家庭本身的健康发展都具有重要的作用。因此，尽管家庭决策与组织决策存在某些共同点，它们并非完全相同。

6.4.1 家庭购买角色的性质

图 6-9 描述了家庭购买决策过程中经常出现的 6 种角色[27]，以麦片购买为例，需要注意每个人在不同的决策中会担当不同的角色：

图 6-9

儿童产品的家庭决策过程

- 倡议者。首先意识到某个问题或需要，或者启动购买过程的家庭成员。
- 信息收集者。指对某项购买具有专长和兴趣的人。不同的家庭成员可能在不同的时间或在某项购买的某些方面负责收集信息。
- 影响者。指对评价选择、制定购买标准和做出最终选择有影响力的人。
- 决策者。做出最后决定的人，当然也可能出现联合决策的情况。
- 购买者。指实际购买产品的家庭成员，一般是成年人或青少年。
- 使用者。指产品的使用者，许多产品都有多个使用者。

营销者必须确定，在家庭中谁担任什么角色，进而才能影响家庭购买决策过程。Crayola 公司经过周密的研究，把广告支出从儿童电视节目转移到妇女杂志上，因为公司的调查表明，母亲而不是孩子更可能识别问题、评价选择和进行购买。图 6-10 展示了针对儿童使用，亲子双方共同挑选，由家长最后买单的产品设计广告。

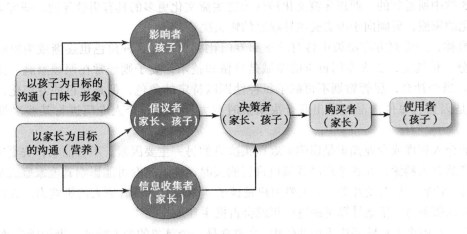

图 6-10

孩子通常决定着家庭所使用的产品和品牌，但有时他们只会对选择有着一定影响，最终决定权掌握在家长手中。在这样的情况下，销售商们得同时满足家长和孩子的需求。

家庭决策可以分为丈夫主导型、妻子主导型、联合型（或配合型）和个人型（或自主型）。如果稍做回顾，我们就会发现，上面的分类忽略了家庭决策中的一个重要参与者。今天，许多研究都忽略了孩子的影响，[28] 但是孩子，尤其是青少年，对消费过程常常有着巨大的影响。[29] 因此，我们需要意识到，孩子主导型决策以及丈夫、妻子和孩子的联合决策，在单亲和双亲家庭中都是十分普遍的。

丈夫主导型决策，一般出现于汽车、酒类产品和人寿保险等产品的购买中；妻子主导型决策则普遍存在于家庭日常用品、食品和厨房用品的购买中；联合决策最常出现于购买房屋、客厅家具和度假时。

然而，这些模式今天已经很少被提及了，因为随着女性职业角色的扩展，她们参与或者主导的家庭决策范围也在不断扩大。[30] 实际上，最近的研究表明，即使是在传统上由男性主导的决策领域，现在也在向夫妻平衡方向发展。表 6-5 显示了四个购买类别里，家庭里通常由谁做决定的结果：[31]

表 6-5

	家庭周末活动	大型家用只购买	家庭理财	电视遥控权
妻子主导型	28%	30%	38%	27%
丈夫主导型	16	19	30	26
联合型	48	46	28	25

注：因受访者可以选择回答"不确定"或"看情况"，故数值加总不是100。

同时，注意到直接影响和间接影响也是很重要的。父母也许会在不直接询问孩子意见的情况下选择去迪士尼乐园游玩，但是他们无疑是受到了他们所感觉到的孩子们的渴求的影响。在家庭决策过程中，不同的家庭成员会参与到不同的决策阶段中去。例如，孩子可能是决定去麦当劳的主要发起人，家长可能会更多的参与旅行时间的制定和进行购买行为本身。在家庭决策中，不同家庭成员关心的焦点往往是不一样的。比如，在评价自行车时，孩子可能会看颜色和式样，而家长关注的则是价格、保修和安全。

6.4.2 决定家庭购买角色的因素

家庭成员如何在购买决策中相互作用，这主要依赖于以下这些因素：不同家庭成员角色的专门化，每个家庭成员对产品的介入程度，家庭成员的个性特征以及家庭所属的文化和亚文化特点。[32]

今天，相对于许多其他文化来说，美国社会的男性导向要少得多。可想而知，美国的妻子们比那些男性文化导向较强的国家中的妇女，会更多的参与产品购买决策。[33] 但是在美国的一些亚文化和其他群体中并非都是如此。正如在第5章中所看到的，西班牙裔文化被认为比主流文化更多的具有男性导向。研究表明，那些强烈认同西班牙裔文化的家庭，更倾向于由丈夫主导家庭的购买决策。

随着时间的推移，夫妻双方在决策中各自发展起专门化的角色，这种角色也逐渐成为家庭生活方式以及家庭责任的一部分。传统上，丈夫专门负责的领域是机械和技术，妻子则经常在照顾家庭、抚养孩子方面承担着专门的角色。当今社会，尽管婚姻不再赋予每种性别以特定的角色，但是角色的专门化，仍然会随着时间发展起来，这是因为在每件产品上做出联合决策费时费力，而由一个人专门进行某些决策，效率则要高得多。

对产品领域的介入程度或专业知识是影响家庭购买决策的另一主要因素。不言而喻，夫妻中的一方或其他家庭成员对某一产品介入越深，在这个产品领域里进行购买时，他就越有可能影响其他家庭成员。例如，如果某一产品（如玩具、快餐、早餐麦片等）的主要用户是孩子，他们就会具有更大的影响力。在购买家用计算机或者选择互联网接入服务时，精通计算机的青少年就会占据主导地位。[34]

很多个性特征会影响个人在购买决策中的作用。[35] 教育是一个重要的个人特征。妻子所受教育的程度越高，她所参与的重要决策也就越多。[36] 如图6-11所示，当家庭里丈夫比妻子挣的钱多一些，家庭的主要财务预算在妻子导向型、丈夫导向型和共同决定型三种类型之间较为平衡。然而，当妻子的收入比丈夫高时（这是一种正在增长的普遍情况），这个家庭中妻子导向型的决策就比较常见了。

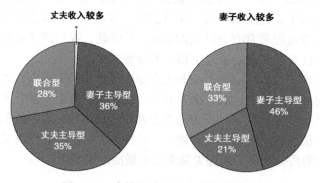

图6-11　决策影响力和夫妻相对收入

注：* 中的1%表示"不知道"。
资料来源：*Women, Men, and the New Economics of Marriage*（Washington, DC: Pew Research Center），January 2010.

性格也是影响家庭购买决策的重要因素。诸如进攻性、控制力（相信自己控制环境的能力）、客观性和顺从性都会影响在家庭中的决策权力。[37] 对孩子们来说，年龄也是一个因素，那些年纪较大的孩子和青少年发挥的影响力在不断增强。营销人员对此趋势做出了反应：宜家开辟了"和父母一起生活"专栏，Pottery Barn 在其产品线中增加了儿童和青少年的产品系列，以适应这些十几岁消费者的生活方式。最后，决策过程的阶段会影响决策角色。购买决策会涉及从最初的问题认知、信息收集到选择和购买阶段。儿童和青少年在家庭决策过程中的早期阶段比其他阶段发挥的影响更大。[38]

6.4.3　冲突的解决

家庭每天需要做出大量的决策，因此意见不一致是在所难免的。如何解决这些不一致，不仅对于营销者，而且对于家庭本身的健康来说都是十分重要的。最近的研究表明，个体会使用六种方法来解决购买冲突（大多数夫妇会避免公开的冲突）：[39]

- 讨价还价：试图达成妥协。

- 制造印象：列举虚假事实以取胜。
- 运用权威：宣称自己是内行或者角色使然（丈夫／妻子应当做出这种决策）。
- 推理：进行逻辑辩论取胜。
- 感情用事：沉默或者从讨论中退出。
- 增加信息：收集更多的数据，或者请第三方提出意见。

另一项研究发现，夫妻双方在不同的决策过程中会调整自己的战略。当他们使用强制手段（如冷战方式）对决策加以影响时，他们会发现自己对决策的结果比较满意，但是对决策过程不满意。[40] 尽管上面这项研究没有包括孩子，但另一项集中探讨孩子和父母如何相互影响的研究也得出了类似的结论。[41]

6.5 家庭决策与营销策略

对于大多数消费品来说，要制定有效的营销策略，就需要详尽地了解目标市场中相关产品的家庭决策程序。表 6-6 提供了一种分析框架。

表 6-6 基于家庭决策过程的营销战略

细分市场			
决策阶段	涉及的家庭成员	家庭成员的动机和兴趣	营销战略与战术
认知问题			
搜集信息			
评价选择			
购买			
使用与消费			
处置			
评价			

家庭决策过程常常随细分市场所处的亚文化而不同，或者所处住户生命周期阶段的不同而异。因此，我们必须在确定的目标市场范围内，对家庭决策过程进行分析。具体来说，在每个市场内，我们需要：

- 确定在决策的每一阶段有哪些家庭成员参与。
- 确定他们的动机和兴趣所在。
- 制定能够满足每位参与者需要的营销策略。

例如，对于早餐产品，儿童常常会参与到问题的确认阶段中，他们可能会注意某个以卡通人物为商标的麦片，或者注意到其他小朋友在吃一种新的麦片。如果他们喜欢那种卡通人物，或者想仿效小朋友，他们就会要求购买新麦片。这时，家长（通常是母亲）可能会有兴趣，但是她更倾向于注意营养和价格。因此，营销者在推销商品时，应当向孩子传达一种有趣、可口和兴奋的信息，而向父母传达营养、实惠和口味好等特点。可以通过周六的卡通片、合适的互联网网站和类似媒体来接触到孩子，而要与母亲进行有效沟通，则可以通过杂志广告、包装信息和互联网。

观察图 6-12 中的广告，运用表 6-6 中的信息从家庭决策过程和营销策略的角度分析这则广告。

图 6-12

单独讨论有关家庭决策的分析是至关重要的。家庭成员中谁是广告的目标消费者？营销策略与我们的目的相符吗？

6.6 消费者社会化

家庭是消费者社会化的"基地"。所谓**消费者社会化**（consumer socialization），指的是年轻人获取市场上的消费技巧、知识和态度的过程。[42] 我们希望能了解消费者社会化的内容和消费者社会化的过程。消费者社会化的内容是指儿童所学习的与消费有关的知识；过程指他们是如何学到这些知识的。在探讨这两个问题之前，我们需要考虑不同年龄的儿童对消费技能学习的能力。

6.6.1 孩子的学习能力

在获取某种类型的信息时，年幼孩子的能力是有限的。**皮亚杰**（Piaget，瑞士儿童心理学家）**认知发展阶段论**（Piaget's stages of cognitive development），是目前广为传播和被人们接受的理论：

- 阶段1：感性智力时期（0~2岁）。这一时期，儿童的行为主要是自发的，虽然认知能力的进步显著，但还不会进行概念性思维。
- 阶段2：行为前思想时期（3~7岁）。此阶段以孩子语言能力及概念的快速形成为标志。
- 阶段3：具体行为时期（8~11岁）。在此期间，孩子培养了将逻辑思维运用于解决具体问题的能力。
- 阶段4：正式行为时期（12~15岁）。这一时期，儿童的认知结构已达到最高发展阶段，能够将逻辑思维运用于所有不同类别的问题。

有的学者提出了不同的学说，他们认为学习能力而不是成熟程度才是引起认知变化的主要原因。但是，所有的学说都认为，年幼的孩子在处理抽象的、综合的、不熟悉的和大量的信息方面能力比较弱。[43]

最近展开的一项研究，利用皮亚杰的认知发展阶段理论，来帮助理解提高儿童膳食摄入量的不同干预措施的效果。研究包含两个阶段：一是年幼的儿童（代表行为前思想阶段），二是年长的孩子（代表具体行为或正式行为阶段）。干预的方式有激励（奖）、竞争（针对对手学校），以及个人的承诺，包括一个签署他们名字的课堂海报。因为承诺是更抽象的和难以理解的，所以它对年幼的孩子并不是太有效。[44]

随着年龄的增长，孩子的学习能力会不断变化，这对于试图培养孩子正确消费习惯的父母来说是一个挑战。[45] 稍后我们将看到，这也为营销者带来了伦理和实践上的挑战，因为孩子有限的学习能力是许多儿童广告规制的基础。在第20章，我们将集中深入地讨论针对儿童营销的各种规制。

6.6.2 消费者社会化的内容

消费者学习的内容可以分为三个部分：消费技能、与消费相关的偏好和与消费相关的态度。[46] **消费技能**（consumer skills）是指那些与购买相关的必要能力，如对金钱、预算、购买评价的理解力等。一个小孩需要学习怎样购物，怎样比较类似的品牌，怎样分配可支配收入等技能。下面的引文反映了父母试图给未成年孩子传授合适的购物规则的例子：

> 儿子，看看这。这（衣服）很好洗，洗后很好打理。你自己也要负责洗衣。我更希望衣服洗起来容易，也不需要熨什么的，它不是百分百的棉制品（母亲与13岁的儿子）。[47]

与消费相关的偏好（consumption-related preference）是那些导致人们对产品、品牌和零售渠道进行不同评价的知识、态度和价值观。例如，一些父母可能会通过建议或者示范式购买来教给他们的孩子Calvin Klein是一个知名品牌，这个品牌物有所值。这条关于Calvin Klein声望的信息不足以带来实际的购买行为（购买技巧），但是它对于决定购买和购买什么是非常重要的（消费相关的偏好）。[48]

与消费相关的态度（consumption-related attitude）是指对营销刺激物如广告、销售员、产品保证等的认知和情感倾向。[49] 例如，孩子们可能从他们的父母或者家庭成员那里学到"一分价钱一分货"，这将引导他们建立很强的价格——质量推断关系，或者他们可能从父母那里得出销售员不可信的印象。这些态度将影响他们如何对营销者的各种行为做出反应。哪些类型的态度将形成下列的反应呢？

> 我一直在教育孩子学习关于各种事物的价值观，尤其是关于广告对购买和欲望的影响。我有时试

图谈论这方面的话题，指出各种操纵性和欺骗性的广告，给他一种做批判性消费者的感受（父亲和他13岁的女儿）。[50]

6.6.3 消费者社会化的过程

虽然广告和其他营销活动对孩子的社会化有着重要的影响，但是家庭仍然是消费者社会化的主要源头。例如，最近的一项关于饮食模式的研究发现，父母的观点是影响孩子选择食物的最重要的因素。这种现象对十几岁的青少年尤其明显，对这些孩子，父母影响最大，其次是朋友和广告的影响。[51]父母教给孩子消费技能、消费相关的偏好和消费相关的态度，他们通过有意识的或者无意识的方法如工具性训练、模仿和调整等达到目的。

工具性训练（instrumental training）当一位家长（或兄弟姐妹）直接通过推理和强化来引导孩子的某种反应时，工具性训练就出现了。[52]换句话说，一位家长可以直接通过说明营养成分来教导孩子选择某种快餐，或者做出规定，限制消费某些快餐食品。下面就是运用这种方式教育较大孩子的例子：

> 当寻找某件商品时，我们必将谈到的是它的价格。"对于你要买的东西，质价是否相符？"（母亲与13岁的儿子）。[53]

父母们时常担心营销信息会轻而易举地掩盖他们努力提供的各种工具性训练。在图6-13中，企业尝试着成为消费者社会化过程中的伙伴。

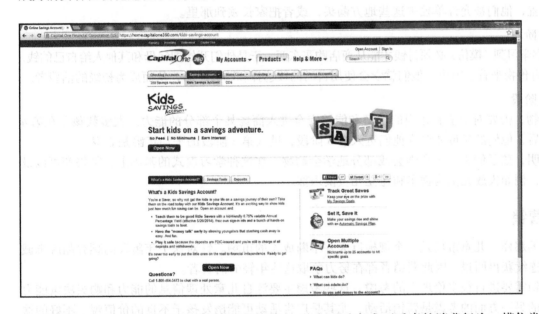

图 6-13

这个公司清晰地意识到了在社会化过程中，自己可以成为家长的伙伴。

模仿（modeling）是指孩子通过观察别人，学会了适当或不适当的消费行为。模仿常常没有直接的榜样作为指导，甚至于孩子本身也可能是无意识的。模仿是孩子们学习相关技巧、知识和态度的一种极为重要的方法。孩子们通过模仿，学会积极的或消极的消费方式。比如，父母吸烟的孩子，比父母不吸烟的孩子更容易学会吸烟。

干预（mediation）是指一位家长试图改变孩子对营销方式的最初理解（或者反应）。这可以在下面的例子中清楚地看到：

> 孩子：我能要一个吗？看，它会走路！
> 家长：不行，那只是广告，它实际上不会走路。他们只是使它看起来会走路，这样孩子就会买了。

我们看到，广告展示了产品的某些特性，激起了孩子的欲望，但家长却改变了孩子对这种特性的信任，也从一般意义上改变了孩子对广告的信任。这并不是说，家庭成员能够控制所有的商业广告，但是孩子们常常是在与家庭成员的互动中学习产品的购买和使用知识的。这样，一个想要影响孩子的企业，必须使自己的方法尽量与家庭其他成员的价值观相一致。

6.6.4 作为教室的超级市场

詹姆斯·麦克尼尔（James McNeal）教授的五阶段模型，显示了孩子们可以通过同家长到超级市场和其他零售点来学习购物。[54]

阶段1：观察阶段

父母一般在孩子很小（2个月左右）时，开始带孩子去商场。在这一阶段，孩子们开始从感官上接触商场，对商品和商场的特征形成一些印象。一开始，他们只感觉到景象和声音，但到了12~15个月大时，大部分孩子就能回忆起其中一些细节了。当孩子们了解到去商场除了环境带来的兴奋外，还有其他的好处时，这一阶段便结束了。

阶段2：要求阶段

在这一阶段，孩子们开始在商场里向父母提出要求。他们指着或者打手势，或者干脆说出他们想要的东西。这一阶段的大部分时候，孩子们只有在商品出现在眼前时才会要求，因为他们还不能在脑海中保留对一个产品的印象。到了第2阶段后期，他们就开始在家中提出要求，特别是看到产品广告的时候。

阶段3：选择阶段

不用人帮助，独立从货架上把东西拿下来实际上是一个独立消费者的第一个行动，因此在这个最简单的水平上，当货物触手可及的时候，孩子们的欲望被引发，他就会选择这件商品。但很快，孩子们就记住了他所喜欢的产品以及商场的位置，他们被允许单独去这些地方购买，或者把家长领到那里。

阶段4：协助购买阶段

大部分孩子通过观察学习到（模仿）必须付钱才能从商店购买东西，于是他们开始把父母和其他人给自己的钱，当作一种能获取东西的有价物来看。很快，他们就学会使用自己的钱选择和购买产品，从而成为初级的消费者。

阶段5：独立购买阶段

不用家长照看去购物，需要对价值有相当的了解和能够安全进入商场某个部分的能力。大多数孩子在第4阶段停留了很长时间之后，他们的父母才允许他们进入第5阶段，进入第5阶段的平均年龄是8岁。

麦克尼尔的研究表明，孩子们去商店会学会或部分地学会购物。在这种学习模式的基础上，零售商可以设计一些活动来吸引孩子，例如投放儿童购物车和建立儿童俱乐部。

6.7 面向儿童的营销

正如开篇引言指出的那样，儿童市场是一个规模巨大并不断成长的市场。针对这个年龄段的顾客品牌忠诚计划可以在之后很多年连续获得回报，因此营销者都在努力争取这些年轻的消费者。

然而，对儿童的营销需要进行很多伦理上的考虑，这些考虑主要源自儿童处理信息的能力和购买决策能力有限。对儿童营销活动的另一方面的考虑是营销活动，尤其是广告活动可能诱发孩子不良的价值观、不好的饮食习惯和导致不健康的家庭冲突。在第20章，我们将仔细考察针对孩子且存在伦理问题的营销活动以及对其进行控制的方法。

营销者对年幼消费者有限的信息处理能力应保持敏感。尽管如此，我们仍然可以设计出既符合伦理又有效的营销活动，来满足孩子以及家长的需求。在营销组合的所有方面，我们都必须考虑孩子的能力。考虑下面一则广告以及不同年龄的儿童对该广告的反应：

一则广告说："吸入一定致命剂量的一氧化碳叫作自杀，吸入少量的一氧化碳叫作抽烟。不管你是不是相信，香烟包含了和汽车废气相同的成分。如果你不愿意吊着根排气管的话，为什么你还抽烟呢？"广告同时配以一根冒着废气的排气管的图片。

7岁和8岁的儿童的反应：不要站在公共汽车后面，否则它会把毒气排在你的脸上。有些人因为吸入废气而生病。

9岁和10岁的儿童的反应：那个人一边开车一边抽烟。不管你抽什么烟，都会让你生病。

11岁儿童的反应：那种材料会伤害你的身体，在香烟中含有跟汽车废气管排出的相同成分的这种东西。汽车排气管跟香烟一样，抽烟会让你死掉……它们都会让你死掉。

只有较大年龄的孩子才可以理解这则广告的言外之意。与此相比，一则简单的广告直接展示了一个装满烟蒂的烟灰缸放在一双肮脏的臭袜子旁边，直接用字幕"肮脏"显示在袜子旁边，用字幕"非常肮脏"显示在烟灰缸下面，这样每个年龄的儿童（7～11岁）都可以理解。[55]

过去，为了将信息传达给孩子，企业主要在星期六早间卡通片节目上做广告。现在，还有许多其他媒体可供选择，受众甚至更年幼。*National Geographic Kids* 和 *Discovery Girls* 只是与孩子们联系紧密的众多杂志的代表。3岁的小孩子现在也是互联网的积极使用者。这类网站如4kidstv.com、Cartoonnetwork.com 和 Nick.com，被2～11岁的小孩子访问超过百万次。直接邮寄可以成为接触更小孩子的有效方法。此外，许多企业通过成立"儿童俱乐部"来到达孩子或者有孩子的家庭。遗憾的是，许多这样的俱乐部使用了一些即便不是不道德也是颇有争议的销售技巧。然而，如果使用的方法得当，俱乐部也能为孩子提供既有趣又富于教育性的活动，同时还能传递负责任的商业信息。

小结

1. 解释住户类型的概念和其对消费的影响

住户是购买和消费的基本单位，因此对于大多数产品的营销经理来说，它都是十分重要的。家庭住户是由两个或两个以上有关的、生活在一起的人组成的。非家庭住户则是由一个或多个不相关的人住在一起形成的。家庭住户也是文化和社会阶层中的价值观和行为方式传递给下一代的主要场所。

2. 总结住户生命周期的不同阶段及其营销意义

住户生命周期（HLC）将住户随时间推移分为几个阶段，其划分基础是年龄、成年人的婚姻状况和孩子的有无及大小。住户生命周期是一个有价值的营销工具，因为处于相同阶段的家庭都会面临相似的消费问题，这样它们就形成了潜在的细分市场。

住户生命周期与职业矩阵是利用HLC制定营销策略的有效方法。矩阵的一条轴是HLC的各个阶段（这决定了住户将会面临的问题），另一条轴是一系列职业（这提供了可能被接受的解决方案），每个单元代表一个细分市场。

3. 理解家庭决策过程

家庭购买决策包含诸如由谁购买、由谁做出决定和由谁使用等一系列问题。家庭决策十分复杂，涉及感情和个人之间的关系以及产品的评价和获取。家庭成员对决策过程的参与程度会随着其对特定产品的介入程度、角色专门化、个性特点和文化及亚文化等的不同而不同。在决策过程的不同阶段，各个家庭成员对决策的参与也是不同的。大多数决策是经过协商一致达成的，如果不能达成一致，则会使用各种解决冲突的策略。营销经理必须在每个目标市场内单独对某种产品进行家庭决策过程分析。

4. 描述家庭在儿童社会化过程中的作用

消费者社会化是指年轻人（从出生到18岁）学习怎样成为消费者的过程。出生时，孩子的学习能力很低，然而随着时间的推移和经验的增长，能力会逐步提高。消费者社会化涉及消费技巧、与消费相关的偏好和与消费相关的态度的学习。家庭通过工具性训练、模仿和干预来影响消费者的社会化。消费者要经历五个阶段来学习购物，这种学习主要发生在零售商店和与家长的相互作用中。

5. 说明向儿童进行营销的伦理问题

针对儿童的营销充满了伦理问题。伦理问题主要源自孩子们获取信息和做出正确购买决策的能力有限。广告在形成孩子的价值观、影响他们的饮食习惯和引起家庭冲突方面也引起争议，然而为孩子制定既符合伦理又有效的营销计划也是可能的。

关键术语

消费技能（consumer skills）

消费者社会化（consumer socialization）

与消费相关的态度（consumption-related attitudes）
与消费相关的偏好（consumption-related preferences）
家庭购买决策（family decision making）
家庭住户（family household）
住户（household）
住户生命周期（household life cycle，HLC）
住户生命周期与职业矩阵（HLC/occup-ational category matrix）
工具性训练（instrumental training）
干预（mediation）
模仿（modeling）
多代家庭（multigenerational family）
非家庭住户（nonfamily household）
皮亚杰认知发展阶段论（Piaget's stages of cognitive development）
再婚家庭（step family）
传统家庭（traditional family）

复习题

1. 住户被描述为"消费物品的基本消费单位"，为什么？
2. 什么是传统家庭？单亲家庭可以成为核心家庭吗？
3. 非家庭住户与家庭住户有何区别？
4. 什么是多代家庭？
5. 美国的住户类型分布正在经历何种变化？这些变化意味着什么？
6. 住户生命周期的含义是什么？
7. "住户生命周期的每一阶段都会出现一系列问题，要求住户决策者予以解决。"这句话的含义是什么？
8. 描述住户生命周期各个阶段的一般特点。
9. 描述住户生命周期与职业矩阵，这个矩阵的原理是什么？
10. 什么是家庭决策？不同的家庭成员如何介入决策过程的不同阶段？
11. 家庭购买决策与组织购买决策有何不同？
12. 本章中指出，营销经理必须对每个细分市场和每个产品的家庭决策过程分别进行分析，为什么？
13. 影响住户成员参与购买决策的因素有哪些？
14. 家庭成员如何解决购买决策中的冲突？
15. 什么是消费者社会化？有关它的知识对营销经理有何用处？
16. 什么是皮亚杰认知发展阶段？
17. 当我们说孩子学习消费技能、与消费相关的态度和与消费相关的偏好时，我们指的是什么？
18. 父母在教孩子成为消费者时使用哪些方法？
19. 描述儿童学习在商场购物所要经历的五个阶段。
20. 面向儿童营销会引发哪些道德问题？

讨论题

21. 回答消费者洞察6-1所提出的问题。
22. 加拿大已经立法，规定不再给予同居一年或者超过一年的情侣以与结婚夫妇相同的联邦责任和权利。美国也应该通过这样的立法吗？
23. 根据购买下列商品的可能性说明住户生命周期所处阶段，并说明理由。
    a. 品牌牛仔服
    b. 去墨西哥坎昆旅游
    c. 赛车
    d. 早餐餐馆
    e. 英国动物保护协会捐款
    f. 高尔夫球杆
24. 选择住户生命周期中的两个阶段，描述下列产品的营销策略将怎样随目标市场住户生命周期阶段的不同而改变。
    a. 小型货车
    b. 剃须刀
    c. 百老汇演出
    d. 赌博娱乐
25. 你认为非家庭住户的增长趋势会持续下去吗？为什么？
26. 表6-1蕴含着哪些基本的营销启示？
27. 下列商品的营销策略是如何随着住户生命周期阶段的不同而改变的？（假设每个阶段是一个目标市场）
    a. 手机
    b. 水下呼吸器
    c. 动力工具
    d. 孩子们的玩具
    e. 清洁剂

f. 大学教育
28. 图 6-11 蕴含哪些营销启示？
29. 下列哪项最适合于表 6-4 的每个区间？
　　a. 酒店
　　b. 电视节目
　　c. 针对退休家庭的餐馆
　　d. 草坪修剪车
30. 在表 6-4 的横列为下列选项时，为该表找出两种产品。
　　a. 职业分类
　　b. 收入
　　c. 教育

　　d. 社会阶层
31. 营销经理如何运用有关家庭成员解决冲突的知识？
32. 描述你最近参与的一项家庭购买，以此为基础为一位试图影响这一决策的营销者完成表 6-6。
33. 描述直接进行工具性训练可能出现的四种活动或情境。
34. 描述可能发生模仿的四种活动或情境。
35. 描述可能出现干预的四种活动或情境。
36. 回答消费者洞察 6-2 中的问题。
37. 皮亚杰认知发展阶段与麦克尼尔提出的学习购买五阶段是否一致？

实践活动

38. 访问一名初中生，确定并描述在为他购买下列产品时的家庭决策过程：
　　a. 背包
　　b. 零食
　　c. 卧室家具
　　d. 手机
　　e. 衣服
39. 访问两个运动产品经销商的推销员，弄清他们各自的主要目标市场及其所处住户生命周期的阶段，解释原因。
40. 访问处于住户生命周期各阶段的人各一名，确定并报告在多大程度上这些人与文中描述的相符。
41. 访问一个至少有一名 13 岁以下孩子的家庭。家长和孩子都要访问，但要单独访问孩子。试确定每个家庭成员对孩子使用下列产品的影响力，并确定解决冲突时所用的办法。
　　a. 牙刷
　　b. 衣服
　　c. 谷物

　　d. 常见玩具，如微软游戏机
　　e. 看电视
　　f. 快餐店
42. 访问符合下列结婚年限的一对夫妇，确定并报告他们在购买决策中发展起来的角色专门化的程度和性质，同时确定面临冲突时采用何种方法解决。
　　a. 1 年以下
　　b. 1~5 年
　　c. 6~10 年
　　d. 10 年以上
43. 选择你感兴趣的一件产品及其目标市场，访问五个住户并收集足够的数据完成表 6-6。
44. 选择你感兴趣的一件产品并与同学进行充分讨论以完成表 6-4 中的相关表格。在这些学习的基础上为该产品制定合适的营销策略。
45. 访问几位学龄前儿童的家长，确定在多大程度上他们同意皮亚杰的四阶段和麦克尼尔的五阶段理论。
46. 观看星期六早上的卡通节目，它们是否和引起了哪些道德问题？

第7章

群体对消费者行为的影响

学习目标

1. 掌握参照群体及其分类标准。
2. 讨论消费亚文化，包括品牌、在线社区以及它们对营销的重要性。
3. 总结参照群体影响的类型和程度。
4. 讨论群体内传播和口碑传播。
5. 理解意见领袖（线上和线下）及其重要性。
6. 讨论创新扩散并运用创新分析来制定营销策略。

对于大多数产品和品牌，消费者购买的基本动机是产品和服务本身能够满足其需求；而他们对于另一些产品的购买动机则有所不同，如取得作为某一群体成员的身份。吉普（Jeep）就是其中的一个典型例子，[1] 许多吉普车主选择加入"吉普社区"。这些车主参加品牌吉普车活动，如吉普狂欢会、吉普101和吉普露营等。在这些活动中，他们和其他的吉普车主欢聚并建立友谊，同时这些活动加深了他们对吉普品牌的介入度，并使得他们适应这些社区的仪式和传统。下面是一位名叫苏珊的新车主对首次加入该社区的感想：

> 我很高兴得到大量来自吉普社区的交流，这令我印象深刻。通常你买车后，就会被遗忘。是他们（社区）让你成为这个集体的一员。我很快就收到了吉普101的邀请，之后我注册了。我很兴奋，但也很紧张。我认为我不会放弃开车，当有人在车里陪我时，我真的很放松。因为它给了我去做我应该做的事的信心。否则，我就要想着曾经准备把抛锚的车丢弃在山上，又转念一想"我不能这样做"的情景了。我原以为我会退缩，但我没有（笑）。

吉普品牌有着悠久的培养社区精神的传统，并且做着坚持不懈的努力，它力求在基层组织和企业间努力建立平衡。吉普为爱好者组织活动，社区成员为之提供场地，由此培养社区感。此外，吉普车主还会绕过公司自发组织活动，建立俱乐部。在互联网还未诞生时，吉普社区就创建起来了。有如下一些社区及其举办过的活动：

- 吉普露营——这是吉普公司主办的年度家庭聚会。其中包括露营、划船、蒂姆·麦克格劳（Tim McGraw）等明星的演唱会，当然，还有在特定路线上进行的越野驾驶活动，这使车主们能测试他们的车技以及车的性能。
- 吉普狂欢——这是由吉普公司赞助的充分体验越野驾驶的全国性越野旅行。
- 各地吉普俱乐部——这是由各地成员创办的俱乐部，有着自己的规章制度、文化及领导。其中有一个名为"萨克拉曼多吉普车手"（Sacramento Jeepers）的俱乐部，始创于1957年，俱乐部的成员必须拥有一辆四轮驱动的吉普车，每年参加三次聚会，进行三次越野旅行。

尽管诞生在线下，吉普车已经有了各类的在线社区，比如：

- Facebook上的吉普爱好者主页。吉普公司也有一个Facebook主页，该主页拥有100万名吉普"爱好者"。这些爱好者可以发表与吉普车和吉普经历有关的帖子、视频、图片。吉普公司可以大致从这些Facebook用户当中找到对吉普的生活方式感兴趣的人，并专门针对他们的要求来调整销售信息、公告以及报价。
- 吉普公司的YouTube频道。这是一个YouTube上的吉普频道，吉普公司和社区成员可以在这里上传视频。一些视频是吉普车的广告，一些则是成员上传的吉普狂欢节和其他越野活动中的视频。
- 各俱乐部网站。各地俱乐部也拥有自己的网站，提供各类信息、新闻、分类广告、论坛等。各自的文化、价值观和目标的不同，使得这些网站的风格各异——从简约到精致。

吉普品牌社区已经存在了几十年，它时而引导车主，时而跟随车主，时而帮助车主。尽管有些车主没有参加该社区，但该社区成员们往往充满热情，积极活跃，乐于参与各类活动。他们和吉普品牌、吉普社区联系紧密，吉普社区所代表的带有强烈的吉普色彩的生活方式已经渗入了他们的生活，帮助他们找到自我。

正如开篇引言所述，即使在美国这样一个个人主义盛行的国家里，群体成员的身份对于所有人来说仍是非常重要的。虽然我们大多数人不愿承认自己是依从者，却在绝大多数时候力图与群体期望保持一致。例如，上次参加聚会，你在决定穿什么衣服时，你可能多少会考虑到与会的其他人可能会有的反应。同样，你在祖父母结婚周年纪念活动中的行为，与你在一位好友的毕业晚会上的行为是不同的。这些行为都是群体影响和群体期待的产物。

7.1 群体类型

首先，我们需要对群体和参照群体这两个概念进行区别。**群体**（group）是由两个或两个以上的具有一套共同的规范、价值观或信念的个人组成，他们彼此之间存在着隐含的或明确的关系，因而其行为是互相依赖的。**参照群体**（reference group）是指这样一个群体，该群体的看法和价值观被个人作为他当前行为的基础。因此，参照群体是个人在某种特定情况中，作为行为向导而使用的群体。

我们大多数人属于许多不同的群体，同时，我们可能想要加入其他的一些群体。当我们积极地参与到某一特定的群体中时，它一般会成为参照群体。随着情境的改变，我们会参照一个与之前完全不同的群体做出相应的行为，于是这个群体就会成为我们的参照群体。我们可以同时属于不同的群体，但是一般地，在某种特定情境之中，我们只使用一个群体作为参考，这一倾向如图7-1所示。

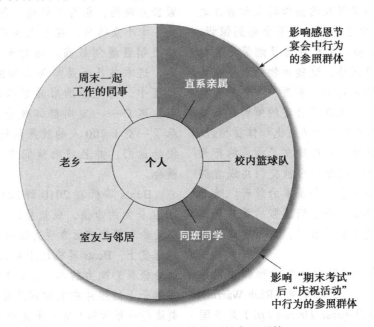

图7-1　不同社会情境下的参照群体

群体可以按照不同的变量进行划分。营销者发现有四种划分标准最有效，它们分别是：①成员资格；②社会联系强度；③接触类型；④吸引力。

成员资格的标准是两分的：一个人或者是某个群体的成员，或者不是。当然，一些成员的资格较另一些成员而言更为安全，也就是说，有些成员感到他们真正属于那个群体，而另一些人却缺乏信心。

社会联系强度是指群体联系的紧密度。**首要群体**（primary groups），如朋友、家庭，会涉及很强的联系和接触。首要群体通常会带给人们相当大的影响。**次要群体**（secondary groups），如职业或是邻里关系，所涉及的联系较弱，接触也相对较少。

接触类型指相互之间的联系是直接的还是间接的。直接接触涉及面对面的联系，而间接联系则不是。例如，互联网通过虚拟社区的方式增加了间接参照群体的重要性，我们会在后面的章节中更详细地探讨这个问题。

吸引力指的是群体成员资格所引发的个人欲求。这种欲求可以是积极的，亦可以是消极的。个人对之抱有负面态度的群体——**背离群体或厌恶群体**（dissociative reference groups），同个人对之抱有积极态度的群体一样，能够影响人的行为。[2] 例如，青少年往往会避免选择和过去的消费者相关的穿衣风格。人们没有资格但极为仰慕并希望加入的群体被称为**仰慕群体或渴望群体**（aspiration reference groups），它对个体有着强大的影响力。个人经常会购买他们认为相应的渴望群体成员会使用的产品，以获得该群体实质上或象征性的成员资格。

消费者洞察7-1展现了群体力量和社会网络对态度以及行为的影响。

7.1.1 消费亚文化

基于消费所形成的群体被称为**消费亚文化**（consumption subculture），它由对某种产品、品牌或消费活动具有共同兴趣和鉴赏力的人组成。消费亚文化具有：①可辨认的等级结构；②一套共同的信念和价值观；③特殊的用语、仪式及表达象征意义的方式。[3] 于是，消费亚文化就成为其成员和那些渴望或回避加入其中的人的参照群体。

| 消费者洞察7-1 | 群体、社交网络及 seeding（定向群体效应法） |

对于通过社交网络传播开来的诸如时尚和音乐之类的事物，你在接触到的时候，或许不会感到惊讶。[4] 但如果是诸如肥胖、幸福、无私或者吸烟等的事物呢？研究表明，由于社交网络，这些事物受到了很大的影响。以体重为例，研究表明，有着相似体质指数的人通常是朋友。对此，存在许多合理的解释。一是相似性——人们选择与自己相似的人（比如体重相近、身高相近）交朋友。二是社交网络建立了相应的行为规范。这一证据对于朋友（同为一个社交网络或者群体）体重相似这一现象给出了一个基本的解释。随着时间的推移，在一个群体或一个不断膨胀的关系网络中，被认为是普遍状况的体重增加了，同时也建立起新范式。

Seeding 是市场营销中利用群体影响和群体领导者观点的一个高效手段。比如，华理克（Rick Warren）所著的《标杆人生》（*The Purpose Driven Life*）是美国历史上迄今最畅销、被译成85种语言的精装书。这是一本带有基督教义，同时又与怀有基督信仰的个体紧密关联的，但与不怀此信仰的人相关甚少的书。这是一本小众的书，在与之相关的福音派人士中传播迅速且销量屡创新高。而对于福音派这一群体之外的人，这本书几乎是鲜为人知的。《标杆人生》的营销过程中，将免费的书籍赠给现存的该社交网络中的潜在客户——定向群体效应法显而易见。华理克培养了一支1 200人的牧师队伍，将新书的副本免费提供给他们，并且鼓励他们在40天计划中领导各自的教会。

Beats 耳机在2010到2012年间增长5倍并达到10亿美元的市值，成就显著。在此，我们不谈与其在高定价和股市方面表现欠佳相关的负面新闻评议。在某种程度上，Beats 耳机运用定向群体效应法，将耳机推销给极具影响力的名人，如 NBA 球员将 Beats 耳机戴在脖子上的照片在衣帽间随处可见，在 Lady Gaga（欧美流行音乐天后）的音乐视频《扑克脸》(Poker Face) 里 Beats 耳机也有出现，说唱歌手李尔·韦恩（Lil Wayne）曾戴着一副价值100万美元的镶钻 Beats 耳机出现在一场 NBA 球赛（美国男子职业篮球联赛）上。

社交网络上的传播在物理世界是难以追踪和测量的，但是通过消费者互联网活动的数据，可以估计传播的大致趋势及其扩散带来的影响。例如，在线广告公司 Lotame 能够在社交网络中辨别出那些能提供给其想要的人口统计资料的影响人士（如年龄在 25 岁到 30 岁的女士）以及行为（如他们的孩子在最近的四小时内下载了视频），然后向她们发送推荐（比如电影预告片），接着统计和记录这些与影响人群（比如只看预告片的片段或者完整看完预告片的人）相关的人的行为和相关资料。

特别是在今天开放的社交媒体环境里，向大众推广并非简单事，因为我们难以把握能恰好展示的内容，并且将其与特定的品牌或是公司联系起来。参与了此类负面事件（例如关于饭店食物或设施的恶作剧或吐槽视频）的员工会被解雇，但更难的、同时也更耗时的是如何修复已造成的负面影响。

思考题

1. 什么是"seeding"？它如何成为营销人员的一个有效手段？
2. 运用群体结构阐释《标杆人生》在特定群体外鲜为人知或者引起的反响极小的原因。
3. 互联网如何增强了营销人员专注于社交网络营销的能力？

从嘻哈音乐（hip-hop）到园艺再到高空跳伞，诸如此类的消费亚文化一直为人们所探讨。每一类的背后都存在着自发形成的群体。每种活动的成员可以自由出入，并在当地或全国范围内形成层级分明的结构。在群体内部，也有共同的信仰、独特的行话和规矩。大多数爱好和群众性体育运动，都有相应的消费群体亚文化。即使没有物理世界中的传播，消费也能够形成自己的文化和组织，并将其维持下去。[5]

注意，并不是所有的或者并不是大多数的产品持有者或者活动参与者，会成为与其所购买的物品或参加的活动相关的消费亚文化群体的成员。例如，一个喜爱《星际旅行》电视节目的人，可能并不是《星际旅行》消费亚文化的成员。一个人选择加入一个消费亚文化群体，需要他承担一定的义务，需要他对该群体信念、价值观的接受和认同，同时还要参与到群体活动中，使用特定的行话和惯例。在与高端、限量版运动鞋相关的消费亚文化中，这其中忠实的成员被称为"运动鞋爱好者"，与之相关的引述如下：

直到最近的一个周五晚 9:35 为止，Dominique Thomas 在迈阿密南部的耐克商店外整整露营了两天。Thomas，外号叫 DK the Line Pimp，从丹佛赶来，只为了购买一双在当天晚上 10 点开售的、价值 100 美元的 Cowboy Air Max 180s 的鞋。这次，他排在待购队伍的第一位。据称，这款运动鞋只限量生产 140 双，只在当天晚上的迈阿密旗舰店出售。21 岁的 Thomas，回忆起这双鞋对他的意义——"鞋就是我的生命"，他说道，"没有鞋，我就活不下去。"[6]

跟其他类型的群体一样，成员们对各自的消费亚文化群体的价值观和行为规范的解释和演绎是不同的。例如，在是否应该穿收藏的运动鞋这一点上，运动鞋爱好者们的想法存在不同，相关引述如下：

这像是你拥有一辆保时捷，驾驶它出门都会引来人们的关注一样。同样地，如果你穿的的确是一款十分罕见又抢手的运动鞋，穿着它走在街上，大家的目光也会投向你。

然而，很多的运动鞋收藏者，往往难以被辨别出来。为了避免自己所收藏的运动鞋变得邋遢，他们穿的是相当普通的鞋。[7]

营销与消费亚文化

基于活动而形成的消费亚文化群体，显然是营销活动本身的目标顾客，比如高尔夫球手是高尔夫俱乐部的营销对象。然而，这些群体所建立起来的象征性交流的仪式和模式总和其他的产品和服务有关。高尔夫以它的爱好者所穿的"制服"而著名。服装、帽子以及其他为高尔夫运动者设计的东西都在表明其功能性作用。

虽然这些亚文化的消费模式大多时候是为了证明其独特身份，较大的市场至少会在一段时间内全部或部分"挪用"这些象征物。因此，最初为某个群体成员显示身份所穿的服饰，如滑雪者或冲浪者的服装，也许会成为群体之外众多社会成员的一种时尚。先前讨论的运动鞋文化已经引起世界市场重视运动鞋新锐款式的开发。图 7-2 中的广告试图吸引更广泛的运动鞋文化，而不是直接定位于运动鞋爱好者。Boxfresh 品牌的名称是一个关于街舞的俚语，这意味着运动鞋不再循规蹈矩。

营销者能够并且应该试着发挥消费亚文化中最受尊敬的群体成员的作用，让他们在大众文化中引领潮流。此外，正如阿迪达斯的运动风部门总监所表明的那样，运动鞋文化具有启发性：

> 过去数年里，我们见证了运动鞋文化的发展。现今，在推广运动鞋新品这一点上，作为运动鞋爱好者的博主们是帮助推广的不可或缺的伙伴。我们一直将时间投注在这种类型的消费者身上。[8]

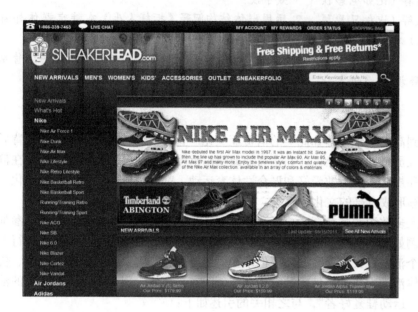

图 7-2

品牌可能借用一个消费亚文化的俚语或标志来吸引更广大的受众。

7.1.2 品牌社区

消费亚文化集中于以活动、产品范畴或是某一品牌为基础而形成的互动的人群。**品牌社区**（brand communities）是基于某个品牌持有者之间的结构性社会关系以及与该品牌自身、产品使用和企业相关的心理关系。[9] 社区（community）是由相同意识、相同仪式和传统以及一系列道德感所形成的。[10]

本章开篇引言中所述的吉普公司及其热情的车主创造了品牌社区，而哈雷、萨博（Saab）、福特烈马（Bronco）和名爵（MG，英国跑车品牌）公司也建立了类似的品牌社区。我们用下面的例子来说明品牌社区的特征。[11]

群类意识

有这样几类新的哈雷摩托车车主，他们误以为只要驾驶他们的摩托车逆风而行就能使他们成为一名摩托车手，这与给一只狗一份洋蓟就能把它变成美食家的想法一样无知。

仪式和传统

在过去的 7 年，我们一直在每年 10 月的第一个周末定期进行秋季旅行。我们沿着专为名爵车设计的蓝色山脊林荫道（Blue Ridge Parkway）驾车，那里有高高的盘山公路、曲曲折折的弯道和绵延逶迤的群山。周五、周六夜晚我们会在山里度过，周日回来。第一年只有七八辆车参加，而去年已经有 23 辆车了。

道德责任感

一位名爵车的车主及爱好者讲到帮助其他名爵车车主的意识。就算是一个陌生人（最终和自己成为朋友），让他在修车期间免费在自己家住几晚，也会乐意帮助他。"我特别喜欢这种感受，因为对方也有一辆名爵，会爽快地答应。我乐意帮助那些对英式汽车感兴趣的人。"他说。

营销和品牌社区

品牌社区可以增加对产品的拥有感并建立起对产品的忠诚。一位纯粹的吉普车车主,可以获得与吉普相关的功能性和象征性的利益,而吉普车品牌社区成员除了获得这些利益以外,还可以通过越野操作技能的提升和在各种环境下驾驶吉普,增强自信和能力,认识新的朋友,扩大社会交往范围,获得社区归属感和戴姆勒-克莱斯勒公司的认同感,加深与爱车之间的联系。

正如吉普车的例子所表明的,社区品牌通过一系列活动和"练习"进行品牌互动来创造价值。表7-1给出了四类活动与宝马Mini Cooper品牌相关的例子。

表7-1 MINI品牌社区中的价值创造活动

社交网络:通过欢迎、移情和管理来创造、加强并维护社区成员之间的关系
• 移情(empathizing):为社区成员提供情感或其他方面的支持 • 案例(关于会员的Mini汽车"诞生"仪式):干得好,飞行员!我也像你一样,观察摄像头并跟踪目标。你将会珍惜这些,因为这是你的"剪贴簿",还是应该说是Minibird的"成长记录"?Jack(汽车)没有在WW轮船上,因此少了很多看看旅途的机会。别着急,Minibird马上到家了
社区吸引力:通过制作文件、落款、标记界限、奖励的方式来逐步加强对社区成员的吸引力
• 里程碑:记录关于品牌拥有权和销售方面的重大事件 • 案例(与mini品牌关系的长度):里程表到达了10万公里,我也更加喜欢我的mini了
品牌使用:通过定制、修饰和商品化来改进或加强焦点品牌的使用
• 修饰:关心品牌 • 案例(关于mini车的适当清洗):我试着至少一个星期使用快速喷雾器清洗一次,以保持后备厢的光亮,清洗时间一般在周三或周四。建议不要用Newt(线程引发剂)这类方式进行汽车清洗
印象管理:为品牌社区创造正面形象
• 形象大使:共享品牌信息,鼓励别人使用该品牌 • 案例(有关mini的安全性):我过去经常去的一个mini论坛,有一些人开mini车遇到了严重车祸,我惊讶于mini车的坚固和安全。mini比其他很多小车要重,是我见过的极其坚硬、保护性极好的车

资料来源:Adapted from H.J. Schau, A.Muniz and E.J. Amould." How Brand Community Practices Create Value," *Journal of Consumer Research*.September 2009,30-51.

从公司的观点来看,建立一个品牌社区包括两方面:建立与产品拥有者之间的关系以及帮助产品拥有者之间建立关系。此外,表7-1提出了许多能够鼓励并促进品牌和品牌拥有者加强品牌价值和品牌忠诚度的活动。例如,mini允许消费者定制它们的汽车(通过定制来加强品牌使用),并跟踪其生产和支付,作为"诞生"意识的一部分(通过设定里程碑来加强社区吸引力)。mini网站也特别设置了一个mini车主休息室。这是一个仅供成员使用的区域,成员之间可以分享即将来临的事件以及其他信息(采用颇受欢迎的社交网络方式)。其中一个事件是mini度假旅游。与品牌有关的事件通常被称为"品牌节日",它是产品拥有者和其他为了了解以及使用该品牌而进行交流的消费者之间的集会。

7.1.3 在线社区和社交网站

在线社区(online community)是指消费者在互联网上对某些感兴趣的主题进行长时间互动所形成的各种群体。[12]这些互动常常通过在线留言板、讨论群、博客、企业网站和非营利网站等各种形式来维系。研究发现,对于很多参与者来说,网络社区确实存在,而且参与者通常有一种虚拟社区意识,而不仅仅是一种简单的情感或者情绪性的群体归属感。研究也发现,网上的这些兴趣群体会持续地交流,同时,这种交流模式会形成某种群体结构。那些经验丰富的成员会成为专家或领导者,而新来者则从他们那里寻求信息和建议。这些群体会建立其独特的词汇、网络礼节和处理不恰当行为的方式。

社区成员之间在参与程度上存在巨大的差别。许多成员只观察群体间的讨论,而不参与;其他成员只在某种程度上参与;还有一些人则在管理社区并为社区群体创造价值。[13]

网络社区一直在发生变化，最近的演变趋势是建立在线社交网站。**在线社交网站**（online social network site）是一种网站式服务，可以让个人：①在界面系统内建立公共或半公共形象；②与有关系的其他用户之间建立联系；③将自己的联系表与其他用户的联系表进行交流。[14] 在线社交网站有多种形式，包括交友网站（如Facebook 和 MySpace 等）、媒体共享网站（如 Flickr 和 YouTube 等）、活动网站（如 NASCAR 等）和企业网站（如 Toyota Friend）、微博（Twitter）等。

图 7-3 展示了 Care2，"世界上最大的健康社区"，是如何使用包括网站和 Facebook 等在内的多种方法建立在线社区并进一步加强品牌忠诚度的。

图 7-3

正如这里展示的 Care2，在线社交网站在消费者和品牌中成为一个越来越受欢迎的，建立并维持有相似生活方式、价值观和爱好的人之间联系的方式。

营销、虚拟社区和社交网络

在虚拟社区和社交网络上营销是可行的，也是有利可图的。实际上，营销人员每年仅在在线社交网站中所做的广告费用就高达 40 多亿美元，占了所有在线广告的近 10%。[15] 我们可以选择相对标准化的横幅广告和弹出式广告，根据实际情况精心设计广告方式，如赞助 Tweets，以品牌命名 YouTube 频道，以品牌命名 Facebook 粉丝群组。

虚拟社区和社交网络之所以具有吸引力有以下几个原因：

- 消费者使用率高并继续增长，一半的在线成年人和 3/4 的在线青少年表示他们使用社交网站。[16]
- 大部分消费者使用社交网络是为了分享品牌和产品信息。[17]
- 获取顾客的可能性较大，Twitter 上 51% 的公司和 Facebook 上 68% 的公司已经承认它们通过这些渠道获得一些消费者。[18]
- 有 2/3 通过社交网络讨论一个品牌的消费者更可能回忆起该品牌，与他人分享品牌信息，感觉和品牌之间存在联系，并且购买品牌。[19]
- 然而，消费者不仅需要娱乐和营销，也需要与自己有关和有用的内容。最近一项研究发现了公司社交网络互动的几个偏好（见表 7-2）。

表 7-2 对各种互动类型的偏好

社交互动类型	偏好（%）	社交互动类型	偏好（%）
提供刺激如免费问题或赠券	77	娱乐	28
提供信息或问题解决办法	46	寻找新的互动方式	26
寻找产品反馈和服务	39	营销	21

资料来源：Adapted from 2010 *Cone Consumer New Media Study Fact Sheet* (Boston, MA: Cone LLC.2010).

营销人员在了解如何更有效地使用社交网络时，发现了一些普遍的指导原则。[20] 第一条指导原则是透明化。在线社区上，企业如实地公布身份和上传营销内容，是十分重要的。营销人员如果做不到这一点，就会被发现，并且会遭受来自社区的广泛的舆论谴责。"消费主义者"（The Consumerist）博客报道的索尼PSP"造假博客"事件即是一例：

> 不久前，互联网揭露了一家为索尼PSP写虚假博客的营销公司。ps3do网站宣称，这是由"查理"写的，他希望他的朋友"杰里米"可以买一个PSP作为圣诞礼物送给"杰里米"，而域名显示的是一家叫Zipatoni的营销公司。[21]

确实，不仅是消费者关心企业的透明化，打击虚假广告的政府机构——联邦贸易委员会（FTC）也是如此。泰勒公司（Taylor）为那些发布了它们最新消息的博主们提供了一份特殊的礼物，FTC立马对此展开了调查。FTC还向博主公布了新的准则，要求他们清晰地公布所有包括付费或者免费产品广告的资料链接。[22] 由于社交上的博客通常是社交网站一部分，这类问题于是直接相关。这也表明了企业在与网上群体互动时，保持透明化是十分重要的。

第二条原则是成为社区的一员，而不仅仅是把他们作为营销的对象。以下是一则相关摘录：

> 管理者首先倾向于将社交媒体当成一个营销工具，事实上它的确是。但是消费者寻求的不是推销，而是更多的帮助。大约2/3的美国消费者认为企业应该提高社交媒体的使用率，以便找出"识别服务或支持方面"的问题并且帮助消费者解决这些问题。[23]

搜索一家你感兴趣的公司的微博，测量其推销信息与消费者服务信息的比率。你会发现多数信息偏向公司及其产品的推广，尽管一些优秀的公司也会从事产品或服务失误的补救行动。如塔吉特公司通过微博和消费者互动，对消费者的抱怨和问题及时做出反应。

第三条指导原则是充分利用每个网站的独特之处。许多社交网站都有企业的广告栏和活动栏，其内容不限于传统的横幅广告和弹出式广告。例如，一些公司在YouTube网上有专属的频道，可以和吉普公司一样，对其进行管理、监控和提升。一个例子就是Facebook的"点赞"（like）专栏：

> 一些公司认为获得消费者的点赞就可以了，但实际上这只是开始。Adobe Photoshop就是这方面的一个例子。在几乎没有公司参与的情况下，它就能够拥有24万Facebook的粉丝。许多公司认为Adobe Photoshop十分成功，但它希望能为消费者做得更多。它让产品管理团队运营公司的Facebook网页，询问粉丝们的需求并了解能引起消费者共鸣的话题的想法。现在，该网页已经有200多万粉丝，当Adobe发帖时，能够收到粉丝们3 000条评论。[24]

Adobe不仅利用Facebook的特色功能，还把它作为一种对消费者有意义的和有吸引力的方式，以此为公司创造实际价值，提供新的产品创意。

7.2 参照群体对消费过程的影响

我们都以不同方式与群体保持一致。有时，我们会意识到这种影响，但通常情况下，我们是在无意识的情况下与群体保持一致的。在考察参照群体对营销的意义之前，我们需要更进一步地考察参照群体影响的性质。

7.2.1 参照群体影响的性质

群体对其成员的影响有三种主要方式：信息性影响、规范性影响和认同性影响。对这几种方式做出区分是很重要的，因为我们要根据影响方式来制定相应的营销策略。

信息性影响（information influence）出现于个人把参照群体成员的行为和观念当作潜在的有用信息加以参考之时，其影响程度取决于被影响者与群体成员之间的相似性以及施加影响的群体成员的专长。[25] 例如，某人发现其关注的某个田径运动员在使用某种品牌的营养品，于是他决定试用一下这一品牌，因为那位健康而又有活力的运动员正在用它,所关注的田径运动员对该品牌的使用提供了该品牌的间接信息。图 7-4 展示了另一种信息性影响,一个积极的非会员专家参照群体推荐了该品牌。

规范性影响(normative influence)有时又叫功利性影响,这种影响发生时,个体会因为满足了参照群体的期望而获得直接的奖励或者免于责罚。[26] 为了得到同事的赞同,你或许会专门购买某个牌子的葡萄酒,或者因为害怕受到朋友的嘲笑而不敢穿新潮的衣服。正如你想象的那样,群体跟个人的联系越紧密,产品越受到社会的关注,那么规范性影响越强烈。[27] 广告声称,如果使用某种产品,人们就能得到社会的接受和赞许,实际上就是在利用规范性影响;同样,宣称如果不使用某种产品就得不到群体的认可(如牙刷和除臭剂),采用的也是群体对个体的规范性影响。

认同性影响(identification influence)也称为价值表现影响。这类影响的产生以个人对群体价值观和群体规范的内化为前提。在内化的情况下,无须任何的奖惩,个体就会依据参照群体的观念与规范行事,因为个体已经完全接受了群体的规范,群体的价值观实际上已经成了个体自身的价值观。

图 7-5 列出了一系列消费情境和在这些情境下,参照群体的影响及其类型。

图 7-4

消费者经常使用非会员专家参照群体作为他们购买决定的某种信息源。

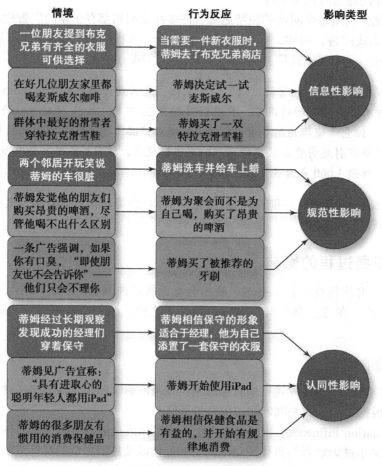

图 7-5　消费情境以及参照群体影响

7.2.2 参照群体影响的程度

在某种特定情境下,参照群体可能对购买没有影响,也可能会影响到某类产品或某种型号产品的使用或具体品牌的选择。表 7-3 说明了两种消费场景特征——必需品/非必需品和可见/隐蔽消费——相结合的情况下参照群体对人们影响的程度。

表 7-3 两种消费情境特征与产品或品牌的选择

	需要的程度	
	必 需 品	非 必 需 品
消费	参照群体对产品有较弱的影响力	参照群体对产品有较强的影响力
可见 参照群体对品牌有较强的影响力	公共必需品 影响力:对产品弱、对品牌强 例子:鞋子、汽车	公共奢侈品 影响力:对产品、品牌均强 例子:滑雪、健康俱乐部
隐蔽 参照群体对产品有较弱的影响力	私人必需品 影响力:对产品、品牌均弱 例子:洗衣机、保险	私人奢侈品 影响力:对产品强、对品牌弱 例子:热水浴盆、家庭影院

基于表 7-3,以下是两个影响参照群体影响力的决定因素:

- 当产品或品牌的使用可见性很高时,群体影响力最大。诸如跑鞋之类的产品,其可见性就很高;而维生素之类的产品,其可见性一般都不高。参照群体通常在可见性高的产品特征上对个体行为产生影响。[28]
- 一件产品的必需程度越低,参照群体的影响越大。例如,参照群体对诸如滑雪器具、定制服装等非必需品的购买有很大的影响,而对冰箱等必需品的购买影响则比较小。

三个影响参照群体影响力的其他因素是:

- 一般而言,个体对群体越忠诚,他就越会遵守群体规范。
- 某种活动与群体的功能越有关系,个人在该活动中遵守群体规范的压力就越大。因此,着装对于一个经常在豪华餐厅用餐的群体来说就显得重要,而对于一个只在星期四晚上一起打篮球的参照群体成员来说,其重要性就小得多。
- 最后一个影响参照群体影响力的因素是个体在购买过程中的自信程度。由于决策的重要以及个体在决策时信心的缺乏,即使在产品不可见且与群体功能没有太大关系的情况下,个体的自信程度也会对其产生影响。个人性格特征通过影响消费信心进而影响参照群体的影响力。[29]

图 7-6 总结了参照群体对产品和品牌的影响方式。营销经理可以使用这种结构来判断参照群体可能在多大程度上影响个体对他们品牌的消费。

7.3 建立在参照群体影响基础上的营销策略

在运用参照群体的影响力时,营销人员必须首先决定对于特定产品,已存在的或将产生的参照群体影响力的程度和性质。图 7-6 提供了一个基本的分析框架。

7.3.1 人员推销策略

群体规范的威力在被称为阿什齐实验或阿什齐现象(Asch phenomenon)的系列研究中得到验证。在黑板上向八名被试者呈现四条线段——其中三条紧挨在一起,另一条离它们有一段距离,然后询问被试者,三条放在一起的不等长线段中,哪一条线段和第四条线段一样长。被试者需要公开宣布他们的判断,其中七个人是实验者安排的,他们都宣布了错误的答案,一无

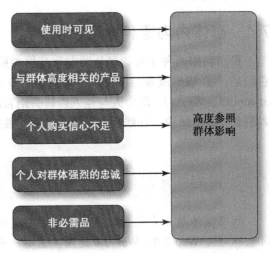

图 7-6 参照群体影响的消费场景因素

所知的那名被试者安排在最后宣布答案，他几乎总是同意其他被试者的判断。这就是我们所说的阿什齐现象。不难想象，在朋友中间，与整个群体保持一致的压力就更大了。当目标不明确时，如面临偏好何种品牌或式样的问题时，情况尤其如此。

考虑阿什齐现象在人员推销中的直接运用：一组潜在的顾客被吸引到销售展示现场。随着每种设计的一一呈现，推销员迅速浏览群体中每个人的表情，以便发现赞赏该设计的那个人（如他不断点头），然后，询问点头者的意见，当然，他的意见一定是赞同的。推销员还请他详尽地发表评论意见，同时观察其他人的神情，以发现更多的支持者，并询问下一个最为赞同者的意见。一直问下去，直到那位一开始看起来最不赞成的人被问到。这样，鉴于第一个人的榜样作用以及群体对最后一个人产生的压力，推销员使群体中的全部或大部分人公开对该设计做出了正面的评价。但是，在运用这种方式进行营销时，你认为是否存在道德上的问题呢？

7.3.2 广告策略

营销者在进行产品定位时，常常宣称其产品适合于某些群体活动。法国葡萄酒向来在人们眼里是昂贵和权势的形象，许多消费者认为它只适用于某些特殊场合。图7-7展示了一则将自己定位于一个特殊群体活动的广告。

营销者可以利用前述三种类型的参照群体影响设计和制作产品的广告。如图7-4中的广告则利用了信息性影响。这一类型的广告利用专家参照群体（例如牙科医生、医生和教师）作为信息代理者。另一个方式就是展示群体中的某些成员正在使用某种产品。广告所传递的信息是："广告中的这些人发现这一品牌是最好的，如果你与他们是同一类人，你也将会这样做。"

现在，广告对规范性影响的运用不如以前那么普遍。规范性影响或明确或隐晦地暗示，使用或不使用某一产品会导致所属群体的奖惩。现在，这种技巧使用得较少的原因之一是，它常引起道德方面的问题。这类广告似乎暗示，朋友们会根据一个人购买的产品来评价和对待他。那些显示一个人因所买的咖啡欠佳而遭受朋友们私下议论的广告，曾一度受到广泛的批评，这类广告被指责利用了人们的不安全感和恐惧心理。

认同性影响是由于个人内化了群体的价值观而产生的。运用这种影响时，广告的主要任务就是展示产品理念与群体价值观及个人消费理念一致。这类广告经常展示被某些特定群体——如社交活跃的单身青年或者新晋父母所使用的品牌。

图 7-7
营销者常常将产品定位成适合某些群体活动，正如这则广告所示。

7.4 群体内沟通和意见领袖

我们利用两种主要途径从朋友和其他参照群体那里了解新产品、服务、品牌、零售店及信息来源等情况，它们是：① 观察或参与使用产品或服务；② 采用口头传播方式向他人征询意见和收集信息。**口碑传播**（word-of-mouth，WOM），即个人与他人以口头语言的方式分享信息，包括面对面、电话和互联网等方式。正如消费者洞察7-2中所说，在线社交媒体和互联网继续改变着人与人之间的沟通和口碑传播。

| 消费者洞察7-2 | 在线社交媒体、消费者创建内容和口碑传播 |

社交媒体是正在进行的网络革命的组成部分，有时也称之为Web 2.0。Web 2.0运用可让用户充分利用互联网独特互动合作能力的技术。这些技术和形式包括网络虚拟社区、各种在线社交网站、消费者评论网站、个人和企业的网络博客或网上日记。通过在线社交媒体，用户不仅能够创建和加入群体，与在线群体

或个体进行交流，还能以前所未有的方式创作和发布原创内容。这种消费者创建内容的方式正在改变营销环境。在沟通中，消费者处于主导地位，营销人员则一改以往控制者的角色，成为观察者和参与者。[31]

我们以一个名为"沉没的吉普"的视频为例来说明在线社交网站上的消费者创建内容。这是一位业余爱好者拍摄并上传在 Metacafe 上的视频。视频讲述的是在一次吉普活动中，有人把车开进了一个水坑，车子完全被水淹没，但是开出来后性能毫无损伤。这一视频的浏览次数超过35万次！吉普公司并没有参与视频内容的制作。另一方面，这位吉普爱好者不仅提供了亲身体验，视频中还隐含了吉普车质量的正面口碑。其他人随后加入了对此视频及吉普的讨论中，使话题延续下去。这是其品牌社区的忠实会员给吉普车品牌带来的积极正面影响。

也有负面的案例，如雪佛兰学徒挑战（Chevy Apprentice Challenge）。雪佛兰邀请消费者运用公司提供的在线组件和工具制作太浩车（Tahoe）的广告。问题是1/5的广告都是负面的，称其耗油量大，还污染环境。正如一位专家所说，错误不在于新媒体的使用，而在于公司采取的大众方式：

> 更好的方式是通用汽车公司应该请太浩车的拥有者出面，从足球妈妈到嘻哈艺术家。通用应当邀请这些忠实粉丝用雪佛兰提供的工具来制作广告，或让他们用自己的视频、图片和音乐来制作出更具真实性的个性化广告。[32]

当公司在线寻求消费者的参与时，这一行为被称为众包（crowdsourcing）。[33] 然而，众包却在消费者创造广告之外的领域中运行良好，这也是雪佛兰学徒挑战的关注点所在。众包包括建立一个论坛，在这个论坛中，消费者可以帮助其他消费者解决问题，这也是戴尔和微软都已经尝试过的方法。它还包括公司提出一些具体要求，让消费者参与到一些产品和服务的设计决策中来。图7-8便是一个例子。

下文中展示的数据表明，几乎40%的社交媒体用户希望企业让他们参与到此类决策中来，但是，并不是所有人都积极参与消费者创造内容。不同类型的消费者在不同的水平上创造了不同的内容，其中包括：[34]

- 创作者——他们自己制作网页、博客、视频，将视频上传到 YouTube 之类的网站上，主要是些青少年和二十多岁的年轻人。
- 评论者——他们喜欢写博客和评论，年纪比创作者稍长些——大多是大龄青少年和25岁左右的人。
- 参与者——他们是社交网站的使用者。年龄在十几岁至30岁之间，人数比创作者和评论者都多。
- 旁观者——他们阅读他人的博客、视频等。年龄趋于年轻化，但也存在较多年长人群。
- 不活跃者——他们上网，但不参与社交活动，年龄较大。

在 Web 2.0 上，创作者和评论者是话题和意见领袖。实际上，简单来说，他们是意见领袖和网络影响者，其影响力不可低估。营销人员发现，在社交媒体的新世界里，他们应更多的参与讨论，而不是驱动和控制讨论。

思考题

1. 网络社交媒体如何使营销人员从沟通控制者转变为参与者和观察者？
2. 除了年龄，你认为创作者和评论者最突出的特征有哪些？
3. 营销者应运用哪些策略来跟创作者和评论者合作？你觉得会有哪些问题？

消费者通常对人际信息（家庭、朋友、熟人）的信任程度要高于对广告的信任，因为前者被认为更真实。因此，个人信息来源，如家庭和朋友的口碑传播，对消费者决策和企业的成功有重要影响。实际上，大约有2/3的消费者的产品决策受到了口碑传播的影响。[30] 最近的研究比较了消费者对一系列产品或服务的个人口碑传播与广告的信任程度。表7-4显示了和广告信息相比，美国成年人在进行产品决策时首要考虑他人信息（从朋友、家人和其他人那里获得口碑传播）的比例。

表7-4 美国成年人在做决策时首要考虑的信息

	他人信息	广告信息
餐馆	83	35
住所	71	33
处方药	71	21

	他人信息	广告信息
宾馆	63	27
健身中心	61	19
电影院	61	67
最佳品牌	60	33
退休金计划	58	9
汽车	58	36
衣服	50	59
计算机设备	40	18
网站	37	12

资料来源：Adapted with the permission of The Free Press, a Division of Simon & Schuster, Inc., from *The Influentials*：*One American in Ten Tells the Other Nine How to Vote, Where to Eat, and What to Buy*, by Edward Keller and Jonathan Berry. Copyright © 2003 by Roper ASW, LLC. All rights reserved.

如表所示，口碑传播是非常重要的，并且与广告相比，它的重要性随着产品种类的不同而不同。另外，传统的大众传媒广告仍然很重要，尤其是在包括建立品牌意识在内的决策过程的早期阶段。

负面体验是口碑传播的强大动力，是营销人员必须考虑的一个因素，因为负面口碑传播可以严重影响受众的态度和行为。[35] 负面的体验具有高度情绪化且令人难忘的特点，从而促使消费者对其不断抱怨。虽然具体数字会因情况和产品而变化，但不难发现，失望的消费者向他人诉说其负面体验的次数，一般要比满意的消费者多2倍左右。[36] 虽然满意程度一般的消费者（达到其期望）不一定会进行口碑传播，但提供超过预期的产品或服务，让消费者感到不仅仅是满足，似乎能产生更好更多的口碑传播。因此，许多公司会考虑"取悦"消费者的策略，或创造积极的情绪体验，鼓励消费者传递正面的口碑传播（详见18章）。[37] 很明显，许多公司既想为顾客提供稳定高质量的产品和服务，又想快速、积极地回应顾客的抱怨。

应当指出的是，口碑传播的重要性随着传播者来源的不同而不同。一些人在他们的圈子里因为善于提供某些信息而闻名，这些人非常积极地过滤、解释和提供产品或品牌信息给他们的家人、朋友和同事，他们被称为**意见领袖**（opinion leader）。一个人从大众媒体或其他营销来源获取信息，然后将它传达给他人的过程被称为**传播的两步流动**（two-step flow of communication）。两步流动能够说明群体内沟通的某些方面，但对于大多数信息沟通来说则过于简单了，更为常见的是多步流动。图7-9对比了大众传播中的两步流动与多步流动模型。

传播的多步流动（multistep flow of communication），涉及特定产品领域中的意见领袖。意见领袖积极地从大众媒体和其他来源收集相关信息，并对信息进行加工，再把他们对信息的理解传达给群体中的某些成员。意见领袖同时还接收从大众媒体和群体内其他非意见领袖成员那里得来的信息。图7-9显示，这些非意见领袖还经常要求意见领袖提供信息，并给后者以信息反馈。同样地，意见领袖也从他们的追随者以及其他意见领袖处接收信息。注意社交媒体如何促进这一在线传播的多步流动过程。

图 7-8

企业越来越多地使用社交媒体来使消费者参与到产品服务设计和营销决策中。

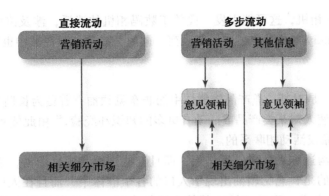

图 7-9　大众传播信息流

7.4.1　口碑传播和意见领袖出现的情境

群体成员之间通过口碑传播交换意见和信息，具体分为两种情况：①一个人向另一个人寻求信息时；②一个人主动提供某种信息时。这种口碑传播还可以在正常的互动过程中产生。

假如你打算购买一种相对陌生的产品，并且这种产品对你十分重要，如一套新的音响、一个雪橇或一辆自行车，你是怎么做出购买什么类型、什么品牌的决定的呢？在你的多种可能行动中，你很可能跑去向一个你认为深谙这种产品的人咨询，那个人就成了你的意见领袖。请注意，我们曾描述过这种购买者对产品了解很少但介入程度很高的购买情形。图 7-10 反映了这些因素如何相互作用，导致寻求意见领袖帮助的各种可能水平。[38]

除了直接寻求或提供信息，群体成员还通过可观察的行为彼此提供信息。例如 Hard Candy 亮甲油：

> 黛娜（Dinah）是南加利福尼亚大学的一名学生，她为了搭配新买的一双凉鞋而制作了一些颜色非常漂亮的指甲油。其他学生看到了她的指甲油后，非常喜欢，并希望得到类似的指甲油。不久，她和她的男朋友就开始在她的浴缸里制作指甲油，并命名为 Hard Candy。开始，她只在本地的一些时尚沙龙进行销售。新闻上登出了 Quentin Tarantino 和 Drew Barrymore 用上了她的指甲油，由此引起广泛注意。电影明星 Alicia Silverstone 也使用该产品，并在 *David Letterman* 杂志上给予赞扬。在短短三年时间里，Hard Candy 指甲油年销售额超过 3 000 万美元。[39]

Hard Candy 主要是通过观察获得成功的。人们发现潮流领导者在校园里使用该产品（黛娜和她的朋友），然后是其他的时尚领导者使用该产品（通过时尚沙龙进行销售，被关注时尚的个人注意并购买），最后在大众媒体上看到一些名人使用该产品。

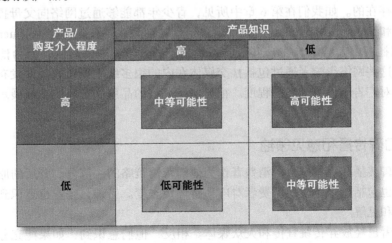

图 7-10　寻求意见领袖的各种可能性

很显然，观察和直接的口碑传播经常一起发生作用。例如，你准备在市场上购买数码相机，注意到一个朋友使用奥林巴斯（Olympus）相机，这可能引发一段关于数码相机的谈话，涉及诸如奥林巴斯品牌以及在哪里购买最划算等问题。Hard Candy 的成功主要依赖于观察，同时，口碑传播在其中也发挥了重要作用。

7.4.2 意见领袖的特征

意见领袖最突出的特征，是对某一类产品较群体中的非意见领袖有着更为长期和深入的介入。这种**持续介入**（enduring involvement），使人对某类产品或活动有更多的知识和经验，[40] 由此使意见领袖得以出现。[41] 因此，意见领袖通常是和特定的产品或活动相联系的。

意见领袖主要通过人际沟通和观察来发挥作用，而且这些沟通和观察活动，最常出现在有着相似人口统计特征的人群中。并不奇怪的是，意见领袖出现于人口的各个群体中，而且在人口统计特征上很少同他们所影响的人有显著差别。一般来说，意见领袖比其他人更加合群，这可以解释为什么他们愿意向其他人提供信息。另一方面，意见领袖对相关媒体的接触水平远较非意见领袖高。全世界的意见领袖都表现出相同的特征。[42]

识别和定位意见领袖十分重要。在线下，意见领袖可以从专业的媒体资源获得。例如，耐克推测《跑步者世界》（*Runner's World*）的订阅者可能是慢跑鞋和跑鞋等产品的意见领袖。[43] 在线意见领袖可以通过他们在某一特定圈子内的活动和影响力来识别。[44] Matt Halfill 是一个运动鞋爱好者博主，有一个名为 NiceKicks 的博客，他被视为运动鞋文化的意见领袖，像耐克这样的公司会在他的博客上打广告。

市场通、影响者和网络影响者

意见领袖通常是专家，他们常常对某种具体的产品或活动具有专门的知识和高度介入，因此尽管一个人可能是关于摩托车的意见领袖，但他们可能是如手机等其他产品的信息收集者。但有这样一些人，他们似乎了解许多产品、购物场所和市场的其他方面信息，他们乐于与他人讨论产品和购物，也向他人提供市场信息，这些人被称为**市场通**（market mavens）。本质上，市场通是意见领袖的一种。

市场通向他人提供关于众多产品的大量有价值的信息，包括耐用品和非耐用品、服务和商店类型等各种信息。他们向其他群体成员提供关于产品质量、销售、一般价格、产品的效用、店员的特点和其他有关消费者的细节。市场通广泛使用各种媒体，[45] 他们是比较外向和耿直的，这使得他们乐意与其他人分享信息。[46] 在人口统计特征上，市场通与他们的影响人群非常相似。

Roper Starch（一家市场调研公司）用三十多年的时间跟踪了一群市场影响者，这些市场影响者在本质上跟市场通非常相似。他们代表了 10% 的人口，具有广泛的社会网络，由此使他们可以影响其他 90% 的人的行为和态度。他们是印刷媒体如报纸、杂志和互联网用户群的重要组成部分，比一般人更喜欢使用口碑传播方式推荐产品、服务、品牌或新的网站。[47]

互联网市场通也是存在的。如我们在第 6 章中所见，青少年都能够通过网络向父母提供信息而影响家庭购买行为。[48] Roper Starch 和 Burston-Marsteller 公司确定了一个被称为"网络影响者"（e-fluentials）的消费者群体。网络影响者代表了虚拟社区中大约 10% 的成年人，但是他们的影响力非常广泛，因为他们在网上和线下与很多人交流信息和经验。这些网络影响者通过包括社交媒体在内的很多线上渠道收集并发布信息，他们愿意开放广告邮件的首要原因是对广告邮件方的熟悉程度。很显然，可信的品牌和可靠的在线展示对捕获网络影响者来说是非常重要的。[49]

7.4.3 营销策略、口碑传播和意见领袖

营销者越来越把口碑传播和有影响力的消费者作为他们营销策略的一部分。背后的原因包括传统大众媒体很难接触到零散市场，也包括越来越多的消费者对广告持怀疑态度。另外，企业也意识到，意见领袖能为企业提供非常有价值的信息和见解。

这并不意味着营销者已经放弃传统宣传和大众媒体。相反，他们意识到，如果能充分挖掘潜在的且能够直接通过观察或口头传播为其产品或品牌进行宣传的消费者群体，那么企业在传统大众媒体宣传中会获得长远的发展。下面，我们来验证一些用于激发口头传播和意见领导的营销策略。

1. 广告

广告应力图激励人们进行口碑传播或者模仿意见领袖。激励包括设计一些活动，鼓励当下的使用者谈论（告诉朋友）产品或品牌，或者让可能的购买者向现在的使用者询问他们的感受。[50] 广告可以通过产生兴趣和兴奋的场景来激励口碑传播。德芙巧克力在广告中结合运用了所谓的"传递"工具，即"爱心相连"的主题，来激励口碑传播。如果一个顾客能向他的三位朋友推荐德芙，他将得到两块免费的巧克力，而他的朋友们将得到外包装印有推荐者名字的一块香皂，这使送出的样品看起来不像是公司的赠品，而更像是来自朋友的礼物。[51]

模仿意见领袖需要找到一位众所周知的意见领袖——如为高尔夫球器材找到 Phil Mickelson，使之支持某一品牌。图 7-11 展现的就是此方法的例子。或者，也可以在一则"生活片段式"的广告中，让一位著名的意见领袖推荐某一产品。这种情景可以是一个"偷听式"对话——一个人正向另一个人推荐某一品牌。另外，广告也可以提供调查结果，显示典型使用者或高比例的专业人士（如 90% 的牙医）推荐该品牌。[52]

2. 赠送产品样品

赠送样品，即将产品样品送给一个潜在的消费群体使用，是激发人们传播该产品信息的有效方法。营销者不能随机选择样本赠送对象，而应该尽量将产品送到可能成为意见领袖的人手中。

李维·施特劳斯使用一种独特而富有成效的方法来识别并影响意见领袖。为了提升 24~35 岁城市居民对 Dockers 服装的偏爱，公司在主要城市设立了名为"城市联络者"的职位。该职位的任务是在其重点城市识别出正在涌现的时尚人物，并将其与 Dockers 联系起来。这可能包括发现正在崛起的新乐队，为乐队人员提供 Dockers 牌服装，或者赞助该新乐队或乐队演出的节目。这样做的目的是将 Dockers 产品与都市新锐和成长中的年轻影响者联系起来。[53]

BzzAgent（www.BzzAgent.com）雇用普通百姓采用口碑方式积极传播它们的产品信息。BzzAgent 坚持要求这些被雇的"代理人"表明自己与 BzzAgent 的联系，并提供诚实的看法。大多数的口碑是在离线情况下，以正常谈话的方式进行的。代理人免费使用样品，同时被指导采用不同的口碑方式传递信息。代理人再把每一种口碑细节传回 BzzAgent，并可得到"可兑现积点"的奖赏。大多数参与者不是为了获得"点数"，因为很多人并没有真正进行兑换。BzzAgent 的客户越来越多，包括卡夫食品公司、固特异、沃顿商学院出版社等著名企业和机构。很多公司委托 BzzAgent 开展口头传播活动，收费则因情况不同而异，涉及 1 000 人、持续 12 周的"口碑"活动约需 10 万美元甚至更多。[54]

图 7-11

消费者常常使用个人来源作为首要的意见领袖。然而，他们不认识的专家也能够承担这一角色，例如"调查结果表明该品牌被专家或典型消费者所推荐"。

3. 零售与人员推销

零售商或推销员有成千上万的机会使用意见领袖。服装店设计了"时尚意见委员会"，由目标市场中可能成为服装款式意见领袖的人组成。如 Abercrombie & Fitch 使用啦啦队队员和班级干部作为意见领袖，迎合高年级学生和大学生的偏爱。

零售商或推销员可以鼓励现有顾客向潜在的新顾客传达信息，让这些顾客获得打折之类的优惠，即所谓的推荐奖励方案。例如，一位现有的顾客带一位朋友看车时，汽车推销员或经销商就可以为他免费洗车或加油。越来越多的公司开始采用这一方案，如美国联合航空公司（United Airlines）、辛格勒无线运营商（Cingular）、RE/MAX 国际公司等。研究表明，这类方案切实可行，尤其是对与顾客关系薄弱的商家来说，可以有效促进积极的口碑传播。[55]

4. 创造信息轰动

信息轰动（buzz）实质上是口碑传播的进一步扩展，是指在没有广告和大众媒体的支持下口碑急速传播。

前面所提到的 Hard Candy 亮甲油就是一个很好的例子。《神奇宝贝》《哈利·波特》丛书和《玩具总动员3》都是这方面的成功典范。[56] 营销者通过向意见领袖提供高级信息、免费样品、产品试用、电影道具赞助、限量供应、公共宣传等手段，使消费者对产品或品牌产生神秘感和期待感，由此引起轰动。

信息轰动不是依靠巨大的广告投入而达到的，它经常是通过其他营销活动来实现的。事实上，创造信息轰动是游击营销的一个重要部分——游击营销（guerrilla marketing）是指在有限的预算下，运用非传统的传播方式进行市场营销。游击营销是为了与消费者个人建立亲密的联系并创造口碑传播的过程。[57] 下面是游击营销的一些例子：

- 索尼—爱立信公司聘请有吸引力的演员，在人流很多的地铁出口装扮成游客的样子，手持该公司生产的手机或者数码相机跟公众合影留念，造成大家对演员手中产品的注意和讨论。
- BC/BS 公司聘请一些人全身涂满蓝色，在匹兹堡漫步。没有人知道"蓝色运动"到底是什么并引起了大家的好奇，然后 BC/BS 公司在公司的主页上披露了信息，引起访问量的大幅增加。[58]

创造信息轰动本身并不是游击营销，游击营销战术的运用也必须谨慎。顾客现在对游击营销的一些策略越来越关注。存在这样一些消费者，他们关注着营销过程中隐蔽的道德和法律问题：

吉列（Gillette，宝洁旗下品牌）赞助了一个名为 NoScruf.org 的不知名网站。NoScruf 是 the National Organization of Social Crusaders Repulsed by Unshaven Faces（全国反修面组织）的简写。该组织由一个名为 Porter Novelli 的人以个人名义代表吉列发起，其宗旨是进一步黑化吉列形象。

从消费者的角度来看，研究表明，当消费者发现了恶意营销作为，消费者对产品或品牌的信任、保证以及购买欲都会受到破坏。从道德上，在营销活动中试图隐匿品牌参与会使消费者处于劣势地位，因此他们一旦发觉，就会对这种营销所带来的影响更加警惕。从法律上，曾有相关运动抵制这类秘密的营销活动，美国联邦贸易委员会规范博主及其与消费者的关系就是一个例子。你能补充其他的关于"秘密式"或"游击式"营销的例子吗？BzzAgent 的方法和索尼—爱立信的方法有区别吗？

创造信息轰动通常是包括媒体广告在内的大型传播战略的一部分。Clairol 试图通过在线产品试用，为它"真实激情色彩"的网站创造出口碑效应。它也设立了有奖彩票活动，获奖者可以得到四张《律政俏佳人》的首映式门票。随后，大众媒体对此进行了大量报道。[60]

信息轰动和口碑传播不能局限在传统的媒体，诚如我们在消费者洞察 7-2 中讨论的那样，营销者也应该增加对在线媒体的重视。[59]

| 消费者洞察7-3 | 利用信息轰动和口碑传播的在线策略

正如我们所看到的，互联网正在不断改变人际沟通的性质。这种新的沟通方式正在迅速发展，如果企业能够利用互联网的沟通便捷，便可以获取巨大的回报。我们用下面一些例子来加以说明：

- 病毒营销（viral marketing）是一种在线"传播信息"的营销策略，它"使用电子沟通方式，在广大的互联网使用者中传递品牌信息"。病毒营销可以通过多种方式进行，但通常都会用到电子邮件。本田英国分公司利用软件，制作了一个称为"The Cog"的两分钟广告，成为病毒营销的成功典范。在巴西举办世界一级方程式赛车锦标赛（Brazilian Formula 1 Grand Prix）期间，该广告在英国播放，旨在触动意见领袖，该广告在本田公司的网页上也可以看到。消费者点击该广告后，就会为之惊叹折服，于是就用电子邮件向世界各地的朋友和熟人发送这一广告，让大家一起欣赏，这就是所谓的病毒营销。本田在英国的销量创了历史纪录，随后该广告流传到北美地区，同样引起网站点击的提高和销量的上升。本田、沃尔沃和吉列等公司都纷纷使用病毒营销方法。[61]
- 博客（blogs）是一种个性化的日记，个人或者组织可以借此进行动态性的话题讨论。营销人员可以采取各种方式利用博客。第一，他们可以在博客上设置企业的横幅广告,并用博客的信源(feed)包装广告。第二,让知名博主使用其样品,利用博客知名度创造轰动效应。第三,通过观察重要的博客网站获得营销情报。第四,建立企业博客,并设置负责更新博客的管理人员。戴尔公司就是一个很好的例子,它有一个名为 Direct2Dell 的博客及其博主。[62]

- **推特**(twitter)是一种微型博客工具。它将发布内容限制在140个字以内。它迅速地成长为最大也是增长最快的社交媒体之一。对营销者来说,有很多利用微博的方法。第一,如前文所述,消费者可以在企业推特账号下发布抱怨或其他的信息要求,企业进行相应的回复。第二,企业可以利用推特 Promoted Tweets 的广告平台。发布的内容(和广告相似)会在推特上出现,并且会在那些没有关注该企业推特的用户的搜索结果中显示。最后,类似 Sponsored Tweets 和 Ad.ly 的企业将品牌和有影响力的推特用户联结起来。这些推特用户一般是像 Charlie Sheen 和 Kim Kardashian 这类拥有几百万关注者的名人,他们会因为发布特定品牌的信息而得到报酬,通常每一条推特1 000美元或更多。和常规的博客相比,完全公开是这种模式一个非常重要的特点。[64]

- **消费者评论网站**(consumer review sites) 它和网站上的评论功能是非常重要的营销工具。亚马逊等其他网站允许消费者便捷地在其网站上发布产品评价。基于口碑传播的力量,这种在线版本的口碑传播是决策的有力影响者。例如,如果一家餐厅在 Yelp 上的排行增加一颗星,餐厅的收入将增加5~9个百分点。但是,关于线上评论,营销人员必须注意两点。第一,由于现有的评论是"公共信息",它们可能会对后面的评论产生引导作用。所以,如果评论呈下降趋势,和独立于之前的评论相比,它很可能带来更多的负面评价。这是营销人员和消费者都面临的一个挑战。营销人员会发现自己在和误导消费者的趋势战斗,而消费者也可能得不到最好的和最准确的建议。第二是虚假评论,据估计网上每7个评论中就有1个为虚假评论。企业可以通过 Astrosurfing 为自己购买积极的评论并为竞争者购买消极的评论。企业可以通过算法分辨哪些评论是真实的,哪些评论是虚假的,然后采取法律措施。企业为另一个公司购买假评论类似于虚假广告。三星最近因为雇人批评 HTC(它的一个竞争者)的产品而受到罚款。[65]

很明显,营销人员在慢慢学会如何利用互联网来获得口碑效应,它在未来给营销带来的变化将是非常有趣的。

思考题

1. 互联网上还有哪些人际沟通方式?
2. 你是否信任那些在线资源提供的信息?营销者该如何提高消费者对在线资源的信任?
3. 你认为那些资深的博主会有哪些典型特征?

7.5 创新扩散

创新(innovation)是指被相关的个人或群体视为新颖的构想、操作或产品。某个产品是否是创新产品,取决于潜在市场对它的感知,而非取决于对其技术改进的客观衡量。新产品被接受或在市场的扩散,总体而言是一种群体现象。在下面这一部分,我们将较为详细地讨论创新扩散过程。[63]

7.5.1 创新的类型

努力回想一下在过去两三年里你曾接触过的新产品。在回忆这些产品时,你会感到它们有着不同程度的革新。例如,像苹果 iPad 这样的平板电脑就不仅仅是新奇的减负产物,更是一种创新。对于消费者来说,是与接纳新产品相匹配的行为(包括态度与信念)与生活方式的改变程度决定了该新产品的创新性,而不是产品在技术或功能上的变化。

对任何新产品,我们可以根据目标市场消费者对产品的感受,将其置于一条从没有行为改变到要求行为急剧改变的曲线上。据此,创新可以分为三种类型。

1. 连续创新

指采用它们只需做出一些细微的,或是对消费者无关紧要的行为改变。这方面的例子包括佳洁士双重美白牙膏、小麦能量营养餐、Pria（一种下午茶点）和 DVD 播放器。这些产品少数具有复杂的突破性技术，但是大多数产品的使用只需要拥有者细微的态度和行为的改变。图 7-12 中的佳洁士双重美白牙膏是连续创新的一个例子。

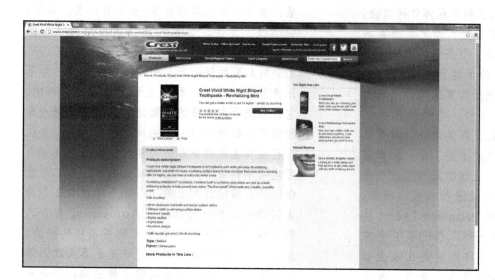

图　7-12

佳洁士的双重美白牙膏被大多数人视为连续创新。

2. 动态连续创新

采用这种创新要求人们在某个不太重要的行为领域做出重大改变，或者在重要的行为领域做出中等程度的行为改变。例如，数码相机、个人导航器、移动端 App 和 Bella and Birch 纹理漆（不含胶水，采用特殊喷头的墙纸喷绘漆）。图 7-13 中 The Shout Color Catcher 的广告就是一个对大多数消费者群体来说动态连续创新的好例子。

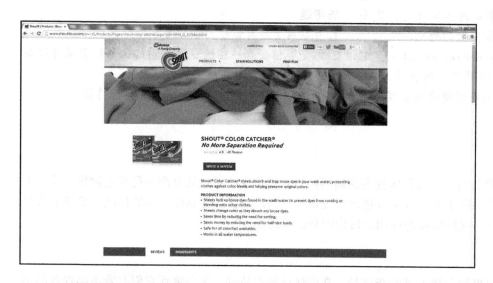

图　7-13

使用 Shout Color Catcher 要求大多数人在重要的行为领域做出中等程度的行为改变。对这些人来说，这就是一个动态连续创新。

3. 不连续创新

采用这种创新要求在对个人或群体极为重要的行为领域做出重大改变。这方面的例子有诺普兰（Norplant）避孕药、素食者、丰田 FCV 氢汽车（见图 7-14）等。

每年发明的成千上万种新产品或改进型产品中，大部分都归入曲线中无改变的一端。许多理论和实证研究都是以不连续的创新为基础的。例如，单个消费者在购买创新产品时，会经历一系列迥异的步骤或阶段，这被称为**采用过程**（adoption process），图 7-15 列出了这一过程的各个阶段。

图 7-14

大多数消费者对它的反应会被视为不连续创新。

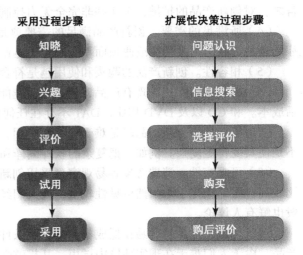

图 7-15 采用过程和扩展性决策

图 7-15 还描述了第 1 章中所讲的扩展型决策的各个步骤。可以看出"采用过程"这一术语实际上是用来描述涉及新产品购买的扩展型决策的。我们将在第 14 章中详细讨论扩展型决策,这种类型的决策通常出现在消费者的购买介入程度很高的情况下。高度介入的购买适用于像电动汽车等不连续创新产品的购买。研究发现,在这类产品的购买中,消费者大多使用扩展型决策程序。

然而,认为所有创新产品的购买都采用扩展型决策程序则不一定正确。事实上,大多数连续的创新产品只引起有限的决策行为。作为消费者,我们一般不会花大量精力来决定是否购买 Jolt 新的野葡萄口味饮料或新的 Glad 微波蒸煮袋这类创新产品。

7.5.2 扩散过程

扩散过程(diffusion process)指的是创新产品分布到整个市场的方式。"分布"(spread)一词指产品在某种程度上被有规律地购买的行为。[66] 市场则可以大到整个社会(如某种新的软饮料),小到进入一个自助快餐店进餐的学生。

对大部分的创新来说,扩散过程随时间推移都会呈现相似的模式:相对缓慢的增长阶段,接下来是快速增长阶段,最后又是缓慢的增长阶段,如图 7-16 所示。但这种模式也有例外,特别是对于像新的即食麦片这类连续的创新产品,开始的慢速增长阶段可能被跳过。

有关创新产品的研究显示,从新产品导入到产品在目标市场饱和(销售缓慢或停止增长)的时间,从几天、几星期到几年不等。这引起了两个有趣的问题:①决定一种创新产品在某一细分市场上扩散有多快的因素是什么;②创新产品的早期购买者在哪些方面区别于晚期的购买者。

1. 影响创新产品扩散的因素

创新产品的扩散速度取决于以下 10 个因素:

(1)群体类型。有些群体比另外一些群体更乐于接受改变。一般来说,年轻、富有和受教育程度高的群体能迅速接受包括新产品在内的改变。因此,目标市场乃是决定创新产品扩散速度的重要因素。[67]

(2)决策类型。决策实质上可分为个人决策和集体决策两种类型。做出决策的人数越少,创新产品扩散得就越快。

(3)营销努力。企业营销努力程度极大地影响着扩散速度。换

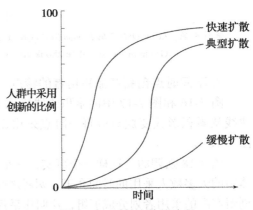

图 7-16 创新扩散的阶段

言之，对创新产品的扩散，企业并非完全无力控制。[68]

（4）所满足的需要。创新产品满足的需要愈是显而易见，扩散速度也就愈快。Rogaine 这一治疗某些脱发症的药物，在为头发稀少或谢顶而不安的人中迅速得到试用。

（5）相容性。创新产品的购买和使用越是符合个人和群体的价值观或信念，扩散得就越快。[69]

（6）相对优势。比起现有产品，创新产品越能满足相关需求，扩散就越快。相对优势既包括产品性能也包括成本。和 CD 以及 DVD 相比，DAT 不存在任何优势，所以它从未真正地扩散开来。

（7）复杂性。创新产品越是难于理解和使用，扩散就越慢。从这一角度看，关键是使产品使用更方便，而不是使其变得更复杂。例如，把复杂的软件编译和改良，使其简单并且有趣。[70]

（8）可观察性。消费者越容易观察到采用创新产品的好处，创新产品扩散得就越快。手机相对而言可见性比较高；眼部激光手术虽然可见性较低，但人们经常谈论它。另一方面，有些治疗头疼的药物可见性不高，一般也鲜有人议论。

（9）可试用性。越容易在低成本或低风险条件下试用创新产品，产品扩散就越快。对于眼部激光手术一类产品，由于人们难于在现实环境中试用，其扩散受到阻滞。对于低价商品如头疼治疗药物，或数码摄像机等可以租用、借用或在商店里试用的产品，这一问题相对不是太突出。

（10）知觉风险。与采用创新产品相联系的风险越大，扩散就越慢。风险包括经济的、身体的或社会方面的风险。知觉风险（perceived risk）取决于三个方面的因素：①创新产品无法产生预期效果的可能性；②不能产生预期效果造成的后果；③可修复性、修理费用和其他问题。[71] 例如，许多消费者想要获得激光治疗手术带来的好处，也认为其成功率非常之高，但是他们感到手术失败会有严重的和不可恢复的后果，因此不敢使用这项新产品。

图 7-17 显示的是四种流行消费电器产品的扩散曲线，你如何解释它们在扩散速度和渗透水平上存在的差异呢？

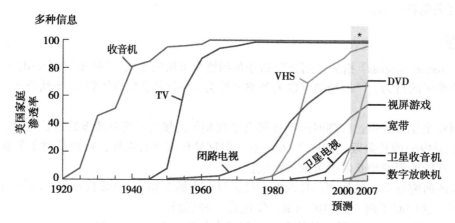

图 7-17 消费电子产品的扩散曲线

资料来源：*ECONOMIST by Economist.*Copyright 2005 by Economist Newspaper Group.Reproduced with permission of Economist Newspaper Group in the formal Textbook via Copyright Clearance Center.

2. 不同时点创新产品采用者的特点

图 7-16 和图 7-17 中的累积曲线描述了随着时间推移，使用新产品人数增长的百分比。如果我们把这一曲线从累积形式变成对应每一时点采用创新产品人数百分比的形式，就会得到我们所熟悉的钟形曲线（见图 7-18）。

图 7-18 强调的是这样一个事实，一小部分人会很快采用创新产品，另外一小部分人则极不情愿采用，群体中的大多数人采用的时间介于这两者之间。研究人员发现，根据人们采用产品的相对时间，可以将任何一种创新产品的采用者划分成五组，这叫作**采用者分类**（adopter categories，见图 7-18），它们分别是：

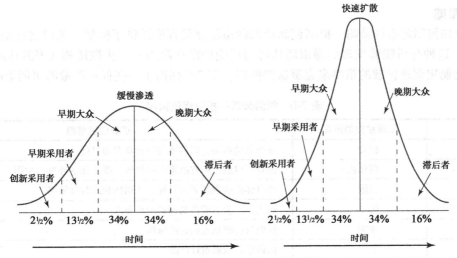

图 7-18　随时间而变化的创新采用

创新者：一种创新产品最早的 2.5% 的采用者。
早期采用者：接下来的 13.5% 的采用者。
早期大众：接下来的 34% 的采用者。
晚期大众：接下来的 34% 的采用者。
滞后者：最后 16% 的采用者。

上述五种人有什么区别呢？我们可以从下面的概括性描述开始，对其加以区别。很明显，产品分类的调查研究对于充分了解具体的营销情景十分必要。

创新者（innovators）是富有冒险精神的风险承担者，他们能够承担采用一种不成功新产品带来的经济和社会损失。他们视野开阔，以其他的创新者而不是他的同伴作为参照群体。他们一般较年轻，受教育程度较高，比其同伴具有更大的社会流动性。创新者充分利用各种广告媒体、推销人员和专业性信息来源来了解新产品。

早期采用者（early adopters）通常是当地参照群体内的意见领袖。他们事业有成，受过良好教育，比同伴年轻。他们在一定程度上愿意承担采用创新产品带来的风险，但同样关心失败的后果。早期采用者也使用广告、专业和人际信息源，并向他人提供信息。

早期大众（early majority）消费者对创新产品很谨慎。他们比其所在社会群体中的大多数人采用得早，但又是在创新产品已被证明是成功的之后才采用。这一群体的消费者积极参加社交活动，但很少是领袖。他们年龄较大，受教育程度较低，社会流动性也较早期采用者低。早期大众消费者主要依赖人际信息源。

晚期大众（late majority）消费者对创新产品持怀疑态度。他们采用新产品更大程度是出于社会压力或者老产品越来越难取得，而不是由于对创新产品有好的评价。他们通常年纪大，社会地位和流动性较前面的采用者低。

滞后者（laggards）只在当地活动，社会活动很少。他们较为武断，有怀旧情结，极不情愿采用新产品。

7.5.3　扩散过程与营销策略

1. 市场细分

创新产品的早期采用者与晚期采用者有所不同，这意味着应当采取一种灵活的目标市场方法；也就是说，在目标市场大致选定后，企业应当首先把注意力集中在目标市场内最有希望成为创新者和早期采用者的人身上。[72] 在向这群人宣传产品功能特点时，应强调产品的新颖和革新特点。由于这个群体十分关心并精通于产品种类，营销沟通还可将重点放在产品的技术特点上，然后让受众自己去理解这些特点会带来的好处。[73]

在创新产品得到认可后，企业的注意力就应当集中到早期和晚期大众采用者身上，为此，常常需要使用不同的媒体。另外，信息的主题也应当从强调新颖性转移到强调产品已获得认可和证明它们的优越功能上来。

2. 扩散促进策略

表 7-5 为企业如何制定市场策略、提高创新产品的市场接受程度提供了框架，关键之处是从目标市场的角度分析创新产品，这种分析能够发现妨碍市场认可与接受的潜在阻力——扩散障碍（diffusion inhibitors），营销主管的任务就是制定促进扩散的策略来克服这些障碍。表 7-5 列出了一些促进扩散的可能策略。

表 7-5 创新分析和扩散促进策略

影响扩散的因素	阻碍扩散的情况	扩散促进策略
1. 群体性质	保守	寻找其他市场，以群体内的创新者为目标
2. 决策类型	群体决策	选择可以到达所有决策者的媒体，提出化解冲突的主题
3. 营销	有限	以群体内的创新者为目标，使用地毯式轰炸策略
4. 感知的需要	弱	做大量广告表明产品利益的重要性
5. 相容性	冲突	强调与价值规范相符的属性
6. 相对优势	低	低价格，重新设计产品
7. 复杂性	高	在服务质量高的零售店销售，使用有经验的推销人员，使用产品演示，付出大量的营销努力
8. 可观察性	低	大量使用广告 必要时发起目标可见的事件营销
9. 可试性	困难	向早期采用者免费提供样品，对租赁机构提供优惠价格
10. 知觉风险	高	成功记录，权威机构认证或证明，担保

考虑图 7-19 中的创新，哪些因素会阻碍它的扩散？哪些策略又能被用来克服这些阻碍？

图 7-19

10 个因素决定了创新的成败。基于这 10 个因素，你怎么评价这一创新？

小结

1. 解释参照群体及其分类标准

参照群体是指这样一个群体，该群体的看法和价值观被个人作为他当前行为的基础。因此，参照群体是个人在某种特定情境中，作为行为向导而使用的群体。参照群体可以根据多个变量，如成员资格、社会联系的强度、接触类型、群体吸引程度来分类。

2. 讨论消费亚文化，包括品牌、在线社区以及其对营销的重要性

以消费为基础的群体或消费亚文化是一个独特的社会群体，这个群体以产品、品牌或消费方式为基础，形成独特的消费模式。消费亚文化具有：①确定的社会等级结构；②共有的信仰或价值观；③独特的用语、仪式和象征意义的表达方式。品牌社区是指非地理性质的社区，是基于某个品牌拥有者之间的结构性的社会关系，及与该品牌自身、产品使用和企业相关的心理关系而形成的群体。品牌社区可以增加消费者拥有产品的价值并建立产品或品牌忠诚感。虚拟社区是指互联网上对某些感兴趣的主题长时间互动所形成的各种群体。随着时间的推移，虚拟社区也在不断演进，其中的变化包括在线社交网站，这是一种基于

网站的服务，可以让个体：①在界面系统内建立公共或半公共形象；②与有关系的其他用户之间建立联系；③将自己的联系表与其他用户的联系表进行交流。

3. 总结参照群体影响的类型和程度

当个人把参照群体的习惯和意见作为有用信息时，信息影响就产生了。当个人非常期望获得直接回报或者规避处罚时，规范性影响也称作"功利性影响"就产生了。当个人将群体的价值观和规范内化时，就产生了群体的认同性影响，或称为"价值表现性影响"。

群体内的一致性程度受以下因素的影响：①使用情境的可见性；②个人对群体的承诺水平；③行为对群体功能发挥的相关性；④个人在某领域做出判断的自信程度；⑤拥有产品的必要程度。

4. 讨论群体内传播和口碑传播对营销人员的重要性

群体内沟通是获取某些产品信息的主要来源。信息在群体内通过直接的口头交流或者间接观察予以传播。通过家庭或朋友等私人的口头交流比基于市场的信息更可信，因此对消费者决策和企业成功产生更重要的影响。2/3的消费品购买决策被认为受口头传播影响。负面体验是所有消费者进行负面口碑传播的重要动力。

5. 理解意见领袖（线上和线下）及其重要性

意见领袖对特定产品或活动有丰富知识，被一些消费者视为重要的信息来源。这些人筛选、解释或提供与品牌相关的信息给他们的家庭、朋友和同事。意见领袖的一个重要特征是他们对某类产品持续介入，这使他们成为专家并且被人信赖。一种特定类型的意见领袖叫作市场通。他们影响广泛，拥有许多不同产品、位置、商店和其他方面的信息。网络上也存在类似的市场通。

营销者主要通过媒体使用习惯和社会活动来识别意见领袖。已经识别出的意见领袖可被应用于市场调查、产品抽样、零售或个人推销、广告活动和营造轰动效应。有各种鼓励口碑传播、意见领袖和轰动效应的线上和线下策略，其中线上策略包括病毒营销、博客和推特等。

6. 讨论创新扩散并运用创新分析来制定营销策略

群体对创新产品的扩散有着强烈的影响。不同的创新产品在消费者行为改变程度和扩散速度方面均存在差别。最先购买创新产品或服务的人称为创新者；随时间推移还会产生早期采用者、早期大众、晚期大众和滞后者。不同阶段的创新采用者都有不同的个性、年龄、教育水平和参照群体。这些特征有助于营销者在创新产品扩散过程的不同阶段识别和吸引不同的采用者。

影响创新产品从创新者扩散到滞后者的时间长短因素有：①参照群体的性质；②需要做出的决策类型；③营销努力的程度；④需求的强弱；⑤创新产品与现有价值观的相容性；⑥相对优势；⑦创新产品的复杂性；⑧创新产品使用的可观察性；⑨创新产品的可试性；⑩采用创新产品的感知风险。

关键术语

采用者分类（adopter categories）
采用过程（adoption process）
阿什齐现象（Asch Phenomenon）
仰慕群体或渴望群体（aspiration reference groups）
博客（blogs）
品牌社区（brand community）
信息轰动（buzz）
社区（community）
消费亚文化（consumption subculture）
消费者评论（customer reviews）
扩散过程（diffusion process）
背离群体或厌恶群体（dissociative reference groups）
早期采用者（early adopters）

早期大众（early majority）
持续介入（enduring involvement）
群体（group）
认同性影响（identification Influence）
信息性影响（informational influence）
创新（innovation）
创新者（innovators）
滞后者（laggards）
晚期大众（late majority）
市场通（market mavens）
传播的多步流动（multistep flow of communication）
规范性影响（normative influence）
在线社区（online community）

在线社交网站（online social network site）
意见领袖（opinion leader）
首要群体（primary groups）
参照群体（reference group）
次要群体（secondary group）
推特（twitter）
传播的两步流动（two-step flow of communication）
病毒营销（viral marketing）
口碑传播（word-of-mouth(WOM)communications）

复习题

1. 群体和参照群体有什么区别？
2. 营销者使用什么标准划分群体？
3. 什么是厌恶群体？厌恶群体以何种方式影响消费者行为？
4. 什么是渴望群体？渴望群体怎样影响消费者行为？
5. 什么是消费亚文化？属于同一消费亚文化的群体有何特征？
6. 营销者如何以消费亚文化为基础制定营销策略？
7. 什么是品牌社区？这样的社区有何特征？
8. 什么是在线社交网站？营销人员在网络社区和社交网站中的营销准则又是什么？
9. 群体影响有哪几种类型？营销经理为什么必须意识到各种群体影响类型？
10. 在某种情况下决定参照群体影响力强度的五个因素是什么？
11. 什么是阿什齐现象？营销者如何利用这一现象？
12. 营销者如何运用关于参照群体影响的知识制定广告策略？
13. 什么是意见领袖？意见领袖与传播的多步流动有什么关系？
14. 意见领袖有什么特征？
15. 是什么决定了一名消费者向意见领袖寻求信息的可能性？
16. 市场通和意见领袖有什么不同？
17. 解释持续介入行为对意见领袖的推动作用。
18. 营销经理如何识别意见领袖？
19. 营销者如何利用意见领袖？
20. 什么叫作信息轰动？营销者如何制造轰动？
21. 什么叫博客？
22. 什么是创新？决定一个产品是否是创新产品的因素是什么？
23. 创新产品有哪几种类型？它们之间有什么不同？
24. 什么是扩散过程？随着时间推移，扩散过程呈现出什么样的模式？
25. 描述影响创新产品扩散速度的因素，如何利用这些因素制定营销策略？
26. 什么是采用者类型？描述每种类型的采用者。
27. 营销者应如何利用采用者分类知识来制定营销策略？

讨论题

28. 回答消费者洞察7-1中的问题。
29. 以大学生作为细分市场，描述最为相关的参照群体及其对下列购买决策可能产生的影响：
    a. 牙膏品牌
    b. 购买混合动力车
    c. 购买早餐麦片粥
    d. 成为素食主义者
    e. 选择一台如iPad的平板电脑
    第30～33题的回答要用到下列产品：
    a. 鞋子
    b. 烧烤架
    c. 汽车
    d. 烤箱
    e. iPad
    f. 从避难所领养一只宠物
30. 对于上述产品或活动，参照群体影响消费者购买的程度如何？参照群体会影响品牌或型号的选择吗？影响属于何种类型，是信息性、规范性还是认同性的影响？试予以解释。
31. 与购买前述产品或活动的决策相关的参照群体有哪些（以你所在大学的学生为基础）？
32. 你所在的社会群体对涉及前述产品或活动的消费有什么规范？
33. 阿什齐情境能否被用于前述产品或活动的销售？
34. 描述两个渴望群体，它们是如何影响你的消费模式的？
35. 描述你属于其中的两个群体，各举一个例子，当这个群体对你施加下列影响：① 信息性影响；② 规范性影响；③ 认同性影响。

36. 运用参照群体理论提出两种减少青少年药品、酒精或香烟消费的办法。
37. 运用参照群体理论销售产品，会引起哪些道德问题？
38. 描述你所属的消费亚文化，它是如何影响你的消费行为的？营销者是如何试图利用这一亚文化影响你的行为的？
39. 你属于某个品牌社区吗？如果是，描述你从这个群体中获得的利益，它是如何影响你的消费的？
40. 你参与某个在线社区了吗？如果是，描述你从这个群体中获得的利益，它是如何影响你的消费的？
41. 针对下列产品或活动回答后面的问题：①Dyson 无叶风扇；②太空飞行；③基于卫星定位的手机。
    a. 这是一个创新产品吗？试说明原因。
    b. 假设该产品在你的校园中被广泛使用，那么采用者将具有怎样的特征？
    c. 校园中的哪些人将成为该产品的意见领袖？
    d. 早期采用者将可能采用扩展型决策过程还是简单的决策过程？
42. 描述你自己作为意见领袖的两种情境，这些情境与本章中描述的相符吗？
43. 你在校园里找到过意见领袖吗？描述一下他们的特征、行为和动机。
44. 你最近使用过博客吗？为什么？它是如何运行的？这种现象有什么营销启示吗？
45. 识别一项最近的：①连续创新；②动态连续创新；③不连续的创新，说明理由。
46. 试用表7-5中的决定因素分析Roomba（机器人真空吸尘器），并提出适当的营销策略。
47. 为某种创新产品进行扩散分析并制定恰当的营销策略。
48. 假设你是企业的新产品顾问。你调查了一些目标消费者，并要求他们对本章中表7-5所描述的10个创新产品特征做出评价，在此基础上你就可以制定营销策略。假设9分是最好的评价（如强大的相对优势或复杂性小），1分是最差的评价。对下列产品（见表7-6）分别制定适当的营销策略。

表 7-6

特性	产品								
	A	B	C	D	E	F	G	H	I
满足需求	9	7	3	8	8	5	7	8	9
相容性	8	8	8	8	9	2	8	9	8
相对优势	9	2	8	9	7	8	9	8	8
复杂性	9	9	9	9	9	3	8	8	7
可观察性	8	8	9	1	9	4	8	8	8
可试用性	8	9	8	9	9	2	9	9	9
群体性质	3	8	7	8	9	9	7	7	3
决策类型	3	7	8	8	6	7	7	3	7
营销努力	6	7	8	7	8	6	3	8	7
可感知的风险	3	8	7	7	3	7	8	8	5

实践活动

49. 找出两个使用参照群体赢得顾客的广告。描述这些广告，广告中所使用的参照群体及其影响类型各是什么？
50. 对如下产品：
    ① 呼吸带；
    ② 能量饮料；
    ③ 高档俱乐部；
    ④ 红十字会；
    ⑤ 单脚滑行车；
    ⑥ 维生素。
    使用下列方法为上述产品制作广告：
    a. 参照群体的信息性影响
    b. 参照群体的规范性影响
    c. 参照群体的认同性影响
51. 访问两个强烈认同某一消费亚文化的人。试述该文化是如何影响他们的消费模式以及营销者对他们应采取什么样的策略。
52. 访问一个属于某品牌社区的消费者。描述企业在品牌社区中起到的作用，消费者从品牌社区中获得的利益以及它如何影响消费者的消费行为。
53. 在学校辨明并访问下列产品的几位意见领袖，他们在多大程度上符合课文中所描述的意见领袖的特征？
    a. 当地餐馆
    b. 运动设备
    c. 音乐
    d. 计算机设备
54. 访问两名下列产品的推销人员，确定消费者在购买其产品时，意见领袖所扮演的角色以及销售人员如何根据这些影响调整其销售过程。
    a. 手机
    b. 高尔夫装备
    c. 计算机
    d. 艺术品
    e. 珠宝首饰
    f. 太阳镜
55. 选择推特上的一种品牌，对其追访一周。它涉及了哪些营销策略？企业是如何利用推特来促进品牌意识并且帮助消费者解决问题的？

第Ⅱ部分

案例

案例Ⅱ-1　宝马挖掘中国新兴奢侈品市场

全世界的公司都觊觎着中国这个巨大的潜在消费品市场，汽车市场或许是最显而易见的。宝马是目前在中国开展业务的西方几大汽车公司之一。宝马自2003年进入中国市场以来，在开发客户关系和销售渠道方面投入了大量的资金。中国目前是宝马的第二大市场（超过了美国），而且有望继续增长。之所以有望继续增长，是因为目前每1 000个中国市民只有50人拥有汽车，中国仍是世界上最大的汽车市场，超过美国约40%。据估计，至2030年，每1 000个中国市民的汽车拥有量将会达到400～500辆。

随着中国经济在世界经济增长中所占的比例不断扩大，中国劳动者的平均收入也在不断增加。近几年，中国劳动者的收入以两位数增长。随之而来的是对消费品和服务的购买力大大增强。除了经济增长和收入增加这两个因素之外，促进中国人均汽车拥有量增加的因素还有以下几个方面：

- 贷款可供量的增加；
- 汽车经销商网络的扩张；
- 农村地区道路建设的普及；
- 更高的购买力，这归功于更高的储蓄（储蓄是中国文化规范）。

随着中国消费者文化的多样化，中国的新富人群十分注重地位，偏爱欧洲奢侈品品牌。许多中国消费者花费与其收入水平不符的钱去买车。例如，那些年薪超过5万元的人所购买汽车的价格相当于他们的年收入。据宝马华晨的高级副总裁透露，2010年的高端汽车销售额增加了70%，他期望在未来五年里，中国的高端汽车市场会进一步扩大。

当然，挖掘这样一个极具吸引力的市场并非没有挑战。在中国开展业务与其他地方有所不同。中国对外资拥有权有法律限制，要求合资企业必须做到技术和商业秘密共享。此外，外国汽车制造商进入中国市场必须得花费时间建立以信任为基础的人际关系。仔细思考下面一位中国专家的评论：

> 你确实需要做一些功课，调查你想要建立的关系并自己想办法维护好这个关系。否则，你会搞得不愉快或者无法维持这个关系。许多跨国公司，没有耐心或者不愿意平等对待当地的合作者，不了解他们能做的工作和可提供的服务。他们对本地的了解和专业知识被削弱和忽视了。这样对贸易极其不利，也不能和合作者维持融洽的关系。

中国消费者也有着特有的品位和偏好。基于此，宝马调整其产品以更好地满足中国消费者的特殊需求和偏好。在定制汽车方面，宝马新开发的产品有：

- 针对中国的特有款式——加长轴距，更具豪华特色。与美国市场不同，中国的中产阶级不喜欢SUV，更喜欢欧式轿车的奢华。
- 适应地区偏好——中国北方人较南方人喜欢大一点的汽车，他们认为车的大小一定程度上意味着威望和社会地位，因此根据地域偏好投其

- 电动和混合动力汽车——由于中国的公路变得拥挤，电动和混合动力汽车比传统的气动汽车更受欢迎。对于此，宝马最近开发了一款插电式混合动力车，将在沈阳制造，只在中国销售。

思考题

1. 通常有一种自然的倾向，认为在集体主义文化下，比如说中国，奢侈品不会流行。
    a. 请解释，在传统集体主义价值观下，像宝马汽车这样的奢侈品是如何满足中国市场需要的。
    b. 解释促使中国消费者追求奢侈品的其他影响因素。
2. 为宝马在中国设计一个广告，包括主题、关键诉求和你使用的视觉材料。基于第2章的案例解释你的选择。
3. 中国汽车拥有率在今后20年内有望飞速增长。这对很多中国人来说会是第一次购车或拥有汽车，对这些首次购车者应采取哪些创新（见第7章）？
    a. 针对那些从未买过汽车的中国消费者，汽车该有哪些创新？解释你的答案。
    b. 目前中国汽车拥有者占总人口的5%，可以把他们分成哪些使用类型？
    c. 用表7-3的结构分析这种增长实现的可能性。
    d. 你认为后来的使用者与目前拥有汽车的顾客在价值观和需求上有何不同？解释你的答案。
4. 在中国，汽车是一种新事物，不像其他国家那么普遍。本书第7章讲述了新事物的进程和影响新事物扩展的原因。图7-16至图7-18给出了各种扩散率的扩散曲线。分别画两条独立变化曲线，一条描述中国城市消费者，一条描述中国农村消费者，并从人口统计、价值观、生活方式这几个方面进行解释。
5. 宝马和其他国家的汽车制造商都试图更好地迎合中国的消费市场。宝马应该在何种程度上按当地审美和偏好进行定制？过度的定制功能存在哪些风险？
6. 在中国进行商务活动，发展关系极其重要。结合文章和案例，说一说西方公司如何与中国的商务伙伴建立关系。
7. 中国并不是亚洲唯一的，拥有独特审美的新顾客的人口大国。与华晨宝马类似，宝马印度服务印度市场，也专门为印度开发特定产品。讨论印度吸引宝马的因素，比较宝马在中国和印度必须要考虑的要素。

资料来源："BMW Group," *China CSR Map.org*, www.chinacsrmap.org; D. Lienert, "The Rising Chinese Car Market," *Forbes.com*, December 15, 2003, www.forbes.com; S. Chen, "How China Buys Cars," *Forbes*, July 31, 2007, www.forbes.com; N. Madden, "Winning Consumers in China," *Advertising Age White Paper*, May 1, 2009, http://adage.com; E. Gilligan, "How to Make Business Connections in China," *Harvard Business Review*, January 20, 2009, http://blogs.hbr.org; "Chinese Workers Earning More Pay and Power," *Association for Operations Management*, August 6, 2010, www.apics.org; "China Is Now BMW's Second Largest Market, Topping the U.S.," www.BMWcoop.com, August 8, 2010, www.bmwcoop.com; "Luxury Car Sales in China May Reach 1.1 Million Units by 2015," *InAutoNews.com*, September 10, 2010, www.inautonews.com; C. Lee, "BMW Brilliance's Senior Vice President Is Optimistic about Chinese Luxury Car Market," *Gasgoo.com*, January 13, 2011, http://autonews.gasgoo.com; "Earthquake Dents Japan's Chances in China's Luxury Car Market," *Reuters*, March 15, 2011, www.reuters.com; "BMW to Unveil a 5-Series Plug-in Hybrid Prototype for China," *AutoObserver.com*, April 7, 2011, www.autoobserver.com; L. Dian-Wei, "International Auto Brands Thrive by Catering to Chinese Consumers," *WantChinaTimes.com*, May 1, 2011, www.wantchinatimes.com; K. Chan, "China Market a Big Draw for International Car Companies: But Automakers Find That Deals Come with a Big Price Tag," *Pittsburgh Post Gazette*, May 3, 2011, www.post-gazette.com; and J. Kell, "China's Auto Market to Overcome Oil's Rise—JD Power," *The Wall Street Journal*, June 14, 2011, http://online.wsj.com.

案例 II-2 CVS Caremark 不再销售烟草产品

据美国癌症协会介绍，从2000年至2014年，吸烟导致了在医疗保健方面9 600万美元的支出。烟草的消费与患癌症之间存在着紧密的联系。公众对于吸烟危害的担忧导致了文化规范的转变，如此一来吸烟就被越来越多的人视为消极行为。自从20世纪50年代以来，美国的吸烟人数就一直在减少。然而，依旧有约20%的美国人在吸烟。无论对于男人还是女人，吸烟都与癌症紧密相联，尤其是肺癌、口腔癌及咽喉癌，吸烟在一半甚至更多的患癌病例中充当了幕后黑手的角色。

在美国不同性别及种族的总患癌率（不特指吸烟所致）详见下表：

2006~2010年间美国不同性别及种族患肺癌和支气管癌的情况

	非西班牙裔白人	非裔美国人	亚裔美国人或太平洋岛上居民	美国印第安人或阿拉斯加本地居民	西班牙裔/拉丁裔
男性	82.9	94.7	48.8	70.2	45.9
女性	59.9	50.4	28	52.1	26.6
总计	138.6	220	75	104.1	124.2

注：比率以每100 000人为单位。

资料来源：美国癌症协会2014年监控研究。

美国一家医药公司反对吸烟及其对健康的消极影响。2007年，CVS与Caremark合并为CVS Caremark并发起了再定位运动。CVS Caremark不仅是一家连锁药店，还是一家医药福利管理公司，与保险公司及所有员工一起控制药价。CVS Caremark的网站将自身定义为"一家帮助人们走上通往更健康的道路的医药创新公司"。在截止日期，即2014年10月1日之前的9月中旬，CVS Caremark为了更好地服务消费者与社会，停止了对烟草产品的销售。据CVS Caremark的CEO及总裁拉里·默洛（Larry Merlo）说：

> 为了顾客和公司的利益，停止销售烟草产品是正确的选择。销售烟草产品的行为不符合我们的宗旨——帮助人们走上通往更健康的道路。随着人们对医疗保健的关注越加趋向于其结果，包括减少慢性疾病和控制花销，CVS Caremark通过我们的26 000名药剂师和执业护士扮演更加重要的角色。通过将烟草产品移出我们的货架，我们将更好地服务我们的病人、顾客和医疗保健从业者们，同时把CVS Caremark的未来发展定位为一家医疗保健公司。在医疗保健的环境下烟草将不复存在，这是一件正确的事情。

重新定位的关键部分是在零售区域介绍众多基本的医疗保健服务，包括从流感疫苗注射到喉咙链球菌检测等。初级保健医生短缺和《平价医疗法案》的规定创造了机会，让药店在美国医疗保健中发挥更大作用。零售诊所在未来的几年中能有25%~30%的增长，从2012年的1 400家增长至2015年的2 800家。CVS Caremark已经拥有了800家"Minute诊所"，并计划在2017年之前将这一数字提升至1 500。据拉里·默洛说：

> 我们拥有大约26 000名药剂师和执业护士来帮助患者控制慢性疾病，像高胆固醇、高血压和心脏病等，这些疾病都与吸烟有关。由此我们做出了在同一环境中吸烟与提供医疗保健服务不共存的决定。

有许多从经济上和公众观念两个角度出发，关于这一改变将会如何影响CVS Caremark的思考。为了实现这一改变，CVS Caremark将会损失来自烟草产品的20亿美元年收入。这相当于股票每股年收益损失17美分。公司也在尽力用各种方式挽回损失，像成立吸烟中止项目来帮助50万美国人戒烟，等等。

除去财务方面的影响，CVS Caremark是获益的。在公众眼中，它的这项举动广受好评。一项对5 550位18岁以上美国人的盖洛普民意调查显示，不再销售烟草产品的行为加深了很多消费者对CVS Caremark的印象。下表展示了该调查结果的一个样本，第一张表体现了公众对这一决定的反应，第二张表则是以与CVS Caremark的介入度为基础将调查对象分为几个组别后得到的调查结果。据拉里·默洛说："反馈情况超乎寻常的积极。"

对于CVS取消烟草产品销售举措的反应

	十分不同意				强烈赞同	不知道/拒绝回答
	1	2	3	4	5	
这项举措帮助我更好地理解了CVS的宗旨与使命	7%	8%	19%	31%	27%	8%
这项举措帮助我更好地理解了CVS与其竞争者的区别	8%	8%	23%	29%	24%	9%

注：由于舍入的原因，上述百分比合计可能不足100%。

资料来源：2014年盖洛普民意调查。

消费者对于 CVS 举措的认知程度

	高介入度	漠不关心	无介入
你是否知道最近 CVS 关于不再销售烟草产品的决定？（"是"所占百分比）	96%	82%	80%
这项举措帮助我更好地理解了 CVS 的宗旨与使命（"强烈赞同"所占百分比）	64%	24%	16%
这项举措帮助我更好地理解了 CVS 与其竞争者的区别（"强烈赞同"所占百分比）	61%	26%	15%
基于 CVS 不再继续销售烟草产品的决定，你在 CVS 的购物是增多了还是减少了？（"增多"所占比重）	47%	27%	23%

注：由于舍入的原因，上述百分比合计可能不足 100%。
资料来源：2014 年盖洛普民意调查。

思考题

1. CVS 采用了哪种营销策略？
2. 第 2 章讨论了那些在特定的区域和国家也能应用的非口头信息交流方式，那么吸烟应当归于哪种类型的非口头信息交流呢？
3. 第 3 章讨论了几种美国文化价值观。吸烟与以下三种类型的个人价值观都有关系，试着挑出其中关联性最强的一种并描述这种关系。
   a. 他人导向的价值观
   b. 环境导向的价值观
   c. 自我导向的价值观
4. 你认为 CVS 此举将会为它长期的销量及美国的吸烟趋势带来怎样的影响？
5. 案例中提到远离吸烟的文化趋势自从 20 世纪 50 年代以来就已显现。而现如今的年轻人可能会就吸烟问题的文化标准转换的公开程度持与其他年代的人不同的观点。对不同年龄阶段的人展开简要的采访，了解为何不同年龄层的看法可能会有所不同。把他们的观点与美国不同历史时期人们对于吸烟的态度进行比较。受访者要涵盖下列至少三个时代的人：
   a. 经济大萧条之前的一代
   b. 经济大萧条之中的一代
   c. 婴儿潮的一代
   d. X 一代
   e. Y 一代
   f. Z 一代
6. 哪种类型的参考组最能体现当今吸烟者的特点？假如你参考了 20 世纪早期至中期的吸烟者，答案又会有何不同呢？

以下问题是基于案例中的表格提出的。

7. 哪一组最有可能患上肺癌/支气管癌（根据种族和性别）？对于 CVS Caremark 而言这个组是否是一个好的目标市场呢？
8. CVS Caremark 的决定对于公众对零售商的看法有何影响？
9. 你认为高介入度、漠不关心或无介入的顾客群中哪一类代表了 CVS Caremark 的最佳目标市场？为什么？
10. 基于你对于第 6 至第 8 题的回答，为 CVS Caremark 设计一个营销方案，使其中止吸烟项目进入一个最理想的市场（根据人口统计、种族和热衷程度）。确保考虑到 5 章中有关民族文化的细微差别的部分。

资料来源：L. Saad, " One in Five U.S. Adults Smoke, Tied for All-Time Low, " *Gallup.com*, August 22, 2012, www.gallup.com; Cancer Facts and Figures 2014 (Atlanta, GA: American Cancer Society, 2014), www.cancer.org/acs/groups/content/@research/documents/webcontent/acspc-042151.pdf, accessed September 21, 2014; *Tobacco: The True Cost of Smoking* (Atlanta, GA: American Cancer Society, July 7, 2014), www.cancer.org; M. Herper, " Kicking the Habit: CVS to Stop Selling Tobacco, Sacrificing $2 Billion in Sales for Public Health and Future Growth, " *Forbes.com*, February 5, 2014, www.forbes.com; E. Landaum, " CVS Stores to Stop Selling Tobacco, " *CNN.com*, February 5, 2014, www.cnn.com; T. Martin and M. Esterl, " CVS to Stop Selling Cigarettes, " *The Wall Street Journal*, February 5, 2014, http://online.wsj.com; S. Strom, " CVS Vows to Quit Selling Tobacco Products, " *New York Times*, February 5, 2014, www.nytimes.com; CVS Caremark, " About Us, " July 20, 2014, http://info.cvscaremark.com; P. Corbett, " CVS Caremark Not Quite Quitting Tobacco, " *USA Today*, February 12, 2014, www.usatoday.com; and N. Devorak and D. Yu, " Why CVS May Not Get Burned by Its Tobacco Decision, " *GALLUP Business Journal*, March 18, 2014, http://businessjournal.gallup.com.

案例 II-3　　Beats by Dre 达到巅峰

在2006年，说唱艺人Dr.Dre和音乐产业巨头James Iovine开始了一次能够改变高端耳机市场面貌的努力。他们看到了一个机会，增加主要在移动设备上听音乐的消费者的数量。尽管用手机和平板听音乐方便移动，大多数顾客却使用便宜的塑料耳塞配备他们的设备。此外，下载盗版电子音乐的现象在增加。Dr.Dre和Iovine一起创办了一家名为Beats by Dre的公司，以大幅度提高消费者使用移动设备听音乐的体验为目的。归根结底，是为了让听者体验近似在录音棚的听觉效果。据Iovine说：

> 你将有幸指出你可以帮助改进的问题……苹果公司销售价值400美元的iPod，附带的耳塞价值仅1美元。Dre告诉我："伙计，有人偷我的音乐是一回事，而破坏我音乐的听觉感受是另一回事。"

经过两年与消费者电子器件制造商Monster的合作发展，Beats by Dre推出了Beats耳机。这种耳机的售价在99美元至450美元不等，远超出许多竞争者的定价。然而，Beats耳机有一个独特的卖点，就是它携带了Dr.Dre的"酷因素"和低音的强化效果。Beats耳机广受消费者欢迎，2014年在高端耳机市场份额中占据了70%。它同时也是17~35岁消费者购买最多的耳机品牌。

与"酷因素"一脉相承，Beats耳机的市场营销采取接近一般民众的方法。据Iovine先生说：

> 我们没有购买很多广告，我们在用自己的方式营销。我们是从从来没有得到过很多钱的音乐行业来的……他们正在创造一个美丽的、洁白的、充满世界各地音乐的东西，而我将要创造一个美丽的、黑色的、能够还原音乐的东西。Dre和我决定将这款产品定位成和Tupac或U2或Guns N'Roses一样的产品……在支付了一个广告之前，我们已经销售了价值5亿美元的产品。

在发展的同时，Iovine先生会在他的办公室里保留各种各样的设计，并会把它们交给像音乐家威廉姆（Will.i.am）、格温·史蒂芬妮（Gwen Stephani）和法瑞尔·威廉姆斯（Pharrell Williams）这样的名人试用然后得到反馈。合作营销是Beats一直以来最喜欢的战略，已经与多个品牌建立了伙伴关系，诸如惠普笔记本、克莱斯勒汽车300s和Shack无线广播电台等。Beats还将经营范围扩大至手提无线扬声器和汽车扬声器系统。Beats还将组装好的耳机送到在音乐界和体育界有影响力的名人那里，当公众看到自己喜爱的名人支持Beats牌耳机后，Beats牌耳机的受欢迎程度飞速暴涨。《广告时代》（Ad Age）报道说名人代言效应最多可提高20%的销量。作为"埋伏式营销"运动的一部分，就在2008年奥运会之前，Beats将定制的耳机送到了勒布朗·詹姆斯（Lebron James）的手中。詹姆斯随即向Beats订购了另外15个同款耳机，也因此我们才能看到整个美国奥运会篮球队到达上海时都戴着Beats牌耳机的情景。所有这些都是因为Beats并非奥运会官方赞助商。正是由于这样的努力，Beats牌耳机成了流行文化中的时尚配件。

2014年年初，Beats开始了名为"Beats音乐"的音乐流媒体服务。这项服务帮助抵制了数字化资源盗版事件。音乐家们不仅从中获得了更高的特许权使用费，而且还通过控制利润、商品销售及向粉丝更新发布近期事件安排的方式与其建立了直接的联系。音乐流媒体产业正在迅速发展。在2014年，大约有2 900万音乐流媒体用户，并且更多的人选择使用免费的音乐流媒体服务如潘多拉（Pandora）。到2018年，预计将会有大约19 100万用户。Beats音乐提供免费体验的机会并因此使70%的试用者转变为用户。在2014年每天约有1 000位消费者使用Beats音乐。

2014年夏天，Dr.Dre和Iovine以30亿美元的价格向苹果公司出售电子器件和音乐流媒体业务。并且，这项支付还包含了在保持一定权益的同时Beats向苹果公司提供咨询服务的条款。分析人士指出，或许Dr.Dre能将"酷因素"带回苹果公司。据苹果公司CEO蒂姆·库克说：

> 音乐在我们所有人的生活中如此重要，而且在苹果公司，它在我们的心中占据着特殊的地位。这就是我们持续投资于音乐并将这些非凡的音乐团队集合在一起的原因，这样我们就能不断地为世界创造最新颖的音乐产品与服务。

Iovine先生反映出了这种情绪：

> 我始终认为Beats属于苹果。我们最初成立公司就是为苹果无与伦比的结合文化与技术的能力所激励的。苹果对粉丝、艺术家、作曲家和音乐产业的深厚投入是特别的。

这次结合有很大的希望。然而，两家公司不同的文化会产生怎样的化学反应还有待进一步观察。Dr.Dre是一个忽视人工底线的工作狂，这可能会造成其与苹果的矛盾。然而，正如苹果一样，Dr.Dre以自己缺乏对市场的研究为荣。苹果从历史角度上看也有市场定位，其一直以来都认为除非你进行了展示，否则消费者是不知道他们想要什么的。只有时间能见证Beats和苹果在一起会有怎样的收获，但他们合作的项目展现了他们追求成功的意愿。

问题讨论

1. 请参考文中他人导向型、环境导向型和自我导向型价值观。选出其中几种并解释它们与Beats by Dre和Beats音乐是如何产生关联的。
2. 参阅第4章的世代划分与社会等级部分和第5章的种族亚文化部分。考虑到所有这些概念，为Beats描述一种理想化的市场。
3. 参考第5章题为"扬科洛维奇认同的非洲裔美国人群"的表5-4。想象Beats已经决定将目光投向非洲裔美国人。表中哪个人群对Beats来说是最佳的目标市场呢？解释原因。
4. 参考第7章的三类创新，下列产品属于哪种创新？证明你的答案。
   a. Beats牌耳机
   b. Beats音乐
5. 思考第6章关于家庭决策的问题。在购买Beats音乐或Beats牌耳机的决策中，家庭成员可能会扮演下列哪一项角色？
   a. 发起者
   b. 信息收集者
   c. 影响者
   d. 决策者
   e. 购买者
   f. 使用者
6. 参考第7章关于组织影响的部分。
   a. Beats牌耳机是必需品还是非必需品？
   b. Beats牌耳机是可见的还是隐私的？
   c. 回答a和b，并思考Beats by Dre过去在这方面是如何实现资本化的．
   d. 你认为组织影响会在Beats的成功之路上扮演一个重要的角色吗？解释你的回答。
7. 复习第7章的营销战略、WOM和意见领袖。在所列出的策略中，Beats by Dre运用了哪些战略使其市场中变得受欢迎？

资料来源：M. Bush, "Beats by Dr. Dre," *Advertising Age*, November 15, 2010, www.adage.com; T. Fishburne, "The Power of Ambush Marketing," *Tom Fishburne: Marketoonist*, August 12, 2012, www.tomfishburne.com; J. Sanburn, "How Dr. Dre Made $300 Headphones a Must-Have Accessory," *Time Magazine*, January 16, 2013, www.business.time.com; J. Dorris, "Beats with a Billion Eyes," *Slate*, September 11, 2013, www.slate.com; "Beliebing in Streaming," *The Economist*, March 22, 2014, www.economist.com; A. Diallo, "Beats Music to take Streaming Mass Market," *Forbes*, January 12, 2014, www.forbes.com; B. Helm, "How Dr. Dre's Headphone Company Became a Billion-Dollar Business," *Inc.*, May 1, 2014, www.inc.com; L. Johnston, "Apple Buys Beats for $3B," *Twice*, May 28, 2014, www.twice.com; H. Karp, "Apple's New Beat: What Steve Jobs and Dr. Dre have in Common," *The Wall Street Journal*, June 6, 2014, www.wsj.com; and J. Solsman, "Beat Music Turns 7 out of 10 Free Trial Users to Paying Ones," *CNet.com*, March 20, 2014, www.cnet.com.

案例 II-4 社交媒体是怎样使联合航空公司几乎破产的

在线社交媒体和社交网络呈指数级增长，并为消费者评论产品和服务提供了途径。2011年社交媒体及用户数量如下：

Twitter：1.75亿

Facebook：5亿

Facebook Mobile：2亿

YouTube：每天有1亿访问者，每年7 000亿回放。

消费者越来越普遍地通过一个或多个社交媒体发泄不满，有时是以视频的形式。这些视频像病毒一样传播，意味着数以百万计的消费者在极短的时间内就可了解到产品或服务的缺点。音乐家戴夫·卡罗尔（Dave Carroll）是个标志性的例子，他的吉他在行李托运过程中被美国联合航空公司的行李托运者损坏，但美国联合航空公司拒绝对此负责，他通过社交媒体报复。这一切开始于卡罗尔察觉他的吉他被粗暴对待：

> 在第一段飞行途中，我们坐在机尾，在飞机降落等待下机时，一个为了和我们聊天坐在旁边的一位女士，她不知道到我们是音乐家，惊叫道："天哪！他们把吉他扔在那儿。"我们的低音大提琴手Mike透过窗户看到大提琴被行李托运者毫无顾忌地扔出去，我3 500美元的710 Taylor在此之前已经被扔了出去。

当卡罗尔取回他的吉他时，吉他的颈部已经损坏（尽管有保护壳）。他立即告知美国联合航空公司，却发现想找到一个人为他损坏的吉他负责相当困难。他在美国各州、加拿大和印度的几个机场和呼叫中心，通过人工、电话和电子邮件，被一个员工推给另一个员工。经过9个月的交涉，美国联合航空公司客户服务代表发来一封电子邮件，告知美国联合航空公司不会为他的吉他负责（仅仅提供一张1 200美元的飞行券），并不再与他商议此事。如卡罗尔所述：

> 这样的体系使得顾客因屡屡受挫而放弃索赔。我告诉（客服代表）我会以我的经历为主题为美国联合航空写三首歌，然后给这几首歌制作视频，放在YouTube和我的个人网站上供人们免费下载，邀请观看者为其最爱的歌曲投票。我的目标是：一年内有100万的点击率。

卡罗尔的第一个视频已经拥有超过1 000万的观众。在卡罗尔的第一个视频上线的四天内，美国联合航空公司的股票下跌了10%，相当于损失了1.8亿美元（价值51 000把吉他）。当他的视频迅速扩散后，联合航空公司试图以向蒙克爵士乐学院捐款3 000美元来平息此事。然而，这一切都已为时太晚，不能阻止卡罗尔继续上传他的系列视频。卡罗尔上了 Today、CNN和 Jimmy Kimmel；他的 United Breaks Guitars 在英国iTunes上居于"西部乡村音乐"下载排行榜首。

很显然，社交媒体是消费者发泄消极口碑的途径。然而，它也是公司和消费者交流，听取消费者意见的一个积极有效的途径。Forrester的研究者认为，社会影响可以看作一个三层式的金字塔。在任何目标营销方案中，公司必须通过特殊方式与这三类影响者建立良好的关系，促使他们通过社交网络传播积极口碑。

- 社交信息广播者。该群体处于金字塔顶端，数量少，社会联系广泛，拥有很多乐于向其征求意见的用户。然而，在这个网络中用户彼此间或许并不了解，因此没有很高的信任度。其他用户可能会考虑社交信息广播者关于产品和服务的建议，作为更大范围信息搜索的一部分。社交信息广播者厌恶传统的公共关系，他们希望自己由于拥有广泛的受众而受到营销者的尊重。赢得社交信息广播者的最好方式是向他们提供定制化信息，以表示对他们观点的尊重。
- 大众影响者。该群体处于金字塔中部，他们提供80%的关于产品和服务的印象，尽管他们在所有社交影响者中只占16%的比例。与社交广播者相比，该群体对科技的痴迷和精通程度稍低，也没有前者那么大的分享信息的动机，他们影响着在现实生活中所认识的人以及其他人。接近该群体的最好方式，是给他们提供小道消息，一些他们忍不住想要与他人分享的信息，从而鼓励他们把营销者的信息传递给更多的受众。
- 潜在影响者。该群体处于金字塔底部，是影响者中规模最大的一部分，占影响者总体的80%。这些人的网络圈子较小，由线下相互认识和信任的人组成。潜在影响者相较于前面两个群体，无论是在技术熟练程度，还是在信息传播动机上都处于较低水平。接近这个群体最好的方式是，提供有用且很简单的信息给他们，以便进一步传播给其他人。

表Ⅱ-1给出了三个流行的社交网站的用户的人口统计信息。

表Ⅱ-1 在线社交网络用户统计

	YouTube	Twitter	Facebook
性别			
男	101	92	91
女	98	106	108
年龄			

(续)

	YouTube	Twitter	Facebook
3~12	79	62	67
13~17	173	112	186
18~34	123	153	144
35~49	79	87	71
50 以上	67	58	49
种族			
高加索人种	83	88	96
非裔美国人	152	184	145
亚洲人	156	77	117
西班牙人	168	129	73
其他	98	91	98
家中是否有孩子			
没有	93	90	87
有，0~17 岁	108	113	117
家庭收入			
0~3 000 美元	102	95	75
3 000~6 000 美元	95	96	89
6 000~10 000 美元	96	98	108
10 000 美元以上	105	107	116
教育程度			
大学学历以下	112	108	105
大学学历	90	94	98
研究生学历	98	89	88

注：指数=100；人口=网络总人口。

资料来源：Quantcast, June 2010.

思考题

1. 当卡罗尔将他的视频上传到 YouTube 时，该视频便开始病毒式的传播。你觉得那些积极的消费者想通过"投诉视频"传递什么样的美国价值观给其他人呢？
2. 在 Forrester 识别出的这三类影响者中，你认为哪个或哪些群体最有可能促进卡罗尔视频病毒式的传播？请说明理由。
3. 基于你对前两题的回答，为了"补救"联合航空公司的服务失败，请为其制定一个营销策略。具体而言，该策略应包含如下内容：
   a. 联合航空公司应该向公众发布什么"信息"？
   b. 它应该使用什么样的"媒介"（传统的、在线的、社交的）？
   c. 为联合航空公司设计一个在社交媒体上发布的视频或广告，以平息消费者对其服务不到位的愤怒。
   d. 在联合航空公司的服务识别补救过程中，应该将重点放在 Forrester 识别的三类影响者中的哪一类？请说明理由。
4. 第 7 章定义并讨论了意见领袖。请问那些创造病毒式传播投诉视频的人是否是意见领袖？为什么？
5. 第 7 章还讨论了营销人员涉足社交媒体时应该遵循的指导原则。根据这些原则，联合航空公司或其他遇到类似问题的公司应该怎样做呢？
6. 有些公司把"众包"作为消费者之间互相帮助以解决彼此问题的一种方式，公司可能会采取什么样的方式来控制"众包"，以对抗病毒式传播的负面口碑呢？
7. 在线社交网络不但是一种交流方式，还是一种正在被广泛普及的创新方式。请问在线社交网络是连续性创新、动态连续性创新，还是非连续性创新？

8. 描述表Ⅱ-1中三种社交网络的典型用户。

资料来源：D. Carroll, "United Breaks Guitars," 2009, www.Dave Carroll Music.com; C. Ayres, "Revenge Is Best Served Cold—on YouTube," *The Times*, July 22, 2009, www.timesonline.co.uk; R. Sawhney, "Broken Guitar Has United Playing the Blues to the Tune of $180 Million," *Fast Company*, July 28, 2009, www.fastcompany.com; D. Dybwad, "The State of Online Word-of-Mouth Marketing," *Mashable.com*, April 24, 2010, http://mashable.com; "Facebook.com," *Quantcast.com*, June 10, 2011, www.quantcast.com; "Twitter.com," *Quantcast.com*, June 10, 2011, www.quantcast.com; "Youtube.com," *Quantcast.com*, June 10, 2011, www.quantcast.com; J. Hird, "201 Mindblowing Social Media Statistics," *E-consultancy: Digital Marketers United*, March 25, 2011, http://econsultancy.com; and P. Laya, "Statistics," *YouTube Pressroom*, June 18, 2011, www.youtube.com.

| 案例Ⅱ-5 | 愤怒的小鸟 |

《愤怒的小鸟》是一款简单并且极其流行的视频游戏，它给世界带来了一场风暴。愤怒的小鸟是一个移动终端应用程序，其特许范围扩大到了视频游戏控制台、棋类游戏、食谱和玩具领域。该游戏的目标是从"敌方猪"那里夺回被偷走的鸟蛋，并消灭那些猪。玩家使用弹弓从空中发射没有翅膀的小鸟来消灭敌方的猪，并破坏那些猪所住的各种建筑物。如果玩家在规定时间内以规定数目的小鸟完成了消灭所有猪的任务，那么就进入到下一关，需要消失其他的猪并破坏相应的建筑物。当玩家在游戏中通关了，便会拥有新类型的小鸟及某些新的特征，如炸弹。大量的免费更新、附加内容和节假日促销使得消费者非常痴迷于这款游戏。

全球的应用软件市场已经很庞大，并且还在继续呈指数级增长。仅2010年，全球的应用软件市场就创造了68亿美元的销售额。有关分析人员指出，该市场将突破两位数的增长速度，并在2015年达到250亿美元的销售额。目前，市面上拥有超过200万个应用软件。北美在应用软件市场所获得的收入最多，而亚洲的应用软件总下载量是最多的。在所有的应用软件中，愤怒的小鸟始终是最受欢迎的软件之一，这款游戏每天的下载量超过100万次，所有用户每天玩这款游戏的累计时间超过2亿分钟。

负责愤怒的小鸟的一位商管兴高采烈地说："愤怒的小鸟的人气正在超越米老鼠和马里奥。"愤怒的小鸟的成功是由一系列因素的综合作用促成的。

- 愤怒的小鸟得到了很多名人的宣传，他们告诉其粉丝，说他们也迷上了这款游戏（如Anja Pärson，一个瑞典滑雪家）。
- 公司把愤怒的小鸟设计得非常易于使用，从而增加了它的"成瘾能力"。
- 愤怒的小鸟在游戏中的不可预测性也吸引了消费者。
- 公司致力于客户关系管理，并一直通过社交媒体保持与客户的联系。

然而，该公司的一位经理将愤怒的小鸟最初的成功归功于最早支持这款游戏的苹果平台。

> 它（指苹果公司）开辟了新纪元，并给我们带来了巨大的市场。触屏技术使得这款游戏变为可能，而随着智能手机的发展和苹果商店的推出，它在正确的时间投入了市场。其中的关键在于免费提供并达到一定规模，你必须让它从诸多游戏中脱颖而出，这对于这款游戏在应用软件商店中保持第一的位置很重要。想做到这一点，要面临获得更多用户的挑战。

愤怒的小鸟的特许权仍然在持续增长，并且通过与其他公司的合作并开发新的项目来吸引消费者。公司希望近期内允许用户获得特殊的游戏特性，作为其本地化的一项功能。该公司正在为愤怒的小鸟提供类似扬声器的商品，其外形为"愤怒的小鸟"，用于各种电子设备。

为了进行公益营销，愤怒的小鸟背后的Rovio公司加入了国际鸟类联盟，以保护濒临灭绝的鸟类物种。Rovio正在帮助提升人们对鸟类灭绝问题的关注度，它在游戏中提示访问国际鸟类联盟的主页，让玩家从中学到更多的有关知识。同样，国际鸟类联盟的主页上会发布关于鸟类灭绝的小问题，访问该网站的玩家如果回答正确，便可以获得愤怒的小鸟的一个隐藏关卡。

思考题

1. 愤怒的小鸟游戏是一种创新。
   a. 这种创新是连续的、动态连续的还是非连续的？
   b. 以表7-3的内容为基础，对愤怒的小鸟进行创新分析（为达到分析的目的，请关注那些使用移动应用软件的消费者）。

2. 通过与非营利组织国际鸟类联盟合作，Rovio 正在进行相关的公益营销。这种方法有多适合愤怒的小鸟呢？讨论这种公益营销合作关系对愤怒的小鸟游戏的影响。

3. 对照第3章的四个公益营销消费者群体，详细描述每个消费者群体可能对愤怒的小鸟与国际鸟类联盟这种公益营销合作关系做出的反应。

4. 愤怒的小鸟以及其他应用软件在很多国家都上市了。当进入一个外国市场时，应用软件开发商应该考虑哪些因素呢？

5. 由于其简单性和卡通风格，很多儿童对愤怒的小鸟产生了兴趣。很明显，儿童是愤怒的小鸟的目标市场之一，Rovio 正在实行或计划主要包括衣服、玩具和愤怒的小鸟快乐餐等相关商品。第6章讨论了针对儿童的营销以及消费者的社会化进程，请问 Rovio 在儿童营销时应考虑哪些道德伦理问题？

6. 愤怒的小鸟在美国很受欢迎。运用第3章讨论的美国价值观，解释为什么愤怒的小鸟会吸引这么多观众。解释你的答案。

资料来源：World Mobile Applications Market—Advanced Technologies, Global Forecast (2010–2015), *Marketsand Markets.com*, August 2010, www.markets and markets.com; E. Ericksen and A. Abdymomunov, " Angry Birds Will Be Bigger Than Mickey Mouse and Mario," *MIT Entrepreneurship Review*, February 18, 2011, http://miter.mit.edu; " Help for the World's Angriest Birds," *BirdLife.org*, April 21, 2011, www.birdlife.org; C. Holt, " Angry Birds Review," Macworld, 2011, www.macworld.com; G. Sin, " Angry Birds Speakers+Stand from Gear4 to Land in Stores in September," *ZDNet.com*, June 13, 2011, www.zdnet.com; R. Kim and K. Tofel, " Angry Birds Seeks NFC in Location," *Bloomberg Businessweek*, June 14, 2011, www.businessweek.com; and M. Silverman, " Angry Birds Hits 1 Million Downloads a Day," *Mashable.com*, June 17, 2011, http://mashable.com.

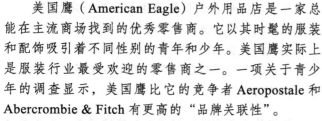

案例 II-6 美国比格犬用品店：愚人节的玩笑成真

美国鹰（American Eagle）户外用品店是一家总能在主流商场找到的优秀零售商。它以其时髦的服装和配饰吸引着不同性别的青年和少年。美国鹰实际上是服装行业最受欢迎的零售商之一。一项关于青少年的调查显示，美国鹰比它的竞争者 Aeropostale 和 Abercrombie & Fitch 有更高的"品牌关联性"。

2014年3月24日，美国鹰宣布它将开辟一条新的生产线，用来生产小狗的衣服以匹配其在商店销售的人类的衣服，并命名其商店为美国比格犬用品店。美国比格犬用品店的网站展示了各种为小型、中型和大型的狗量身定制的衣服照片。它甚至在大众传媒上推出了 dogumentary 来说明创新背后的新生产线及主意。Dogumentary 涵盖两种美国鹰雇员的特色，一种是不能理解狗一年到头都穿万圣节服装的人，另一种是认为"自己是野心和抱负的先驱与囚徒"的人。据美国鹰的新闻发布会报道：

> 出于完美匹配它们主人时髦的美国鹰衣柜的目的，犬类的衣橱里有一些必备成分，如紧身牛仔裤、皮毛比基尼和相关配饰，从而为每一只大狗和小狗定制一身从头到尾且独一无二的打扮。

在发布会之后，消费者迫不及待地为自己的爱狗下了订单并获得了20%的折扣。在特定的时期，美国鹰还为每份订单向 ASPCA（美国动物保护协会）捐赠1美元，最终共计捐赠10万美元。然而，随着愚人节的到来，许多人怀疑新的犬类服装生产线只是一个愚人节的玩笑。这种说法的事实依据是，美国鹰公司并未说明产品何时会流向市场或怎样定价。并且，美国鹰的发言人在被直接问及这是否是个玩笑时选择了拒绝回答，默认了这一说法。

当愚人节真正到来时，美国鹰宣布这的确是个愚人节的玩笑。但是，因为它在消费者中流传甚广，美国鹰决定假戏真做，开辟这条犬类服装时尚生产线。据其首席营销官迈克尔·利迪（Michael Leedy）说：

> 我们一直认为愚人节是我们和消费者进行轻松愉悦的互动的好机会，同时也能支持 ASPCA。由于消费者对美国比格犬用品生产线的积极强烈的反馈，我们决定为2014年的假期制作一个限定版收藏品。

相当可观数量的新闻媒体报道了这项运动，很大程度上是因为愚人节。美国鹰公司还鼓励消费者发送自己的爱犬穿着 #AEO 风格服饰的照片，以争取将其发布在网站上的机会，这有助于美国鹰与美国比格犬用品店的品牌建立内在联系。

在过去的 20 年间宠物拥有量持续增长。美国宠物产品协会（APPA）的一项"全国宠物拥有者"的调查显示，2012 年有 82 500 000 个美国家庭拥有至少一只宠物，占到了总家庭数的 68%。IBIS 报告预测，至 2018 年宠物拥有量将以每年 2.2% 的速度增长。

表 II-2　宠物主人在经济衰退期间的行为（2008）

假期礼物
• 81% 的受访者在节日期间为小狗买礼物
• 69% 的人花费 50 美元；24% 的人花费 50~100 美元；只有 3% 的人花费超过 150 美元
• 59% 的人希望在给狗的礼物上花的钱和去年一样多
为狗服务提供个人服务
• 如果没钱养狗了，69% 的人会为此放弃旅行计划
• 65% 的人在减少买高级狗粮之前会选择吃拉面
• 59% 的人为了约会自己染发
狗主人愿意为他们的狗做的事
• 尽可能多地在家里吃饭（97%）
• 取消健身房会员（72%）
• 取消有线电视或卫星电视服务（50%）
• 减少买新衣服（94%）
• 放弃房屋重建计划（89%）
• 放弃购买新车或买便宜的车型（88%）
省钱技巧
• 52% 的人在购买宠物产品前寻找折扣商品和优惠券
• 48% 的人购买更少的玩具/零食和其他不必要的狗用品
• 34% 的人批量购买狗粮

资料来源：美国养狗俱乐部，2008。

宠物拥有量的增长归结于许多因素。纵然在经济大萧条时期，宠物产品行业仍有增长，而现如今经济已缓慢复苏，人们拥有更多额外的收入用于照料宠物。参照表 II-2 中宠物主在经济大萧条时期为了给宠物最好的照料而形成的消费习惯。更重要的是，由于文化的转变，越来越多的人把宠物当作家庭中的一员，而不是同伴或看家的。如今很多消费者将自己当作"宠物爸妈"，而将他们的狗视作"绒毛婴儿"。在一项关于女性的调查中，90% 的人认为宠物是家庭中的一员。"消费者产品与趋势调查"显示，宠物关系在空巢老人、单身族及无子女夫妻中最为常见。这些群体由于没有（人）孩子，所以有更多闲置的资金，并且他们当中许多人希望将宠物视为他们照顾的对象。参见表 II-3 中关于消费者和猫、狗的互动情况。APPA 总裁鲍勃·维特利（Bob Vetere）说：

> 宠物在家庭中正扮演着一个越来越重要的角色，也因此它们将被更多的给予人类化的照顾……人们前所未有地娇宠他们的宠物……从互动创新玩具到遛狗、狗狗日常护理、宠物酒店、饭馆和航空公司等。

表 II-3　消费者报告读者调查　　　　　　　　　单位：%

	狗主人	猫主人
给宠物喂人的食物	63	41
教它们技巧	57	14
和宠物一起睡	55	75
给它们节日礼物	55	43
带它们去度假	45	7
用宠物的名字或照片标记一张卡片	40	29
把它们的照片放在社交媒体网站上	32	23
给它们穿衣服	18	5

美国鹰并不是第一个涉足宠物衣服领域的零售商，美国人花费了超过1亿美元用于宠物衣服，许多商家都想分一杯羹。高端时尚零售商像拉夫·劳伦、博柏利、Juicy Couture 和科颜氏也提供宠物衣服，纽约甚至还有宠物时尚周。宠物娇养网站（Pampered Puppy.com）的 CEO 安吉·麦凯格（Angie Mckaig）说：

> 随着越来越多的设计师进入该市场领域并推出了独到的设计，许多之前从未买过狗衣服的人也为之吸引，他们对我讲："我平常认为这东西是很傻的。"

一项关于在宠物娇养网站上浏览狗狗衣服和饰品的调查显示，超过60%的顾客表示他们的每只狗拥有至少4件衣服、4个项圈和10个玩具。APPA 对宠物花费跟踪调查了20年。仅在2013年，美国人就为他们的宠物花费了55.7亿美元。APPA2013/2014全国宠物主调查项目预计来年宠物支出还将增加。蓬勃发展的宠物行业为美国鹰（美国比格犬用品）和其他零售商们提供了广阔的发展空间。正如维特利先生所说：

> 宠物行业持续快速增长。这项调查显示了宠物主即便在经济不景气时期也愿为其宠物花钱。

思考题

1. 就已给出的美国鹰开展其美国比格犬用品生产线的环境，你认为这次假戏真做是它无意而为还是有意为之？或者你有其他观点？解释你的答案。
2. 作为业务开展的一部分，美国鹰在狗狗衣服流入市场前允许消费者提前预订。
   a. 就第7章中讨论的创新类型中，提前预订的消费者属于哪种？
   b. 美国鹰提供早期预订的可能原因有什么？
3. 第3章描述了四种对于相关市场有不同反应的消费者。描述下列群体对相关市场会有怎样不同的反应，及他们对于美国比格犬和 ASPCA 合作有何看法。
   a. 怀疑论者
   b. 中庸者
   c. 归属导向型消费者
   d. 社会担忧型消费者
4. 参考问题3，你个人属于哪种类型？为什么？详细解释你的回答。
5. 第4章讨论了几个世代组的人。你认为哪一人群最适合作为美国比格犬服装的目标市场？数量多于一个吗？解释你的答案。
6. 第6章描述了家庭生活圈的几个不同阶段。哪一个阶段最适合美国比格犬服装营销推广？数量多于一个吗？解释你的答案。
7. 参考表Ⅱ-1，这是在2008年的经济衰退中进行的一项调查的结果。既然经济已有所恢复，那结果或许有所不同。
   a. 以相同问题展开一个对当今的宠物主的调查，比较其与2008年结果的差异。
   b. 记录你的受访者的世代组，基于这些数据进行列联表（cross-tab）分析。
   c. 记录你的受访者的家庭生活阶段，基于这些数据进行列联表分析。

资料来源：S. Thompson, "What's Next? Pup Tents in Bryant Park?," *Advertising Age*, January 29, 2007, www.adage.com; P. Kennedy and M. McGarvey, "Animal-Companion Depictions in Women's Magazine Advertising," *Journal of Business Research*, 61, no. 5 (May 2008), pp. 424–30; "Current Economic Woes No Competition for Americans' Dedication to Their Dogs," *American Kennel Club*, December 8, 2008, www.akc.org; "American Eagle Outfitters' Canine Collection, American Beagle Outfitters, Goes from April Fool's Joke to Real-Life Dog Fashion Line," *PR Newswire*, April 1, 2014, www.prnewswire.com; C. Brough, "Pet Businesses Will Prosper: Industry Trends for 2014 and Beyond," *Multi Briefs*, 2014, www.multibriefs.com; D. Hirschhorn, "Holy Shih Tzu! Americans Spend $56 Billion on Pets Last Year," *Time Magazine*, March 13, 2014, www.time.com; "How We Dote on Dogs and Cats," *Consumer Reports*, October 2012, www.consumerreports.com; L. Lowe, "See American Eagles' New Line for Dogs: 'American Beagle Outfitters'," *Parade*, March 26, 2014, www.parade.condenast.com; S. Maheshwari, "American Eagle Says It's Starting a Dog Brand Called American Beagle Outfitters," *Buzzfeed*, March 24, 2014, www.buzzfeed.com; S. Maheshwari, "American Eagle May Shine Brightest in the 'Post-Apocalyptic Future of Teen Retail,' Analysts Say," *Buzzfeed*, February 21, 2014, www.buzzfeed.com; N. Ogunnaike, "This is Not a Joke: American Beagle, a Dog Clothing Line for American Eagle, to Launch in Fall," *Glamour Magazine*, April 1, 2014, www.glamour.com; and "The Pet Services Industry Today," *Zoom Room*, 2014, www.zoomroomonline.com.

案例 II-7　　汰渍（Tide）顺应绿色洗涤潮流

尽管整个洗涤剂行业持续衰退，但是绿色家庭清洁剂却越来越受欢迎。引人注目的是，绿色洗涤剂每年增长50%，如果按这样的速度，到2014年该行业销售额将达到7亿美元。尽管绿色清洁剂对环境有利，但是消费者往往使用过多的清洁剂，这也将对环境造成巨大的负面影响，包括设备故障的增加，处理这些故障时会造成清洁剂的浪费，同时也可能对水资源造成污染。

针对洗涤剂的超标使用，宝洁公司向美国市场推出了新 Tide Pods 液体清洁剂。测量版和小袋装在欧洲很流行，但在美国还不普遍。消费者的洗衣习惯是在少年时期跟父母习得的，这种习惯很难改变。然而，宝洁公司为新 Tide Pods 的营销投资了1.5亿美元，期望这个创新产品能够重振正在缩减的洗衣液行业。宝洁的CEO麦睿博说："我相信你们将会看到 Tide Pods 让洗衣液行业回升，宝洁公司计划让液体清洁剂最终能占领美国洗涤剂市场的30%。"

然而，Tide Pods 从外观、专利设计和使用方式上都与美国消费者的习惯有很大的不同。浴缸风格的容器，有"翻动"的盖子，容器上所画的巨大白色房子的顶部有两个房间，房间内有橘色和蓝色相间的漩涡图案。包装洗涤剂的薄膜是水溶性的，Tide Pods 的浓度是液体汰渍的两倍，但是消费者不用担心会过量使用。Tide Pods 使用了一种减少用水量的装置，包装也能防止清洁剂的过量使用。

在进行消费者测试时，Tide Pods 表现良好，使用后比使用前的满意度提高了40个百分点。消费者感到 Tide Pods 使洗衣变得简单，既省时又省力，同时又具有极佳的去污功效。但是有些消费者不喜欢 Tide Pods，尤其是那些喜欢把 Tide Pods 和他们的清洁剂溶液、织物柔顺剂或者氧化洗涤剂混合起来的消费者。宝洁北美洗衣店的副总裁亚历克斯·基思（Alex Keith）这样说：洗衣者往往希望自己是精干的化学家，但是，我们知道70%的女性希望获得省时省力的洗衣方法。所以她们当中部分人是想成为化学家而成为化学家，有些是认为自己必须成为化学家。

除定性测试外，Tide Pods 的定量测试也展现了希望。在产品测试中，用了 Tide Pods 的女性的反应十分积极，有些甚至索取免费样品。Tide Pods 对环保型消费者有吸引力，同时也吸引了那些曾经使用汰渍洗衣液和粉末洗涤剂的消费者。这是因为 Tide Pods 具有环保特质，又在汰渍品牌名下，而汰渍品牌一直以实力和质量闻名。

了解绿色洗涤剂使用者的特点对 Tide Pods 开发市场营销策略极为重要。一项研究发现，大众市场上使用绿色家庭洗涤剂的人们有如下特点：

- 有小孩的家庭
- 全职工作的人
- 非裔美国人和西班牙裔美国人

讨论题

1. 表3-1描述了针对绿色消费者的细分方案，包括心理和人口统计信息。选择8个细分市场中的4个，描述每一个细分市场的消费者对引进 Tide Pods 的反应。
2. 第7章讨论了创新扩散。
   a. 判断 Tide Pods 是连续性创新、动态连续性创新，还是非连续性创新。
   b. 根据表7-3评价 Tide Pods 这一创新（以大学生为该例中的消费者群体）。
3. 消费者测试表明，由于消费者从父母那里学习到的洗衣习惯不同，一些人不愿意使用预定的洗衣皂。
   a. 这种对 Tide Pods 的综合态度和第6章中的消费者社会化有何关联？
   b. 回忆并讨论你的家庭对你的消费习惯有何影响。
4. 第7章讨论了影响者。
   a. 谁有可能成为 Tide Pods 的影响者？
   b. 宝洁公司怎么才能赢得和利用这些影响者。
5. 宝洁公司怎么才能为 Tide Pods 造势或建立口碑？
6. 根据案例中给出的绿色清洁剂使用者的特征，为一个或多个目标群体设计一个营销活动，包括：①核心主题；②文案主体；③关键视觉方面；④媒体注意事项。

资料来源："The Proctor & Gamble Company," *International Directory of Company Histories*, vol. 67 (New York, NY: Saint James Press, 2005); *Green Household Cleaning Products in the U.S.* (Rockville, MD: Packaged Facts, June 2010); E. Byron, " The Great American Soap Overdose," *The Wall Street Journal*, January 25, 2010, http://online.wsj.com; J. Neff, " P&G Reinvents Laundry with $150 Million Tide Pods Launch," *Advertising Age*, April 26, 2011, http://adage.com; " Tide Is Betting $150 Million That You'll Like Laundry Pods," *GoGreenZine.com*, April 27, 2011, http://gogreenezine.com; J. Neff, "Can P&G Laundry Pod Breathe Life into the Category?," *Advertising Age*, May 2, 2011, p. 5; M. Murphy, " Church & Dwight CEO Praises, Then Zings, Competitor P&G," *FoxBusiness.com*, May 12, 2011, www.foxbusiness.com; and " P&G Delays Tide Pods to ' 12, Too Much Demand," *Business Courier*, May 27, 2011, http://assets.bizjournals.com.

案例 II-8 西班牙裔市场在网上和移动端的形态

西班牙裔市场是增长最快的种族部分并承担着经济重任。它被视为真正能实现增长的最后机会。从 2010 年至 2050 年，美国的西班牙裔人口预计将增长 167%，与此形成对比的是 42% 的美国总人口增长。对许多包装商品而言，西班牙裔被认为是实现其销量增长的主力军。据 Univision 的广告和销售副总裁透露，所有的饮料销量增长都来自西班牙裔，并且在西班牙裔中，汽车销量的增长将是非西班牙裔的两倍。据尼尔森公共事务与政府公关部门高级副总裁莫妮卡·吉尔（Monica Gill）说：

> 拉丁美洲人正在成为经济影响力的强者，向市场营销人员提供影响力更大的消费群体，这可以转化为商业影响力。关键是要认识到，今天的现代拉丁美洲人是 ambicultural，是在拥有两种截然不同的文化能力的英语和西班牙语之间的无缝支点。了解如何联结这个独特的消费者形象将是成功的关键。

每年，《广告时代》出版其西班牙裔的真知灼见，向许多行业的营销人员提供关于受欢迎人群的有价值的信息。以下五个表格从报告中提取见解，涉及西班牙裔对社交媒体、移动营销和网上采购的使用。

西班牙裔与社交网络

表 II-4 和表 II-5 提供了关于拉美裔使用各种社交网站的信息，以及这些网站如何影响这些人的态度。表 II-5 是关于西班牙裔与非西班牙裔态度相比较的附加信息。

西班牙裔与移动营销

表 II-6 和表 II-7 显示西班牙裔选用的移动平台以及在平台上从事的活动的有关信息。表 II-7 中的活动进一步分解为世代组。

西班牙裔与网络采购

最后，表 II-8 说明了西班牙裔消费者相对于所有美国成年人的购买行为。这种购买行为进一步细分为特定类型的设备。

表 II-4 社交网络：美国西班牙裔中最大的网络财产多样化平台独立访问者数量

名次	所有权	独立访问者数量	范围百分比 (%)	西班牙裔部分 百分比	西班牙裔部分 索引
1	Facebook	31 463	82.1	15.9	104
2	Twitter	18 892	49.3	16.3	106
3	LinkedIn	8 577	22.4	12.5	81
4	Pinterest	7 394	19.3	12.6	82
5	Tumblr	6 480	16.9	16.5	108
6	AddThis	3 467	9.1	14.4	94
7	Yahoo Profile	2 457	6.5	14.7	96
8	Goodreads	2 149	5.6	13.7	89
9	Quizlet	1 813	4.7	17.6	115
10	Ask.fm	1 504	3.9	27.9	182
	总计访问量：所有西班牙裔	38 332	100	15.3	100
	社会媒体/社交网络	34 429	89.8	15.5	101

注：范围百分比是指占所有西班牙裔的网络使用者（3 830 万）。多样化平台数据包括固定和移动平台，包含网站、视频及应用程序。
数据来源：ComScore，2014 年 5 月，http://comscore.com.

表 II-5 对社交媒体的态度

同意者	西班牙裔所占比重 (%)	非西班牙裔所占比重 (%)	总百分比 (%)
我更倾向于购买在网络网站上打过广告的产品	10.9	8.3	8.6
我更倾向于购买已使用过的或朋友在网站网络上推荐过的产品	18.3	17.8	17.8

(续)

同意者	西班牙裔所占比重（%）	非西班牙裔所占比重（%）	总百分比（%）
我更倾向于跟随自己喜欢的品牌或公司在网站网络上的分享	23.5	20.2	20.6
社会分享/网络网站是我告诉人们我喜欢的品牌的一种途径	23.9	20.2	20.8
我有时在网上会发评论供其他消费者参考	18.2	17.8	17.9
我很关注别人在网上的评论	27.1	29.3	28.9
我经常点击浏览别人在网上发送的链接	29	33.8	33.1
我经常通过不同的方式登录公众网络/网站	29.8	33.1	32.6

表 II-6 西班牙裔与移动平台

智能手机			
排名	平台	股份（%）	关注人数
1	谷歌（安卓）	55.9	16 995
2	苹果（IOS）	38.1	11 582
3	微软（Windows）	3.2	986
4	黑莓	2.5	773
5	Symbian	0.1	38
6	其他	0.1	20
	总计	100	30 405

平板机			
排名	平台	股份（%）	关注人数
1	谷歌（安卓）	56.4	8 414
2	苹果（IOS）	47	7 011
3	微软（Windows）	2.8	423
4	黑莓	0.7	101
5	惠普	0.6	87
	总计	100	14 925

注：至2014年5月止三个月平均股本。观众数以千计。
资料来源：*ComScore*，2014，http://comscore.com.

表 II-7 过去七天手机使用者的活动

	上周使用此功能人数的百分比						
种类	西班牙裔	非西班牙裔	西班牙裔千禧一代	非西班牙裔千禧一代	西班牙裔35+	非西班牙裔35+	所有使用者
相机	51.5	51.6	54.2	53.4	48.4	50.5	51.5
下载应用程序	66.4	61.3	66.8	62.1	65.9	60.8	62.1
电子邮件	79.4	82.2	78.7	83.3	80.1	81.6	81.8
GPS	41.3	38.8	42.5	43.2	40	36.2	39.2
即时通信/聊天	38.1	23.1	39.4	24.3	36.6	22.4	25.4
听音乐	37.9	30.2	41.4	33.9	34	28	31.4
玩游戏	52	50.1	54.5	50.8	49.1	49.8	50.4
阅读报纸/期刊	17.3	16.6	19	17.5	15.3	16	16.7

(续)

种类	上周使用此功能人数的百分比						
	西班牙裔	非西班牙裔	西班牙裔千禧一代	非西班牙裔千禧一代	西班牙裔35+	非西班牙裔35+	所有使用者
社交网络/博客	74.1	69.3	77.1	73.2	70.8	67	70
谈论	91.6	92	91.4	92	91.8	92	91.9
即时消息	93.4	91.5	93.8	90.6	93	92.1	91.8
访问网站	91.6	88	91	89	92.2	87.5	88.6
观看/下载/流视频	52.2	37.2	58	42.6	45.7	34.1	39.5

资料来源：*Experian Marketing Services*, 2014, http://experian.com/marketing-services. Data based on Experian Marketing Services' Simmons Connect Study, Fall 2013, for the dates of October 2013 through January 2014.

表II-8 通过目录中的方式的购买行为

目录	用……方式购买的人数所占百分比					
	个人电脑		平板机		手机	
	西班牙裔	所有成人	西班牙裔	所有成人	西班牙裔	所有成人
服装/配件	54	59.4	52.3	47.4	36.8	29.4
电子	50.9	51.6	51.8	41.5	31.5	20.8
食品	22.3	22.7	32.7	23.1	15.1	11.8
股票/债券/共同基金	12.9	14	19.7	15.1	6.5	6.2
电影票/活动	45.5	45.1	40.8	34.1	19.4	15.4
玩具/游戏	38.1	33.4	43.7	34.9	17.6	11.7
旅游服务/预订	52.4	58.5	40.2	32.6	17.2	10.7
拍卖项目	24	24.5	26.9	25.6	21.2	13.9
慈善捐款	17.4	16.7	18.5	16.3	16.8	11
书籍	41.9	43	43.7	45.8	14.6	13.9
音乐	36.3	37.5	48	41.6	23.8	17

资料来源：*Experian Marketing Services*, 2014, http://experian.com/marketing-services. Data based on Experian Marketing Services' Simmons New Media Study, for the dates of January 26, 2014, through February 2, 2014. Base of device owners for each device (e.g., 54 percent of Hispanics who own a computer have purchased apparel/accessories using their computer vs. 59 percent of all computer owners).

思考题

1. 通过在线和移动营销瞄准利润丰厚的西班牙裔市场的营销者面临的机遇和挑战是什么？
2. 根据表格II-4、II-5、II-6、II-7和II-8的信息，制定针对西班牙裔市场的整体营销策略。
3. 根据表格II-4、II-5、II-6、II-7和II-8的信息，开发一个广告活动，包括
   （1）整体定位策略及核心主题；
   （2）主要广告文案要点；
   （3）视觉元素；
   （4）主要媒体。
4. 根据表II-4、II-5、II-6、II-7和II-8的信息，为入门级市场营销专业人士（特别是那些在目标市场西班牙裔消费者的公司工作的）设计培训材料以加强与消费者的互动，提升他们与消费者沟通时选择媒介的能力。

资料来源：G. Llopis, "5 Steps to Capturing the Hispanic Market—The Last True Growth Opportunity," *Forbes*, September 3, 2013, www.forbes.com; and Crain Communications, Inc., "Advertising Age, 11th Annual Hispanic Fact Pack," *Advertising Age*, July 28, 2014.

PART 3

第Ⅲ部分
内部影响

这一部分重点讨论内部影响、自我概念及生活方式。我们的注意力将从外部影响力量的讨论转移到影响个体行为的内部过程。

本部分首先讨论知觉，即讨论个体如何接近环境刺激并赋予其意义这一过程。在第 9 章，我们讨论学习与记忆，第 10 章论述动机、个性和情绪，第 11 章集中论述与态度相关的概念，讨论态度的形成与改变的不同方式。

前面篇章介绍的外部影响力量和本部分介绍的内部过程相互影响，正如第 12 章所述，个体形成自我概念及其欲求的生活方式。这些内容是我们所描述的消费者行为模型中的核心。自我概念是指个体如何感受和看待自己，用什么方式来思考和感受自己。个体实际和希望的生活方式，则反映个体如何将自我概念体现在日常生活包括消费行为中。

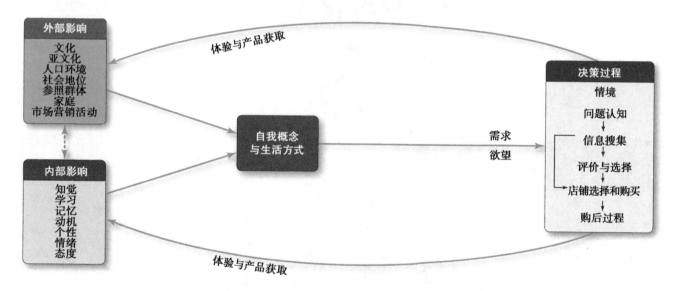

第 8 章

知 觉

学习目标

1. 描述感觉的性质以及它与消费者记忆和购买决策的关系。
2. 解释展露的概念、类型及其营销意义。
3. 解释注意、其影响因素及其营销意义。
4. 解释理解、其影响因素及其营销意义。
5. 讨论知觉在零售、品牌、广告、包装策略中的运用。

你可能已经注意到,越来越多的品牌正出现在你最喜欢的电视节目、电影、音乐视频和视频游戏中。这不是偶然,这项技术被称为植入广告(product placement),植入广告的费用支出在美国已经达到 40 亿美元,并且以超过 30% 的年增长速度在增长。当前,植入广告已经形成了一个完整的领域,有一批媒体和公关商业组织致力于向适合的目标对象传递合适的品牌信息。通用汽车以植入广告的方式投入大量的资源用于雪佛兰的品牌建设。例子如下:[1]

- 《欢乐合唱团》是一个主要面向年轻女性观众、收视率很高的电视节目。雪佛兰播出了一段该节目中的 Schuester 老师正在驾驶黄色活动折篷巡洋舰的情节。作为这个节目的赞助商和广告商,雪佛兰也将继续赞助这种植入式的节目。
- 《人到中年》是一个针对中年男性的电视节目。这个电视节目的中心就是围绕着雪佛兰展开的,因为其中一个主角是雪佛兰经销商,另外一个主角也是那里的工作人员。因为许多故事情节都发生在经销商店,因此营销效果就远远好于典型的产品植入广告。这也许就能解释为什么这里的植入式广告能够产生 75% 的回忆率和 65% 的购买考虑,效果要比其他的植入式广告好很多。然而,通用汽车公司也指出,这种植入广告要比其他植入形式投入更多的工作,而且需要公司的员工、节目组人员、广告公司之间的密切配合。
- 《夏威夷探案》。这个电视节目有一个广泛的收视人群,雪佛兰品牌也很好地融入了这个节目。主角 Steve McGarrett 驾驶着雪佛兰西尔维拉多(Silverado),他的搭档 Danny Williams 开着卡玛洛(Camaro)。汽车在电视片段中不断出现,警察驾驶着它们在岛上打击罪犯。

植入式广告的增多受诸多因素的影响,一个主要因素是 DVR 的兴起,它使得消费者通过快进功能可以避免收看广告。植入式广告的优点是它能够将品牌自然地融入故事情节,从而创造积极的品牌信息,使消费者几乎不可能避免这种信息。尼尔森(Nielson)认为以下几种情况可以获得最好的植入广告效果:当品牌和电视情节非常相符时(想象在《夏威夷探案》中的跑车和打击犯罪),当主角称赞品牌的特点时(这种对话经常在《人到中年》节目中出现,主角对这种品牌的使用就是一种隐含的推荐),或者商业广告间隙出现该品牌的广告(雪佛兰也这样做了)。

知觉是从消费者展露并注意某个营销刺激到对刺激加以解释的整个过程。本章开始的例子表明,展露和注意都是具有高度选择性的——这意味着消费者只会处理所得信息的一小部分。并且正如我们接下来将要看到的,解释是一个十分主观的过程。因此现实和消费者知觉存在着巨大的差别。营销人员如果希望将品牌信息有效地传达给消费者,就必须理解知觉的性质和众多影响因素。

8.1 知觉的性质

信息处理（information processing）是刺激物被知觉、转化成信息并被存储的一系列活动。图 8-1 说明了一个由四个阶段构成的常见信息处理模型，这四个阶段分别为：展露、注意（关注）、理解和记忆，其中前三个阶段构成了**知觉**（perception）过程。

展露发生在刺激物如广告牌出现在人的感官接收神经如视觉神经范围内时。注意发生在刺激物（广告牌）"被看到"（接收神经将感觉信息传递到大脑进行处理的过程）时。解释是对接收到的感觉赋予意思或意义。记忆是对刺激物的意思在短期内为了立即决策而予以运用或将其长期保留。

图 8-1 及上述讨论显示了从展露到记忆的线性流程。其实，这些步骤是同时进行并相互作用的。例如，一个人的记忆影响着他被展露或注意到的信息和这个人对这些信息的理解。同时，记忆本身也被正在接收的信息塑造着。

知觉及记忆两者都带有选择性。在众多存在的信息中，展露给个体的只是很有限的一部分。刺激物被赋予的意思不仅由刺激物本身决定，而且因个体不同而不同。而且当个体需要做出购买决定时，绝大部分这些已经被大脑处理和解释过的信息，并不处于激活状态。

消费者决策过程中知觉对信息处理的选择性，或称为**知觉防御**（perceptual defenses），指的是个体并不是营销信息的被动接受者，

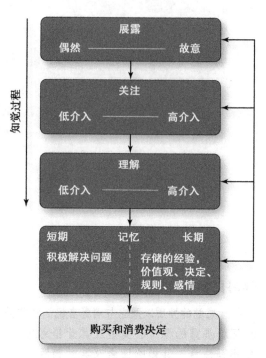

图 8-1 消费者决策过程中的信息处理

相反，消费者很大程度上决定他们将要碰到的信息以及他们赋予它们的理解及意义。显然，对营销经理来说，如何与消费者成功地交流是一项具有挑战性的工作。

8.2 展露

当刺激物出现在一个人的相关环境里，并且在其感觉接收神经范围内时，我们称之为**展露**（exposure）。展露提供给顾客注意到可得信息的机会，但绝不保证顾客可以接收到它。例如，你是否曾有过这样的经历，当你正在观看电视时，却意识到你并没有注意正在播放的商业广告？在这种情况下，展露发生了，但由于你注意力不集中，商业广告将会对你产生很小的影响。

通常个体面对的仅仅是被展露的刺激物中的很少一部分。现在，有成百的电视频道、上千的广播电台、无以计数的杂志和呈爆炸性增长的网站。商店内通常摆满了数以万计的商品，贴满了令人眼花缭乱的广告。但即使在今天这样的需要同时处理多重任务的社会，个体在面对被展露的刺激物时，仍然存在限制。[2]

那么展露在个人面前的某个特定的刺激物是由什么决定的？是纯粹偶然还是有意识的过程呢？展露在个人面前的刺激物大多数是个体自主选择的结果，我们自主选择观看哪些刺激物而回避其他刺激物。通常我们寻找自认为有助于实现某种目标的信息。个体的目标及为达到目标所需要的信息，是由个体现在和他所向往的生活方式以及诸如饥饿、好奇之类的短期动机共同决定的。

当然，在日常生活中，我们或多或少会偶然、随机地面对大量的刺激信息。比如，驱车行走时，我们会听收音机里播送的广告，看各种各样的广告牌，留意橱窗陈列广告等，而这些可能都不是我们刻意寻找的。

8.2.1 选择性展露

由于展露失败会导致沟通失效并减少销售机会，营销人员十分关注展露的选择性。例如，当消费者迈进一家商场时，其购物行为有高度的选择性。研究发现，只有约 21% 的美国购物者会逛遍商场的每一条货道，其他消费者会有意避开自己不购物的货道。法国、比利时和荷兰的消费者购物时的选择性也很高，而巴西和英国

的消费者则几乎会逛遍商场的每一条货道。[3]

营销人员也很关注媒体展露。媒体是营销人员投放商业广告信息的载体，包括电视、广播、杂志、直邮、广告牌和互联网。媒体展露的主动性和自我选择性所产生的影响可以在广告播出时，人们快速跳过广告节目、转换频道或广告静音等行动中体现出来。当观看一个预先录制好的节目时，我们会快进从而**快速跳过**（zipping）广告节目；**转换频道**（zapping）是指广告出现时转换频道；**广告静音**（muting）是指在广告时间关闭电视声音。这是消费者选择性地避开广告信息的三种简单方法，一般被称为**广告躲避**（ad avoidance）。

电视遥控器的普及使快速跳过某个节目、更换频道或调低音量变得轻而易举。实际上，现有和未来的技术发展，赋予消费者越来越多的对电视广告展露的自我控制权。其中一种技术就是TiVo等公司生产的数字硬盘录像机（digital video recorder，DVR）。消费者洞察8-1探讨了DVR如何改变媒体广告的环境及营销人员如何应对。

有意避开广告是一种全球性的现象，不仅电视广告存在这种情况，广播、网络、杂志和报纸等媒体广告也同样面临这一情况。广告躲避与大量的心理和人口统计因素有关。Initiative最近开展了一项全球性的广告躲避调查，涵盖各种媒体，发现广告躲避行为在生活繁忙、高社会阶层、男性和年轻的消费群体中日益显著。[4]

此外，广告越扎堆，人们越可能避开广告，对广告的态度也更为负面。消费者越来越讨厌（并且积极躲避）乏味、缺乏信息量和侵犯性的广告。[5]例如，在中国，随着广告的新鲜度和产品的多样化逐渐减退，人们越来越多地避开广告，对广告的感觉也愈发负面。[6]在网络上，营销人员设计了不能被删除的"弹出式广告"。更极端的是一些剧院，在放映电影之前播放广告，由于观众只能被动地等待电影的开始，这种广告比选择性的电视广告效果好。[7]然而，对这种广告的运用必须小心，因为观众很可能对这种强制性的展露十分反感。[8]实际上，有研究发现，许多网络用户烦透了那些弹出式广告，他们甚至专门从网站上下载反弹出广告软件来从根本上杜绝其干扰。[9]

为了应对消费者避开广告的行为，营销人员把自己的品牌广告投放在娱乐媒体上，例如，电影和电视节目中，以提高展露机会，获取更多的投资回报、促销机会或其他利益。消费者并不会刻意回避这种**产品植入式广告**（product placement），因为它告诉消费者在何时、如何使用该产品，从而起到强化产品形象的作用。产品植入式广告代理商通过阅读剧本及参考布景设计师的意见来确认广告的最佳植入时机，其目的就是使品牌以真实、微妙、不引人瞩目的形式展露给消费者。[10]产品植入式广告在美国普遍存在，但并非能够被全世界接受，例如在英国，直到最近，产品植入式广告才变成合法行为。但即使如此，在广告开始、结束或广告间隙后必须有一个"P"标志，即一个付费说明。这样规定的逻辑大概是，它会对消费者发出警告信息，警告消费者这些植入场景本质上都是广告。[11]你认为此类信息披露对植入式广告的有效性会产生什么影响？你认为这种要求在美国要强制实施吗？这其中包含什么样的伦理问题？

| 消费者洞察8-1 | 生活在DVR世界 |

DVR可以对电视节目进行数字化录制，并且具有"时移"功能。目前有20%的美国家庭拥有DVR，并且预期这个数字还在增长。[12]营销人员最担心的是会增加广告躲避。观看预先录制好的电视节目的观众跳过广告的概率是观看相同内容的直播节目的2倍，而50%~90%的DVR使用者至少会跳过一些商业广告。[13]

其他一些研究则持比较乐观的看法。一些研究指出，实际上大多数跳过广告的观众仍然"注意"到了这些广告，有时他们还会停下来观看自己感兴趣的广告。[14]研究咨询公司Innerscope Research最近发现，那些快进广告的DVR使用者比那些不跳过的使用者更容易被广告吸引。[15]

显然，营销人员的思维必须超越传统模式，因为DVR技术正在改变人们观看电视的方式。现在正在尝试的一种策略是压缩广告，使消费者即使在快进时仍然可以看到实时的短版广告。[16]在这种策略下，研究表明关键在于简单明了并使关键品牌信息出现在更容易被注意到的屏幕中央。其他可使用的策略包括：[18]

（1）静止类广告。这种策略是使消费者的视觉相对静止30秒，让营销人员有机会去展示包装、品牌和标识，使观众在快进时也能看到他们的广告。《兄弟情怀》（Brotherhood）是罗得岛州普罗维登斯的一个电视节目，利用都市景观作为视觉焦点。随着广告的快进，云朵就会开始慢慢移动，伴音也变得非常有戏剧效果。

（2）混合类广告。混合类广告是模仿观众们正在观看的节目。这种与节目搭配的广告能够有效避开观众快进广告。吉尼斯（Guinness）就使用过模仿《流言终结者》（Mythbusters）的混合类广告，它比普通的吉尼斯广告高出了 41% 的回忆率。

（3）交互式广告。美国 TiVo 公司最近增加了互动功能，播放广告时，消费者可以看见更详细的品牌信息和附加的广告。索尼（Sony）创造了多种结局的广告，让观众通过他们的远程终端来选择。在 DVR 传送相关的品牌信息和消费者所需要的内容上，互动式广告为营销者提供了更多的自由。

（4）动态广告植入。DirecTV 正在使用的技术允许"通过 DVR 硬盘将可寻址广告（household addressable ads）无缝嵌入生活和记录视频内容中"。这样的微观营销可以提供更适合消费者需求和目标的广告，但这种方式成功与否的一个关键因素就是，一般情况下消费者对待广告的态度和特殊情况下消费者针对特定广告的注意力。[19]

除了这种适应性，网络也在密切关注不会涉及 DVR 技术的可替代交付平台。我们的目标是用这样的平台取代 DVR。哥伦比亚广播公司（CBS）所做的研究表明，很多消费者愿意接受广告从而免去他们为每月的硬盘录像机所需支付的 10 美元。这种现象的出现还要依赖于"任何时候"欣赏流行节目的可获得性，而且这仅仅是所研究的战略类型。正如哥伦比亚广播公司的代表所说的：

> 我把 DVR 称为一种过渡技术，DVR 将会被流媒体和视频点播（VOD）代替。这将使消费者能够以他们任何想要的方式收看节目，而且这样做可能更吸引广告商。

思考题

1. 你认为较迟采用 DVR 的用户是对"广告躲避"这一功能兴趣不大吗？如果他们学会使用 DVR，其兴趣会否改变？
2. 除了上述几种策略，你还能否想出其他说明策略来减缓消费者使用 DVR 进行广告躲避的趋势？
3. 你同意哥伦比亚广播公司关于 DVR 是一种过渡技术的说法吗？

电影和电视只是产品植入式广告的一种途径。市场营销人员在更独特的媒体上做广告，以增加展露机会。例如，在卡车和出租车的车身、飞机、活动、视频游戏中做广告。户外和视频游戏是这类广告的主要增长领域。除传统的广告牌外，在户外做广告还有很多其他方式。阿迪达斯（Adidas）在阿姆斯特丹的一家新店开业时，在户外展示了一个 6 英尺长、6 英尺深、24 英尺宽的模拟鞋盒。而在德国世界杯期间，阿迪达斯在高速公路上摆放了奥利弗·卡恩（Oliver Kahn，德国足球队的守门员）俯扑足球的 215 英尺长的横跨公路的截图（见图 8-2）。[20] 这种户外广告具有强烈的视觉效果，让人们无法忽视它。

图 8-2

营销者逐渐开始采用非传统的媒体增加信息展露。

视频游戏可能是广告增长最快的了。它向想成为玩家和逃避传统媒介的年轻男性进行广告展露。正如一位专家指出：

> 广告商已经注意到年轻男性，尤其是介于18～24岁的年轻男性，他们中有越来越多的人抛弃电视，转而支持多样化的视频游戏和互联网。尼尔森公司(Nielson)和电子游戏发行商美国动视（Activision）的一项最新研究显示，玩家不仅接受嵌入游戏中的广告品牌，而且在广告真实可信的情况下，他们还会购买与之相关一些产品，这就使得该领域（视频游戏广告）更具有吸引力。[21]

所以，扬基集团（The Yankee Group）估计，一方面，在某些媒介（电视和杂志）上的广告费仅增长4%～5%，甚至某些媒介（报纸）的广告费有所缩减，但另一方面，视频游戏上的广告费每年的增长都超过30%，并迫近10亿美元大关。[22]

8.2.2 自愿展露

虽然消费者经常避开商业广告和其他营销刺激，但当他们想要购物、娱乐和寻求信息的时候，也会主动寻找某些广告。正如我们前面提到的，消费者会主动寻找他们想要购物的廊道。[23]还有，许多观众期待着观看有关"超级碗"的广告。更引人注意的是对**信息性广告**（infomercials）的正面反应。这类节目长度的广告通常提供免费电话或网址以订购产品或获取更多的信息。这积极地影响了品牌的态度和消费者的购买意向。[24]早期采用者、意见领袖比一般消费者更多的观看信息广告。[25]这表明，这种广告节目可以通过他们一传十、十传百的交流方式获得显著的间接效果；同时还说明，信息性和相关性对营销信息的自愿展露十分重要。

暴露在网络信息和广告之下可能是自愿的，也可能是非自愿的。正如上面所提到的，消费者对弹出式广告和横幅广告的展露大多是非自愿的，因为消费者只是在寻找其他信息或娱乐的时候碰到了它们。但那些主动点击横幅广告和弹出式广告的消费者则属于自愿展露。

消费者也会通过访问公司的主页和其站点来主动寻找广告信息。例如，新购汽车的消费者可能会访问生产厂商的网站如www.toyota.com和独立站点如www.edmunds.com。消费者还可以通过网上注册，获得企业更多产品或服务的优惠券和定期更新的信息。这种具有自愿和自我选择性质的网络信息，可使消费者"有选择性地"通过电子邮件获得促销信息，称为**许可营销**（permission-based marketing）。[26]消费者可以控制信息的展露，从而更乐意接受和回应这些信息。许可营销的概念也被用于增强通过手机进行移动营销（mobile marketing）的效果。[27]最终，要注意网络病毒性营销和口碑营销（第7章）依靠的是消费者自愿展露和营销信息的分配。

8.3 注意

当刺激物激活我们的感觉神经，由此引发的感受被传送到大脑做处理时，**注意**（attention）就产生了。注意要求消费者将有限的智力资源分配到不断出现的各种刺激物的处理中来，如货架上的包装或网页上的横幅广告。正如我们之前讨论的，由于营销环境具有高度的集聚性，消费者需要时刻面对着数千倍于其处理能力的外界刺激物。所以，消费者不得不有选择地关注广告及其他信息。如一家广告代理公司的经理说：

> 引人瞩目对于广告越来越重要了。广告一定要做到响亮而简单，吸引眼球并使人信服。因为与消费者对话的机会正变得越来越少，你必须抓住机会。[28]

图8-3中的广告很可能会吸引你的注意力。是什么决定或影响人们的注意力呢？此刻，你正在商场里寻找一台DVD，已经走到DVD专卖区，这时你的注意力完全集中在如何从不同的品牌中挑选。突然，一段响亮的广播使你的注意力偏离了面前的DVD陈设。随即你的注意力分散了，开始集中到附近你在之前不曾注意过的物体上。其实你周围一直存在这些刺激物，但你对此不予理会，直到你刻意去留意它。这个例子表明，注意经常与具体环境相联系。在不同环境下，同一个体对同一刺激会给予不同程度的注意。总之，注意力由三个因素决定：刺激物、个体及环境。

图 8-3

该广告使用了包括颜色和吸引人的趣味性的刺激物因素。

8.3.1 刺激因素

刺激因素是指刺激物本身的物质特征。刺激物的特征包括广告大小、颜色等，是营销人员可以控制的，并且能不依赖于个体的特征独立地吸引我们的注意力。刺激因素引发的注意一般是自动的。所以，即使你对汽车毫无兴趣（个体特征），还是会不可避免地被一幅巨大华丽的汽车广告（刺激因素）所吸引。

1. 大小

越大的刺激物越容易引起注意。所以，越多的货架空间会吸引越多的注意力，带来更高的销售额。[29] 因此，消费品公司为了确保足够的货架，经常向零售商支付所谓的货位津贴（slotting allowances）。联邦贸易委员会估计，美国的公司平均每年在货位津贴上至少花费 90 亿美元。[30]

大小也会影响消费者对广告的注意，图 8-4 展示了不同尺寸的杂志广告的相对吸引力。越大的广告越能吸引注意，大的横幅广告可以吸引更多的注意力，这也是横幅广告和网络广告版面不断增大的原因。[31] 更大的黄页广告能吸引更多注意力和产生更高的回忆率。一项研究发现，从黄页中寻找信息的消费者注意到 90% 以上的 1/4 页广告，但仅注意到 25% 的小广告。[32]

2. 强度

刺激的强度（如响度、亮度、长度等）也能增加注意。例如，广告在屏幕上播放的时间越长，越容易被注意和记住。[33] 网络上，强度的表现之一是侵入性，为了阅读想要的内容，浏览者被迫观看横幅广告或弹出式广告。一项研究发现，在消费者链接到想要访问的网址之前，如果屏幕上除了一则横幅广告别无他物，则注意水平是一般情况下的 3 倍，点击率则高出 25 倍。[34] 但在使用侵入性广告的时候，一定要注意消费者可能的负面情绪和避开广告的倾向。

重复与强度密切相关，指消费者在一定时间内接受某种刺激（品牌商标或广告）的次数。随着重复次数的增加，注意下降，尤其是在暴露于刺激的时间很短（即强度很高）的情况下。例如，对同一本杂志上同一则印刷广告的多幅插页，人们的注意程度从第一幅到第三幅下降 50%。[35]

重复导致的注意减少应该用两个因素来解释。第一，在重复的过程中，消费者关注的焦点可能从广告的一部分

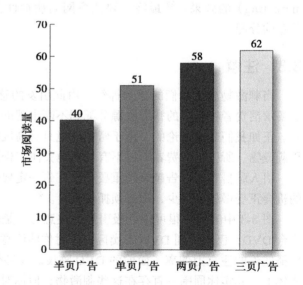

图 8-4 广告版面大小对阅读率的影响

资料来源：©D.L.Mothersbaugh, G.R.Frank, and B.A.Huhmann 2015.

转移到了另一部分。你在观看一则广告很多次以后还能从中发现什么新信息吗？随着对广告熟悉程度的增加，消费者的注意力将发生转移。一项研究表明，消费者的注意力会从广告的品牌组件（名字、商标等）转到广告的文本组件。[36] 这种注意力的再分配十分重要，因为广告文本虽然可以传达品牌的很多信息，但要说服消费者阅读广告却不是一件容易的事情。第二个因素是重复往往会增加回忆。[37] 如第9章中提到的，重复的暴露会减少注意，但会强化记忆。

3. 有吸引力的视图

人们都容易被愉快的刺激所吸引，而厌恶不愉快的刺激，这就是为什么有吸引力的视图，如巍峨的山峰和漂亮的模特，会吸引人们对广告的注意的原因。除了其他特征，广告的视觉或图片因素也会强烈地影响着人们的注意力而独立于其他因素。一项研究发现，好的图片会增加消费者浏览零售网站的时间。[38] 针对1 300多幅印刷广告的另一项研究发现，不论大小，图片会比其他任何广告要素（品牌、文本信息等）吸引更多的注意力。这种图片优先（picture superiority）效应说明了广告视图的重要性，也揭示了现代印刷广告大量使用图片的原因。但由于人的注意力是有限的，注意某一部分就必然忽略另一部分。所以加大印刷广告的图片，会减少人们对品牌的注意。[39]

尤其要注意那些本身富有吸引力而容易把人们注意力从品牌上转移的因素，广告的视图和漂亮的模特都是这样的因素。一个公司发现广告里穿着火辣的模特可能使人们只注意模特而忽视了产品本身。结果在看过广告的72小时后，消费者对品牌名的回忆度反而下降了27%！[40]

4. 色彩和运动

色彩和运动可用于吸引注意力，因为鲜艳的色彩和移动的物体更引人注目。某些颜色及其特征会使人产生兴奋与激励的情绪，这是与注意密切相关的。鲜艳的包装比色彩暗淡的包装更容易吸引人的视线。红黄等暖色调比蓝灰等冷色调更令人兴奋。[41]

商场内明亮的包装和陈设更能吸引注意力。由于红色具有引人注目和产生兴奋的作用，零售商经常在商品陈设中使用红色来鼓励冲动性购买。[42] 而且，如果销售陈列中有动态的招牌，则更易于吸引注意力并增加销售。所以，Eddie Bauer公司使用动态数码招牌代替了静态的商品陈列。[43]

色彩和运动对广告也很重要，有动画的横幅广告更引人注目。[44] 一项对黄页的研究表明，彩色广告比黑白广告更多的受到人们的注意，更经常被翻阅，被阅读的时间更长。[45] 图8-5 显示了黑白广告和版面大小不等的四色杂志广告吸引注意力的程度。

图8-6展示了只有颜色使用不同的两款柯尼卡（Konica）复印机的广告。与黑白广告相比，彩色的这款广告明显被更多的读者注意。

5. 位置

位置指的是物体在物理空间或时间中的方位。零售店中易于被发现的货品更能吸引注意力，店内端架（end cap）和触摸屏（kiosk）的运用正是出于这个道理。此外，处于视野正中的物体比处于边缘的物体更容易被人注意，这就是消费品生产商为取得零售店中与视线平行的货位而激烈竞争的主要原因。[46]

广告中的位置效应受到媒体特点以及消费者与媒体之间互动的影响。广告内部不同元素吸引注意力的程度也与其位置[47] 和人们的阅读顺序有关。印刷广告中，印在右面纸张上的广告比左面的更引人注意，而这取决于我们如何阅读杂志和报纸。美国读者习惯于按从左上角到右下角的顺序浏览印刷广告，与我们阅读的顺序大体一样。所以，广告和其他印刷媒体中所谓的"高影响力区域"一般都是趋向左上角。网络上，垂直的横幅广告比横向的横幅广告更吸引注意，其原因可能在于，与绝大

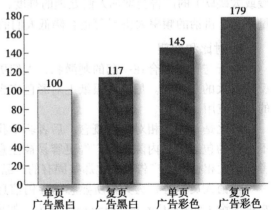

图8-5　色彩和大小对关注程度的影响

注：假设单页的黑白广告的阅读指数为100。

资料来源："How Important Is Color to an Ad ?" *Starch Tested Copy*, February 1989, p.1, Roper Starch Worldwide, Inc.

多数印刷内容的横向形成对比，从而显得突出。[48] 电视里，电视剧之间插播的广告随着播出顺序由先至后，其收视率也显著降低，因为人们大多利用广告的间歇去干别的事。[49]

图 8-6

广告的颜色能够吸引注意力。彩色的柯尼卡广告得到了显著的62%的分数，而相同的黑白柯尼卡广告只有44%。

6. 隔离

隔离指的是将一个刺激物与其他物体隔开。商店里独立摆放的端架就是运用了这样的原则。在广告中，空白（white space）（如将一则很短的信息放在一个空白的广告牌正中）的运用，广播广告之前的片刻沉默均是基于此。[50] 图8-7中的大众汽车的广告展示了一个有效利用隔离的印刷广告。

7. 格式

那些希望在一页中列出多个项目的目录批发商，经常因为项目交叉分散了人们的注意力而使受众对所有信息的关注程度降低。然而，通过适当的格式安排，这种注意力的分散就可在一定程度上避免，销售业绩也会随之提高。[51] 格式指的是信息展示的方式。通常，简单、直接的播放方式比起复杂的方式会受到更多的注意。信息中加入需要人们费力理解的因素也会降低其受关注的程度。那些缺乏明晰的视点或者节奏不当（如太快、太慢或太跳跃）的广告会增加人们处理的难度，难以吸引大多数人的注意。同样，带有难以听懂的外国口音、音量不当、讲话的频率太快[52]等也会降低人们的注意力。

8. 对比和期望

对于与背景混合在一起的刺激物，人们更倾向于关注那些与背景反差很大的刺激物。尼桑在报纸上对彩色广告的运用证明了一种有效的对比应用。[53]

对比是与期望相对应的概念，后者驱动我们对比的知觉。与期望不一致的包装、店内陈列和广告更容易被注意到。例如，那些与消费者预期大相径庭的广告，会比那些固有的产品广告更加引人注目。[54]

营销人员担心，为人们所熟悉的促销信息会逐渐丧失效果。**适应水平理论**（adaptation level theory）认为，如果某种刺激不加改变，随着时间的推移，人们会变得适应而不再注意。最初我们注意到的新广告会在被我们熟悉后失去吸引注意的能力。这种熟悉效应并不罕见。但研究也表明，原创的（非预期的、令人惊讶的、独特的）广告即使在消费者熟悉以后仍能吸引他们的目光。[55] 图8-8展示了一个与其传统广

图 8-7

大众汽车（Volkswagen）印刷广告有效地利用了隔离吸引注意力。

告相比更独特、新颖的印刷广告。

9. 趣味性

人们对什么感兴趣通常是一种内在特征。滑雪者会很快被滑雪广告吸引，而非滑雪者则不会。但是，有趣的信息、店面和店内陈列也会引起很多人的兴趣。例如，商店里的体育事件和电影的联合促销（tie-ins）比普通的陈列更引人注目，也会产生更多的销量。[56]

广告中，能够增加好奇心的因素，例如跌宕起伏的情节，出人意料的结局，到影片结束才揭开的悬念，都能提高人们的兴趣和关注程度。虽然很多 DVR 的使用者会跳过广告，但研究发现，90% 的人会选择观看部分感兴趣的广告。[57] 另一项研究发现，消费者更可能继续观看具有高度娱乐性的广告。[58]

10. 信息量

最后一个刺激因素是信息量，信息量是指刺激域中线索的数目。线索与品牌本身的特征、典型使用者和使用情境相关。包装、陈列、网站和广告都能体现出这样的信息。

图 8-8
由于它新颖的方式，这个印刷广告将可能吸引很多人的注意。

信息帮助消费者做出决策。但信息是否越多越好呢？这取决于包括媒体在内的很多因素，包括媒体的使用。印刷广告中的信息会吸引注意力，而电视广告中的信息则会分散注意力，原因是电视广告信息量的增加会导致**信息超载**（information overload），因为（不会像印刷广告一样）消费者无法控制广告展露的节奏。[59] 当消费者面对太多信息且不得不关注所有这些信息时，就会出现信息超载。此时，他们可能只会做出次优的选择。[60]

8.3.2 个体因素

个体因素是指个体区别于其他事物的各种特征。一般而言，动机和能力是影响消费者注意的重要因素。

1. 动机

动机是由兴趣和需要所产生的一种驱动状态。兴趣是目标（如想要成为出色的吉他演奏者）和需要（如饥饿）的结果，是人们总体生活方式的反映。产品介入度反映了人们对某一特定产品种类的动机或兴趣，可能是暂时的，也可能是持续性的。当你停下手中的工作洗碗时，对洗洁精的介入是暂时性的；但对所喜爱的吉他和音乐的介入则可能是终生的。无论如何，产品介入度能引发消费者的注意。例如，一些研究发现，产品介入度增加了消费者对印刷广告，特别是对正文而不是图片的关注度。[61] 所以当消费者高度关注广告中的商品时，我们先前所讨论的图片优先效应就会相应地打折扣了。还有研究发现，消费者更倾向于点击他们正使用产品的横幅广告。动画等外在刺激特征对这些具有内在驱动力的消费者收效甚微。[62]

营销人员利用消费者的兴趣和介入度设计小的横幅广告。**智慧横幅广告**（smart banners）根据人们使用搜索引擎的情况而激活。[63] 这种行为定位策略也被应用于一般的网站设计，并且收效良好。例如，某广告将访问过 www.wsj.com 上旅游栏目的人当作潜在顾客，不管他们当时在阅读什么内容，都会收到美国航空公司的广告。[64] 针对性强的广告能引发更多消费者的注意，并且品牌和信息的回忆率也较高。

2. 能力

能力是指注意和处理信息的能力，与知识和对产品、品牌、促销的熟悉度有关。比如，音响发烧友必然比普通人更有能力处理专业的音响产品信息。因此，专家有能力更快、更有效地处理更多信息，而不会被信息超载所困扰。研究发现，受教育程度越高、有过越多健康问题经历的人，越有可能在直销药品广告中关注详细的医疗技术信息。[65]

品牌熟悉度（Brand familiarity）是一种与注意相关的能力因素。对品牌高度熟悉的人，由于已有很丰富的相关知识，可能会较少注意广告信息。例如，当品牌熟悉度较高时，第一次的广告必须包含会引起消费者注意的所有信息，并且利用横幅广告来提高点击率。相反，当品牌熟悉度很低时，第一次看到品牌时点击率很低，到第五次则显著提高。[66] 低品牌熟悉度的消费者需要多次横幅广告的展露，才会有足够的动机和信任度，去点击网站以获得更多信息。

8.3.3 情境因素

情境因素是指环境中除主体刺激物（如广告或包装）以外的刺激，以及因环境导致的暂时性个人特征，如赶时间或置于一个拥挤的商店内等。混乱度和节目介入度是影响注意的两个主要情境因素。

1. 混乱度

混乱度指环境中刺激的密集程度。店内调查发现，环境中商品陈列越多，消费者对某一个特定陈列的注意度越低。因此沃尔玛等公司尽量减少店内陈列的数目。[67] 广告也是如此，大量广告的存在，会分散对某一特定广告的注意力。[68] 你可能注意到电视频道大多倾向于选择单一赞助商，并且将广告少作为宣传优势！

2. 节目介入度

节目介入度指广告受众对电视节目或广告前后的编排内容（相对于广告或者品牌的介入度）感兴趣的程度。通常，受众注意这些媒体的目的在于了解电视节目或编排的内容而非广告。那么，对节目或编排内容的介入度会影响广告受关注的程度吗？答案是肯定的。如图8-9所示，介入度对杂志广告受众的注意力具有正面影响。

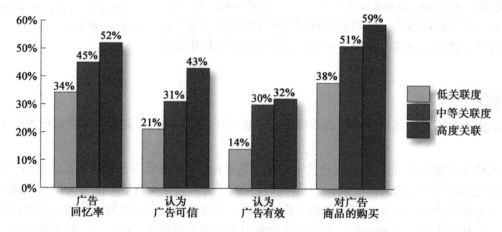

图 8-9 对杂志的介入程度与广告效果

资料来源：*Cahners Advertising Research Report 120.1 and 120.12*(Boston:Cahners Publishing, undated).

然而，研究显示，即使节目介入度很低，营销人员仍然可以通过提高广告本身的质量来吸引注意。广告质量就是怎样构建一段信息来增强其可信度和吸引力，以及怎样有效地传达核心信息。[69]

8.3.4 无意中的关注

到目前为止，我们已经讨论了基于刺激物本身、个人及情境因素而产生的消费者对环境的某些层面的高度关注。然而，刺激物也可能在无意中受到某种程度的注意。一个经典的例子是鸡尾酒舞会效应（cocktail party effect）——在一场嘈杂的鸡尾酒舞会上，你正专注地和朋友聊天，这时不会注意到舞会中其他人的谈话，直到忽然旁边有人提及与你相关的事情，如称呼你的名字，你的注意力才会被吸引过去。这个例子说明，人的大脑在潜意识的水平上处理大量的刺激信息，并对这些信息加以评价后决定哪些需要有意识地注意。[70] 半脑切面的概念是指大脑的不同部分分别适合集中和非集中注意。

1. 半脑切面

半脑切面（hemispheric lateralization）是用来表示两个半脑各自所从事活动的术语。人的左半脑主要负责处理文字信息、象征意义、序列分析，具有意识和报告正在发生的事件的能力。左半脑控制被称为理性思维的活动。右半脑主要处理图像、几何和非文字类信息，主要与形象和印象打交道。

左半脑需要频繁的休息，而右半脑可以在一段较长的时间里轻易地浏览大量的信息。克鲁格曼（Krugman）认为，"正是右半脑的图形处理能力才使得环境的快速录像成为可能——由此有助于选择左半脑应集中处理的内容。"[71] 一项关于横幅广告的研究，证实了这种潜意识的筛选作用。有时，网络浏览者似乎不用直接看横幅广告就能辨别其内容，导致网站上横幅广告的直接注意率仅为49%。对此的解释是，上网经验帮助人们建立起关于横幅广告特征的知识（比如大小和位置），用来避免直接的注意。[72]

但是，即使消费者未直接注意到广告，也不能完全避免其影响。例如，虽然消费者对某些自己所看到的广告品牌并未留心，但展露本身也可以增加购买倾向。[73]

2. 阈下刺激

一条播放过快或容量很小，或被其他内容所覆盖，使人无法看清或听清楚的信息，叫作**阈下刺激**（subliminal stimuli）。阈下刺激区别于普通广告之处在于其关键的说服信息十分隐蔽，甚至难以察觉。普通广告提供的关键说服信息则是一目了然。

阈下广告既是大众关注的热点，也是学术研究的重要内容。它是很多消费者决定不看广告的原因，而广告人员则试图利用阈下刺激来越过消费者的知觉防线。

公众对阈下刺激的兴趣来源于两本书。[74] 这两本书的作者在书中列举了无数的广告实例，告诉人们看画面上的某个部位或某个图像，就会发现某种情色形象。这样的模糊符号（刻意的或者偶然的）并不会影响广告效果的衡量尺度，也不会影响消费行为。对那些播放时间极短的信息的研究表明，这些信息对人的知觉产生的效果甚微或根本没有效果。[75] 另外，也没有证据显示营销者正在或将要运用阈下劝说信息。[76]

8.4 理解

理解（interpretation）是对个体感受赋予某种意识。理解是一种完形功能，由刺激物、个体、环境特点共同决定。

理解包括几个重要方面。首先，它通常是一个相对而非绝对的过程，被称为**知觉相对性**（perceptual relativity）。任何理解的做出，都是基于某个参考点。请看下面的场景：

QVC的"网络极端购物节目"中，画面上最先出现拳王阿里（Ali）的拳击袍（标价超过12 000美元），之后是简·曼斯菲尔德（Jane Mansfield）的豪华庄园（价值约350万美元），然后出现皮特·马克斯（Peter Max）绘制的大众新甲壳虫汽车（价值10万美元），最后呈现在屏幕上的是签名的皮特·马克斯的画作，标价200美元。

当消费者把画作的价格与之前昂贵的物品相比较时，根据相对性的道理，对画作价格的感觉会更低。[77]

其次，理解的另一个特征是主观性，从而不可避免地存在心理偏差。这一点从字面含义和心理含义的区别可以看出。字面含义是指某个词的一般意义，即词典中的解释。心理含义指的是基于个人或某个群体的经历、期望和词语使用的具体环境而赋予某个词以特定含义。

营销人员必须关注"心理含义"，因为驱动消费者行为的是消费者的主观经验而非客观事实。例如，某公司由于生产与营销效率提高，以低于现有竞争品的价格推出一种高质量的新产品。如果消费者将价格降低理解为质量降低，那么不论客观现实如何，这个新品牌都不会成功。[78]

最后，理解包括认知理解和情感理解。**认知理解**（cognitive interpretation）是将刺激物置于现存的意义类别内的过程。[79] 如前文所述，消费者在将广告归类为预期或非预期的时候，会受到文化和个人因素的影响。[80] 例如，裸体在性观念更为开放的法国比在美国更易为人们所接受。产品也同样如此。当DVD机刚问世时，人们大都把它归入VCR这一产品大类。随着人们对DVD机更深入的了解，人们开始将其单独归为一类。产品创新程度越高（非连续创新），越难对其进行归类，这时则需要营销人员帮助消费者理解和接受新产品。[81]

情感理解（affective interpretation）是由某个刺激物（如广告）引发的情感反应。情感反应包括正面反应（如欢快、兴奋、温暖）、中立反应（如不感兴趣）和负面反应（如气愤、恐惧、沮丧）。和认知理解一样，许多刺激物都会引发"正常的"情感反应。例如，大多数美国人看到小孩抱猫的图片会产生温馨的感觉。当然，个体之间会存在差异，如一位对猫过敏的人见到前述图片可能会产生负面的情感反应。当人们面对新产品或新品牌时，会同时进行认知归类和情感归类。[82] 图 8-10 所示的广告就可能引发情感理解和认知理解。

图 8-10

顾客对广告的理解有情感反应或者认知反应。这个广告就可能使其目标观众中的许多人产生情感反应。

消费者洞察 8-2 讨论了一些问题，包括消费者如何同时处理关于理解品牌、服务或经验的多条线索，和营销人员如何利用专业技能 synners 设计合理的多元"线索设置"。

8.4.1 个体特征

营销刺激物只有被个体理解或解释后才具有意义。[83] 个体并不是被动地接受营销信息，而会根据其需要、欲望、经验和期望主动对刺激物赋予意义。

1. 特质

内在的生理和心理特征驱动着人们的需求和欲望，进而影响到对刺激物的理解。从生理学的角度看，消费者对刺激的敏感度存在差别。例如，有的儿童对菠菜等绿色蔬菜中某些化学物质产生的苦味特别敏感。[84]Tab 可乐（一种含有糖精的健怡可乐）保持了一个较小但是稳定的忠诚顾客群，他们大多是对于糖精的苦味不那么敏感的人（与大多数人不一样）。

| 消费者洞察8-2 | 我能闻到橙色，尝到蓝色，感觉到银色，听得到缭乱的字画

线索，如品牌名称、标志、声音、包装、颜色、字体、气味、触觉、味道等，对于产品知觉尤其是理解的重要性是被营销人员广泛认同并接受的。许多公司花重金开发合适的品牌名称和标志去传达它们是谁、代表什么、承诺什么，并在一些情况下运用一些特殊的信息。例如联邦快递（FedEx）商标里的箭头，好时之吻（Hershey's kisses）商标中的 kiss 巧克力，美国芭斯罗缤（Baskin Robbins）商标中的数字 31。[85]

为了新系统的发行，微软公司（Microsoft）基于对声音于其品牌的重要性的理解，聘用了许多来自全球的音乐家，来编排"鼓舞的、通用的、乐观的、未来的、富有情感的、性感的、感人的……"新系统的启动音乐。英特尔公司（Intel）对四个音符的"英特尔铃声"（Intel bong）的应用十分著名，消费者甚至可以随时唱出来。哈雷－戴维森（Harley-Davidson）相信其 HOG 引擎的声音对于它的身份认证十分重要，

所以即使不成功，公司也要探索然后把它作为标志。

每一条线索都共同创造着产品知觉。营销人员知道整体大于每个部分的总和的道理，也知道将所有部分组合起来是困难的。当有通感的人呼叫他们自己的时候，synners 就产生了。synners 拥有一种神经学中的情况，即同时经历着两种或多种感觉（如字母有颜色，声音有味道），并把它们放在十分恰当的位置且评估每个部分如何交互，如何奉献整体。预计每 27 个人中就有一名 synner，包括音乐家约翰·梅尔（John Mayer）、诺贝尔荣誉获得者物理学家理查德·费曼（Richard Feynman）和说唱歌手 Kanye West。synners 这个群体似乎拥有更好的记忆力，在创造力的试验中获得了更高的分数。

营销人员已经开始感激 synners 独特的潜能了，并开始把他们这样的情况投入到产品策划和设计中去。例如，福特汽车公司最近为一名 synner 工程师自创了一个名叫交互感觉协调师（specialist in cross-sensory harmonization）的职位。正如他的工作头衔所示，他负责与设计师和工程师合作，协调汽车的各部分使其构成一个和谐的整体，如声音、外形、触感、味道，这些方面便是福特公司希望顾客拥有的。

在这个越发为消费者注意竞争的世界上，提供给 synners 的营销注意反映出越来越多感官营销的使用，开拓了品牌的形象。这就是为什么像 Zappos（因顾客服务而闻名的服饰类电商）这样的组织，会在管理工作车间时把员工展露在经历了多元感知关照的顾客评估之下。当然，也出现过多感官营销的案例（例如彩虹糖的品牌口号是"吃掉彩虹"），但这些案例都十分分散。现在我们正在见证的是一个更聚焦、更确定、更正式的认同 synners 潜能的战略。一些 synners 不会等待现在的公司去认可他们的潜能，并且已经创建了属于自己的事业，如 12.29，一家由两个 synners 创建的嗅觉品牌公司，曾经帮助旅馆、银行、百老汇选择适合的气味。

思考题

1. 你了解联邦快递商标（FedEx）、好时之吻商标（Hershey's kisses）、美国 31 冰激凌商标（Baskin Robbins 31 flavors）中的隐含信息吗？除此之外你还知道哪些？
2. 什么感觉线索能使你与品牌或商店产生强烈的联系？
3. 当一些线索彼此之间并不一致，消费者得到了混合的信息时，消费者就会产生混乱并且减少购买（例如，水晶百事的味道是可乐，但颜色却像水），你能想到其他因为混乱的线索而失败的产品案例吗？

从心理学的角度来看，消费者存在自然的认知、情感和行为倾向。比如，有些人比一般人体验的情感更为强烈，这就是由于情感强度这个特质的影响。很多研究发现，情感强度高的人比其他人面对广告时拥有更强烈的情绪反应。[86] 我们会在第 10 章讨论其他的人格特征。

2. 学习和知识

第 2 章中我们已经了解到，一些看起来自然而然的事情，如时间、地点、友谊、色彩等，都属于习得性行为，不同文化背景的人对它们有不同的理解。消费者通过经验习得品牌、促销等营销刺激，这些经验和知识会影响到人们的解释。通常，消费者倾向于以有利于他们喜好品牌的方式进行解释。一项研究发现，对公司高度忠诚的消费者，会倾向于怀疑对公司的负面报道，从而使自己较少受到该信息的影响。[87] 类似地，另一项研究表明，消费者对声誉较好的公司的提价政策会有正面的反应。[88]

图 8-11 中的广告使用颜色加强消费者习得的理解。图 8-11 中的颜色代表什么意思呢？

3. 期望

个人对刺激物的理解，倾向于与他们的期望相一致，这被称为期望偏差。例如，我们期望深褐色布丁是巧克力味而非香草味，因为现实中深褐色布丁通常加巧克力，香草布丁则加奶油。在最近进行的口味测试中，参加测试的大学生全都将深褐色的香草布丁当作巧克力布丁。[89] 正是由颜色所产生的期望，导致了他们的理解与客观事实不一致。

消费者的期望是习得的结果，并且会十分迅速地形成，所以"第一印象"十分重要。一旦期望形成，就会产生强大的影响[90]且难以改变。例如，消费者常常认为知名品牌或价格昂贵的产品，其质量较不知名的品牌或价格低的产品要高，即使产品实际品质完全一样也不例外。许多顾客还认为有某些店内引导标识的品牌正在打折。同样，消费者通常认为零售店中带有促销标志的商品已经降价，即使促销广告中并未说明降价或价格实际上并未降低。[91]

图 8-11

颜色通常拥有在广告中传达产品特质与含义的习得联系。

8.4.2 情境特征

很多情境特征会影响个人对刺激物的理解，包括暂时性个人特征，如时间压力和当时的情绪；[92] 情境的物质特征，如在场的其他人的数量和特征，信息传播的媒介特性等均会影响个体对既定刺激物的理解。

一般而言，情境为解释所关注的刺激提供了背景。**情境线索**（contextual cues）会对消费者的解释产生独立于实际刺激之外的影响。在任何营销环境中，都存在无数的情境线索。例如，颜色就是一种情境线索。一项关于在线广告的最新研究，检验了网页下载时不同背景颜色的作用——结果发现，有的颜色会使人产生放松的情绪（如蓝色比红色更易引发放松的情绪）；即使在两种颜色下载速度相同的情况下，处于放松情绪下的人们会感觉速度更快。[93]

品牌广告所放置的节目性质也会成为一种情境线索。可口可乐公司和通用食品公司（General Foods）都不在新闻节目之后播放其食品广告，它们认为，新闻中的坏消息可能会影响受众对所宣传的食品的反应。可口可乐公司的发言人认为：

> 不在新闻节目中做广告是可口可乐一贯的政策。因为新闻中会有坏消息，而可口可乐是一种助兴和娱乐的饮料。[94]

上面引述的这段话，实际上表达了企业对情境效果或情境引发效果的关切。正如可口可乐所认为的那样，当广告在正面性节目中播放时，产品会获得更多的正面评价。[95] 此外，对于全球营销而言，这种效应可能更加具体，也更有意义。研究发现，新闻节目中普遍存在的与死亡相关的内容往往更能激起消费者爱国主义的思考，这样也更能增加消费者对本国品牌的喜爱。然而，通过宣称自己肯定是本国品牌的声明，外国品牌也可以克服其不利因素。[96]

8.4.3 刺激物特征

刺激物是个体反应的对象，包括产品、包装、广告、店内陈设等。消费者对刺激的基本特质（大小、形状、颜色）、组织形式和变化做出反应和解释。正如我们所看到的，所有上述过程都会受到个体和情境的重要影响。

1. 特质

刺激的特质如大小、形状、颜色都会影响对其的解读。很多刺激特质的含义都是后天习得的。颜色就是一项后天习得的特质。当"Canada Dry"无糖姜味啤酒瓶的颜色由红色改为白绿相间之后，销售额出现了大幅上升。因为消费者认为，红色是可口可乐的颜色，与姜味啤酒相抵触。[97] 广告中的空白是另一项后天习得的特质。一直以来，消费者都认为广告中的空白意味着产品的名气、高价及品质。所以，营销人员未在广告中说明的信息反而可以令消费者对其产品产生积极的认知！[98]

另一个一般特质是刺激是否出人意料，即"不一致"的程度。不一致的信息会引起注意，同时也会提高人们的喜好程度，因为人们喜欢从解决难题中获得乐趣。因此，与众不同（但不要太过独特）的产品和广告通常更受欢迎。不一致通常要求消费者超越直接陈述和展示的信息来理解刺激。本章后面我们还会讨论到，这些推断是解释的重要成分。押韵、双关、隐喻这些修辞手法已经被证实可以吸引消费者注意，并影响他们的感觉和对品牌的知觉。在广告图片和广告文本及标题中，**修辞手段**（rhetorical figure）使用意想不到的转折或巧妙的离题来传达信息。[99] 图 8-12 展示了这样一个例子，即杰克林（Jack Link's）如何在推销中使用修辞手段来吸引注意。

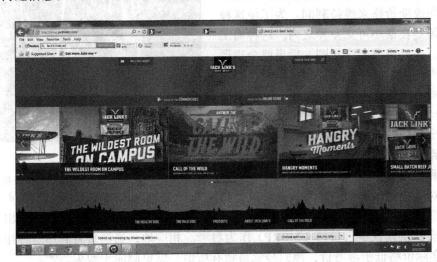

图 8-12

消费者被展露了与他们能注意到的相比更多的广告。营销人员经常使用修辞手段吸引顾客的注意。

2. 组织

刺激物组织（stimulus organization）是指刺激物呈现的结构。信息的组织方式会影响消费者的解释和分类。例如，当你读到单词中的字母时，你会以词语而不是以单个字母的方式去知觉。同时，组成同一单词的字母列在一起并与其他字母以空格隔开，这种称为临近性的策略强化了上述影响。我们将在下面讨论。

临近性（proximity）指位置上接近的刺激被认为属于同一类别。有时临近来源于刺激本身。例如，当消费者读到"使用普利司通轮胎，过一个安全的冬天"这一标题时，他们就会倾向于推断这两句声明意味着普利司通的轮胎会使他们在冬天里安全驾驶汽车。但是，这个标题并没有明确表明这种意思。这有什么道德意义呢？

有时，临近性来源于刺激与环境的关系，例如埋伏式营销。**埋伏式营销**（ambush marketing）是指营销传播或活动引发消费者推断该组织与某项事件相关联，而事实上并非如此。一个典型的例子就是，在某个事件进行时大力投放广告，临近性会使得人们相信公司是事件的赞助商，尽管有时它们并不是。[100]

完形（closure）指呈现给消费者以不完整的信息，通过促使消费者完成信息来提高他们的介入度。广告商经常采用这种方式使用不完整的信息，因为在消费者解释信息含义时，经常会自动将信息补充完整。毫无疑问，增加消费者对广告的介入度会促进回忆，这将在第 9 章进行讨论。[101]

图形–背景（figure-ground）指某个刺激的呈现方式使之成为人们知觉的焦点而令其他刺激成为背景。此战略在广告中经常用到，目的就是凸显品牌，使之成为消费者关注的核心。Absolut，一种瑞典伏特加，就十分有效地运用了图形–背景效应。每个广告都使用自然元素组成瓶子的形状，而 Absolut Mandarin 的瓶子则由很多橘瓣组成。图 8-13 中的彪马广告则是另外一例。

3. 变化

要理解刺激的变化，消费者必须将新刺激与旧刺激进行比较并加以解释，解释变化的前提是察觉并对变化赋予意义。有时人们不能察觉到变化的存在，有时则认为变化无关紧要。

个体区分相似刺激物的能力叫作**感觉辨别**（sensory discrimination），如对立体声系统的音质、食品的味道、显示屏的清晰度等的辨别。一个品牌刚刚能够与其他品牌（或是其曾经的版本）区别的最小程度叫作**最小可觉差异**（just noticeable difference，JND）。产品属性的初始水平越高，则该属性所需改变的量也就越大，否则难以被消费者注意。所以，如果在椒盐饼上再加入少量的食盐，人们很难发觉该产品与竞争品之间的差别。因此，只有当椒盐饼最初的含盐量本来就很少时，盐的少量添加才可能被察觉。

一般而言，个体很难注意到品牌或品牌属性较小的变化。糖果商从很多年前就开始利用这一规律。由于可可粉的价格变化波动很大，糖果商通常都略微地调整糖果的大小而非改变价格来维持利润。为了使这种大小变化不被消费者发觉，改变必须是在最小可觉差异之内。这种偷工减料的方法似乎在不断增加。然而，一旦消费者注意到，后果就会很严重。[102] 你对这种做法有什么评价呢？

当注意到变化或差异之后，消费者还需要对其加以解释。有的刺激有意义，有的则不然，变化和消费者对变化评价间的关系也遵循JND原则。属性的初始值越高，需要做出改变的幅度越大。比如，随着分量的增加，消费者会低估一餐中的卡路里。这种对卡路里的误解对个人和社会关于肥胖及饮食控制造成了严重的后果。[103]

人们通常根据特定的参考状态对变化做出解释。参考状态可以是品牌先前的模型或者其竞争对手的模型。参考价格也是一种参考状态。比如，消费者可能根据过去的经验得出一个内心的参考价格，制造商则可能会提供建议零售价格（MSRP）作为参考。相应地，当消费者利用这种建议零售价来对价格做出解释时，如果实际价格低于参考价，他们会觉得物有所值，就更倾向于购买。[104]

图 8-13

彪马健走鞋（Puma Body Train）广告依据图形-背景原则使焦点图像从背景中凸显出来。

8.4.4 消费者推断

说到营销，情况往往是"你所看到的并非是你所得到的"。这是因为消费者往往需要通过推断来对广告做出解释。**消费者推断**（inference）通常超越了直接或字面陈述的内容。他们常常运用已有的数据和自己的想法对广告中并未包含的信息做出推断。

1. 质量信号

虽然消费者推断数量庞杂并且因人而异，但关于产品质量的推断在不同的消费者之间具有较好的一致性。他们基于非质量线索，根据自身经验和知识得到关于产品质量的推断。

价格-知觉质量是指消费者通常认为高价产品具有较好的质量，因为他们相信付出与所得成正比。[105] 同样的道理，价格折扣通常被认为是质量降低的结果，这也是通用汽车等大量依赖降价促销战略的公司所面临的隐忧。[106]

广告强度也是一种质量信号。消费者一般认为广告较多的产品质量更高。[107] 理由是他们相信努力程度可以预测成功，而广告花费则是努力的标志。与广告费用相关的媒体选择、颜色、重复等都会提高人们对质量的知觉和选择的可能性。[108]

保修单是另一种质量信号，保修期越长，人们通常认为质量越高。因为维持质量保修的费用高昂，人们倾向于相信只有对自身质量有信心的公司才会提供保修单。[109]

价格、广告和保修单只是质量信号的一部分。质量信号还包括原产国效应（country of origin，COO），即消费者对他们所偏好国家的产品质量知觉更高。[110] 类似的还有品牌效应，知名品牌通常被认为有更高的质量。

一般而言，当消费者经验较少、决策动机较低或缺乏其他与质量相关的信息时，质量信号的作用会更强。

2. 解释图像

随着营销越来越多地用到视觉图像，消费者对图像的推断变得越来越重要，[111] 图像已经占据了印刷广告的绝大部分篇幅。例如，倩碧（Clinique）的一幅广告由一个盛有清水和冰块的高脚玻璃杯构成。玻璃杯的表面有一大块石灰，而杯里还有一支倩碧唇膏和粉饼盒。除此之外，广告中别无他物。（这意味着什么呢？）

显然，为了理解倩碧广告的含义，消费者必须做出推断。一直以来，图片中的广告被认为以传达信息为目的，按这种标准，倩碧的广告则显得毫无意义。那么，倩碧是否会为了这则"无效"的广告而后悔呢？并非如此。我们都知道图像的作用并不仅仅在于表现现实，还在于传达意义。于是，我们将倩碧广告的含义诠释成："倩碧的夏日新妆，有如高脚杯里的清水苏打一样清亮澄澈。"

将图像表达的含义翻译成文字通常难尽其意。一张图片包含了千言万语，不仅仅因为它可以有效地表现现实，更因为图像能更好地传达文字不能精确表达的含义。

营销人员必须理解消费者对图像和文字赋予的含义，并运用它来传达想要的意思。同时，必须对文化差异高度敏感，因为解释通常与文化和经验高度相关。例如，有些文化中（高语境文化）的消费者倾向于理解文字背后的含义，故而他们会对传播情境中的线索如声音语调等十分敏感。而低语境文化的消费者，则不会注意到这些线索，他们更关注的是信息的字面或明显的含义。一项新研究发现，相对于美国等低语境文化的消费者国家，菲律宾等高语境文化的消费者，会更喜欢推测广告图片里的隐含含义。[112] 图 8-14 就是着重运用了图像的广告案例。这些广告对你来说意味着什么？它会对老消费者产生微乎其微的意义吗？那其他文化环境中的消费者呢？

图 8-14

图片和图像除了现实还能表达更多。它们能传达一些不能用语言描述的感觉和意义。

3. 遗漏信息和道德问题

如果关于某产品属性的信息缺失，消费者可能会基于他们所认为的已知和未知属性之间的关系给该属性赋值：可能依据平均值法则，也可能认为未知属性值低于已知属性……还有很多其他的赋值方法。[113]

假想这样一则广告：

（1）斯巴鲁傲虎汽车比丰田佳美汽车油耗更低。
（2）比雪佛兰 Volt 有更大的载货空间。
（3）比丰田 RAV4 更强有力。

有的消费者可能会因此推断斯巴鲁比 Volt 和 RAV4 油耗更低；比佳美和 RAV4 有更大的货架空间；比佳美和 Volt 更强有力。[114] 这些论述在广告中并没有提到，但是它表明某些信息很可能导致消费者错误的推断。因此，即使是事实上真实的陈述也可能会误导某些消费者。（你认为这些广告道德吗？）

很多情况下消费者都可能被误导。一种情况是公司直接提供错误的信息。例如，将含有真菌蛋白的食物称为产品中含有"原菌类"就属于这一类。这是最容易被发现和诉诸法律的欺骗手段。而其他方法则更微妙，被称为宣传—信念差异（claim-belief discrepancies），指关于产品的某种并非欺骗的宣传方法仍可能导致消费者做出错误的推断。例如，联邦贸易委员会（FTC）认为，卡夫食品公司的单装奶酪广告可能造成宣传—信念差异从而误导消费者。广告中大力强调钙的重要，以及每片奶酪由 5 盎司⊖牛奶制成。FTC 担心消费者会由此推断卡夫公司的单装奶酪与 5 盎司的牛奶含有同样多的钙质，即使广告中并没有这样表示。此推断是错误的，因为将牛奶加工成奶酪会减少钙的含量。特别是有的家长可能将卡夫单装奶酪作为小孩补钙的来源，这种担心就显得尤为重要。虽然诉诸法律并不是一件简单的事，FTC 仍然可以在对诸如卡夫这样造成宣传—信念差异的公司采取行动。[115] 对消费者信息加工过程的深入理解有助于增加我们对欺骗行为的认识和规范。我们将在第 20 章深入讨论这个问题。

8.5 知觉与营销策略

知觉在很多方面对营销战略有重要的启示。在下面的几节，我们将简要介绍知觉起很大作用的一些领域。

8.5.1 零售策略

零售商经常有效地展露其信息。商场内部放置一些常需的商品（如罐装食品、新鲜水果、蔬菜、肉类），这样一来，消费者就会经过商场的更多地方，从而增加整体展露程度。高毛利商品通常摆放在人流量大的地方以增加展露程度。

货架的位置和空间会对哪一种商品或品牌能得到消费者的更多注意产生影响。购物点展示可以吸引消费者的注意力并提高销售额。[116] **交叉促销**（cross-promotion）指置于店内某个位置的促销标志，展示另一个互补型产品的促销信息（在饼干区出现的牛奶促销信息），这种方式也十分有效。近年来，很多零售商开始通过清除不重要的多余库存量单位（SKU，即单个项目商品，如品牌、尺寸和版本等）来减少同一类别产品的陈列数量，以降低运营成本。减少产品堆积且保持该类产品品种和选择，消费者认知与销售额反而会增加。[117]

环境气味是零售的另一个重要因素。令人愉悦的气味能让顾客心情愉快，进而增加其对商品的评价。即使有时候，这种气味与顾客所评价的商品并不一致（如松香味和橙汁）。

8.5.2 确定品牌名称与商标

虽然莎士比亚说过"玫瑰易名，馨香如故"，但营销人员并不这么认为。山露（Mountain Dew）的营销经理把其红色代码（Code Red）的成功部分地归于其名称："如果我们把它命名为山露樱桃（Mountain Dew Cherry），就不会获得这样的成功。"[118] 品牌名会产生方方面面的影响，包括从食物口味到颜色的偏好。一项研究发现，即使实际颜色一样，人们会喜爱鳄梨色超过浅绿色。另一项调查发现，小朋友喜欢麦当劳套餐中诸如红萝卜、牛奶及苹果汁口味的食物。[119] 由于品牌名称产生的期望偏差效应，使得消费者对实际体验的知觉产生了扭曲。考虑到品牌可能产生的这种效应，你就能体会到设计合适的品牌名称是一项多么复杂的任务。[120]

1. 语言考虑

有的品牌名称在最开始时并没有内在的含义，随着时间推移，消费者根据自身的经验对其赋予含义。福特和丰田汽车就是例子。但越来越多的营销者在品牌建立之初，就为其赋予特定的含义。其中一种就是利用语义和语素。NutraSweet 公司就利用语素隐含营养和美味的含义，道奇（Dodge）公司则重新使用它的"Hemi"引擎，因为这个名字常使人联想起"高绩效"。[121] 另一种则是声音或音素，字母和单词的声音可以象征产品的属性。例如，重元音（如 Frosh）更适合作为浓奶油冰激凌的发音，而轻音节（如 Frish）则更适合清淡口味的冰激凌。[122]

Lexicon 和诸如起名实验室之类的公司，使用上述概念为产品创造具有合适含义的名字。Lexicon 选择了 Blackberry（黑莓）作为手持移动装置的名字，因为 Berry 有"小"的含义，而音节"b"与放松的含义紧密联系，black 和 berry 开头的两个短小明快的"b"则暗示了速度。综合起来，一个涵盖了消费者梦想的特质——小型、便捷、迅速的手持装置的名字就这样诞生了！[123]

⊖ 美液 1 盎司=29.574 立方厘米。

2. 品牌策略

营销人员使用各种策略利用已有知名品牌的优势。**品牌延伸**（brand extension）指在新的产品种类中使用已有的品牌名，例如李维斯（著名牛仔品牌）将 Levi 延伸到高级西装产品线上。还有**联合品牌**（co-branding），即两个品牌联合生产同一产品，例如康柏电脑上标有“Intel Inside”的字样。我们在第 9 章中将会谈到，品牌延伸可能是成功的也可能是失败的，成功与否的关键是核心品牌与延伸品牌或两个联合品牌之间是否具有匹配性。如果两个品牌完全不匹配，消费者会难以识别和理解新品牌。例如，李维斯的西装就是一个失败的例子，因为其休闲、轻松的核心品牌形象难以与高级西装这样的产品相匹配。[124]

3. 商标设计和印刷

商标即产品或服务名称呈现的方式，这对公司来说也很重要。[125] 图 8-15 展示了一些品牌随着时间的改变更换了它们的标志。你认为这些新标志是更好了还是更差了，主要表现在哪些方面？

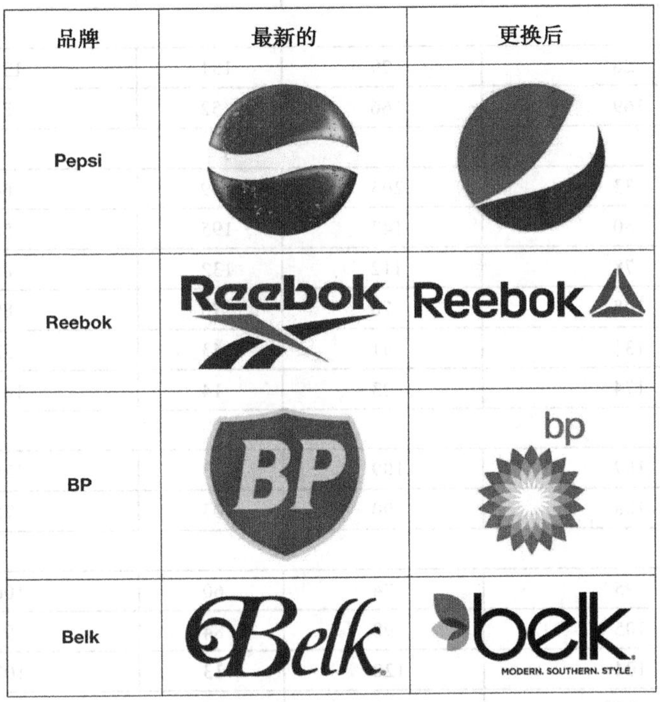
品牌
最新的
更换后
Pepsi
Reebok
Reebok
Reebok
BP
BP
bp
Belk
Belk
belk
MODERN. SOUTHERN. STYLE.

图 8-15　最新重新设计的商标

由于建议的标准难以界定，上述问题可能不容易回答。一项新研究有助于我们理解为什么有的商标效果更好：自然的、中度复杂的和对称的图像会导致更高的商标喜爱度。自然的商标描绘了日常所见的普通事物；复杂的商标有一定的难度；而对称的商标则具有视觉上的平衡性。

除了商标符号之外，字母组成的形状和方式——字体和字样也很重要。直观上，花体字代表文雅，可能更适合于自来水笔而非山地车。的确如此，不同的字体会产生不同的理解，即使在不考虑品牌名称的情况下，字体和产品之间的匹配也会增加选择某品牌的可能性。[126] 根据上面这些标准，你是否可以对这些公司提出建议了呢？[127]

8.5.3 媒体策略

媒体爆炸性增长的现实，使得将产品有效地展露于目标消费者面前成为一项困难和昂贵的任务。[128] 展露是选择性的而非随机的事实，可以作为制定有效媒体策略的基础：既然展露并非随机的，那么合适的办法是确定目标市场中消费者最频繁接触的媒体，然后在这些媒体上刊载广告。一位主管清楚地阐述了这一观点：

我们应该致力于寻找合适的媒体，以便更便捷地到达事先精心瞄准的新兴市场。我们应使用来复枪而不是老式猎枪。[129]

消费者介入度会影响媒体展露和相应的媒体战略。对高介入度的产品，广告应该被放置在与产品内容相关的媒体中。比如《跑步者世界》(Runner's World) 或《时尚》(Vogue) 等专业杂志，会吸引对相关产品或广告感兴趣的读者。相反地，不管其内容是否相关，只要能够频繁地接触到目标市场，低介入产品就应该在知名的媒体上做广告。[130] 此时，应该找到目标顾客最感兴趣的媒体，然后刊登广告。根据年龄、种族、阶层或家庭状况，可以对目标市场进行分类，进而选择合适的媒体。表 8-1 展示了基于人口统计的杂志的选择性展露。

表 8-1 基于人口统计特征的对杂志的选择性展露

人口统计特征	《家居与花园》(Better Homes & Gardens)	《大都市》(Cosmopolitan)	《箴言》(Maxim)	《国家地理》(National Geographic)	《家庭生活》(Family Circle)
性别					
男性	26	29	151	120	17
女性	169	166	52	85	177
年龄					
18～24 岁	33	263	169	64	17
25～34 岁	50	143	195	56	39
35～44 岁	78	112	132	86	93
45～54 岁	108	76	76	89	87
55～64 岁	131	41	43	132	126
65 岁以上	174	23	14	161	207
教育程度					
大学毕业	107	109	123	126	99
高中毕业	108	90	105	75	118
家庭收入/美元					
25 000 美元以下	95	74	60	106	119
5 000～49 999 美元	105	98	84	91	123
50 000～59 999 美元	104	120	113	107	93
60 000～74 999 美元	99	113	105	103	89
75 000 美元以上	99	106	126	100	80

注：100 代表平均使用水平。
资料来源：Simmons National Consumer Study 2010, Experian Information Solutions (Costa Mesa, CA 2014).

正如我们前面看到的那样，从人口统计特征看，视频游戏玩家多数是年轻的男性（控制类游戏玩家的平均年龄为 26 岁且 68% 是男性）。像汉堡王（Burger King）这些公司急切希望能通过媒体向该人群展露自己的信息，因而它增加了视频游戏广告和产品植入式广告的费用。[131]

技术的飞速发展改变了媒体的选择。看看 GPS（全球定位系统）技术对户外移动广告的影响：

当汽车在城市中穿行时，车上的电子布告牌不断地随着时间和地点而变化。卫星反馈和全球定位系统使得车顶不断显现引人注目的广告。当汽车穿过大学校园时，会出现书店的广告。如果是在中午穿越闹市的商业区，屏幕上则会出现熟食店的广告。而当汽车在拉美裔社区行驶时，出现的则是西班牙语的点心广告。[132]

8.5.4 广告

广告必须具备两种关键的功能——吸引注意和传达信息。不幸的是，有助于完成其中一项功能的技术对完成另一项功能通常起反作用。

假设你负责制订一个计划，以增加你们公司生产的抽水马桶清洁剂的销量。市场调研发现，你的目标消费者对此产品并无多大兴趣。那么，你应怎么办？有两条似乎有效的策略。第一条是运用刺激物特征如整版广告、亮丽的色彩动画等，以吸引人们对广告的注意；第二条是设法将广告信息与目标市场感兴趣的话题联系起来。

然而，使用与产品类别无关的因素来吸引消费者注意力的做法必须十分小心。首先，由于注意力有限，刺激物可能会转移人们对于核心品牌信息的注意。正因为如此，很多商家试图使用与产品信息相关的幽默或名人广告。其次，这些因素可能会对解释产生负面影响。例如，保险广告中的幽默成分会导致人们对品牌产生不信任感。

8.5.5 包装设计和标签

包装也必须同时做到吸引注意力和传达信息，从颜色到外形再到印刷等各个方面相互作用，可以影响消费者对该产品的认知。[133] 包装具有功能成分和知觉成分。考虑玛氏（M&M）的糖果涂料，它具有功能性，因为可以防止巧克力在手中融化；同时也是知觉性的，明亮的色彩十分引人注目，即使它们的味道是相同的。研究发现，将玛氏的颜色种类从 7 种增加到 10 种时，消费者的食量也增加了！[134] 于是玛氏公司开始重新关注产品的颜色，例如引进加粗的色调，并在广告中强调颜色的作用。公司的一位主管说："我们一直把颜色作为一种差异化的手段，但现在我们想用一种新的现代方式重新强化颜色的信息。"[135]

明快的色彩、修长的包装和奇异的形状都可以用来吸引注意力、传达信息和影响消费。[136] 比如，与容量相同（如一罐苏打水）的普通包装相比，消费者认为那些修长的包装容量更大。所以，最新的一项调查发现，消费者购买的瓶装饮料比罐装的多，虽然消费者知道这些饮料的容量是一样的。营销者要关注包装外形（如拉长的瓶子）是如何影响到产品销量和收入的认知消费的。[137] 请看图 8-16，哪一个容量看起来更大呢？如果你说 Acqua Panna，你已经被拉长的包装所产生的偏差影响了（它们都拥有 1L 的液体）。

图 8-16

包装设计能影响被感知的容积和消费水平。你觉得哪个包装装的饮料更多？

包装也包含产品信息和警示。出于道德和法律上的原因，营销人员必须在香烟、酒类饮料和非处方药等产品上标上警告语。一方面是为了有效地提醒消费者潜在的危险；另一方面商家也不希望警示内容会损坏产品形象或因此使消费者不能对产品的优缺点做出客观判断。所以此类广告的关键是，警示信息不能影响消费者对产品形象的知觉。设计得好的警示语或多或少都是有效的，如果过度强调技术、使用复杂的语言或者没有突出产品好的一面，就会削弱广告的有效性。[138]

小结

1. 描述感知的本质以及它与消费者记忆和购买决策的关系

知觉由个体获取刺激物信息并赋予这些信息以含义这样一类活动构成。知觉过程包含三个阶段：展露、注意和理解。当知觉发生时，源于刺激物的内容就会被转移到可以储存的记忆当中，随后，当消费者在做购买决策时，这种记忆就会被唤醒。

2. 解释展露的概念、类型及其营销意义

知觉从展露开始，而展露发生于刺激物进入某个主要感觉接收系统之时。展露于感觉器官下的刺激物，仅仅是所有刺激物中的一小部分。哪些刺激物被展露往往是受众自我选择的结果，这通常伴随着高度的广告躲避。营销人员则试图通过产品植入广告和混合广告等策略来防止这种现象的发生。然而，应该注意的是，很多消费者会主动寻找某些营销刺激，像超级碗当中的广告、在网上传播的病毒性广告和消费者通过许可营销接收到的企业电子邮件广告。

3. 解释注意、其影响因素及其营销意义

当刺激物作用于某个或多个感觉接收器官，产生的感觉进入个体的大脑进行处理时，注意就产生了。我们对刺激物的注意是刺激物、个体和情境共同作用的结果。刺激因素就是刺激物本身的物理特征，如对比度、大小、吸引力、颜色、运动、位置、隔离、格式及信息数量等。个人因素是消费者个体特征如动机和能力。情境因素是指环境中除主体刺激物以外的刺激，以及因环境所导致的暂时性个人特征。混乱度和节目介入度是营销者十分关注的两个情境因素。在如今复杂的营销环境下，营销人员可以更好地利用这些因素来设计刺激物以吸引消费者的注意。

无意中的关注是指个体在没有刻意努力的情况下接收信息。半脑切面是指一个专用于描述两个半脑分工活动的术语。左半脑主要进行理性思维的脑力活动，保持意识的存在和报告正在发生的事情。右半脑处理图画、几何、无时间性的以及非语言信息，这些信息不需个体用语言来反映。

因播放过快、音量过小或图像过于模糊，使个体不知是否看见或听见的信息称为阈下信息。阈下信息引起了许多关注，但一般不会影响消费者的品牌选择或消费者行为的其他层面。

4. 解释理解、其影响因素及其营销意义

理解是个体对其所关注刺激物的意思的解释。理解通常是相对的而非绝对的，主观的而非客观的。两种一般的理解形式是认知和情感。认知理解涉及新刺激物进入既存的意思范围内的认识过程，情感理解指由刺激物引发的感情或情绪反应。

理解很大程度上是个体特征、学习和期望的函数，而学习和期望又由刺激物引发并受情境制约和影响。刺激的特征十分重要。刺激的组织是指刺激物的物理结构，它与临近性、完形性和图片或背景等知觉原则紧密联系。营销人员利用这些原则来设计有效的传播策略。刺激改变对消费者反应的影响也十分重要。营销人员通常会减少那些消费者感觉不到的供应量。

理解包括消费者的推断。推断通常超越了字面的含义而影响消费者对质量信号的知觉（如高价格就是高品质）、对图像的解释和对缺失信息的处理，这可以解释为什么有时消费者会被字面上正确的营销信息所误导。

5. 讨论知觉在零售、品牌、广告、包装策略中的运用

营销人员可以利用他们对于消费者知觉的知识来设计零售、品牌、广告和包装设计等一系列营销策略。对于零售，货架的位置和空间能够显著影响消费者的理解；对于品牌，品牌名字的选择、品牌延伸、合适的标识都会对消费者的理解产生重要的影响。增加展露和提高消费者注意是制定广告战略和媒体选择时需要考虑的重要因素。包装是产品的一项功能，同时也是感性的，因为它能吸引消费者注意力并影响消费者对品牌的理解。

关键术语

广告躲避（ad avoidance）
适应水平理论（adaptation level theory）
情感理解（affective interpretation）
埋伏式营销（ambush marketing）
注意（attention）
品牌延伸（brand extension）
品牌熟悉度（brand familiarity）
完形（closure）

联合品牌（co-branding）
认知理解（cognitive interpretation）
情境线索（contextual cues）
交叉促销（cross-promotions）
展露（exposure）
图形–背景（figure-ground）
半脑切面（hemispheric lateralization）
消费者推断（inference）
信息性广告（infomercials）
信息超载（information overload）
信息处理（information processing）
理解（interpretation）
最小可觉差异（just noticeable difference，JND）
广告静音（muting）

知觉（perception）
知觉防御（perceptual defenses）
知觉相对性（perceptual relativity）
许可营销（permission-based marketing）
产品植入式广告（product placement）
临近性（proximity）
修辞手段（rhetorical figures）
感觉辨别（sensory discrimination）
智慧横幅广告（smart banners）
刺激物组织（stimulus organization）
阈下刺激（subliminal stimulus）
转换频道（zapping）
快速跳过（zipping）

复习题

1. 什么是信息处理？它与知觉有什么不同？
2. 展露是什么意思？刺激物展露在个体面前是由哪些因素决定的？商家如何应用展露方面的知识开展市场营销？
3. 什么是快速跳过、转换频道以及广告静音？为什么这些现象与商家直接有关？
4. 什么是信息性广告？其有效性如何？
5. 什么是广告躲避？DVR技术又对此有什么影响？营销人员应如何应对？
6. 注意是什么意思？个体关注某个刺激物是由哪些因素决定的？营销人员应如何对此加以利用？
7. 为吸引注意力可以利用哪些刺激物因素？利用刺激物因素吸引注意力时会产生什么问题？
8. 论述适应水平理论。
9. 什么是信息超载？营销人员应如何处理信息超载问题？
10. 节目介入程度对广告关注有何影响？
11. 什么是情境线索？对营销人员来说有何意义？
12. 无意关注是什么意思？
13. 半脑切面是什么意思？
14. 什么是阈下知觉？它确实存在吗？有效性如何？
15. 理解是什么意思？
16. 个体对既定刺激物的理解是由哪些因素决定的？
17. 认知理解与情感理解之间有何区别？
18. 符号学意义与心理学意义之间有何区别？
19. 什么是感觉辨别？什么是最小可觉差异？
20. 什么是消费者推断？它对营销人员有何意义？
21. 信息处理知识对营销经理的下列工作有何帮助？
    a. 制定零售策略
    b. 品牌命名和商标设计
    c. 发展媒体策略
    d. 设计广告
    e. 设计包装与标签
22. 什么是联合品牌？这种策略是否有效？
23. 什么是零售中的交叉促销战略？给出两个例子。
24. 修辞手段如何吸引注意力？
25. 什么是智慧横幅广告？它与选择性注意有何关系？
26. 什么是图形–背景？
27. 运用知觉过程会引发哪些道德问题？
28. 什么叫埋伏式营销？

讨论题

29. 电影里关于吸烟的场景增加了青少年对于吸烟的正面印象和注意力。你认为应该对此采取什么样的规范措施呢？
30. 在下列情形中，营销经理应如何运用本章中的理论展开一次全国性的广告活动（选择一项）？营销经理应如何协助地方零售商开展促销活动？本章理论是否仅限于在广告决策中起作用？解释你的观点。
   a. 救世军
   b. 手机
   c. Qdoba 墨西哥烧烤
   d. 好运牌牛仔
   e. Belkin 无线保真技术设备
31. 回答消费者洞察 8-1 中的问题。
32. 好时公司最近推出了一款高端巧克力系列"Cacao Reserve by Hershey's"。公司为新产品设计了精美的包装，价格高并且以高端消费者为目标群体。对这一新产品几乎没有做什么大众营销活动。尽管当时的高端巧克力市场发展态势良好，但好时公司几乎立刻（6 个月内）降价并开始向大众做广告。结合本章的理论，你认为好时公司试图进入高端巧克力市场为什么会失败？你认为好时公司采取的调整措施是最恰当的吗？还是有别的方法？
33. 分别找出三个使用了语素、三个使用了语音策略的品牌名。这些策略是否与品牌的定位相一致呢？
34. 为下列产品的品牌命名，并说明如此命名的理由：
   a. MP3 播放器
   b. R&B 音乐商店
   c. 网上购物服务
   d. 一款手机应用
   e. 一项宠物散步服务
35. 为下列产品（服务）设计徽标并说明如此设计的理由。
   a. MP3 播放器
   b. R&B 音乐商店
   c. 网上购物服务
   d. 一款手机应用
   e. 一项宠物散步服务
36. 评价文中出现的广告，分析它们吸引注意的特质和传达的信息，它们是好广告吗？它们又存在哪些风险呢？
37. 做出三个联合品牌产品：一个能使两个品牌都受益；一个只能使其中一个受益；还有一个是两个都不能从中受益。解释原因。
38. 找出一个你认为可能由于宣传——信念差异而误导消费者的广告。你认为消费者的推断过程是怎样的？

实践活动

39. 找出并复制运用刺激物因素吸引注意力的促销实例。寻找本章每一刺激物因素的实例并找出刺激物因素在不同促销场合的具体运用。对每一实例，评价运用刺激物因素的有效性。
40. 按上题的要求寻找个人因素的促销实例。
41. 完成讨论题第 34 题，然后找一群同学测验你起的名字。说明测验步骤并写出测验结果。
42. 完成讨论题第 35 题，然后找一群同学测验你的设计结果。说明测验步骤并写出测验结果。
43. 找出两个你认为很合适的品牌名和两个你认为不合适的品牌名，并说明理由。
44. 找出一条你认为非常合适的商标和一条你认为不合适的商标，并说明理由。
45. 访问三名拥有 DVR 的同学，他们在观看预先录制的节目时会看广告吗？为什么？从中你能得出什么结论？
46. 用 DVR 采访三名同学，内容是当他们在电视节目间隙观看录制节目时的行为。他们看广告吗？你又如何总结呢？
47. 去一家保健食品店或其他药店，找出三种宣称有保健功效的药，评价它们免责声明的有效性。
48. 找出并复制或描述你认为不道德地运用了知觉过程的广告或营销信息，说明选择理由。
49. 设计一则广告，但故意隐去其中一些关键性产品特征。将你的作品显示给五位同学，然后要求他们填写一份问卷，回答广告中显示的产品特征和没有在广告中出现的产品特征。如果他们答出了你特意隐去的产品特征，询问他们是如何获得答案的。从中你可以得出什么结论？

第 9 章

学习、记忆与产品定位

学习目标

1. 描述学习与记忆的性质。
2. 解释记忆的类型及记忆在学习中的作用。
3. 区分高、低介入学习过程。
4. 总结从记忆中提取信息的影响因素。
5. 理解学习在品牌定位和品牌管理中的运用。

学习和记忆对消费者和市场营销人员来说是件棘手的事情。我们如何学习或者"认识"事物是很复杂和多方面的。一旦我们学会了一些事情，即使我们被告知或者怀疑它是错的，我们也很难再去"忘却"它。营销人员必须面对理解、学习和记忆对营销带来的挑战，以及其中隐含的对营销和产品设计的信息。一些关于学习以及"忘却"的困难的匪夷所思及有趣或者并不是那么有趣的例子包括：[1]

- 当提供给人们已经储存了五天之久的大桶爆米花时，人们会盲目地比被提供中桶爆米花时多吃57%。这种"盲目"摄入的原因可能是美国人小时候就学到的"清理掉你的餐盘"的口头禅。

- 我们从小就通过视频游戏、门铃等"学习"到按按钮能获得响应。所以有趣的是，研究发现"交叉行走"的按钮还没有连接到任何东西时，人们就已经开始没完没了地按，以为能得到什么回应。

- 我们已经"学习"到了一些特定的声音信号，确实成功地起到了作用。因此，当智能手机不再需要一个代表操作成功的按钮"点击"（键盘或者摄像头）时，消费者往往因为很难"忘却""回应声＝操作成功"的连带反应从而希望听到回应声。

- 我们已经"学习"到汽车内燃机会发出何种声音，操作员和行人通过对声音的判断来确保安全。但日产 Leaf 混合动力汽车运行得太安静，以至于司机无法分辨出他们的车是否在运行。合成器仪表盘与发动机罩上的发动机扬声器相连发出的声音为司机提供其需要的反馈。为了警告其他人，用这种方法，日产在无声的 EVN 氢电池摩托车上添加了一种人为的声音。

在这一章，我们将讨论学习和记忆的本质，学习的条件反射理论和认知理论，以及影响记忆提取的因素。这些理论或原理的营销意义也将在每一部分中论及，最后一节我们将对产品定位和品牌资产（brand equity）予以讨论。

9.1 学习和记忆的本质

学习是消费过程中不可缺少的一个环节。事实上，消费者的行为很大程度是后天习得的。人们通过学习获得绝大部分的态度、价值观、品位、行为、偏好、象征意义和感受力。社会文化、家庭、朋友、大众媒体以及广告为人们提供各种学习体验，这些体验影响着人们所追求的生活方式和他们所消费的产品。不妨想象一下，你对电影的选择是否经常受到网上评论以及朋友间讨论的影响。

学习（learning）是指长期记忆或行为在内容或结构上的变化，是信息处理的结果。[2] 在上一章，我们将信息处理过程描述成刺激被感知、转化为信息并存储在头脑中的一系列活动，包括展露、注意、解释和记忆四个环节。

如图9-1所示，不同的信息处理系统处理学习的不同方面。知觉系统处理信息的摄取，包括展露和注意阶段，并且如我们在第8章所讨论的，可能是有意识或者无意识的。短时记忆负责在信息被解释和转化为长期信息的过程中暂时保留信息。长期记忆则负责在决策中用到的信息的存储和提取。

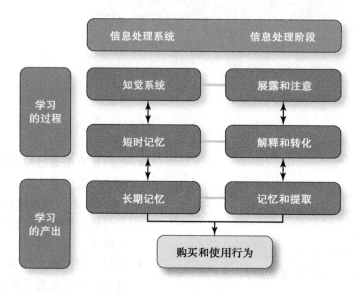

图9-1 信息处理、学习与记忆

这些过程互相高度关联。例如，由于购买想法存储在长期记忆中，消费者可能很容易注意到商店货架上他最喜爱的苏打品牌。这个苏打商品的现行价格，被知觉系统放进短时记忆进行处理。但是，某个参考价格也可能从长期记忆中提取出来，作为帮助消费者决策的比较点。最后，作为比较的结果，与该品牌相联系的价格感知被更新并且存储到长期记忆中。

9.2 记忆在学习中的角色

记忆是以往学习经验的总积累。如图9-1所示，记忆是学习的关键，由两个相互关联的部分即短时记忆和长期记忆组成。[3] 短时记忆和长期记忆并非两个相互独立的生理部分，实际上，**短时记忆**（short-term memory, STM）又叫工作记忆，是整体记忆中处于活跃状态或处于工作状态的部分，**长期记忆**（long-term memory, LTM）则是整个记忆中用于储存永久信息的部分。

9.2.1 短时记忆

短时记忆只有有限的信息与感觉存储容量。事实上，它并不像通常意义上的记忆，而更像计算机系统中的当前工作文件。这个当前处于激活状态的文件，临时保存所处理的信息。一旦信息处理完毕，重组形成的信息便被转移到其他的地方（例如打印出来），或以更持久的方式被保存起来（如存入硬盘）。短时记忆与这一过程类似。个体在分析和解释信息时，将信息暂时放在短时记忆中，然后可能把这些信息转移到别处（写到纸上或打印出来），也可能使这些信息进入长期记忆。因此，短时记忆类似于我们通常所说的思考，是一个活跃、动态的过程，而不是一个静态的结构。

1. 短时记忆是短暂存在的

短时记忆中的信息衰减得很快。例如，价格的记忆长度一般约为3.7秒。[4] 这个特点意味着，消费者必须通过不断的**保持性复述**（maintenance rehearsal）来刷新信息，否则这些信息就会丢失。保持性复述，是为了将信息保留在当前记忆中供解决问题之用，或为了使之转移到长期记忆中而不断地重复或复述信息。考试之前多次看同一个公式或定义，就是保持性复述的例子。营销者通过在广告中重复产品品牌名称或多次强调某种重要功用来模拟保持性复述。

2. 短时记忆只有有限的容量

这个特点意味着，消费者在当前记忆中只能容纳一定量的信息。通常认为短时记忆的容量大概在 5～9 比特之间。一个比特可以是单个条目或者一系列相关的条目。将多个条目分成不同的组，组内的各个条目相关，而每一组可以被作为一个单元来处理的组织过程叫作组块（chunking），组块有助于信息在记忆中的转移和提取。最近的一项关于免费虚拟（vanity）号码的研究显示了组块的作用。人们对于纯粹的数字，只能记住 8%，对于数字和字词的组合（如 800—555—家）可以记住 44%，对于字词（如 800—新—家）竟然可以记住 58%。当有意义的字词取代无意义的数字时，信息所需要的容量下降了。[5]

通过将详细的产品属性信息组成更一般的产品利益信息，营销人员可以帮助消费者对产品信息进行组块。有趣的是，有产品专业知识的消费者，能更好地对产品信息进行组块，因为他们有高度组织化的记忆结构。结果是，这些专业消费者能够更好地学习消息和避免信息超载（information overload）。[6]

3. 短时记忆中的加工活动

短时记忆常被称作工作记忆，因为它是信息被分析、分类和解释的地方，也就是说它是**加工性活动**（elaborative activity）发生的地方。加工性活动是运用已有的经验、价值观、态度、信念、感觉来解释和评价当前记忆中的信息以及添加与以前所存储的信息相关的内容。加工性活动对记忆中的内容进行重新界定或加入新元素。

假设你的公司新研制了一款方便消费者安全驾驶的电子设备。这个产品是一个声音控制程序，你可以通过它对 MP3 播放器和手机发出指令，不需要用手处理。那么如何对这一产品进行归类？答案在很大程度上取决于怎样介绍这一产品，如何介绍产品会影响加工性活动的性质，而加工性活动又会影响消费者对该产品的记忆。图 9-2 展示了广告要素是如何共同作用来加强消费者的加工性活动的。

加工性活动包括概念和意象。**概念**（concept）是对现实的抽象，用其他的概念来反映事物的含义，与词典中对词的定义类似。**意象**（imagery）是思想、情感和事物在感觉上的具体表现，直接再现过去的经历。因此，意象处理涉及感官影像的回忆和运用，包括视觉、嗅觉、味觉、触觉。

图像能够加强意象，特别是当图像是对现实的具体表现而不是抽象概括的时候。不过，图像并不是加强意象的唯一因素。广告中的词语也能促使消费者自己产生图像（例如，"请想象……的画面""请感受……""请想象……"）。

营销者应确保文案与图片协调一致。例如，如果广告文案是让消费者处理意象，而提供的却是枯燥乏味的图片，那么消费者会认为这则广告索然无味，也就不太可能去购买此品牌。[7]

消费者是处理概念还是处理意象（即加工的程度）是学习和记忆的一个关键问题。加工程度的主要决定因素是消费者的动机或介入度。当消费者对手中的品牌、产品或信息的介入度更高或者更感兴趣的时候，加工程度就提高了（正如我们在前面看到的，消费者的知识也能促进加工）。通过增加对所处理的信息的注意

图 9-2

成功的新产品和新品牌必须以一种适当的方式进入记忆，在需要时必须被回忆起来。图中的品牌名称、广告视觉效果和广告文案能够改善适合产品的加工性活动。

力，以及在已有信息和新信息之间建立有意义的联系，加工活动将增加信息转化为长期记忆的可能性。这些联系或者联想是以下将要讨论的长期记忆的重要组成部分。

9.2.2 长期记忆

长期记忆被视为一种无限、永久的记忆，能存储各种类型的信息，如概念、决策规则、过程、情感状态等。营销者对**语义记忆**（semantic memory）特别感兴趣，它是个体对于某个概念的最基本的知识和感觉，代表一个人对事物或事件在最简单水平上的理解。在这个水平上，某个品牌如本田讴歌（Acura）可能被归类为"一辆豪华汽车"。

营销者感兴趣的另一类记忆是**情节记忆**（episodic memory），它是对个人所参与的系列事件的记忆。诸如第一次约会、毕业、学开车等个人情节，人们往往印象深刻，而且常常激发意象和情感。营销者常常试图唤起情节记忆，因为品牌与此相关，也因此可以把情节记忆产生的正面感觉与品牌关联起来。闪光灯记忆是一种特殊形式的情节记忆。**闪光灯记忆**（flashbulb memory）是对发生过令人惊奇事件的场景的深刻印象。[8]闪光灯记忆主要包括以下一些方面：

- 有着生动的细节，令人难以忘怀。
- 有具体的情境细节，如地点、人物、活动和情感。
- 具有高度自信。
- 非同寻常或丰富的体验。

营销者不仅关心什么信息被储存在长期记忆中，也关心这些信息是如何被组织的。图式和脚本是两种重要的记忆结构。

1. 图式

概念和情节都能通过与其他概念和情节联系起来而获得更深的意义，这种围绕特定概念形成的系列联想叫作**图式**（schema）或图式记忆（schematic memory），有时也叫知识结构。图式记忆是一个复杂的联想网络。图9-3是一个简化的图式例子，显示了人们是如何将与"山露"（Mountain Dew）有关的各种概念联系起来，进而对这一品牌形成一个"意义网"的。请注意这一假想的图式包含了产品特征、使用情境、情节和情感反应。本图式中的一部分概念来源于消费者的生活经历，而其他概念则或多或少来源于市场营销活动。[9]对品牌的图式记忆与品牌形象（我们将在本章后面部分进行讨论）一样，就是当该品牌名称被提及时消费者的想法和感觉。

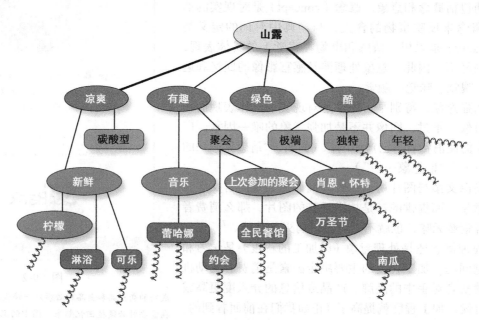

图9-3 "山露"部分图式记忆

在图9-3所示的图式记忆中，概念、事件和情感是以节点的形式存储在记忆中的。例如，酷、音乐、有趣、万圣节，这些概念都存储在不同节点上，每个节点直接或间接地与山露联系起来，联想链将各种概念连起来，形成关于事物的完整含义。

联想链在节点的联系强弱和直接性上存在区别。在上面的例子中，"凉爽""有趣""绿色""酷"是与品牌山露直接相联系的。但是，其中的一两个词如"凉爽"和"酷"（图中用粗线连接）与该品牌的联系很强。其他节点的联系可能弱一些，如"有趣"和"绿色"，如果不给予强化，这些联系较弱的节点可能会消失或者衰减（例如"聚会"和"万圣节"的联系）。同样，随着时间的推移，联系较强的节点也可能出现类似的情况（例如山露和酷的联系）。营销者花费大量精力，试图在他们的品牌和受消费者欢迎的功用之间建立起强的、容易被激活的联系。[10] 我们将在本章的下一部分详细探讨建立和加强这些联系的各种方法。

图9-3显示的记忆活动是由一个特定品牌名称所引起的。如果记忆活动是从"酷"这一概念引起，山露会以一个节点出现并直接与"酷"相联结吗？这取决于记忆活动被激活时的总背景。一般来说，多个记忆节点是被同时激活的。因此，诸如"什么是一种酷的软饮料"的问题能很快激活类似上述的图式记忆网络，从而将山露与"酷"直接联系起来。然而，诸如"什么是酷的"这样一个更抽象的问题就不一定能激起与山露的联系，因为"酷"与"饮料"之间的联系是比较脆弱和间接的。[11] 营销者花费大量精力来影响消费者对于品牌的图式记忆，在本章后面部分我们还将对此进行详细讨论。

营销者也试图影响消费者对于各种消费情境的图式记忆。例如，消费者关于不同场合的饮料的图式记忆很可能是不同的。慢跑时喝的饮料的图式记忆，"渴"可能是一个关键成分，也许包含纯净水或苏打水之类的产品，以及达萨尼（Dasani）和百事之类的品牌。而聚会时喝的饮料的图式记忆，"社交"和"放松"才是关键成分，可能包含酒或啤酒之类的产品，以及黄尾袋鼠牌葡萄酒（Yellow Tail）和百威之类的品牌。图式记忆中能被特定的问题或者情境激活的品牌被称作激活域（evoked set）。

一个品牌所依附的情境图式可以起到主要的分流作用。例如，如果加拿大干姜啤酒作为一种鸡尾酒混合物与聚会场合的联系很强，当消费者考虑诸如与"渴"有关的其他场合的时候，它作为激活域被提取出来（想起来）的可能性就很小。[12] 我们将在第15章讨论激活域如何影响消费者决策。

2. 脚本

关于行动序列是什么样或应当是什么样的记忆，例如购买和饮用软饮料解渴，是一种特殊类型的图式，被称为**脚本**（script）。脚本对于消费者进行有效的购买是必要的。一些新零售形式所面临的问题，就是要使消费者获得以新的方式购物的记忆脚本。这也是那些试图通过互联网销售产品的企业所面临的问题。只有当目标消费者掌握网上购物的恰当脚本后，这些企业才能获得成功。绿色营销努力地在一定程度上帮助消费者学习包括回收和重复利用的消费脚本。

3. 长期记忆中的信息提取

信息从长期记忆中被回忆起来的可能性和容易程度被称为**可达性**（accessibility）。记忆中的某个信息节点或节点之间的联系，在每次被激活或者被选取的时候都被加强了。首先，可达性可以通过复述、重复和加工来提高。例如，由于经常在广告中看到可口可乐，当你想到苏打水的时候，可口可乐也许是进入你大脑中的几个相关品牌之一。品牌的可达性效应被称作首及知晓（top-of-mind awareness）。其次，可达性与进入头脑的联想的强度和数量相关。实质上，当某个概念与记忆中的其他概念相联系的时候，其可达性会由于多条提取通路的存在而提高。因此，加工性活动通过创造丰富的联想网络而促进信息提取。最后，可达性与节点间的联系强度和直接性相关，强的和直接的联系有更高的可达性。因此，"酷"和"凉爽"，是与山露相关的高度可达的联想，而"聚会"和"新鲜"的可达性较低。显然，营销者希望品牌和关键产品功能之间存在强而直接的联系。

从长期记忆中提取信息，并不是一项完全客观或机械的任务。如果被问及上一届夏季奥运会的赞助商是谁，某些消费者会很快并且肯定地记起来。这些消费者也许是基于有限的会议和一系列判断或者推断建构起了记忆。例如，很多人可能会回忆起耐克，因为它在体育设备和服装领域占支配地位。由于耐克成为奥运会的赞助商是符合情理的，导致很多消费者相信耐克的确是奥运会的赞助商之一，即使它不是。[13] 因此，记忆有时会伴随着信息的存取而变形或改变。

最后，记忆提取会涉及**显性记忆**（explicit memory，对于特定事件或事物的回忆）或**隐性记忆**（implicit memory，对于事件或事物的一般化记忆）。传统上，我们将回忆特定事物或事件称为记忆。在学习完本章后，如果在不查阅相关内容的情况下做后面的复习题，你就是在运用传统的回忆方法，这就是显性记忆，是指对展露过的事件有意识的回想。相反地，隐性记忆是对以前遇到的刺激的无意识的回忆，这是一种熟悉的感觉，一种感受或者一系列我们不清楚何时以及怎样得来的信念。例如，隐性记忆与品牌植入广告（brand placements）有关。一项研究发现，经过一段时间后，品牌形象与其在电视广告中展现的形象越来越相近，尽管消费者都已不记得曾看到过品牌植入广告！[14]

9.3 高介入状态和低介入状态下的学习

我们已经把学习描述为长期记忆或者行为在内容或组织上的任何改变，我们还从图式或者联想网络的角度描述了长期记忆。那么，人们是如何学会这些联想的呢？例如，消费者是怎样知道"山露是酷的"以及"沃尔玛是低价的"呢？

稍做思考便会发现，人们以不同的方式学习事物。例如，购买一辆汽车或一套音响设备需要集中注意力并进行信息处理，买到更好的产品是对这些努力的回报。然而，大部分的学习与此有很大不同。许多人即使并不关心棒球，但还是知道每年参加世界职业棒球大赛的选手，因为时常会听到这方面的消息。同理，尽管有的人从不刻意了解服装潮流，但仍然能够识别哪些服装是时尚的。

刚才说过，学习可以发生在高介入或低介入状态下。第8章讲到的信息处理（从而学习），可以是在高介入状态下有意识、细致的过程，也可以是低介入状态下不集中甚至是无意识的过程。**高介入学习**（high-involvement learning）是消费者有目的地、主动地处理和学习信息。例如，一个人在购买计算机之前阅读《笔记本电脑指南》，有很大的动力去学习与各种品牌的计算机有关的材料。**低介入学习**（low-involvement learning）则是指消费者没有动机处理和学习信息。如果在电视节目中插播消费者当前不使用或者不感兴趣的产品的广告，消费者通常就没有动力去学习广告中的信息。即使不是大多数，相当多的消费者也是在介入程度相对较低的状态下进行学习的。[15]

在下面的部分中，我们将看到沟通方式应该根据受众介入程度的不同而有所差别。如图9-4的FEL-PRO广告，假定高介入学习和金宝汤的选择广告都基于低介入学习，为什么一个广告会假定高介入的观众而另一个会假定低介入的观众？你注意到这两个广告之间有什么区别了吗？这些差异有什么意义吗？

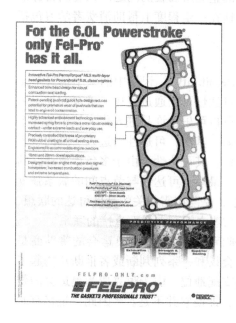

图 9-4

评判一个广告设计的重要标准是大众的参与程度，如图中所示的FEL-PRO和金宝汤的选择广告。

图 9-5 显示了我们将探讨的两种一般情境状态和五种具体的学习理论。介入程度的高低是决定信息如何被学习的主要因素。图中的实线表明，操作性条件反射和分析式推理是高介入状态下常见的学习过程。经典性条件反射和图标式机械学习则更多的发生在低介入状态下。替代式学习/模仿在两种状态下都很常见。接下来我们将对每种理论进行介绍。

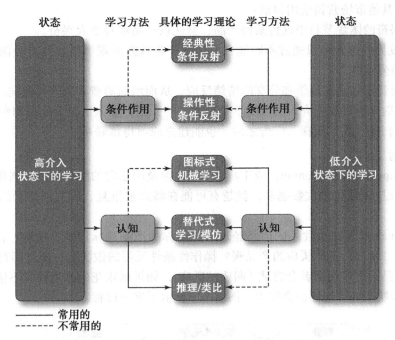

图 9-5　高介入度和低介入度情境下的学习理论

9.3.1　条件作用

对**条件作用**（conditioning）最恰当的描述，应该理解为可以被营销者用来增加消费者在两个刺激之间形成或者习得某种联系的可能性的一系列步骤。条件作用这个词对于许多人来说有一种负面含义，带给人一种机械化的印象。其实，条件作用的步骤很简单，只是紧密相联地呈现两个刺激物，从而使二者看起来（有意识或无意识）是有联系的。或者说，消费者学习这些刺激是相伴随的（或不相伴随的）。

有两种基本形式的条件作用学习方式——经典性条件反射和操作性条件反射。经典性条件反射试图在一个刺激（如品牌名称）和某种反应（如行为或感觉）之间建立联系。操作性条件反射试图在一个反应（如购买某个品牌）和某种强化反应的结果（如满意）之间建立联系。

1. 经典性条件反射

想象一下你正准备销售一种新品牌的钢笔，并希望消费者对这种钢笔产生正面的感觉。经典性条件反射将如何帮助你将正面感觉和不熟悉的品牌联系起来呢？其步骤就是，重复地把这个不熟悉的品牌和一些其他的刺激物（如流行音乐）放在一起，后者能够自动地引起人的正面的感觉或情绪。目标就是，在这个品牌不断地与音乐配对出现之后，最终能引起那些音乐可以引起的正面感觉。

运用某个刺激（音乐）和反应（愉快的感觉）之间既定的关系，使人学会对于另外的刺激（品牌）做出相同反应的过程叫**经典性条件反射**（classical conditioning）。图 9-6 说明了这种学习方式。流行音乐（无条件刺激）能引发很多人的正面情绪（无条件反应），如果这种音乐总是与某种品牌的钢笔或其他产品（条件刺激）同时出现，该品牌本身也能引发正面情绪（条件反应）。[16] 此外，无条件刺激的某些特征，如无条件刺激物的阳刚或阴柔

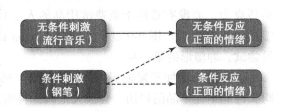

图 9-6　经典性条件反射下的消费者学习

性质，也可以与条件刺激相联系。也就是说，使用能够引起正面情绪的有男性或女性参与活动的场景，不但可以使人们对和场景中同时出现的品牌产生正面情绪反应，还可以使这个品牌具有阳刚或阴柔的形象[17]。因此，经典性条件反射可以通过影响对品牌的感觉和信念，使人产生正面的态度。这很重要，正如我们将在后面的章节中看到的那样，态度会影响信息搜索、产品试用和品牌选择。

经典性条件反射的其他市场营销应用包括：

- 不断地在令人兴奋的体育节目中宣传某种产品，会使该产品本身令人兴奋。
- 一个不知名的政界候选人可以通过不断地在其竞选广告或露面现场播放具有爱国内容的背景音乐，而使人们觉得其是爱国的。
- 商店内播放圣诞音乐会激发给予和分享的情绪反应，从而增加消费者的购买倾向。

通过经典性条件反射来学习在低介入的情况下是最常见的，因为在该情况下处理和参与意识较低[18]。然而，在足够数量的低介入"扫描"或"窥探"广告之后，也能建立或习得该联系。

2. 操作性条件反射

操作性条件反射（operant conditioning，或工具性学习）涉及用正向的结果激励、强化所期望的行为（如购买某种品牌）。[19] 一个反应被强化的次数越多，就越有可能在将来被重复，因为消费者认为这种反应与某种正面结果相联系。

假设你是太平洋Snax爆米花小食品的产品经理，深信你的产品口味清淡、松脆，消费者会喜欢。那么，你如何影响他们，使其"学习"并购买你的产品呢？操作性条件反射的做法是，通过邮寄或在购物中心、商店里大量派发免费的试用品，许多消费者会尝试（期望的反应），如果爆米花的味道确实不错（起到强化作用的正向结果），消费者进一步购买的可能性便会增大。图9-7中显示了这一过程。

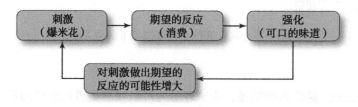

图9-7 操作性条件反射下消费者的学习

与经典性条件反射中消费者自发地产生联想不同，操作性条件反射要诱导消费者先做出某种期望的反应行为，并使之逐渐理解这种行为的好处——能带来正面结果，从而对诱发的反应进行强化。如图9-5所示，这种学习在高介入状态下比较常见。

操作性条件反射通常影响消费者购买某种特定品牌或产品（期望的反应），因此，大量营销策略要确保第一次尝试的发生。免费试用、新产品的特价折扣以及有奖活动都是对消费者尝试某种产品或品牌而给予的奖励。如果他们尝试并喜欢这种产品或品牌（强化），将来就很可能进一步购买。这种由鼓励部分反应到达成所期望的最终反应的过程（消费免费试用品、折价购买、全价购买），称为**行为塑造**（shaping）。图9-8显示了消费者购买行为的塑造过程。

一项研究显示，在一家糖果店接受免费巧克力试用品的人中，有84%会购买巧克力，而没有被给予免费试用品的人中只有59%购买巧克力。可见，行为塑造是很有效的。图9-9显示了Ciba Vision Dailies lenses的广告，其目的是诱发尝试，即塑形的第一步。

正强化能增加重复购买行为，负强化（惩罚）则会起到相反的作用。因此，购买性能不佳产品的经历，会极大地减少再购买该产品的可能性。由此说明保持产品质量稳定的重要性。

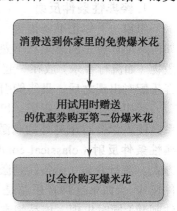

图9-8 购买行为塑造过程

操作性条件反射被营销者广泛运用，最普遍的一种便是使产品质量保持一致，其他的运用包括：
- 在销售之后，通过信函、人员回访等形式祝贺购买者做出了明智的选择。
- 对购买特定品牌的消费者给予诸如折扣、小玩具、优惠券之类的"额外"强化。
- 免费派送试用品或优惠券，鼓励消费者试用产品（塑形）。
- 通过提供娱乐场所、空调设施、精美布置，使购物场所令人愉快（强化）等。

一家保险公司所做的试验，显示了操作性条件反射的作用。公司将按月购买人寿保险的两千多名消费者随机分成三个组。其中两组在每月购买保险后收到公司感谢信或致谢电话的强化，另一组没有收到类似强化。六个月后，前两组中只有10%的人终止购买保险，而后一组中有23%的人终止购买保险。强化（被感谢）导致了行为的继续（每月继续交保险费）。[20]

9.3.2 认知学习

认知学习（cognitive learning）包括人们为解决问题或适应环境所进行的一切脑力活动，涉及对诸如观念、概念、态度、事实等方面的学习，这些方面有助于我们形成在没有直接经历和强化条件下进行推理、解决问题和理解事物之间关系的能力。认知学习的范围从很简单的信息获取（如图标式机械学习）到复杂、创造性的问题解决（如分析性推理）。有三种认知学习形态对营销者很重要。

1. 图标式机械学习

在没有条件作用的情况下学习一个概念或者学习两个或多个概念之间的联系，叫作**图标式机械学习**（iconic rote learning）。例如，某人看到一则广告写着"Ketoprofin是治头痛的药"，并把"Ketoprofin"这个新概念与已有的概念"头痛药"联系起来。在这一过程中，既没有（经典性条件反射中的）无条件刺激，也没有（操作性条件反射中的）直接激励或强化。这是图标式机械学习与条件作用的区别。

还要着重指出的是，与其他更复杂的认知学习形式不同，图标式机械学习一般涉及较少的认知努力和加工活动，许多低介入状态下的学习便是图标式机械学习。[21]在消费者不断扫视某种环境的过程中发生的某个简单信息的多次重复会导致该信息的实质部分被学习。通过图标式机械学习，消费者可以在没有意识到信息来源的情况下，不知不觉地形成关于产品特征和属性的信念。一旦有了需要，消费者便可能基于这些信念购买该产品。[22]

图 9-9

营销人员希望设计满足消费者需求的产品。满足需求的产品被购买的可能性更高。而消费者购买中关键的一步是对产品的首次支付或尝试。这则广告展现的是 Ciba Vision Dailies 对该尝试的鼓励。

2. 替代式学习/模仿

消费者并不一定要通过直接的体验奖赏或惩罚来学习，也可以通过观察他人的行为和后果来调整自己的行为。[23]类似地，还可以运用意象来预测不同行为的后果。这种类型的学习被称为**替代式学习或模仿**（vicarious learning or modeling）。

替代式学习或模仿在低介入和高介入状态下都经常发生。比如，在获得工作后购买新衣服的高介入状态下，消费者可能特意观察其他员工上班时的穿着，或观察包括广告等其他环境下角色榜样的穿着。很多广告鼓励消费者想象使用某种产品的感觉和经历[24]，这种想象不仅增强了消费者对产品的学习，甚至可能会影响消费者在实际试用产品之后的评价。

在低介入状态下，模仿也大量发生。在整个生活过程中，人们都在观察别人如何使用产品以及在各种具体情境下做出何种行为。多数情况下人们对这些行为不太在意，然而，随着时间的推移，他们学会了在特定情境下哪些行为和产品是合适的，哪些是不合适的。

3. 分析性推理

认知学习最复杂的形式是**分析性推理**（analytical reasoning）。在推理中，个体进行创造性思考，对已有的信息和新信息进行重新构造和组合，从而形成新的概念和联想。从可信的来源获得的与某人已有的信念相矛盾或抵触的信息往往会触发推理。[25] 图 9-10 中的广告挑战了消费者的常规想法。

使用类比分析是一种推理的形式。**类推**（analogical reasoning）就是消费者基于现有的知识去理解新的情况和事物。也就是说，类推可以让消费者运用所熟悉的事物的知识来帮助他们理解他们所不熟悉的事物。例如，如果你从没有使用过 Kindle 或 Nook 数字阅读器，你可以通过将它与你的笔记本电脑和文字文档关联起来进行学习：

> 你的计算机允许你"打开"和"阅读"屏幕上的指令来存贮或下载文件。你可能推理，这与在任何电子设备上下载、打开、阅读电子文件非常类似。由于这种类似性，你可能正确地推断数字阅读器能够使你方便地进入你的在线书籍与杂志；你也可能错误地推断，翻页和找到你已经阅读过的位置会很困难，或者采用那样一种阅读"模式"会使你眼睛很"吃力"。因此，基于你对笔记本电脑和阅读电脑里的文件的体验，以及在此基础上的类推比较，你可能会形成关于电子阅读器虽然不精确但也相对靠谱的一系列信念。[26]

图 9-10
广告不仅可以传递信息和产生感觉，还可以挑战既定甚至公认的假设来让受众思考并重新审视他们的信仰。

9.3.3 学习推广和区别

无论在某种特定情境下使用哪种学习形式，消费者对从一个刺激物到另一个刺激物进行区别和推广的能力对于营销者来说是非常重要的。

刺激辨别（stimulus discrimination）是指对于相似但不同的刺激做出不同反应的学习过程。对于那些希望消费者感觉其品牌比起其他品牌具备某种独特而且重要的特性的营销者来说，刺激辨别是至关重要的。例如，拜尔（Bayer）阿司匹林的管理者认为不应该让消费者觉得它与其他品牌的阿司匹林是一样的。为了获得较高的溢价和较大的市场份额，拜尔必须教会消费者区分拜尔与其他品牌的阿司匹林。刺激辨别是品牌形象定位和产品定位时需要重点考虑的。我们将在本章的后面对其进行讨论。[27]

当品牌负面新闻曝光时，刺激辨别是很重要的。负面新闻不仅可能毁掉这一品牌，还可能殃及同行业的竞争者，即产生溢出效应。竞争者自我保护的一种最佳策略是使自己与丑闻品牌有着明显的差异。[28]

刺激泛化（stimulus generalization）又称为转移效应（rub-off effect），是指对某种刺激的反应是由另一种不同但类似的刺激引起的。[29] 一个消费者知道纳贝斯克公司的奥利奥夹心饼干很好吃，便假设其新产品奥利奥巧克力也很好吃，这种情况就是刺激泛化。刺激泛化是一种很常见的效应，是品牌资产的一个主要来源，也是进行品牌延伸的一个主要基础，我们将在本章后面讨论品牌延伸。

9.3.4 对学习理论的总结

学习理论有助于理解消费者在各种情境下是如何学习的。我们已经考察了五种具体的学习理论：经典性条件反射、操作性条件反射、图标式机械学习、替代式学习或模仿以及分析性推理。尽管这些学习方式无论在高介入还是低介入状态下均能进行，但某些学习方式在某种情境下比在其他情境下更常发生。表 9-1 总结了上述理论，并提供每种学习方式在高、低介入状态下的具体实例。

表 9-1　高介入/低介入状态下学习理论范例概览

理　　论	描　　述	高介入状态	低介入状态
经典性条件反射	如果两个物体频繁地在一起出现，由第一个物体引起的反应也会由第二个物体引起	在不断重复"美国制造"的广告后，由"美国"这个词引起的正面的情感反应也会由某个汽车品牌引起。该反应会伴随任何可能产生的认知学习	即使消费者并不注意某个广告，背景歌曲所引起的正面情感反应也会由广告的品牌名称引起，只要使该品牌不断与该歌曲出现在一起
操作性条件反射	一种被强化的反应，会倾向于在以后遇上类似情况时被重复做出	一个消费者在深思熟虑后购买了一套西装并发现它不起皱。于是，他在下一次购买运动服时也选择这一品牌	消费者未假思索就购买了一种比较熟悉的豌豆，吃起来觉得不错。以后他就继续购买这种品牌的豌豆
图标式机械学习	在没有条件作用的情况下学会某个概念或两个概念间的联系	对CD播放机不了解的消费者需要很努力，通过多次查看，才能记住品牌信息。专业知识的缺乏妨碍了信息加工，所以学习是有限的	一个消费者记住了某公司最新的"jingle"，因为它朗朗上口，在其脑海中不断浮现
替代式学习或模仿	通过观察他人行为或想象某种行为的结果来学习如何行动	某消费者在购买一个公文包之前，先观察人们对其朋友新买的公文包有什么反应	在从未真正"考虑"过的情况下，一个小孩知道人们会为特殊场合而盛装打扮
分析性推理	个体通过思考重新构造和组合已有的信息，从而形成新的联想或概念	一个准备购买新车的消费者使用太阳能供电房屋作为类比来处理油电混合动力汽车的信息	消费者发现商店里没有黑胡椒了，基于"胡椒就是胡椒"的快速推理，于是决定购买白胡椒作为替代

9.4　学习、记忆和提取

像20世纪90年代早期的Saturn[30]，20世纪80年代[31]的L&M香烟和在2000年早期的吉列（Gillette）[32]一样，克莱斯勒公司的销售增长在2000年后放缓很多。它们各自的增长下滑应归咎于广告的大幅削减。[33]正如一位执行官所说的：

> 当公司不进行广告和营销的时候，很清楚的一点是，如果我们不在市场上支持产品，人们将迅速遗忘它们。[34]

这些例子强调了营销者希望消费者学习并记住与其品牌相联系的正面特点、感觉和行为。但是，消费者往往会遗忘，在条件作用的学习中，遗忘常被叫作**消退**（extinction），因为一旦学习不再被重复和强化，所期望的反应（如愉快的感觉或者品牌购买）会衰减或消失。在认知学习中，遗忘常被叫作**记忆提取失败**（retrieval failure），因为长期记忆中的信息无法存取，或者说，长期记忆中的信息不能被提取到短期记忆中。

营销者关心的遗忘的两个方面是：在任何给定情境下遗忘的可能性和遗忘的速度。图9-11说明了人们遗忘广告的通常速度。该研究从《美国机械师》（American Machinist）杂志中选取了四则广告，分别测量消费者在有辅助和无辅助情况下对这些广告的回忆状况。可以看出，五天之内，回忆率迅速下降，五天之后大致维持在稳定状态。

有时，营销者希望消费者加速遗忘或消退。例如，美国癌症协会（American Cancer Society）和其他组织提供了许多旨在帮助人们"忘记"吸烟的项目；制造商希望消费者忘记其不好的公众形象或过时的产品形象；矫正性广告（corrective

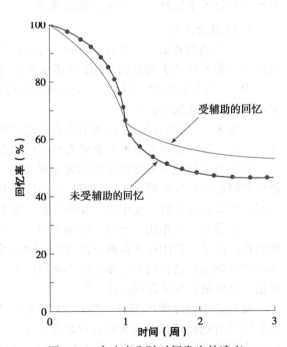

图9-11　杂志广告随时间发生的遗忘

资料来源：LAP Report #5260.1（New York：Weeks McGraw-Hill，undated）.Reprinted with permission from McGraw-Hill Companies, Inc.

advertising）是政府要求的，旨在让企业消除其过去广告造成的错误学习的广告，这将在第20章介绍。

消费者会由于各种各样的原因忘记品牌、品牌联想以及其他信息。首先，学习的强度在一开始就可能很弱；其次，来自竞争品牌及其广告的信息可能导致记忆干扰；最后，反应的环境（如零售店）可能无助于对先前学习到的信息的提取。我们将在下面的章节讨论这些问题。

9.4.1 学习的强度

艾滋病联盟（HIV Alliance）怎样教你消除和减少得艾滋病的危险并使你不忘记呢？或者，Neutrogena怎样才能使你了解它的防晒产品并在CVS购物时记住其关键的特点呢？也就是说，需要哪些条件才能形成一种强烈而持久的习得性反应呢？

一个因素就是学习的强度。开始阶段学习（如对于节点和节点间联系的学习）的强度越大，相关信息在需要的时候被提取的可能性也越大。学习强度（strength of learning）会被六个因素增强：重要性、信息介入度、情绪、强化、重复、双重编码。

1. 重要性

重要性是指所学信息对于消费者的价值。重要性可能来自消费者内在的对于产品或品牌的兴趣，或者来自近期将要做出某个决策的需要。学习某种行为或信息对个人越重要，其学习过程就越有效果和效率，这主要是因为在对材料进行充分处理和分类的过程中，人们进行了更多的加工活动。

新近出现的营销者感兴趣的领域是研究双语消费者如何处理和回忆广告中的第二国语言。例如，对同一则广告，西班牙消费者处理广告中的英语是否像处理西班牙语一样有效？总的来说，第二国语言的广告比母语广告处理起来要困难，因此会减少消费者对于第二国语言广告的学习和回忆。但这是否意味着第二国语言广告永远都不可能是有效的？答案取决于广告的重要性。当重要性很高时，双语消费者会花费更多的精力来处理和理解第二国语言广告，从而导致更多的学习和回忆。[35]

重要性也是区分高介入状态学习与低介入状态学习的一个尺度，前者比后者更完全[36]，遗憾的是营销者面对的往往是处于低介入学习状态的消费者。

2. 信息介入度

当一个消费者缺乏动力去学习时，可以让其介入信息本身来增加信息处理。例如，用乐器演奏流行歌曲并配以与产品属性相关的歌词（雪佛兰皮卡车广告中的"像一块石头"），也许能使人们大声地或者默默地"跟着一起唱"。与只是听别人唱相比，这种做法对信息本身的介入程度加深了，对信息的处理程度和对相关特点或卖点的记忆也加强了。[37]

在第8章，我们讨论了增加消费者注意的各种策略，包括不协调、修辞、不完全信息以及有情节和意外结果的广告。这些策略也会增强消费者对信息的介入度从而导致更强的学习和记忆。[38]

几个有关信息介入度的重要问题需要考虑。首先，有证据表明，气味对于记忆很重要。一项研究发现，播放广告时的芳香气味增加了人们对广告的注意并且导致更高的回忆率。于是，有营销者目前正在开发一种可以在互联网及店内电话上使用的"香味发射"技术。[39]

其次是悬念的作用。有时，营销者为了吸引消费者的注意和兴趣，会等到一则广告信息的最末尾才揭示品牌名称。但是，使用这种策略应该谨慎，因为等到最后才揭示品牌名称，就没有给消费者多少机会将新的信息及时整合到他们已有的关于品牌的图解记忆中，结果联想之间的联结比较弱，记忆也被削弱。因此，营销者在营销信息中最好尽早提到品牌。[40]

最后是强调品牌与消费者个人关联性的信息策略。**自我参考**（self-referencing）就是这样一种策略，它指的是消费者把品牌信息与他们自己联系起来。"自我"是一个很强大的图解记忆，将品牌信息整合到这样一个图解中能够增强学习和记忆。[41]在广告中运用怀旧（鼓励消费者记住个人过去的经历）可以促进自我参考。使用诸如"你"或者"你的"这类第二人称代词也可以促进自我参考。

3. 情绪

愉快能使人学得更多吗？研究显示这的确是事实。在呈现品牌名称等信息过程中，正面的情绪可以促进相关的加工活动——该品牌被与更多的类别进行比较和评价，从而在众多其他品牌和概念中生成一个更全面和更强的联系，信息提取也更容易。[42]

这一结果为试图促进消费者学习的营销者提供了建议，使得其了解到哪些广告项目更为合适。类似地，它也指出了那些使人愉快的广告能够增进学习。[43]

4. 强化

强化（reinforcement）是指能增加特定反应未来发生可能性的任何事物或活动。虽然学习经常是缺少强化的，但强化能极大地影响学习的速度和学习效果的持续时间。

正强化是一种愉快或期待的结果。一对夫妻很喜欢墨西哥菜，有一次他们看到了本社区一家新的墨西哥玉米煎饼连锁店（Chipotle Mexican Grill）的广告，于是决定试一试，结果该餐厅的食物、服务和氛围让他们很喜欢，于是下次他们外出就餐时就很可能再次光顾这家餐厅。

负强化是对不愉快的结果的去除和避免。如韦克斯公司（Vicks）承诺它的药可以缓解鼻窦疼痛，如果广告说服了一位消费者服用该药并且确实有效，今后该消费者就会再次购买和使用该药；基于刺激泛化原理，他还可能试用韦克斯的其他产品。

图9-12中美国厨宝（KitchenAid）的广告提供了另一个关于"强化"的例子，广告中暗示了大众使用其品牌产品的积极影响。

强化的反面是惩罚。**惩罚**（punishment）是能减少特定反应在未来发生可能性的任何事物或结果。如果上面讲的那对夫妇第一次到那家墨西哥玉米煎饼连锁店用餐，却发现服务很差或者食物很糟糕，那么他们下次就不会再光顾这家餐厅了。

从上面的讨论可以看到，营销者精确地确定"什么才能强化消费者的具体购买行为"是非常关键的，只有这样才能设计出促进初次购买和后续重复购买的促销信息。

图 9-12

强化是指能增加特定反应未来发生可能性的任何事物或活动。这则厨宝的广告利用了正强化。

5. 重复

重复（或练习）能通过增加记忆中信息的可达性或加强概念间的联系促进学习和记忆。[44] 很显然，接触某种信息或从事某种行为的次数越多，人们学会和记住它的可能性就越大。例如，相比于一个Miller Lite啤酒广告的放映，在棒球锦标赛比赛期间的三次放映将会产生2/3倍的回忆。[45] 虽然原因并不是完全清楚，但某些音乐会"促使"消费者在脑海自动循环播放，这创造了更强化的学习和品牌联想力。我们将在消费者洞察9-1中进行深入讨论。

| 消费者洞察9-1 | Earworms——在脑海萦绕的音乐 |

不断接触某些音乐或歌曲的消费者会不自觉地"学会"它们，这些内容在消费者的记忆中潜伏数日、数月甚至数年、数十年。某些特定的香味、音符甚至一闪而过的画面都可能唤醒这些意识。这样的回忆可能伴随着惊喜的感觉——对隐藏信息的挖掘，引发怀旧感及与音乐相关的回忆。然而，该旋律很快又会回到隐藏的状态。[46]

然而，总有一些旋律很难被"关闭"，而是不断在脑海里循环、重复，有时是数小时、数日，有时（一小部分）甚至是数周、数月。它们突然出现，让你不得不吟唱几句。这就是所谓的Earworms。大约98%的人经历过这种苦恼。在最近的一项研究中，位列前四的Earworms是：

- Chili 的"Baby Back Ribs"
- Baha Men 的"Who Let the Dogs Out"
- Queen 的"We Will Rock You"

- Kit-Kat candy-bar（例如"Gimme a Break…"）

最可能在脑海萦绕的音乐通常都是简单、明快、朗朗上口的，并且常有一些意外的成分——如节奏的变化、时间特征的转变或额外的节拍。

音乐是商业广告不可或缺的部分。有时候音乐就是为产品定制的——如 Chili 的"Baby Back Ribs"和 Dr.Pepper 的"I'm a Pepper"；有时候是截取流行音乐中的一部分以吸引目标市场（比如苹果对 U-2 的"Vertigo"的应用）；有时候挑选能够强调产品性能的音乐——比如一款微软新产品上市时使用的滚石乐队的"Start Me Up"。

尽管 Earworms 有时候让人讨厌，但它们说明音乐确实能够用来为品牌吸引消费者。更好地了解 Earworms 可能是了解音乐和自主性记忆的关键。

思考题

1. 你是否经历过 Earworms？哪些音乐在你脑海中萦绕？持续了多长时间？
2. 对于音乐人允许在广告中使用他们的音乐，你是怎么看的？这是一种"销售"还是双赢？
3. 在广告中使用流行音乐的优缺点都有哪些？原创音乐呢？

重复的效果和信息的重要性与所给予的强化直接相关。换句话说，如果所学的内容很重要或者有大量强化相伴随，重复就可以少些。由于许多广告内容在当前对消费者并不是很重要，也不能提供直接的激励与强化，重复就成为许多产品促销的关键因素。[47] 如前所述，经典性条件反射和图标式机械学习（低介入状态下的学习）严重依赖于重复。

图 9-13 显示了不同程度的广告重复对于初始知名度不同的品牌的影响。高频率的重复比低频率的重复效果好，而且，时间越长，优势越大。相对来说，不知名的品牌从广告重复中获利更大，即知名度提高幅度更大。[48]

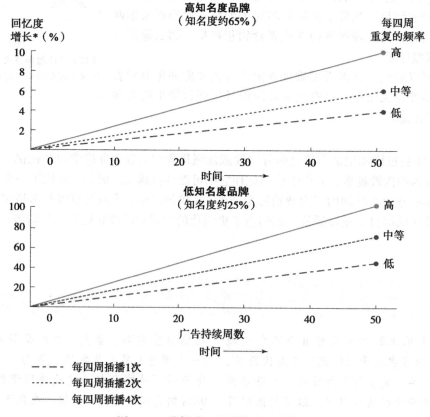

图 9-13　重复对于品牌知名度的影响

注：* 相对于原来的百分比变化。例如，从 10% 变为 15%，则知名度提高（15%-10%）10%=50%。

资料来源：*A Study of the Effectiveness of Advertising Frequency in Magazines*. © 1993 Time Inc. Reprinted by permission.

广告重复的次数和重复的时机都会影响学习程度和持久性。[49] 图 9-14 显示了某食品广告重复时机与产品回忆之间的关系。其中较平滑的曲线代表一组受测试的家庭主妇，在连续 13 周内每周看到该食品的广告，结果她们对该产品的回忆能力迅速上升，并在第 13 周达到最高，在广告停止后迅速下降，到年底几乎降到 0。

另一组家庭主妇也收到同样的 13 次邮寄广告，但却是每四周收到一次。她们的回忆能力由图中锯齿形的线条表示。可以看出，她们的回忆能力在一年中不断增长，但在每两次邮寄广告的间隔期内存在相当程度的遗忘。

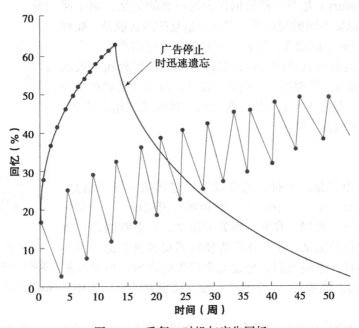

图 9-14 重复、时机与广告回忆

资料来源：Reprinted from H.J.Zielski, "The Remembering and Forgetting of Advertising," *Journal of Marketing*, January 1959, p.240, with permission from The American Marketing Association.The actual data and a refined analysis were presented in J.L.Simon. "What Do Zielski's Data Really Show about Pulsing?" *Journal of Marketing Research*, August 1979, pp.415-420.

企业如何在有限的预算范围内设置广告？是集中全部预算做一次广告还是把预算分布在一段时间内？回答取决于任务。对于任何应该迅速传播产品知识的重要时期，如新产品推出时期，应该使用高频率（紧挨着）的重复。这被称为**脉冲**（pulsing）。例如，政治候选人通常保留很大一笔媒体预算，直到选举临近时才使用，通过最后阶段的轰炸式宣传以确保自己的优点广为人知。持续时间长一些的活动，如商店或品牌形象塑造，重复的间隔应该大一些。[50]

营销者应该注意重复的度。太多的重复会导致消费者拒绝接收该信息，对其做出负面评价或者对其熟视无睹，这种效应称为**广告疲劳**（advertising wearout）。[51] 避免广告疲劳的策略之一是在共同的主题上使用变化的形式。[52] 例如，塔吉特的广告是要不断强调核心产品卖点以及"红点"的象征符号。但是，它们通过各种不同的有趣形式来实现这一点，例如，漫游的动画形象代言人，一只眼睛周围长红点的白色小狗等。跨文化研究表明，同一主题的不同表现方式也是广告避免在东南亚归于老套的有效策略。[53]

6. 双重编码

消费者能够以不同方式存储（编码）信息，以不同方式存储相同的信息（双重编码）会导致信息提取时更多的内部通路，这将增强学习和记忆。

双重编码的一个例子是消费者在两个不同的情境下学习信息，如看见同一个去屑洗发水品牌的两则广告，一则是办公室主题，另一则是社会主题。不同的主题（情境）提供了通往该品牌的多条路径，从而增强了消费者在日后回忆起该品牌的能力。图 9-15 展现了 Clorox 消毒水的一个主题，它还有其他主题。通过运用多重主题，Clorox 能够增强消费者对其除传统漂白产品之外的产品的记忆。

双重编码的另一个例子是信息被存放在不同的记忆模式中，例如文字模式或者视觉模式。[54] 双重模式有助于解释为何意象能够促进记忆。高度形象化的刺激会留下双重编码，因为关于它们的记忆同时存储在文字和图像两个维度上。而低度形象化的刺激物只有文字形式的编码。因此，像骆驼和野马这样高度形象化的品牌名称比那些低度形象化的品牌名称要容易学习和记忆。

回声记忆（echoic memory）是对包括歌词在内的声音的记忆，由于回声记忆具有和视觉或文字记忆不同的特点[55]，当某个信息的声音成分（如背景音乐）传达与其文字含义相近的意义的时候，双重编码就可能产生。[56]

当一种记忆模式所传达的与其他记忆模式所传达的关键概念相一致的时候，学习和记忆就会被促进。[57] 例如，一项研究发现，双语消费者比较容易处理那些图像（视觉的）和文本（文字的）意义相一致的第二语言广告，广告的学习和记忆也得到了加强。[58]

9.4.2 记忆干扰

有时，由于记忆中其他信息的干扰，消费者难以记起某一特定信息，这种现象称为**记忆干扰**（memory interference）。在市场营销领域，一个常见的干扰形式就是竞争性广告。例如，看见一则关于加拿大干姜啤酒的广告可能会干扰你关于山露饮料的记忆。竞争性广告使得消费者更难记住这些广告中的任何一个及其内容，即使他们能想起某个广告的内容，也常常想不起这个广告是哪个品牌的。结果是，竞争性广告要么降低对特定广告中品牌的记忆，要么导致消费者混淆这些竞争品牌。[59]

图 9-15

在广告中运用不同主题能达到双重编码、增强记忆的作用。

随着相同类别产品的竞争广告数量的增多，广告之间的相似性也在增加，竞争性广告的干扰也会增加。考虑到广告杂乱的程度之高，这一领域成为营销商和广告商的关注领域也就不足为奇了。那么，营销者能够做些什么来减小竞争性广告的干扰？对此有一些策略，其中很多与我们在本章前面讨论过的学习和记忆有关。

1. 避免竞争性广告

该策略是指避免使你的广告与竞争者的广告在同一个系列中出现。有些公司会支付一定的溢价来确保这种排他性。另一种策略叫作近因计划（recency planning），试图将广告规划在离消费者购物时机尽可能近的时段播出。该策略的思想是，减少广告与购买行动之间的时间，会减少消费者看到竞争性广告的可能性。[60]

2. 巩固初次学习

另一种策略是巩固初次学习，因为强度较高的学习不容易遭受记忆干扰。该策略的价值来自于这样一个事实，即在高介入度的环境下，对于高度熟悉的品牌的记忆干扰不显著。因为高介入度的学习会导致更强的品牌图解，而且对于熟悉的品牌的图解也会强于对不熟悉的品牌的图解。[61]

另一个证据来自于鼓励双重编码的广告策略。具体地说，就是通过显示同一品牌的不同版本的广告（如办公室环境和社会环境里的洗发水广告）或者变换广告的形式（在广播广告之后使用印刷广告）。[62]

有趣的是，虽然对于品牌关键属性的高强度的初次学习会带来正面的记忆效果，但也可能使得日后添加或者改变记忆属性的困难加大。或者说，初次学习的强度太大会干扰消费者。[63] 这对于新的品牌信息的学习和记忆及品牌的重新定位构成了一个挑战。重新定位将在后面的章节中讨论。

3. 减小与竞争广告的相似性

相同产品类别中的广告（如不同品牌手机的广告）会增加干扰，就像与竞争性广告相似的广告会增加干扰一样。相似性可以体现在广告主张方面、情感正负方面以及诸如背景音乐或图片之类的制作元素方面。有趣的是，不同产品种类的广告的制作元素之间的相似性（如都使用高山作为背景图片的漂白剂或者苏打水的印刷广告），也可能导致记忆干扰。正如独特的广告可以打破广告的混战而赢得更多的注意，独特的广告也更能抵御记忆干扰。[64]

4. 提供外在的回忆线索

回忆线索提供了通往存储在记忆中的信息的额外通道，品牌名称如此重要的原因就在于它们可以作为回忆线索。看见一个品牌名称可以激发起对存储在记忆中的品牌信息的回忆，以及对与该品牌广告相联系的形象和情感的回忆。

但是，品牌名称并不总是激起对先前的该品牌广告的回忆。例如，看见商店货架上的品牌也许并不足以使消费者回忆起该品牌以前所做的广告。这一点对于营销者而言非常重要，因为如果消费者在购买过程中回忆不起先前的广告及其引起的情感，广告就是无效的。一旦这种情况发生，营销者可以使用与该品牌原广告直接相关的购物点展示或者包装线索。[65] 例如，在"有牛奶吗"这一促销活动中，店内印有"有牛奶吗"标语的标志物可以提醒消费者想起电视上的这些广告表现的家里牛奶喝完时候的糟糕感觉。桂格麦片（Quaker Oats）运用了这一策略，在其包装盒上放置商业广告中的一幅照片。这样做增强了消费者回忆商业广告的信息及其引起的情感的能力，因此非常成功。

9.4.3 反应环境

回忆时所处的环境是否与最初的学习环境和学习种类具有相似性也会影响记忆提取。[66] 因此，在回忆时提供与当初学习该信息时相似的环境线索越多，回忆就越有效。一种策略是使回忆环境接近于学习环境。前面讨论的"有牛奶吗"的例子就代表了营销者试图通过提供回忆线索使得店内的回忆环境接近当初的学习环境。

另一种策略是使学习环境尽量接近回忆环境。假设某个口香糖品牌知道它的回忆环境是零售店铺。于是，通过不断地将口香糖包装的视觉形象与悦耳的音乐配对呈现，使消费者对于该品牌及包装产生正面情感（经典性条件反射）就是很恰当的，因为回忆环境（商店货架）会在视觉上呈现该品牌包装。而且，学习建立在该品牌包装的视觉条件反射基础上（使学习环境尽量接近回忆环境），在货架上看到该包装就很可能会激起学习到的反应。

9.5 品牌形象与产品定位

9.5.1 品牌形象

品牌形象（brand image）是对某种品牌的图解记忆，包含目标消费者对产品属性、功用、使用情境、使用者、制造商与经销商之特点的理解。品牌形象是人们听到或看到某个品牌名称时的想法和感觉。在实质上是消费者已经学习到的关于某个品牌的一系列联想。[67] 公司形象和商店形象也与此类似，只是它们适用于公司和商店而不是品牌。

那些传统上没有品牌的产品（如水、苹果、肉）现在也逐渐有了各自的品牌，这一事实显示了品牌名称和品牌形象的重要性。让我们考察一下食用肉行业，其面临的相当重要的一个问题是消费者认为肉的烹饪麻烦且耗时。正如一位业内专家所说：

> 很多消费者没有时间和技能花6~8个小时处理和烹饪生肉原料，因此我们在这个行业必须要做的就是理解这一点并且根据这一点做些事情。[68]

Tyson已经采取了行动，提供熟食肉类产品线，包括可以快速、简易和安全处理的鸡肉、猪肉和牛肉，这一举措建立在公司在高质量的鲜肉产品和预包装午餐肉上的良好声誉。由于现在的消费者对于方便和食品安全的双重考虑，Tyson较好地定位为一个消费者可以信赖的、强大的、形象一致的品牌。从某种品牌形象中获益的能力称为**品牌资产**（brand equity），我们将在下一节对其进行讨论。

品牌形象是工业产品和消费产品的营销者共同关注的一个主要问题。看看下面这几则来自近期营销出版物的标题：

- 别克引领"通用再造"
- 微软如何获得关注

- "客户至上"使摩托罗拉焕发活力
- 百事放弃"减肥"可乐,意在重燃可乐"战火"

品牌形象有多大的威力?想一想耐克、麦当劳、凯特丝蓓(Kate Spade)、好时、探索频道、亚马逊网站、美达斯(Midas)。对于很多消费者而言,这些品牌中的每一个都能使他们产生丰富意义的想象和感觉。这些意义和意象是消费者决策的强大驱动力,能解释为什么强势品牌在销售额和利润上往往也是市场中的领头羊。如图9-16所示,Lee牛仔裤品牌引出了怎样的品牌意义和品牌形象?这一品牌有强烈的品牌形象吗?

品牌形象可能有助于产品,也可能对产品不利。[69] 近来,好时尝试以Cacao Reserve的品牌进军高档巧克力市场。这种产品的销售业绩不是很理想,很重要的原因是消费者并不认为好时是高价位品牌。好时有很强大的品牌形象,但这种普通巧克力的品牌形象却阻碍了它进入高档市场。在这个事例中,好时最好实施与其品牌名称没有关联的新品牌战略。我们稍后将继续讨论这一战略。

9.5.2 产品定位

产品定位(product positioning)是营销者为了使产品在某一细分市场形成相对于竞争者的一定的品牌形象而做出的决策;也就是说,营销者试图让某个细分市场的消费者以区别于竞争品牌的某种方式来看待和感觉他的品牌。产品定位一词通常用于和品牌相关的决策,但是,也可用于描述关于商店、公司和产品类别的相关决策。

图 9-16

像Lee Jeans一样的品牌名字能为消费者提供一个产生联想的"锚"。这使得营销者能够在产品提升和产品交流中进行投资并期待合理的回报。

如果企业能够在消费者思维中创造出期望的定位,产品定位对于该品牌的长期成功将产生重大影响。产品定位的一个关键问题是品牌需要创造出与竞争者有差异的、对于消费者有意义的定位。[70] 无法使自己与竞争者区分开(刺激辨别)的品牌往往难以引起消费者的兴趣,也难有好的销量。

我们来考虑一下土星(Saturn)的定位战略。该品牌最初的定位强调消费者服务和零售体验。这种差异化的竞争策略带来了销售量的强劲增长。但是,自2002年以来,产品广告不再强调消费者服务,产品销量暴跌。因此,它更换了广告代理,希望重新定位其品牌在顾客心目中的地位并重新关注消费者服务。[71] 然而这些努力以失败告终,土星公司停止了该策略的继续实施。

品牌形象的一个重要组成部分是产品或品牌恰当的使用情境或场合。营销者经常有机会影响某一产品或品牌的恰当的使用场合。当你想到酸果沙司时你会想到什么?也许,圣诞节和感恩节是你联想的一部分。事实上,此时进入消费者大脑的,恰恰可能就是这些使用情境。然而,研究显示,在强调非传统使用场合的促销广告播放三个月之后,酸果沙司的销售增长了150%。因此,扩大酸果沙司产品定位成分中的使用场合这一项,能极大地增加销售量。[72]

产品定位和品牌形象是两个可替换使用的词。但总的来说,产品定位是相对于其他品牌或整个行业而确立的清晰的品牌形象。诸如"惠普打印机是最可信赖的打印机"之类的陈述就是典型的产品定位陈述。品牌形象则通常不与竞争者直接对比,其典型陈述是"惠普打印机极为可靠"。

一旦营销者确定了某种恰当的产品定位,营销组合就要围绕在目标市场获得这种定位而进行设计和调整。[73] 例如,新奇士公司(Sunkist Growers)生产一种叫新奇士水果珍品的有多种水果口味的果冻糖,被定位为一种适于成人和儿童的健康的、天然的零食。从产品的角度讲,这种糖以果胶为原料(果胶是从橘和柠檬果皮中提取的一种碳水化合物),不含防腐剂,而且所含糖分比多数果冻糖要低。因此,这种糖本身就传达了期望的定位。

不过,营销组合的其他方面也会对产品定位有所贡献。例如,新奇士可以通过超市的水果农产品柜台来分销这种糖果,当消费者在其他天然食品如苹果、橙子旁边看到这种糖果时,他更容易认同这种糖是一种健康天然的食品。

营销管理者也经常未能获得其想要得到的产品定位或形象，原因是他们未能正确预测消费者的反应。公牛（Toro）的轻型雪球投掷器（snowthrower）最初没有成功，原因是它被取名为"雪上小狗"，消费者把它理解为一种玩具，认为动力不够。直到公司使用了更男性化、强有力的名字——"雪上大师"（Snowmaster）及后来的"公牛"之后，才获得成功。

知觉图（perceptual mapping）是营销管理者衡量产品定位状况和进行产品定位的有用技术。知觉图可以测量消费者对不同品牌或产品之间相似性的感知，并将这些感知与产品的属性联系起来。图9-17是消费者对各种巧克力糖果品牌的知觉图。这幅知觉图也提供了五个理想的细分市场定位——I_1、I_2、I_3、I_4和I_5，围绕这些理想点的圆圈的大小表示该细分市场的规模，第4细分市场I_4的规模最大，而第5细分市场I_5的规模则最小。这些理想点体现每个细分市场中理想巧克力糖果的形象或特点。如果在这幅图中的巧克力糖果都是现存的，那么可以看出，在第2细分市场，消费者的需要没有得到充分满足，塔吉特公司最近用Choxie品牌定位于这一细分市场上，Choxie是指需要胆量（moxie）的巧克力。在第2细分市场还存在机会，德芙的定位怎么样？显然不太好。德芙如果重新定位于第2细分市场就会比较合适。我们将在下一节讨论重新定位问题。需要说明的是，尽管第3细分市场的规模很大，但竞争对手也很多，这对于新品牌定位于哪一细分市场是非常重要的考虑因素。如果要进入第2和第5细分市场，哪些细分市场和竞争因素使之更为困难？

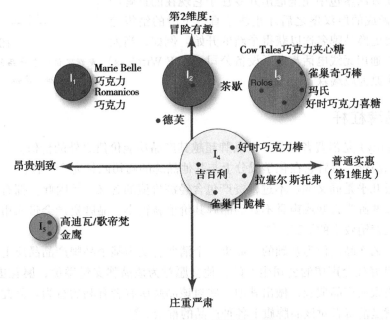

图9-17　巧克力糖果的知觉图

9.5.3　产品重新定位

品牌在消费者心目中的形象会随时间变化而改变，是消费者变化着的需要、竞争者的变化以及品牌本身变化的函数。考虑通用汽车与别克最近的努力和挑战：

> 通用汽车推出的2010别克君越是汽车制造商破产保护后最关键的决策之一，因为公司试图通过更复杂的改革与汽车形象设计来吸引年轻消费者。2010车型广受好评，但目标消费者(比目前别克买家小10岁，介于46～55岁之间的消费者)甚至不愿访问别克展厅，因为该品牌总与豪华、轻松驾驶、退休人员钟爱的轿车相联系。如一名高管所说，"因为许多人都不知道这个品牌代表什么，我们与别克面临巨大的挑战。"[74]

别克缺乏清晰的品牌形象，缺乏对市场目标及其需求的理解，这意味着成功的重新定位对它的长期成功至关重要。**产品重新定位**（product repositioning）实际上是指为使产品在市场上的形象发生巨大改变而做出的决策。这些改变涉及产品的绩效水平，产品所激起的情感，产品被使用的情境，甚至产品被谁使用。沃尔沃品牌形象缺乏清晰度也许是一个信号，说明是时候采用新的战略重新定位它在消费者心目中的品牌形象了。[75]

图 9-18 展现了一家公司为在其目标客户间进行产品重新定位所做的努力。近期其他的产品重新定位的举措包括：

- 报税服务公司 H&R Block 正从一个税务专家变成"为美国中部提供理财服务的易相处的机构"。[76]
- 英菲尼迪正从一个不集中的豪华车的形象变成"关于性能的全新品牌形象"。[77]
- 现代汽车正从一个低价车的形象变成"精致、优雅"形象。[78]

重新定位可能是非常困难和昂贵的，需要消费者用新的联想替换以前学到的关于品牌或产品的旧的联想[79]，这一过程可能要花费长达 10 年的时间。按照一位业内专家的说法，"消费者的知觉改变得很慢。"[80]

重新定位也许需要激烈彻底的行动。例如，哈迪斯（Hardee's）直到从薄馅饼这种普通的快餐汉堡包中完全退出并专注于它现在的招牌产品——用黑安格斯牛肉做成的厚汉堡之后才止住了直线下滑的销售趋势。[81] 有时，公司甚至要更换品牌名称以获得全新的开始。例如，当大西洋贝尔（Bell Atlantic）通用无线电话与电子设备公司（GTE Wireless）合并的时候，它们将名字改为威瑞森（Verizon）。

图 9-18
重新定位一个产品包括制定新产品的各方面，如产品特征、价格、产品传播和分销渠道。

9.6 品牌资产和品牌杠杆

品牌资产（brand equity）是消费者赋予一个品牌超越其产品功能价值之外的价值。[82] 例如，许多人愿意为拜尔阿司匹林支付很高的溢价，尽管它在化学成分上与其他品牌的阿司匹林完全一样。

品牌资产与品牌声誉几乎是同义词。不过，资产包含经济价值的含义。[83] 因此，拥有良好声誉的品牌其资产价值可能也很高，而那些鲜为人知或声誉不好的品牌其价值就很小。品牌资产会带来市场份额的增加，消费者价格敏感度的下降以及营销效率的提高。[84]

品牌资产是以该品牌的产品定位为基础的。如果一个消费者认为某个品牌产品品质上乘，使用起来令人兴奋，而且是由一个具有良好社会声望的公司生产的，他会愿意为该品牌支付溢价，愿花更多精力寻找和购买，向别人推荐，原谅一个失误或产品瑕疵，做出其他一些对该品牌所有者有利的行为。因此，一个受喜爱的品牌其经济价值的来源之一就是消费者对该品牌旗下各种产品的推崇。[85]

品牌价值的另一个来源是消费者会假定与品牌形象相联系的那些令人喜爱的方面也会扩散和转移到使用该品牌的新产品上。这种现象的基础是本章前面所描述的刺激泛化原理。**品牌杠杆**（brand leverage）或称家族品牌（family branding）、品牌延伸（brand extensions）、伞状品牌（umbrella branding），指营销者通过在新产品上使用原有知名品牌以利用其品牌资产。[86] 如果运用得当，消费者将把原产品的某些优点赋予相同品牌名称的新产品。最近发生的品牌延伸包括星巴克冰激凌、Listerine 呼吸带和金宝汤番茄汁。

不过，刺激泛化不会仅仅因为两种产品使用相同的品牌名称而产生。两种产品之间必须存在某种联系。Pace 最后终于通过将其品牌名称延伸到诸如炸蚕豆、玉米卷沙司和豆酱等相关产品。按照 Pace 的品牌经理所说：

> 我们觉得我们有能力延伸到墨西哥餐上，我们现在正选择合适的产品、符合消费者的做法。[87]

相反，金宝汤就未能用 Campbell 这个品牌名称推出它的意大利面条调料（而是使用 Prego 这个名字）。研究发现：

在消费者眼里，金宝汤并不是正宗的意大利调料。消费者把它看作一种水分多，颜色、味道像橙汁的番茄汤。[88]

成功地发挥品牌杠杆作用需要原品牌具有很强的正面形象，而且新产品至少在以下四项中的一项与原来的产品相匹配：[89]

（1）互补，两种产品被同时使用。
（2）替代，新产品可以取代原来的产品。
（3）转移，消费者认为制造新产品需要借助原产品制造所采用的技能或技术。
（4）形象，新产品享有原产品的关键形象成分。

对营销者来说，重要的一点是要明白对消费者来说什么是关键的匹配标准。比方说，一项研究发现，相对于福禄牌（Fruit Loops）热麦片粥来说，消费者宁愿选择福禄牌棒棒糖。显然，关键的匹配标准不是制造能力的转移，而是品味的形象成分的转移。[91]

同样重要的一点是要认识到，品牌延伸到的新产品的类别越多，就要用越多的广告信息来解释这些产品如何互相一致。通过指出一些消费者自己难以自然想到的微妙的联系来帮助消费者将品牌已有的意义转移到新产品上。[92] 例如，露华浓（Revlon）在推出其维生素产品时，使用的广告语是"现在，露华浓的美丽是从内向外的"。请注意这个口号是怎样在美容的角度上将化妆品和维生素联系起来的。

最后，意识到以何种方式宣传一个品牌是合适的并且可以使品牌扩展到更广泛的产品类别对营销者来说也很重要。在消费者洞察9-2中讨论了一种这样的方法，即视觉艺术的使用。

| 消费者洞察9-2 | 艺术注入：品牌延伸的途径

在许多情况下，营销者们希望他们的品牌尽可能地延伸，以便充分利用现有品牌资产的杠杆。研究表明，提高品牌延伸性的方式之一是在品牌广告中使用可视艺术。例如，凡·高的名画《星空》就被一家名为Consul的MP3播放器品牌作为可视艺术运用到其核心产品的广告中。"非艺术"的图片是普通夜晚的天空。使用这两种图像为Consul的MP3做广告，然后询问消费者对产品本身及其两种可能的品牌延伸的感受。两种品牌延伸分别是Consul的服装（与MP3差别较大的延伸）和Consul的数字收音机（与MP3相似的延伸）。比较艺术图像和非艺术图像两种广告下的结果，可以得到以下的效应：[90]

- 广告中艺术图像的使用提高了Consul MP3的品牌形象。
- 广告中艺术图像的使用增强了品牌延伸的感知契合度。
- 艺术图像的使用提高了Consul品牌的延伸性，包括数字收音机和服装。

这些效应值得进一步解释。首先，可视艺术被证明能够引发对奢华和排他性的感知，这种感知就会以一种相对自主的方式溢出（或者说推广）到品牌中。这就解释了为什么艺术图像能提高Consul MP3的品牌形象。其次，广告中的艺术图像提高了消费者的感知灵活性，让他们能够看到通常情况下看不到的不同事物之间的联系。这甚至能提高低契合度事物之间的延伸，比如从Consul的MP3到Consul的服装。上述两种效应都在Consul的品牌延伸（无论是向数字收音机延伸还是向服装延伸）中起作用。

艺术图像的积极作用即使在消费者不熟悉该图像的情况下也存在（在本案例中就是凡·高的《星空》），这意味着广告中可视艺术的使用并不要求目标客户是艺术鉴赏家。

思考题
1. 为什么可视艺术能提高品牌形象？
2. 为什么可视艺术能增强感知的灵活性？
3. 是否存在艺术注入失效的产品门类？请列举。

以下是其他一些成功或不成功的品牌延伸实例：
- 哈雷–戴维森在各种各样的产品上成功地使用了它的品牌效应，但冰酒器却没有成功。
- 李维斯推出李维斯男士定做套装的尝试失败了。
- Country Time 未能把品牌从柠檬水延伸到苹果汁。
- LifeSavers 在口香糖上的延伸没有成功。
- Coleman 成功地把品牌从露营用炉灶和灯具延伸到整套露营设备。
- 玉兰油香皂的成功很大程度归功于玉兰油面霜的品牌资产。

图 9-19 展现了两则不同的产品延伸广告，Fabreze 和 Special K，哪个与其现有产品更接近呢？

图 9-19

品牌延伸在新产品与已有产品相似的情况下最有可能成功，比如 Fabreze。然而，最大的收获有时候来源于向更加不同产品的延伸，比如 Special K。

有时，品牌延伸是不可行的。当营销者希望在原品牌的基础上以不同的品牌形象面对不同目标细分市场的消费者时，往往需要建立一个新的品牌而不是对原有品牌进行延伸。丰田在进入高档汽车领域时就建立了新的品牌名称雷克萨斯，本田也类似地建立了新品牌讴歌。这些新品牌拥有与原有品牌不同的品牌形象，因此不会对原品牌造成负面或者淡化影响。

对营销者而言，品牌延伸也有风险。风险之一是，任何单个延伸产品的失败会损害使用同一品牌的其他产品（消费者不仅会对好的后果进行归纳推广，也会对坏的后果进行归纳推广）。[93] 另一种风险是可能稀释或者损害原品牌的独特形象。[94] 强烈的品牌形象往往集中在相当密集的某些特性上，每次给品牌家庭添加新的产品都会或多或少改变品牌的形象。如果太多不相似的产品都使用同一品牌，该品牌的形象可能会变得混乱和模糊。[95] 举例来说，如果保时捷推出以价格而不是以性能为竞争卖点的滑雪艇，其核心形象可能会被损害，特别是对于目前的品牌拥有者而言。[96] 有些观察者感觉到耐克正面临着品牌稀释，因为它把品牌名称用到了相当广泛的产品线上。

小结

1. 描述学习和记忆的性质

学习是指长期记忆或行为在内容或结构上的变化，它是信息处理的结果。信息处理涉及刺激物被感知、转换成信息并被储存的一系列活动。依序发生的四种活动分别是展露、注意、解释和记忆。记忆既是学习的结果，又是学习过程的一部分。例如，当解释某品牌的价格时，消费者可能会提取关于竞争者的价格（先前学习），在进行比较时则会在记忆里储存关于新品牌的价格感知（新的学习）。

2. 解释记忆类型及记忆在学习中的作用

记忆是学习的结果，涉及信息处理。最常见的情况是信息直接进入短时记忆进行处理，在那里有两种基本活动——保持性复述和加工性活动。保持性复述是为了将信息保持在当前记忆中而不断地重复该信息。加工性活动是运用已有的经验、价值观、态度、感觉来解释和评价当前记忆中的信息。

长期记忆是经由以前的信息处理而存储下来准备供以后使用的信息。随着新信息的增加，长期记忆经历将不断地重组。信息以联想网络或图解的形式存储在长期记忆中。消费者经常以品牌图式的形式在长期记忆中组织关于品牌的信息。这些图式从关键属性、感觉、经验等方面体现品牌的形象。

3. 区分高、低介入学习过程

消费者以各种各样的方式进行学习。这些方式可以分为高介入状态的学习和低介入状态的学习两大类。高介入状态的学习发生在个体有目的地去获取信息的时候。低介入状态的学习发生在个体对广告或信息只给予有限或间接的注意的时候。低介入状态的学习由于缺乏加工性活动而很有限。

学习还可分为条件作用和认知学习两种基本类型。条件作用有两种形式——经典性条件反射和操作性条件反射。经典性条件反射试图在某一刺激（如品牌名称）与某一反应（如行为或者感觉）之间建立联系，往往发生在低介入状态下。操作性条件反射试图在某一反应（如购买某品牌）与对该反应起到强化作用的某一后果（如满意）之间建立联系，往往发生在高介入状态下。

学习的认知方法包括个体解决问题、应对复杂情况或在环境中有效活动所进行的一切精神活动。它包括图标式机械学习（往往发生在低介入状态下）、替代式学习与模仿（发生在低或高介入状态下）和推理（往往发生在高介入状态下）。

刺激泛化是对相似的刺激做出相同反应的一种学习方法。刺激辨别是与刺激泛化相反的一种学习方法，它是指对相似的刺激做出不同的反应。消费者进行辨别和泛化推广的能力对于品牌定位和品牌杠杆的成功至关重要。

4. 总结从记忆中提取信息的影响因素

被学习到的信息要从长期记忆中提取出来用于评价和决策。对于某种习得的反应的提取失败或者遗忘意味着营销有效性的降低。信息提取依赖于初次学习的强度、记忆干扰以及反应环境。学习的强度依赖于六个基本因素：重要性、对信息的介入程度、强化、情绪、重复和双重编码。重要性指的是消费者对所要学习的信息赋予的价值——重要的信息会增进学习和回忆。对信息的介入程度是指消费者对于信息本身感兴趣的程度——介入程度高会增进学习和回忆。强化是能够增加某种反应在今后重复发生的可能性的任何事物——强化会增进学习和回忆。情绪是消费者暂时的心理状态或者感觉。在正面情绪状态下的学习和记忆都得到加强。重复能够加强学习和记忆，但也会导致疲乏。双重编码涉及在长期记忆中创造通往某一概念的多条通道。双重编码也会增进学习和回忆。

当由于记忆中的其他相关信息妨碍了对某一特定信息的提取的时候，记忆干扰就发生了。记忆干扰的常见形式源于竞争性广告。随着广告雷同的增加，竞争性干扰也会增加。这种干扰可以通过避免竞争性广告战、提高学习强度、区别于竞争性广告的相似性以及提供回忆线索而减轻。

反应环境对于回忆也很重要。反应环境与学习环境相一致或者学习环境与反应环境相一致可以增进回忆。

5. 理解学习在品牌定位和品牌管理中的运用

品牌形象是某个细分市场或个体消费者对某品牌的记忆图解，它是营销活动的重点。产品定位是营销者为获取某种预定的、区别性的品牌形象而做出的决策，这种形象通常是相对于竞争者而确定的。与目标市场的需要和期望吻合的品牌形象会被该目标市场赋予价值。这样的品牌便具有品牌资产，因为消费者会对该品牌做出积极的反应。另外，消费者会假定该品牌的其他产品也具有该品牌的某些特征与优点。在新产品上使用业已成名或著名的品牌被称为品牌杠杆或品牌延伸。

关键术语

可达性（accessibility）

广告疲乏（advertising wearout）

类推（analogical reasoning）

分析性推理（analytical reasoning）

品牌资产（brand equity）

品牌形象（brand image）

品牌杠杆（brand leverage）
经典性条件反射（classical conditioning）
认知学习（cognitive learning）
概念（concept）
条件作用（conditioning）
加工性活动（elaborative activities）
情节记忆（episodic memory）
显性记忆（explicit memory）
消退（extinction）
高介入学习（high-involvement learning）
图标式机械学习（iconic rote learning）
意象（imagery）
隐性记忆（implicit memory）
学习（learning）
长期记忆（long-term memory）
低介入学习（low-involvement learning）
保持性复述（maintenance rehearsal）
记忆干扰（memory interference）

模仿（modeling）
操作性条件反射（operant conditioning）
知觉图（perceptual mapping）
产品定位（product positioning）
产品重新定位（product repositioning）
脉冲（pulsing）
惩罚（punishment）
强化（reinforcement）
记忆提取失败（retrieval failure）
图式（schema）
脚本（script）
自我参考（self-referencing）
语义记忆（semantic memory）
行为塑造（shaping）
短时记忆（short-term memory）
刺激辨别（stimulus discrimination）
刺激泛化（stimulus generalization）
替代式学习（vicarious learning）

复习题

1. 什么是学习？
2. 什么是记忆？
3. 给出低介入学习与高介入学习的定义。
4. 从持久度和容量的角度探讨短时记忆的性质。
5. 什么叫保持性复述？
6. 什么叫加工性活动？
7. 在当前记忆中的意象是什么？
8. 什么是语义记忆？
9. 图解与脚本的区别是什么？
10. 什么是情节记忆？
11. 描述低介入学习。它与高介入学习有什么区别？
12. 认知学习是什么意思？它与条件作用这种学习方法有什么不同？
13. 区别经典性条件反射下的学习和操作性条件反射下的学习。
14. 什么是图标式机械学习？它与经典性条件反射有什么区别？与操作性条件反射有什么区别？
15. 给出模仿的定义。
16. 通过推理来学习是什么意思？
17. 描述类比推理。
18. 刺激泛化是什么意思？营销者什么时候运用它？
19. 给出刺激辨别的定义。它为什么很重要？
20. 解释消退并说明营销管理者为什么对它感兴趣。
21. 哪些因素影响学习的强度？
22. 自我参照怎样与学习强度和回忆相关？
23. 什么是记忆干扰？营销者可以运用哪些策略来应对它？
24. 为什么使回忆环境与学习环境相符非常有用？
25. 什么是品牌形象？它为什么重要？
26. 什么是产品定位？什么是产品重新定位？
27. 什么是知觉图？
28. 什么是品牌资产？
29. 品牌杠杆是什么意思？

讨论题

30. 如何为以下产品（或事物）进行最佳定位？
    a. 你所在大学某学生社团负责人的候选人
    b. 孩子用手机
    c. 一家地方性动物收容所
    d. 妇女用动力工具系列
    e. 某一牙膏品牌

31. 低介入状态学习很普遍吗？哪些产品主要受其影响？
32. Almex公司推出了一种咖啡口味的新甜酒，与Hiram Walker的著名品牌Kahlua直接竞争。Almex给新产品命名为"Kamora"，使用与Kahlua相似的包装瓶和前哥伦布时期的标签设计。Kamora的广告词是："如果你喜欢咖啡，你就会爱上Kamora。"运用所学理论解释Almex的营销战略。
33. 描述以下品牌在你所在学校的学生心目中的形象：
    a. 黑莓智能手机
    b. 你们的学生自治会
    c. 零度可口可乐（Coca Cola Zero）
    d. 丰田普锐斯混合动力汽车（Toyota Prius Hybrid）
    e. 联合慈善总会（The United Way）
    f. 雪佛兰Volt
34. 不同的群体（如下），对上题中的品牌做出的反应有何不同？
    a. 中年专业人士
    b. 年轻的蓝领工人
    c. 高中生
    d. 退休夫妇
35. 在学习过程中双重编码的作用是什么？
36. 回答消费者洞察9-1中的问题。
37. 你怎样教会十几岁的青少年使用关于如何吃东西的行为脚本（如始终要在吃东西之前洗手）？怎样教会他们使用汽车安全带的行为脚本？
38. 回答消费者洞察9-2中的问题。

实践活动

39. 访问三个男生和三个女生，让他们完成第33题。
40. 访问每类群体中的五个人，完成第34题。
41. 挑选一种对于消费者来说很便利的产品，诸如防晒乳液、牙膏之类的个人护理用品，设计强调以下方面的广告：
    a. 正面强化
    b. 负面强化
    c. 惩罚
42. 找出三则广告，其中一则基于认知学习，一则基于操作性条件反射，一则基于经典性条件反射。讨论每则广告的特点以及广告是如何运用所学原理的。
43. 找出你认为基于低介入学习和高介入学习的广告各三则，说明理由。
44. 选一种产品并分别基于低介入学习和高介入学习设计两则广告。具体说明在什么时候使用它们。
45. 找出你认为在避免竞争性广告上做得好的和不好的竞争性品牌的广告各两则，说明理由。
46. 逛一家日用品商店，考察有哪些包装或购买点信息可以作为某个品牌当前广告活动的回忆线索。将你的发现写成一篇简短的报告，描述这些被运用的回忆线索的性质和有效性。还能做得更好吗？说明理由。
47. 找出你认为产品定位得好和不好的产品各一种，说明理由。找到这两种产品各自的广告或包装，说明它们是怎样影响产品定位的。
48. 选出与你所在学校的学生有关的一种产品、一个商店或一种服务。在学生中抽取一个样本，进行品牌形象测试。制定一种营销战略提升该产品的现有形象。
49. 通过讲授以下价值观在你们学校中发起一次减少艾滋病风险的活动：
    a. 婚外性禁忌
    b. 安全性生活
50. 找出你认为成功和不成功的品牌延伸事例各两则，解释你的选择。

第 10 章

动机、个性和情绪

学习目标

1. 定义动机并总结马斯洛和麦圭尔提出的动机理论。
2. 明晰动机在消费者行为和营销战略中的作用。
3. 定义个性并讨论各种个性理论。
4. 讨论品牌个性及在营销战略中的运用。
5. 定义情绪并列举情绪的主要维度。
6. 讨论情绪在营销战略中的运用。

像人一样,品牌也有个性。如同我们在本章稍后读到的,品牌个性是一组与某个品牌相联系的人类特质。这些特质帮助塑造了品牌形象。人格特质和其他一些品牌相关的性质能被许多因素以积极或消极的方式影响,包括广告、口头宣传、直接商品体验等。丰田在美国获得很大的成功,然而自从曝出油门踏板与系统的安全问题,近 600 万辆汽车被召回后,它的品牌形象一落千丈,极难挽回。总体结果是,消费者对丰田的认知好感产生明显下降,如表 10-1 所示。[1]

表 10-1

	丰田车拥有者		丰田车非拥有者	
	召 回 前	召 回 后	召 回 前	召 回 后
可靠性	95%	72%	89%	61%
非可靠性	5	28	6	39
质量比国产车差	4	18	5	34
质量与国产车相同	25	49	43	53
质量比国产车好	70	33	47	13

资料来源:Adapted from B. Steinberg, "Lightspeed Survey: Toyota's Loss of Consumer Trust is Domestic Rivals' Gain," *Advertising Age*, February 8, 2010, p.2.

对于丰田的拥有者和非拥有者而言,对丰田汽车的可靠性和质量的认知在召回事件后都下降了,这一现象在非拥有者身上更加明显。拥有者似乎在这件事上更加宽容,然而即使这样,对丰田汽车的认知好感的下降还是相当大。特别地,丰田汽车拥有者对可靠性的认知程度下降了 23%,认为丰田车比美国车的质量更好的丰田车拥有者减少了 44%。可靠性是一种与竞争力相联系的品牌人格特质。丰田的形象明显受损,这导致人们对丰田汽车质量的认知和购买意图下降,考虑在未来再次购买该品牌的丰田车拥有者在召回后减少了 16%。

丰田在努力挽回它的品牌形象。它在网站上有"召回信息"页,也开始推广"安全第一"的广告,广告这样说道:

> 丰田致力于为消费者提供安全、可靠的车辆。为此,我们每小时花费 100 万美元来升级汽车的技术与安全。我们也为生产的每一辆车设置了综合星级安全系统。

有证据显示丰田正在重拾消费者信心。尽管在召回事件后,它在美国的销量跌到第四位,但最近的销量数据显示丰田位列第三,排在福特和通用的后面。

丰田的召回案例表明,品牌个性对于品牌形象和消费者行为非常重要,它也是消费者行为中相互关联的三方面——动机、个性和情绪的组成部分。动机是促使行为发生并为行为提供目的和方向的动力,它帮助解释消费者为什么做出特定的行为。个性反映个体对一系列重复发生的情境所显示出的较稳定的行为倾向,它帮助解释消费者在实现目标时选择何种行为。情绪是影响我们行为的强烈且相对难以控制的感觉。情绪由动机、个性和其他外在因素的相互作用触发。实际上,这三个概念往往是紧密相关、不可分割的。

10.1 动机的本质

动机(motivation)是行为的原因,是刺激和促发行为反应并为这种反应指明具体方向的内在力量,是个体为什么会做某事的原因。需要(need)和动机经常可以互换使用,这是由于当一个消费者感觉到理想状态和现实状态有差异的时候,就产生了需要,这种需要以动机的形式被消费者体验到。需要和动机影响那些消费者认为与己有关的事物,同时也影响他们的感觉和情绪。例如,一个感到饥饿的消费者会把食品和食品广告视为与己有关,会在饭前体验到负面情绪并在饭后体验到正面情绪。

有无数关于动机的理论。这一节我们将讲述两个对于理解消费者动机特别有用的理论,一个是马斯洛(Maslow)的需求层次理论,从宏观层面解释人类行为的一般规律;另一个是麦圭尔(McGuire)的心理学动机理论,用一套细致的动机去解释消费者行为的具体方面。

10.1.1 马斯洛需求层次理论

马斯洛需求层次理论(Maslow's hierarchy of needs)建立在以下四个前提之上:[2]
(1)每个人都通过先天遗传和社会交往获得一系列相似的动机。
(2)某些动机比其他动机更基本、更重要。
(3)只有当基本的动机得到最低限度的满足之后,其他动机才会被激活。
(4)基本的动机得到满足后,更高级的动机才出现。

在这些前提下,马斯洛提出了一套适用于所有人的动机层次体系。表10-2描述了这一层级体系、每一层级的需求及相应的营销实例。

表10-2 营销战略和马斯洛需求层级

Ⅰ.生理动机	对食物、水、睡眠、性的需求

产　品　健康食品、药品、特殊饮料、低胆固醇食品、健身器材
营销主题　邦迪创可贴(BAND-AID)——"防止你的脚起泡"
桂格麦片(Quaker Oats)——"吃燕麦片有利于你的心脏健康"
Nordic跑步机——"只有Nordic能让你的身体得到彻底运动"

Ⅱ.安全动机	寻找安全、稳定、熟悉的环境

产　品　烟火报警器、预防性药物、保险、养老投资、汽车安全带、防盗报警器、防晒霜
营销主题　Sleep Safe——"我们设计了一种旅行报警器,它可能会在半夜把你吵醒,因为突发的火情会向你的房间释放烟雾。你看,我们的烟火报警器还是一个闹钟!"
为了一个没有毒品的美国(Partnership for a Drug-Free America)——"海洛因:垂死只是简单的那部分"
道富银行投资(State Street Investing)——"世界无法精确,但我们能"

Ⅲ.归属动机	爱情、友谊、会员、群体接受

产　品　个人饰品、服装、娱乐休闲、食品等
营销主题　奥利夫花园饭店(Olive Garden)——"宾至如归"
碳酸钙片剂Tums——"你很重要,大家爱你,所以你应该补钙"
金万利力娇酒(Grand Marnier)——"助兴良伴"

（续）

Ⅳ．尊重动机	地位、优越感、自尊、声望、成就感
产　品	衣服、家具、酒类、嗜好、收藏品、汽车等
营销主题	犀飞利（Sheaffer）——"你的手看起来应该与你的其他部位一样年轻"
	纽巴伦（New Balance）——"多一位女性看日落；多一位女性走得更远；多一位女性感觉充满活力；少一位女性依赖别人"
	宝马汽车——"终极驾驶机器"
Ⅴ．自我实现的动机	全面发展、充分发挥潜能、实现所能实现的一切
产　品	教育、嗜好、运动、度假、美食、博物馆
营销主题	美国海军——"加速你的生活"
	佳得乐——"它在你体内吗？"
	外展训练学校（Outward Bound School）——"心灵行动"

马斯洛的理论为理解人类一般行为提供了指南，但它并不是一条严格的定律。无数事例表明，存在许多为了友谊或理想而牺牲生命，为了自我实现而放弃食物和住所的人。我们将其视为例外，而承认马斯洛理论的普遍有效性。[3] 必须记住，任何具体的消费行为都可能同时满足人的多种需要。同样地，相同的消费行为在不同时刻能满足不同需要。比如，可能有许多动机会导致一个人加入国民警卫队。图10-1广告中的"少数人，勇敢者"(The Few, The Brave) 来自于自我实现的动机。

10.1.2　麦圭尔的心理动机理论

马斯洛提出了含有五个基本需求的动机层次，其他研究者则提出了很多具体的动机。麦圭尔发展出一个详细的动机分类系统，并将这些具体的动机划分为16大类，[4] 帮助营销者从纷繁复杂的消费情境中分离出具体的动机。麦圭尔首先用两条标准将动机分为四大类：

（1）动机是认知性的还是情感性的？
（2）动机是侧重于保持现状还是侧重于成长？

认知性（cognitive）动机集中于个体对于适应环境与取得理解和意义的需要，情感性（affective）动机涉及达到满意的感觉状态以及个人目标的需要。保持导向（preservation-oriented）动机强调保持平衡，而成长（growth）动机强调发展。这四个主要类别可以根据来源基础和动机目的进一步划分：

（3）该行为是主动发出的还是对环境做出的被动反应？
（4）该行为是帮助个体获得新的内部关系还是获得新的外部关系？

第三个标准将主动及内在激起的动机与那些对于环境的被动反应区别开来。最后一个标准用来区分是个体内部还是强调与环境关系的动机结果。

麦圭尔16项动机及其营销意义将在以下部分做简要描述。

1．认知性保持动机

（1）追求一致性的需要（主动的、内在的）　人的一个基本欲望便是希望自己与其他人在各个方面保持一致，包括态度、行为、观点、自我形象、对他人的看法等。[5] 认知失调就是这样一种普遍性动机。比如，重要的购买行为往往与节省金钱的需要不一致，个体会有意识地减小这种不一致（见第18章）。

理解追求一致性的需要对于根据态度的改变来设计广告信息非常重要。追求内在一致性的需要，意味着消费者往往不愿意接受那些与其现有信念不一致的信息。因此，试图改变消费者信念的营销者，必须使用高度可信的信息来源或者其他一些技术（见第11章）。

（2）归因的需要（主动的、外在的）　这一类动机寻求是谁或什么引起了事件的发生，相关的研究领域叫

图　10-1

如本图海军陆战队的广告所示，自我实现的动机关注个体对自我的挑战，对全部潜力的发掘。

归因理论（attribution theory）。[6] 我们是否把希望或不希望的结果归因于自己或外界？

归因的需要与消费者对促销信息的反应密切相关（就信誉而言）。因为消费者并不是被动地接受促销信息，而是主动地将销售商的促销意图、广告策略和建议进行归因，他们不相信或对许多销售信息持怀疑态度。[7] 营销者想尽办法解决这一问题，方法之一便是利用可信的广告代言人，如图10-2所示。我们将在第11章更深入地讨论这一技术。

（3）归类的需要（被动的、内在的）　消费者需要将信息和经历分类整理成有用的、易理解且易驾驭的形式。[8] 因此，他们进行分门别类。例如，消费者通常把价格归为不同的类别，每类价格表示不同档次或类别的产品——他们认为高于和低于2万美元的汽车是两类不同的汽车。许多公司将产品标价为9.95美元、19.95美元、49.95美元等，原因之一便是想避免消费者将这些产品归入"10美元、20美元或50美元以上"的类别。

（4）客观化的需要（被动的、外在的）　人们需要根据可观察的线索、符号来推断感觉和想法。通过观察自己和他人的行为，加以推断，从而得到某种印象、感觉和态度。很多情况下，衣着暗示了一个人渴望的形象和生活方式。品牌在这方面起很重要的作用，如图10-6所示。

2. 认知性成长动机

（5）自主的需要（主动的、内在的）　诚如第2章所述，对独立和个体自主的追求是美国文化的一个特色。其实，任何文化中的任何个人或多或少都有这种需要。美国人从小就被灌输独立的观念，认为表达和满足独立需要是适当而且重要的（相较东方国家如日本，则更注重依从）。

使用或者拥有独特的产品或服务是消费者表达他们独立或自主的一种方式。[9] 营销者为了适应这种动机制造各种限量销售的产品，提供多样化和定制化的产品，如图10-3所示。

图 10-2

消费者通常将广告归因于销售动机，并且对广告信息持怀疑的态度。营销人员的应对策略之一是利用可信的代言。

图 10-3

美国人对那些鼓励独特和个性的广告反应良好。

（6）求新猎奇的需要（主动的、外在的）　我们经常仅仅是出于对新奇的需要而寻求变化。[10] 营销者将其称为"求变行为"，这也许是形成品牌转换和所谓的冲动消费的一个主要原因。[11] 消费者对新奇的需要是随时间变化而起伏变化的，[12] 也就是说，经历频繁改变的消费者会厌倦改变而渴望稳定，而处于稳定环境下的消费者会感到腻烦而渴望变化。

（7）目的论的需要（被动的、内在的）　消费者是形式的匹配者，他们将所期望的产出或结果的形象，与现有的状况进行对比，并改变自己的行为使得结果朝着理想的状态靠拢。具有这种动机的消费者，更喜欢那些与"世界应该如此"相一致的电影、电视和书籍（如好人最终胜利，男女主人公最终在一起）。这种需要对广告有重要的意义。

（8）功利主义的需要（被动的、外在的） 该理论认为，消费者是问题解决者，他们利用各种机会获取有用的信息或新的技能。因此，一个观看情景喜剧的消费者不仅是在娱乐，也是在学习服装潮流和选择生活方式。类似地，消费者可能会将广告、销售人员视为其对现在或未来进行决策时的学习对象。

3. 情感性保持动机

（9）缓解紧张的需要（主动的、内在的） 人们在日常生活中会遇到各种引发压力和不适的情境。为了有效地缓解紧张和压力，人们试图寻找减小这些反应的方式。娱乐产品及活动往往能缓解紧张，因此广告中的一些产品常常以此为诉求，如图10-4所示。

（10）表达的需要（主动的、外在的） 我们需要向他人表达自身的存在，想让别人通过我们的行为（包括购物和展示所拥有物品的行为）了解我们是谁，是什么样的人。服装、汽车之类的购买就能让消费者表现他们的身份，因为其具有某种象征意义。比如，时尚导向的Swatch手表满足的不仅是"告知时间"这一功能的需要，还使消费者能够展示他们是什么样的人。

（11）自我防御的需要（被动的、内在的） 对身份和自我的保护是一种重要需要。当身份受到威胁时，我们会采取保护措施和防御行为，许多产品提供这种自我防卫。比如，一个有不安全感的消费者在购买产品时，可能会依赖名牌，以避免或减少做出错误决策的可能性。

（12）强化的需要（被动的、外在的） 我们经常被鼓励以某种固有的方式去行动，因为这样会给我们带来好处。这是在前面章节所描述的操作性学习的基础。在公共场合使用的产品（服装、家具、美术品）通常以数量和类型作为强化基础。Keepsake钻石在其广告中利用了人们的这一需要："无论走到哪里，你将立刻被兴奋所感染的朋友包围。"

4. 情感性成长动机

（13）果断的需要（主动的、内在的） 很多人是竞争导向的，他们追求成功、受人仰慕和支配他人。权力、成就和名誉对于他们很重要，如图10-5所示，对果断的需要是无数广告背后的诉求。

图 10-4

现代快节奏的生活方式常带来令人不适的紧张。释放这些压力的产品能满足人们的这种需要。

图 10-5

这则广告利用了人们对果断的需要。

（14）亲密和谐的人际关系的需要（主动的、外在的） 我们需要与别人交往、互相帮助并发展令人满意的关系，这与利他主义和寻求人际关系中的接纳与感情有关。在第7章我们看到，成为群体中的一员是大多数人生活的重要部分，而且，许多消费的决定是基于保持与他人良好关系的需要。营销者常使用诸如"你的孩子会喜欢你送他的这件礼物"之类的广告。[13]

（15）身份认同的需要（被动的、内在的）　对身份认同的需要导致消费者扮演各种不同的角色。一个人可能要扮演大学生、女学生联谊会成员、书店雇员、未婚妻等角色。增加新的令人满意的角色以及增加已有角色的重要性都能给人带来快乐。营销者鼓励消费者承担新的角色（如成为滑板运动者），并将产品定位为对某种角色至关重要（"没有哪位走路的妈妈不需要它"）。

（16）模仿的需要（被动的、外在的）　人有模仿别人的方式行动的倾向，模仿可以让孩童学习并成为一名消费者，模仿倾向能部分地解释营销试验中出现的从众现象。营销者利用这一需要，让大众偶像使用他们所推销的品牌。例如，美国运通公司在"我的生活，我的卡"系列活动之中聘任了凯特·温斯莱特（Kate Winslet）和碧昂丝（Beyonce）。

10.2　动机理论和营销策略

消费者并不是购买产品本身，而是使需要得到满足或使问题得到解决。例如，一份对美国保时捷购买者的研究发现，一些购买者是由于权力和地位的动机（果断需要），一些是由于消遣的动机（缓解紧张需要），这些动机并不受限于美国。一份对印度购车者的研究发现了非常相似的动机。例如，他们发现重"权势"（potency）的消费群体更在意权力（果断需要），重"实用"（utility）的消费群体在意基础交通（功用需要），"冒险"（adventure）的消费群体在意娱乐（求新需要），而"解放"（liberation）的消费群体在意自由（自主需要）。[14] 因此，营销管理者必须发掘某产品和品牌所能满足的动机和需要，并围绕这些动机制定营销组合。

一个重要的问题是"营销者能创造需要吗"，回答部分取决于如何定义"需要"。如果需要是指本章所讲的动机，很明显，营销者很少能创造这种需要。因为人类的动机基本是由先天遗传和后天的总体经验决定的。早在营销或广告出现之前，人们就使用香水、服饰和其他一些物品以获得承认并显示地位。然而，营销者的确创造需求，**需求**（demand）是购买某种产品或服务的意愿，由某种需要或者动机导致，但不同于动机。例如，企业可能在广告中宣称：不用漱口水，你的口气就不好，别人就不喜欢你。这一信息将漱口水与对和谐人际关系和对归属感的需要联系起来，从而有助于创造消费者对该品牌漱口水的欲望。

在下面的章节，我们将探讨动机是如何影响营销策略的各个方面的。

10.2.1　发现购买动机

想象一下，如果一个市场调研员询问一位消费者为什么购买 Gap 牌牛仔服（或一种山地自行车，或古龙香水），他通常会回答"它们很流行""我的朋友都穿它""它们很合身""它们看起来适合我"。然而，也许还有一些消费者不愿承认或没有意识到的原因："它们能显示我富有""它们使我显得性感""它们使我显得年轻"。以上原因的全部或部分都会影响对一套牛仔时装的购买。

上面提到的第一种动机是消费者意识到并承认的动机，称为**显性动机**（manifest motives）。我们所讨论的任何动机都可能是很明显的，但是，与社会上占统治地位的价值观相一致的动机比与其相冲突的动机更易被人们承认。

上面所提到的第二种也就是消费者未意识到或是不愿承认的动机，称为**隐性动机**（latent motives）。图 10-6 说明了这两类动机是怎样影响购买行为的。

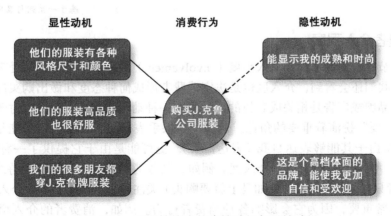

图 10-6　购买情境中的隐性动机与显性动机

营销经理的首要任务就是确定影响目标市场的动机组合。显性动机更容易被确定，通过直接询问（你为什么要买 J.Crew 服装），通常会获得关于消费者的显性动机的合理评价。

确定隐性动机则要复杂得多。我们可用动机研究的**投射技术**（projective techniques）来揭示隐性动机的信息。例如，**第三者法**（the third-person technique）是指消费者给出其他人购买某个品牌的原因和动机。奥利（Oreo）运用投射技术然后惊喜地发现"许多人认为奥利很神奇。"于是，"释放奥利的魔力"成为营销主题[15]（如要更详细了解投射技术，请参看附录 A 和表 A-1）。

除了投射技术以外，还有一种较普遍的方法是**阶梯法**（laddering）、**手段－目的链**（means-end chain）或称**利益链方法**（benefit chain）。[16] 即让一个消费者列举出某种产品或品牌所能提供的利益，再列出这些利益所能提供的好处，继续下去直到消费者列不出好处为止。

例如，应答者可能会列出"减少感冒"作为每天服用维生素的利益之一，当问到"减少感冒"的好处时，他也许会列出"工作更高效"和"精力更好"；另一个人也许会列出"可以进行更多滑雪活动"和"气色更好"。两人都用维生素预防感冒，但其最终目的则并不相同。维生素广告应该如何针对以上两位消费者的不同诉求呢？

10.2.2　基于多重动机的市场营销策略

一旦管理者找出了影响目标市场的动机组合，下一步就该围绕相应的动机制定营销策略，这涉及从产品设计到营销传播等多方面的决策。这类决策的属性在信息交流领域最为明显。假设图 10-6 所显示的动机真实准确地反映了某一目标市场的情况，管理者应该使用什么样的传播策略呢？

首先需要考虑的是多种动机的重要性，如果存在的多种动机都很重要，产品就必须提供多种利益，广告也必须传递这些利益。其次还要考虑动机是显性的还是隐性的。显性利益较易传达，例如，J.Crew 的网站以类别的形式提供数以百计的不同产品的图片，因此，消费者才能直观地从款式、颜色和质量等方面来评价其产品。这是显性动机的直接诉求。但是，由于社会上一般讳言隐性动机，因此需要采用间接诉求的方式。然而，虽然 J.Crew 公司网站的主体都用于展示其产品十分准确但相对温和的图片，这个网站最突出的方面却是展示对财富和精致的隐性动机。

虽然一则产品广告可能着眼于一个或少数几个购买动机，然而就整个传播活动而言，需要考虑目标顾客所有重要的购买动机。换言之，整个传播活动必须与目标市场的显性及隐性购买动机相配合，以使产品在人们的记忆中占据一个合适的位置。图 10-7 中的 Gain 洗涤剂广告显示了何种动机？

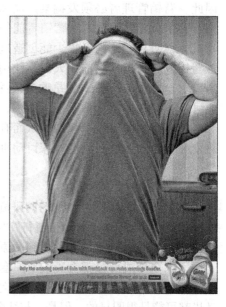

图 10-7

大多数和图中 Gain 洗涤剂类似的广告都运用了多重动机和需求。图片和文字的使用都应该基于一系列与品牌使用相联系的动机。

10.2.3　动机与消费者介入程度

正如我们在前面章节中看到的那样，**介入程度**（involvement）是决定消费者如何处理信息和学习的一个重要因素。在后面的章节我们还会看到，介入度也是决定消费者形成何种态度和做出购买决策的重要因素，它是消费者感知某个产品、品牌或广告是相关或有趣的而导致的一种动机状态。[17] 在决定对于消费者而言什么是相关或有趣的过程中，"需要"扮演着重要的角色。例如，如果手表被消费者关注，可能是由于其报时功能（一种功用需要），也可能是由于其能够表达自我（表达需要），更可能是由于它提供了一种融入社会群体的方式（归属的需要）。[18] 此外，情境本身也会影响介入度。例如，某些消费者对于计算机会持续不断地关注（持久的介入），而另一些消费者只在某些特殊场合（如马上就要购买）关注计算机（情境下的介入）。

介入度对营销者非常重要，因为它会影响各种消费者行为。例如，消费者的介入增加了关注度、分析处理、信息搜索和口碑传播。[19] 介入度对营销者十分重要的另一个原因是其对营销策略的影响。例如，高介入的消费者更有可能是产品专家，从而更容易被包含具体产品信息的广告所说服；而低介入度的消费者缺乏产品知识，更容易被形象、情绪和信息源所左右。导致的结果就是，信息量很大的广告往往出现在以高介入度消费者为目标受众的专业杂志上，诸如《名车志》（Car and Driver）；而以形象或者情绪为诉求的广告常常出现在一般综合性杂志上，其受众的介入度相对来说比较低。

10.2.4 基于动机冲突的营销策略

由于存在多种动机，彼此之间经常引起冲突，而如何解决会影响消费方式。许多情况下，营销者会对可能发生冲突的动机进行分析，提供缓解的方法，并鼓励消费者购买其品牌。下面我们来介绍三种重要的动机冲突类型。

1. 双趋型动机冲突

一个必须在两件吸引人的事物中做出选择的消费者会产生**双趋冲突**（approach-approach conflict），而且这两件事物越是同样吸引人，冲突就越大。例如，一个刚得到一大笔毕业现金奖励（情境变量）的人会为是到夏威夷度假（求新需要）还是买一辆山地车（果断需要）的选择而苦恼。这时，一则鼓动其采取某一行动的广告可能有助于解决这一冲突。或者，付款条件的稍许修改，如"先购买，后付款"之类的支付条件的修改会使消费者"鱼与熊掌得兼"。

2. 趋避型动机冲突

当消费者的某种购买行为会导致一正一反两种结果时，就面临**趋避冲突**（approach-avoidance conflict）。很多喜欢日光浴但又不想被阳光灼伤的消费者就面临这种情况。纽崔莱的 Instant Bronze 防晒霜可以解决这一问题，可让消费者获得日光浴的美感和社会效益（趋近），却没有皮肤癌的风险（回避）。

3. 双避型动机冲突

选择所产生的各种结果均是消费者所不希望看到的，**双避型冲突**（avoidance-avoidance conflict）就出现了。某人的旧洗衣机坏了，这样的冲突就可能出现，既不愿花钱买新的，也不愿修理坏的，但是又不能没有洗衣机。此时，银行信贷是缓解这种冲突的方法之一。另外，强调汽车日常维护保养重要性的广告，如更换滤油器的广告，就是利用这种冲突："要么现在付，要么以后付更多。"

10.2.5 基于调节焦点理论的营销策略

在选择以什么行为来获取理想的结果时，消费者通常会根据情况进行调整。我们在后面将会看到，有些行为会因个性而变化，另一些行为则与消费者在进行决策和对刺激做出反应时的特定动机的显著性或重要性相关。特定动机的显著性会引发消费者通过不同的方法调节行为来实现理想的结果。其中两类主要的动机是促进型动机和预防型动机。**促进型动机**（promotion-focused motives）是成长和发展的需要，与消费者的希望和渴望有关。**预防型动机**（prevention-focused motives）则是一种安全和保障的需要，与消费者的责任感和义务感有关。[20]

调节焦点理论（regulatory focus theory）认为，消费者会依据哪种动机更为突出而做出不同的反应。促进型动机更为突出的时候，消费者会设法获取积极的结果，以更抽象的方式进行思考，主要基于感情和情绪进行决策，并在进行决策时，相比准确性而言，更偏好速度。预防型动机更为突出的时候，消费者会设法避免消极的结果，以更具体的方式进行思考，主要基于大量真实的信息进行决策，并在进行决策时，相比速度而言，更偏好准确性。从本质上来说，促进型动机最显著的时候，消费者是"激进的"，决策时敢冒风险，尽最大的可能来追求最好的结果；预防型动机最显著的时候，消费者是"保守的"，决策时规避风险，尽可能避免消极的结果和错误。

我们可以从动机、特征和决策制定风格等方面来明确区分预防型动机与促进型动机。这些区别对营销具有很重要的影响，其中的一些已经讨论过了，而另外一些将在后面的章节里进行分析。表 10-3 描述了这两种动机的区别及与营销相关的方面。

表 10-3 调整焦点理论的区别

维　度	促进型动机	预防型动机
动机	希望、愿望和渴望调节培养需要	责任、义务
调节安全需要	成长和发展	现状特征
● 时间	长期导向	短期导向
● 心理形象	抽象	具体
● 理想的稳定状态	变化	稳定
● 理想的感受	有趣和愉快	安全和保障
● 失败情绪	沮丧	焦虑
● 理想的自我特征	创造性	自我控制
● 自我概念	独立	相互依存
决策制定		
● 风格	最大化收获的激进风格	最小化损失的保守风格
● 主要目标	速度而非准确性	准确性而非速度
● 广告影响因素	情感和情绪	产品事实
● 折中品牌的选择	可能性较低	可能性较高，折中品牌的极端性较低，因此风险较低
● 在品牌延伸中"匹配"的重要性	不很重要	很重要，因为"匹配"降低风险

以促进型动机为主还是以预防型动机为主，这主要取决于个人和不同的情况，每个人都可能同时存在预防型和促进型动机。然而，由于童年时期的不同经历，每个人的主导动机会有一定的倾向性，这被称为习惯可得性（chronic accessibility）。也就是说，消费者长期关注某些方面的动机，因此在遇到刺激或面临决策时，他们会做出这些习惯性的动机考虑。这对营销人员和市场细分具有重要意义的一个方面是，以促进型动机为主的个人倾向于具有更独立的自我概念，而以预防型动机为主的个人倾向于更为依存的自我概念。正如我们在第2章中所看到的，这种差别和全球西方（个人主义）与东方（依存）的文化差异有关。因此，亚洲的营销人员应该考虑到，东方消费者自然会比美国和西欧的消费者有更多的预防型动机，如果能够相应调整策略，就会从中获益。例如，在设计广告时，如果按照获取积极结果来组织信息，在美国则会比在中国更有效；然而，如果按照避免损失来组织信息，这样的广告，在中国则比在美国更有效。

诸如决策性质、环境等情境因素也能暂时使某一动机更为突出。例如，营销人员可根据下列方面进行考虑：

- 广告主题——成就（促进型）或规避（预防型）。
- 信息架构——获得利益（促进型）或避免损失（预防型）。
- 广告背景——可能诱发促进型动机的展览、杂志或网站上的广告（例如，关注理想和愿望的 *O Magazine*）与可能触发预防型动机的广告（例如，倾向于关注负面事件的《晚间新闻》(*The Evening News*)）。

消费者洞察10-1讨论了与调整焦点相关的一个情境组成。

| 消费者洞察10-1 | 直到最后一刻才购买的消费者

有时候，消费者喜欢将购买决策推迟到最后一刻。你是否曾直到平安夜才购买圣诞节用品？你是否曾直到旅行即将开始才订飞机和酒店？当然，你不是特例。这一现象意义重大，最近的一项研究检验了人们在预订即将开始的暑期旅行和规划数月后的冬季旅行时对不同的广告主题的反应。研究为线上旅行服务设计了两则不同主题的广告，标语如下：[21]

- 预防型动机广告：不要待在家里！不要被敲竹杠！
- 促进型动机广告：给自己一个难忘的假期！买到最好的东西！

在消费者浏览了上面的广告后，询问他们愿意为该服务的机票花费多少。结论可能出乎你的意料，因为着急的消费者有时愿意支付更多，但却不总是这样。你能预测预防型动机和促进型动机在哪种情况下起的作用更大吗？结论如下：

即将来临的暑期旅行（你愿意为机票花费多少？）
- 预防型动机广告：672 美元
- 促进型动机广告：494 美元

未来的冬季旅行（你愿意为机票花费多少？）
- 预防型动机广告：415 美元
- 促进型动机广告：581 美元

这一结论可能有些矛盾，但你该考虑到这一事实：当消费者在最后关头（比如上例中的即将来临的暑期旅行）购物时，他们的目标是防御性的，比如最小化损失和避免错误。预防型动机广告在此情形下效果最佳，因为它们直击消费者怕承担损失的恐惧。相反，当消费者在提前购物时（比如上例中的数月之后的冬季旅行），他们的目标是促进型的，比如个人成长和愿望。促进型的广告在此情形下效果最佳，因为它们直击消费者心中的渴望和欲求。

据相关领域专家 Jennifer Aaker 所说：这是关于如何一方面用希望、乐观，另一方面用恐惧激励消费者的命题。

对假期营销者来说，结论很明确——在假期前很早的时候运用正面（促进型动机）的信息，在临近假期的时候运用负面（防御型动机）的信息。拖延症消费者们可要注意了！

思考题
1. 为什么基于恐惧诉求的广告不总是有效？
2. 航空公司和酒店该如何在它们线上营销工作的不同时段上做决策？
3. 运用决策时间的知识进行的营销活动是否存在伦理问题？请解释。

10.3 个性

动机引发消费者行为，而个性会使不同的消费者选择不同的行为去实现目标。**个性**（Personality）是个体在面临相似情况时做出特殊反应的倾向。因此，两个消费者可能有相同的缓解紧张的需要，但由于个性不同，他们会为了满足自己的需要而表现出不同的行为。

在众多关于个性的理论中，特质论（trait theories）被认为对营销最为有用。特质论把个性看作一种个体差异，从而允许营销者赋予个体差异函数来进行市场细分。特质论假设：①所有个体在行为倾向方面都有内在的特点或特性；②个体之间存在可以衡量的、一贯的特性差异。为了说明这一点，不妨设想你会如何描述一个朋友的个性，你也许会说某个朋友"很有进取心、好竞争、好交际"，你所描述的正是你朋友在各种情况下多次展现出来的行为倾向。特质论认为，人的个性特质是遗传或是在其早年形成的，相对而言比较稳定。不同的个性理论的主要区别在于，对"什么是个性中最重要的内容"有不同的认定。

10.3.1 多特质方法

一些特质研究试图用一组相对全面的维度来考察消费者的个性组合。具体地说，多特质个性理论（multitrait personality theory）识别出某几个特质，用其组合较全面地刻画个体个性。营销者用得最多的个体特质理论是**五要素模型**（five-factor model），[22] 该理论定义了人在早年通过学习或遗传而获得的五种基本特质。这些核心特质互相作用并通过各种情境下触发的个体行为而展现。表 10-4 列举了这五种特质及其表现。

表 10-4　个性的五要素模型

核心特质	表现
外向性	喜欢和一大群人待在一起而不是独处、健谈、大胆
不稳定性	情绪化、喜怒无常、易受刺激
随和性	同情的、亲切的、对他人礼貌
开放性	富于想象、对艺术有欣赏力、能发现新的解决方案
尽责性	细心、精确、高效

五要素模型被证明有助于理解消费者的讨价还价、抱怨[23]及冲动购物行为。[24]也有证据显示，该模型在不同文化下具有普适性。[25]多特质方法的优点在于其能够对行为的决定因素有较为全面的理解和把握。如果一项研究集中于外向的一个维度，并发现喜欢抱怨的顾客是外向的，那么这一发现对于我们培训处理顾客抱怨的员工有何启示？如果我们进一步发现这些爱抱怨的顾客是有责任心的呢？显然，对于顾客的个性，我们只有知道得越多，才能越好地满足他们的需要。

10.3.2 单一特质方法

单一特质理论强调某一种个性特质在解释某类特定行为上特别有效。该理论并不认为其他特质不存在或者不重要，而是侧重研究某单一特质与特定行为之间的相关性。在这里，即指与消费有关的行为。下面我们将详细探讨三种特质。由于动机和个性之间有很强的相互关系，自然地，个性特质例证了动机特点。[26]以"需要"命名的特质往往反映了这些动机的基础。

1. 消费者的民族优越感

消费者的民族优越感（consumer ethnocentrism）反映了消费者在购买外国产品时带有偏见倾向的个体差异。[27]民族优越感较低的消费者对于其他民族的文化更加开放、不保守，更能接受外国制造的产品；而民族优越感较高的消费者对于其他民族的文化不开放、行为保守，更可能拒绝外国制造的产品。于是我们看到 Lexington 家具通过积极地向零售商和消费者宣传其产品线是"美国制造"，讨好其中具有亲美倾向的人。[28]消费者的民族优越感是一个全球性的现象，因此也影响了部分在其他国家做生意的美国品牌。[29]

2. 认知需要

认知需要（need for cognition，NFC）反映了不同个体消费者对产品进行思考并从中获得乐趣的倾向的差异。[30]与低认知需要的个体相比，认知需要较高的个体会投入更多认知努力去处理广告等说服性信息，更喜欢文字而不是视觉信息，并且不容易被他人的观点所左右。认知需要对于营销沟通显然有重要意义。此外，将认知需要和诸如性别等人口统计学特征相关联的研究（例如女性通常具有更高的认知需要）联系起来，有助于利用该个性特质选择相应的广告策略。[31]

3. 消费者对独特性的需要

独特性需要反映了不同个体消费者通过获取、利用和处置消费品而获得与他人不同倾向的差异。[32]它影响消费者拥有和重视什么物品，为什么拥有这些物品，以及如何使用这些物品。该概念与日益流行的"饥饿营销"（生产的产品比预计的需要量少）的营销实践相符合。该策略有助于保持产品的独特性并能增强产品拥有者独一无二的地位。

10.4 个性在营销实践中的运用

通常，消费者选择那些适合他们个性的产品，例如，一个羞怯的消费者可能会放弃一辆华丽的汽车，因为"它不像我"。另外，消费者也会购买那些使他们感到能使自己的某些个性弱点得到弥补的产品，例如，一个想要使自己感觉更加果断的消费者会选择一辆强劲、豪华的运动型汽车。显然，产品和品牌有助于消费者表达他们的个性。

品牌形象是人们在听到或看到某个品牌名称时所想到和感受到的东西（参见第9章）。某些品牌所具有的独特的形象就是**品牌个性**（brand personality）。品牌个性是与其品牌相联系的一组人格化的特性。消费者从五个维度感知品牌个性，这五个维度各自包含几个方面，如图 10-8 所示。在美国、俄罗斯和智利等国家已经发展出一系列衡量品牌个性的维度。[33]

根据调查，研究人员总结出以下几条关于品牌个性的结论：[34]

- 消费者的确赋予品牌某些个性特征。
- 品牌个性使消费者对品牌的关键特性产生期待。
- 品牌个性往往是消费者与该品牌建立长期关系的基础。

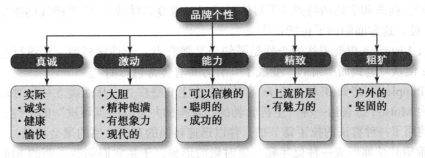

图 10-8　品牌个性的维度

由于品牌个性强有力地影响着消费者的购买行为，营销者对其日益关注。Jaguar、锐步、雪碧公司就是众多试图增强品牌个性来更好地满足关键目标顾客的代表。Jaguar 正试图变得不那么"冷漠"，锐步希望变得"时髦而有进取心"，而雪碧想要更有"街头信誉"。[35]

品牌个性所具有的影响顾客关系的能力非常关键，我们对于这一过程的理解还处于起步阶段。研究发现，消费者与"真诚的"品牌的"友谊"关系随着时间的推移而逐步加深。相反，消费者与"刺激的"品牌的"纵情欢乐"关系被发现随着时间的推移而逐步减弱。不过，真诚品牌的这种优势要求该品牌始终如一地表现出高品质。[36]

非营利性组织也可以从理解和管理品牌个性中受益。一项研究表明，非营利性组织（与营利性组织相比），通常被视为热心却缺乏能力者。热心与诚意有关，能力与可靠性和有效性有关（如图 10-8 所示），尽管消费者对其组织有良好的看法，但缺乏能力阻碍了消费者购买或捐赠给非营利性组织的意愿。然而增强可信度，如可靠来源的认可，可以弥补这一差距，从而为这家非营利性组织增加购买/捐赠的意愿。[37]

传播品牌个性

由于品牌个性能够作为瞄准特定市场细分的方法，营销人员需要管理和传播品牌个性。法国化妆品公司贝姿华（Bourjois）创造了独特的化妆品系列来宣传其有特色的个性。该公司在产品包装上使用具有不同个性属性的"各式的鸡尾酒、度假胜地和时尚说明"。例如，其中一个系列使用了马提尼酒（martini）并冠以"Fabulous Flirtini"这一名称。据贝姿华的品牌公司巴黎红龙公司（Dragon Rouge）宣称，这一策略是为了：

在同一主题下，使用多种颜色来吸引尽可能多的消费者，宣传与一系列消费者相关的一系列个性。同时，这些元素反映了贝姿华的核心属性：丰富的颜色、生活乐趣、异想天开、时尚和乐趣。[38]

正如你所看到的，很多要素可以被用来进行品牌个性沟通。其中三种重要的广告策略是名人代言、使用者形象和执行因素。[39]

1. 名人代言（celebrity endorsers）

名人代言是使某个品牌人格化的常用方式，因为名人的特点和意义能够转移到该品牌上。这种方法的例子包括：[40]

- 耐克和 Serena Williams：有棱角的、个人英雄主义的品牌。
- 露华浓和 Halle Berry：性感的、自信的品牌。

2. 使用者形象（user imagery）

该方法展示典型的使用者及其使用该品牌时的活动情境。这种方法有助于界定使用该品牌的消费者具有哪些个性特质和情绪以及参与哪些活动。活动的情绪和气氛也能被转移到品牌上，例如：[41]

- 山露：给出年轻活泼的使用者进行有趣和令人兴奋的活动的特写。
- Hush Puppies：时髦的年轻人在树木繁茂的环境中的特写。

3. 执行因素（executional factors）

执行因素指核心信息内容之外的关于如何进行沟通的因素。广告的气氛（严肃还是离奇）、使用的诉求（恐惧诉求还是幽默诉求）、标志和字体的特点（手写体可能暗示着复杂精致）、广告播放的速度乃至媒体类型的选择都能传递品牌的个性。这方面的例子包括：[42]

- 气氛：加拿大 Listerine 想要表达的个性是既快乐又强有力，于是它利用一部流行电影中的动作英雄主题。Listerine 便从"老式而严肃的"变成了"有力而有传奇色彩的"。
- 媒体：Hush Puppies 在诸如 *W* 和 *InStyle* 等时尚杂志上刊登广告，从而确立一种时髦新潮的个性。
- 速度：加拿大 Molson 想表达一种"生机勃勃的、冒险的并且有一点顽皮"的个性，据此设计了电视广告，该广告使用了一种喜庆的拉丁舞节拍，伴以迅速转换的充满性感的聚会场景。
- 标志：锐步希望其品牌形成一种更年轻、更时髦的形象，于是它们创造了新的 Rbk 标志。锐步的一位高级主管说："创造一个短的标志使得年轻人能够不带着旧包袱重新看待我们的品牌。"

图 10-9 所示的广告营造了何种品牌个性？运用了那些广告要素？

图 10-9

不管营销人员意愿如何，人们会赋予品牌个性。因此，营销管理者们越来越注重管理他们产品的品牌个性。

10.5 情绪

情绪是一种相对难以控制且影响行为的强烈情感。[43] 情绪与需要、动机和个性紧密相关，没有被满足的需要会产生激发某种情绪成分的动机。没有被满足的需要往往会激发负面的情绪，而被满足的需要则能激发正面的情绪。因此，能产生正面消费情绪的产品或品牌将增强消费者的满意度和忠诚度。[44] 个性在其中也起着重要作用，例如，有些消费者比其他消费者更加情绪化，用一个特质术语就叫作情感强度（affect intensity）。情感强度高的消费者能体验到更强的情绪，并且更容易被情感诉求所打动。[45]

所有的情绪体验似乎都包含一些共同的元素。

第一，情绪通常是由环境中的事件引发的（例如观看一则广告或者购买某产品以满足某种需要）。不过，诸如意象这样的内在过程也能引发我们的情绪反应，广告设计者经常使用意象去唤起特定的情绪反应。

第二，情绪还伴随有生理变化，这些变化通常包括：①瞳孔扩大；②流汗增加；③呼吸加速；④心率和血压的增高；⑤血糖增高。

第三，情绪往往（尽管并非必然）伴随着认知性思考。[46] 思考的类型以及我们理智地进行思考的能力，会随着我们情绪类型和程度的变化而变化。[47]

第四，情绪也与某些相关行为相伴随或相联系。尽管这些行为在不同个体之间或者在同一个体的不同时间和情境下均存在差异，某些情绪仍然与一定的行为形影相随：恐惧引发颤抖（回避）反应，愤怒导致奋起（接近），悲伤引起哭泣，等等。[48]

第五，情绪包含主观情感。事实上，当我们提到情绪时，往往指的就是这种情感成分。悲痛、喜悦、愤怒、恐惧给我们的感觉很不相同，这些主观确定的感觉正是情绪的核心。这些感觉有某种特定的成分，被我们标记为喜或悲等情绪。此外，情绪还带有评价的成分——喜欢还是厌恶。

我们通常用**情绪**（emotion）指某种可辨认的、特定的感觉，用**感情**（affect）指某种特定感觉的使人喜欢或不喜欢的方面。尽管情绪通常被人以一致或一贯的方式来评价（人们通常喜欢某种情绪，不喜欢某种情绪），但也会有文化、个体或情境的差异。[49] 例如，通常很少有人喜欢悲哀或恐惧，但我们偶尔也会喜欢一部让我们害怕或悲伤的电影。

图 10-10 反映了当前关于情绪性质的看法。

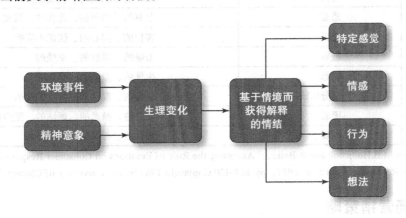

图 10-10　情绪的性质

情绪的类型

如果被问及，你可以毫不迟疑地列举出很多种情绪。因此，研究者们试图对情绪进行分类也就很有必要。一些学者提出用"愉快、激发、支配"（PAD）这三个基本维度来说明所有的情绪，认为特定的情绪是这三个方面的不同组合和不同水平的反映。表 10-5 列举了这三个基本维度和与其相联系的一系列情绪或者情绪类别，以及用来测量这些情绪的项目或指标。

表 10-5　情绪层面、情绪和情绪指标

情绪层面	情　　绪	指示/情绪
愉　悦	责任	道德的、善良的、有责任感的
	信仰	虔诚的、崇拜的、神圣的
	骄傲	自豪的、优异的、可尊敬的
	喜爱	爱的、慈爱的、友好的
	天真	天真的、纯洁的、无可指责的
	宁静	平静的、安宁的、舒服的、镇定的
	渴望	向往的、渴望的、恳求的、希望的
	喜悦	欢乐的、高兴的、欣喜的、满意的
	能力	自信的、可控的、能干的
激　发	兴趣	关注的、好奇的
	萎靡不振	厌倦的、瞌睡的、懒惰的
	激活	激起的、活泼的、兴奋的
	惊奇	惊奇的、震惊的
	似曾相识	不引人注目的、未被告知的、不激动的
	投入	参与的、见识广的、开朗的、受益的
	烦乱	心烦意乱的、盘踞心头的、粗心大意的
	轻松	嬉戏的、娱乐的、无忧无虑的
	轻蔑	嘲笑的、蔑视的、不屑一顾的

(续)

情绪层面	情绪	指示/情绪
支配	冲突	紧张的、受挫的、冲突的
	内疚	心虚的、懊悔的、遗憾的
	无助	无力的、无助的、被支配的
	悲哀	悲哀的、痛苦的、悲伤的、沮丧的
	恐惧	害怕的、担心的、忧虑不安的
	耻辱	羞耻的、尴尬的、卑贱的
	愤怒	生气的、激动的、疯狂的
	过分活跃	恐慌的、混乱的、过度刺激的
	厌恶	厌恶的、憎恶的、烦恼的、强烈憎恶的
	怀疑	多疑的、可疑的、不信任的

资料来源：Adapted from M.B.Holbrook and R.Batra, "Assessing the Role of Emotions on Consumer Responses to Advertising," *Journal of Consumer Research*, December 1987, pp.404-420.Copyright 1987 by the University of Chicago.Used by permission.

10.6 情绪和市场营销策略

在一系列与产品、零售、消费者处理和广告相关的营销情境中，情绪起着重要作用。我们将在这一节进行详细分析。

10.6.1 以情绪激发作为产品和零售利益

情绪的出现总是伴随正面或负面的评价，消费者总是在积极寻找那些能够激发情绪的产品。[50] 电影、书籍和音乐就是很明显的例子，[51] 诸如拉斯维加斯之类的度假胜地和冒险旅行计划也是这样的例子。最近广告旨在刺激消费者的情绪和兴奋度，例如巴卡蒂罗姆酒"撼动你的夜"（Shake Up Your Night），庞蒂亚克G6"做领跑者"（Move Like a Shaker）和雪佛兰"美国革命"（An American Revolution）。除了产品和品牌之外，零售商也非常重视能激发如兴奋之类情绪的事件和环境。例如，使用宗教神像的网站也被视为更加社会化，而这增强了愉悦、激情、知觉享乐价值和购买意向。[52]

感激（gratitude）作为一种特殊情绪，在关系营销中受到了越来越多的关注。在消费环境中感激是对所获利益的感谢情绪，公司可以在很多方面投资改善关系，包括时间、努力、对顾客特定设备的投资，等等。这些在关系营销上努力的公司得到了以下效果：

- 增加顾客的感激度
- 增加顾客的信任度
- 增加消费者购买
- 增加以感激为基础的互惠行为

以感激为基础的互惠行为包括：①基于对关系营销工作的感激而购买产品；②由于他们有"亏欠"的感觉，因此会给公司带来更多的生意；③购买更多的产品作为之前关系营销努力和积极口碑的回报。事实证明感激是一种强大的情绪，它使消费者想要奖励公司对关系营销的努力，从而带来更大的销售额和积极的口碑。[53]

尽管消费者会在大多数时间里寻找积极的情绪，但也并不都是如此。例如，我们也会欣赏一部悲伤的电影。此外，产品也能激发消极情绪，如我们很难使用高科技产品时所感到的沮丧和愤怒等。[54]

10.6.2 以情绪缓解作为产品和零售利益

很少有人喜欢悲哀、无助、羞辱或恶心之类的感受。为此，营销者设计或把许多产品定位成防止或缓解不愉快情绪。其中最典型的就是各种各样用于抑制忧郁或焦躁症状的非处方药品。人们消费食品和酒来缓解压力，但这往往有损健康；极力宣传鲜花能够消除悲哀；而减肥产品和其他有助于自我完善的产品常常根据其缓解内疚感、无助感、耻辱感或厌恶感等来进行定位；个人清洁护理产品也常以缓解焦躁和忧虑作为其主要功能来定位；慈善团体则常常强调减少或者避免罪行就是为社会做贡献。[55]

10.6.3 消费者应对产品和服务问题

消费者必须应对在各种营销情境中经历的消极情绪。**应对**（coping）是指在面对诱发压力的情境时，设法减轻压力并产生更积极情绪的消费者思想和行为。[56] 回避是一个普遍的方法。例如，在权衡会触发强烈消极情绪（如价格与安全）的决策时，消费者经常会推迟购买来回避决策。[57] 在零售环境下，情绪低落的消费者会回避情绪愉快的销售人员。然而，如果他们被强迫应对愉快的销售人员，这会使他们感觉更差，同时，这也会降低销售人员的效果。[58] 思考这对服务人员的营销和培训有什么意义。

诸如糟糕的顾客服务或产品失败之类的压力事件会引起消极情绪，其应对策略可分为三大类型。这三种类型是：[59]

- 积极应对。寻找解决问题的方法，设法避免轻率的行为，充分利用情境。
- 表达寻求支援。发泄情绪，从其他人那里寻求情感和针对问题的帮助。
- 回避。回避零售商或陷入完全自我否定的状态中。

每一种策略对营销都具有积极和消极的影响。积极应对可能需要与公司一起努力来解决问题或避免陷入其中。类似地，消费者可能向公司投诉（表达寻求支援），这是理想的情况；或向朋友发泄（消极口碑），这是有害处的。最后，否定（回避）可能会导致消费者保留意见，但实际上回避零售商，这会导致销售额的下降。正如你看到的一样，对服务人员进行适当培训，使之能够正确处理产品和服务缺陷，并仔细设计可以减少压力的零售和服务设施是非常重要的。

消费者有效应对压力的能力，与消费者的情商有关。**消费者情商**（consumer emotional intelligence）是指能够熟练地运用情感信息来达到一个令人满意的消费结果的能力，它是一个能力变量，而不是一个人格特质。情商高的消费者更善于感知、促进、理解和管理情感信息。例如，一个有较高情商的消费者可能会更好地明白如何在服务失败的情况下传递自己的愤怒情绪，从而获得一个对其来说是可取的解决方案。[60] 如果不能适当地引导这种情绪，就会导致"愤怒发作"。而这种情绪在美国似乎正在上升。作为回应，企业需要更好地理解什么导致了愤怒发作，并培训员工，让他们可以尽量减少发生这种事的可能性，另外是教给他们在发生这种愤怒事件时，能够进行有效安全的处理。[61]

10.6.4 广告中的情绪

无论是否与品牌性能相关，广告中也经常使用情绪激发手段。考虑近期的一些标题：

- Under Armour 拨动质朴的情绪。
- Kleenex 面巾纸为男士看电视时使用。
- 洗衣粉广告用情感诉求代替性能诉求。

图 10-11 展示了一则成功运用情绪吸引消费者注意并提高品牌形象的广告。

图 10-11

情绪诉求在构建品牌形象上起重要作用。

情绪在广告中可起各种作用。广告中的情绪性内容可增强广告的关注度、吸引力和持久性。比起中性广告，那些能激发欢乐温馨或怀疑的情感反应的广告更能引起人们的注意。[62] 正如我们在第 8 章所看到的，注意是早期认识过程中的关键一步。

在塑造品牌形象时，情感诉求具有强大的影响力。情绪以一种高度激活的生理状态为特征。当个体被激活时，他变得更警觉和活跃。由于有了这种高度激活的状态，情绪较中性的信息可能会得到更全面的"加工"。同时，在这种情绪状态下，人们可能会花更多的精力进行信息处理，更可能注意到信息的各个细节，[63] 结果使得情绪性广告比一般中性广告更可能被人牢记。[64]

能激发积极和正面情绪的情感性广告使广告本身更受人喜爱。[65] 例如，温馨是由对爱、家庭、友谊的直接或间接体验所激发的一种有积极价值的情绪。突出温馨情调的广告，比一般的中性广告更受人喜爱，而喜欢一个广告会对产品好感的形成发挥积极影响。[66] 能够想象，一则激怒消费者或者使消费者厌倦的广告会使消费者对该品牌产生负面的反应。[67]

通过经典性条件反应，使受众重复置身于能引发积极情感的广告下，可以增加他们对品牌的喜爱程度。[68] 品牌名称（条件刺激）与积极情绪（无条件反应）的配对和重复出现，最终将使消费者一旦听到或见到该品牌就会产生积极的情感。对品牌的喜爱也可能在直接的高介入度的状态下出现。与情绪性广告只有一次或少数几次接触的人可能很简单地认定该产品是不错的，这是一种比条件反射更主动的意识过程。具有较高情绪价值的享乐产品似乎更容易触发这样一个过程，而功利产品则没有这么容易。对享乐产品来说，由广告激发的情绪是一个重要的品质线索，可以由此形成对产品的评价。[69]

用情感诉求迎合消费者的广告日益流行。例如，芝宝（Zippo）最近为其打火机产品推出了情感性诉求广告。这个广告有八个印刷版本，各自有一幅打火机的雕版画以及一行简单的文字："真爱是不能被随意丢弃的"。一位发言人评价该广告说："我们想要制造出一种人文的、依恋的情绪。"[70] 图 10-12 展示了 Jockey 如何通过运用幽默来激发情感。

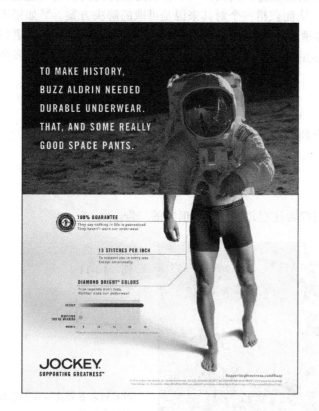

图 10-12

情绪诉求的运用能够吸引注意力并加深顾客对广告信息的记忆。它们还能使品牌变得人性化，塑造与品牌相联的情感。

小结

1. 定义动机并总结马斯洛和麦圭尔提出的动机理论

消费者动机是促使消费行为发生并为消费行为提供目的和方向的动力。关于动机的理论很多。马斯洛的需求层次理论表明，必须使基本的动机获得最低限度的满足之后，更高级的动机才会被激活。马斯洛将需求分为五个层次：生理需求、安全需求、归属需求、尊重需求和自我实现需求。

麦圭尔发展出一套更详细具体的动机理论——一致性、归因、分类、客观化、自主、新奇、目的论、功利主义、缓解紧张、表达、自我防卫、强化、果断、亲密和谐的人际关系、身份认同和模仿的需要。

2. 明晰动机在消费者行为和营销战略中的作用

消费者通常能意识到并且愿意承认导致他们行为的一些动机，这被称为显性动机。它们能通过标准化的市场研究技术，如直接询问法来发现，广告可以采用直接的诉求方式迎合这些动机。在另外一些时候，消费者不能或不愿意承认影响他们行为的动机，这被称为隐性动机。它们能通过诸如词语联想、语句填空和看图说话等动机研究技术来识别。虽然在广告中也可以采用直接诉求方式，但间接诉求方式也是不可或缺的。在很多购买情境下，显性动机和隐性动机共同起作用。

介入度是消费者感觉到某个产品、品牌或广告是与己有关或者感兴趣的一种动机状态。消费者的需要对于其介入度起到很强的影响作用。营销者应根据其目标受众的介入水平（高还是低）和介入类型（持续性的还是情境性的）来调整营销策略。

由于存在各种各样的动机，而且消费者面临许多不同的情境，动机冲突在所难免。在双趋型动机冲突中，消费者面临在两个有吸引力的方案中挑选一个。在趋避型动机冲突中，消费者面临同一个产品所带来的正面和负面的双重结果。在双避型动机冲突中，消费者面临两种都不希望的可选结果。

调节焦点理论认为，消费者会依据哪种动机更为突出而做出不同的反应。当促进型动机更为突出的时候，消费者会设法获取积极的结果，以更抽象的方式进行思考，主要基于感情和情绪进行决策，并在进行决策时，相比准确性而言，更偏好速度。当预防型动机更为突出的时候，消费者会设法避免消极的结果，以更具体的方式进行思考，主要基于大量真实的信息进行决策，并在进行决策时，相比速度而言，更偏好准确性。哪一种动机更加突出则取决于个人和情境因素，并对营销具有重要意义。

3. 定义个性并讨论各种个性理论

消费者的个性指引其做出行为选择，以在不同的情况下达到其相应的目标。个性特质理论假设：①所有个体都具有与行为倾向有关的内在特性或特质；②不同个体间在这些特性或特质上具有一贯的、可测量的差别。多数特质理论认为，人的个性特质是早年形成并相对稳定的。

多特质理论试图用一系列个性特征来刻画消费者全部个性中的重要部分。五要素模型是应用最广的一种多特质理论。单一特质理论侧重于研究有助于理解一部分消费行为的单一个性。与消费者行为有关的特质包括消费者的民族中心主义、认知需要以及对与众不同的需要。

4. 讨论品牌个性及在营销战略中的运用

品牌像人一样具有个性。消费者喜欢那些具备他们所喜欢的品牌个性的产品，也喜欢那些描绘他们自己的个性或与他们所期望个性相一致的广告信息。品牌个性可以通过名人代言、使用者形象和气氛、速度等执行性广告因素来传递。

5. 定义情绪并列举情绪的主要维度

情绪是相对不可控制且影响行为的强烈情感。当环境事件或精神过程触发生理变化（如心率变快）时，各种情绪就会表现出来。可以把这些生理变化解释为基于某种情境的特定情绪反应，会影响消费者的想法和行为。情感的主要维度是愉悦、激励和优势。每一种主要维度都有与之联系的特定情感和感觉。

6. 讨论情绪在制定营销战略中的运用

营销者既可通过激发某些情绪也可通过减缓某些情绪来设计产品和对产品进行定位。此外，消费者必须应对有压力的营销情境，如服务和产品问题等。对企业来说，各种应对方法既可能是有益的，也可能是有害的，这取决于许多因素，并需要营销人员同时考虑他们对问题的回应，并通过设计服务环境来减少消费者压力。包含情绪激发因素的广告经由条件反射或直接评价增强吸引力，加深受众认知处理与记忆程度，同时增强受众对品牌的好感。

关键术语

双趋型冲突（approach-approach conflict）
趋避型冲突（approach-avoidance conflict）
双避型冲突（avoidance-avoidance conflict）
归因理论（attribution theory）
利益链（benefit chain）
品牌个性（brand personality）
消费者情商（consumer emotional intelligence）
消费者的民族优越感（consumer ethnocentrism）
应对（coping）
需求（demand）
情绪（emotion）
五要素模型（five-factor model）
感激（gratitude）

介入程度（involvement）
阶梯法（laddering）
隐性动机（latent motives）
显性动机（manifest motives）
马斯洛需求层次理论（Maslow's hierarchy of needs）
手段-目的链（means-end chain）
动机（motivation）
动机（motive）
个性（personality）
预防型动机（prevention-focused motives）
投射技术（projective techniques）
促进型动机（promotion-focused motives）
调节焦点理论（regulatory focus theory）

复习题

1. 什么是动机？
2. 什么是动机层次？马斯洛的需求层次论有什么用处？
3. 描述马斯洛需求层次论中每个层次的内容。
4. 描述麦圭尔的动机理论中的各个动机。
5. 描述归因理论。
6. 动机冲突是什么意思？它对于营销经理有什么启示？
7. 什么是显性动机和隐性动机？两者各是如何衡量的？
8. 怎样测量显性动机和隐性动机？
9. 描述以下的动机研究方法（详见附录A和表A-1）：
   a. 联想技术
   b. 完形填空
   c. 构造技术
10. 介入度和动机的关系是什么？
11. 试论述调节焦点理论。
12. 什么是个性？
13. 什么是消费者的民族优越感？对全球营销为什么重要？
14. 怎样运用关于个性的知识来制定营销策略？
15. 什么是情绪？
16. 情绪激发伴随着什么生理变化？
17. 什么因素构成情绪的特征？
18. 我们怎样对情绪进行分类？情绪的基础维度是什么？
19. 营销者怎样在产品设计和定位中运用情绪？
20. 什么叫应对，以及消费者通常使用的应对类型是什么？

讨论题

21. 对于以下产品、活动或组织，怎样运用马斯洛的需求层次理论制定营销策略？
    a. 美国鸟类保护协会
    b. Redkin 洗发水
    c. 普瑞来（Purell）净手液
    d. 美国健康快餐墨西哥风味餐厅
    e. 黑莓
    f. 佳洁士洁白牙贴
22. 麦圭尔列出的动机中哪一种对于发动以下促销活动有用？为什么？
    a. 凯迪拉克 CTS
    b. Precision Cuts 连锁美发厅
    c. 诺基亚手机
    d. "只为男人"（Just for Men）染发剂
    e. 推特（Twitter）
    f. 人类家园国际组织
23. 描述在购买以下产品（或服务）时，动机冲突会怎样产生？
    a. 绿色和平组织
    b. 雪佛兰 Volt
    c. 沃尔玛
    d. 红牛功能饮料

e. 塔可钟（Taco Bell）餐厅

f. 家庭安全系统

24. 描述在购买或获得以下产品或服务时可能会产生的显性动机或隐性动机：

    a. 育空混合车（Yukon hybrid）

    b. 萨克斯第五大道（Saks Fifth Avenue）

    c. Bose 音响

    d. 小猫（Kitten）

    e. 梅赛德斯——奔驰敞篷汽车

    f. 苹果手机（iPhone）

25. 营销者创造需要吗？他们创造需求吗？有哪些与此相关的伦理道德问题？

26. 回答消费者洞察 10-1 中的问题。

27. 怎样运用关于个性的知识策划以下广告活动？

    a. 雨林行动网络（一个环境保护组织）

    b. 智能手机

    c. 美国运通公司的理财服务

    d. 随时可以喝的冰茶

    e. J.Crew 女鞋

    f. 倩碧化妆品

28. 运用表 10-4，讨论一下怎样运用其中的某个核心个性源特质，为一种暗褐色的有机咖啡设计包装。

29. 对于产品的独特性有不同需要的消费者，其媒体偏好会有何不同？

30. 民族优越感程度不同的消费者在购物行为上会有哪些不同？

31. 怎样运用情绪策划以下广告活动？

    a. Visa 信用卡的使用

    b. 潜水

    c. 牙齿矫形医生

    d. Silk 豆奶

    e. 本田雅阁混合动力车

    f. 冰岛

32. 列出你能想到的所有情绪。哪些是表 10-5 中没有明确提到的？你会将它们放在表 10-5 的什么地方？

实践活动

33. 以麦圭尔的动机理论为基础，为第 21 题中的一个项目设计广告。

34. 运用马斯洛的需求层次理论重做第 21 题。

35. 用有关情绪的原理重做第 21 题。

36. 找出遵循马斯洛的需求层次中各个层次的两个广告。解释它们为什么遵循了这个层次的需要，想一想该厂家为什么迎合这个层次的需要。

37. 找出一个直接迎合显性动机、间接迎合隐性动机的广告。解释该广告是怎样和为什么使用这两种方法的。

38. 选一个你感兴趣的产品，使用动机研究技术确定五名消费者的隐性购买动机（详见附录 A 和表 A-1）。

39. 让五个学生描述以下产品或事物的品牌个性。他们的描述在多大程度上具有相似性？为什么他们的描述又有区别呢？

    a. 天美时手表

    b. 普拉达太阳镜

    c. 丰田汽车

    d. Macintosh 计算机

    e. Cheesecake Factory 餐馆

    f. 大学书店

40. 找到并复制一则传递很强品牌个性的广告。用图 10-8 中的维度描述这种个性。描述广告中使用的各种技术（例如名人代言、使用者形象和执行性广告因素）以及这些技术如何传递品牌个性。

41. 找到并复制一则表达强烈情绪诉求的广告和另外一则宣传同类产品，但情绪诉求成分很少的广告。为什么厂家会使用不同风格的广告？

    a. 让十位学生按他们的喜好对上述广告进行排序和打分并解释为什么。

    b. 让十位学生谈论他们观看上述广告的反应，你能得出什么结论？

42. 让两位学生描述一下当他们在处理产品/服务问题时所使用的应对方法。确定引起他们应对的对公司有益（如向公司投诉）而不是有害的（如负面口碑）的因素。

第 11 章

态度和影响态度

学习目标

1. 了解态度及其作用。
2. 总结态度的三个构成成分。
3. 讨论与态度组成成分相关的改变态度策略。
4. 描述 ELM 模型。
5. 简述信息源来源、诉求和信息结构对态度的影响。
6. 讨论态度在市场细分和产品开发中的应用。

每年，诸如耐克、佳得乐（Gatorade）和美国运通（American Express）等这样的公司都会在明星代言上投入数十亿美元。事实上，在美国，大约25%甚至更多的广告都包含名人，这些明星代言费每年约有300亿美元。大多数情况下，使用名人代言还是很有意义的，正如在后面章节中将要提到的，名人可以吸引观众的眼球，而且强化消费者对其所代言的品牌的感知和态度。但是也有不利的一面，比如当代言人自身的行为问题引发争议时。有趣的是，一些公司会坚持保留其明星代言人，另一些公司则会因为丑闻而与这个明星解除广告合约。让我们看一下近期发生的三个例子。[1]

迈克尔·菲尔普斯（Michael Phelps）——这一几乎打破了所有游泳纪录的奥运会游泳冠军，在其个人生活上出现了问题，最近一张照片曝光了他在北京奥运会之后吸食大麻。事后，家乐氏公司（Kellogg）与其解约，而速比涛公司（Speedo）则没有。两个公司的声明如下：

家乐氏：迈克尔的近期行为和家乐氏的形象极不相符。

速比涛：鉴于迈克尔昨天的声明，速比涛公司愿意原谅其行为，而且我们知道迈克尔也对其行为深感后悔。迈克尔是我们公司团队重要的一员，也是一个伟大的冠军。我们将会全力支持他和他的家庭。

泰格·伍兹（Tiger Woods）——史上公认的最有天赋的高尔夫球手，创造了高尔夫球界的一项项奇迹。然而遗憾的是，他的婚外情丑闻最近被曝光。豪雅手表公司（Tag Heuer）宣布与其解约，而耐克则没有。两个公司的声明如下：

豪雅：我们认可泰格·伍兹是一位伟大的冠军，但是必须要考虑那些对其事件非常敏感的顾客。

耐克：泰格·伍兹为耐克代言已有十几年，他是世界上最优秀的高尔夫球手，也是这个时代最优秀的运动员之一。我们期望他能重返高尔夫球场，也会全力支持他和他的家庭。

为什么每个公司会有不同的反应呢？没有人能够确切回答，但是从这两个例子中可以看到，关键的决定因素可能是公司从其代言人和丑闻事件中的所得和所失。速比涛和耐克认为菲尔普斯和伍兹的代言，为其公司的运动品牌提高了产品绩效，而其个人丑闻对此并无大的影响。相反，家乐氏和豪雅手表则将菲尔普斯和伍兹作为其产品的大众代言和形象代表，丑闻事件显然会影响公司的效益。

除了体育界，餐饮领域的赛百味（Subway）最近也在处理其主要代言人的一件意料之事。加雷德·福格尔（Jared Fogle）每天吃赛百味低脂肪的三明治而成功减掉了245磅之后，近来竟然又重了40磅。赛百味并没有与加雷德解约，相反公司将其作为一个宣传加雷德在减肥中重视人性的案例，而且开始帮助他为纽约市的马拉松比赛做训练。赛百味认为：

加雷德是芸芸众生中的一位，也有他的起起伏伏，虽然他并没有达到高峰，但已经赢得了很多关注。

体育界的研究者已经得出了相似的结论，即运动迷们喜欢运动员人性的一面，以及那些"逆袭的"故事。

正如本章开篇引言所示，品牌和组织试图影响消费者的态度及态度所导致的消费行为。

态度（attitude）是我们对所处环境的某些方面的动机、情感、知觉和认识过程的持久的体系，是对一种给定事物喜欢或不喜欢的反应倾向。因此，态度就是我们对于所处环境的某些方面如零售店、电视节目或产品的想法、感觉或行为倾向。[2] 态度是我们在前面章节讨论的各种因素所形成的结果，对个体的生活方式有重要的影响。我们将在本章分析态度构成、一般的态度改变策略、营销沟通对态度的影响。

11.1 态度的构成

如图11-1所示，态度由三个部分组成：情感（感觉）、认知（信念）以及行为（反应倾向）。下面对每一成分进行详细讨论。

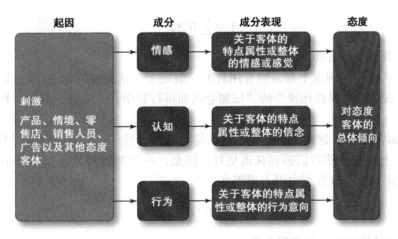

图11-1　态度的组成成分及其表现

11.1.1 认知成分

认知成分（cognitive component）由消费者对某一客体的信念所构成。对于大多数态度客体，人们都会有一系列信念。例如，某人可能会对AMP beverage（功能性饮料品牌）具有以下信念：

- 受年轻消费者青睐
- 为消费者提供许多能量
- 含有大量维生素
- 价格具有竞争力
- 为运动型导向的公司所制造

关于这一饮料品牌的所有信念构成了对AMP态度的认知成分。信念可以是关于拥有或使用一件产品的情感利益（如某人会相信拥有或驾驶一辆敞篷车感觉很好）和客观特征。[3] 有关产品属性的许多信念本身就是评价，例如，省油、造型美观和性能可靠通常被视为正面的信念。由此提出了特征（feature）和利益（benefit）的区别，这两者都是信念。一种产品可能每份含有5毫克的钠（一种非评价性的特征信念），而这意味着其钠含量低且对健康有益（两者都是评价性的利益信念）。营销人员必须宣传利益而并非特征，对于那些知识水平较低的消费者以及较为复杂的产品而言更是如此。不然，消费者就会不知道如何进行评价和对广告宣传做出反应。[4] 例如，桂格燕麦公司（Quaker Oats）帮助消费者解释产品包装上的营养信息，宣称"燕麦中的可溶性纤维有助于消除胆固醇"。

一个品牌与越多的正面信念相联系，每种信念的正面程度越高，个体就越容易回忆起信念，整体认识成分就越正面积极。[5] 而且，由于某一态度的三个组成成分总体来说具有内在一致性，因而整个态度也会越正面积极。这一逻辑便是人们所熟悉的**多属性态度模型**（multiattribute attitude model）的基础。

多属性态度模型

多属性态度模型有多种不同的表达方式，以下是最简单的一种：

$$A_b = \sum_{i=1}^{n} X_{ib}$$

式中，A_b 是消费者对于某特定品牌 b 的态度；

X_{ib} 是消费者对于品牌 b 的属性 i 表现的信念；

n 是所考虑的属性的数目。

该式假定所有的属性在决定整体评价中具有同等重要性。但是，稍微考虑一下便可发现，对于某些产品和个人来说，诸如价格、质量、款式等少数属性比其他属性更重要。于是，为每一种属性加上权重往往是必要的：

$$A_b = \sum_{i=1}^{n} W_i X_{ib}$$

式中，W_i 是消费者赋予属性 i 的权重。

该模型的这一表达式在很多情况下都是颇有用处的，假定了"越多或越少越好"，是通常适用的假定。更多的"每加仑汽油可行驶里程"显然比较少的"每加仑汽油可行驶里程"要好，其他事物也一样。该式对于这类情况是完全适用的。

对于某些属性，"越多或越少越好"在某一点之前是正确的，过了这一点，继续增加（或减少）就不再适宜。例如，向无盐饼干上撒盐会使我们感到味道更好，但是，一旦盐的用量超过了某个限度，味道就难以忍受。此时，我们需要在多属性态度模型中引入理想点：

$$A_b = \sum_{i=1}^{n} W_i |I_i - X_{ib}|$$

式中，I_i 是消费者所认为的属性的理想表现水平。

多属性态度模型在市场研究和管理中应用广泛，下面我们将提供一个有属性权重和理想点的模型实例。更简单的模型的使用与此类似。

假设可口可乐在某个细分市场中的消费者认为，健怡可乐在4个属性上的表现水平（用 X 表示）和消费者期望的理想表现（用 I 表示）如表 11-1 所示：

表 11-1　健怡可乐属性表现

	(1)	(2)	(3)	(4)	(5)	(6)	(7)	
价位低	—	—	I	X	—	X	—	价位高
品味甜	—	I	—	—	X	—	—	品味苦
地位高	—	—	I	—	—	—	—	地位低
热量低	IX	—	—	—	—	—	—	热量高

衡量多种态度因素的更多细节参看附录 A 和表 A-3。

可见，该细分市场的消费者认为（用 X 表示）健怡可乐的价格适中，口味很苦，地位多少有一点低，热量极低。而他们期望的理想情况（用 I 表示）是价格更低一点，口味很甜，地位多少要高些，热量也极低。由于这4个属性对消费者的重要性不一样，该市场的消费者对各属性赋予不同的权重。

衡量权重的一种通常方法是100点常数和量表。表11-2显示的重要性权重反映了软饮料4个方面属性的相对重要程度。

在上面的例子中，热量含量被认为是最重要的属性，口味的重要性其次，价格最不重要。

由以上信息，我们可以算出该细分市场对健怡可乐的态度指数：

$$A_{健怡可乐} = 10 \times |3-4| + 30 \times |2-6| + 20 \times |3-5| + 40 \times |1-1|$$
$$= 10 \times 1 + 30 \times 4 + 20 \times 2 + 40 \times 0$$
$$= 170$$

该方法先算出消费者对健怡可乐各属性的理想值与评价值的绝对差值，各差值乘以该属性的权重，便可得到态度指数值。此例中得到的态度指数值为170，这说明消费者态度好还是不好呢？由于态度指数值是相对的，若想对其进行全面评估，我们必须将其与对竞争品牌的不同态度进行对比。然而，如果健怡可乐被认为是理想的软饮料，态度指数值则为0。因此，用此种方法计算出的态度指数值越接近于0，其态度就越好。

在大多数情况下，多属性态度模型只是对我们不十分精确和缺乏条理化、无意识认知过程的抽象模拟。

表 11-2　重要性权重

属　　性	重　要　性
价格	10
口味	30
地位	20
热量	40
总计	100

11.1.2　情感成分

我们对于某个事物的感情或情绪性反应就是态度的**情感成分**（affective component）。宣称"我喜欢健怡可乐"或"健怡可乐是一种糟糕的苏打水"的消费者所表达的就是关于产品的情感性评价。这种整体评价也许是在缺乏关于产品的认知信息或没有形成关于产品的信念条件下发展起来的一种模糊的、大致的感觉，也可能是对产品各属性表现进行一番评价后的结果。例如，"健怡可乐口味不好"和"健怡可乐对健康没有好处"的评价，隐含着对产品某些方面的负面情感反应，这种负面情感与关于产品其他属性的情感相结合，将决定消费者对于该产品的整体反应。

为了更好地理解态度，营销者越来越关注态度的情感成分，而不是只把目光投注在认知成分上。这样做的结果是，营销者普遍将享乐主义或情感利益和态度与功用主义或功能利益和态度相区分。[6] 例如，一项研究发现，消费者接受网络手持装置受到有用等功用主义利益和使用有趣等享乐主义因素的双重影响。[7] 另一项研究发现，某些案例中，例如宣传捐赠血液，在导致恐惧和愉悦产生的因素中，享乐成分比功用主义占据了更重要的位置。[8]

此外，营销者既关注产品设计的功能，也关注其形式，而且更多的重视设计美学方面（产品外包装、对产品的感知体验）。好的产品，像 iPod 与 iPad 往往都具有强烈的**审美诉求**（aesthetic appeal），以致消费者的反应远远超出了对产品的功能性认知。[9] 图 11-2 展现了一则具有强烈审美视觉的产品广告。

对特定产品的情感反应随情景和个体变化而变化。例如，消费者也许认为健怡可乐含有咖啡因，咖啡因能使人保持清醒。这些认识和信念，在该消费者为准备考试而需要熬夜时会激起积极的情感反应，而在其想晚上喝点东西又不至于睡不着觉时会引起负面的情感反应。

在图 11-3 中斯旺森（Swanson）的广告是一个具有吸引力的广告的例子，它可能让你在脑中产生一连串对它的想法，比如"像一个艺术家感受生活"。

就像对认知成分的衡量一样，营销者有时使用语义量表来衡量情感成分（更多细节请参看附录 A 和表 A-3）。所以，消费者可能被要求在下面几个维度上对健怡打分，他们被要求在合适的地方划 ×（见表 11-3）。

图 11-2

具有审美愉悦或趣味的产品设计可以触发强烈的情感反应,这是态度的情感成分的一个非常重要的方面。

图 11-3

由于独特的动机、个性、经历、参照群体和身体状况,不同的个体可能会对同一信念做出不同的评价。

表 11-3 健怡可乐评分表

	(1)	(2)	(3)	(4)	(5)	(6)	(7)	
好	—	—	—	—	—	—	—	差
喜欢	—	—	—	—	—	—	—	不喜欢
高兴	—	—	—	—	—	—	—	失望
满意	—	—	—	—	—	—	—	不满意

SAM 和 AdSAM®

然而,有时候营销者希望能更直接地识别感受和情感,同时绕过必须使用语义量表的认知过程。一个这样的衡量方式是基于第 10 章讨论的 PAD(开心、唤醒、支配的简称)方法基础上的。SAM 的情绪测量方法,提供了 232 个情感形容词的视觉表达。SAM(以及将 SAM 方法应用到广告中的 AdSAM®)是一种被用来描绘情感和更直接地区别情感反应的图形人物。从全球角度来看,SAM 在不同的文化和语言环境之中都是有效的,因为这些人物图像不需要翻译和调整。[10] 图 11-4 呈现了 SAM 在 PAD 三个维度的表现形式(第一行代表开心;中间一行代表唤醒;底部一行代表支配)。

11.1.3 行为成分

态度的**行为成分**(behavioral component)是指个体对于某事物或某项活动做出特定反应的倾向。购买或不购买健怡可乐,向朋友推荐该品牌或其他品牌等一系列决定,能反映出态度的行为成分。品牌偏好(brand interest),即由寻找商店柜台中的品牌或品牌信息的倾向为代表,同时反映了行为成分。行为成分提供了反应倾向或行为意向。我们的实际行为反映出这些意向,而这些意向会随着行为发生的情景的变化而调整。

直接方法对间接方法

实际行为和反应倾向经常是通过直接的提问方式衡量的(更多细节请参看附录 A 和表 A-3)。例如,消费者可能被要求回答购买健怡可乐的动机:

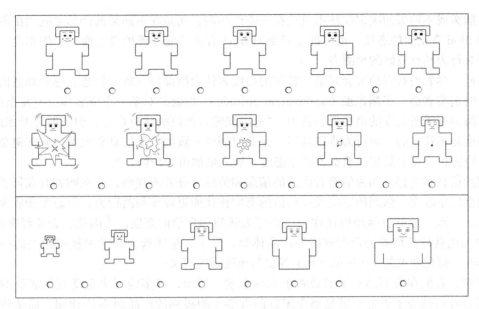

图 11-4　SAM 在 PAD 的表现形式

资料来源：Copyright 2000 AdSAM Marketing LLC.

下次你买软饮料的时候，有多大可能会选择购买健怡可乐呢？（见表 11-4，请在合适的位置写上 ×。）

表 11-4　健怡可乐动机访问

当 然 会	可 能 会	也　　许	可 能 不 会	当 然 不 会

这种直接问法在多数假设下可以成立，但是在涉及诸如酒精、色情、饮食习惯等敏感问题时，得到的可能是低估的结果。此时，间接的询问方式如通过别人的行为来暗示（邻居、有相同工作的人等），可以减少偏差。

11.1.4　各成分间的一致性

图 11-5 说明了态度的重要特征：态度的三个组成成分倾向一致。[11] 这意味着某个成分的变化将导致其他成分的相应变化，这一特征构成了很多市场营销策略的基础。

营销管理者极为关注如何影响行为，但是，要直接影响行为通常是很困难的。换言之，通常不能直接要求消费者购买、使用并向他人推荐自家的产品。不过，消费者经常会听取推销人员的介绍、注意公司的广告或者查看产品的包装。于是，可以通过提供信息、音乐或其他刺激来间接影响他们对产品的认识或情感，前提是使态度的三个组成成分之间保持一致。

研究发现，这三个成分之间存在某些联系。[12] 让我们以一个例子来考察这种一致性的来源。假定某个消费者对于 iPod 有一系列正面的信念，但并未拥有一款 iPod 或购买了其他品牌。至少有 6 个方面的因素会导致测量出的信念、情感与可观察的行为之间的不一致。

（1）需求缺乏。积极的态度要有需要或动机才能转变成具体的实际行动。因此，前面提到的消费者可能感到并不需要便携式播放器，或者他已经拥有一个尽管不是很喜欢但仍可以接受的播放器。

（2）能力缺乏。将积极的信念和情感转化成对产品的实际拥有需要能力。一个人可能买不起 iPod 或者只能买比 iPod 便宜的品牌。

（3）相对态度。我们上述的态度测量只是针对 iPod 这一类

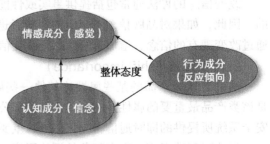

图 11-5　态度组成成分的一致性

商品。实际上，购买或不购买的决定往往不只是在一类产品内，而是在不同类的产品之间做出取舍。因此，一个消费者可能对iPod有正面的态度，也可能他只是对iPod有比其他品牌稍微正面一点的态度。在一个选择情境中，相对态度对行为具有较好的预测力。

（4）态度矛盾。尽管消费者通常会对某一特定的态度客体力图保持一致的信念、感觉和意向，但并非总能做到这一点。有时消费者会有**矛盾态度**（ambivalent attitude），也就是对某一态度客体持有复杂的信念或感觉。以海鲜为例，对海鲜有矛盾态度的消费者会认为，"有时我觉得海鲜的味道很好，但有时并非如此。"随着时间的推移，矛盾态度是不稳定的，对行为难以预测。企业应创建一致的产品信息和消费体验来避免消费者的态度矛盾。同时，还应通过为竞争品牌的消费者建立态度矛盾来增加市场份额。[13]

（5）不强烈的信念和情感。如果消费者所持的信念和情感成分并不强烈，并在购物时获得了新的信息，其最初的态度可能会发生改变。强烈的态度或很自信的态度往往能更好地预测行为，而态度矛盾和缺乏体验则会弱化态度。因此，一致正面的直接经验往往会产生更为强烈和自信的态度。[14] 因此，企业经常花费大量金钱，通过赠送优惠券和免费样品培养消费者直接的产品体验。除了直接体验，与学习强度相关的一些因素如重要性、信息介入程度、强化和重复（详见第9章）等也与态度强度有关。

（6）人际影响。我们在前面测量了消费者个人的态度。然而，许多购买决定受其他成员的直接或间接影响。因此，该消费者可能为了更好地满足整个家庭的需要而购买别的产品而不是iPod。而某些情境或是消费者对某些情境的期望也在购买行为中扮演了重要的角色。举例来说，有些消费者认为在朋友面前购买并且使用iPod看起来更具吸引力（即使他们更喜欢其他品牌的产品），因为他们的朋友认为iPod是最棒的品牌。

总之，态度的组成成分——认知、情感和行为，倾向于保持一致，但一致程度会因一系列因素（如上述6个方面）而降低，营销者在制定说服信息和策略时必须考虑这些因素。

11.2 改变态度的策略

营销者经常希望通过改变一个或几个态度的成分来影响消费者的行为。本章开头所举的事例证明了这种影响是正面的。然而，当企业试图推广有潜在威胁的消费行为或者其传播被认为有欺骗性时，就会引发社会、伦理和政府管制等问题。

11.2.1 改变认知成分

改变态度的一个常用和有效的方法是改变态度中的认知成分。[15] 有四种基本的营销策略可以用来改变消费者态度中的认知结构。

1. 改变信念（change beliefs）

该策略是改变对于品牌或产品一个或多个属性的信念。[16] 图11-6展示了一个例子。再如Radio Shack将自己重新定位为更具现代气息的零售商。它将自己的零售商店戏称为"小屋"，试图去改变如下的商品理念：

> 消费者认为这里尽是自有品牌和杂牌货，而事实上，我们在每个细分市场都拥有国内领先的品牌。所以我们的目标是缩小品牌理念与经营现实之间的差距。[17]

改变信念的做法通常包括提供事实或性能说明。有些信念很坚定，因此很难改变，认识到这一点是很重要的。因此，如果对品牌信念不坚定的消费者进行说服，营销人员更容易改变这些消费者整体的品牌态度（可以通过改变现有的信念、增加新的信念、改变信念的重要性或改变理想产品的信念来改变态度的认知成分）。[18]

2. 改变权重（shift importance）

消费者认为产品的某些属性比其他一些属性更重要。营销者常常告诉消费者，自家产品相对较强的属性是该类产品最重要的属性。例如，通用汽车公司通过详细描述司机遇险的过程，强调其独有的安吉星（Onstar）安全系统所提供的即时通信和应急措施的重要性。

无法对消费者产生突出印象的评估因素，有时可以通过广告中的线索予以加强。一项研究发现，以亚洲文化为背景的广告（如中国万里长城的画面）可以加强"民族自我意识"。当民族自我意识得以加强时，亚洲的消费者会对由亚洲代言人的广告产生更为积极正面的反应。[19]

图 11-6

态度中的认知结构的改变能够通过改变现有信念、增加新信念，改变信念权重和改变有关理想产品的信念等方式实现。

3. 增加新信念

另一种改变态度中认知成分的方法是在消费者的认知结构中添加新的信念。举例来说，加利福尼亚石榴理事会希望消费者能够知道除了他们已知的，"石榴含有丰富的维生素与矿物质"之外，还能知道最新的研究成果，石榴含有"强大的抗氧化剂"，能减缓老化，尤其能中和掉化学中加速老化的原子团，其能中和的数量与红酒与七倍的绿茶的数量相同。[20]

4. 改变理想点

最后一种改变认知成分的策略是改变消费者对于理想品牌的概念。基于此，许多环保组织努力改变人们关于理想产品的概念，如最低限度的包装、制造过程无污染、可回收材料的再利用以及使用寿命结束后的无污染处置等。

11.2.2 改变情感成分

现在，企业越来越多地试图在不直接影响消费者信念或行为的条件下影响他们对于品牌或产品的好感。如果企业成功了，消费者会增加其对产品的正面信念。[21] 一旦对该类产品产生需要，这些正面信念会引起消费者的购买行为。或者，喜爱直接促使购买，[22] 通过产品的使用，消费者增加关于该产品或品牌的正面信念。营销者通常使用三种基本方法直接增强消费者对产品的好感：经典性条件反射，激发对广告本身的情感和更多接触。

1. 经典性条件反射

一种直接影响情感成分的方法是运用经典性条件反射（见第 9 章）。运用这种方法时，企业选择受众所喜欢的某种刺激，如一段音乐，不断与品牌名称同时播放。过了一段时间后，与该音乐相联系的正面情感就会转移到品牌上。[23] 其他刺激，如喜爱的图画等，也经常被使用。

2. 对广告或网站本身的情感

我们在第 10 章看到，喜欢一则广告一般能引起对产品的喜爱倾向。[24] 喜欢登载其广告的网站也能够产生类似的结果。[25] 使用幽默、名人或情绪诉求也可以增加受众对广告的喜爱。比如，伴有丰富的感官内容从而吸引多种感官体验的生动网站会产生更为积极的网站广告信念。如果广告本身能够产生正面反应（如喜欢等），广告就能改变对某一品牌的态度的情感成分，而无须改变信念结构。广告商经常运用以图片为主的广告来达成这种目的，虽然图片本身既可以传递认知，也可以传递情感意义。[26] 图 11-7 展示了一则建立在正面情绪之上的广告。

那些引起负面情感如害怕、负罪或者悲伤的广告也可以强化态度的改变。例如，一则为捐助难民所做的慈善广告，就包含了许多令人不忍卒睹和惊骇的画面，但它达到了理想的效果。[27]

图 11-7

如果广告本身能产生积极反应（被喜欢），那么不需要改变信念结构就能够改变消费者对品牌态度的情感成分。原创广告图片常被用来达到这一目的，通过图像本身传递感知和情感意义。

3. 单纯接触

尽管存在争议，但有证据表明，**单纯接触**（mere exposure）也能导致情感的产生。[28] 也就是说，向某人不断地、大量地展示某种品牌也能使他对该品牌产生积极的态度。因此，对于那些介入程度低的产品，可以通过广告的反复播放增加消费者对品牌的喜爱，而不必去改变消费者最初的认知结构。[29]

经典性条件反射、激发对广告本身的情感和更多接触可以直接地改变消费者对产品的情感，进而影响或间接改变他们的购买行为，而不必先改变他们的信念，有以下重要的意义：

- 被设计用来改变消费者情感的广告不一定要包括认知信息（无论是事实的还是属性上的）。
- 经典性条件反射原理被用来指导上面所讲的这类营销活动。
- 消费者对于广告本身的态度，即喜欢还是不喜欢，是这类营销活动成败的关键（除非能使消费者更多的接触广告）。
- 重复是以情感为基础的营销活动的关键所在。
- 对广告效果的传统测量注重认知成分，而这些测量对于以情感为基础的营销是不适用的。

正如这些指引或指南所暗示的一样，经典性条件反射和更多接触会在低介入的情景中出现（详见第9章）。然而，这里至少有一个例外。当情感和感受成为产品的重要尺度时，这种情感和感受将会与评价相关。在高介入影响的情况下，对产品广告的想法能真正影响到我们原本对产品的看法。正如我们在本章前面讨论过的，享乐性（相对于功用主义）产品是以感情、情绪为主要评判标准的产品。毫不奇怪，对于享乐性产品，即使在高介入情境下，情感、情绪和情绪诉求性广告仍可以扮演重要角色。[30]

11.2.3 改变行为成分

行为，具体来讲是购买或消费行为，可以先于认知和情感的发展，也能以与认知和情感相对立的形式发生。例如，一个消费者可能不喜欢健怡饮料的口味，且认为里面所含糖精不利于健康，但是，当一位朋友向他递过一杯健怡软饮料时，为了不显得无礼，他还是接受了。喝了健怡饮料后，感到口味还不错，从而改变了以前的认知。证据显示，试用产品后所形成的态度会更强烈和持久。

行为能直接导致情感或认知的形成。[31] 消费者经常在事先没有认知和情感的情况下尝试购买和使用一些便宜的新品牌或新型号的产品。这种购买行为不仅是为了满足对诸如饥饿的需要，也是为了获得"我是否喜欢这个品牌"的信息。

网络营销者特别关注其在虚拟环境中模拟产品的直接体验的能力。近期一项研究发现，对于诸如太阳镜等体验产品而言，创建一种虚拟直接体验（在此方法中，用一段视频来进行论证，在视频中模拟使用太阳镜和不使用太阳镜看东西的情景）可以引发更正面的信念、情感和购买意向。[32] 在网上模拟产品体验的能力会涉及"接触"这一重要的网上购买因素，我们将在第 17 章进行讨论。

在改变情感或认知之前改变行为，主要是以操作性条件反射理论（见第 9 章）为基础。因此，营销的关键任务便是促使消费者试用或购买产品，并同时确保消费者的购买和消费是值得的。[33] 优惠券、免费试用、购物现场展示、搭售以及降价都是引导消费者试用产品的常用技巧。由于试用行为常能带来对于所试产品或品牌的积极态度，因此一个健全的分销系统和必要的库存对于防止现有顾客再去尝试竞争品牌是很重要的。

11.3 影响态度改变的个体与情境因素

态度改变不仅取决于营销活动，也取决于个体和情境因素。[34] 个体因素包括性别、认知需求、消费者知识、种族划分以及第 10 章中所讲的调节焦点。情境因素包括内容、受众分心程度和购买情境。

营销管理者仍然把注意力放在消费者介入上，同时包含个人成分（直觉兴趣）和情境成分（做购买决策时的需求）。消费者介入是一个重要的激励因素，影响了过程、学习和态度。ELM（elaboration likelihood model）是关于态度如何形成以及如何在不同的介入程度条件下发生变化的理论。所以，ELM 将个人、情境和市场因素综合起来理解态度。[35]

ELM 理论认为，品牌介入程度是决定信息如何被加工处理以及态度如何改变的关键因素。高介入度能开辟一条通向态度改变的"中央干道"，消费者据此认真检查和处理他们认为有助于对该品牌做出有意义和合乎逻辑评价的所有信息（见图 11-8）。消费者把这些信息与其他相关信息、过去的经验、可能造成的后果相联系，并与现存的知识相比较做出总体评价。这种多重属性态度模型揭示了在高介入情况下态度的改变。

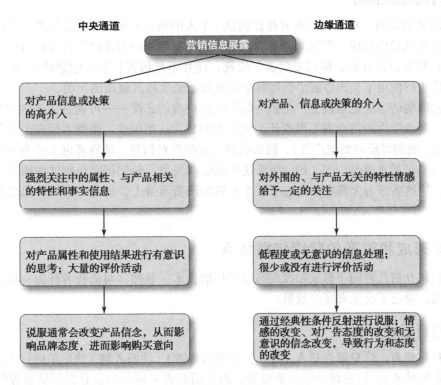

图 11-8　ELM

相反，低介入度只能导致一条通向态度改变的边缘路径。此时消费者只是对所获得的信息进行粗浅的处理，并依据信息中一些显而易见的线索形成对品牌的印象，而不深究这些线索是否与品牌本身相关。因此，消费环境、广告中人物的特征、包装和其他类似的线索都会参与这个过程。经典性条件反射、更多接触代表着在低介入视角下的态度转变。

ELM理论提醒我们，要进行有效的传播，对高介入度和低介入度的消费者应采取完全不同的传播策略。一般而言，在高介入情境下，传播应提供更具体、更具有逻辑性和事实性的信息；而对于低介入状态的个体，需要先给予有限的信息，如图片广告，以使消费者迅速地知悉该产品的关键属性，也可以采用某些技术或措施来增加消费者的介入程度和信息处理水平。

11.3.1 线索相关和竞争性情境

一般来说，相对于"边缘路径"形成的态度，由"中央通道"形成的态度更强烈，更不易被说服，在记忆中更容易被提取，能更好地预测行为。[36]

然而，意识到中央通道包含着决策相关的信息和线索很重要。消费者认可的相关性也会随着产品和情境的不同而变化。例如，一幅美丽的图片可以作为边缘性线索，也可以循中央通道处理。在一则橘子苏打水的广告中，一幅画着可爱小狗的画面可以是边缘性线索（低介入度下的态度影响），而一幅画着一瓣新鲜多汁的橘子的画面则可被视为中心线索（高介入度下的态度影响）。[37] 类似地，对享乐性产品，情绪很可能代表中心线索，从而在高介入情境下影响态度。

除此之外，竞争性情境同样能在高介入度下增强边缘线索的作用。例如，如果各竞争品牌在产品特性（中心线索）上相差无几，高介入度的消费者会更喜欢那些在广告中表现出强烈边缘线索的品牌。[38] 这是因为在竞争性情境中，相对态度很关键，边缘线索在"类似"品牌的评价与选择中显得至关重要。正如你所看到的那样，在低介入情境外，边缘线索也在竞争性情境中起作用。

11.3.2 消费者对说服的抵制

消费者面对说服是被动的。相反，消费者往往固执（个人的特质）并且拒绝被说服。[39] 而且，消费者经常推断广告者的意图并据此做出反应。[40] 例如，消费者对于加利福尼亚州的杏仁广告可能做出如下反应："显然，他们试图告诉我杏仁是健康的食品。他们要卖杏仁给我，我并不相信杏仁就是健康的。"为了减少得到这种反应的可能性，广告代理商使用了美国心脏协会和科学研究数据来支持其健康的声明。

强烈的态度比起薄弱的态度更难改变。想象一些你强烈持有的态度——可能是关于你的学校，也可能是你最喜欢的一支球队。要改变你的信念需要做些什么呢？很明显，这很困难。消费者倾向于避免那些与他们的态度相反的信息（例如，吸烟者反对禁烟广告）。假如收到了这些反对信息，消费者也（a）倾向于不相信，（b）低估了手边的发行物与特征的重要性，与（c），如果这些做法都失效，他们仍会包容这些缺点，所以不会完全全地否定这个品牌。[41] 这些行为大都发生在忠于某个品牌的消费者身上，因此，可以看出忠实的顾客对公司是多么珍贵。

11.4 影响态度形成和改变的营销传播特点

在这一节，我们将介绍几种用于形成和改变态度的传播技术。显然，与消费者行为一样，个体和情境特点与传播特点交互作用，决定了改变态度的效果。

11.4.1 信息源的特征

信息源就是信息传递者。信息源包括人（名人、普通消费者）、动画人物（快乐的绿巨人、小花生先生）和组织（企业、第三方资助者）。信息源是至关重要的，因为消费者对同一则信息会因信息源的不同而做出不同的反应。

1. 信息源的可靠性

当目标市场的消费者认为营销信息的来源高度可靠时，营销活动就比较容易影响消费者的态度。**信息源的可靠性**（source credibility）由两个基本的层面组成：可信度和专长。信息源如果没有明显理由不提供完整、客观和准确的信息，就可以看作是可信的。然而，专业的信息源必须具备产品知识。因此，一个朋友或许是值得信任的，但缺乏专业知识。另外，销售人员和广告商可能拥有丰富的知识，但受到消费者的质疑。

被视为专家的个体和没有明显误导动机的人都会是有力的信息源，因为他们能够降低风险。[42] 例如在 1-800-PetMeds 的电视广告中，一位兽医探讨了如何减轻宠物疼痛的方法。出于各种目的，类似的普通人也可以充当目标市场的代言人。在一则**证言式广告**（testimonial ad）中，一个目标市场的典型消费者向其他人介绍其如何成功使用某种产品、服务或创意。[43] 证言对于网站而言也很重要。亚马逊和其他电商提供消费者评价，似乎成为态度和购买行为的重要决定因素。[44] 信息源的相似性加强了这些证言的可信性。

独立的第三方担保代言——如消费者普遍认为美国牙科协会（ADA）既具有可信度又具有专业知识，是营销人员积极寻求担保代言的对象。消费者似乎把这样的担保代言看作品牌质量的保证。[45] 佳洁士牙膏的成功很大一部分源自于美国牙科协会的认可。其他例子有：

- 美国心脏协会——桂格燕麦和赛百味
- J.D.Power&Associates——爱德华-琼斯（Edward Jones）
- "好管家"勋章（Good Housekeeping Seal of Approval）——生活大师（Life Master）车库门

当然，企业本身是大多数营销信息最明显的信息源，即提升一个企业可信的声誉或形象可以大幅提高企业营销信息的影响力。[46]

信息源的可靠性可以在不同的情境中影响说服。首先，一个可靠的信息源可以在消费者缺乏能力和动机对产品做出直接判断时强化其正面态度。[47] 这比较适合低介入过程。其次，可靠的信息源可以增加信息的接受度。事实上，因为可感知的相关性，权威的信息源也能在高介入的情况下提升态度偏好。[48]

文化差异也会起作用。例如，泰国消费者就比加拿大消费者更容易相信专家信息源。泰国消费者更倾向于风险规避，也更容易听信权威意见，因此营销者可以让他们更多的接受外部信息源的影响。[49]

另一个可以区别信息源可靠性的因素是，消费者是否相信公司花重金邀请代言人。[50] 尤其是在这些代言的明星和体育健将被支付了大笔的代言费用后。

2. 名人信息源

广告中广泛聘请著名人物代言，越来越多的商家聘请具有各种不同文化背景的名人代言，以反映种族多元化的美国人口特征。伊娃·门德斯（Eva Mendes）对应宝洁潘婷，科比·布莱恩特对应耐克，佩内洛普·克鲁兹（Penelope Cruz）对应兰蔻珍爱香水，魏圣美（Michelle Wie）对应欧米茄手表，都是一些明星为其他或自家品牌做广告代言。

一个在最近几年可见的明星代言是牛奶的小胡子运动，图11-19明显是针对美国逐渐成长的种族市场。

名人作为信息源有助于态度改变的原因有多种：[51]

- 注意力。名人能吸引更多的注意，人们也更信赖他们。消费者对他们喜欢的明星签约的公司有好感。
- 对广告的态度。明星的流行可以形成强烈的广告好感，从而有助于提升正面的品牌态度。
- 可信性。尽管收取了大笔代言费，但明星们依然扮演了消费者强烈认可的角色，而这些认可将会转化为购买力。一个研究指出，对许多消费者而言，一个代言人私人的举动与该产品的专业化程度的重要性是一样的，就像我们在开篇时提及的，一个公司会因为一个代言人的丑闻而开除他。[52]

图 11-9

不同种族的名人在美国广告中的使用越来越频繁，以期达到吸引特定种族市场的效果。

- 权威。一些明星也是专家，在音乐和体育领域经常存在这种情况。Sabian(打击乐器制造公司)与Neil Peart 的合作就是音乐界的例子。耐克与伍兹在高尔夫器材上的合作就是一个体育界利用名人专长的经典案例。
- 渴望。消费者可能渴望仿效名人。他们会通过购买相似的品牌款式来模仿明星的行为或生活方式。例如，著名的女明星经常引领服装和发型时尚。
- 意义转移。消费者会把已知的明星特质与产品特性相联系。例如，城市中的年轻人把艾弗森这样的明星运动员当作力量的符号。像一位执行官说的那样："他来自普通城市家庭，所以消费者崇拜他。"[53]

正如最后一点所说的那样，通过消费者把名人的特征与产品的某些属性联系起来，而这些属性恰好是他们所需要或渴望的，可以提高形象代言人的有效性。

当图11-10中所显示的三个成分很好地匹配时，就能有效地促成消费者态度的改变。[54] 例如，"艾薇儿·拉维尼(Avril Lavigne)，其众所周知的配对花边连衣裙和罗马靴，会把风格带给科尔士(Kohl's)百货旗下的商店。其前卫、流行摇滚明星服装系列即根据她童年时代的昵称命名。"[55] 在这个案例中，在名人、服装系列和模仿歌手风格与个性的少女消费者之间，应有很强的匹配。然而，有时形象并不契合产品，此时应该规避。例如，汉堡王取消了它与帕尔斯·希尔顿(Paris Hilton)的会谈，因为人们认为她活泼的形象对其特许经营的产品并不合适。[56] 近期的一项研究也表明在中国体育市场代言人与产品匹配的重要性。

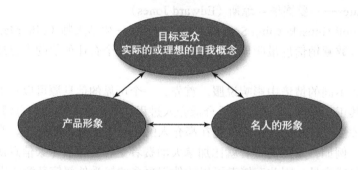

图11-10　名人形象与产品和目标受众的匹配

使用名人作为企业的形象代言人也会给企业带来一些风险，过度曝光就是其中之一。同一个人充当过多产品的形象代表，消费者对其和其所做的广告的好感就会降低。因此，营销者需要限制名人所代言的产品的数量。[57] 另一风险即代言人的负面行为会影响代言者个人的信誉，进而伤害企业的形象。[58] 百事可乐就曾出现过这样的问题，在麦当娜和迈克尔·杰克逊等名人被公众质疑后，其公司形象也有所受损。罗林斯(Rawlings，棒球手套品牌)和耐克公司在迈克尔·维克(Michael Vick)被控虐待宠物狗之后都终止了合同。[59] 为了保护自身形象，美国汽车比赛协会(NASCAR)惩罚了戴尔·恩哈特(Dale Earnhardt)，由于其在一次访谈中使用了亵渎语言。PLBS，匹兹堡一家生产Big Ben牛肉干的公司，在几次场外丑闻后引用合同的"道德条款"终止了其与Big Ben Beef Jerky的合作。

除了使用名人做形象代言外，许多企业正创造**角色代言人**(spokes-character)。[60] 虽然美国政府雇员保险公司(Geico)的壁虎和家庭人寿保险公司(Aflac)的鸭子很快就家喻户晓，但托尼老虎(Tony the Tiger)和绿巨人(Green Giant)也许是其中最著名的两个。角色代言人可以是具有活力的动物、虚拟人物、产品或其他事物。使用角色代言人的一个主要优点是企业可以完全控制，减少使用真人可能带来的麻烦，而且这种角色能成为品牌的象征，使其获得竞争对手无法轻易模仿的身份特征。图11-11展示了角色代言人如何被作为品牌标志。

图11-11

角色代言人日益流行，其既可以提高学习的可信度，还可以吸引注意力。有些还成为产品的标志。

3. 赞助

赞助（sponsorship）是指企业为诸如奥运会、音乐会等事件提供财务支持，这种方式发展很快，已经成为拥有数十亿美元的市场。[61] 北美的赞助一直在持续增长，而每年的总支出已经超过了16亿美元。[62] 一个著名的例子是北方电信（Nextel）取代温斯顿（Winston）成为美国汽车比赛协会的冠名赞助商。[63] 另一个例子是可口可乐对FIFA世界杯的体育赞助。[64] 通过赞助比赛提高企业声誉的潜力来源于快速增长的狂热粉丝。[65] 这些粉丝可能会对产品系列做出这样的回应："锐步（Reebok）支持了我最喜欢的球队，所以我要支持它。"

赞助的作用方式与名人代言一致，也就是说，被赞助的事件通常与赞助商的特质相联系。当图11-10的匹配符合时，这种联系就会更有效。然而，必须要小心谨慎，以避免不匹配而引起消费者反弹。俄亥俄州医院在将其儿童急救中心和创伤部以美洲驯鹿（Abercrombie & Fitch）命名的时候，便出现了类似的负面反应（支持者群体认为这是"对孩子不友好的广告"）。[66] 赞助的"匹配性"，在诸如法国和澳大利亚等国非常重要。[67]

最后，还需要特别注意的是，广告代言可以通过线上、线下和社交媒体等传播平台进行综合传播，以使广告的影响力最大化。

11.4.2 传播的诉求特征

正如你所期望的，诉求的性质，即信息如何传递会影响态度的形成和改变。

1. 恐惧诉求

一则广告顶部的图片是一对年轻夫妇并排倚靠在靠椅上的快照。广告标题是："我在医院里醒了，帕蒂却再也没有醒过来。"广告文案陈述了一氧化碳中毒引起的悲剧事件。包括该广告在内的一系列类似广告是为"第一警报"（First Alert）——一种一氧化碳监测器而做的。

恐惧诉求（fear appeals）强调态度和行为如果不做改变将会导致一系列令人不快的后果。尽管大多数恐惧诉求只涉及身体方面的恐惧（如吸烟引起的身体损害、不安全的驾驶等），但社会恐惧（他人对不合适的穿着、口臭、做得不合格的咖啡等鄙视的目光）也被运用于广告中。[68]

有证据表明，个体会躲避或者曲解令人恐惧的信息。同时，恐惧诉求所激发的恐惧水平越高，效果会越好。因此，使用恐惧诉求要最大化地激起人们的恐惧，但又不能引起消费者的曲解、拒绝或者回避，困难在于个体对恐惧的反应程度不同。同样恐惧程度的诉求对某个人来说可能没有激起其恐惧感，但是对另外一个人来说可能恐怖程度又过高。[69] 使问题进一步复杂化的是，仅引起恐惧恐怕是不够的。最近的研究表明，利用对负罪或后悔的情感（如，对于预防心脏病药物的广告，表现了一个家庭在其成员错过救治而最终死于心脏病的情况下生活艰难的情景），使人感到有责任采取行动，这对引起理想的行为可能是必要的。[70] 消费者洞察11-1提供了一个示例，是关于三重的态度与恐惧对雪茄消费减少的影响。

| 消费者洞察11-1 | 吓到你不敢抽烟 |

在20世纪70年代之前，抽烟是被医生甚至圣诞老人和婴儿们[71] 所推崇的一种"感觉上有助于"身体健康的习惯（因当时烟草商在盒子上放有医生、圣诞老人和婴儿的照片，让人以为这是有益无害的——译者注）。在二战时期[72]，香烟被放入C-口粮（一种湿式口粮），提供给士兵们使用。一些知名人物，包括受人喜爱的长青电视系列卡通——《摩登原始人》（The Flintstones），里头的角色像是Fred Flintstone和Barney Rubble，都曾推广过抽烟的愉悦感。[73]

现在，抽烟被认为是一个有害健康的习惯。在美国，通过在情感上、行为上和认知上同时做出的努力，加上反烟广告和提高烟价，已经成功降低了香烟的消费以及吸烟的人数。[74] 为了降低消费者对香烟的最初品牌意识（此为认知部分，即认知上可提出的物品或品牌，也就是让大家不会马上想到香烟），在1971年，美国开始禁止香烟广告出现在电视或收音机上。[75] 为了让大众更少接触吸烟环境，38个州禁止在公众场合吸烟，如像餐厅、办公室、电影院等（此为行为部分）。[76] 在1984年，为引起对吸烟的害怕（此为情感部分），烟草商被要求在烟盒上要放置警告标志，来警惕大众吸烟可能造成的伤害。[77]

近年来，美国被建议跟上40个其他国家（包含泰国、英国、加拿大等）的脚步，倡导用生病的肺、烂牙等图片当作健康警告标志，作为一种预防、减少甚至消除烟草消费的辅助技术。[78] 这个方式是比以前讨论设计的方案更为严重可怕的恐惧呈现形式，直接通过情感方面进行操作（虽然它看来似乎也是一种非直接的操作，通过思想与行为上的级联效应）。在持续使用这个方法的不同国家中，研究指出那些图片意象有助于减少吸烟的意愿以及预防初次使用。[79] 在美国制定这样的要求是否会产生相似的结果仍存在争议。但法院最近已宣称，要求烟草商印那些图像违反了第一修正案的言论自由。[80]

烟草商与政府法规机关现在正对最近出现的电子烟争论不休，一个看起来像香烟的电池装置，通过蒸发液体溶液来提供尼古丁或无尼古丁的无烟调味品。这个物品太新颖以至于无法确定是否有化学上的危害，但它的增长是如此的快速而无法忽视。烟草商通过购买电子烟生产公司（2012年，Lorillard以1.35亿美元收购Blu公司；2014年，Altria宣布以1.1亿美元收购Green Smoke公司）或发展它们自己的电子烟品牌（像MarkTen和Vuse）来对冲其投资。因为没有充分的信息说明电子烟会制止还是吸引对传统香烟的消费，以及它们的长期效果是否比传统香烟危害更小，政府监管机构也陷入尴尬的境地。[81]

电子烟是研究有关新产品态度形成的有趣案例。公司营销（认知成分上）安全的产品，消费者却是复杂的、具有个人主义倾向（情感成分），哪种最可能在将来成为驱动消费者的主要因素？由于缺乏资讯与研究资料，政府监管部门发现对新的烟碱传输设施形成新的看法是相当有难度的。正如我们所看到的，对产品的态度对于消费者、营销者和政府监管部门都是相当重要的。

思考题

1. 在美国禁止吸烟时，有哪些态度成分被使用了？
2. 利用你对恐惧诉求的认知，你认为图像广告能比口头警告更有效果吗？
3. 利用本章的信息寻找并评估一则电子烟的广告。

考虑图11-12，这则Internet Segura的广告是对恐惧诉求的有效运用吗？

恐惧诉求常被指责为不道德，且批评集中在口臭、体味、头皮屑或不洁衣着等社会焦虑的广告诉求上，因为这类广告表达的焦虑是没有必要的；也就是说，广告中声称将发生的伤害，事实上并不真的具有很大的伤害性。而那些试图让人们远离毒品，避免诸如一氧化碳中毒之类的广告，尽管使用很频繁而且恐惧程度也较强烈，却较少受到批评。[82]

图 11-12

像本图中Internet Segura的恐惧诉求，能够在构造、增强和转换态度上起作用。但运用该诉求之前需要斟酌可能存在的伦理问题。

2. 幽默诉求

幽默诉求（humorous appeals）与恐惧诉求恰恰相反。[83] 基于幽默诉求的广告是为了吸引注意力，使观众更喜欢该广告，特别是对幽默有高需求的个体而言。[84] 这同样也能提高对品牌的态度。[85] 如果幽默能与产品或者品牌相联系，并且使目标市场的观众体会到这一点就能取得更好的效果。[86] 图 11-13 显示一个广告成功运用幽默的例子。

此外，幽默还有以下作用：

士力架——"饥饿的时候，你就不是你了。"贝蒂·怀特在一场足球比赛中抱怨道，后来朋友递给他一条士力架，他吃过之后立即做回了他自己。这则广告在美国橄榄球超级碗大赛上反复出现，并且获得了《今日美国》的广告设计奖。[87] 幽默之处在于该广告说明饥饿如何使人变得暴躁不安，而士力架恰巧能够消除饥饿。

尽管通常我们建议幽默要直接与产品或者品牌相联系，但是企业使用联系并不紧密的幽默也可取得成功（美国政府雇员保险公司在其"壁虎"广告活动中反其道而行，同样获得了成功）。在这种情况下，幽默吸引了注意力，并且可通过经典性条件反射或激发对广告本身的态度等方式，将积极的情感回应转移到品牌上。[88] 幽默广告同样具有风险。幽默的含义随着个人、文化和情境的不同而不同。[89] 被视为贬低和侮辱的幽默常常会降低公司的形象和销售额。

3. 比较广告

比较广告（Comparative Ads）直接将两个或更多品牌的特性和利益（见图 11-14）进行比较。与其他广告相比，比较广告在吸引注意力，提高信息和品牌的知觉程度，激发信息处理水平，形成正面的品牌态度，增强购买意向和行为方面更为有效。但也降低了信息源的可信度，减少了消费者对该广告的喜欢程度。然而，比较广告并不总是体现上述优点，有时也可能给品牌带来负面效果或者给竞争品牌带来正面反应。[90] 目前获得的证据表明，比较广告应该遵循以下几点。[91]

图 11-13

幽默常在广告中使用以吸引注意或转变态度。

图 11-14

比较广告在非知名品牌态度转换上可能十分有效。

- 比较广告在宣传新的或比较小众的品牌，尤其是有强烈的产品特征能开创品牌的地位，或是利用组织更新其形象时特别有效。当需要建立的品牌使用比较广告时，看起来都是在保卫自己的品牌。这个点在对照的品牌形象特别负面的时候尤其正确。

- 比较广告的内容如果被可信赖的来源证明，其效果会更好，可能在确立产品地位或提升产品形象方面很有效。
- 广告受众的特点，特别是受众对广告品牌的忠诚度很重要，使用或拥有被比较的竞争品牌的人倾向于抵制比较性内容。
- 由于人们认为比较性广告比非比较性广告更有趣（也许更"令人不快"），所以产品相对变化不大以及非比较性广告显得不再有效时，比较性广告可能会更有效。
- 印刷媒体似乎更适合做比较广告，因为它有助于消费者进行更全面的比较。
- 部分具有偏向性的广告必须小心，因为可能引起误解。具有倾向性的比较广告包含了比较和非比较信息，有可能使消费者相信其品牌在所有属性而不只是在某些比较属性上比竞争品牌好。

4. 情感性诉求

情感性广告（emotional ad）的使用率正在增长，其目的主要是建立积极的情感反应，而不是提供产品信息或购买理由。我们在第10章看到，那些激起温馨感的广告能引起一种生理反应，比中性广告更受喜爱，并使消费者对产品产生更积极的态度。情感性广告能通过增加以下内容促进态度的形成和改变：[92]

- 吸引和保持受众注意力，从而提高品牌回忆。
- 对广告本身的喜爱。
- 经由经典性条件反射形成对产品的喜爱。
- 经高介入度的信息处理而形成对产品的喜爱。

正如我们在前文中讨论的，一个情感型广告是否经由经典性条件反射或是通过高介入度的分析过程影响态度，取决于情绪对评价产品关键属性的相关性。对于成名品牌或拥有大量使用者的品牌，情感性广告比理性或是信息性广告更为有效，这也许是因为大量使用者对品牌已经建立起关于属性信息的知识基础，使得情感成为更有差异性的属性。

另外，对品牌重度用户（而非轻度用户）和市场中的著名产品而言，情感性广告比理性或告知性广告更为有效。这可能是因为重度用户和著名品牌已经拥有属性信息知识，使情感成为一种更具吸引力的独特因素。[93] 图11-15中保护动物协会的广告"狗狗是人的礼物而不是好战者"的广告便引发了情感的回响。

5. 价值表现诉求与功能性诉求

价值表现诉求（value-expressive appeals）试图为产品建立一种个性或为产品使用者创造一种形象。**功能性诉求**（utilitarian appeals）则侧重于向消费者说明产品的某种或多种对他们很重要的功用。那么，在何种情况下哪一种表现形式更好呢？

理论和实践两方面的证据都表明，功能性诉求对于实用性产品较有效，价值表现广告对于表现价值的产品较有效；也就是说，对于草坪肥料一般不应采用形象广告，对于香水一般不应采用事实性广告。[94] 但是对于诸如汽车、化妆品、服装这类既有实用功能又体现价值功能的产品，就很难确定使用哪一种诉求了。针对这种情况，有些营销者同时使用两种诉求。图11-16展示了一个包含两种方式的例子。在两则广告中分别运用了哪些诉求？

研究显示，网站上的旗帜广告对上述两种类型的产品宣传应当有所差异。对于功能性产品，旗帜广告主要是将消费者引导到信息更丰富的广告或网站上；而对于价值表达型产品，旗帜广告要通过广告本身影响人们的态度，而不是引导点击目标广告。[95]

11.4.3 信息的结构特征

1. 单面信息和双面信息

在广告和销售展示中，营销者往往只展现产品好的一面，根本不涉及产品可能具有的负面特征或某个竞争产品可能具有的优势，这类信息就是**单面信息**（one-sided message），因为只表现了一个方面的看法。而**双面信息**（two-sided message）同时展现出产品好和不好两个方面，是一种反直觉的做法，大多数营销者不愿意尝试这种做法。但是，如果用以改变消费者已有的强烈态度，双面信息往往比单面信息更加有效，其中一个原因是，它是难以预期的，并能在广告中增强顾客的信赖。而且，双面信息对于受教育程度高的消费者特别有效，单面信息则在巩固已有态度方面较为有效。不过，产品的类型、环境因素和广告形式都会影响这两种信息的相对有效性。[96]

图　11-15

如图所示的广告能激发某些人强烈的情感回应。这些情感回应常常促进态度转变。

图　11-16

诸如 Ballistic 钱包中的功能性诉求通常对实用性产品最有效；诸如 Sally Hansen 中的价值表现诉求通常对提高身份或提供一些隐性好处的产品最有效。

2. 正面和负面框架

信息框架（message framing）指的是通过正面或负面方式展示两个价值等同的结果。目前有许多种信息框架，其表现方式类型影响着负面表述还是正面表述更为有效。[97] 最简单的信息框架为**属性表述**（attribute framing），即只关注一个属性。一个经典的例子是描述一块肉含80%的瘦肉（正面描述）还是20%的肥肉。在"属性表述"情境中，正面的表述会带来正面的评价，因为它强调了特定属性中好的方面。

目标框架（goal framing）指"广告信息是强调行为所带来的正面结果还是不作为所带来的负面结果"。[98] 行为可以是购买特定品牌，进行一年一度的 X 光拍照等。上述两个行为都会给消费者带来利益。在正面框架中，行为的利益被强调；而在负面框架中，不行动的负面后果被强调。在目标框架情境下，负面框架通常更为有效，因为消费者具有规避风险的倾向，而负面框架会强化风险感。

框架效应可以随着产品、消费者和情境的不同而不同。所以，决定使用负面还是正面框架要基于对特定产品和市场研究的基础上。[99]

3. 非语言成分

在第9章，我们讨论图片是怎样提升形象、帮助顾客了解产品的。图片、音乐、超现实主义的作品，以及其他一些非语言的符号都能有效地改变态度，如情感性广告便主要或完全依靠非语言的内容激发情感反应。除了影响感情，广告的非语言成分（nonverbal components）也能影响消费者对产品的认识。例如，显示在运动后饮用饮料的广告，能够提供关于该产品的恰当使用场合的信息，而且远较"适于运动后饮用"之类文字语言所传递的信息准确。非语言成分可以影响态度的情感和认知或是同时影响两个方面。

11.5　以态度为基础的市场细分和产品开发策略

11.5.1　市场细分

识别细分市场是市场营销的一个关键方面，恰当的营销策划应该围绕每个细分市场的独特需要设计。产品不同属性的重要程度是界定消费者对产品大致需求的一种方法。根据最重要的产品属性来划分市场的方法被称为**利益细分**（benefit segmentation）。[100]

为了界定利益细分市场，营销者需要知道某个产品或服务的各相关特性对于消费者的重要性。然后，可以将追求相同或相似产品功用的消费者（他们对于产品重要特性的排序是相似的）划入同一个细分市场。为了给每一个细分市场提供一种较全面的描述或图景，还需要获得关于消费者方面的一些其他信息。一旦知道了每个细分市场所追求的产品利益以及各细分市场的特征，就可以对每个细分市场制订和实施独特的营销计划。

11.5.2 产品开发

产品主要属性对消费者的重要程度提供了了解消费者需要和据此进行利益细分的有益途径，而每一属性的理想功效水平反映了消费者所希望或期待的需要满足状况。因此，各属性的理想功效水平能为开发产品或改进现有产品提供有价值的指导。

为了说明理想功效水平如何用于产品开发，图11-17描述了可口可乐如何运用这一方法开发一种新型软饮料。[101] 该方法的第一步是测量特定细分市场特别重视的关键属性的理想功效水平。例如，对某种软饮料，四个关键属性被识别出来，经由消费者评定，可得出每一属性的平均理想功效水平。如果消费者对某一特定属性给出的理想值起伏范围很大，则需对市场进一步细分，如图11-17a所示。

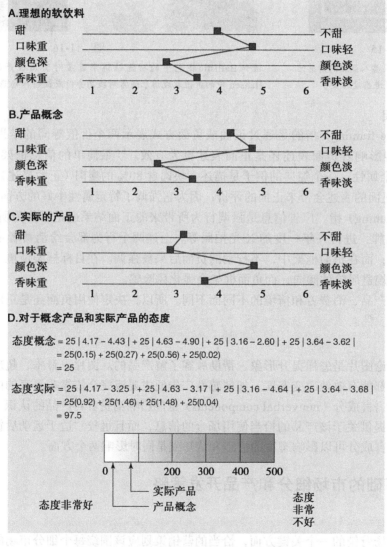

图11-17 在产品开发中运用多属性态度模型

注：评分采用6分制。

第二步是创造一种最接近于理想产品的概念产品，该概念产品可以是语言性描述、图样或实体原型。图 11-17b 显示，被测试的消费者对可口可乐所提供的概念产品的评价是相当接近于他们所认为的理想水平的，只是颜色稍微深了一点。

第三步是将概念产品转化为实际的新产品。当这一步完成后，可口可乐实际提供的新产品在消费者看来，既不同于概念产品，也不同于他们心目中的理想产品，见图 11-17c。虽然该新产品也获得了消费者的较好评价，却比概念产品的得分低，见图 11-17d。看来，新产品还有待进一步改进和完善。以这些信息为基础，管理者可以在新产品推向市场之前对其进一步改进，使之更接近消费者心目中的理想产品。该过程也可以运用于广告、包装或零售商店的设计中。

小结

1. 了解态度及其作用

态度是我们对环境的某些方面的想法、感觉和行动倾向，在本章中我们做了深入探讨，它影响并且反映了个体的消费方式。

2. 总结态度的三个构成成分

态度有三个构成成分：认知、情感和行为。认知成分包括个体关于态度对象的信念或知识，通常可以用多属性态度模型来测量。情感成分是对态度对象的感觉或情感反应。行为成分是对态度对象具体属性或整体的明显行为倾向或行为意向。总体来说，态度的三个组成成分倾向于彼此保持一致。

3. 讨论与态度组成成分相关的改变态度策略

改变态度的策略可以侧重于情感、行为、认知或其组合。改变情感往往要依赖于经典性条件反射，改变行为则更多的依赖于操作性条件反射。改变认知则要涉及信息处理和认知学习。情感和情绪是否能在高介入度下影响态度取决于决策的相关性。而且，拥有强烈态度的消费者会通过怀疑、忽略或遏制等方式来抵制品牌攻击（态度改变策略）。

4. 描述 ELM 模型

ELM 模型是关于不同介入程度下态度是如何形成和改变的理论。ELM 模型认为，不同的沟通策略的有效性取决于消费者的参与程度。一般而言，在高介入情况下，提供详细、真实的信息（核心线索），沟通会非常有效。而在低介入情况下，消费者经由边缘路径处理信息，此时提供有限的信息，并且依赖简单的情感和认知线索，如音乐、图画和广告中的人物等，沟通效果会更好。ELM 得到了广泛支持。然而，什么被认为相关则取决于情境（有吸引力的模特和头发是洗发水广告的"中心"线索，但在汽车广告中它们则是"边缘"线索）。此外，即使在高介入度情况下，竞争的性质也可以提升边缘线索的作用。

5. 简述信息源来源、诉求和信息结构对态度的影响

三个传播特征对态度非常重要，它们是信息源特征、信息诉求特征和信息结构特征。就信息源特征来说，信息源的可靠性由两个基本的层面组成：可信度和专长。当目标市场的消费者认为信息的来源高度可靠时，信息就容易对他们的态度施加影响。名人被广泛聘请作为产品或企业的形象代言人，当他们的形象与产品的个性以及消费者本身具有或渴望的形象相符合时，这一策略将更为有效。

用于影响态度的广告诉求很重要，形式也很多。恐惧诉求强调态度或行为不做改变将产生的负面后果。幽默诉求对态度的影响也十分有效，不过，幽默内容必须契合品牌或产品的卖点或诉求点。比较广告也不时被运用，这类广告对于具有强烈功能优势的不知名品牌最有效。企业是使用价值表现广告还是功能诉求广告，取决于品牌或产品是满足消费者的价值表现需要还是功能性需要。当某种产品同时满足这两种需要时，选择就比较复杂。情感型广告被证明能有效地影响消费者对广告本身和产品的态度。

信息结构有三个层面。单面信息和双面信息能够增加信任和信息被接受的程度，但其效果取决于目标消费者的特征和他们所处的情境。信息框架效应——用正面或负面方式呈现两种等价结果之一种，取决于框架类型。正面的属性框架似乎效果最好，而负面的目标框架最为有效。广告的非语言成分，诸如图片、超现实主义象征和音乐也能影响态度。

6. 讨论态度在市场细分和产品开发中的应用

消费者的评价、感受和对特定产品属性的信念，是进行市场细分，制定利益市场细分策略、新产品开发策略的基础。

关键术语

审美诉求（aesthetic appeal）
情感成分（affective component）
矛盾态度（ambivalent attitude）
态度（attitude）
属性表述（attribute framing）
行为成分（behavioral component）
利益细分（benefit segmentation）
认知成分（cognitive component）
比较广告（comparative ads）
ELM（elaboration likelihood model）
情感性广告（emotional ads）
恐惧诉求（fear appeals）
目标框架（goal framing）

幽默诉求（humorous appeals）
单纯接触（mere exposure）
多属性态度模型（multiattribute attitude model）
信息框架（message framing）
单面信息（one-sided message）
信息源的可靠性（source credibility）
角色代言人（spokescharacter）
赞助（sponsorship）
证言式广告（testimonial ad）
双面信息（two-sided message）
功能性诉求（utilitarian appeals）
价值表现诉求（value-expressive appeals）

复习题

1. 什么是态度？
2. 态度的功能是什么？
3. 态度的组成成分是什么？
4. 什么是多属性态度模型？
5. 什么是态度矛盾？
6. 用什么策略可以改变以下态度成分？
   a. 情感成分
   b. 行为成分
   c. 认知成分
7. "单纯接触"是什么意思？
8. 什么是 ELM？
9. 消费者可以使用什么策略来抵制说服？消费者最愿意使用哪种策略？
10. 信息来源的哪两个特性会影响信息改变态度的能力？描述它们。
11. 什么是信息源的可靠性？信息源的可靠性由什么决定？
12. 为什么名人信息源有时很有效？使用名人信息源会带来什么风险？
13. 举出一项能影响或改变态度的诉求所具备的五种可能特征并描述它们。
14. 恐惧诉求总能有效地改变态度吗？为什么？
15. 幽默诉求应该具有哪些特点？
16. 情感性诉求的有效性如何？为什么？
17. 比较性诉求的有效性如何？为什么？
18. 什么是价值表现诉求和功能性诉求？各在什么情况下运用比较合适？
19. 信息结构的哪三个特点会影响信息改变态度的能力？
20. 正面信息表述和负面信息表述的含义是什么？正面表述与负面表述的有效性如何随目标表述和属性表述变化？
21. 广告有哪些非语言成分？它们对态度有什么影响？
22. 什么时候双面信息比单面信息更有效？
23. 态度如何指导新产品开发？
24. 什么是利益市场细分？

讨论题

25. 你会运用多属性态度模型的哪种表达式和哪些属性测量学生对于以下事物的态度？说明理由。
    a. 学生健康系统
    b. 塔吉特商店
    c. 混合动力汽车
    d. 宠物猫
    e. Amp
26. 回答消费者洞察 11-1 中的问题。
27. 假设你想在大学生中提高或促成他们对以下事物的积极态度，你会主要侧重于情感、认知还是行为成分？
  a. 美国防止虐待动物协会（ASPCA）
  b. 铃木汽车
  c. 有机鸡蛋
  d. 水上滑冰（sky diving）
  e. 酒后禁止开车
  f. 使用巴士进行本地区旅游
  g. Oreo 饼干
  h. 志愿参与人类家园国际组织

28. 假设你使用多属性态度模型设计出一种水果碳酸饮料，并且在美国获得了成功。你能在以下国家中使用相同的模型吗？如果不能，应该怎么改变？
  a. 印度
  b. 智利
  c. 卡塔尔

29. 假设你想在大学生中形成对吸烟的强烈反对态度。
  a. 你将侧重于态度的哪种成分？为什么？
  b. 你将使用什么特征的信息？为什么？
  c. 你将使用哪种类型的广告诉求？为什么？

30. 为了提升大学生对以下事物的积极态度，你将使用具有哪些传播特征？
  a. 黑莓手机装置
  b. 李维斯
  c. 本地庇护所的志愿者
  d. Gmail 邮件
  e. MADD
  f. 漂流

31. 用恐惧诉求广告提高对以下产品的需求是否道德？
  a. 少年使用的润色药物
  b. 成人使用的去屑洗发水
  c. 老年消费者使用的急救设备
  d. 年轻妇女使用的减肥药片

32. 对第27题中的每种产品列举出两个合适的和两个不合适的名人代言人。

33. 你认为下列活动的观看者能被区分为哪些利益细分市场？
  a. 现场援助（Live Aid）音乐会
  b. 美国汽车比赛协会
  c. 大型艺术博物馆
  d. 蓝牙耳机

实践活动

34. 找到并复制两则分别侧重于情感和认知成分的杂志或报纸广告，讨论每则广告的方法和效果以及营销者为何使用这些方法。

35. 从功能和价值表现诉求方面重新讨论上一题。

36. 找到一个运用幽默诉求的电视广告。访问五个外班的学生并测量他们：
  a. 是否知道这则广告
  b. 回忆广告中的品牌
  c. 回忆广告中的相关内容
  d. 对广告的喜爱程度
  e. 对品牌的偏好程度
  f. 广告品牌的偏好

37. 描述一则使用以下方法的杂志或电视广告，评价其效果。
  a. 审美诉求
  b. 信息源可靠性
  c. 名人信息源
  d. 证实性广告
  e. 恐惧诉求
  f. 幽默诉求
  g. 情感诉求
  h. 比较方式
  i. ELM
  j. 双面信息诉求
  k. 正面表述
  l. 负面信息表述

38. 测量一个学生对以下事物的理想信念和权重。分析这些理想信念和权重，然后对新品牌的这些可以满足这个学生需要的属性进行语言描述（即概念），最后测量该学生对概念品牌的态度。
  a. 太阳镜
  b. 温泉
  c. 汽车
  d. 信用卡
  e. 笔记本电脑
  f. 慈善团体

39. 用多属性态度模型评价10个学生对以下事物的态度并测量他们对这些事物的行为。态度与行为一致吗？解释它们的不一致性。
  a. 电视剧节目

b. 体育饮料
c. 健康餐
d. 快餐店
e. 锻炼
f. 快餐店

40. 以学生为目标市场，为以下事物设计两则广告，分别侧重于认知成分和情感成分：
   a. 佳洁士美白牙膏

b. 丰田普锐斯
c. 红牛饮料
d. 减少吸烟
e. 增加锻炼
f. 汉堡王

41. 运用功能性诉求和价值表现诉求，重做上题。
42. 针对某个产品属性，用正面和负面表述方式表现。邀请五位同学对此做出反应，你得出什么结论？

第 12 章

自我概念与生活方式

学习目标

1. 描述自我概念及测量方法以及怎么把它用到产品定位中。
2. 描述生活方式以及它与自我概念和消费心理学的关系。
3. 解释生活方式的分类,并依据生活方式总结豪华跑车和技术上的分类。
4. 解释一般性生活方式,并依据生活方式总结 VALS™ 与 PRIZM® 的分类。
5. 讨论国际生活方式和其中一个细分市场。

在第 2 章中,我们认识了一类有着相似价值观和消费模式的跨文化群体——全球青年。现在,开始有研究关注另一个有着相似奢侈品消费习惯的群体——全球精英。奢侈品消费市场每年有着 2 万亿美元的销售额,并且还在持续上涨。古驰(Gucci)、阿玛尼(Armani)和路易·威登(Louis Vuitton)等品牌正激烈地争夺着全球时尚市场的份额。对美国、韩国以及欧洲的女性消费者的研究发现,有四种时尚生活方式的细分市场。这些细分市场和特点如下:[1]

炫耀性消费者(19%):钟爱有声望的品牌,珍视奢侈品牌所赋予她们的地位。炫耀性消费者很在意别人对她们的看法,她们对价格不敏感,为得到奢侈品愿意做出牺牲,并坚信奢侈品的质量比其他品牌好,她们不会搜索她们不知道的品牌。营销的重点应当是声望与地位。

信息搜寻者(27%):同样想要奢侈品牌,但是会花大量的时间去搜寻相关信息,包括那些她们并不大了解的品牌。她们这样做是为了紧跟时尚和流行趋势,这是她们十分感兴趣的。营销的重点是质量和时尚。

感觉搜寻者(30%):热衷审美时尚。对她们来说颜色很重要,她们坚信自己"有着时尚的眼光"。与信息搜寻者相比,她们不容易受到时尚信息的影响,因为她们坚信自己懂时尚。营销的重点是引人注目和协调的时尚。

功利消费者(25%):喜欢舒适而兼具功能性的衣着。她们认为选购衣物是件琐事,这与前三种热衷购物而又追求时尚和奢侈品牌的消费模式截然不同。她们对价格很敏感。营销的重点应当是功能和价格。

同时该研究还指出,消费者对时尚广告的反应更容易受其购物生活方式类型的影响,而非她来自哪个国家或她的出身。举例而言,同属于炫耀性消费者,不管是来自美国、韩国或者欧洲,她们对时尚广告和奢侈品牌的反应的相似程度大于与其来自相同国家却分属不同细分市场的消费者。这种跨国度的相似性为这样一个观念提供了强大的支持,即全球精英消费者可以根据相似的消费方式划分,而非根据她来自哪个国家,就如达美航空公司的"升舱"广告所展示的那样。

在这一章里,我们将要讨论生活方式的含义及其在制定营销战略方面的作用。在许多情况下,生活方式是一个人自我概念的外在表现。也就是说,在既定的收入和能力约束下,一个人选择什么样的生活方式,在很大程度上受到他现在的和期望的自我概念的影响。因此,这一章将从自我概念入手,进而阐述生活方式及其度量方法，并给出如何运用生活方式制定市场营销策略的例子。

12.1 自我概念

自我概念（self-concept）是指个人将其自身作为客观对象所具有的所有思想和情感的总和，是个人的自我感知或情感指向。也就是说，自我概念是由对自己的态度构成的。

自我概念可以划分为四个基本部分，如表12-1所示：实际的自我概念、理想的自我概念、个人的自我概念和社会的自我概念。**实际的自我概念**（actual self-concept）指"我现在是什么样"，而**理想的自我概念**（ideal self-concept）则指"我想成为什么样"。**个人的自我概念**（private self-concept）指"我如何做自己"或"我想如何做自己"，而**社会的自我概念**（social self-concept）则是指"别人怎样看待我"或"我希望别人怎样看我"。

表12-1 消费者自我概念的不同维度

自我概念的维度	实际的自我概念	理想的自我概念
个人的自我	我实际上如何看自己	我希望如何看自己
社会的自我	别人实际上如何看我	我希望别人如何看我

12.1.1 依赖型/独立型自我概念

无论在何种文化中，自我概念都很重要。然而，自我概念中哪些方面最有价值，哪些方面最可能影响消费行为，则随文化不同而有所差异。研究发现，将自我概念分为两种类型——独立型和依赖型是非常有用的。[2]

独立型自我概念基于西方占统治地位的文化观念：个人生来都是独立的。**独立型自我概念**（independent self-concept）强调的是个人目标、个性、成就和欲望。具有独立自我概念的个体倾向于个人主义、自我中心、自主、自我依靠和包容。他们以自己做过什么、有什么、自己能与别人相区别的特征来定义自己。[3]

依赖型自我概念更多的基于亚洲文化，基于这种文化的人信奉人们相互联系、相互依存的信念。**依赖型自我概念**（interdependent self-concept）强调家庭、文化、职业和社会关系。具有依赖型自我概念的个体倾向于服从，以社会为中心，注重整体和协同，并以关系为导向。他们通过自己的社会角色、家庭关系和交往圈来定义自己。

独立型和依赖型的自我概念并非毫无联系，相反，二者被用于描述占大多数的连续的文化形态中的两个极端。然而，就像我们在第2章所强调的那样，绝大多数文化具有异质性。因此，即使在一种特定的文化下，不同的亚文化及不同群体间仍然会有所不同，个人亦如此。[4]例如，跨文化下的女性较男性更多的表现出依赖型的自我概念。[5]

研究发现，个体或文化是倾向于独立型还是依赖型自我概念的程度变化，对消费者的信息偏好、奢侈品消费和产品类型的喜好均有重要影响。例如，强调独立和自主的广告对具有独立型自我概念的消费者可能更为有效，而强调团队精神的广告对具有依赖型自我概念的消费者会更加有效。[6]图12-1中的广告对独立型自我概念占主导的消费者有效。

然而，需要注意的是，广告本身可以彰显自我概念，至少对于一些消费者而言其特点是显著的。对中国某一代消费者的研究发现，个性化的广告使得独立型自我概念突出，而集体主义的广告使得依赖型

图 12-1

当广告的诉求与其目标市场中占主导地位的自我概念相符合时，广告的效果最佳。这则广告对于在西方文化中普遍的具有独立型自我概念的消费者有效。

自我概念更为显著。如果把消费者看成是年轻且是二元文化的，并常常在传统与新兴的价值观体系中寻求定位的话，这个发现是非常有意义的。因此，在一个既定的价值观体系里，广告能够改变相应比重。[7]

12.1.2 所有物与自我延伸

某些产品对于一个个体来说具有相当丰富的含义，或者被用来象征这个人本身相较于他人而言某些特别重要的方面。贝尔克（Belk）发展了一个被称为**自我延伸**（extended self）的理论来解释这种现象。[8] 自我延伸由自我和所有物（self plus possessions）两部分构成，也就是说，人们倾向于部分地根据自己的所有物来界定自我。因此，某些所有物不仅是自我概念的外在显示，同时也是构成自我认同的必需部分。从某种意义上说，一个人就是他所拥有的东西。如果丧失了那些关键性的所有物，这个人将成为不同的或另外的个体。[9]

这些关键所有物可能是一些大件物品，例如某人的房子或者汽车；也可能是一些具有某种独特意义的小件物品，如一个纪念品、一张照片、一只宠物或者一个自己喜爱的平底锅。这些东西对于个体的含义超出了其市场价值。一些消费者在自然灾害中失去了原来拥有的财物，但是由于购买了足够的保险而可以重新购置。下面是他们的陈述：

> "是的，我们得到了更好的东西，但是它们对我们来说没有什么意义，只是一样东西而已。"
>
> "你不可能找回或者替代你曾经拥有的东西，它太个人化了——它是定制的。"[10]

产品会因为各种各样的原因而成为自我延伸的一部分。纪念品因为代表了记忆，凝聚着情感，通常成为自我延伸的一部分：

> "你说不出巴黎是什么样子……你知道，很多东西都只是感觉，你是不能用语言或图片来表达的……它们（一个帽子和一件衬衣）只是提醒你的回忆的东西而已。"
>
> "那次旅行确实令我终生难忘，我发现了真正的自我。你知道，我学会了独立自主地做事。我真的没有钱去买这个（项链和神奇的飞镖），但是我打定主意要得到一些具有永久意义的东西……这个飞镖让我有种故地重游的感觉。"[11]

礼物经常作为联系的标志而具有重要意义。

> "那枚戒指是我的祖父留给我的礼物……直到现在，每当我看到它，我仍会想起它陪伴祖父度过的日子，还有它在第二次世界大战中随海军周游世界的历程。"
>
> "这个钥匙链之所以很特别，是因为即使现在，每当我看到它，都会想起送我这个礼物的人，它激起了我美好的回忆和感觉，它是我们友谊的象征，保持了我们之间的联系。"[12]

某些产品会因为长时期使用而慢慢沉淀某种意义、回忆和价值，比如一只旧的棒球手套。有时，一次与某产品如山地车相关的"令人兴奋的体验"或"高峰体验"，就可能使该产品成为自我延伸的一部分。**高峰体验**（peak experience）是指超越通常的强度、意义和内涵，使人产生兴奋和自我满足感的体验。[13] 那些帮助消费者经历重大生活变动（离开家、第一份工作、结婚、小孩等）的产品，很可能成为自我延伸的一部分。[14]

自我延伸也可以与非实体产品相关，如运动（打高尔夫）、其他人（最好的朋友）、电视节目（《星际迷航》）以及球队（绿湾包装工队，Green Bay Packers）。

市场已经开发出一种量表来度量一件物品与自我延伸的关联程度。[15] 它是一种李克特量表（Likert scale，见附录A）。在这一量表下，要求消费者写出对以下陈述的同意程度（在一个7点量表的强烈同意到强烈不同意之间选择）：

1. 我的_____帮助我取得了我想拥有的身份。
2. 我的_____帮助我缩短了现在的我和理想的我之间的距离。
3. 我的_____是我身份的核心。

4. 我的_____是现实自我的一部分。

5. 如果我的_____被偷了,我将感到我的身份从我身上被剥离了。

6. 我的_____使我获得了我的一部分身份。

即使不是个人自我延伸的一个重要组成部分,拥有一件产品仍然会对一个人产生影响。**纯粹拥有效应**(mere ownership effect)是指拥有者对某件产品的评价高于非拥有者的倾向。这种效应在获得某种东西之后会立即出现,而且随着拥有时间的增加而强化。所以,人们倾向于在得到一件产品后比得到之前赋予它更高的价值。同时,相对于别人拥有的同样或类似物品,人们更倾向于高估自己所有物的价值。[16]

某个品牌能否被视为自我延伸的一部分,会受到**品牌参与**(brand engagement)的个体差异的影响。品牌参与是指消费者将某重要品牌视为自身一部分的倾向。常被用来测量品牌参与的题目包括"我会永远记住我喜欢的品牌""我常常能感觉到我和品牌之间有着某种关系""我人生中重要的品牌可以定义我的一部分"[17]。研究显示,实用主义可以很好地预测品牌参与。该研究还表明,有着高度品牌参与的消费者对那些品牌标识较为突出的产品更为钟爱。

在本章开篇引言涉及的几个细分市场中,你认为哪些消费者有最高水平的品牌参与和物质主义?对于这样的消费者,什么样的标志设计最为重要?请阐释。

自我延伸的概念和纯粹拥有效应对营销策略的制定具有很多启示。其中之一是,促使潜在消费者想象自己拥有某个产品可能会提高消费者对产品的评价。同样,免费样品和其他试用活动也会有类似的效果。

12.1.3 自我概念的测量

市场营销中要运用自我概念,就必须对其进行测量。最常用的测量方法是语意差别法(见附录A)。马尔霍特拉(Malhotra)提出了15对相对的形容词,这些形容词可以运用在很多不同的场合。如表12-2所示。这些形容词在描述理想的自我、实际的自我和社会的自我概念以及汽车和名人形象方面非常有效。尝试运用这一量表,确定你的实际的自我、理想的自我和社会的自我概念。

表12-2 测量自我概念、个人概念和产品概念的量表

1. 粗犷的							精细的
2. 易激动的							沉着的
3. 不适的							舒适的
4. 主宰的							服从的
5. 节约的							奢侈的
6. 愉快的							不快的
7. 当代的							非当代的
8. 有序的							无序的
9. 理性的							情绪性的
10. 年轻的							成熟的
11. 正式的							非正式的
12. 正统的							开放的
13. 复杂的							简单的
14. 黯淡的							绚丽的
15. 谦虚的							自负的

资料来源:N. K. Malhotra, "A Scale to Measure Self-Concepts, Person Concepts, and Product Concepts," *Journal of Marketing Research*, published by the American Marketing Association; reprinted with permission. November 1981, p. 462.

这一工具可以被用来确定目标市场的自我概念（实际的自我和理想的自我）、品牌形象与广告代言人特点之间是否匹配。例如，在与塞雷娜·威廉姆斯（Serena Williams）签订长期合同时，耐克公司无疑考虑到了年轻女性所期望的自我概念与耐克女性运动服系列的理想形象，以及塞雷娜的形象之间的匹配关系。[18]

12.1.4　运用自我概念定位产品

为了获得理想的自我概念或保持实际的自我概念，人们常常会购买并消费相关的产品、服务和媒体。[19]图 12-2 描述了这一过程。然而这张图更多的是表明一个有意识的和深思熟虑的过程，而多数情况并非如此。例如，一个人可能会为了追求苗条的自我形象而喝健怡可乐，但却不大可能按照这一过程来考虑自己的购买行为。然而，正如下面的陈述表明的那样，人们有时也会这么想：

"我觉得如果你通过正确的方式表达你自己，人们将会开始注意到这一点。但是这又会反过来影响到通过合适的服装以及漂亮的发型来获得的形象和自我价值……保持外在的良好形象也会最终促进内在情感的稳定。"[20]

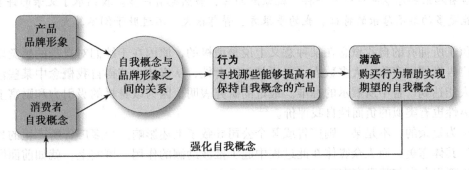

图 12-2　自我概念与品牌形象的影响关系

所有这些都提示营销人员应该努力塑造产品形象，并使之与目标消费者的自我概念相一致。[21]虽然每个人的自我概念是独一无二的，但不同个体之间也存在共同或重叠的部分。例如，许多人都将自己视为环境保护者，某些以环境保护为诉求的公司和产品更有可能得到这类消费者的支持。

消费者不仅通过消费某些产品，还通过避免消费某些产品来保持并强化其自我概念。[22]有些消费者会避免消费某一类产品（如红肉）或品牌（如耐克）来保持"我是谁"的自我概念。

一般来讲，消费者倾向于购买那些与其自我概念相一致的品牌。然而我们必须认识到，自我形象的一致性对品牌偏好和选择的影响程度受到产品、情境和个人等很多因素的制约。首先，自我形象的一致性更多的与具有象征意义的产品（如香水）相联系，而与具有效用价值的产品（如车库门锁）的关联则较弱。其次，自我形象的一致性更多的与公共场合的消费情境相联系（如与朋友在酒吧喝啤酒），而对于私人消费情境（如在家喝啤酒）的影响则较弱。[23]

最后，自我形象的一致性对那些看重别人看法的人（被称作"高自我监督者"）更为重要，尤其是在消费行为能被别人看到的公共场合里，而对于那些不特别在意别人看法的人（被称作"低自我监督者"）却没这么大的影响。[24]

观察图 12-3 和表 12-2 中列举的各种自我概念，这则广告对哪种自我概念更有吸引力？

图　12-3

总体上来说，那些将产品定位与目标市场的自我概念相结合的广告会更加成功。

这类广告可以吸引消费者实际的、理想的、个人的和社会的自我。

12.1.5 营销伦理与自我概念

自我概念包含许多维度。由于过多关注美丽的重要性，并且将美丽狭隘地界定为年轻、苗条和某些脸部特征，营销人员一直受到社会的指责。实际上所有的社会群体都表现出对美的追求，然而像美国这样有众多的产品和广告集中于对美的诉求，仍是很独特的。批评者认为，这种对美的狭隘关注引导个人很大程度上是依靠其外表，而不是其他同等或更为重要的因素来发展自我概念。

想一想下面两位女性的话：

> 我总感觉自己看起来不够好。我总想试试那些我一直想穿的衣服，但我知道自己永远都不会穿上它们。也许我会穿上它们并且不理会别人怎么看，但穿上这些衣服出门的时候我会感觉很不自在，仿佛心里一直呐喊着："噢，天哪！"我总是试图使自己看起来瘦一点，而且我猜每个人都是这么想的。
>
> 我对自己的头发很满意，因为它很漂亮。我的视力不错（笑），所以我不必佩戴眼镜或其他类似的东西使我的脸看起来和原本的样子不一样。就缺点而言，当然也有许多。我继承了父亲的许多特征，但我真希望我能更多的继承母亲的特征。我的手很方、臀部很大，不过肚子倒不算大。[25]

这些年轻女孩子所拥有的自我概念在某种意义上说是消极的，原因在于她们对自身的感觉以媒体中的"美人"作为参照。广告批评家声称，大多数人，主要是年轻女性，从媒体中获得自我概念中某些消极的成分，其原因在于极少有人能达到广告中所展示的标准。最近的研究表明，因为以身材的吸引力和财富上的成功作为理想形象的标准，男性也有类似的负面性自我评价。[26]

伦理问题是极为复杂的，不是某一则广告或某个公司导致了上述影响。众多广告所产生的累积效应，才导致一些人过分关注其体态美，而大众媒体在此过程中起了推波助澜的作用。事实上，就如前面所指出的，对于美的关注在广告出现很久之前就已存在。

消费者洞察12-1深入探讨了多芬（Dove）真美运动以及其涉及的复杂问题。

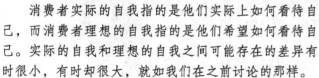

| 消费者洞察12-1 | 关注差异——实际的你和理想的你 |

消费者实际的自我指的是他们实际上如何看待自己，而消费者理想的自我指的是他们希望如何看待自己。实际的自我和理想的自我之间可能存在的差异有时很小，有时却很大，就如我们在之前讨论的那样。

在2004年，多芬的总公司联合利华对十个国家（美国、日本、加拿大、阿根廷、荷兰、英国、法国、葡萄牙、意大利和巴西）的3 200名女性进行了一项调查，以研究美丽对女性来说意味着什么。研究表明，仅有2%的女性认为自己是美丽的，98%的女性认为实际的自己没有达到理想中的美丽标准。这项研究发现了女性理想的自我和实际的自我之间的差距。[27]

紧跟这项调查，多芬针对这个差距发起了"真正的美"的营销活动。这项活动试图在原来对美陈旧而狭窄的定义的基础上扩大对美的定义。它包含了广告牌、印刷品、电视、广播和数字广告等多种形式。广告牌中呈现了一个女性的形象以及不同的选项，例如"肥胖还是苗条"或是"面容憔悴还是精神焕发"，并且邀请路人登录网站进行投票。而印刷品广告则"展示了6位女性的真实身材曲线"，目的在于"打破以瘦为美的陈旧观念"。[28]这项取得了巨大成功的活动获得了媒体的热烈关注以及众多的奖项。[29]但它也受到了抨击：这些模特依然"很吸睛，她们牙齿洁白，肉眼几乎看不到毛孔，一点脂肪团都没有……她们所代表的美的标准依然过于理想化，而且对于大多数消费者来说，她们还是让人难以企及"。[30]

在"真正的美"活动的下一阶段，多芬在2013年发起了多芬"真正的美女素描"活动，作为一个3分钟或7分钟的只在网络上投放的商业广告。一位法医素描家为参与者画了两幅肖像画，其中一幅是根据参与者自己描述的自己来画的，参与者坐在一块屏风后隔离素描家，让她能说出真正的自我；而另外一幅则是根据一个陌生人对此参与者的描述来画的。通过这两幅肖像画可以明显看出，陌生人眼中的参与者比她们自己认为的更有吸引力。这则视频抓住了这些参与者在看到自己的两幅肖像画之后内心中最真挚的情感表现——泪水满盈，惊喜无比。[31] 这个活动和多芬之前的活动一样，收到了"这个活动真正表达了许多低估自己的女性内心的不安全感"的积极评价，以及"这是一则具有煽动性、模糊焦点、不具权威的广告"的批评。

多芬身处美容业，它的"真正的美"注重对超越陈旧观念中的理想美人的真正的美的接纳。多芬真美素描活动告诉女性，她们比她们眼中的自己更美丽。这两个活动都因为揭示了在女性自我概念中过分强调外在美而受到肯定。但它们也都因为过度关注女性的美丽，以及隐含关于女性外在美的重要性的信息而受到批判。无论你讨厌还是喜欢这个活动，无论你觉得这个活动是真是假，这个活动的确让多芬的销量大幅提升。

思考题

1. 你知道多芬"真正的美"这个活动吗？多芬真正的美女素描活动呢？你最初的看法是什么？你的看法随着时间改变了吗？
2. 多芬的总公司联合利华旗下有 Slimfast 和 Axe 两个品牌。这是否会使多芬的这两个活动变成噱头？或者这个活动还可以说是真的吗？
3. 2004 年通过电视、印刷品和广告牌宣传的多芬活动广告，以及 2013 年只在网络上播放的多芬活动，表明了社交媒体和病毒式营销逐渐增长的力量。还有哪些广告活动的成功是由社交媒体驱动的？

12.2 生活方式的性质

如图 12-4 所示，**生活方式**（lifestyle）就是我们如何生活，即如何扮演自我概念。它由过去的经历、固有的个性特征、现在的情境共同决定。生活方式影响消费行为的所有方面。一个人的生活方式受其内在个性特征影响，这些个性特征在其生命周期中通过社会交往逐步形成。

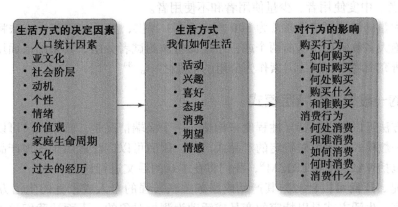

图 12-4 生活方式和消费过程

一项研究通过比较独立型自我概念和依赖型自我概念的人群的与生活方式相关的各种活动、兴趣以及行为，来展示生活方式与自我概念之间的关系。独立型自我概念者更倾向于通过旅游、运动和娱乐来追求冒险和刺激，他们更可能成为领导者，更喜欢杂志而不是电视。依赖型自我概念者更喜欢待在家里，做一些家居活动和娱乐，如做饭或者乱写乱画，他们更愿意参加一些围绕家庭和社区而举办的活动。[32]

个人与家庭都有生活方式。虽然家庭的生活方式部分是由家庭成员的个人生活方式所决定，但反过来，个人生活方式也受家庭生活方式的影响。

个人追求的生活方式影响需求与欲望，进而影响购买和使用行为。生活方式决定了一个人的许多消费决策，而这些决策反过来强化或改变其生活方式。

营销人员可以运用生活方式细分市场，并进行特定的市场定位。正如本章开篇所提到的那样，奢侈品品牌需要依据时尚的生活方式细分来调整自己的推广途径。类似地，那些有着极限运动生活方式的人往往有着特殊的行为、态度和消费模式，这些都是经销商必须注意和迎合的。图 12-5 展示了一则针对极限运动爱好者的广告。

消费者很少能明确地认识到生活方式在他们购买决策中所起的作用。例如，很少消费者会这样想，"我将在星巴克买咖啡以保持我的生活方式。"然而，那些追求积极和广结人缘的生活方式的人也许会因为星巴克的便利性、"内在"地位和出现在那里的人而购买星巴克咖啡。所以，生活方式通常为购买提供了基本的动机和指导，虽然它的影响方式往往是间接和微妙的。

12.2.1 生活方式的测量

试图以量化的方式度量生活方式最初被人们称为**消费心理特征**（psychographics）。[33] 事实上，消费心理特征和生活方式这两个术语经常交换使用。消费心理特征研究试图结合心理和纯粹的人口统计因素对消费者加以研究。消费心理特征或生活方式研究通常包括以下几个方面：

- 态度。对他人、地点、想法、产品等的评价性陈述。
- 价值观。人们持有的关于什么是可接受的和值得追求的信念。
- 活动和兴趣。消费者花大量时间和精力于非职业性行为，例如爱好、体育运动、社区服务等。
- 人口统计变量。年龄、收入水平、职业、家庭结构、少数族裔背景、性别、地理位置。
- 媒体使用模式。消费者使用哪一种或哪几种特定的媒体。
- 使用频率。对特定产品类别的消费情况的测量，消费者通常被分为大量使用者、中度使用者、少量使用者和不使用者。

图 12-5
这则广告以极限运动爱好者的生活方式为目标。

以上信息通常由大量的被测试者（通常为 500 个或更多）提供，然后使用统计方法将这些被测试者按照他们的反应模式分组。绝大多数研究是从前两个或三个层面将被测试者分组，其余的层面用于对每个小组进行更完整的描述。有一些研究则将人口统计因素作为分组的依据之一。[34]

12.2.2 生活方式的一般模式与特定模式

生活方式的测量方法可以根据其特异性程度来构造。一个极端情况是，营销人员可以研究一个人群一般的生活方式模式。这些一般模式并不针对特定的产品或活动，因而可以广泛地用于很多产品和品牌的市场战略的制定。一般性的模式包括 VALS™ 和 PRIZM®，我们将在本章的后文进行讨论。

另一个极端情况是，厂商可以针对与其产品或服务关联最强的个人或家庭的生活方式进行非常具体的研究。对于这些研究而言，生活方式是以特定的产品或活动为测量对象的。下面让我们深入探讨三种特定的生活方式模式。

1. 豪华跑车

保时捷调查了其购买者的生活方式，令人吃惊的是，尽管购买者的关键人口统计数据（如高教育程度和高收入）相差不多，但生活方式和动机却大不相同，其细分市场及其描述如下：[35]

- 上层人士（27%）：有野心，强调驾驶感，重视权力和控制力，希望被人关注。
- 社会精英（24%）：出身名门，有传统的家庭观和金钱观，不认为车是自我的延伸。无论价格如何，车就是车。
- 高傲的人（23%）：购车出于自我满足的实现，不会在乎别人怎么看，车是对他们辛苦工作的奖励。
- 锦衣玉食者（17%）：寻求刺激，买车是为了给基本已精彩的生活增色。
- 幻想家（9%）：这个分组的人把车当作逃避工具，而不是引起别人关注的方法，事实上，拥有一辆保时捷甚至会使他们有一点罪恶感。

针对这些有不同生活方式的顾客，保时捷应该如何调整其营销策略？

2. 技术

如何运用技术对于营销人员来说非常重要。目前已经有了很多对技术和互联网生活方式的介绍，如福瑞斯特研究机构（Forrester Research）提出的技术地理细分模型（Technographics Segmentation Scheme）。[36] 益百利信息系统（Experian Information System）提供了另外一种分类方式，主要对那些与技术密切相关的态度、生活方式以及应用模式等进行广泛分析。顾客细分及具体描述如下：[37]

- 向导者（31%）：该群体的特点是"科技就是生命"。他们是热情且敢于冒险的新科技使用者。他们认为新科技是改善生活的方式。人口统计学特征：青壮年及学生（最年轻的群体，平均年龄42岁）；家庭收入79 000美元，略低于平均水平；31%是非白人；主要是单身人士和男性。科技生活方式：最先购买新电子产品的人，倾向于购买那些在手机上做广告的产品，主要用于玩游戏和社交，最近的科技产品包括iPhone、Blu-ray和Internet TV。
- 熟练工（13%）：该群体的特点是"科技是生活很重要的一部分"。在热情上比向导型群体低，但这个群体在新科技方面更有自信和见识。人口统计学特征：年轻且有成就的人士（平均年龄43岁）；家庭收入104 000美元，高于平均水平；27%是非白人；大部分已婚且有子女。科技生活方式：网络购物、电子邮件对购物有重要影响，科技很大程度上改变了他们的工作和闲暇时间。最近的科技是黑莓和DVR。
- 初学者（31%）：该群体的主要特点是"科技正在改变我的生活"。他们利用新科技，但仍有很大的空间，他们愿意去学习，最大的障碍是支付能力，而不是态度。人口统计学特征：事业有成的中年人（平均年龄48岁）；家庭收入95 000美元，略高于平均水平；17%是非白人；主要是已婚女性。科技生活方式：科技主要用来搜集信息。科技是信息和购物的主要来源。最近的科技包括电脑DVD、LCD TV和卫星收音机。
- 新手（25%）：该群体的特点是"科技对我的生活影响很有限"。这一群体与涌现的科技格格不入，他们拒绝改变。渴望简单易用的设备，态度上并不投入。人口统计学特征：成熟的成年人（平均年龄55岁）；家庭收入61 000美元，略低于平均水平；18%是非白人；主要是祖父母辈的人。科技生活方式：对科技比较困惑，用手机只是为了打电话。很少发电子邮件。最近的技术主要是普通的DVD和DVR以及卫星电视。

图12-6中的广告会吸引以上哪一类人群？

尽管对特定生活方式的研究非常有用，同时，许多公司也意识到一般性生活方式的研究也具有很大价值。下一步我们讨论两种公认的一般模式。[38]

12.3 VALS™ 生活方式系统

迄今为止，最受市场营销人员推崇的消费心理特征研究是SBI（Strategic Business Insight）商业咨询公司的价值观和生活方式项目，即VALS™。VALS对美国成年人进行了系统分类，按照价值观和生活方式共分为8个类别。[39]

VALS基于稳定的心理学特性而建立，这些特性与购买模式紧密相关。受访者按照他们最初的动机（primary motivation）被分组，这是VALS两个维度中的一个。正如我们在第10章里看到的那样，动机是行为的决定性因素，与个性和自我概念有很强的联系。实际上，VALS的一个核心前提是，"消费者购买产品和服务并寻找能满足其个性动机的体验，以塑造他们的生活和带来实质的东西及满意感"。VALS蕴含着三种主要的动机。

- 理想动机：此类消费者根据其信念和原则而不是根据个人情感或是社会对他们的认可和期待来做出决定。他们追求产品的功能性和可靠性。

图 12-6

益百利信息系统做了四种和科技相关的生活方式细分。这一则广告最吸引哪一类或哪几类人群？

- 成就动机：此类消费者为获取社会地位而奋斗，非常容易受到他人行为和认同以及他人意见的影响。他们追求身份的象征。
- 自我表现动机：此类消费者是行动导向，通过选择来表现自己的个性。他们追求的是体验。

这三个方面决定了消费者所追求的目标和行为的类型。表 12-3 具体描述了每一类型动机的目标、动机和行为趋势。

表 12-3　VALS 体系不同动机类型的区别

	基 本 动 机		
	理 想 动 机	成 就 动 机	自我表现动机
他们是	寻找信息	目标导向	自发的
他们做	基于原则进行选择	为强化地位而选择	为了情绪体验而选择
他们买	功能性与可靠性	成功的象征	经历
他们寻求	理解	社会认同	冒险、刺激、创意
他们追求	自我发展	自我完善	自力更生
他们坚持	冲动	冒险	自主权
他们问	我该做什么	他人想要我做什么	我喜欢做什么

资料来源：Strategic Business Insights (SBI)；www.strategicbusinessinsights.com/vals.

VALS 测量的第二个维度被称为资源，反映了个人追求其占支配地位的自我定位的能力，涉及心理、体能、人口统计特征和物质条件等各个消费者能够形容的因素。从青春期到中年阶段，个体资源处于上升期，然后保持相对稳定，随着逐渐衰老，资源将逐步减少。资源是 VALS 的一个重要层面，因为它们可以帮助或抑制消费者根据自己的动机采取行动的能力。

基于这两个概念，SBI 划分出了 8 种一般性的消费心理特征细分市场，如图 12-7 所示。表 12-4 给出了每一细分市场的人口统计特征。下面将逐一做简要描述。

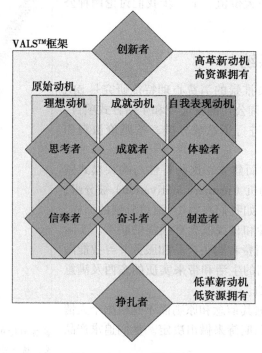

图 12-7　VSLS™ 框架

表 12-4　VALS 体系中细分市场的部分人口统计数据

	创新者	思考者	信奉者	成就者	奋斗者	体验者	制造者	挣扎者
美国比例	10	11	16.5	14	11.5	13	12	12
平均年龄	45	56	52	41	28	24	46	70
已婚	65	75	63	72	34	25	68	45
全职工作	72	55	47	70	52	55	59	13
30 日内上网	98	88	61	93	70	85	68	29
购买汽车	39	37	50	45	59	53	59	44
购买有机食品	26	13	6	9	5	9	6	4
步行	52	46	29	37	20	18	26	22
过去一年玩高尔夫	18	16	6	15	7	10	7	3
收听 NPR 或 PBS	23	13	3	3	0	0	0	3
顶级媒体	网络	报纸	电视	网络	收音机	杂志	收音机	电视
偏好	纸质	网络	收音机	杂志	电视	网络	电视	报纸

注：除了年龄和媒体，数字代表每组人的百分比。

资料来源：Strategic Business Insights (SBI); www.strategicbusinessinsights.com/vals.

VALS™ 系统的组分市场

创新者（innovators）：成功、老练，是高度自尊的领导型人物。他们是变革的领导者，最乐于接受新的想法和技术。如图 12-8 中的捷豹汽车广告所示，他们的购买反映了对高档、独特的产品和服务的高雅品位。

思考者（thinkers）：成熟、满足、安逸和深思熟虑。他们中的绝大多数受过良好的教育，积极寻找支持决策过程的信息。他们追求产品的耐用性、功能性和价值。

信奉者（believers）：非常的传统，循规蹈矩。因为他们比较保守，所以他们不愿意接受变化和新技术。他们会选择熟悉的产品和有声望的品牌。

成就者（achievers）：拥有以家庭和事业为中心的生活方式，是目标导向型群体。他们会避免对生活造成巨大刺激或改变的情况。他们喜欢高档的商品以向同事证明自己的成功。图 12-9 中通腾导航的广告迎合了成就者想要证明成功的想法，同时这款产品也能帮助成就者控制自己的生活，正如广告语中强调的那样"发现更多，实现更多"。

奋斗者（strivers）：赶时髦，喜欢有意思的东西。他们可随意支配的收入较少，兴趣也较为狭窄。他们喜欢时尚的商品，并且企图效仿物质财富更加丰富的人群。许多奋斗者认为生活是不公平的。

体验者（experiencers）：喜欢打破传统。他们积极而冲动，喜欢从新兴的、非传统的、冒险的事物中寻找刺激。他们将自己收入中的很大一部分用于时尚、社交和娱乐。图 12-10 中的 NewMexicoEarth.org 的广告对这个细分市场会十分有吸引力。

制造者（makers）：重视实用性和独立性。他们会选择亲自动手的实践活动，并且喜欢与家人以及亲密的朋友度过闲暇时光。因为他们比起奢侈品更喜欢有价值的东西，所以他们买的都是基本商品。制造者更喜欢买美国本土的东西。图 12-11 中展示的商品会吸引这类人群。

图 12-8

这则捷豹汽车广告是针对创新者对成长的渴望和对生活中美好事物的品位。

图 12-9

这则通腾导航公司（Tom Tom Runner）GPS 运动手表的广告迎合了成就者想要证明成功的想法，同时这款产品也能帮助成就者控制自己的生活。

图 12-10

体验者较为冲动，喜欢社交。他们喜欢新兴的、打破常规的事物，正如这则 NewMexicoEarth.org 的广告中展示的那样。

挣扎者（survivors）：生活窘迫。因为他们是这些人群中收入最少的，他们没有明显的动机取向，往往感到无力。他们主要关注安全，所以他们更容易成为品牌忠实者，购买打折商品。正如第 4 章中提到的那样，满足这类消费者的需求对于营销人员和公共政策制定人员来说都是一项挑战。

12.4 地理生活方式分析（NIELSEN PRIZM®）

PRIZM® 是尼尔森公司提出的艺术－地理－人口统计分类系统（art-geo-demographic classification system），融合了美国人口普查数据以及大量的关于产品消费和媒体使用方式的数据。依此划分出 66 个生活方式细分市场，美国的每个家庭都可以用这些生活方式来描述。**地理－人口统计分析**（geo-demographic analysis）的逻辑如下：

> 具有相同文化背景、收入和观念的人们，自然而然地会相互吸引。他们选择与同等的人为邻，能够互相帮得上忙并且他们的生活方式是相容的。一旦安居下来，人们会自然模仿邻居。他们采取相似的社会价值观，形成类似的品位与期望，在产品、服务的购买以及媒体使用等方面展现共同的行为模式。40

12.4.1 PRIZM 的社会集群和生命阶段集群

PRIZM 将 66 个细分市场组合成更大的社会集群。41 最大的社会集群基于"都市"的概念建立。都市化程度由人口密度决定，与人们的居住地有关，因而也与其生活方式密切相关。下面是 4 种主要的社会集群：

- 都市：人口密度高的大城市。
- 郊区：人口密度相对较大的大城市周边地区。

图 12-11

制造者关注家庭。家庭很实际，喜欢功能性较强的商品。这种产品迎合了家庭自给自足的动机。

- 二线城市：规模更小、人口密度更低的城市或大城市的卫星城。
- 乡镇：人口密度小的小城镇和农村地区。

最广泛的生活阶段集群是按照年龄和是否有子女来划分的。正如第6章所述，这些因素对消费模式和生活方式有强烈的影响。下面是3种主要的生命阶段集群：

- 年轻人集群：单身或夫妇；35岁以下没有子女，或者家里没有子女的中年人。
- 家庭生活集群：有子女居住在家的家庭。
- 年长者集群：单身或夫妇；55岁以上，或者45～64岁，家里没有子女。

PRIZM还将每一社会集群和生活阶段集群按照财富水平进一步细分；因为财富水平是社会活动、消费模式和生活方式的决定性因素。尼尔森公司还将其一般的PRIZM信息与客户的消费者数据库合并起来，以进一步提高准确性。

12.4.2 PRIZM 细分市场的例子

我们仅对6种特定的细分市场做简要描述，并借此说明如何运用PRIZM系统制定成功的市场营销战略（可访问www.MyBestSegments.com网站得到全部66个细分市场的资料）。

- 年轻的电脑通（都市/年轻人集群：PRIZM 细分市场04）。年轻、高消费、有悟性，居住在时尚的地方，接受过高水准的专业教育，民族成分多元。他们居住的社区里有许多公寓、健身俱乐部、时装店、餐馆以及各种各样的酒吧，从卖果汁和咖啡到卖啤酒的酒吧都有。他们看独立电影频道的节目，开着像奥迪A3这样的车。
- 贵族阶层（郊区/家庭生活集群：PRIZM 细分市场02）。这是城郊富人家庭的典范：拥有上百万美元的房屋、精心修剪的草坪和高档汽车，去高档私人俱乐部。这种第二富有的生活方式主要是有子女的已婚夫妇，受过高等教育，以亚裔最为集中，一般是商业主管、经理或专业人士等，拥有六位数的收入。他们观看点播视频，开着像奥迪A8这样的车。
- 小城镇里的"鸡头"（乡镇/年长者集群：PRIZM 细分市场09）。年长、上等阶层、受过大学专业教育。他们常常是其小社区里的领导人物。这些高收入的空巢夫妇喜欢成功的外在标志，包括拥有乡间俱乐部、拥有较大的投资组合以及在电脑科技上随意消费。他们在电视上观看类似于三冠的体育赛事，开着像凯迪拉克DTS这样的车。
- 市井人物（郊区/年长者集群：PRIZM 细分市场15）。市井人物形成于战后婴儿潮时期，是由城郊的年轻家庭细分市场和年长的空巢夫妇细分市场演变而来的。这些稳定的社区中的房子后院有游泳池，里面很大一部分的住宅建于20世纪五六十年代，居民大多为白领经理和专业人士，并且目前处于事业的顶峰时期。他们观看类似于24的电视节目，开着像斯巴鲁森林人这样的车。
- 年轻的乡下人（乡镇/年轻人集群：PRIZM 细分市场48）。年轻的乡下人多为年轻、躁动的单身人群。这类人只有中低等收入，受过高中教育，住在国内城市远郊小镇的小公寓里。尽管从事服务业工作，收入很低，但他们还是试图以运动、汽车和约会为中心，来过一种时尚的快节奏的生活。他们观看世界摔角娱乐公司的摔跤比赛，开着像道奇公羊这样的车。
- 老年人（乡镇/年长者集群：PRIZM 细分市场55）。这个分类主要是退休后的生活方式，大多是由65岁以上的单身人士或夫妇组成。这些受过高中教育的老年人住在小村庄的小公寓内，一年房租不到35 000美元，其中1/5的居民住在养老院。对于这些年长的居民来说，日常生活主要是由一些安静的活动构成，如看书、看电视、玩宾果游戏或是做一些手工。他们观看价格竞猜节目，开着像水星黑貂（Mercury Sable）这样的车。

12.4.3 PRIZM 在营销战略中的应用

拉斯维加斯赌场的营销

拉斯维加斯的一家赌场运用PRIZM系统来确定其核心顾客和核心市场，以及它们未来的增长机会。该赌场在 PRIZM 系统输入顾客资料，把他们归类于 66 个细分市场中的某一个。通过这些数据，它能够找出哪些细分市场代表其核心顾客。这些细分市场包括：年轻的电脑通、小城镇里的"鸡头"和市井人物。尽管这几个细分市场的人们各有不同，但他们有一些共同点，如都受过高等教育、喜欢旅行、较为富裕。

该赌场也关注对其业务最不感兴趣的细分市场，包括年轻的乡下人、老年人。与该赌场的核心顾客相比，这些细分市场的人们都是低教育程度、低收入的，他们喜欢安静的、离家近的活动。

最后，该赌场寻找那些有很大潜在机会的细分市场，例如贵族阶层，他们与核心顾客在教育程度、收入和旅行这些关键特征上相似。

识别出有高机会的细分市场后，该赌场重新定位，针对这些目标人群调整营销活动，同时保持其核心顾客。通过了解它的核心客户，以及在核心市场中可能有其核心客户的家庭，该赌场以合算的成本成功地吸引到了新的、有利可图的顾客。

12.5 国际生活方式

本章中所讲的 VALS 和 PRIZM 方法都是针对美国的情况。但是，VALS 在日本和英国也有相应的体系。正如我们在第 2 章提到的那样，营销正逐渐成为全球性活动。如果有跨文化的可辨识的生活方式细分市场，营销人员就能够制定相应的跨文化战略。尽管在语言或者其他方面有所不同，但是不同文化下追寻相似生活方式的人群，总是会对相同的产品特性和沟通主题有类似的反应。

毫无疑问，人们已经为开发这样的系统做了大量的尝试，[42] 其中大的国际广告公司和营销研究机构处于主导地位。罗珀·斯塔奇全球公司（Roper Starch Worldwide），一个全球性的营销研究和咨询公司，在亚洲、北美和南美以及欧洲调查了 35 个国家的大约 35 000 名消费者，[43] 目的是构建一个基于潜在核心价值观的全球市场细分系统。该公司的一名管理人员指出：

> 我们要找的是最基本的价值观，那些决定着他们是谁的最根本、最稳定的东西，由此理解引发他们态度和行为的潜在动机。[44]

调查内容揭示了 6 种全球生活方式的细分市场，如表 12-5 所示。尽管这些生活方式在他们研究的所有国家中都存在，但在不同国家的比例却有所差异，例如亚洲的奋斗者比例很高。除了语言之外，图 12-12 中魅力惠（MEI.com）的广告对全球的奋斗者细分市场都有吸引力。营销人员把相对标准化的广告主题考虑在内，常常使用这类广告来吸引各种不同文化的生活方式细分市场。

表 12-5　罗珀·斯塔奇全球公司所确定的全球生活方式细分市场

奋斗者（23%）崇尚物质和职业目标，追寻财富、地位和权力；喜欢电脑和手机，但却没有时间接触报纸以外的媒体；多为中年人，男性居多，亚洲（33%）较多
虔诚者（22%）看重责任、传统、信仰和服从，尊重长者。他们最不关注媒体和西方品牌。女性居多，在发展中的亚洲国家（如菲律宾）、非洲、中东国家最为集中，而在发达的亚洲国家（如日本）和西欧人数最少
利他主义者（18%）关心社会事务和社会福利；多为受过良好教育的中年人（中位年龄为 44 岁）；女性居多，在拉丁美洲和俄罗斯最为集中
亲密关系者（15%）看重家庭和私人关系，是无线广播的重度使用者，喜欢厨艺和园艺，是熟识品牌的目标顾客。男女比例相差不多，在欧洲和美国（25%）最为集中，而在发展中的亚洲国家人数最少（7%）
乐趣搜寻者（12%）崇尚冒险、刺激和乐趣；是电子媒体的重度使用者，关注时尚，喜欢去餐馆、酒吧和俱乐部；他们是最年轻也是最全球性的群体。男女比例接近相等，在发达的亚洲国家较为集中
创新者（10%）关注知识、教育和技术；是书籍、杂志和报纸等媒体的重度使用者。他们还领导技术潮流，包括拥有电脑和网上冲浪。男女性别平衡，在拉美和西欧国家较为集中

资料来源：Global Lifestyle Segments, Roper Starch Worldwide.

图 12-12

魅力惠的广告对奋斗者有很强的的吸引力。

小结

1. 请描述自我概念及测量方法

自我概念是一个人对自己的信念和情感。有四种类型的自我概念：实际的自我概念、社会的自我概念、个人的自我概念和理想的自我概念。自我概念对于营销人员非常重要，因为消费者购买和使用产品从某种意义上是为了表达、维持和提升其自我概念。特别是对那些在国际营销环境中的营销人员来说，按照是否具有独立型自我概念（自我是核心要素）和依赖型自我概念（人际关系是最重要的）对个体和文化进行分类是非常有用的。

自我概念就是对自己进行界定，通常把个体拥有的东西包括在内。定义自我概念时把所有物囊括在内，这叫作自我延伸。营销人员可以把产品和品牌定位作为迎合个人根据自我延伸形成自我概念的方式。当理想的自我概念和实际的自我概念一致时，产品和品牌可以被定位为帮助维持自我概念；当实际的自我概念比理想的自我概念低时，产品和品牌被定位为加强自我概念。

2. 描述生活方式以及它与自我概念和消费心理学的关系

生活方式可简单地定义为"一个人如何生活"。生活方式是一个人内在个性特征的函数，而这些性格特征又是个体在其生命周期中受社会的影响逐步形成的，是一个人如何在行动中表现自我的方式。消费心理特征为营销人员从操作层面运用生活方式这一概念提供了便利。这是通过对活动、兴趣、观念、价值观和人口统计特征等诸多方面的测量，从心理角度描述消费者生活方式的方法。生活方式的测量可以是宏观的也可以是微观的。前者反映一般的个人生活方式，后者反映消费者对于具体类别的产品或活动的态度和行为。

3. 解释生活方式分类，并依据生活方式总结豪华跑车和技术的分类

生活方式的测量方法可以有不同程度的特异性。在一个极端，公司可以针对那些特定的生活方式（与产品或服务相关的个人和家庭生活方式）进行研究。在这些研究中，生活方式是以产品或活动为测量对象的。保时捷就进行了生活方式的市场细分研究，发现依据不同的购买动机有很多种分组。益百利的调查研究了技术使用者，发现根据他们对新兴技术的态度、使用和接纳程度可以分出很多不同的类型。

4. 解释一般性生活方式并总结 VALS™ 和 PRIZM®

另外一个极端，营销人员能够研究大众的一般生活模式。这个一般模式并不针对任何一个产品或者活动，因此在发展营销策略时对很多品牌和产品有着普遍的适用性。一般模式包括 VALS 和 PRIZM。

VALS 系统将美国人分为 8 个群体：创新者、思考者、信奉者、成就者、奋斗者、体验者、制造者和

挣扎者。这些群体的生成基于两个维度或层面，第一个维度是动机，可分为三种类型：理想动机，行为受其基本信念和价值观的支配；成就动机，追求明确的社会地位并受他人影响；自我表现动机，寻求自我表现、体能性活动、多样性和刺激。第二个维度是人们用于追求其主导性动机所需要的资源，包括体能的、心理的和物质的资源。

地理 – 生活方式分析基于物以类聚的假设，即认为具有相同生活方式的人倾向于居住在一起。PRIZM是一种分析家庭人口统计数据和消费数据的系统，它根据不同的社会集群和生命阶段集群归纳出了66种生活方式细分市场。

5. 讨论国际生活方式

为适应迅速发展的国际市场营销的需要，人们对于发展跨文化生活方式的测量进行了大量的探索。罗珀 – 斯塔奇全球公司进行了一项大型跨国调查，并总结出基于核心价值的6种全球性的生活方式细分市场。

关键术语

实际的自我概念（actual self-concept）
品牌参与（brand engagement）
自我延伸（extended self）
地理 – 人口统计分析（geo-demographic analysis）
理想的自我概念（ideal self-concept）
独立型自我概念（independent self-concept）
依赖型自我概念（interdependent self-concept）
生活方式（lifestyle）

纯粹拥有效应（mere ownership effect）
高峰体验（peak experience）
个人的自我概念（private self-concept）
PRIZM 系统（PRIZM）
消费心理特征（psychographics）
自我概念（self-concept）
社会的自我概念（social self-concept）
VALS 系统（VALS）

复习题

1. 什么是自我概念？自我概念有哪四种类型？
2. 营销人员如何运用关于自我概念的知识？
3. 如何测量自我概念？
4. 依赖型自我概念和独立型自我概念有什么不同？
5. 什么是自我延伸？
6. 什么是品牌参与？
7. 营销中运用自我概念会引发哪些伦理问题？
8. 生活方式的含义是什么？哪些因素决定和影响生活方式？
9. 什么是消费心理特征？
10. 在什么情况下，基于产品或活动的特定消费心理特征工具要优于一般性的模式？
11. VALS 系统的构建是基于哪两个维度？描述这两个维度。
12. 描述 VALS 系统和该系统中的每一细分市场。
13. 什么是地理 – 人口统计分析？
14. 描述 PRIZM 系统。
15. 描述罗珀·斯塔奇全球公司的全球生活方式细分系统。

讨论题

16. 运用表 12-2 测量你自己的四种自我概念，在多大程度上这几种自我概念彼此相似？是什么原因导致了它们之间的差异？你认为它们在何种程度上影响你的购买行为？
17. 运用表 12-2 测量你的自我概念（你选择哪一个自我概念并说明做出这种选择的理由）。同时测量你所崇拜的三名精英人物的形象，你得出了什么结论？
18. 回答消费者洞察 12-1 的问题。
19. 哪些所有物构成你的自我延伸的一部分？为什么？
20. 你的自我概念是独立型的还是依赖型的？为什么？
21. 在广告中塑造一个标准化的美女形象可能引发什么样的伦理问题？
22. 为下列的产品各设计两则广告，分别针对独立型自我概念和依赖型自我概念的目标市场。

a. 亚马逊（Amazon.com）购物网站
b. 库珀（Cooper）迷你型汽车
c. 天美时（Timex）手表
d. 拉夫·劳伦（Polo Ralph Lauren）服装

23. 使用自我概念理论为下列产品制定营销策略：
    a. 全国老年痴呆协会捐款
    b. 宝马（BMW）
    c. 后备军征募
    d. A&W 无酒精饮料
    e. 洗手液
    f. 嘉年华巡游路线

24. VALS 系统对你而言是否具有任何意义？你喜欢或不喜欢这一系统的哪些方面？

25. 如何运用 VALS 制定市场营销策略？

26. 根据 VALS 系统为下列产品制定营销战略：
    a. 星巴克
    b. 大峡谷漂流旅行
    c. 天狼星无线通信
    d. 川崎牌水上摩托
    e. 凯旋牌摩托车
    f. 美国男子职业篮球联赛（NBA）

27. 针对以下产品，根据 VALS 中的 8 个细分市场分别制定营销战略：
    a. Verizon 无线公司
    b. 旅行包
    c. De Vinci 风味咖啡糖浆
    d. 美国有线新闻网络（CNN）
    e. 洗面奶
    f. 沃尔玛（Walmart）

28. PRIZM 系统对你是否有任何意义？你喜欢或不喜欢该系统的哪些方面？它确实是对生活方式的一种测量吗？

29. 怎样运用 PRIZM 开展市场营销战略？

30. 运用罗珀·斯塔奇的全球生活方式细分系统为 26 题中的产品制定营销策略。这时你将面临什么样的挑战？

31. 下面这段话引自格伦莫尔蒸馏公司（Glenmore distilleries）总裁保尔·卡西（Paul Casi）："营销甜酒与销售烈酒截然不同，甜酒就像我们行业中的'香水'。你确实是在谈论一种时髦品，而且是对另外一类受众谈论，（我不是指男性对女性）我谈论的是生活方式。"
    a. 你认为在生活方式的哪些方面甜酒饮用者有别于不喝甜酒只喝烈性酒的消费者？
    b. 你怎样分析上述差异的性质？
    c. 上述关于生活方式差异的知识对于推出一种新甜酒的企业有何运用价值？

32. 在家庭生命周期的不同阶段，改变家庭生活方式的可能性有多大？在人的一生中，采用 VALS 系统中一种以上生活方式的可能性有多大？

33. 你属于 VALS 系统中的哪一类或哪一群体？你父母又属于其中的哪一群体？当你处于你父母的年龄时，你将属于哪一群体？

34. 以本章开篇所描述的全球时尚生活方式为基础，为以下产品或服务项目制定一种营销战略：
    a. 一家温泉疗养中心
    b. 化妆品
    c. 珠宝
    d. 鞋子
    e. 衣服

实践活动

35. 开发一种工具来测量独立型和相互依赖型自我概念。
36. 运用上题开发出的策略工具，测量同国籍的 10 名男学生和 10 名女学生。你得出什么结论？
37. 开发你自己的消费心理特征测量工具（一组相关问题）来测量大学生的生活方式。
38. 运用上题开发出的度量工具调查 10 名大学生，并据此对其进行生活方式的分类。
39. 找出并复制或描述针对 VALS 每一细分市场的广告。
40. 找出并复制或描述针对课本中讨论的 PRIZM 细分市场的广告。
41. 针对罗珀·斯塔奇的全球生活方式细分市场重复活动 40。
42. 针对益百利信息细分市场，重复活动 40。

第Ⅲ部分

案 例

案例Ⅲ-1　Patagonia 推动生态时尚

人们越来越关注环境问题，对环境友好的理解越来越深，超过1/3的消费者相信公司应当注重环保。毫无意外，在最近的一个调查中，8个国家中的6个在所有消费品类别中最愿意选择绿色家居产品。

媒体对环境问题的大部分注意力往往集中在汽车上，而消费者也会关注供他们吃穿的产品对环境的影响。一个专家这样说："在研究前期，我们询问消费者在寻找什么绿色产品，答案是他们在寻求离他们更近的产品——食品和衣物。"谈到消费者穿什么，环境友好型服饰，通常被称作生态时尚，正变得越来越流行。消费者比起合成材料更喜欢自然纤维。美国棉花公司的一项调查发现，83%的消费者相信100%天然纤维的衣服比其他材料更环保。然而，消费者同样在意一个品牌在做出环境友好型服饰的制作决策时的法人行为、价值、循环利用和包装，以及持续性与供应链决策。

Patagonia 是一个服装公司，它同样持有许多消费者拥有的环保理念。从1985年开始，Patagonia 已经至少向环保慈善机构捐助了年销售额的1%。已经有其他公司追随 Patagonia "为了地球拿出1%"的活动。为了变得更环保，Patagonia 始终在寻找新的方法。Patagonia 的创始人 Yvon Chouinard 说：

> 我们正将所有的尼龙材料转化为另一种叫作尼龙6的材料，它是可以无限循环利用

的。同时，我们在循环利用棉花和羊毛。我们把聚酯材料送回日本，将它融化到初始聚合物的状态。当然，最棒的事情是去制作穿不坏的衣服，不是吗？

Patagonia 2011 年的秋装精选会延续了环保的主题，使用的织物都是环境友好的，36%的织物经过蓝标认可。蓝标是一个独立审计公司，如下所述，它要求成员们建立管理系统来增进环境保护：在最初，蓝标成员同意在生产过程的五个关键领域建立管理系统来增进环境保护——资源生产力、消费者安全、污水排放、废气排放以及职业保健与安全。成员们需要周期性报告进展，并且达成进展目标来保持地位，蓝标技术会进行定期审计。此外，所有发布的款式都符合共同衣物行动的要求。这个活动鼓励消费者减少衣物购买，修补旧衣服，通过捐赠循环利用，在衣物无法修补时进行回收。

Patagonia 的设计流行于消费者和名人中。曾有人看见布拉德·皮特穿着 Patagonia 的衣服，这可能让他被称为好莱坞的"环保明星"。

2010 年，美国棉花公司进行了一项消费者环境调查，研究消费者在服装行业对环境保护的态度。根据消费者对于环保服装的态度和行为，研究将消费者分为了五组（见表Ⅲ-1）。

表Ⅲ-1　环保服装消费者的态度与行为

消费者分组	%	态度与行为
深绿色	7	非常愿意购买环保服装；当公司做出不环保行为时，会感到困扰并进行抱怨

(续)

消费者分组	%	态度与行为
绿色	9	非常愿意购买环保服装
淡绿色	54	比较愿意购买环保服装
浅绿色	14	不寻求购买环保服装
非绿色	16	不寻求购买环保服装；当公司做出不环保行为时，不会感到任何困扰

资料来源：Cotton Incorporated's 2010 *Consumer Environment Survey*.

此外，美国棉花公司的调查人员根据消费者购买服装中最重要的服装特性，描述了五种不同的环保消费者。表Ⅲ-2给出了不同类别消费者的扼要描述。

表 Ⅲ-2 环保服装购买者的购买驱动力

在服装购买中，多少比例的消费者认为该因素是重要的	深绿色（%）	绿色（%）	淡绿色（%）	浅绿色（%）	非绿色（%）
合身	99	99	97	99	96
颜色	96	92	86	86	85
款式	96	93	90	88	84
价格	96	94	94	93	93
环保	93	84	55	27	12
衣料成分	91	82	67	51	44
洗涤方式	87	79	66	57	47
品牌名称	76	74	51	39	34

资料来源：Cotton Incorporated's 2010 *Consumer Environment Survey*.

最后，调查人员在下表中描述了每一种环保消费者的人口统计特征（见表Ⅲ-3）。

表 Ⅲ-3 环保消费者的人口统计数据

	深绿色（%）	绿色（%）	淡绿色（%）	浅绿色（%）	非绿色（%）
性别					
男性	51	46	39	31	45
女性	49	54	62	69	55
年龄					
平均年龄（岁）	39	36	38	38	38
14～24	12	20	20	20	21
25～34	23	23	17	13	15
35～44	30	27	25	26	26
45～54	36	30	39	41	39
收入					
平均年收入（千元）	70	64	61	58	63
种族					
高加索人	57	63	64	67	67
非裔美国人	16	10	12	13	15
拉美裔	14	16	17	14	12

(续)

	深绿色（%）	绿色（%）	淡绿色（%）	浅绿色（%）	非绿色（%）
亚裔	8	8	5	1	3
其他	6	3	3	4	2
教育程度					
低于高中文凭	6	15	10	15	13
高中毕业	27	34	34	36	33
大专毕业	21	18	26	30	26
本科学位或更高	46	34	30	19	29
家中是否有孩子					
是	59	60	51	47	50
否	41	40	49	53	50
地区					
南部	35	45	35	33	40
西部	26	19	25	26	18
中西部	20	21	20	25	26
东北部	19	15	20	18	15

资料来源：Cotton Incorporated's 2010 *Consumer Environment Survey*.

讨论题

1. 使用表格中给出的信息回答，如果你在以下几种情况中营销服装，你愿意以美国棉花公司调查中的哪一组消费者作为目标人群？解释原因。
    a. 对环保态度中庸但有生产大量服装潜力的知名品牌
    b. 过去曾有环保行动记录，拥有大量自然纤维的知名品牌
    c. 价格低廉，在过去曾有不环保举动的普通品牌
2. 本案例中的环保分类架构是针对环保服装的。将案例中的环保服装分类与表 3-1 中的环保分组进行比较和对照。
3. 案例中提到，布拉德·皮特曾被目击穿着 Patagonia 服饰。这件事以哪些方式对该品牌有益？
4. 假如 Patagonia 打算为品牌签下一个明星代言人：
    a. 当选择代言人时，Patagonia 应当考虑哪些因素？
    b. 怎样的名人对于 Patagonia 来说是好的代言人？说明你的结论。
5. 第 12 章概括了价值观与生活方式的分类。Patagonia 产品最应该以哪一种分组为目标市场？能够成为好的目标市场的组群是否只有一个？说明你的结论。
6. 依据美国棉花公司分类的五种环保消费者人群以及他们的购买动机和人口统计数据，描述 Patagonia 的目标市场。

资料来源：J. Pearson, "Hollywood Goes Green!," *Star Magazine*, 2007, www.starmagazine.com; S. Casey, " Patagonia: Blueprint for Green Business," *Fortune*, May 29, 2007, money.cnn.com; T. Foster, "Patagonia's Founder on Why There's ' No Such Thing as Sustainability, '" *Fast Company*, July 1, 2009, www.fastcompany.com; " Shades of the Green Consumer," *Cotton Incorporated Supply Chain Insights*, 2010; E. Grady, "Patagonia Launches Common Threads Initiative to Curb Clothing Consumption," *Treehugger. com*, November 15, 2010, www.treehugger.com; " Introducing the Common Threads Initiative," *Patagonia.com*, 2011, www.patagonia.com; " Seventh Gen and Whole Foods Top Green Brands Ranking," *Environmental Leader*, June 10, 2011, www.environmentalleader.com; E. Grady, " Patagonia Steps Up Sustainability in New Fall 2011 Styles," *Treehugger.com*, June 12, 2011, www.treehugger.com; and " Survey: People Getting Smarter about Going Green," *Ad Age Blogs*, June 13, 2011, http://adage.com.

| 案例 III-2 | 达美乐比萨的新配方

长期以来，达美乐比萨（Domino Pizza）给人的印象是快速的运送服务和口感不佳。消费者研究小组将达美乐比萨的外壳形容为硬纸壳，认为比萨是批量生产的，酱料就像番茄酱，奶酪也非常乏味。多年

来，达美乐的主管人员已经意识到许多人对其比萨的感受，然而他们仍选择专注于自己的核心竞争力——运送服务，而非产品品质。可是运送速度快是远远不够的，达美乐的决策者意识到他们也需要更高品质的比萨。

最近，达美乐引进了比萨新配方，它使比萨的质量更高，作料更有味道。他们进行广泛的广告宣传和促销活动，取笑自己的品牌，告诉公众过去的老配方十分糟糕，但是新配方很棒。广告特色研究小组对比萨的老配方给予负面评价，达美乐的雇员们也说出曾经受到的抱怨，人们都期待新配方能够更好。达美乐的CEO说：

> 改变比萨配方不是一个困难的决定，但是这样宣传它有很大的风险。但我们没有替代方案，如果这个方案不奏效，我们也无法挽回。如果人们不喜欢新比萨，你不能说自己过去的比萨很糟糕而新的比萨配方很棒，还想要回到过去。新比萨配方与过去完全不同，它更加美味——这是毫无疑问的。我想我们最需要做的就是让人们去尝试它。我们在公司衰退时使用这个方案，尽管我们知道这会使比萨的成本提高。

消费者对新比萨食谱的反应各不相同，但总体是积极的。有些批评家认为，向食谱里添加香料不能创造出新的食谱。然而，宣传活动两个月后，达美乐的新比萨食谱在口味测验中远远超过了必胜客和棒约翰。一个消费者在达美乐的Facebook主页上这样写道：

> 我过去真的很讨厌达美乐，我只吃过几次，它最好的比萨也让我的胃很不舒服。我最近搬了家，因为达美乐离我的新家很近，不用花太多运费，我再次尝试了它，我们为新的味道所惊奇！在那之后，我们又订了两次达美乐比萨，计划在未来预订更多。达美乐改变了，保持现在的完美状况！

表Ⅲ-4是达美乐高频率与低频率购买者的人口统计数据。

表Ⅲ-4 达美乐高频率与低频率购买者的人口统计数据

	一个月光临1~5次	一个月光临6次以上
年龄（岁）		
18~24	179	214
25~34	139	114
35~44	127	113
45~54	100	100
55~64	80	44
65+	39	90
性别		
男性	93	97
女性	105	102
种族		
白种人	79	30
拉美裔	154	297
黑人	179	353
亚裔	73	44
家庭收入		
<25 000美元	115	180
25 000~49 000美元	92	92
50 000~74 000美元	90	60
75 000~99 000美元	103	119
100 000~149 000美元	108	34
150 000美元+	87	51
家中是否有孩子		
没有	77	81
有	144	137

资料来源：Experian Simmons's Fall 2009 *National Consumer Study*.

新广告宣传活动的反响非常好。晚间脱口秀主持人，像Conan O'Brien和Stephen Colbert都注意到了达美乐的广告，并把它们以夸张的喜剧形式表演出来，这使达美乐比萨的新配方受到全国瞩目。因为这次宣传，达美乐在年度广告时代营销者奖中被提名为亚军。达美乐也被*Pizza Today*（行业领先的出版刊物）评为本年度的明星比萨连锁店。

达美乐新产品宣传的成功部分来源于它积极以各种方式吸引消费者。例如，达美乐积极从媒体寻求反馈，并为它的消费者提供各种比赛和活动。如在"味蕾赏金猎人"的活动中，消费者为其他没有尝过新比萨的人推荐新配方，成功"转变最多口味"的消费者会赢得一年份的免费比萨。那些没尝过新比萨的潜在消费者可能会成为达美乐的顾客。

在"秀出你的比萨"的活动中，消费者寄来他们从达美乐订的比萨的照片，照片被用在全国的广告宣传中的消费者将获得现金奖励。为保证过程透明，达美乐通过大众媒体向消费者征求积极与消极的评论。它也承诺不会在广告中编辑消费者的比萨照片。

高质量产品和成功营销活动的结合创造了令人鼓舞的财务绩效。2010年的第一季度，达美乐的同店销售额增长率为14.3%，打败了麦当劳的最高增长率14.2%。第二季度，销售额又上升了14.5%。真正的挑战是达美乐普及率的上升是否能够持续。达美乐试图将产品原料转向鸡肉，进一步创新其菜谱。达美乐也同样会征求消费者的想法和建议。

讨论题

1. 达美乐运用新菜谱、广泛的广告和促销行动来重塑品牌。
   a. 为什么重塑品牌非常困难？
   b. 在达美乐重塑品牌的过程中，怎样的特点使它最终成功？
2. 在宣传活动中，达美乐运用了第11章中讨论的哪些信息结构特性？这种信息结构类型刺激了消费者的哪种情感？
3. 第9章讨论了几种学习原理。达美乐运用了怎样的学习原理告诉消费者关于产品的改进？
4. 结合表Ⅲ-4中的人口统计数据与自己的经验和知识，概括达美乐想要锁定的高频率消费者的特征。
5. 概括达美乐原来的品牌形象和新的品牌形象，讨论这种差异的营销意义。
6. 达美乐新的比萨配方是创新吗？如果是，这是哪种创新？请解释。

资料来源：A. Sauer, " Is the Domino's Rebrand Too Honest?," Brand Channel, January 5, 2010, www.brandchannel.com; B. Garfield, " Domino's Does Itself a Disservice by Coming Clean About Its Pizza," Advertising Age, January 11, 2010, p. 22; " U.S. Foodservice Landscape 2010: Restaurant Industry and Consumer Trends, Momentum and Migration," Packaged Facts, May 2010; D. Brady, " J. Patrick Doyle," Bloomberg Businessweek, May 3, 2010, p. 1; E. York, " Domino's Claims Victory with New Strategy: Pizza Wasn't Good, We Fixed It," Advertising Age, May 10, 2010, p. 4; R. Parekh, " Runner-Up: Domino's," Advertising Age, October 18, 2010, p. 19; M. Brandau, " Pizza Revamp Drives Domino's Results," Nation's Restaurant News, March 1, 2011, www.nrn.com; and S. Gregory, " Domino's New Recipe: (Brutal) Truth in Advertising," Time Magazine, May 5, 2011, http://www.time.com/time.

案例Ⅲ-3　"让我们行动起来！"名人代言汽水？

在2010年2月，第一夫人米歇尔·奥巴马发动了她的"让我们行动起来"的主题活动。"让我们行动起来"是一项旨在通过更加健康的饮食习惯和更活泼的生活方式提升年轻人的生活状况的活动。这一时期，肥胖儿童在美国比例巨大并发展成一个社会问题，因此这一活动在此时尤为需要。在"让我们行动起来"这一活动中取得进步的关键是要和包括家庭、学校、食品公司、立法者甚至名人在内的各个利益相关者建立合作的伙伴关系。根据"让我们行动起来"的官方网站：

我们已经看到了很多来自家长、企业领导者、教育者、官员、军队领导者、厨师、医生、运动员、儿童护理者、社区和宗教领导者，以及孩子本身的对提升我们民族儿童健康状况的承诺。幸亏有了这些努力，很多家庭现在可以接触到"如何为他们的孩子做出更加健康的决定"的相关信息。年轻人现在有更多的机会在社区内参加体育活动。学校里的食物有了引人注目的改善。更重要的是，有更多的美国人在社区内就能够享受到可以承担的健康食物。

在这一活动发起后的几年中，儿童肥胖仍然是美国社会的一个重要问题，但是在纽约、密西西比和宾夕法尼亚等州已经取得了一些进展。在2014年3月，健康美国合作组织发布了一则报告，在这一报告中，它称赞了其成员在贫困地方开设更多的食品杂货店以及在餐厅中增加更多更健康的食物所做出的努力。16家食品生产商会员承诺在2015年之前从它们的产品中减掉1.5万亿的卡路里。同样，美国饮料协会也参与了这一活动，将热量标签放置在了饮料的正前方。虽然这些进步还很有限，但是在美国年轻一代中，他们的生活方式发生根本改变只是时间问题了。

奥巴马夫人在年轻人中推广"让我们行动起来"这一活动时，使用的一个主要方法就是和名人合作。名人代言是已经被大家广为接受的可以为品牌带来信誉的策略。一些名人和运动员在很多方面参与并宣传了"让我们行动起来"这一活动。甚至是奥巴马夫人也利用了她自己的名人身份来与"让我们行动起来"合作，宣传这一活动。最近，赛百味餐厅主动采取行动参与进来，承诺在儿童菜单上提供和联邦政府规定的学校午餐标准一致的营养食品。在一场感恩活动中，奥巴马夫人在华盛顿特区的赛百味餐厅召开了新闻发布会，并与其他代言赛百味的运动员，以及一些学龄儿童、家长共进了午餐。"让我们行动起来"这一活动的执行董事 Sam Kass 说：

> 我们希望公司、运动员和名人都能够将他们的营销资源和声音投入到更健康的产品背后……名人和运动员的出席真正地帮助我们传递了这一信息。他们是在我们的社区，尤其是年轻人中，真正拥有话语权的文化符号，他们真正地传递了这一信息，表现了他们的领导力量。我们当然希望利用这些声音的力量来帮助我们创造一个更加健康的国家。这是我们正在做的事情中重要的一环。

不幸的是，并不是所有与"让我们行动起来"合作的名人都将对应的信息传递给了他们影响的年轻人。由于这一活动没有官方发言人，名人没有正式的义务去担任一个传递信息的角色。有一个名为"公共利益科学中心"（CSPI）的组织一直在监督"让我们行动起来"的合作名人的行为。执行董事迈克尔·雅各布森（Michael Jacobson）表示：

> 很多的高知名度的名人出于商业合作支持的是那些促销快餐食品的活动，这是非常不幸的。这一信息和"让我们行动起来"是完全不符合的。可以推测会有一部分比例的人注意到这种差异，并将"让我们行动起来"这一活动和名人抛在脑后。孩子尤其容易被名人影响。他们认为如果他们消费这一产品，明星的魅力或者运动员的力量就会传递给他们一些……理想状况是第一夫人和"让我们行动起来"能够采取政策利用名人传达这种信息，并且确保他们没有促销垃圾食品这一软肋。

尤其是有三个与"让我们行动起来"合作的名人因为他们代言汽水而招来了愤怒的批评，他们是关颖珊、碧昂丝和沙奎尔·奥尼尔。这些名人都在与"让我们行动起来"合作之后代言了富含糖分的不健康的饮料。"让我们行动起来"这一活动特意发表讲话反对汽水，并鼓励美国的年轻人喝水或者不甜的饮料作为替代，因此这些支持汽水的行为和活动本身非常矛盾，并且给名人本身和这一活动的信誉都造成了损失。雅各布森先生表示：

> 你不能只在一天中为第一夫人的这一活动拍个照，然后在一年中剩下的时间都销售容易致病的汽水。

关颖珊是一名美国奥林匹克滑冰运动员，她曾经主办了轰动一时的"2014 年让我们阅读！让我们行动起来"暑期项目，这一项目鼓励孩子们多运动，吃健康的食物并且在暑假期间阅读。关颖珊同时也是总统健身、运动和营养理事会的一名成员。当关颖珊同时也成为索契冬奥会期间为可口可乐推销其汽水的四名运动员之一时，冲突便发生了。两个活动都希望关颖珊成为其代言人是考虑到了它们共同的目标市场。然而，它们对待汽水的态度却是完全不同的。总统的健身理事会建议：

> 喝水替代含糖饮料：通过喝水或者无糖饮料来减少卡路里的摄入。汽水、能量饮料和运动饮料在美国人的饮食中都是糖和卡路里的主要来源之一。如果你希望有些味道的话，尝试加入一片柠檬、酸橙或西瓜，或者在你的水中加入一点纯果汁。

相比之下，可口可乐传达的信息更多的聚焦于"平衡"：

> 体育运动对消费者的健康来说是非常重要的。对于整体的健康而言，维持能量的平衡尤为关键——在摄入能量和消耗能量之间的平衡。

碧昂丝是在年轻人中十分流行的歌手。她制作了一则名为"扭动你的身体"的音乐视频参与到该活动中，在视频中她在学校餐厅吃着苹果和孩子们一起跳舞。仅仅两年之后，评论家就注意到了她与百事可乐 5 000 万美元的合作关系。CSPI 给碧昂丝写了公开信批评她的这一行为。碧昂丝和她的经纪人都没有就此做出回复。

> 你的形象是一个成功、健康、具有天分和富有魅力的公众人物。但是通过将你的名字和形象授权给百事可乐公司，你就将你的这些积极属性与一个危害美国人健康的产品联系在了一起。

另一个因为汽水招致责难的名人是 NBA 的退役球星沙奎尔·奥尼尔。他通过在一所小学教孩子们有氧运动参与到奥巴马夫人的这一行动中来。他已经是锐步的官方代言人，但是仍然参与到了"让我们行动起来"这一活动中。但是不久之后，奥尼尔先生就创造了自己的汽水生产线，这种汽水的包装上醒目地印着奥尼尔先生的脸。CSPI的雅各布森先生表示：

> 很明显，沙奎尔比一般人懂得更多。他曾经说过他自己并不喝汽水，担心患肥胖症和糖尿病。但是他现在在利用他自己的名字、脸和声誉使这些问题更严重。这是令人所不齿的伪善，是金钱利益驱动的行为。

其他一些参与到"让我们行动起来"这一活动的运动员也代言了别的非汽水类的不健康食品。例如，伊莱·曼宁（Eli Manning）代言了双口味奥利奥和邓肯甜甜圈，大卫·贝克汉姆代言了汉堡王。

专家提醒，为了避免伪善的责难，名人应该代言和宣传他们在现实生活中相信的观念和使用的产品。实际上，中国已经提出了相关规定，鼓励在广告宣传中追求事实，禁止明星代言他们没有亲身使用过的产品。Denise Lamberston，LMS机构的创立者表示：

> 由于互联网和社交媒体的发展，营销活动现在已经变得更加透明。名人代言就是营销越加透明的一个很好例证。作为一个名人，如果你签订合同代言一种饮料，你最好饮用那种饮料并且不喝所有竞争者的产品。因为一旦你携带那种饮料的图片被公众获知，你消费并购买这种饮料就会被照片记录下来，并且这些照片会迅速出现在互联网上。如果你的表现并不真实的话，消费者会马上把你"揪"出来。博客和编辑跟风炒作，故事版本很快就会改变。

在和名人合作代言一种产品以前，有一些组织可以采取的法律措施能减少这种风险的发生。首先，合同不应该违反之前名人与第三方的任意条约，并且名人应该同意在一定时间段内，他不会再与其他的竞争者组织签订任何合约。其次，应该有道德条款来终止任何违法或受指责的行为。条款中的用词应该非常准确，以避免任何的模糊或造成名人与组织之间有关行为标准的事实分歧。最后，合同应该确保名人的代言在社交媒体上是受到赞美并符合联邦政府规定的。例如，广告推特应该加上标签，明确指出它们是受到赞助的内容，就像#广告或#赞助。

最后，有关名人代言是否更有效率的争论一直在持续当中。Experian市场服务公司的一项调查显示，43%的受众会更倾向于不购买有名人代言的产品，除非这一名人在该领域内是专家。Ace Metrix，一家广告分析机构，报道说拥有名人代言的电视广告比没有名人代言的电视广告收视率更低。这些表现糟糕的广告通常是那些人们认为名人并不会真正使用他们所代言产品的这一类广告。《社会影响》（Social Influence）期刊上有一篇2014年的文章，报道了名人代言存在无法回收成本的风险。科罗拉多州立大学Boulder's Leeds商学院的Margaret Campbell说：

> 对营销者来说，总体要旨是要小心，因为我们中的所有人，无论是否为名人，都有积极的或消极的人格特征，这些消极的特征能够很轻易地传递到品牌上。

《广告研究》（Advertising Research）期刊上的一篇2012年的文章报道了无论是从绝对还是相对意义上，运动员名人代言对于提高销售量来说都是十分有效率的。并且，每当运动员达成一个职业成就时，销售量和股票就会大幅度回升。一项尼尔森的调查发现，消费者购买由可靠的第三方来源代言的产品的可能性是一般情况下的五倍，这说明当名人在这一产品类别中是可靠的专家时，名人代言是有效的。这也是为什么让人们相信名人会使用这一产品的重要性所在。请参考表Ⅲ-5，表Ⅲ-5列出了一些名人代言中人们对名人是否会使用这一产品不同水平的信任程度。相反地，哈里斯（Harris）互动调查公司的一项研究表明，有53%的成年人相信名人宣传政治或社会活动是有效的。也有证据表明，名人代言对孩子来说比对成人更有效。伯克利（Berkeley）媒体研究小组的一名儿童广告研究员Andrew Cheyne表示：

> 所有的活动都想要一个受欢迎的名人发言人的一个原因就在于，无论名人正在做什么，他们都会对孩子们有着巨大的吸引力。孩子们尊敬他们并想要成为他们。我们不能期望孩子们在名人们售卖糖果的时候转变他们的态度。最好的情况是孩子们可能会感到迷惑，而最坏的情况下，他们可能会认为这些有关汽水的观点和有关水的信息是一样的，但实际上这两种饮品是不同的。

表Ⅲ-5 明星代言与赞助商

明　星	赞　助　商
梅利莎·琼·哈特（Melissa Joan Hart）	迪士尼油漆
贾斯汀·比伯（Justin Bieber）	OPI 指甲油
大卫·哈塞尔霍夫（David Hasselhoff）	Lean Pockets 食品
丽莎·林娜（Lisa Rinna）	Depends 软件公司
比尔·怀曼（Bill Wyman）	签名款金属探测器
Mr. T	Flavorwave 炉涡轮
伊娃·朗格利亚（Eva Longoria）	乐事薯片
莎侬·多赫提（Shannen Doherty）	EducationConnection
史努比狗狗（史努比狗狗）	诺顿杀毒软件
Kiss（美国摇滚乐队）	Kiss Kasket
波姬·小丝（Brooke Shields）	La-z-boy 沙发
布鲁斯·威利斯	"Die Hard" 古龙香水
约翰·塞纳（John Cena）	耐克 Fruity Pebbles 球鞋
西尔维斯特·史泰龙	蛋白布丁
Nelly	"Pimp Juice" 机能饮料
Lil'Romeo	"Rap Snacks"
杰夫·福克斯沃西（Jeff Foxworthy）	牛肉干
胡克·霍根（Hulk Hogan）	"Hulkster" 吉士堡
丹尼·德·维托（Danny Devito）	柠檬酒

讨论题

1. 第11章讨论了信源特征和形象代言人。影响名人代言效果的三个方面是：专业性、象征的方面和有效的传达。思考在上述案例中：
   a. 对关颖珊在"让我们行动起来"活动中有关这三个方面的表现做出评估。
   b. 对碧昂丝在"让我们行动起来"活动中有关这三个方面的表现做出评估。
   c. 对沙奎尔·奥尼尔在"让我们行动起来"活动中有关这三个方面的表现做出评估。

2. 第11章还讨论了名人与其代言产品的协调性。你认为下列名人与"让我们行动起来"活动的协调性更高，还是和他们代言的苏打水的协调性更高。论证你的答案。
   a. 关颖珊
   b. 碧昂丝
   c. 沙奎尔·奥尼尔

3. 阅读表Ⅲ-5中的名人代言。
   a. 选择三个你认为协调性最好的名人/产品配对。说明你的选择。
   b. 选择三个你认为协调性最差的名人/产品配对。说明你的选择。
   c. 对比你从a、b两问中做出的选择。

4. 第8章讨论了消费者推断。思考案例中"让我们行动起来"活动的发展和名人代言人的后续行为。
   a. 第8章中消费者推断的哪个方面适用于这一情况？
   b. 这些方面如何影响消费者对"让我们行动起来"活动及案例中的代言人做出的推论？

5. 第9章讨论了图式，即图式记忆和知识结构。将下列名人类比品牌构建架构关系图。
   a. 关颖珊
   b. 碧昂丝
   c. 沙奎尔·奥尼尔

6. 第10章讨论了马斯洛的层次需求。"让我们行动起来"这一活动鼓励年轻的消费者健康饮食和运动，这是希望激励他们的哪一层次需求？（提示：可以考虑多重需求）

7. 第4章讨论了几个不同年龄段群体。
   a. "让我们行动起来"活动的目标市场是哪一个群体？
   b. 根据你对第4章列出的各群体的了解，为活动提供一些建议，让该活动能与你在a中所选的群体进行更好的交流。

| 案例 III-4 | 注意千禧一代！给汽车厂商的你 |

由于他们的父母出生于婴儿潮时期，是之前人口总数最大的一代人，千禧一代也由此成为新的人口总数最大的一代人。千禧一代的年龄涵盖范围很广，其中年龄最大的正30岁出头，已经完全过着成年人的生活，成为消费活动的主力军。因为这一代人的人口规模和购买力，他们成了营销人员关注的主要目标。不仅如此，千禧一代的品牌认知和购买行为与之前的几代人截然不同，他们更适应数字化通信交流的生活方式。

不久前，父母为了不让孩子看太多电视而苦恼。现在，随着那些孩子逐渐长大，电视广告商为了争夺千禧一代的注意力而怀有与家长相反的苦恼。年轻人仍在以极高的频率消费媒体，但现在他们使用电视以外的新媒体，如社交媒体和移动设备。例如，在1983年，1亿美国人在电视上观看了《马什》（Mash）的终章，而相比之下只有1 000万人在电视上观看了《绝命毒师》（Breaking Bad）的结局。同时，小型手机屏幕上的广告并不能达到以往传统媒体那样好的广告效果。

消费者越来越忽略和漠视广告。这种对广告注意力的减少是由于美国人在观看传统媒体时被其他的活动吸引了。（表III-6和表III-7展示了一些相关因素对不同人口群体的统计结果，其中包括千禧一代。）

表III-6 最被忽略和漠视的广告类型

	总计	性别		年龄				学历		
		男性	女性	18-34	35-44	45-54	55+	高中及以下	大学本科	本科以上
	%	%	%	%	%	%	%	%	%	%
任意（线上）	91	90	92	90	92	88	93	89	92	94
互联网展示广告	43	42	45	42	47	43	43	40	46	46
互联网搜索广告	20	20	21	21	21	19	20	17	22	23
电视广告	14	15	13	9	13	14	20	17	12	12
广播广告	7	7	8	11	7	5	6	8	7	7
报纸广告	6	6	5	7	4	7	5	6	5	6
一个都没有	9	10	8	10	8	12	7	11	8	6

资料来源：哈里斯互动民意调查（美国成人）。

表III-7 看电视时做的活动

	总计	性别		年龄				学历		
		男性	女性	18-34	35-44	45-54	55+	高中及以下	大学本科	本科以上
	%	%	%	%	%	%	%	%	%	%
用电脑上网	56	53	59	68	59	55	45	52	57	62
看书、杂志、报纸	44	37	51	42	41	44	47	35	50	51
看社交网站（如Facebook、Twitter）	40	34	45	57	47	36	21	33	44	46
发短信	37	35	39	57	46	38	14	28	41	47
线上购物	29	27	31	40	33	27	19	22	31	39
用手机上网	18	20	16	30	23	15	6	10	19	29
用电子图书看书（如Kindle、Nook）	7	6	9	6	8	9	7	5	10	9
用掌上设备上网（如iPad、Xoom）	7	8	6	7	13	4	5	6	5	11

(续)

	总计	性别		年龄				学历		
		男性	女性	18-34	35-44	45-54	55+	高中及以下	大学本科	本科以上
	%	%	%	%	%	%	%	%	%	%
其他	30	26	33	32	26	28	30	26	33	32
没有	14	18	11	8	12	16	20	19	12	10
无特定	3	4	2	5	3	2	2	3	2	4

资料来源：哈里斯互动民意调查（美国成人）。

最大的广告消费机构之一，Starcom MediaVest 的 CEO 表示：

"如果 Reed Hastings（Netflix 公司的首席执行官）插手全世界，我担心我们一年后就会失业。"

千禧一代是许多市场研究公司的重点研究主体。最近的各种调查显示，这一代人比任何其他群体花费更多的时间在社交媒体上，尤其是移动设备。

千禧一代平均每周花 14.5 个小时在移动设备上。然而，虽然这比 X 一代和婴儿潮一代要少，他们仍然平均每周花 25 个小时看电视。相应地，预计在 2014 年，广告客户将在移动广告上花费 177 亿美元，这是 2013 年广告投入的两倍。36% 的千禧一代认为数字广告是对品牌决策最有影响力的媒体，而 19% 的千禧一代认为数字广告的影响和电视广告一样。同时，44% 的千禧一代想利用社交渠道与品牌进行开放式的对话。55% 的千禧一代认为，来自朋友的推荐对品牌选择的影响最大。通常，这些推荐产生于社交媒体上关于品牌内容的分享。

汽车制造商尤其关注千禧一代，许多厂商正在尝试采用新的方法来吸引这个群体的关注，如新的产品策略、闪亮的颜色等。此外，许多汽车制造商正试图通过非传统策略来吸引千禧一代的兴趣，例如在社交媒体上展示古怪有趣而又充满娱乐性的内容，吸引消费者参与互动等。大众、福特、丰田、宝马 Mini Cooper 已经通过在一个面向千禧一代的娱乐性网站 BuzzFeed 上的广告取得了一些成功。美国 BuzzFeed 公司的代理策略与产业发展副总裁 Jonathan Perelman 曾说：

对于任何品牌，尤其是对于汽车品牌而言，它的力量在于你可以告诉别人一个十分引人注目甚至是有趣的故事，这时广告会给消费者带来附加价值，使得他们不仅会参与进来，还会将这个故事分享给其他人。在这个过程中有一个隐含的前提：即你作为我的朋友，会明白我喜欢什么。这种方式使得消费者对品牌的感情得到显著的增强，而这也恰好是如今社会内容营销的力量。社会内容营销能够存在于人们的谈话中，为消费者提供附加价值并且丰富人们谈话的内容。

Maritz 调查研究公司的战略咨询副总裁 Chris Travell 也说过：

如今，千禧一代是行业中重要的消费群体，这不仅仅是因为他们的规模。他们也有助于完善购物和持有体验。和前几代人相比，这些年轻的买家和我们之间的联系更加紧密。有些汽车厂商正在制定能够引起千禧一代共鸣的发展战略。为他们考虑得更多，他们在下一次加入消费市场的可能性就更大；反过来，这将增加向该客户出售汽车的可能性。

但是，在千禧一代的回应和汽车厂商的努力之间存在着很大的差距。比如，菲亚特汽车集团策划的"无尽的乐趣"活动就不幸地失败了。菲亚特制作了一些人们戴着马面面具在菲亚特汽车周围跳舞的表情包和 gif 图片。本田在其 #UnBuenFit# 活动中选择了一个非常规的方法，即模拟其他的广告商对新千禧的刻板印象。

福特似乎已经探索到与千禧一代有效的沟通方式。福特在过去几年一直是千禧一代考虑购买的首选品牌。福特的全球消费趋势和未来发展经理 SherylConnelly 提出：

这群消费者是一个令人难以置信的潜在消费群体，但千禧一代与品牌互动的方式与更早的一代完全不同。了解他们的喜好有助于我们对他们进行营销，所以我们一直在传达与他们相关的信息。

福特发现了一个有效的方式，那就是邀请新千禧的消费者作为品牌大使。福特公司全球汽车和交叉营销经理 Amy Marentic，这样解释了福特针对千禧一代的策略：

> 我们正在把一个 108 岁的品牌交给消费者，我对此很认真。我们在千禧一代人群中的市场份额大幅上升……我们如今是在千禧一代中最畅销的品牌……不要害怕把你的品牌交给别人。

福特给出了一些促使其成功的技巧。第一是让千禧一代谈论你的品牌。当福特准备在美国推出其嘉年华时，他们把 100 辆车给了有影响力的、精通网络的千禧一代，这些拿到车的千禧一代被授予"嘉年华代理商"的称号。Marentic 女士说：

> 我们为他们提供了为期六个月的嘉年华，为他们加油和上保险，他们必须为我们做月度任务，然后把结果上传到网上。如果我告诉他们新福特嘉年华有多棒，他们不会在意，但是当他们的朋友和家人这样告诉他们时，他们就会给予关注了。

第二，福特通过 MyFord Touch 这一新技术来吸引千禧一代对科技的喜爱。MyFord Touch 能够在消费者开车时执行许多工作，例如同步手机、阅读短信、校准温度和提供晚餐建议。

> 千禧一代总是希望他们在车上的命令能被执行，而 MyFord Touch 能理解 10 000 个语音命令。

最后，Marentic 女士总结，福特的成功来自于千禧一代的前卫性和娱乐性。例如，为了改善福特福克斯以前的沉闷形象，福特创建了一个叫道格的角色，这个角色只出现在 Twitter 和 YouTube 等社交媒体上。道格是一个举止粗鲁无礼的穿着橙色袜子的木偶。例如，当一个福特营销经理告诉道格，他的席位上有双法式缝的时候，道格回答说：

> 很多次我坐在单法式缝的座位上时，觉得就和坐在镇上的垃圾桶里一样。

这正是福特公司用来成功捕捉到其他汽车制造商和品牌仍然难以捉摸的千禧一代的注意力的非传统方式。

讨论题

1. 第 8 章中讨论了影响消费者关注的因素。以下情境因素如何在千禧一代关注福特的促销活动中发挥作用？
   A. 混乱
   b. 计划参与
2. 第 11 章曾讨论广告中的吸引力特征。使用 Google 视频或 Google 图片查找福特嘉年华广告系列的广告示例。根据这些广告评估
   a. 吸引力特征
   b. 信息结构特征
3. 第 8 章讨论广告中的刺激因素。使用 Google 视频或 Google 图片查找福特嘉年华广告系列的广告示例。根据以下刺激因素评估这些广告：
   a. 尺寸
   b. 强度
   c. 有吸引力的视觉效果
   d. 颜色和运动轨迹
   e. 位置
   f. 隔离
   g. 格式
   h. 对比和期待
   i. 兴趣
   j. 信息质量
4. 评估表 III-6 和 III-7 中显示的信息。想象一下，你是针对千禧一代的汽车制造商的营销经理。你的目标是获得目标市场的关注。使用该信息来回答以下问题。
   a. 根据表 III-6，哪几种媒体最不可能被千禧一代忽视？
   b. 最容易被忽视的媒体与其他调查中显示的千禧一代喜欢的媒体相比如何呢？
   c. 假设电视广告是你的促销组合的一部分。你如何处理这样一个事实，即大部分市场目标在观看电视时都是多任务的？
   d. 想象一下，你的目标市场是不同的人群。你对这个问题以前部分的回答如何改变？
5. 第 9 章讨论学习的力量。福特希望千禧一代知道福特专注于他们的需求和期待。到目前为止，这似乎

是有效的。以下六个因素增强了学习的力量。根据这些因素评估福特对千禧一代的营销。

  a. 重要性
  b. 信息参与
  c. 心情
  d. 强化
  e. 重复
  f. 道格符号

6. 第9章还讨论了品牌形象和产品定位。考虑福特等汽车制造商的品牌形象。然后，构建一个感知地图，其中包括几个针对千禧一代的汽车制造商。

7. 第12章讨论了VALS。福特的方法似乎以吸引千禧一代的哪一类（理想、成就、自我表达）为目标？请说明。

资料来源："Are Advertisers Wasting Their Money?," *Harris Interactive: A Nielsen Company*, December 3, 2010, www.harrisinteractive.com; C. Arreola, "Honda Targets Latino Millennials in Unconventional Way," *Latina*, July 18, 2014, www.latina.com; V. Bond, "How Car Marketers Harness the Viral Power of Buzzfeed to Reach Millennials," *Automotive News*, December 1, 2013, www.autonews.com; "Distracted TV Viewers," *Harris Interactive: A Nielsen Company*, June 15, 2011, www.harrisinteractive.com; D. Fenn, "4 Tips from Ford on Marketing to Millennials," *CBS Money Watch*, June 22, 2011, www.cbsnews.com; I. Slutsky, "Ford and Twitter Talk Keys to Marketing to Millennials," *Advertising Age*, August 19, 2011, http://adage.com; "Traditional or Digital Ads? Millennials Show Mixed Feelings," *EMarketer*, April 15, 2014, www.emarketer.com; B. Tuttle, "Selling Cars to Millennials: Quirky Models, Flashy Colors Aim to Get Gen Y Out of Neutral," *Time*, November 20, 2012, http://business.time.com; S. Vranica, "Millennials Spend 14.5 Hours per Week on Smartphones," *The Wall Street Journal*, July 2, 2014, http://blogs.wsj.com; "Ford Now Leads Sales Consideration with Millennials," *Ford Motor Company*, August 19, 2014, http://corporate.ford.com; J. Fromm, "Ford Recognizes Millennial Consumer Marketing Trends," *Future Cast Millennial Marketing Insights*, 2014, http://millennialmarketing.com; J. Gapper, "Advertisers Have Lost the Attention of a Generation," *Financial Times*, June 18, 2014, www.ft.com; "Millennials: The New Age of Brand Loyalty," *Adroit Digital*, 2014, www.adroit.digital.com; J. Perez, "Fiat Tries to Target Millennials with New Ads, Fails Miserably," *Yahoo! Auto*, June 18, 2014, https://autos.yahoo.com.

案例 Ⅲ-5 你的狗吃奶酪吗？锁定高端宠物市场

宠物用品与服务的市场很大，并且仍在增长中，目前估计的规模有470亿美元。它不再仅仅是狗粮了。宠物主人把自己当作"宠物的父母"，将宠物养在"宠物旅馆"中，无微不至地照顾它们。看上去，宠物主人是人群中有趣而坚定的一个群体。越来越多的主人将宠物看作人类，其中有92%把宠物看作家庭的一员。根据美国动物医院协会的一项调查，63%的主人每天对宠物说一遍"我爱你"，59%的人会庆祝宠物的生日，还有66%的人会为宠物准备特别的食物。

这些购买、态度和行为属于高端宠物市场，这一市场大约有1 700万人，其中又可分为不同的细分市场，包括：①富有者（年收入在15万美元以上）；②专卖店购物者（仅在专卖店和网上购物）；③有孩子的已婚者；④空巢者；⑤没有孩子的双职工家庭；⑥没有孩子的独身者。是否有孩子不再会影响宠物的拥有及相关开支。如今，宠物已成为家庭的一部分，拥有并呵护宠物已经成为一种生活方式。表Ⅲ-8列示了高端宠物市场的一些统计特征数据，比较的基数是至少拥有一只狗或猫的所有家庭（例如，18~24岁的指数是91，意思是在这一年龄段，拥有高端宠物的比例要比拥有宠物的一般家庭低9%）。

表Ⅲ-8 高端宠物拥有者与一般宠物拥有者的统计特征比较

（单位：%）

高端宠物拥有者	
家庭百分比	32.9
年龄（岁）	
18~24	91
25~34	71
35~44	121
45~54	128
55~64	115
65~74	47
75+	41
教育程度	
大学	201
大专	154
高中及以下	55

	(续)
职业	
管理	181
专业人员/技术人员	149
销售人员	120
行政人员	110
工人	90
种族	
白人	103
拉美裔	76
黑人	74
亚裔	188
性别	
男性	112
女性	92
地区	
东北	125
东南	100
西南	85
太平洋地区	98
家庭收入	
50 000~74 999 美元	30
75 000~99 999 美元	164
100 000~149 999 美元	304
150 000+	304
婚姻情况	
单身	88
已婚	124
离婚	64
丧偶	42
孩子的数量	
0	104
1个	92
2个	104
3个以上	75

注：100=拥有一只猫或狗的一般家庭的指数。

资料来源：Simmons Market Research Bureau, *Study of Media and Markets*, Fall 2006.

在宠物产品市场上，除了普瑞纳（Purina）和哈茨（Hartz）是主要的供应商和生产商外，还有大批小品牌为各个细分市场提供产品。其中一家赶上高端宠物浪潮的公司是"完全自然营养"（Complete Natural Nutrition）公司，向目光敏锐的宠物主人销售所有的自然产品。该公司的一项核心手段是，它的产品全部是人类的食物，只是被"伪装"成了宠物食品。该公司的网站说：

> 完全自然营养是一个提供健康宠物食物的公司，它的主要目标群体为一些只愿意给自己宠物提供最好东西的主人。2005年，完全自然营养公司开始制造能使猫和狗的生活发生显著变化的产品。我们明白宠物主人不需要其他的食物、饼干或动物身体的一部分来喂养他们的同伴。我们开始为有特定健康问题的宠物的主人提供解决办法，这些宠物可能患有糖尿病、超重、挑食、过敏或需要限制的食谱。我们也开始为那些特别的宠物主人提供食谱，他们可能会阅读食物上的标签，想要寻找美国制造和美国提供材料的食物，因为这是世界上最健康的宠物食谱。

完全自然营养公司提供100%威斯康星州原料制作的奶酪，并将其称作"一种伪装成训练食谱的人类零食"。每7盎司卖15.99美元。这个公司也提供不同的顶级食物，像牛肉、鸡肉和鲑鱼，都由100%肉类制成，每4盎司售价15.99美元。人们可以通过：①在官网上在线购买；②特定网上商店；③特定零售宠物商店购买到该公司的产品。

讨论题

1. 访问完全自然营养公司的网站（www.completenaturalnutrition.com）。它运用了哪种类型的态度改变策略？你认为这些策略有效吗？
2. 你会运用怎样的学习方法和原理来给消费者传授该公司产品的知识，像是"Cheese Please"和"Real Food Toppers"？这在公司的网站上反映出来了吗？
3. 分析哪种类型的人最可能会从"完全自然营养"购买宠物食物。也就是说，列出一张清单，详细说明一个拥有狗并会购买Cheese Please和Real Food Toppers的消费者拥有的态度、价值观、活动和兴趣。
4. 假设公司正在锁定高端市场，根据表Ⅲ-8的人口统计数据，Cheese Please和Real Food Toppers的最佳目标市场是什么？
5. 为Cheese Please或Real Food Toppers设计一则广告或发展营销策略，以使消费者对其形成好的态度，内容主要集中在以下成分：
   a. 认知成分
   b. 情感成分

c. 行为成分
6. 运用以下诉求或因素，为 Cheese Please 或 Real Food Toppers 设计一则广告或发展营销策略，以使消费者对其形成好的态度。
    a. 幽默
    b. 情绪
    c. 功利性诉求
    d. 价值表现诉求
    e. 名人支持
    f. 自我概念
    g. 恐惧

资料来源：J. Fetto, "'Woof, Woof' Means, 'I Love You,'" *American Demographics*, February 2002, p. 11; R. Gardyn, "Animal Magnetism," *American Demographics*, May 2002, pp. 30–37; *Market Trends: Premium Pet Demographics and Product Purchasing Preferences* (Rockville, MD: Packaged Facts, August 2007); and information from Complete Natural Nutrition's website, accessed July 13, 2011.

案例 III-6　凯蒂猫狂热

凯蒂猫（Hello Kitty）是自1974年以来在全世界流行的日本卡通人物。凯蒂猫是以圆角和没有嘴巴为特征的很可爱的猫。三丽鸥，凯蒂猫的制造商，一直在生产和推广这个巨大的凯蒂猫主题商品系列。在这种情况下，一些人甚至宣称凯蒂猫已经征服世界。凯蒂猫已经成了日本的国家形象标志之一。它甚至成了日本和美国的联合国儿童基金会的形象大使，并且当作日本的外交大使来到了中国。

凯蒂猫已成为一个贯穿于全球各地世世代代消费者中的品牌。在20世纪70年代，凯蒂猫最初的目标消费群是年轻女孩和未满13岁的孩子。到了80年代，凯蒂猫的受欢迎程度开始衰落。90年代三丽鸥重新定位凯蒂猫作为一种复古潮流来吸引更多的女性消费者。凯蒂猫的产品被销售给那些从童年时期就熟悉凯蒂猫的成年妇女们。在21世纪初，凯蒂猫的受欢迎程度再次减弱，但是通过与奢饰品和珠宝的伙伴关系被复兴。凯蒂猫的形象装饰了销往70多个国家的超过50 000种商品。过去40多年来，凯蒂猫已经成长为一个价值70亿美元和年收入超过7.89亿美元的品牌。

凯蒂猫的品牌是大量授权的，并且已被应用于同各种各样的零售品牌的联合品牌活动中。在2012年，福布斯命名它是最畅销的娱乐产品许可证之一。众多品牌已经与凯蒂猫合作，包括塔吉特、丝芙兰、麦当劳、沃尔玛、永远21、Tervis、芬德乐器、丑娃娃、凯罗伯大头机器人、美国国家足球联盟、美国职业棒球大联盟、迷你唐卡、范斯、施华洛世奇和其他的公司。同样，凯蒂猫也进入了运输业。丽星正在使用凯蒂猫的邮轮航行至新加坡和马来西亚。在2014年，凯蒂猫的40年里程碑之际，没有任何40周年纪念日的限量版商品短缺。位于洛杉矶的日本美国国家博物馆也以凯蒂猫40周年为荣。

凯蒂猫深受世界各国各年龄段消费者的欢迎，这种受欢迎程度是从许多凯蒂猫的爱好者到三丽鸥高层很多人广泛讨论的话题。在某种程度上，问题的答案就在日本的流行文化和日本喜欢的卡哇伊中。卡哇伊意味着可爱，并且它在日本社会中弥漫着。带有圆角特征和柔和颜色的可爱卡通人物的使用在日本文化和品牌中极为普遍。卡哇伊不仅仅是一个风格或趋势。它根植于日本年轻女性的社交和性别角色中，甚至支配她们的行为。例如，卡哇伊的年轻女性往往行为孩子气并且用吱吱的声音说话。

日本三丽鸥公司成功地把卡哇伊文化远销到世界其他地区。"萌"给了经受着拥挤的城市生活方式的人们一个安慰。日本企业特别注意开发小巧可爱的卡通形象。日本东京营销总裁中村宁子说道：

> 为吸引女性消费者，日本产品制作小巧可爱。日本女性拥有消费能力，即便如轿车等非女性自己购买的东西，她们对最终决定都拥有强烈发言权。

几个研究日本文化的专家给出类似的回复。凯蒂猫可以是适合任何人群的任何物品。凯蒂猫的吸引力来自于它在每个消费者心上独特的投射。*Japanamerica* 这本书的作者指出了日本流行文化是怎样入侵到美国的。

"凯蒂猫的吸引力在于它是一块情绪诉求的白板。"正如其设计者之一所说的："凯蒂猫表达的是你的情绪。我们计划推出一只没有嘴巴、面无表情的小猫咪，在一个人们不仅需求互动，而且期待互动的时代，使其成为互动完美的玩具、玩偶或营销工具。"

三丽鸥公关部经理等松和夫说道：

> 凯蒂猫代表所有人群渴望感受乐趣和幸福的深层需求，不分国籍种族，不限智力水平。凯蒂猫不会评头论足，它让你感受当下，而非强迫你去追问原因。

三丽鸥的品牌管理和市场营销的高级经理戴维·马奇以类似的方式看待凯蒂猫：

> 它之所以没有生动地画出一张看得见的嘴，是因为有利于增加吸引力。当你看着它的时候，它可以成为每一种事物或者任何的东西。它可以吸引一个小女孩或者是另一个青少年，甚至是管理部门的人。它是为任何人准备的。

不过，其他人主要关注凯蒂猫的美德象征。例如，日本动画和漫画的作者与专家海伦·麦卡锡说：

> 凯蒂猫代表着童年的纯真无邪和简单的世界。世界各地的女性都乐于重温凯蒂猫所代表的安全环境中信任和爱的童年。她们不想丢掉那种想象，所以当她们长大了以后，她们紧紧抓住凯蒂猫表达的怀旧的情感——仿佛通过持有一个象征性的物体，她们就能以某种方式握紧自己童年的碎片。

最后，驻大阪音乐家、文化评论员尼克·克里说：

> 凯蒂猫象征着日本的基本美德：商业、可爱、自然、多子、富足。同时，凯蒂猫也代表盲目冲动的消费文化，人们与生俱来有这种冲动。几乎出于相同的反射作用，我们购物时都会去拿大眼睛、毛茸茸的凯蒂猫。这也许是普遍的冲动消费。

崇拜这个品牌的消费者年龄段分布广泛，并且他们经常把凯蒂猫融进他们的自我概念中。许多客户已经习惯了收集凯蒂猫的商品。这种做法特别被一些特殊的限量版的收藏品发行所鼓励。然而，当一些粉丝走入了人们称之为极端的境地时，他们对于收集凯蒂猫商品的激情发展成为偏执的狂热。

我们见到了娜塔莎·戈兹沃思，世界上最热衷收集凯蒂猫纪念品的收藏家之一。对她来说，凯蒂猫不仅仅是一个爱好，更是一种生活方式和她身份重要的组成部分。在她29岁的时候，她已经收集了超过15年的凯蒂猫，并且已经用凯蒂猫的各种商品塞满了公寓的每个房间，包括珠宝首饰、手袋、家具、服装、电器、装饰、玩具屋，和超过4 000个毛绒凯蒂猫玩具。她还编辑和维护了一个专门为凯蒂猫的网站，叫作hellokitty4u.com。根据戈兹沃思小姐所说：

> 我与我的猫咪们住在我小小的粉红色湖泊中，它们让我高兴起来，我喜欢有它们在我身边。有人过来之前我必须警告他们关于我的凯蒂王国，因为有些人会不知所措……我真的考虑过搬到一个更大的地方。这里已经没有足够空间来容纳我的所有的凯蒂猫。

戈兹沃思小姐目前正在寻求一个浪漫的伴侣并且想要结婚，但她迷恋收集凯蒂猫产品的行为已成为一个障碍。当要在浪漫的男朋友和她的凯蒂猫之间做一个选择的时候，凯蒂猫胜利了。戈兹沃思小姐说：

> 前男友试图让我放弃它，所以我和他分手了。凯蒂猫是我的一部分，并且我不会为任何人改变……别人要求我卖掉我的收藏，我坚决地告诉他们不。如果一个男人不喜欢我的凯蒂猫王国，也不能接受我就是这样的，那么我是不会对他们感兴趣的。

戈兹沃思小姐估计她在凯蒂猫的收藏上花了将近80 000美元。然而，她放弃其他方面的消费来支持她的爱好，比如放弃度假和外出就餐很多年。她最宝贵的凯蒂猫的藏品是限量版的穿着手工Hanita婚纱的可爱凯蒂猫。一旦她找到了她未来的支持她以凯蒂猫为中心的生活方式的丈夫，她打算穿真人大小的同款裙子。

> 我结婚的时候我想要穿同样的Hanita衣服。我爸爸已经同意戴粉红色领带，我想要凯蒂猫出现在婚礼的蛋糕顶上。

对于戈兹沃思小姐和其他极端狂热的凯蒂猫爱好者来说，收集凯蒂猫商品是一种生活方式。这种生活方式被称为收藏痴迷症，并且收藏的对象（本案例中的凯蒂猫）在这些收藏家的身份中变得根深蒂固。值得注意的是，着迷的收藏有别于囤积。囤积者几乎收藏所有的东西。他们对于扔掉任何东西都是忧虑的，因为他们认为自己将会再次使用这些东西。几个电视节目指出了极端囤积的特点。从另一方面来讲，狂热的收藏家只积累特定的对象，他们是精心规划的，并且知道他们收藏了多少个商品以及这些商品在哪里，并自豪地展示他们的收藏。北卡罗来纳州达勒姆焦虑症治疗中心的临床心理学家 Julie Pike 说：

> 对于囤积，我们看到了三个主要行为：第一，获得太多的财产；第二，有很大的困难来丢弃东西；第三，难于安排……
>
> 不同于囤积者，收藏家是骄傲，无愧于他们的财产。更可能的是，收藏家有狂热和全神贯注的精神。我们绝大多数人所处的程度不是这个状态的极端。但如果收藏家进入了一个领域，他们会花费很多钱在这上面，以至于他们不能支付他们的抵押贷款，这是一个问题。或者如果他们花太多时间在这个领域，他们将不能去工作或外出。

讨论题

1. 第8章讨论了品牌战略。凯蒂猫品牌变得如此广泛传播的途径之一是与许多其他品牌一起使用联合品牌战略。
   a. 一些与凯蒂猫的合作案例中提到的品牌是什么？
   b. 讨论每个品牌和凯蒂猫之间的感知契合度。
   c. 讨论每一个联合品牌产品的目标市场。目标市场是否相同？如果没有，它们有何不同？
   d. 进行互联网搜索发现更多的目前与凯蒂猫正在合作的品牌。
   e. 按着 b 问和 c 问的要求，重复分析在网站中寻找到的新的同凯蒂猫合作的品牌。
   f. 凯蒂猫有哪些特征使其能够成功地与很多其他类型的品牌成为联合品牌合作伙伴？
2. 第9章讨论了品牌形象和产品定位。思考凯蒂猫作为一个品牌，然后回答以下问题：
   a. 描述凯蒂猫的品牌形象。
   b. 基于你关于联合品牌问题的答案，从凯蒂猫的联合产品选择一个产品目录，并且用头脑风暴法列出它们市场中的竞争者。
   c. 建立一个知觉图，包括凯蒂猫联合品牌的产品和你头脑风暴讨论的产品目录。
   d. 对你绘制知觉图和你理解知觉图内容的过程做一个简短的描述。
3. 第10章涵盖了麦圭尔的心理动机。回顾认知保存导向动机、认知发展动机、情感保持导向动机和情感发展动机。这些动机中哪种能描述为什么凯蒂猫的爱好者，如戈兹沃思小姐，会收集如此众多的凯蒂猫产品？
4. 第11章讨论了卡通代言人影响态度的传播特性。案例中描述了凯蒂猫这么多年来如何作为一个卡通代言人来服务联合国儿童基金会，并且成为日本与中国之间的外交工具。一些影响知名人士的成功的特性资源包括他们的专业知识、有抱负和意义转移。如何使得这些特性适用于凯蒂猫来作为一个卡通代言人呢？
5. 第12章讨论了自我概念和生活方式。想想戈兹沃思小姐作为一个着迷的凯蒂猫收藏家的例子。
   a. 你觉得她的凯蒂猫的财产是否已成为戈兹沃思小姐自我的一部分了？解释你的理由。
   b. 想想实际自我、理想自我、私人自我和社会自我的有关概念。引用案例中她的描述，解释这些自我对戈兹沃思小姐中有何不同。
6. 回顾在第12章中讨论的 VALS 细分。你认为哪个细分市场最适合狂热的收藏者？

资料来源：B. Bremner, "In Japan, Cute Conquers All," *Bloomberg Businessweek*, June 24, 2002, www.businessweek.com; E. Walker, " Top Cat: How 'Hello Kitty' Conquered the World," *The Independent*, May 21, 2008, www.independent.co.uk; K. Webley, " Hoarding: How Collecting Stuff Can Destroy Your Life," *Time*, April 26, 2010, http://content.time.com; D. Dana, " Japan Grows Its Soft Power through the Export of Kawaii," *Investoralist*, January 19, 2010, www.investoralist.com; J. Sholl, " What Is the Difference between Compulsive Hoarding and Collecting?," *Psychology Today*, December 17, 2010, www.psychologytoday.com; R. Lamb, " Swarovski Flaunts Hello Kitty Collection with Facebook-First Approach," *Luxury Daily*, July 7, 2011, www.luxurydaily.com; S. James, "'My Collection Obsession': One Man's Collector Is Another's Hoarder," *ABC News*, August 17, 2011, http://abcnews.go.com; S. Harwin, " Forever 21 and Sanrio Team Up for Hello Kitty Forever Collection," *Catster*, November 21, 2012, www.catster.com; " Tervis Introduces New Hello Kitty Collection," *Gift Shop*, August 13, 2012, www.giftshopmag.com; M. Keane, " The Cutesy Hello Kitty Character Came to Be Popular with Everyone from Small Children to Motorcycle Gangs," *The Wall Street Journal*, April 12, 2013, http://online.wsj.com; Z. Bissonnette, " Hobbies: When Collection Becomes Compulsion, Think 'Sell,'" CNBC, July 15, 2013, www.cnbc.com;

S. Parsons, "'Kawaii' Culture," *Japan in Perspective*, May 16, 2013, www.japaninperspective.com; T. Borchard, "10 Things You Should Know about Compulsive Hoarding," *Psych Central*, http://psychcentral.com; M. Fitzpatrick, "Hello Kitty at 40: The Cat That Conquered the World," BBC, August 18, 2014, www.bbc.com; J. Howenstine, "Hello Kitty 3 Vans 2014 Collection," *Nice Kicks*, June 16, 2014, www.nicekicks.com; B. London, "'If a Man Doesn't Like My Kitty Kingdom, Then I'm Not Interested': 29-Yr-Old Woman Has Spent over £50,000 on Her Hello Kitty Obsession… and Yes, She Is Still Single," *Mail Online*, June 11, 2014, www.dailymail.co.uk; "Minnetonka for Hello Kitty Collaboration Debuts for Fall 2014," *Hello Kitty Junkie*, July 30, 2014, www.hellokittyjunkie.com; J. Osterheldt, "At 40, Hello Kitty Is Timeless," *Kansas City Star*, June 25, 2014, www.kansascity.com; and P. St. Michel, "The Rise of Japan's Creepy-Cute Craze," *The Atlantic*, April 14, 2014, www.theatlantic.com.

案例III-7 施乐正在进行的重新定位战略

施乐是品牌定位的绝佳例证。事实上，它的名号已经成了复印机行业的代名词，且经常被当作动词使用。施乐有着非常好的全球品牌认知度，曾经一度处于行业领导者的地位。不过，面对不断变化的竞争格局，施乐试图将自己重新定位于消费者心中，因此其众所周知的品牌定位可能实际上已经成了继续发展的阻碍。在数字媒体和云计算盛行的今天，企业对于复印机和传真机的需求也在减少。虽然施乐已经进入了其他业务领域，但仍很难扭转消费者对品牌的固有认知。

施乐经历了多次对品牌重新定位的失败尝试。在20世纪70年代初期，施乐希望消费者将其品牌视为信息系统和数据处理业务领域的领导者，但施乐在花费了数百万美元之后放弃了数据系统的业务。同样地，在经历了远程复印机和远程通信网络的失败之后，施乐团队试图对企业进行重新定位。但这些失败的重新定位经历并没有阻止施乐团队进行新的尝试。

经过几十年后，施乐公司最新的品牌重新定位尝试始于2008年，公司推出了新的企业logo。这一变化拓展到产品设计、产品命名和建筑标牌。据施乐的全球品牌总监Richard Wergan说："相较于公司品牌架构刚形成的时候，今天的施乐是完全不同的公司。新logo是为了打乱'施乐只是一家复印机公司'的刻板印象。"

当时的研究表明，消费者对旧的企业logo（称为字标）太过熟悉，已经很难再提起更多的注意。新的logo设计包含一个代表全球相连的红色球体，同时被相交的色带包围，并使用带有弯曲边缘的FS Albert字体。施乐的内部文件将品牌logo描述为："我是FS Albert，现代且平易近人的字体。我的圆角使我看起来更加人性化。"

在2010年，施乐收购了一家名为附属计算机服务（ACS）的公司，这是一家专门为客户提供类似信用卡申请、医疗费用、公共运输票证系统及市政文书等电子文档处理服务的公司。在这次收购之后，施乐一半以上的年收入是通过提供业务解决方案服务获得的，而不再是销售复印机或传真机。施乐也推出了迄今为止花费最高的广告活动，旨在将公司形象转变为业务解决方案提供商。施乐的CEO Ursula Burns这样说道："（这个活动）旨在打乱消费者对于施乐品牌的原有认知，并将施乐定位为全球领先的提供业务流程咨询和文档管理的企业。"

本次活动中的广告主要针对施乐与多家知名客户（如宝洁、塔吉特、杜卡迪、纽约大都会、圣母大学和万豪国际）的业务解决方案关系。这些组织也都很乐于让施乐在系列广告中使用它们的品牌名称。在每个广告中，员工或发言人都会因为处理一些后台事务而影响其核心工作。例如，在宝洁的广告中描绘了一个试图用一只手扫描文件，另一只手清洁桌面的清洁先生（Mr. Clean）。这些广告的目标受众是有购买决策能力的商务人士。为了达成这个目标，广告被投放在机场、《华尔街日报》等商业刊物及CNBC等商业新闻频道上。

但不幸的是，2010年的这次广告活动并没有达到预期的效果。相反地，施乐的客户公司从广告中获益匪浅，而施乐仍被视为复印机公司。然而，施乐的CEO Ursula Burns对此仍有信心，因为他知道消费者并不会在一夜之间接受品牌的重新定位："我们需要进一步拓展业务流程外包和IT外包。这是价值5 000亿美元的产业，所以我们在开拓市场之前还有很长的路要走。随着我们走得更远，我们也在不断展示和证明自己。但我们不能对现实感到困惑。这是一个过渡，所以我们不能太痴迷于未来，以至于到了怀恨过去的地步。"

施乐决定重新定位品牌于数字化服务市场，并与IBM和埃森哲等展开竞争。施乐使用的另一种方法是通过社交媒体营销来改变观念。施乐与《福布斯》及《周刊》（The Week）合作，创建了施乐品牌页面，发布分析大数据和管理千禧一代等的内容。据施乐全球社会营销副总裁 Jay Bartlett 说："所有社交媒体渠道及我们开发的相关内容，都是希望在你从来没有想到会出现我们名字的领域贯穿领导力。内容与社交的概念是密不可分的。我们将这两者结合到一起，认为这是帮助我们利用口碑营销来重新定位的秘诀。"

2013 年，施乐发起了新的广告活动，承认消费者对施乐固有的认知，即施乐是销售复印机的公司，并用幽默的方式强调了这一事实。当时施乐的首席营销官 Chista Carone 解释了开展此项运动的理由："很显然，我们需要描绘出我们曾经是谁，现在又是谁之间的联系。我们需要从最源头解释我们的目标，给消费者相信我们既是销售复印机的公司又不仅限于此的理由。所以我们在 2 月份举办的广告活动中，不仅承认了我们的过去，更主动接纳它，以此帮助人们认识今天的施乐。在 Young & Rubicam 一个 30 秒的场景中，一位女性站在复印机前。她说，'当我提到施乐时，我知道你在想什么。'然后打印了一张交通地图。'就像我们每年帮助收集 370 亿美元的交通费用一样。'这位女性同时阐明了另一个商业特征，产业变革很难效仿他人，然后解释了施乐公司服务的广度与宽度。"

那一年是静电印刷技术产生的第 75 周年。施乐并没有忽视这次机会，据 CEO Ursula Burns 说："现在许多公司喜欢回顾往昔，当然我们也会，但只有一瞬。我们真正需要庆祝的是施乐的未来以及施乐将如何继续简化工作流程。"

"简化工作流程"是施乐传达出希望与商业人士产生共鸣的一个信号。这个主题充斥在施乐的新闻稿及其网站和赞助页面。例如，施乐的七个外包服务都把上述信息呈现在其网页上。请参考表Ⅲ-9。

表 Ⅲ-9

外包服务	简化信息
人力资源	你知道施乐是全球第二大福利与养老金管理员吗？这也只是施乐为企业简化工作流程而提供的其中一项服务
客户服务	你知道施乐在全球有 175 家客户服务中心，配备超过 4.6 万个代理商吗？这也只是施乐为企业简化工作流程而提供的其中一项服务
金融＆财会	你知道施乐全球 90 家服务中心有超过 2.4 万名专业人员吗？这也只是施乐为企业简化工作流程而提供的其中一项服务
文档管理	你知道高德纳咨询在 2013 年的魔力象限中将施乐视为管理打印服务的领导者吗？这是因为施乐发现了简化企业工作流程的方法
健康管理	你知道施乐提供的服务可以涵盖每三位美国人中的两位吗？这是因为施乐有帮助医疗行业简化工作流程的方法
交通运输	你知道施乐是在全球范围内向政府提供交通服务的领导者吗？这是因为施乐有行之有效的方法来帮助简化出行方式

施乐公司的最新努力能否成功地将品牌重新定位为商业服务公司？或者施乐是否会被一直视为复印机巨头？施乐似乎正在做出正确的举动，但只有时间会告诉我们答案。

讨论题

1. 第 9 章讨论了图式结构，也被称为图式记忆和知识结构。请为施乐构建一个纲目图。
2. 第 9 章还讨论了产品定位、重新定位和知觉图。
   a. 请构建 2008 年以前的施乐品牌知觉图（在开展重新定位之前）。
   b. 请构建近期的施乐品牌知觉图。
   c. 请探讨 a 部分与 b 部分施乐品牌知觉图之间的定位差异（或没有差异）。
3. 第 9 章进一步探讨了品牌资产和品牌杠杆。施乐有强大的品牌资产，因为其一直以来都是知名品牌。
   a. 品牌杠杆能够成功发挥作用，需要原始品牌有积极的形象，且新产品至少在哪四个维度中的其中一个上符合原始品牌？
   b. 这四个维度中的哪一个，商业服务咨询"产品"符合原始的施乐品牌？
4. 第 11 章探讨了广告的吸引力特征。请使用视频或图片查找施乐 2010 年或 2013 年广告活动的范例。并根据以下特征来评估广告：
   a. 广告诉求特征
   b. 广告信息结构特征
5. 第 8 章探讨了广告中的刺激因素。请使用视频或图

片查找施乐2010年或2013年广告活动的范例,并根据以下刺激因素评估这些广告:

a. 尺寸
b. 强度
c. 视觉吸引力
d. 颜色和运动
e. 位置
f. 隔离
g. 格式
h. 对比和期待
i. 有趣性
j. 信息数量

6. 请利用所学知识(第9章)讨论,施乐难以改变消费者对其固有品牌认知的原因。

资料来源:D. Kiley, "Xerox Gets a Brand Makeover," *BusinessWeek*, January 7, 2008, www.businessweek.com; D. Maggiore, "Xerox Stretches Its Brand Positioning," *Innis Maggiore* Ad Agency, September 17, 2010, www.innismaggiore.com; D. Mattoli, "Xerox Touts Its Business-Services Side," *The Wall Street Journal*, September 2, 2010, http://online.wsj.com; Fast Company Staff, "Fresh Copy: How Ursula Burns Reinvented Xerox," November 19, 2011, www.fastcompany.com; E. Schwartz, "CEO Strategy: Charting 'Dual Transformation' at Xerox and Barnes & Noble," *Innosight*, December 2012, www.innosight.com; C. Carone, "Xerox's Brand Repositioning Challenge," *Advertising Age*, March 12, 2013, http://adage.com; J. Sternberg, "How Content Drives Xerox's Transformation," *Digiday*, June 21, 2013, http://digiday.com; Street Authority, "Climb Aboard the Xerox Transformation," *MSN Money*, June 27, 2013, http://money.msn.com; "Xerox Celebrates 75th Anniversary of the Creation of Xerography," *PIWorld*, October 17, 2013, www.piworld.com; and L. Abinanti, "Xerox Gets Positioning Right," *Messages That Matter*, April 15, 2014, www.messagesthatmatter.com.

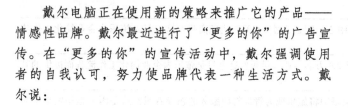

案例 III-8　戴尔电脑采用情感策略

戴尔电脑正在使用新的策略来推广它的产品——情感性品牌。戴尔最近进行了"更多的你"的广告宣传。在"更多的你"的宣传活动中,戴尔强调使用者的自我认可,努力使品牌代表一种生活方式。戴尔说:

> 我们意识到应该与消费者建立更深的感情联系。大多数竞争者忽略了科技正在改善人们的生活,它使人们认为"这与我有关"。

这不是戴尔第一次尝试定位成情感性品牌。根据市场研究调查,戴尔2010年的"你能触碰戴尔"和"你有能力做到更多"的宣传活动提高了销量,但是戴尔在名声与消费者满意度上仍落后于惠普和苹果电脑。

以Y一代消费者为目标群体的"更多的你"广告,着重于戴尔电脑新的个性特征。广告聚焦于消费者,表现他们如何在日常生活中通过戴尔笔记本电脑、台式机、写字板和智能手机来表达自我,消费者的名字是用戴尔公司的字体书写的。这个广告包含了来自各种背景、使用戴尔科技来满足需求的消费者。例如,一个贾斯汀·比伯的歌迷,她运用戴尔产品来制作贾斯汀·比伯的乐曲集;一个女孩用电脑来"关注她喜欢的男生";一个园艺爱好者用戴尔来记录想法;一个老奶奶用戴尔产品与孙辈保持联系。戴尔这样说:

> 人道主义总是通行的,这也是我们尝试在做的事情。它让你看到别人的生活……我们发现了我们价值的主题。一年前,消费者不知道我们代表什么,现在我们的重点在于给你电子生活的无缝联结、最好的服务和价值。

数十年来,人们在广告中争论情感诉求与理性诉求谁应优先。理性诉求或"硬推销"的提倡者认为,事实和理性陈述能更有效地卖出产品。情感诉求或软式促销的提倡者认为,能够从消费者获得情感回应的广告更要有力,也能创造更多价值。DDB Matrix公司欧洲主管Les Binet说:

> 许多客户,尤其是美国的客户都惯于使用理性手段——他们发觉一个产品的特点,运用广告将信息传达给消费者,而不是与消费者建立关系。他们不理解情感的力量。

最近,英国的一项研究发现情感促销能够创造的利润回报是理性促销的两倍左右,因此不会使用情感的力量是一个严峻的问题。营销人员对情感促销降低消费者价格敏感度十分感兴趣,这在经济衰退时格外重要。情感促销降低价格敏感度的原因在于，它们将该品牌与其他竞争者差异化。而情感促销消极的一面在于，它在短期内的结果是很难衡量的，情感营销对意识和品牌形象的影响在较长时间才会体现。相反，理性（信息）营销提供了可测量的短期结果，但在长期表现不佳。

当品牌间有高度竞争性的时候，情感营销十分重要。竞争者可以轻易窃取产品的任何功能和有形特性，让营销人员缺少独特的理性诉求。然而，竞争者无法复制消费者看到某品牌情感性广告或购买某产品时的感受。戴尔从苹果电脑的广告中得到教训：别在广告中只谈论电脑本身，要注重于品牌为消费者创造的个性、生活方式和感受。

1. 戴尔在"更多的你"的广告宣传中运用了情感诉求。第 10 章辨别了三种基本情感。
   a. 戴尔在这次宣传中试图激发哪一种基本情感（你可以不只选择一个）？说明你的答案。
   b. 表 10-4 给出三种基本维度可覆盖的多种情感实例，使用这张表与其他资料，描述"更多的你"宣传中引出的特定情感。
2. 第 11 章讨论了来源特性。
   a. 除了戴尔，在"更多的你"的广告中，还有什么来源？
   b. "更多的你"的广告中呈现的来源类型是什么？
   c. 这种来源类型如何影响来源可信度？
3. 戴尔的"更多的你"的广告中，消费者讲述他们使用戴尔产品来满足需求的故事。第 10 章讨论了马斯洛需求理论。戴尔帮助消费者满足的需求属于哪一类？说明你的答案。
4. 戴尔用"更多的你"宣传锁定 Y 一代的消费者，根据你在第 4 章所学：
   a. 戴尔的手段是否与 Y 一代的消费者特性保持一致？
   b. 戴尔还能做什么来吸引这一代消费者？
5. 第 11 章对比了价值表现的正当性与功利诉求。
   a. 戴尔的产品是功能性产品吗？它们是用来提高个人形象还是提供其他利益？
   b. 根据你在 a 部分的回答，该案例认为什么是最合适的诉求？
6. 在编写这篇案例时，戴尔刚开始进行"更多的你"的宣传活动。上网搜索消费者的反应与对该品牌的影响。总结你的发现，它们与本案例有何关联？

资料来源：E. Hall, "IPA: Effective Ads Work on the Heart, Not the Head," *Advertising Age*, July 16, 2007; D. Hill, "CMOS Win Big by Letting.

案例 III-9 金宝汤瞄准日益增长的男性购物者

美国的传统性别角色正在改变。尽管女性仍是家务的主要承担者，越来越多的男性也开始参与家务活动。这个转变由多种因素造成，包括：

- 双职工家庭，时间压力大。
- 女性比她们的丈夫学历更高、收入更高。
- 当前经济衰退下，男性的失业率更高。
- 年代不同，年轻男性越来越愿意积极看护孩子和做家务。
- 男性的媒体形象改变，更多以传统"女性"形象出现，会进行采购等活动。

在最近一个电视广告中，一位父亲正在沃尔玛购物，购买宝洁的产品。一个专家说道：

在厨房的男性不再被认为是柔弱的。显然，Emeril Lagasses 厨师是一名强壮、率直、阳刚的男性，走进厨房并不使他的形象变得柔弱。我认为，男性都应该看看这个颇有影响力的例子。

男性越来越多地参与购物这项家务活中。2010 年，年龄在 18~63 岁的男性中，超过一半的人认为他们是家庭中的主要购买者。在父亲中，这个比率上升到 60%。然而，只有少于 25% 的男性认为营销人员将他们视为包装产品的营销对象，绝大多数食品杂货店的广告与促销活动是针对女性的。

金宝汤公司（Campbell's Soup）的 Chunky Soup 生产线，即是锁定男性的，它包括 23 个种类。金宝汤公司说：

广泛的调查发现，今天的男性正面临着被称作"男性饮食困境"的问题——他们没有找到好吃、方便、令人满意的食物。我们发现这给 Chunky 以机会来解决这一困境。我们收集人们喜爱 Chunky 汤的原因，并把汤做得更好，让它有更高的质量、营养充分、美味而让人有饱腹感。

金宝汤 Chunky Soup 运用印刷业、广播与电视广告，启用男性演员代言，试图将其传递到他们的目标市场：30 岁的男性。几年来，金宝汤在促销活动上与美国橄榄球联盟（NFL）搭档，其中一个流行的宣传包括这样的广告：一个橄榄球联盟选手的母亲鼓励她的孩子去喝 Chunky Soup。Chunky Soup 与橄榄球联盟发起了"金宝汤 Chunky/NFL 解决饥饿活动"，每年举办一次名为"点击罐头"的比赛。参与方法是，消费者每天上网页点击他们最喜爱的球队，每个球队在当地的食物银行接受罐头食品的捐赠。而在比赛的最后，点击数最多的球队能够得到更大量罐头食物的捐赠，以及夸耀的权利。

由于购物职权的转移，金宝汤与其他在百货商店陈列商品的品牌应该注意到男女购物方式的差异。男性不仅购买一向被认为是"阳刚"的产品，如肉和啤酒，也购买与身边女性同样的产品。例如，男性采购中流行的产品有罐装海产品、草药茶、即食烤宽面条、健康条、冷冻酸奶和洗盘机。表Ⅲ-10 反映了一项对美国成年人的调查，这些人在过去 24 小时内进行过食品百货购买，这体现了采购行为的差异。

表Ⅲ-10 男女购物习惯比较

	男性（%）	女性（%）
省钱策略		
在多个商店寻找最低价	35	43
购买更多"全能"清洁产品来减少需要的数量	31	43
买更少的类别来减少需要的数量	24	25
购买行为		
在去商店前或在商店里阅读广告	49	59
看见某商品后，做出计划外购买	44	54
储存特价产品	44	54
购买商店品牌来省钱	33	36
因为信用卡折扣选购商品	19	22
制作购物清单的行为		
列出购买的类别（如咖啡、速冻比萨、牙膏、维生素）	56	51
使用商店广告来制作清单	37	46
基于菜谱需要的成分制作清单	33	46
列出特定的品牌	16	14
列出特定的标签/商店品牌	12	8
品牌选择过程		
曾使用过或信任的品牌	73	78
家里带来的优惠券	40	52
家里带来的报纸广告	38	45
家庭成员的要求	30	44
商店的标识或陈列	23	27
产品标签/包装	16	19

资料来源：SymphonyIRI, *MarketPulse*, January 2011.

讨论题

1. 在沃尔玛购物传统上被认为是"女性做"的事情，如今男性也在做，这使人们对男女可被接受的角色的态度发生转变，这与第 11 章中的态度改变策略有何联系？

2. 解释表Ⅲ-10 中的信息：

a. 表述男女购物过程中的异同。
b. 运用所学知识，一个包装产品的营销人员应如何更有效地锁定男性？
3. 金宝汤与美国橄榄球联盟合作进行广告与促销活动，举办"金宝汤Chunky/NFL解决饥饿活动"，为食物银行提供罐装食物。
    a. 金宝汤与美国橄榄球联盟在运用怎样的品牌策略？
    b. 第8~9章讨论了品牌伙伴的相互适应，美国橄榄球联盟是怎样适应金宝汤Chunky Soup的营销？
4. 第9章讨论了产品定位。
    a. 金宝汤Chunky Soup的产品定位是什么？
    b. 画出包括金宝汤Chunky Soup与其他汤品牌的感知图，其中一个轴表示"男性化/女性化"。
5. 第6章讨论了家庭购买角色的性质。在采购中，基于传统性别角色与发展中的性别角色，包括双亲与孩子的家庭里每个购买角色有何不同？

a. 发起人
b. 信息收集者
c. 影响者
d. 决策者
e. 购买者
f. 使用者

资料来源：A. Newman, "The Man of the House: More Men Than Ever Are Cooking, Cleaning and Caring for Kids—So Why Aren't Household Brands Targeting Them?," *Adweek*, August 11, 2008, www.adweek.com; R. Adams, "Campbell's Soup Sacks NFL Mothers," *The Wall Street Journal*, August 27, 2008, http://online.wsj.com; "Campbell's Revamps Chunky Soup Line," *Adweek*, September 2, 2009, www.adweek.com; "Mr. Grocery Buyer," *GourmetAds Food and Wine Advertising*, 2011, www.gourmetads.com; J. Neff, "Time to Rethink Your Message: Now the Cart Belongs to Daddy," *Advertising Age*, January 17, 2011, http://adage.com; R. Neill, "Grocery Shopping Man Style," *Life Inc. on Today*, May 24, 2011, http://lifeinc.today.com; A. Gurbels, "Soup's on at Local Food Bank, Thanks to Jaguar Fans," *Jacksonville Business Journal*, June 14, 2011, www.bizjournals.com; and "Food Shopper Insights: Grocery Shopping Trends in the U.S.," *Packaged Facts*, July 2011.

PART 4

第 IV 部分
消费者决策过程

迄今为止，我们一直在讨论影响消费者行为的各种社会的和心理的因素。虽然这些因素在影响消费者行为方面确实起着重要的作用，但所有的行为都是在一定的情境下发生的。第 13 章将讨论情境变量对消费者行为的影响。

对营销人员来说尤为重要的是，情境和内外部影响因素是如何影响购买决策过程的。扩展型消费者决策过程，是由一系列的活动组成的：问题识别，信息搜寻，品牌评估与选择，店铺选择与购买，以及购后行为。然而，扩展型决策只在消费者购买介入程度特别高的情形下才会产生。低水平的购买介入会导致有限的或名义型决策。第 14 章描述了这些不同类型的决策及其与介入程度的关系，也分析了决策过程的第一阶段，即问题识别阶段。

第 15 章将讨论消费者决策过程的第二阶段——信息搜寻，包括线上、移动设备、线下等各种形式；第 16 章将分析品牌评价与选择过程；第 17 章讨论了店铺选择、店内和网络对品牌选择的影响；第 18 章将讨论消费者决策过程的最后一个阶段——购后行为，包括购后的不满和后悔、产品的使用、处置、满意程度与再购动机。在决策过程的每一个阶段，认知过程和情绪变化都很重要。

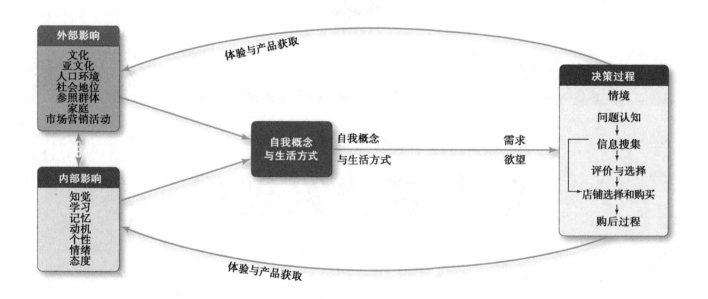

第13章

情境的影响

学习目标

1. 情境影响的定义。
2. 解释四种情况及其与营销策略的联系。
3. 总结情境的五个特征及其对消费的影响。
4. 讨论仪式情境及其在市场营销中的作用。
5. 描述情境影响在制定营销战略中的作用。

你是否意识到，公司会根据天气以及它是如何变化的，以地理条件为基础改变其营销策略？天气的变化是非常重要的，因为天气造就了营销人员推出某种产品的"情境"。例如，当温度骤降时，消费者会偏离他们平常的购买模式。这意味着人们会更多的购买某种商品，如金宝汤的炊具，以在寒冷的冬日做一顿可口的热乎乎的饭菜。有时人们也会购买不同的产品如厚夹克衫。[1] Planalytics 可以帮助市场营销人员监测和应对天气变化。它是一个以地理为基础的系统，着眼于"瞬时条件"（关于瞬时条件我们随后会有解释）。Planalytics 提供预测天气驱动的需求（WDD）的方法，某种程度上，可以理解为"在某段时间/某个地点，消费者因为感知到天气变化而产生的对一系列产品和服务的需求，WDD 是这个需求的数值表示"。感知会随着时间/地点变化，因此创造了情境，营销人员可以利用这个情境。就像 Planalytics 的首席执行官所说的：市场营销中的情境就像是挖金子的矿床，针对某一情境的市场营销对于产品制胜起着至关重要的作用。

下面给出两个利用 Planalytics 调整市场营销策略的例子：

- 金宝汤——依据每天、每周、每年的天气变化，创造了自己的"痛苦指数"，而红利点就是雨天或雪天。当痛苦指数达到一定的数值，金宝汤就会向市场投放鸡汤的广告。它利用这样的方法调查并划分了 30 多个地理细分市场，现在这家企业正在尝试创造流感指数。
- Lands' End——这是一家全球性的零售商，它把天气信息用于预测和安排企业的生产量、调整促销产品和促销策略等用途。"不寻常"天气模式的功能之一是可以调查历史需求，以便为将来的折扣提供依据。所以，如果有一年英国的春季特别热，某些产品的销量就会很高（例如轻薄型的衣服：短袖），而为了处理过剩的库存，在下一年这些产品会有相应的折扣。

新型媒体同样适用，谷歌就可以追踪到与天气有关的物品的购买"趋势"，如热可可，还可以追踪到适合那些午餐时间非常短的人群的午餐。那么，你的天气情境是什么呢？

正如我们书中使用的模型所述，购买决策和消费过程总是发生在特定情境下，因此，在分析决策过程之前，我们必须首先理解情境。在本章，我们将分析消费发生的情境，情境影响消费行为的方式，情境的关键特征，礼仪情境的性质和基于情境的营销策略。

13.1 情境影响的性质

消费者不会对企业呈现的营销刺激物（如广告和产品）孤立地做出反应，而是对营销影响和情境同时做出反应。为了了解消费者的行为，我们必须了解消费者；了解使消费者做出反应的目标物（如使消费者做出反应的产品或广告）；了解反应发生时的情境。[2]

情境影响（situational influence）是指所有那些依赖于时间和地点，且与个人对属性的认识和刺激物无关，但对消费者现时的行为具有影响的因素。[3]因此，一般而言，情境是与消费者和刺激物不同的因素，但也有例外，如消费者或刺激物的暂时（相对于稳定）特征，它往往在特定的情境中出现，甚至是这个情境引起的。比如，一个消费者可能在大多数时候都是乐观的（稳定的特征），但在看完一个公司广告中令人不喜的消息后可能变得不开心。这种负面情绪就是由周围媒体环境引起的短暂状态（情境因素），这样的暂时性情境还包括生病和时间压力。消费者介入受到情境的影响，某些消费者只有在需要购买时才会真正介入。

市场营销学的一个重要发现是，消费者的反应和行为通常因情境变化而改变。在前面的章节中，我们已经提过一些这样的例子。比如，一个原本不错的广告或店内摆设可能在拥挤的环境中会变得无法吸引顾客（第8章）；或在非购买情境下，一个极具说服力的广告对顾客的影响要比在购买情境下小得多（第11章）。图13-1表示了情境、营销和个人之间的相互关系。

消费过程发生在四种广泛的情境下：沟通情境、购买情境、使用情境以及处置情境。下面对每一种情境分别进行叙述。

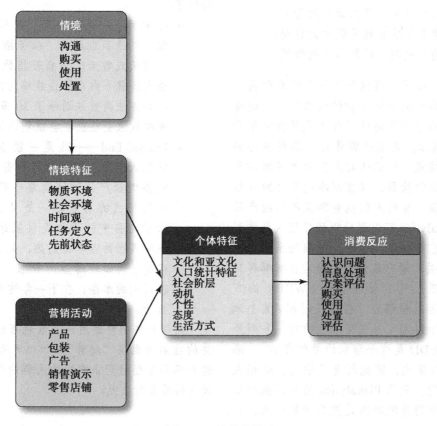

图13-1 情景的影响

13.1.1 沟通情境

沟通情境（communications situation）是指对消费者行为产生影响的信息接收情境。独处还是与他人在一起，心情好坏，匆忙与否，都影响着我们接收营销信息的程度。是在一个愉快的电视节目上做广告好，还是在一个悲伤的节目中做广告好？或者是在舒缓的节目中还是在激动人心的节目中播放广告好？这是营销人员必须回答的涉及沟通情境的一些问题。[4] 营销人员通常试着将他们的广告放置在恰当的情境中，以提高广告的有效性。一些公司甚至要求它们的广告在情境对公司或行业不利时能起到正面的"促进"作用，比如摩根士丹利公司和 BP 公司。（这些政策所隐含的伦理问题是什么？）[5]

营销人员要在消费者对产品感兴趣并乐于接受宣传时传递有效的信息。然而，发现处于这种状态且具有浓厚兴趣的潜在购买者并非易事。例如，想象如下情境中营销人员在与消费者沟通时会遇到的困难：

- 你最喜欢的球队刚输掉了本年度最重要的一场比赛；
- 明天将开始进行期末考试；
- 你的室友在看喜剧节目；
- 你得了流感；
- 在寒冷的夜晚驾车回家，而汽车的取暖器坏了。

13.1.2 购买情境

各种购买情境同样能影响消费者的行为。和子女一起购物比没有子女陪同时，妈妈的购买决定更易受子女们的影响。缺乏时间，如在课间购物，会影响店铺的选择，所考虑品牌的数量以及你愿意支付的价格。从更基本的层面来说，消费者是否处于"购买状态"会影响他们的一系列行为，包括对广告的反应、购物行为等方面。例如，比较你在商店里闲逛和去那里更换坏掉的 DVD 机两种情境，行为会有多大的不同？

为了发展旨在提高产品销售的营销策略，营销人员必须理解**购买情境**（purchase situations）是如何影响消费者的。例如，在以下购买情境下，你购买饮料的决定会有什么不同？

- 你的情绪非常糟糕。
- 一位好朋友说："那种饮料对你有害。"
- 你逛的商店没有你喜欢的品牌。
- 你进店时看见收银台排着长队。
- 你与某人在一起，想给其留下深刻印象。

13.1.3 使用情境

在下面各种使用情境下，你想喝什么饮料？

- 你完成最后一门考试后的星期五下午。
- 同父母共进午餐。
- 在一个寒冷并有暴风雨的晚上，刚用完晚餐。
- 同一个你几年未见的朋友一起进餐。
- 当你感到伤心或想家的时候。

营销人员需要了解他们的产品适合或可能适合哪些**使用情境**（usage situations）。利用这些信息，营销人员可以告诉消费者，他们的产品如何在每个相关的使用情况下创造消费者满意。例如，最近的一项研究表明，每日食用 1.5 杯燕麦食品会降低胆固醇，通用磨坊公司应该如何利用这个结论增加其燕麦食品的销量呢？最近的一则广告描绘了这样的一个场景：一位因上班而很晚回家的父亲，回到家里晚餐吃切里奥斯（Cheerios）谷物麦片，当他的小女儿问他为什么要这样时，他回答说："因为晚上吃味道也很好。"

研究表明，这种扩展使用情境的战略对产品的销售会产生很大的促进作用。[6] 例如，古驰公司将其手提包的用途从传统的两种（日常使用和搭配时装）扩展为"使用空洞"。现在，该公司的产品包括色彩斑斓、种类繁多的周末手提包、零钱包、手袋、腕包等。它的目标是让消费者了解适合各种使用情境的包，然后为他们创造使用情境。[7] 邓肯甜甜圈大部分是被消费者用作早餐，只有约34%的人把它当作零食。对此，唐恩都乐公司（Duckin Donuts）为了应对这种情况，开发了一种简单但是富有想象力的自制点心和甜点食谱，如可可甜甜圈和草莓起司，以吸引消费者把公司的产品用于新的用途。该公司还开发专门为特定情境限时供应的产品，例如在情人节的时候推出心形的"丘比特的选择"。[8]

图13-2中GoGo Squeez的广告，是公司为其品牌扩展使用情境的一个例子。

许多产品被特定的使用情境所定义。如果公司能为品牌扩展出一系列的恰当使用情境，那么就能得到显著的销量提升。这则GoGo Squeez品牌的广告就是在告诉消费者，苹果酱可以在多种情境下使用。

13.1.4 处置情境

在产品使用前或使用后，消费者必须经常处置产品或产品的包装。正如我们将在第18章分析的，涉及**处置情境**（disposition situation）的决策可能产生备受关注的社会问题，同时也可能给营销人员提供机会。

图 13-2
GoGo Squeez品牌的广告展现了公司想要扩展品牌使用情境的另一个例子。

一些消费者认为，方便处置是产品本身的一项重要属性，这些人也许只购买那些易于回收的物品。对旧物品的处理通常是在购买新产品之前或与购买新产品同时进行。例如，大多数消费者在使用新床之前必须移开他们的旧床。为了制定出更为有效且符合伦理的产品与营销计划，营销人员需要了解情境因素是如何影响处置决定的。政府和环境保护组织为了鼓励对社会负责的处置决定，同样也需要了解这方面的知识。

在以下情境下，你的处置决定会有何不同？

- 在购物中心，你喝完了一听罐装软饮料，附近有一个垃圾箱，但没有可回收的标志。
- 在课后你看完了一份报纸，但突然想起要赶去观看一场已经开始的篮球赛。
- 你和两个朋友一起喝完了饮料，朋友们将可回收的空罐扔进了附近的垃圾箱。
- 如果将旧冰箱送往一个地方性的慈善机构，将被接收；垃圾处理人员把旧冰箱拖到垃圾处理中心，每台收费15美元。你刚买了一台新冰箱。你认识的人中没有一个有小卡车或货车。

13.2 情境特征和消费者行为

上述情境可以描述为几个维度，这些维度决定了情境对消费者行为的影响。我们将描述五个关键的维度——现实环境、社会环境、时间观念、任务定义和先前状态。[9] 这些情境因素的研究主要在美国进行。尽管在不同文化下同样的情境特性也会存在，但营销人员不能想当然地认为不同文化下的消费者对这些情境特征的反应是相同的。例如，拥挤的商店对美国消费者和对印度消费者会产生不同的情绪反应。[10]

13.2.1 现实环境

现实环境（physical surroundings）包括装饰、音响、气味、灯光、气候，以及可见的商品形态或刺激物周围的其他物质。现实环境是一种广泛应用的情境影响形式，这方面的研究成果在零售领域已经得到多方面运用。消费者洞察13-1从一个方面深入讲述了零售业的现实环境——人体模特。

| 消费者洞察13-1 | 人体模特，不仅仅只是个商店模型 |

也许跟"人靠衣装"一样真实的是"衣装靠模特"。[11] 在一项调查中，42%的消费者表示人体模特身上的展示会影响他们的决策。[12]

随着线上零售不断地侵蚀实体店的销量，"所有百货商店都将变成博物馆，并且所有博物馆都将变成百货商店"的预言也变得越来越真实，实体店于是决定用人体模特来赢回它们的战场。以前，平淡苍白、五官模糊（甚至都没有头）的人体模特躯干隐没在背景当中，现在它们被替换成了新品种的人体模特——有着极其吸引人的造型和令人震惊的逼真外表。

如今的人体模特已经不再是过去那些苍白的衣服架子，而是为了体现品牌个性而创造的。例如，耐克的人体模特栩栩如生的动作变换，表现出运动的能量与活力，Guess 的人体模特的T台造型是体现时尚优雅与自信的范例。

人体模特长久以来都是沉默的销售员，在影响购买行为方面，是排在家人和朋友之后的第三名。事实上，真实、大尺寸的人体模特是更好的销售员。最近的研究表明，当女人看到人体模特与自己身材相仿时，购买衣服的可能性提高了三倍。梅西百货（Macy's）、诺德斯特龙（Nordstrom）、英国德本汉姆（Debenhams）百货公司正在或者计划使用更加真实并且符合身材比例的人体模特。为了更充分地了解女性身材而开展的相关调查，对数以千计的女性进行了身体扫描。美国最大的婚纱连锁店大卫婚纱（David Bridal）基于这一结果推出的人体模特，具有更丰满的腰部和更贴近实际的不完美之处。

人体模特写实化的另一个趋势是，没有把做出更真实的身材类型作为重点，而是专注于给人体模特增添写实化的细节，包括耳洞、文身，为更好地展示衣服、戒指，配备可活动的四肢和有关节的手指。人体模型的不断发展使其不再只是一个沉默的销售员，有些人体模特还是数据收集器。EyeSee 品牌的人体模特和传统模特外观相同，只是它的眼睛嵌有可以捕捉行人数据的摄像头。数据传输给人脸识别软件，挖掘出购物者的年龄、性别、种族，并用来预测开展营销活动和店铺展示的形式。考虑到顾客隐私，EyeSee 品牌的人体模特不会记录或传送如生物特征数据这类敏感数据。

人体模特不仅仅是商店模型，还能提升实体店购物的体验，其散发的魅力吸引消费者进入店铺，它挑逗的姿势成功捕捉了消费者的注意力，尺寸和细节也能更好地激励顾客去购买。人体模型作为商店的形象大使，宣传了品牌形象还卖出了衣服。

思考题
1. 在你所逛的店里，有没有看到新的人体模特？你的反应是什么？
2. 新体型的人体模特更关注女性而不是男性。男性会更关注与自己身材相仿的人体模特身上穿的衣服么？
3. 数码人体模特在路过的顾客不知情的情况下采集数据，这是符合道德的么？

零售店的外部因素（如建筑、布置和分类摆设）对消费者的购物体验有很大影响。此外，店铺内部装修往往是为了引起购物者的某种具体情感而设计的，对其购买起到重要的提示或强化作用。店铺的所有现实环境（包括灯光、设计、商品的摆放、固定设备、店面、色彩、声音、气味和销售人员的穿着与行为）共同营造某种氛围，从而影响消费者的购买倾向。[13] 一家经营时尚服饰的商店希望通过固定设备、摆设和色彩来体现其高档、独特、新颖的整体风格（见图13-3）；另外，商店的员工也应在他们的外表和服装上展现这种风格。图中还展示了它与所谓的折扣零售商的区别。需要注意的是这两种零售并没有高下之分，都是试图为其目标顾客创造恰当的氛围。

零售环境所有真实特征的总和被称为**商店氛围**（store atmosphere）或环境（见第17章）。商店氛围会影响消费者对该商店商品质量的判断和对该商店的印象，也会影响购物者的心情和进店逗留的欲望。**气氛调节**（atmospherics）是指商店的管理者通过调节真实环境，使购物者产生某种特定情绪的过程。[14] 气氛调节对于网上购物也十分重要，越来越多的营销人员开始关注这个问题。[15]

在服务机构如医院、银行或者餐厅，商店氛围也被称为**服务环境**（servicescape）。[16] 图13-4根据消费者接受服务的原因和服务时间的长短对服务进行分类。接受服务的原因按照完全功用主义（如干洗）到完全享乐主义（如按摩）的顺序进行分类，服务时间从几分钟到几天或者几星期不等。随着享乐动机的强化和服务时间的延长，现实环境特征及其引发的情绪变得越来越重要。因此，对于度假胜地，现实特征可能和无形服务一样重要或比它更重要。

图　13-3

零售商店内部应该提供一个与目标市场、生产线、理想中的店铺相一致的现实环境。

正确理解图13-4是非常重要的。该图显示，从服务体验的角度看，现实环境对星巴克远比对干洗店重要，当然，这并不是说干洗店的现实环境不重要。实际上，在井然有序的专业化环境下获得洗衣服务较在杂乱无序的环境下获得服务会更令消费者感到满意。更重要的是，该图显示，随着消费目的向享乐方向移动，有形的现实因素的相对重要性也随之增加。

服务时间	消费目的		
	功利主义 ———————————————————— 享乐主义		
短（以分钟计）	干洗店 银行	快餐 美发店	面部护理 星巴克咖啡
中等（以小时计）	医疗服务 法律咨询	商务会餐 训练课程	剧院 体育赛事
长（按天计）	医院 贸易展览	会务宾馆 训练中心	航海旅游 度假胜地

图13-4　服务环境的分类

分析了不同情况下现实环境的重要性之后，接下来将分析它的一些构成要素。

1. 颜色

正如我们在第8章中提到的，特定的颜色和颜色特征可以引发与注意力相关的兴奋和刺激。亮色调比暗色调更吸引人，而暖色调（如红色和黄色）也比冷色调（如蓝色和灰色）更能吸引人。[17] 哪一种颜色最适合室内装饰？答案是，视情况而定。主色调倾向使用冷色调（如蓝色），因为它能提高销量和顾客满意度。[18] 但是，暖色调吸引注意力的作用也不容忽视，可以把它当作强调符号用在零售商希望消费者注意的地方，刺激消费者购买。[19] 冷色调则可以让人放松，从而缓减顾客等待的焦虑。[20]

正如第2章所述，在不同文化背景下颜色的含义是不同的。因此，颜色和所有其他的现实环境因素都要根据文化背景进行设计。

2. 气味

越来越多的证据表明，气味能对消费者的购物行为产生影响。[21] 一项研究发现，有香味的环境会让消费者产生再次造访该店的愿望，提高对某些商品的购买意愿，降低对购物时间的敏感度。[22] 另一项研究发现，某种香味增加了拉斯维加斯赌场的老虎机的使用。[23] 第三项研究发现，在零售环境中出现某种香味会增加消费者在店内的愉悦感、兴奋感、花费的时间和金钱。[24] 第四项研究则发现，有香味的环境可以提高人们对品牌的回忆和评价，尤其是对不熟悉的品牌。令人心旷神怡的气味可以增加人们评价品牌的时间（即提高注意力），从而增强记忆。[25]

基于以上研究，我们不难理解为什么空气清新剂产业可以蓬勃发展。[26] 然而，营销人员还有很多需要学习的，关于气味应在什么时候、什么条件下以及如何有效地运用于零售环境。[27] 另外，香味的偏好是非常个人化的，一些人喜欢的气味，其他人可能讨厌。还有，一些购物者反感任何故意添加到他们呼吸的空气中的东西，而另一些人则可能担心会过敏。[28]

3. 音乐

音乐能影响消费者的情绪，而情绪又会影响众多的消费行为，对传统零售业和网络购物都是这样。[29] 慢节奏与快节奏的背景音乐对餐馆而言哪种更合适？表13-1显示慢节奏音乐相较于快节奏音乐可以为一个餐馆增加15%的毛利！然而，在得出所有餐馆应播放慢节奏音乐的结论之前，应对表13-1做一番仔细分析。慢节奏音乐似乎能够使消费者更为放松并延长在餐馆的用餐时间，从而增加从吧台购买商品的数量。但是对于更为依赖顾客周转的餐馆，快节奏音乐可能更好。

表 13-1 背景音乐对餐馆顾客的影响

变 量	慢节奏音乐	快节奏音乐
服务时间	29 min	27 min
顾客用餐时间	56 min	45 min
顾客流失比例	10.5%	12.0%
购买食物数量	$55.81	$55.12
在吧台购买商品的数量	$30.47	$21.62
估计总利润	$55.82	$48.62

资料来源：R. E. Milliman, "The Influence of Background Music on the Behavior of Restaurant Patrons," in the *Journal of Consumer Research*, September 1986, p. 289. Copyright © 1986 by the University of Chicago. Used by permission.

除了节奏，音乐的其他因素也很重要。比如，研究表明，播放符合消费者偏好的音乐可以改善消费者的满意度和愉悦感，延长逗留时间，增加花费，提高服务感知质量，形成良好的口碑。另外，研究表明，能够激发中等（相对于极低和极高）程度感官刺激的音乐能够最大化地提升销售额。[30]

由于音乐能对购物行为产生影响，为了满足特定零售商的独特需求，一些企业开发了音乐项目。一个新兴的趋势是播放更多"前景音乐"（foreground），使其成为购物经历的一部分，并塑造店铺形象。美国企业研究所（AEI）是前景音乐的主要供应商，它对每一个委托店铺的消费者进行广泛的人口统计和心理特征分析，年龄结构、购买方式以及每天各时段的客流量都被详尽分析。AEI的发言人这样描述他们采用的方法：

> "我们创造把声音、影像、灯光和建筑融为一体的环境，给品牌一个声音赋予其情感，这种情感能延长消费者的购物时间、增加消费和回头率。[31]"

例如Abercrombie & Fitch、Banana Republic、Bath & Body Works和Eddie Bauer都让AEI这样的公司为它们的连锁店营造适当的和一致的购物环境。

4. 拥挤状态

店内拥挤会对零售店和顾客产生负面影响。[32] 当越来越多的人进入商店或店铺商品陈列过于密集时，会使购物者感到拥挤和受限制。很多消费者会觉得不快，并采取办法改变这种处境。最常用也最基本的方法是购买更少的商品和更快做出决策，以减少在商店内停留的时间。结果是，消费者满意降低，购物体验不愉快，降低了再次光顾的可能性。

营销人员在设计卖场时，应尽量减少顾客的拥挤感。当然，这是比较困难的，因为消费者通常在特定时间（节假日或周末）进行购物。在大多数时间里，店铺面积过大会超出实际需要，要支付额外的费用；但是在购物黄金时段，顾客对拥挤的不满又会给零售商造成损失。所以，零售商必须在两者之间做出取舍。聘用更多的职员，增加收银台以及类似的方法都可以在高峰时期增加客流量，减少拥挤的感觉。此外，近期研究表明，音乐的节奏同样十分重要。具体而言，慢节奏的音乐会抵消由于拥挤而带来的负面情绪。由于相对于扩大店面或人员扩充，调整音乐节奏的成本更为低廉，这对于营销策略来讲很重要。[33]

营销人员必须注意跨文化的区别，因为个人空间和对拥挤的感知会因文化的不同而不同。例如，一项研究发现，在举行娱乐活动时，如游园活动或音乐会，中东地区的消费者比北美地区的消费者对拥挤的感知更低，也更能适应拥挤的环境。[34]

13.2.2　社会环境

社会环境（social surroundings）是指特定场合中的其他人。我们的行动通常受周围人的影响。考虑一下，在下列情境中你会穿什么衣服？

- 为期末考试独自复习。
- 跟别人约好在图书馆一起准备期末考试。
- 去一家高级餐厅约会。
- 跟未来的雇主约好进餐。

图 13-5 展示的是一家公司将产品定位于非正式而不是正式的社交场合。

个体倾向于服从群体预期，当行为具有可见性时，情况尤其如此（见第 7 章）。因此，社会情境对我们的行为而言是一种重要的影响力量。购物以及很多在公众场合使用的品牌，都是高度可见的，它们无疑会受到社会情境影响。[35] 对于那些容易受人际关系影响、性格稳定的人来说，情况尤其如此。例如，最近一项研究表明，消费者在公共场合（与单独消费的场合相比）会更倾向于多元化的消费行为，即便这意味着他们可能消费不喜欢的产品。其中的原因是，消费者觉得如果他们的消费行为多元化，大家对他们的评价会更为积极（如更有趣、有意思、振奋人心）。那些对人际关系敏感的人更容易产生这种倾向。[36]

营销人员已经开始注意社会环境对尴尬的影响。**尴尬**（embarrassment）是一种负面的情绪，受到产品和环境的影响。特定的产品（如避孕套、助听器等）会让人们感到尤其尴尬，尴尬的产生是因为购买或使用过程中有别人旁边。因为尴尬可能会阻碍购买，营销人员必须特别重视这点。有研究表明，如果消费者对购买某种产品很熟悉，其尴尬感会减少。因此，营销人员应该试着在广告中展示这样的情境，购买可能引发尴尬的产品时没有引起尴尬。对于一些极端敏感的产品（如成人尿布），营销人员可以提供送货服务，并谨慎处理标签，从而完全避免尴尬。[37]

图 13-5

在不同社交场合的穿着有不同的风格。

上街购物为消费者提供了家庭之外的社会体验，如结识新朋友、遇见老朋友或仅仅是为了接近人群。有些人购物是为了追求一种地位和权威，因为营业员或销售人员的工作就是为了伺候顾客，购物使得这些人获得在其生活中缺乏的某种尊重和声望。所以，有时消费者购物并不仅仅是为了购得产品，而是出于对社交的需求。与他人一起购物同样可以引发冲动性购买。事实上，与独自购物相比，和密友一起购物会增加冲动性购物，然而和亲密的家人一起则会减少冲动性购物。似乎消费者认为朋友和家人的标准会不一样，比方说朋友比家人更能接受冲动性购物。[38]

作为营销人员，很多情况下你无法控制某种情境下的社会特征。例如，当一则广告通过电视传播给受众时，广告经理不能控制在播出时段有谁在收看。然而，广告经理还是可以利用有关知识，哪些节目一般是独自看的（白天与工作时间播放的节目），哪些节目是全家人一起看的（黄金时段播出的或家庭喜剧）以及哪些节目是一群朋友一起看的（超级碗），然后适应上述各种情形调整传递的信息。营销人员还可以在广告中宣传社交消费的观念，促使消费者在决策时考虑社交因素。比如，最近的一项研究表明，广告中名人宣传的品牌个性（有趣和成熟）只有在社交情境被激发时才能影响购买意愿。[39]

13.2.3 时间观

时间观（temporal perspectives）是指时间影响消费者行为的情境特征。时间作为一种情境因素会在很多方面发挥作用，[40]花费在某次购买上的时间长短对消费者购买决策具有重要影响。一般来说，可用的时间越少，信息搜寻就越少，能够运用的信息就比较少，使得购买更仓促，由此做出不满意的购买决定的可能性会提高。[41]另外，研究显示时间压力的增加会导致对零售商的感知服务质量的降低。[42]

有限的购买时间也会减少所考虑的备选产品的数量。双职工家庭和单身父母所面临的日益增长的时间压力会提高形成品牌忠诚的可能性，尤其是对全国性品牌的产品。原因是，时间压力很大的消费者由于没有时间逛商店和对各种品牌进行比较，从而倾向于选择全国性品牌和"知名"品牌，以此降低风险。

时间也会影响我们对店铺的选择。[43]一些零售商店就充分利用了时间这个因素。最成功的也许是 7-11 连锁店，该商店几乎是排他性地针对那些匆匆忙忙或在正常购物时间之外购物的消费者。

在某种程度上由于很多双职工家庭和单亲家庭有时间压力，网上购物迅速发展。网上购物有两个重要的与时间相关的好处：第一，节约了进行特定购买的大量时间；第二，消费者可以完全控制何时购买（见第 17 章）。上述两点是网上购物蓬勃发展的主要因素（见图 13-6 中 Zappos 品牌的广告）。

13.2.4 任务定义

任务定义（task definition）是消费活动发生的原因。营销人员将任务定义分为自用购买和礼物性购买。

送礼

购买同样的产品，是作为礼物送人还是供自己使用，[44]消费者所采用的购物策略与选择标准完全不同。消费者送礼物的原因有很多，社会期望和礼节性消费情境（如生日）通常要求送礼，此时并不以送礼者的实际愿望为转移；[45]送礼同时也能获得以礼品或行动为形式的回馈；当然，送礼也是一种爱和关心的表达。[46]

赠送或希望获得的礼物类型会随场合和性别的不同而不同。[47]研究发现，结婚礼物倾向于带有功用性，而生日礼物则倾向于情趣。因此，无论是一般性的购买任务（送礼），还是具体的购买任务（送礼的具体场合）都会影响购买行为；而送礼者和受礼者的关系也会影响礼品购买的行为。

礼物赠送对送礼的人和接受礼物的人都会带来某些不安。[48]礼物实际上在多个层面上传递象征意义。礼物本身通常有标价或大家熟知的价格，这可作为送礼者对受礼者尊重程度的衡量。礼品的形象与功能隐含着送礼者对受礼者形象和个性的印象，同时也反映了送礼者的形象和体贴。

礼品的性质表明送礼者希望与受礼者建立的关系类型。[49]用餐具作为礼品与用香水作为礼品隐含的关于两个人之间的关系是明显不同的。思考下面的案例：

当他带着一份礼物送给我的女儿时，这个礼物的最大意义是，我感受到他对我是"认真的"。其他男人对她都表现出明

图 13-6

在美国，很多双职工家庭和单亲家庭越来越感受到时间的压力，网上购物使他们既节省了时间，又让他们能够自主选择购物时间。这则 Zappos 广告就是吸引这类消费者的。

显的虚假的关爱，只是为了在我这里得到好的印象，但他只是出于教养礼貌地对待她，从未改变。有一天，他为我的女儿买了一个非常好的滑板，这个礼物标志着我们之间关系的一个转折点。我认为对他来说，这标志着他在考虑与一个带着一个孩子的女人认真交往是否可行。[50]

由这个例子可看出，有时一件礼物会改变送礼者与受礼者之间的关系。此外，礼物通常包含着关系或与送礼人有关的意义。比如，如果一个礼物代表一段重要的友谊，它会被受礼者珍藏。[51]

当然，礼物的意义和性质在不同文化背景下是不同的（见第2章）。[52] 比如，将美国人（个人主义）送礼和韩国人（集体主义）的送礼的特征进行比较，一位专家这样总结：

> 韩国人送礼场合更多、交际网更广、更经常送实用的礼物（特别是金钱），很看重面子和群体认同，礼尚往来的社会压力很强，他们的礼物往往很贵重，而且经常在办公场所送礼。[53]

13.2.5 先前状态

先前状态（antecedent states）是指非持久性的个人特征，如短暂的情绪状态或条件。例如，我们每个人都会有情绪高昂和情绪低落的时候，而这并非我们自身长久性格的一部分。

1. 心情

心情（moods）是一种不针对特定事件或事物的暂时性情感状态。[54] 心情作为一种情感没有情绪那么强烈，而且能够在个体没有意识的情况下产生。虽然心情可能影响个人行为的所有方面，但通常不像情绪那样对正在进行的行为产生重大的影响。通常使用高兴、愉快、平静、悲哀、忧伤、压抑等词汇来形容个体的心情。

心情既影响消费过程同时又受消费过程的影响。[55] 心情影响决策过程，也影响对不同产品的购买与消费以及对服务的感知。[56] 正面、积极的心情能增加消费者逗留的时间，并与冲动性购买相联系，负面的心情也会增加某些类型消费者的冲动性购买。对此有一种解释是，某些购买行为既能维持心情（积极的心情），也能改善情绪（负面的心情）。[57]

心情在沟通情境中起到重要作用，这种作用经常被称为节目效应（program context effects），与核心广告前后节目的性质紧密相联（见第8章）。广告之前的电视节目、广播节目和杂志内容都会影响消费者的心情和兴奋状态，从而影响他们的信息接收过程。[58] 研究发现，广告和品牌态度常常受到心情的影响，并与心情保持一致。因此，与令消费者不悦的电视节目相比，一个令消费者高兴的电视节目（激发积极的感情）可以改善广告和品牌态度。然而，有些虽然负面但是观众喜欢的节目（如观众喜欢的悲剧电影），也可以引起积极的广告和品牌的态度。[59] 在如此复杂的情况下，营销人员必须尽可能地在接近预期的节目环境中进行广告的预先测试。

消费者会主动调节心情（见图13-7）。[60] 也就是说，经常寻找那些能够消除消极心情或强化愉快心情的情境、活动或者事物。消费者调节心情的方法之一就是购买产品和服务。因此，当一个人感到无聊、悲伤或者闷闷不乐时可能会看情境喜剧类的电视节目，看一场令人高兴的电影，逛一家有意思的商店，到一家气氛轻松的餐厅大吃一顿，买一张新的蓝光影碟、衬衫或者其他有趣的产品。[61] 消费者在进行这些心情调节活动时，可能处于一种无意识的状态，也可能处于一种深思熟虑的状态：

> 我会特意购买某些产品，来让自己好受点。例如，偶尔我喜欢抽雪茄，毫无疑问，除了让我感觉好一点以外，抽雪茄没有别的好处。尽管化妆品、香水和漂亮的衣服能让我感到愉悦，但它们很少能给我像美甲和修脚所带来的心情的转变。[62]

图 13-7

消费者的情绪随时间而变化。精明的公司会开发与消费者所体验或想要体验的与情绪相关的产品和服务。

营销人员还试图影响消费者的心情,安排时间举办诱发积极情绪的营销活动。[63] 很多公司倾向于在轻松的节目中安排或播放广告,因为此时观众在观看这些节目时处于一种更好的心情。餐馆、酒吧、购物中心和其他很多零售场的设计就是为了激发顾客的正面心情,播放音乐就是基于这一原因。最后,营销人员也可以通过产品摆放、提供服务来调节消费者的心情。

2. 暂时性条件

心情反映了情绪,暂时性条件则反映了疲倦、生病、得到一大笔钱或破产等一些暂时性状态。但是,就像心情一样,这里所说的暂时性条件作为一种先前状态,必须是短暂的,而不是经常性的或长时间伴随个体的。例如,一位暂时缺钱的和一位总是经济拮据的人的行为会有明显差别。[64]

如同对待心情一样,消费者常常通过购买或者消费产品/服务来控制他们的暂时性条件。例如,白天感到疲倦的消费者,可能会喝一杯咖啡、一杯软饮料或者吃块糖;肌肉酸疼的人可能会通过按摩来放松身体;很多药品可以用来缓解如操劳过度、感冒、过敏等身体不适的状况。像银行和其他金融机构一样,当铺会向短期需要现金的人提供服务。因此,现实生活中大量的营销活动实际上都是针对暂时性环境的。图13-8是一则用来缓解负面的暂时性条件的产品广告。

13.3 礼仪情境

礼仪正日益受到营销学者和营销人员的关注。**礼仪情境**(ritual situation)是指这样一些相互关联的行为:这些行为以较为固定的方式和在社会所界定的场合下发生,并且具有象征性意义。[65] 礼仪情境可以是完全私密的,也可以是完全公开的。完全私密的礼仪情境可能是对个人有特殊意义的事件的周年纪念日,一个人为自己干杯或私下祈祷。一对夫妇为庆祝他们的初次约会而每年到同一餐馆用餐就是较为公开的庆典;结婚仪式则是更为公开的礼仪或风俗;全国性或世界性节日代表了非常公开化的礼仪情境。

礼仪情境之所以对营销人员重要,主要是因为在这些情境下通常涉及约定俗成的消费行为。美国人的每一个主要节日(礼仪情境)都有伴随着很多消费活动。例如,玩具厂家超过60%的销售发生在圣诞节期间。

虽然个人和家庭之间存在显著的差异,但在那些每年都有的公共性礼仪情境,仍然有很多的共同行为,足够营销人员为此开发产品和制定促销策略。例如,在情人节和万圣节,糖果制作商推出各式各样的糖果供人们作为礼物送出去。图13-9就展示了营销人员是如何利用消费的礼仪情境的。

图 13-8

这款产品用来帮助消费者应付负面的暂时性条件。

图 13-9

礼仪情境通常会与消费模式相关。这个品牌就在利用消费情境。

营销人员还试图创造或改变与特定礼仪情境相关的消费模式。[66] 例如，母亲节是一个花费 100 亿美元的节日，送贺卡就是营销人员创造的礼节性行为，[67] 如今万圣卡也已成为万圣节的一部分。[68] 如我们在本章开头看到的，很多公司在想办法使自己的产品或服务成为"成年礼"消费中的一部分。这些仪式通常是宗教仪式和仪式后的派对。在传统意义上，这些仪式关注的是家庭和社区。例如：

> 拉丁美洲的成人礼，可以追溯到阿兹特克人（Aztecs）为庆祝女孩子 15 周岁，仪式通常是在天主教堂举行，全家人在教堂后院聚会。[69]

"仪式后庆典"包括从简单的、花费少的典礼到盛大的、昂贵的典礼，形式多样。就目前的趋势来看，"仪式后庆典"必然越来越盛大和昂贵，拥有现代主题的聚会、昂贵的餐饮和娱乐以及互动活动来招待数以百计的客人。例如：

> 一个西班牙家庭花了 3 万美元庆祝他们女儿的成人礼，典礼上有"身着银色薄纱的公主和 260 位客人，有马车、南瓜水晶城堡，还有穿着制服的仆人，这些人一起跳舞直到太阳下山，就像是迪士尼里的睡美人的城堡"。[70]

礼仪情境也会导致有害的消费。在很多大学，狂饮或酗酒是一个很严重的健康和社会问题，尽管其发生率已经呈下降趋势。近期研究表明，可以把这个问题当作由社会情境所引发的礼仪行为（如生日），包括一系列相关的行为和规范（如在特定的比赛期间喝酒），并对参与者有特殊的意义和回报（如乐趣、被群体接受）。我们可以从这个角度来采用更加有效的方式减少这种行为。

13.4 情境影响与营销策略

在前面的部分，我们讨论了大量基于情境影响的营销策略。下面，我们将重点研究这些策略制定的过程。

要注意到，个体并不是随机地面临各种情境，相反，大多数人"创造"他们所面对的很多情境。例如，选择从事体力活动（如竞走、打网球和壁球）的人间接地选择了将自己置身于"疲劳""口渴"等情境。由此营销人员能够以不同生活方式中可能遇到的情境为基础设计产品和广告并进行市场细分。

在确定不同情境对某类产品购买行为所产生的影响之后，营销人员必须确定在某种具体情境下哪些产品或品牌最有可能被选择。方法之一是对情境和产品进行联合测量，图 13-10 提供了运用这一方法的一个例子。图中的使用情境范围从"在家里私下消费"到"关注他人对自己的看法的室外消费"，测量内容是这些情境的相似处及与适用于这些情境的产品的关系。

对于使用情境 Ⅰ"在早晨起床时清洁我的口腔"，牙膏和漱口水被认为是最适用的（见图 13-10）。然而，对于使用情境 Ⅱ"下午出席一个重要商务会面之前"，由于涉及家庭外消费以及对他人看法的关注，薄荷味口香糖或糖果则更受青睐。你认为像 Listerine Breath Strips 这样的产品应该被放在图中的哪个位置？

理解产品在不同情境下是如何被消费者使用的，有助于帮助营销人员设计适当的广告和定位战略。比如，对里格利（Wrigley）薄荷口香糖，广告可以强调它清爽口腔的能力以及适合在家庭以外的社交场合使用。营销人员也可以尝试改变一种产品的使用情境。在图 13-10 中，漱口水被认为不适合在家庭以外的场合使用。那么一款改进的、在使用后可以咽下去的 Scope 如何呢？它能够成功地在家庭以外的情境推广吗？它能够和 Breath Strips 竞争吗？图 13-11 中爱氏晨曦（Arla）通过"向泡沫水果冰沙说'是'"的活动推出了无乳糖牛奶新的使用情境。

下面提供了另一种根据情境制定营销策略的方法，该方法需遵循 5 个基本步骤：[71]

（1）使用观察法、焦点小组讨论、深度访谈法和二手数据找出影响产品消费的不同使用情境。

（2）调查大量的消费者，更好地了解和量化产品是如何使用的，以及不同细分市场又是如何使用的。

（3）构建个人－情境细分矩阵，"行"代表使用情境，"列"是根据单一特征或多重特征组合所识别的消费者群体，把关键的利益填入不同格，表 13-2 展示了防晒霜个人－情境细分市场。

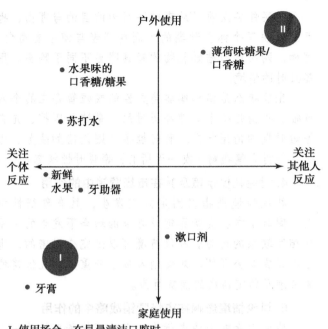

I=使用场合：在早晨清洁口腔时
II=使用场合：近傍晚时召开重要商务会议之前

图 13-10　使用情境和产品定位

图 13-11

这则广告展示了爱氏晨曦无乳糖牛奶的新使用情境。

（4）评价每个单元格的潜力（销量、价格水平、服务成本和竞争力等）。

（5）根据你的能力，为哪些有足够获利潜力的单元格制定和实施营销战略。

表 13-2　防晒霜个人-情境细分市场

使用情况	防晒霜的潜在使用者				
	儿童	青少年	成年妇女	成年男子	情境利益
沙滩或划船活动	防止太阳灼晒或对皮肤伤害	防止日晒而使皮肤变黑	防止晒黑、皮肤变化或干燥	防止晒黑	容器能浮在水面
家里或泳池日光浴	防止晒黑和损伤皮肤	沐浴阳光而不晒黑	沐浴阳光而不损伤皮肤或不使之干燥	沐浴阳光而不晒黑或不损伤皮肤	防晒油不会在衣服或家具上留下斑点
太阳吧		把皮肤晒成褐色	抹上保湿液并把皮肤晒成褐色	把皮肤晒成褐色	设计太阳灯
滑雪		防止晒黑	防止晒黑、皮肤操作或干燥	防止晒黑	防冻配方
个人利益	保护	日光浴	保护、日光浴同时保持肌肤柔嫩	护肤和日光浴	

资料来源：Adapted from P. Dickson, "Person-Situation: Segmentation's Missing Link," *Journal of Marketing*, Fall 1982, pp. 56-64. Published by the American Marketing Association. Reprinted with permission.

小结

1. 情境影响的定义

情境影响是指所有那些依赖于时间和地点且与个人或刺激物属性无关的，但对消费者当下行为具有影响的因素。

2. 解释四种情境以及情境在市场营销战略中的应用

四种情境分别是沟通情境、购买情境、使用情境和处置情境。消费者获取信息的情境叫作沟通情境。购买情境是购买行为发生的情境。产品或服务在使用过程中的情境叫作使用情境。在产品使用前或使用后，消费者要处置产品或产品的包装，此时面临的情境称为处置情境。每一种情境类型对于市场营销都有很大的意义，例如广告设计中的应用（沟通情境），他人会影响个体在商店内的购物行为（购买情境），扩展某一产品的传统使用方法（使用情境），致使回收行为发生的因素（处置情境）。

3. 总结情境的五个特征及其对消费的影响

情境被分成5种可以客观衡量的类型。现实环境包括地理位置、装饰、声音、气味、光线、天气、商品陈列和产品周围其他的物质等成分。零售商要特别考虑现实环境的影响。零售环境所有现实特征的总和被称为商店氛围。气氛调节就是指商店管理者通过调节现实环境来为购物者创造一种特定心情的过程。在一些服务机构如医院、银行或者餐厅，商店氛围被称为服务环境。

社会情境涉及对个体消费者行为具有影响的其他人。购买、使用产品时其他人在场、他们的角色以及互动是非常重要的情境影响因素。

时间观念涉及时间对消费者行为的影响，诸如白天、上次购买以来、从现在到用餐或到发工资、因承诺而产生的时间限制等概念。便利店的演进和成功实际上就是利用了时间的因素。

购买任务反映了从事购买行为的目的与理由，也可能反映了个体所预期的不同购买者与使用者角色。例如，购买作为结婚礼物的餐具明显不同于购买自用餐具时的情境。

先前状态是指那些非持久性的或短暂存在的个人特征。心情是每个人都经历过的，是诸如压抑、亢奋等短时期的情绪状态。暂时性条件则是诸如疲劳、生病、获得大笔钱财（或一无所有）等暂时性状态。

4. 讨论礼仪情境及其在市场营销中的作用

礼仪情境是指以固定方式发生，具有象征性意义，同时是在社会所界定或要求的场合下发生的一系列相互联系的行为。礼仪情境可以是完全私密的，也可以是完全公开的。对营销人员十分重要的礼仪情境通常涉及约定俗成的消费行为。

5. 讨论情境影响在市场营销战略中的作用

情境因素对消费者行为的影响可能是直接的，也可能在与产品或个人特征交互影响的条件下发挥作用。在某些情况下，由于个人特征的影响太过强烈，以致消费者可能很少顾及其他方面，此时情境因素对购买行为可能根本就没有影响。虽然如此，从总体看，情境一直是一种重要的潜在影响力量，因此备受营销人员的关注。

关键术语

先前状态（antecedent states）
气氛调节（atmospherics）
沟通情境（communications situation）
处置情境（disposition situation）
尴尬（embarrassment）
心情（moods）
现实环境（physical surroundings）
购买情境（purchase situations）

礼仪情境（ritual situation）
服务环境（servicescape）
情境影响（situational influence）
社会环境（social surroundings）
商店氛围（store atmosphere）
任务定义（task definition）
时间观（temporal perspectives）
使用情境（usage situations）

复习题

1. 情境是指什么？对营销人员理解消费者购买行为有何重要意义？
2. 什么是现实环境？举例说明现实环境因素对消费过程的影响。
3. 拥挤如何影响购物行为？
4. 什么是商店氛围？
5. 什么是气氛调节？
6. 什么是服务环境？
7. 什么是社会环境？举例说明社会环境因素如何影响消费过程。
8. 什么是时间观？举例说明它如何影响消费过程。
9. 什么是任务定义？举例说明它如何影响消费过程。
10. 人们为什么要赠送礼物？
11. 接受礼物怎样影响送礼者和受礼者之间的关系？

12. 什么是先前状态？举例说明先前状态如何影响消费过程。
13. 什么是心情？它与情绪有何不同？心情怎样影响行为？
14. 人们怎样调节心情？
15. 心情与暂时性条件有何不同？
16. "情境变量可能与刺激物或个人特征相互影响"是什么意思？
17. 消费者是随机地置身于各种情境影响之下吗？为什么？
18. 什么是礼仪情境？为什么礼仪情境很重要？
19. 描述制定一个基于情境影响的营销战略的过程。

讨论题

20. 讨论在为下列产品或礼品制定营销策略时，每一种情境影响的潜在重要性。
    a. 奥杜邦协会（Audubon Society）
    b. 赛百味（Subway）
    c. iPhone
    d. 零度可口可乐（Coca-Cola）
    e. 7-11连锁店
    f. 护目镜
21. 哪些产品领域最容易受情境因素的影响？为什么？
22. 鲜花在很多情况下作为礼物送给女性都是合适的，但如果送给男性似乎只有在他们生病时才比较合适，为什么会这样？1-800-FLOWERS能改变这种状况吗？
23. 下列地方的商店氛围应该怎样进行改进？
    a. 大学里的图书馆
    b. 大学附近的银行
    c. 大学附近的餐馆
    d. 大学附近的便利店
    e. 学生顾问办公室
24. 思考对于下列产品，表13-2中的矩阵会变成什么样子？
    a. 台式机
    b. 护目镜
    c. 冰激凌
    d. 鞋
    e. 小型摩托车
    f. 咖啡
25. 除了餐馆以外，表13-1对其他零售店是否具有意义？如果是，对哪些具有意义？为什么？
26. 你在购买自用品和购买礼品时的购物行为及选购标准是否存在差异？存在哪些差异？
27. 描述在某一心情下（好或坏心情）促使你做了一次不同寻常的购买的经过。
28. 描述你或某个你所认识的人某一相对私密的典礼，是否有任何消费模式与这一礼仪相联系？如果有，是什么？
29. 描述你的家庭在下列情境下的消费模式：
    a. 家庭日
    b. 暑假
    c. 寒假
    d. 万圣节
    e. 母亲节
    f. 父亲节
    g. 除夕
30. 回答消费者洞察13-1中的问题。

实践活动

31. 访问5位最近购买了下列产品的人，分析情境因素在购买中所起的作用。
    a. 手机
    b. 珠宝
    c. 摩托车
    d. 快餐店的食品
    e. 一杯咖啡
    f. 健康保险
32. 分别访问下列产品的销售员，分析每位销售员在销售中所感受到的情境变量及其作用。
    a. 租客保险
    b. BMX自行车
    c. 美味的巧克力
    d. 鲜花
33. 以5个左右的朋友为样本做一项调查，试着分离影响下列商品购买或使用的类型、品牌和数量的情境因素。
    a. 健身俱乐部
    b. 衣服
    c. 电影观众

d. 志愿者工作
e. 冷冻快餐
f. 汽车轮胎

34. 列出与校园附近餐馆有关的10~20种用餐情境。然后，访问10名学生，请他们指出曾经历过其中哪些用餐情境，并根据发生或出现可能性对列出的用餐情境排序。讨论一个餐馆在吸引学生就餐时如何运用这些信息。

35. 参观三家卖同样产品的商店。描述一下在不同商店的商店氛围。你认为为什么存在这些不同之处？

36. 参观三家咖啡店，描述一下不同咖啡店的服务环境。你认为为什么存在这些不同之处？

37. 下列网站分别具备哪种商店氛围？如何改善？
    a. Toyota.com
    b. Harley-Davidson.com
    c. Nike.com
    d. Charities.org
    e. Cabelas.com
    f. Cheerios.com

38. 复印或描述三则以情境诉求为主题的广告，针对每则广告，回答以下问题：
    a. 涉及哪一个情境变量？
    b. 公司为什么要运用这一情境变量？
    c. 你对该方法的有效性有何评价？

39. 针对下述每种产品分别设计一则毕业礼物广告、一则周年纪念日礼物广告和一则自用品广告，并解释这三则广告的差别。
    a. 出国旅行
    b. 咖啡机
    c. 杂志的订阅费
    d. 一套盘子
    e. 搅拌机
    f. 手表

40. 访问5名同学，了解在哪些情形下其心情会影响其购买。你从中可得出什么结论？

41. 访问5名同学，分析在下列情境下他们的消费模式。你从中可得出什么结论？
    a. 新年
    b. 春假
    c. 独立日
    d. 情人节
    e. 母亲节
    f. 父亲节

第 14 章

消费者决策过程与问题识别

学习目标

1. 阐述消费者介入程度对决策过程的影响。
2. 解释什么是问题识别以及如何将其融入消费者决策过程之中。
3. 总结问题识别中的不可控因素。
4. 讨论消费者问题与问题识别在营销策略中的作用。

电灯的插线是插线板上的八条电线之一,但究竟是哪一条呢?你得顺着桌子底下的电线去找寻。你知道橡皮筋在抽屉里的某处,但你得在纸片、钢笔、领带和其他乱成一团的零碎东西之中找出它。这些例子是我们都会普遍遇到的问题,它们有点烦人,但的确不是什么重要的事,也不太可能频繁发生,因此我们只是不假思索地解决它们。这些"不假思索的问题"属于名义型决策,实际上就其本身而言并未涉及决策。

在社交媒体出现之前,前辈海洛伊丝(Heloise)经常提供解决这类问题的小窍门[1]。现在社交媒体成了我们生活的一部分,特别是随着Pinterest照片分享网站的流行,像海洛伊丝这样的生活行家不断涌现,提供关于日常生活的小问题的解决方案。比如利用回收起来的面包标签纸给电源线做标记,以及使用旧铁罐整理杂乱的抽屉等。这种热心人自发提供的解决方案和产品策略类似,通过建议消费者把产品用于其他用途来增加销量。举例来说,艾禾美厨(Arm and Hammer Baking Soda)提供小苏打用于烘焙之外的其他用途——地毯及冰箱的除味剂,以及制作活火山模型的原材料。

对于进行名义型决策的消费者而言,商店的引导标识和陈列方式可以提醒他们购买原本遗忘的东西。一些商店将消费者早先购买过的商品的折价券印在收据背面,作为提醒。

绝大多数美国家庭都有清洁产品——除味剂、洗洁精、清洁剂、漂白剂——这些产品的清洁功能足够好,且消费者可能不会主动寻找替代品。然而如果你是宝洁公司,面对越来越短暂的产品生命周期,你不得不持续创新和改进现有产品。宝洁的速易洁系列产品,承诺将清扫、除尘、吸尘变得更好更简单。真空吸尘器是一种常见的家庭设备,性能很好,也不容易坏。之后戴森(Dyson)推出了改良版——拥有"旋风"性能的无袋真空吸尘器,轮子消除了吸尘时的噪音——解决了消费者以前从未意识到的问题。

随着众筹(代表公司Quirky、Kickstarter等)的兴起,开发和推广"你从未意识到的问题"的解决方案,现在有这种能力的不仅是宝洁这样的大公司,每个消费者都有。比如Quirky特制的带钩橡皮筋,可以将笔和绘画工具绑到一起,将墨镜绑到后视镜上;电线整理器则可以把松散的电线固定到它上面以减少相互缠绕。

消费者决策过程开始于问题识别。名义型问题几乎不需要思考,对于这些问题而言,消费者遵循习惯购买同一品牌,他们重复同样的购买行为来解决问题。但其他产品的供应商足够聪明地提醒消费者察觉之前从未意识到的问题。

本章将探讨消费者决策过程的性质，并分析该过程的第一阶段——问题识别。我们的重点是：①问题识别过程；②影响问题识别的不可控因素；③根据问题识别过程制定营销策略。

14.1 消费者决策类型

消费者决策（consumer decision）是指消费者谨慎地评价某一产品、品牌或服务的属性，并进行理性的选择，即用最少的钱购买能满足某一特定需要的产品的过程，它具有理性和功能双重内涵。通常，消费者都用这种方法做出决策，但是其他许多决策不需要花费精力。有的消费者在决策时甚至并不注重产品属性，而是更多的关注购买或使用时的感受、情绪和环境。此时，选择某个品牌并非是由于其独特的属性（价格、样式、功能、特点），而仅仅是因为"它使我感觉良好"或"我的朋友们会喜欢它"。[2]

虽然受情感或环境驱使而做出购买决策和消费行为，与传统的基于属性购买的模型相比有不同的特点，我们仍认为决策过程模型为所有类型的消费品购买提供了有益的启示。在本章及随后四章会描述消费者购买决策过程，我们将着力表明该模型是如何帮助我们理解基于情感、环境及产品属性所做的购买决策的。

消费者购买决策往往是为了解决单一问题，比如汽车没油了。有时，购买决策是为了解决几个问题，如车太旧了，同时你越来越不自信。而且，决策过程会由于目标的多元化而越来越复杂。例如，一位消费者觉得有必要给他的车加点油，他想找价格最便宜同时还提供食物的加油站，并且把几个环境记录不良的加油站排除在外。这样，他可能选择一家价格便宜但食物粗糙的加油站，也可能选择一家价格昂贵但提供精美食物的加油站，还可能在不同的加油站分别购买汽油和食物。[3]

如图14-1所示，有几个不同的消费者决策类型。[4]当消费者的购买介入程度在购买过程中由低到高变化时，其决策过程也随之复杂化。由于消费者介入程度是连续变化的，我们用名义型、有限型、扩展型决策来形容在这个过程中的各个点发生的不同购买决策的类型，会有很大用处。需要指出的是，这三种类型之间并非毫无关联，而是相互交叉的。

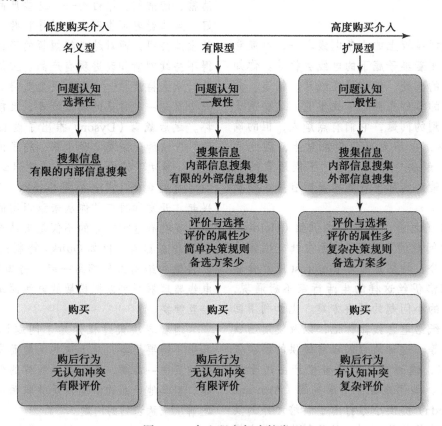

图14-1　介入程度与决策类型

在描述各种决策过程之前，有必要明确消费者介入的概念。我们把**消费者介入程度**（purchase involvement）定义为：消费者对因某一特定购买需要而产生的对购买过程的关心程度。因此，消费者介入程度是某个人或某个家庭的一种暂时状态，受个人、产品、情境特征之间相互作用的影响。

应当指出，消费者介入不同于**产品介入**（product involvement）或持久性涉入（enduring involvement）。你可能会非常钟情于某一品牌（星巴克或道奇汽车）或某类产品（咖啡或汽车），但由于品牌忠诚、时间压力或其他原因，购买该产品的介入程度却很低。想想你最喜欢的饮料品牌，你可能对该品牌非常忠诚，觉得它胜过其他任何品牌，从而对其形成强烈的偏好。当购买饮料时，你总会不假思索地选择你喜爱的这一品牌。

另一种情况是，消费者可能对某一类产品的介入程度相当低（如学习用品或汽车轮胎），但购买介入程度却很高，原因是人们想为孩子们做个榜样，给一位购物时遇到的朋友留下深刻印象或纯粹为了省钱。

以下几节简要描述了随着消费者介入程度的增加，购买决策过程是如何变化的。

14.1.1 名义型决策

名义型决策（nominal decision making），有时也称习惯性购买决策，实际上就其本身而言并未涉及决策。如图 14-1 所示，消费者识别了一个问题，经内部搜索（长期记忆）找出一个偏爱的品牌，然后购买。只有当品牌未能达到预期效果时才会对其进行评估。名义型决策往往发生在消费者介入程度很低的情况下。

纯粹的名义型决策甚至不考虑"不购买"这一选项。比如你发现家里的艾姆牌（Aim）牙膏快用完了，于是决定下次逛商店时再买几支，而根本没想过不买牙膏或买其他品牌的牙膏。在商店里，你浏览货架直接拿起艾姆牌牙膏，根本不考虑其他品牌、价格或其他可能的相关因素。

名义型决策通常分为两种：品牌忠诚型决策和习惯性购买决策。下面将简单地介绍这两种决策。第 18 章还将对它们进行更详细的讨论。

1. 品牌忠诚型购买

你可能曾经对选择牙膏品牌有着很高的介入度，并运用了扩展型决策过程，最后你选定了艾姆牌牙膏。之后，虽然选择最好的牙膏对你仍然很重要，但你可能不会深入思考而继续选择这个品牌。此时，你已对艾姆的品牌产生了忠诚和信任，因为你认为它能最有效地满足你的需要。一旦形成了情感上的依赖（你喜欢这个牌子），你就成了艾姆牙膏的忠诚顾客，其他竞争者很难赢得你的青睐。

在这个例子里，由于品牌忠诚，你的产品介入程度尽管相当高，但购买介入程度很低。假如艾姆牌牙膏的优越性受到挑战（比如从新闻报道中了解到更好的牙膏的出现），你也许会更换品牌，但很可能要经历一次高介入度的决策过程。

2. 习惯性购买

与前面例子相反，你可能会认定所有的番茄酱都是一样的，因而对番茄酱这类产品及其购买关心甚少。在试了德尔蒙牌（Del Monte）并感到满意之后，你就会一再选择该品牌。于是，你成了德尔蒙番茄酱的重复购买者，但你并不忠诚于该品牌。当你下次需要番茄酱，当其他品牌打折时，你就不确定是否应该购买德尔蒙番茄酱了，然后可能会在决定购买哪个品牌之前进行一个有限决策过程。

14.1.2 有限型决策

有限型决策（limited decision making）包括内部信息搜集或有限的外部信息搜集，消费者的备选方案较少，仅在较少属性上进行简单的判断，很少有购后评价，是介于名义型决策和扩展型决策之间的一种决策类型。从最简单的情形看（消费者介入最低时），有限型决策与名义型决策相似。比如在超市里你注意到了陈列在货架上的 Jell-O 果冻，并顺手拿了两盒。此时你凭借的只是印象中的"Jell-O 味道还不错"，或"我已经好久没尝过 Jell-O 了"，此外并未搜集更多的信息。你最多会为买不买稍做犹豫，而不会再考虑选择其他。还有一种情况是，你可能遵循某一条决策规则，比如选择最便宜的速溶咖啡，当家里的咖啡用完时，你浏览商店里各种咖啡的价格，然后挑选一个最便宜的品牌。

有限型决策有时会因情感需要或情境需要而产生。比如你决定换一种新的产品或品牌，尽管你对目前使用的产品和品牌没有不满，但你厌倦了它们。这类决策可能只涉及对现有备选品新奇性或新颖程度的评价，而不涉及其他方面。[5] 你也可能会根据别人实际的或预期的行为对商品进行评价。比如你会通过观察或猜测同桌人的选择来决定自己点不点葡萄酒配餐。

总的来说，有限型决策涉及对一个有着几种解决方案的问题的认知。信息的搜集主要来自内部，外部信息搜集比较有限，备选产品不多，而且仅在较少属性上进行简单的评价。除非服务不到位或产品有问题，否则，事后很少对产品的购买与使用进行评价。

14.1.3　扩展型决策

如图 14-1 所示，**扩展型决策**（extended decision making）包括大量的内部信息搜索和广泛的外部信息搜索，对多种备选方案进行复杂的判断，以及明确的购后评价。扩展型决策发生在消费者介入程度很高的情况下。消费者在购买产品之后，很容易对购买决策的正确性产生怀疑，从而引发对购买的全面评价。相对来说，达到如此复杂程度的消费品决策并不多。然而，在房屋、个人电脑及多功能休闲性商品（如家庭影院系统）等产品的购买上，扩展型决策比较多见。

即使纯粹的感性决策也可能很费精力。例如，消费者难以做出这样一个决定：是去滑雪还是看望父母，虽然他的需求及其评价标准都是感性因素而不是属性特征，也因此只有较少可用的外部信息。

正如图 14-1 显示的那样，问题识别是决策过程的第一步。我们将在本章讨论这一阶段及其营销启示。随后四章会讨论剩下的四个消费者决策阶段和相关的营销启示。

要说明的是，我们对于决策过程的讨论主要以美国的研究为基础。在本书相应的章节中，我们将会提到不同文化背景下消费者决策的相同点和不同点。如第 6 章中关于家庭决策的例子中所说的，研究人员发现与美国相比，中国的父权社会结构越明显，丈夫主导的决策就越多，夫妻共同决策就越少[6]。由于价值观的转变，尤其像第 2 章中所讨论的东南亚青年人群，这一结果很可能也会受到夫妻年龄的影响。

14.2　问题识别过程

几乎每一天，我们都要面对各种消费问题。日常购买问题，如汽油快用完了需要补充，要购买食品等，可以很快被察觉、定义并解决。某些使用频繁的大件商品（比如冰箱）突然出现毛病，这样意料之外的问题则是容易识别而不易解决。对其他问题的认知，比如对拍照手机或车载 GPS 系统的需求，则要花费更多时间，因为这类问题比较复杂，解决过程更加缓慢。

随着时间的推移，会引起各种情绪（如无聊、焦躁或抑郁），或早或迟。这种感觉常常被认为是购物能解决的问题（"我心情不好，所以我要去逛逛商店，看场电影或到外面吃顿饭"）。有时，这些情绪会导致未经认真思考的消费行为，如一个感到焦躁不安的人会下意识地决定去吃顿快餐。在这种情形下，问题并未真正被识别（在有意识的层次上），其尝试的解决方法通常也没有效果（大吃一顿并不能缓解焦躁的情绪）。

营销者不仅通过开发各种产品来帮助消费者解决问题，还试图帮助消费者识别各种消费问题，有时甚至是在这些问题尚未萌芽之时（见图 14-2）。

图　14-2

营销者经常尝试让消费者认知到潜在的问题，而营销者手中有这些问题的解决方案。如这幅图展示的，这有时包括使消费者在问题发生之前意识到问题。

14.2.1 问题识别的性质

问题识别（problem recognition）是消费者决策过程的第一步，问题识别是期望状态和实际状态之间存在差异的结果，这种状态足以激发决策过程。[7] **实际状态**（actual state）是指消费者对其当前的感受及处境的认知。**理想状态**（desired state）是指消费者当前想达到或感受的状态。比如，你也许不想星期五晚上过得沉闷无聊。当你发觉自己在周末孤孤单单、心情烦躁时，会把它作为一个问题看待，因为你的实际状态（心情烦躁）与理想状态（快乐而充实）之间有差距。怎么办？你可以看电视、租影碟、给朋友打电话、出门散步或干别的事情。

作为对问题识别的反应，消费者采取何种行动取决于该问题对于消费者的重要性、当时的情境、由该问题所引起的不满或不便的程度等多种因素。

如果没有对问题的识别，就不会产生决策的需要。图14-3描述了当消费者的理想状态（消费者所期望的）与实际状态（消费者觉察到的、已经存在的）不存在差距时的情形。例如，周五晚上你沉浸在一本小说里，你快乐充实的愿望（理想状态）与你享受阅读乐趣的现状是一致的，你也就没有理由去寻找别的消遣活动。

另一方面，当消费者的期望与其认知的实际状态有差别时，问题识别便产生了。图14-3同时表明，一旦认为理想状态强于或不及实际状态，就会产生问题。比如过得快乐而充实（理想状态）要胜过无聊（实际状态），便导致了问题识别。然而，假如你的室友突然组织了一个热闹的聚会，你可能发现自己的实际状态比期望的状态更加兴奋。这同样会引起问题识别。

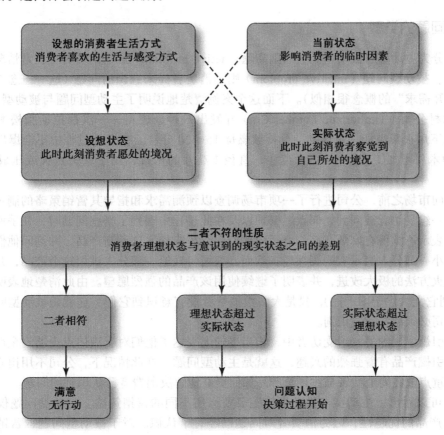

图14-3 问题识别的过程

在图14-3中，消费者的欲望被描述成消费者期望的生活方式（见第12章）与现实状态（时间压力、环境等，见第13章）共同作用的结果。因此，自我概念与理想生活方式以户外活动为中心的消费者会期待能频繁参加这类活动，高山上的积雪、海边温暖宜人的气候等情形会增强他们进行户外活动的欲望。

消费者的生活方式与当前情境也影响着消费者对实际状态的认知。消费者的生活方式是感知其实际状态最主要的限制因素，因为生活方式是消费者在资源约束条件下的自主选择。例如，一个选择抚养很多孩子、拥有大量财产、追求事业成功的消费者通常没有太多时间进行户外活动（实际状态）。此外，当前状况（放一天假、一个大项目即将交付、孩子生了病）也会对消费者对其所处的实际状态的认知产生重要影响。

需要强调的是，导致问题识别的是消费者对实际状态的认知，而并非客观的现实状态。抽烟的消费者总相信抽烟并不危害健康，因为他们并没有把烟吞进肚子里。也就是说，尽管"现实"是抽烟有害，但这些消费者并未认识到这是一个问题。

解决被识别问题的欲望

消费者解决某一特定问题的欲望水平取决于两个因素：①理想状态与现实状态之间差距的大小；②该问题的相对重要性。举个例子，某个消费者希望自己的汽车不仅要满足他对型号与马力的要求，还要达到平均每加仑⊖至少跑25英里⊜的油耗水平。如果他现在的汽车油耗水平是每加仑22英里，尽管这二者存在差距，但这一差距并没有大到促使该消费者购买新车的地步。

即使理想与现实之间差距很大，如果这个问题相对其他问题来说没有那么重要，消费者也不一定着手搜集相关信息。某个消费者现在有一辆开了15年的丰田车，希望能有一辆新的大众汽车，应当说差距是相当大的。但是，与他面临的其他消费问题（如房子、物业费、食物）相比，这个差距的相对重要性可能很小。相对重要性（relative importance）是一个很关键的概念，因为所有的消费者都要受到时间和金钱的约束，只有相对更为重要的问题才会被解决。总的来说，重要性取决于该问题对于保持消费者理想的生活方式是否关键。

14.2.2　消费者问题的类型

消费者问题可分为主动型与被动型。**主动型问题**（active problem）是指消费者在正常情况下就会意识到或将要意识到的问题。**被动型问题**（inactive problem）则是消费者尚未意识的问题（这一概念与第7章"创新扩散"中谈到的"感知需求"的概念很相似）。下面这个案例清楚地说明了主动型问题与被动型问题的区别。

迪姆伯莱恩木材公司（Timberlane Lumber Co.）开发出一种新燃料——洪都拉斯脂松木。这种天然木材即使在潮湿的情况下用火柴也能一点即燃，且持续燃烧15~20分钟。在燃烧过程中不会爆出火花，因而安全性相对较高。这种木材可加工成长15~18英寸、直径1英寸的木棍，用于壁炉点火或压成用来引燃炭火的碎片。

在将该产品推向市场之前，公司进行了一项市场调查以预测需求和指导其营销策略的制定。两组目标消费者接受了调查。第一组受访者被问到如何点燃壁炉以及在此过程中遇到了哪些问题时，几乎所有人都说是用报纸或引火柴，并且表示不觉得有麻烦。接着公司向他们介绍了脂松木这种新产品，并询问他们购买该产品的可能性，结果只有很小一部分人表示有购买兴趣。然而，公司付钱给一部分人试用这个产品，几个星期后他们都认为这是对现有引火方法的极大改进，并表明了继续使用该产品的强烈愿望。由此清楚地表明，问题是存在的（因为试用者均感到它大大优于旧产品），只是大多数消费者没有意识到它们，这就是被动型问题。在产品能够成功销售之前，公司必须激发问题识别。

相反，在关于引燃木炭的另一组受访者中，相当多的人表达了他们对于液体点火器安全性的担忧，这些人对安全性能更高的引燃产品有着强烈的兴趣，这就是主动型问题。在此情况下，公司不用担心消费者对问题的认知，而应将营销重点放在向消费者描述该新产品如何更好地解决消费者已认识到的问题。

从上面的例子可以看出，主动型与被动型问题需要运用不同的营销策略。主动型问题仅仅要求营销人员说服消费者相信其产品的优越性，因为消费者对问题已经有了认识。对于被动型问题，营销者不仅要使消费者意识到问题的存在，而且还要使其相信企业提供的产品或服务是解决该问题的有效方法。这项任务的难度更大。

图14-4分别展示了两则有关主动型问题和被动型问题的广告。左侧的广告使消费者注意到了之前可能未

⊖　1加仑（美）=3.785 41 dm³。
⊜　1英里=1 609.344米。

意识到的问题（被动型问题）；而右侧的广告则假设消费者已经意识到问题存在（主动型问题），仅强调解决该问题的独特能力。

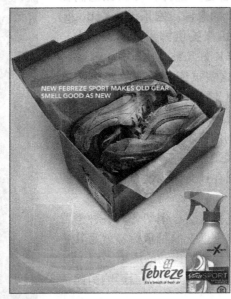

图 14-4

营销者常常需要引发细分市场对问题的认知。但有时市场已经意识到了存在的问题，此时的沟通应该把重点放在品牌解决问题的能力上。

14.3　影响问题识别的不可控因素

消费者的理想状态与实际状态之间的差距是产生问题识别的必要条件。导致差异存在的因素很多。这些因素有的与消费者的欲望有关，有的与消费者对现状的认知有关，或两者兼有。这些因素营销人员不能直接改变，如当今家庭构成的变化。图 14-5 概括了影响问题识别的非市场因素，影响问题识别的市场因素在本章的下一节讨论。

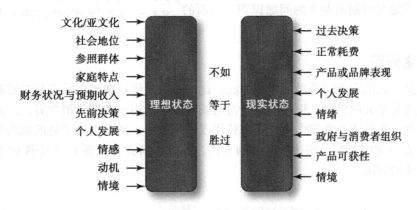

图 14-5　影响问题识别的非市场因素

从图 14-5 可以发现，大多数影响问题识别的非市场因素是显而易见和合乎逻辑的。其中大部分已在前面的章节中详细讨论过。如在第 2 章中谈到的，个人的文化背景几乎会影响其理想状态的所有方面。比如说同样渴望成为个性独立、与众不同的人，由于文化背景不同，在美国和在日本其表现方式会截然不同。

先前决策和个人发展在前面各章未做讨论。买一辆山地车或雪橇的先前决策，会导致购买一个放置它们的车架的欲望。一个买房的先前决策会引发购买多种家居和花园用品的欲望。过去的购买决策也可能会消耗购买力，从而使得更少的问题被识别或者给予足够的重视从而引发购买行为。[8] 先前决策甚至可以影响同类商品的未来购买决策，有研究发现，消费者厌倦麦片、椒盐饼干等食品的原因，不是不喜欢它们的品牌了，而是从感官（味觉）的角度腻烦了。消费者通过搜寻也就是转换到其他种类的产品来解决这个问题。对营销人员来说，好在消费者厌倦的是食品的口味而不是品牌本身，如果同一品牌提供给消费者更多选择，可以让他们在选择不同产品的同时保持对品牌的忠诚。家乐氏（Kellogg）等食品公司为满足这一不可控因素提供海量的品种，光是麦片就有玉米片、果脆圈和特殊K好几种。[9]

随着个人技能的增长，与这些技能相关的欲望也随之变化。滑雪初习者、音乐家、园艺师是典型的例子，他们想要的产品和功能会随技能的提升而改变。情感和心理的发展（或缺失）也可能与触发问题识别的需求有关。最近出于对于网络欺凌的担忧，Facebook开展了一个叫"刻薄糟透了"的活动，致力于使年轻女孩认识到在社交媒体发布伤人言论的严重性。

政府机构和各消费者组织也积极引导消费者对各种消费品进行问题识别。例如，酒类和香烟上的警示标签就是其中的两个典范，也是禁烟运动和酒驾宣传运动的成果。图14-6所示的纽约州政府广告试图通过展示吸烟的负面影响引起消费者的问题识别。

14.4 问题识别与营销策略

营销管理者通常关注四个与问题识别相关的问题。第一，弄清楚消费者面临的问题是什么；第二，要知道如何运用营销组合解决这些问题；第三，需要激发消费者的问题识别；第四，有些情况下需要抑制消费者的问题识别。后面的内容将讨论这些问题。

14.4.1 发现消费者问题

简单的直觉也许是发现消费者问题最常用的方法。这一方法的优点在于：成本相对较低、快速且容易。缺点在于：由于直觉往往是个人的感知，很可能是错误的或者并不适用于大部分消费者，这样就增加了新产品推广失败的可能性。因此，市场调查常常作为直觉的替代或补充方法，来提高新产品的成功率。发现消费者问题有很多方法，我们将在下文中介绍一些比较典型的方法。此外，消费者洞察14-1中探讨了一种新的基于管理网络消费者和社交媒体的方法。

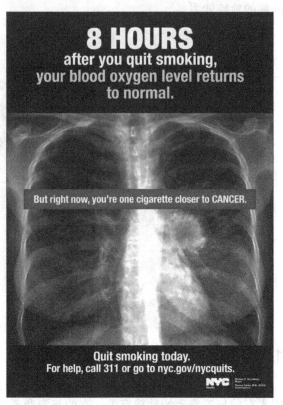

图 14-6

政府机构、社会组织与企业常常试图在消费者心中引发问题识别，以改变对个人或社会有害的行为。纽约州政府的广告就是一个试图引发对吸烟负面影响问题的识别的例子。

| 消费者洞察14-1 | 使用网络社交媒体识别消费者问题 |

传统的发现消费者问题的方法倾向于直接询问消费者。然而在当今的网络环境中，存在一个潜在的"金矿"，即搜集网络中的"对话"来识别消费者问题，而且是从类别和品牌两个层面展开。有时这些对话发生在某个品牌自己的网站上，也可能是在社交媒体的网页中，如消费者发推特抱怨最近在某个公司购买的产品。有时这些对话也会出现在广义的社交媒体环境中，如在博客中讨论产品故障或特定产品领域的一般需求。下面这段话出自Radian 6，社交媒体分析行业中的领先企业：[10]

你的潜在顾客或竞争对手的客户所提出的问题、需要和愿望会源源不断地出现在社交网站上，从产品到工作失误的评论。消费者给你大量的信息，告诉你他们需要你来解决什么问题。

跟踪是不够的——回应这些问题与担忧是整个过程的关键。也就是说，不仅要通过品牌在 Facebook 页面上的记录，了解到最新发布的软件存在的问题，关键是要及时地用恰当的方式处理这些问题。Radian 6 的观点是很有益的：

> 首先需要理解你的公司如何为顾客解决问题，然后以有意义的、有帮助的方式在他们最需要的时候联系他们。这不是一种推销，而是为需要的人们提供一个解决方案。

听起来很简单对吗？再仔细思考一下，网络和社交媒体（公司的和大众的）十分广泛，设想记录任何时间的所有网络对话或者"闲聊"，然后过滤直至剩下有用的信息，是非常困难的。弗雷斯特（Forrester）研究公司的一项研究列举了许多网络媒体，包括消费者论坛、博客、Facebook 和推特。在考虑到公司网站和邮件之前，这些渠道已经成为获取目标消费者反馈的日益增长的来源。

问题在于如何跟踪、加强、解释和回应所有这些对话。理解这些对话很难，尤其是对于非特指某个品牌的问题。我们很容易就能知道一个顾客在抱怨你的软件出问题，但是要想知道这些消费者的普遍需求，从而实现真正的创新是非常困难的。虽然跟踪特定类型的关键字可能会有所帮助，但是理解起来还是很困难，到现在为止还是没能弄清楚。像 Radian 6 这样的公司正在提供合适的方法，帮助一些公司解决这些问题，同时帮助公司应对发现消费者问题过程中遇到的种种困难。

思考题

1. 网络和社交媒体跟踪相比传统方法有哪些优点？
2. 在评估一个给定问题的重要性时，什么情况下一个给定话题的病毒性传播对营销人员会很重要？
3. 关于这种方法，你觉得有什么道德上的问题吗？说明理由。

---

1. 活动和产品分析

活动分析（activity analysis）集中于对某一具体活动的分析，如准备晚餐、修剪草坪或游泳等。调查法或焦点小组访谈法（见附录 A）则试图找出在活动过程中消费者会遇到什么问题。如一家洗发水公司可以使用这种方法开发针对氯化消毒的游泳池带来的头发问题的产品。产品分析（product analysis）与活动分析类似，但研究的是某个特定的产品或品牌的购买与使用。因此，消费者被问到的问题可能与使用山地自行车或笔记本电脑有关。

2. 问题分析

问题分析（problem analysis）与上述几种分析方法不同，它由一系列问题开始，要求被调查者指出哪项活动、产品或品牌会涉及（或会排除）这些问题。例如，涉及包装的一项研究，其问卷中会列出如下问题：

_____的包装难以开启。
_____的包装难以重新密封。
_____的包装难以放进壁橱里。
_____的包装浪费的材料太多。

3. 人体因素研究

人体因素研究试图测试人的诸多能力，如视力、力量、反应时间、灵活性、疲劳程度，以及影响这些能力的因素如亮度、温度、声音等。用于人体因素研究的方法多种多样，其中观察法如慢动作拍摄、延时摄影、录像和录音等对营销者来说尤其有用。人体因素研究主要用于确定消费者没意识到的功能性问题。比如，它可用于设计像割草机、厨房用具、手机键盘和电脑之类的产品，以减轻使用者的负担。

4. 情绪研究

营销人员开始越来越多地对情绪在问题识别和解决过程中的作用展开研究。比较常用的方法是调查法、焦点小组访谈和个人访谈（详见表 10-4），用于调查与某些特定问题相关的情绪。例如，研究人员开始研究消费者如何处理由于产品或服务不当引起的负面情绪。研究发现，某些情绪（例如生气）和某种处理方式（例如对抗）相关。这一类研究对于营销人员非常重要，因为它可以帮助预测顾客面对某些问题时的反应，而且可以帮助培训服务人员采取合理的措施解决问题。[11] 对于微妙或敏感的问题或情绪，也许会有必要采取投射法（projective techniques，见附录A，表A-1）。[12]

14.4.2 回应消费者问题

一旦某个消费者问题被识别，营销人员可能要立即制定营销组合方案来解决该问题。这可能涉及产品开发或改进、变更分销渠道、改变价格策略或广告策略。例如，在图14-7中的产品被定位为一个问题的独特解决方案。

当临近毕业时，你会面对如买保险、申请信用卡等很多在经济独立、生活方式改变初期必然要经历的种种问题。抓住这些市场机会要求企业了解许多处于和你同样人生阶段的消费者面临的问题，以及它们的产品能够帮助解决哪些问题。

周末和夜间营业以及网上购物的快速增长，是零售商对于消费者在工作日的购物时间有限这一问题的回应，解决这一问题对于双职工家庭尤为重要。

营销者回应消费者问题识别的方式很多，上面描述的例子仅仅反映了其中很小的一部分。总之，每个公司都必须了解它能够解决哪些消费者问题，哪些消费者有这类问题以及这些问题发生的情境。

图 14-7

营销人员的关键任务之一是识别消费者问题并将品牌定位于消费者的解决方案。

14.4.3 帮助消费者识别问题

有时营销人员希望引起问题识别，而不只是被动地对其做出反应。本章开头所描述的迪姆伯莱恩公司销售其壁炉引燃产品时就面临这一问题。玩具营销人员正尝试在一年中的其他时候激发问题识别，以改变其销售额过分依赖圣诞节的情况。比如，Fisher-Price公司就在春季和夏季分别推出了以"雨天"和"晴天"为主题的促销活动。图14-2和图14-4展示了激发问题识别的尝试。

1. 一般性问题识别与选择性问题识别

引起问题识别有两种基本方式，即一般性问题识别和选择性问题识别，这两个概念与经济学中的一般性需求与选择性需求的概念相似。

一般性问题识别（generic problem recognition）涉及的差异，可以通过同一类产品中的不同品牌来缩小。当一个公司能够影响消费者的一般性问题识别时，这个问题对消费者往往是潜在的或目前不那么重要，或者处于以下情形之一：

- 产品处于生命周期的前期。
- 该公司占有很高的市场份额。
- 问题识别之后的外部信息搜集相对有限。
- 这是一个全行业共同的成果。

电话销售项目常常试图激发问题识别，部分原因是销售人员能将外部信息搜集限制在一个品牌。牛奶、牛肉和猪肉等食品合作广告经常侧重于一般性问题识别。图14-8就展示了这种类型的一个知名的广告营销活动，注意广告中没有提到任何具体的品牌。

占有很大市场份额的公司往往热衷于一般性问题识别，因为任何销售量的增加都可能来自它们自己的品牌。然而，如果一家小公司为某类产品创造一般性问题识别，其最大的受益者可能是竞争企业而不是自己。但如果激发一般性问题识别的活动不经认真策划，即使占有较大市场份额的公司也可能逐渐失去市场。20世纪90年代初期，Borden大幅度增加了其最著名品牌Creamette面条的营销活动，大力推广面条的烹饪方法。结果显示，与 5.5% 的全行业增长率相比，其销售量仅增长了 1.6%。[13] 显然，其促销活动使竞争对手获益更多。

选择性问题识别（selective problem recognition）涉及的差异只有某个特定的品牌能够解决。图 14-9 中的广告就是在创造选择性问题识别。虽然增加一般性问题识别通常会导致整个市场的扩大，但企业更多的尝试激发选择性问题识别来增加或保持自身的市场份额。

图 14-8

这个广告可以引发任何一个品牌都可以解决的问题识别，这被称为一般性问题识别。

图 14-9

这个广告激发的问题识别是该品牌可以最优化解决的，这被称为选择性问题识别。

2. 激发问题识别的方法

公司如何才能影响问题识别呢？由于问题识别由理想状态与现实状态的差异大小及其重要性决定，因此，公司可以通过改变理想状态或对现实状态的认知来影响二者间差距的大小，也可以影响消费者对现有差距重要性的认知来达成目的。

许多营销活动旨在影响消费者的理想状态。营销者常常通过广告宣传其产品的优越之处，并希望这些优点成为消费者需求的一部分。图 4-10 是 Maui Jim 太阳镜公司的广告，它试图影响消费者的理想状态，通过展现该产品令消费者看起来有多么漂亮。你觉得这个广告可以有效促进消费者购买 Maui Jim 的太阳镜吗？

另一种可能是通过广告影响消费者对现实状态的认识。许多个人护理产品和社会性产品均使用这种方法。"即使你最好的朋友也会对你保密……"或 "Kim 样样出色，但这种咖啡……"都是激发消费者关注现状的例子。这里的理想状态是新鲜的空气和优质的咖啡，设计这些信息是为了引起消费者思考他们的现实状态是否与理想状态吻合。图 14-11 是针对其产品可以改变非理想的现实状态而设计的广告。

也有人对激发问题识别是否合乎道德产生怀疑，对于与社会地位和社会接受程度相关的各种问题而言，这种质疑是有道理的。这类争论常发生在涉及"创造需求"的时候，本书第 10 章曾对此做过讨论。

3. 问题识别的时机

消费者常常在难以做出购买决策或找不到解决方案时产生问题识别，如下面的例子：

- 当被困在大风雪中时我们才知道需要防滑履带。
- 在事故发生之后我们才想到买保险。
- 在春天我们想要郁金香花圃，却忘了在秋天时种下。
- 当我们生病需要感冒药又不想开车去药店时，才想到备点感冒药。

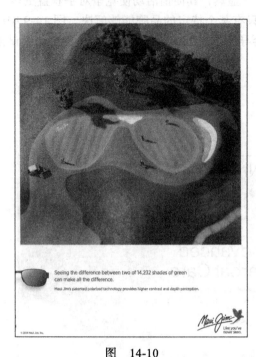

图 14-10

Maui Jim 的这则广告试图影响消费者的理想状态，通过展现该产品令其看起来有多么漂亮。

图 14-11

聚焦在现实状态是激发问题识别并改变行为的一种方式。

有时，营销人员试图在问题出现后帮助消费者去解决，比如一些药店提供送药上门服务。但更常用的策略是在问题发生之前就激发起问题识别。也就是说，如果消费者能够在潜在问题浮现之前就察觉到并解决它们，对消费者自身和营销人员来说都是有益的。

有些公司尤其是保险公司，试图通过大众媒体广告引起问题识别，另外一些公司则更多的依赖购买点的商品陈列和其他店内营销活动激发问题识别（见第 17 章）。制造商和零售商都参与了这方面的活动。比如，在雪季来临之前，一家大五金商店就在店内醒目处放了一个巨大的雪铲，旁边的广告牌上写着：

"还记得去年冬天你需要雪铲的时候吗？做好今年的准备！"

14.4.4 压制问题识别

正如我们知道的，竞争者、消费者组织、政府机构有时会在市场上传播激发某些问题识别的信息，而这些问题识别却往往是某些营销人员希望避免的。美国烟草行业曾花大力气试图弱化消费者对与吸烟有关的健康问题的认知。比如，一则纽波特（Newport）香烟广告画面上是一对快乐大笑的夫妇，标题是"享受人生"。显而易见，它可以理解为试图减少由广告下方的强制性警示"吸烟有害健康"所带来的问题识别。

显然，营销人员往往不希望现有顾客对其品牌所存在的问题产生认知。此时，有效的质量控制与分销（有限的库存短缺情况）就显得格外重要。另外，能使消费者对其购买行为充满信心的包装、说明等也很常见。

小结

1. 阐述消费者介入对决策过程的影响

消费者决策随消费者介入程度的增加而变得复杂。消费者介入程度最低的是名义型决策，问题被识别后，长时记忆提供一个偏好的品牌，该品牌被选择，且产生只有非常有限的购后评价。当一个人由有限型决策向扩展型决策转变时，信息的搜集量随之增加，对备选方案的评估也更加广泛和复杂，购后评价更为全面深入。

2. 解释问题识别以及如何将其融入消费者决策过程之中

问题识别涉及消费者的理想状态（消费者所想要的）和实际状态（消费者意识到已存在的）之间的差距。理想状态与实际状态均受消费者的生活方式和当前情境的影响。如果两种状态间的差距足够大且非常重要，消费者将寻求解决问题的方法。

3. 总结问题识别中的不可控制因素

很多无法由营销人员直接控制的因素会影响问题识别。理想状态通常受到以下因素影响：①文化与亚文化；②社会地位；③参照群体；④家庭特点；⑤财务现状与预期收入；⑥先前决策；⑦个人发展；⑧动机；⑨情绪；⑩情境。实际状态则受以下因素影响：①过去决策；②正常耗费；③产品与品牌表现；④个人发展；⑤情绪；⑥政府与消费者组织；⑦产品可得性；⑧情境。

4. 讨论消费者问题识别在市场营销战略中的作用

在营销人员对由外界因素激发的消费者问题识别做出反应之前，他们必须能识别消费者的问题。建立在活动、产品、问题分析基础上的调查法和焦点小组访谈法是识别消费者问题的常用方法。人体因素研究是从观察角度识别消费者问题，情绪研究则集中于研究产品购买及使用方面的情绪反应与原因。

一旦营销人员认识到目标消费者的问题识别模式，就能通过制订相应的营销组合方案解决被认知的问题。这将涉及产品改进或重新定位、营业时间的变更、价格调整或一系列其他营销策略的调整。

营销人员通常希望影响问题识别，而非被动地对问题做出反应。他们可能希望激发一般性问题识别，消费者关于理想状况与现实状况的差距可通过同类产品的不同品牌来缩小；也可能希望激发选择性问题识别，但这种差距只有某个特定的品牌才能消除。

激发问题识别的活动通常是针对理想状态，然而，使消费者认识到现存状态的消极方面也非常普遍。营销人员还试图在潜在问题发生之前就使消费者认识到该问题，从而影响问题识别的时机。

最后，营销人员还试图弱化现有顾客群对公司品牌的问题识别。

关键术语

主动型问题（active problem）
实际状态（actual state）
理想状态（desired state）
扩展型决策（extended decision making）
一般性问题识别（generic problem recognition）
被动型问题（inactive problem）
有限型决策（limited decision making）
名义型决策（nominal decision making）
问题识别（problem recognition）
产品介入（product involvement）
消费者介入（purchase involvement）
选择性问题识别（selective problem recognition）

复习题

1. 什么是消费者介入？消费者介入与产品介入有何不同？
2. 随着消费者介入程度的增加，消费者购买决策如何改变？
3. 在消费者决策过程中，情绪有何作用？
4. 名义型决策、有限型决策和扩展型决策有何不同？两种不同的名义型决策之间又存在什么差别？
5. 什么是问题识别？
6. 意识到某一问题后，解决这一问题的动机受哪些因素影响？
7. 主动型问题与被动型问题有何差别？这种差别为什么很重要？
8. 生活方式与问题识别有何关系？
9. 影响理想状态的不可控因素主要有哪些？
10. 影响现存状态的不可控因素主要有哪些？
11. 如何衡量问题识别？
12. 营销人员对问题识别的回应方式有哪些？举例说明。
13. 一般性问题识别与选择性问题识别有何区别？公司在什么条件下会试图影响一般性问题识别？为什么？
14. 公司如何激发消费者对问题的认知？试举例说明。
15. 公司如何抑制问题识别？

讨论题

16. 通常有哪些产品与名义型决策相关？哪些与有限型决策相关？哪些与扩展型决策相关？在什么条件下这些产品会与不同类型的决策相关？
17. 你认为哪些产品通常是出于情绪原因而购买或使用的？功能性购买和情绪性购买的决策过程有何不同？
18. 你认为哪些产品通常与品牌忠诚型决策相联系？哪些与重复购买型决策相联系？说明理由。
19. 分别举出一个你运用名义型、有限型和扩展型决策进行购买的例子，是什么原因导致你运用每一种决策类型？
20. 描述你最近的两次购买，是哪些不可控因素引起了问题识别？它们是影响理想状态、实际状态还是两者兼有？
21. 在下列人群中，你如何测量消费者问题？
    a. 大学生 b. 2~4 岁的小孩
    c. 网络购物者 d. 小镇的新居民
    e. 素食主义者 f. 新婚夫妇
22. 对销售以下产品的营销人员来说，如何确定有关的消费者问题？
    a. 女性温泉浴场 b. 网上零售店
    c. 网上健康食品店 d. 公共图书馆
    e. 夏威夷度假村 f. 山地车
23. 讨论哪些类型的产品能够解决大多数消费者在家庭生命周期的不同阶段所面临的普遍性问题。
24. 针对下面的产品，你如何在大学生中激发问题识别？
    a. 救世军的志愿项目 b. 学生娱乐中心
    c. 素食食谱 d. 家具商城
    e. 醉酒时指定的司机代驾 f. 洗衣服务
25. 对于下列产品或服务，你如何影响问题识别的时机？
    a. 更换火灾警报器的电池
    b. 礼品篮
    c. 调整汽车发动机
    d. 空调过滤器
    e. 健康保险
    f. 维生素
26. 回答消费者透视 14-1 中的问题。

实践活动

27. 调查五名学生，确定他们意识到的三个消费者问题。对每一问题了解以下内容：
    a. 问题的相对重要性。
    b. 问题是怎样产生的。
    c. 引起这一消费问题的原因（理想状态或实际状态的变化）。
    d. 针对意识到的消费问题，采取了何种行动。
    e. 为了解决这一问题计划采取什么行动。
28. 跟踪某一品牌的推特账号一周，撰写一份关于推特及其他社交媒体在识别消费者问题方面所扮演的角色。报告中需要说明你是否认为在提供普遍性问题及特定品牌的问题的见解上，某些媒体比其他媒体更有用？
29. 调查三名同学，找出他们最近做的名义型决策、扩展型决策和有限型决策的例子各三个（总共九个决策例子）。每一决策类型与哪些具体因素相联系？
30. 访问三名同学，识别他们采用名义型决策过程购买的五种产品。同时，识别哪些购买属于品牌忠诚型，哪些属于重复购买型？如果有的话，是哪些特征将品牌忠诚型产品与重复购买型产品区别开来？
31. 找出并描述一则试图激发问题识别的广告。分析广告涉及的问题类别以及暗示的行动。
32. 从相关细分市场中选取两位消费者，对你感兴趣的一项活动做活动分析。就你分析得出的营销机会启示写一份报告。
33. 从相关细分市场中选取两位消费者，对你感兴趣的一种产品进行产品分析。就你分析得出的营销机会启示写一份报告。
34. 以五位大学新生为样本做问题分析，就你分析得出的营销机会启示写一份报告。
35. 访问五名吸烟者，弄清他们意识到了哪些与抽烟有关的问题？
36. 访问美国癌症协会的职员，了解一下他们如何在吸烟者中激发问题识别。

第 15 章

信息搜集

学习目标

1. 讨论内部信息搜寻与外部信息搜寻的含义，以及两者在不同决策类型中的作用。
2. 概括消费者信息搜寻的类型。
3. 描述与激活域相关的备选方案类型。
4. 分别论述互联网和移动搜索的功能及可利用的信息资源。
5. 讨论促使消费者进行大量外部信息搜寻的主要收益与成本因素。
6. 总结基于不同信息搜寻模式的营销策略。

由于消费者仍然对电视有着较强的依赖性，电视（特别是电视广告）正成为一些产品和服务有价值的信息来源。然而不同之处在于，利用手机或者平板电脑等第二屏幕（a second screen）看电视正成为一种新的增长趋势[1]。第二屏幕为营销人员扩大了广告范围，并为消费者提供额外的信息搜索途径。以 eBay 的平板电脑应用"Watch with eBay"为例，该应用程序将电视节目与消费者的平板电脑或手机同步，将电视观看和搜索及购物结合在一起，即所谓的沙发商务（couch commerce）。用户输入他们的邮政编码、有线电视服务商、频道和所观看的节目，该应用就会从 eBay 网上成千上万的产品列表中显示相关的产品。也就是说，Watch with eBay 既是搜索工具也是购物工具。SpotSynch 也是一款类似的应用，但是，SpotSynch 为消费者提供包含 eBay 在内的更多零售商的信息和购物选项（以及产品购买能力）。由于名义型决策或者有限型决策加工（参见14章）和通过这些应用程序来搜索及购物的便捷性，通常情况下，从广告播出到搜索购买之间的时间间隔极短。

Shazam 是一个可以帮助消费者通过几小节音乐来识别一首歌曲的音乐识别软件，并且在当下已经十分流行。当一段旋律响起时，将你的手机或者平板电脑放到电视机旁（录音机或者其他广播设备），然后 Shazam 就会将其识别出来。Shazam 不只会为你将歌曲的名称和歌者的形象（某种意义上的自动化信息搜索）等呈现出来，还会带你进入购买音乐的网站进行消费。最近，Shazam 与营销合作伙伴在音乐领域之外，又将电视节目和广告同消费者的第二屏幕体验结合起来。例如，在 2012 "超级碗"期间，使用 Shazam 收看丰田汽车广告的电视观众可以参加比赛赢得佳美汽车。

植入广告的一个转折点是，TBS 喜剧《熟女镇》（*Cougar Town*，2014 年 3 月 18 日）的一个片段由塔吉特百货在 ShopCougarTown.com 上同时联播。在《熟女镇》的在线播放中，塔吉特百货的由设计师奈特·伯克斯（Nate Berkus）设计的篮子和枕头有红色的光标提示，通过滚动光标可以暂停播放节目并查看产品信息（消费者驱动的交互式搜索）和产品的购买链接。

如今的电视购物者对于通过第二屏幕进行信息搜索和购买有着更大的处置权。由于消费者通过手机或者平板电脑看电视的趋势渐盛，为营销人员提供了吸引消费者观看电视节目的机会。而当前主要的挑战在于，大多数的消费者不使用他们的第二屏幕来从事与电视节目相关的活动（反而在电视广告播出的时候选择上网浏览不相关的内容），因为他们认为第二屏幕存在不足之处。前述 SpotSynch 的案例正是讲述怎样改进的一个范例，营销人员必须重视通过第二屏幕来提升消费者的搜索体验和界面体验。

本章阐述了消费者识别问题后，所发生的不同类型决策的信息搜寻过程。在信息搜寻中，我们重点关注：①搜寻的数量和类型；②与激活域有关的决策类型的变化；③信息的资源和渠道，包括互联网和移动设备；④外部信息搜寻的成本和效益因素；⑤基于信息搜寻模式的营销策略。

15.1 信息搜集的性质

某个信息一旦被识别，消费者就会使用长期记忆中的相关信息做出以下判断，例如：①确定是否有现存的令人满意的解决方案；②各种潜在解决方案有什么特点；③如何对各种解决方案进行比较等等，这就是**内部搜寻**（internal search）。如果通过内部搜寻未能找出合适的解决方案，那么搜集过程将集中于与问题解决有关的外部信息，这被称为**外部搜寻**（external search）。外部搜寻中涉及的信息，其来源有独立来源、个人来源、公司来源和产品经验[2]。需要注意的是，即使是扩展型决策，最初的内部信息搜寻一般都会产生一些指导原则（如商品的属性）或者限制条件（如客户的理想价格），用以指导或限制外部信息收集。信息搜寻有利于找到价格低廉或质量上乘的商品。然而，搜寻成本限制了搜寻的数量，即使是为了很重要的决策。信息搜寻使得消费者既要付出脑力劳动，也要付出体力劳动，为此要花费时间、精力和金钱。

第14章中探讨过，信息搜寻的数量取决于消费者的介入程度，这在很大程度上取决于消费者决策过程的类型。当消费者从名义型决策转向扩展型决策，购买介入程度加深和外部信息搜寻的信息量就会增加。名义型决策中，内部信息搜索占据主导地位。如果是针对某个特定问题，消费者回忆起满意的解决方案，他就会直接购买而不再进行进一步的信息搜寻和评价。扩展型决策中，外部信息搜寻占据主导地位。通常情况下，消费者会利用多种信息来源获取众多评判标准来分析和评估多个备选方案。对于有限型决策，外部搜寻在某种程度上起到调节作用，尤其是在消费者发现一些能够解决问题的备选方案后，以此为基础进行搜索和评估，最终做出决策。[3]

问题识别后的搜索有时会受之前的搜索和学习限制。也就是说，在没有问题的情况下也会进行刻意的外部搜索。**即时搜寻**（ongoing search）既可以获取今后会用到的信息，同时搜寻过程本身也充满乐趣。比方说，对某项活动（如网球）有着很高介入度的人，总是倾向于搜集与网球相关产品的信息，尽管他们并非对自己现有的网球用品有任何不满（持久的介入正是意见领袖的特征之一）。此外，消费者还可以在即时搜寻的基础上通过低介入学习（见第9章）而不需要刻意搜寻就获得大量的适用资料。

15.2 搜寻信息的类型

消费者决策通常需要如下的信息：[4]
（1）解决某个问题的适用评价标准。
（2）各种备选方案。
（3）每个评价标准下每个备选方案的性能水平或特性。

如图15-1所示，信息搜集其实就是寻找上述三种类型的信息。

图15-1 消费者决策中的信息搜寻

15.2.1 评价标准

假如有人给你一笔钱买一台笔记本电脑，也许是送给你作为毕业礼物，而你已经好长时间没去电脑市场，你的第一个想法可能是："我希望这台电脑有什么样的特点？"接下来，你会进行内部信息搜寻来确定什么样的特点能满足你的需要，这些希望拥有的特点就是你的评价标准。如果你对电脑了解较少，可能还需要进行外部搜寻，以弄清一台好电脑应具备哪些特性。你会和朋友商量，看《计算机杂志》（*PC Magazine*）上的评论，请教销售人员，浏览电脑网站，去论坛提问或亲自观察比较几种电脑。图15-2展示了一个例子，即公司如何试图将消费者的注意力集中到其擅长、但消费者在选择品牌时想不起来的属性上。我们将在16章对评价标准进行更详细的讨论。

图 15-2

消费者经常搜索关于恰当的评估标准的相关信息。该广告旨在影响所使用的标准并定位品牌。

15.2.2 合适的备选方案

在选择合适的评价标准之后，你也许要寻找合适的备选方案，在这里备选方案指的是品牌或购物点。一般情况下会有五组备选方案。首先是可以解决消费者疑难问题的所有备选方案的集合。在这一集合中有四个类别的决策方案。**意识域**（awareness set）是由消费者知道的品牌组成的。**惰性域**（inert set）是由消费者知道并持中立态度的品牌所组成。当消费者最喜欢的备选方案不可获取，这些品牌就可能被消费者接受。虽然消费者不会积极寻找与之有关的信息，但是对这些品牌消费者也会正面接受有用的信息。**排除域**（inept set）是由消费者知道但是消极看待的品牌所组成。对于这些品牌，即使可以获得有用的信息消费者也不会处理或接受。

激活域（evoke set），或称为**考虑域**（consideration set）是由消费者为解决某一特定问题而将要进行评价选择的品牌[5]。虽然激活域通常由一类产品的不同品牌构成（如麦片或计算机的品牌），但也有例外，因为替代品也可以发挥作用[6]。例如，一家景观美化公司发现，消费者经常把景观美化看作"家庭美化决策"。于是，该公司经常不得不与其他家居装修产品，如室内装潢，或者其他美化服务公司竞争。

此外，激活域或考虑域往往随着使用情况而有不同。例如，煎饼可能只在消费者的考虑域中被设置为周末的早餐，因为在忙碌的工作日早上准备煎饼十分不便。正如13章提到的，公司经常尝试以各种方式扩展其产品的使用情况。在这个例子中，烤面包机预制好的冷冻煎饼就是一种使煎饼进入工作日早餐考虑域的方法[7]。

最后，请注意，如果消费者没有激活域或者对认为自己的激活域不适用，那消费者将有可能参与外部搜索以获得更多选择余地。此外，消费者也可以了解更多可接受的品牌，作为决策过程中的备选。因此，信息搜寻的结果是形成了一个完整的激活域。

图15-3列出了各类备选方案之间的大致关系。这与选择零售店的操作流程相似[8]。

一项研究对许多产品类别的意识域和激活域进行了调查，这项研究的若干成果和战略意义值得关注。

- 意识域通常比激活域的范围大一点，也就是说，消费者所知道的品牌比他们认真考虑的品牌要多一点。并且由于对意识域考虑的不平等性，而被选中的前提又是进入考虑范围，营销人员非常关注（一旦他们形成足够的意识域)将自己的品牌移入消费者激活域中,并且必须传递有说服力的消息和采取其他策略。
- 对于某些类别的激活域,例如,漱口水和牙膏基本上只有一个品牌。这意味着对于产品类别而言,消费者通常采用名义型决策(反复选择同一个品牌)。在本章的后续部分,我们将讨论在这种情况下,不在消费者激活域中的品牌如何使用扰乱策略。
- 可能是因为搜寻的多样性,一些类型的激活域较大,例如,快餐的激活域有五种品牌,但是我们可以假设,消费者是忠实于快餐店的品牌类型,他们会在不同的情况下进行多样化的搜寻或切换。所以,麦当劳可能是汉堡的备选方案,肯德基是鸡肉的备选方案,必胜客是比萨饼的备选方案,塔可钟是墨西哥风味的备选方案,等等。

现在,让我们将图15-3应用到我们的笔记本示例中。你会再一次从内部信息搜寻开始,你也许会对自己说:"联想、康柏、东芝、苹果、戴尔、索尼、富士和惠普都生产笔记本电脑。以我哥哥的经验来看,我不会买东芝。据说联想、苹果和康柏都不错,我得好好比较一下。"因此,你认为是潜在备选方案的八个品牌是你的意识域,图15-4展示了意识域分成三种备选方案的过程。

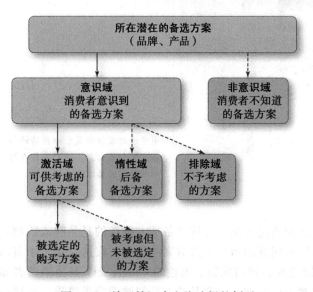

图 15-3 关于笔记本电脑选择的例子

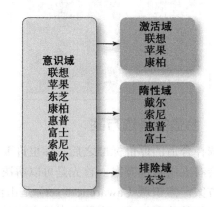

图 15-4 意识域9个品牌的分类

15.2.3 备选方案的特征

为了选定最终购买的品牌,消费者会运用有关的评价标准对激活域中的品牌进行比较,这一过程要求消费者搜集在每一个评价标准下各个品牌的相关信息。比如,在上面购买电脑的例子中,要搜集各备选品牌在价格、内存、微处理器、重量、屏幕清晰度和配套软件等各方面的信息。此外,与情感考虑相关的舒适度、造型和易用性等因素也包含在内。

15.3 信息来源

再次回到我们前面关于笔记本电脑的例子,为了获得相关信息,你可能回忆你所了解的电脑知识,就此与朋友或在论坛进行讨论,查询《消费者报告》(*Consumer Reports*),阅读《计算机杂志》上的文章,与销售人员交谈或者亲自对几台电脑进行分析。这些代表了消费者获取信息的五种主要来源:

- 过去积累、个人经验及低介入度学习形成的记忆。
- 个人来源,如朋友、家庭和其他一些人。
- 独立来源,如杂志、消费者组织、政府机构等。
- 营销来源,如销售人员、网站和广告。
- 经验来源,如检查或试用产品。

图 15-5 展示了信息的来源，以上每一种来源都包括线上、线下和手机的成分。[9] 比如线下的营销来源，有电视广告和宣传册，对应线上的网页横幅广告、企业网站和手机广告。

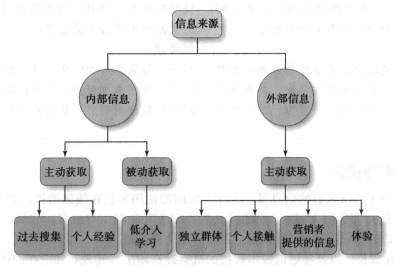

图 15-5　购买决策的信息来源

在大多数情况下（名义型决策和有限性决策），消费者以内部信息作为其主要的信息来源。注意，长期记忆中的信息最初是从外部来源获得的，因此消费者可以只凭或主要凭借记忆中的信息来解决某个消费问题。然而，在某种意义上，你仍是从某种外部来源获取该信息，如直接的产品使用经验、朋友介绍或低介入度学习。

营销信息仅是五种潜在信息来源中的一种，而且人们发现，它在消费者决策中的直接价值十分有限。[10] 然而，营销活动影响着所有的五种信息来源。例如产品特征、产品分销和促销信息提供了市场上可获得的基础信息。独立来源（如《消费者报告》的报道）也是建立在营销活动提供的产品功能信息基础上的，即使个人来源（如朋友）也是如此。营销人员在不断寻找通过非市场渠道获得信息的途径。正如我们在第 7 章中所提到的，利用有影响力的博主对产品抽样信息进行适当的公开，也是通过非营销渠道进行消息传播的一种手段。

另外，虽然消费者可能不将广告或其他营销人员提供的信息立即用于购买决策，但毋庸置疑，这些持续展露的广告信息会影响消费者对产品需求的感知，会影响意识域和激活域的构成及人们使用的评价标准，也会影响消费者所采用的评价标准和关于每一品牌表现水平的信念。[11] 这样看来，广告和营销人员提供的信息，对消费者决策和产品销售的长期影响可能是非常大的。

| 消费者洞察15-1 | 互联网搜索 2.0——个性化搜索体验 |

由于互联网的出现，消费者搜集信息的能力获得了极大的提高。然而，在 Web 2.0 时代，大多数公司会提供高度个性化的信息和搜索体验，而不仅仅只提供产品信息。请考虑以下内容：[12]

- 宝马（BMW）也许是第一家将其网站提升到更高水平的汽车公司。它不仅提供每一款轿车和模型的详细信息，还允许客户建造自己的轿车，客户可以选择汽车内外的颜色、包装和配件等等。连车子的理念、特征以及价格信息也都可以选择，给顾客 360 度逼真的视觉效果。以宝马为代表，宝马公司改变了消费者搜寻和购买汽车的渠道，随之而来的是宝马获得了大量的代理商。官网中还有宝马的视频、宝马品牌社区的链接以及新闻提要等信息。
- 耐克的网站上有许多关于它的鞋子和服装的页面。然而，耐克并没有把网站建成一个仅用于寻找鞋子信息的地方。例如，"耐克+"是一种在线互动工具，拥有特殊的耐克设备接口，用户可以在跑步时通过臂章或 iPod 获取实时反馈、上传数据和跟踪目标、与其他人联结进行比赛。这已成为很时尚的活动，在用过这种工具的跑步者中，有高达 90% 的人说会向朋友推荐这种工具。耐克在网站上创建了跑步者博客、论坛、新闻标签并定制培训计划,这些只是为了跑步这项运动。另外,耐克还为足球、篮球及其他运动都设置了类似的网站。

注意每个网站如何通过向消费者提供超越一般性产品信息的个性化信息。在宝马的案例中,其搜索工具允许每个消费者通过互动模块"设置自己的汽车性能"来搜索适合自己的汽车。在耐克的案例中,其互动工具可以根据个人目标和特征来为每个用户定制要提供的信息。个性化信息搜索对于创造积极且吸引人的信息搜索体验至关重要。

思考题

1. 一般性信息与个性化信息有什么区别?
2. 个性化信息如何产生更大的客户参与度?
3. 网络搜索对销售人员会产生什么样的影响?

15.3.1 互联网上的信息搜集

互联网为消费者提供了前所未有的信息量。全球互联网的使用率仍在快速增长,并且全球有超过20亿人在线。其中亚洲(9.22亿)、欧洲(4.67亿)和北美(2.72亿)互联网用户最多。非洲、亚洲和拉丁美洲等地区的互联网用户占总人口的百分比相对还比较低,其增长潜力则是最大的。而亚洲地区,由于其人口规模(39亿)庞大、中产阶级正在成长,以及接触低成本科技的机会逐渐增多,其现有和潜在的使用人数比其他任何地区的人数都要多。[13] 消费者洞察15-1显示了一些公司使用互联网创造信息搜索体验的各种方式,这种方式是更具吸引力、更容易和更快捷的,并且将搜索环境扩展到虚拟试用和交互式工具等。

将近90%的美国成年人经常使用互联网,而新增互联网用户比率有所下降。早期的互联网用户基本可以概括为受过教育的年轻男性白人。如今,互联网用户的人口特征看起来更像一般人群的特征。人口统计学因素中,有着实际影响的因素有年龄(互联网的使用随着年龄增长而减少)、教育程度和收入(互联网的使用随着教育程度和收入的增加而增加)。[14] 不难发现在上述人口统计信息中,不使用互联网的10种影响因素中的6个都与年龄、收入和教育有关(直接或者间接)。这些因素依据重要程度分别为:①没有电脑;②花费太昂贵;③学习比较吃力;④不会使用电脑;⑤年龄太大以至于不想学习;⑥不知道如何学习。[15]

网络是主要且很受消费者偏爱的产品信息来源。[16] 看看下面的例子:[17]

- 希望提供网上信息。绝大部分的网络用户希望在公司网站上找到其感兴趣的产品或品牌的信息。
- 网上信息促进线下销售。如果网站提供产品的有关信息,互联网用户更有可能在线下购买该公司的产品。
- 网上信息被认为有价值。对于许多产品,社区和第三方网站的影响程度已经超越了传统的电视和印刷广告。
- 网上信息弱化了销售人员的角色。互联网用户往往不需要那么多的销售助理的帮助。

毫不意外,线上第二重要的活动是使用搜索引擎查找信息。排名前20的互联网活动中有7个活动与信息查找和购买有关,如表15-1所示:[18]

表 15-1

利用搜索引擎查找信息	87%	购买产品	66%
寻找与健康有关的信息	83%	购买或进行旅游预订	66%
寻找关于某项爱好或兴趣的信息	83%	在线将广告和网站进行分类	53%
在购买之前研究某件产品和服务	78%		

资料来源:Pew Internet & American Life Project, www.pewinternet.org.

值得一提的是,传统媒体也可以有效地引导消费者到公司网站搜索信息,如图15-6所示。

对于消费者来说,诸如谷歌、雅虎和MSN等搜索引擎是重要的信息搜寻工具。大部分互联网用户会在购买前进行网上搜寻。实际上,搜索引擎是位列第一的网上购物工具,其他网上购物工具依次是优惠券、零售商邮件、网上评论和比价购物网站。就像我们所看到的,所列出的工具都是某种信息的来源,并且在信息搜索和

获取中发挥着作用。网上信息搜寻不容小觑的原因是：[19]

- 94% 的在线购买者，在购买前都进行了网上信息搜寻。
- 74% 的线下购买者，在购买前很有可能进行了网上信息搜寻。
- 进行消费前搜索并接收到网络广告的消费者会增加 41% 的消费额。

理解消费者使用的搜索词条的类型对营销人员来说至关重要，这将有助于营销人员掌握客户需求并定制相应的搜寻营销策略。一项研究将搜索词条分为零售商品牌、一般产品类别和品牌加产品类别。如图 15-7 所示，很多引导购买的搜索是通用的，也就是说本研究中跟踪考察的一般产品类别不涉及零售商。也许你已经猜到了，在搜索的早期（3～12 周）主要是泛泛的信息搜寻，在购买之前品牌搜寻才会占据主导地位。[20] 这样的研究结果对网上营销人员来说有什么样的战略意义呢？

消费者对经济层面的考虑成了网上信息搜寻的主要动力。[21] 例如，使用互联网的汽车购买者能够更快地做出购买决策，而且可以以较低价格购买汽车——平均只要 741 美元。[22] 越来越受欢迎的优惠券网站，帮助消费者轻松获得更值当的交易。然而，信息超载（见第 8 章）可能成为网络发展面临的一个主要障碍。尽管一般的搜索引擎仍然有用，但有越来越多不断发展的专业化的服务和工具帮助消费者进行信息搜寻和购买决策。比较型购物网站在这些服务中十分受欢迎，此类网站通常侧重于价格，但是可以根据消费者预先设定的更广泛的标准来帮助其筛选品牌（如图 15-8 所示）。这些服务都使用 bots（购物机器人），或叫"robots"的软件，它可以帮助消费者进行购买决策和信息搜集，所以经常被称为购物 bots（shopping bots）。[23] 这样的例子很多，比如 BizRate.com、mySimon.com 和 NexTag.com。

图 15-6

互联网是重要的信息来源，也是购买产品和服务的地方。营销人员经常使用传统的大众媒体广告来吸引消费者访问他们的网站。

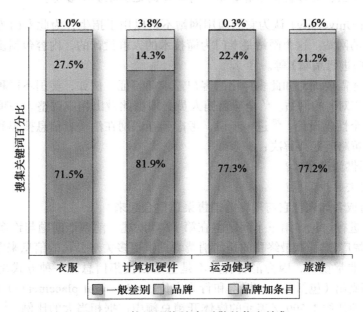

图 15-7 使用网络搜索引擎的信息搜集

资料来源："The Nature of Search Using Online Search Engines," Search before the Purchase (New York: DoubleClick, February 2005), p. 2. Copyright: DoubleClick, Inc., 2005.

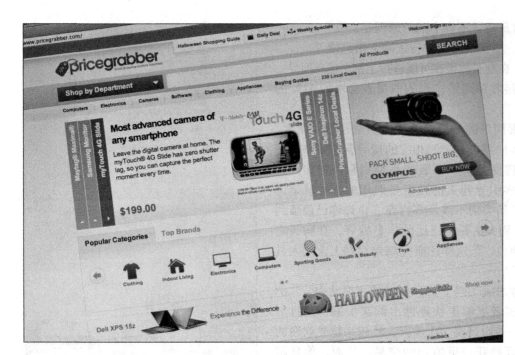

图 15-8

网上购物越来越流行，但消费者需在网上处理海量信息。

除了来自营销人员的信息之外，网络上还包括许多个人信息源，诸如公告栏、聊天室以及一些具有购物服务功能的品牌评论。[24] 一项研究发现，消费者进行网上搜索性能信息时会大量使用（72%）评论。[25] 如第7章所述，口碑信息和个人信息因为消费者信任而变得越来越有影响力。

互联网上的信息搜集与营销策略

随着在线人口在普通人群中越来越具代表性，市场细分和针对目标市场的市场营销对于网络业务越来越重要。看下面的例子：

> 高等教育营销的不同之处在于受众的复杂性。一所学校对外公开的网站必须取悦校友、捐赠人、现在的学生、未来的学生、父母甚至还有媒体。有时做到这些还真不容易。

傅尔曼大学（Furman University）认为它的通用网站不足以用于招生，为此专门为那些对其感兴趣的高中学生单独创建了一个特殊的网站。这个网站是专门为懂技术的人群设计的，内容包括虚拟校园游、信息栏和在线学生杂志（没有管理部门进行编辑）等。[26]

显然，并非只有大学才需要面对如此多样化的客户需求和特征。例如，美国不同种族的消费者喜欢并且优先选择自己种族（与主流相对）的网站。[27] 全球营销人员必须据此做出相应调整。一项最近的研究发现，日本网站比美国网站更少使用个性化设计。[28] 进一步说，考虑到互联网在消费者信息搜集和购买决策中的作用，营销人员至少有三个主要的策略问题要解决：

- 怎样才能把信息提供给消费者？
- 怎样才能让消费者去寻找信息？
- 怎样利用网络销售或者如何把它与现存的销售渠道整合起来？

前两个问题将在本章进行讨论，第三个问题将在第17章阐述。前两个问题与许多企业将信息提供给消费者的策略密切相关（如横幅广告），其最终目的是向消费者提供更多关于公司的信息来源（如企业网站）。

把信息提供给消费者非常重要，因为消费者并不是主动去搜集信息。一种方式是通过网络广告，包括网页横幅广告。互联网营销支出（包括展示、搜索和行为定位（behavioral placement））增长迅速，到2014年达到550亿美元左右，这在预计约1 500亿美元的媒体开销总额中占据相当大的比例。[29] 宽带可以让用户更多的使用流媒体，正在改变网络广告的性质。例如，为了应对很多新车购买者在接洽经销商之前会浏览网站这一情况，本田公司把奥德赛小型货车的全国电视广告放在了很多网站上。消费者可以观看视频，也可以点击查看更多的信息。这种方式突破了传统横幅广告的限制，把品牌和信息同时带到消费者面前。[30]

电子邮件也是一种推动信息流向消费者的重要工具。许多消费者把电子邮件看作普通邮件的替代品，但是消费者不会查看垃圾邮件（未经请求的电子邮件）。因此，许可邮件（permission-based e-mail，PBE）也就是消费者选择接受的邮件，是营销人员知名与否的标准。即使是许可邮件，营销人员仍然需要小心——太多无关的邮件依然会被看作垃圾邮件。[31]

正如我们之前所看到的，可以通过像Facebook和推特等社交媒体以多种方式向消费者推送公司的信息。Facebook允许向其会员推送广告。推特则有一个称为"promoted tweets"的广告选项，当有优惠券出现时，这个消息就会出现在搜索结果中（见第7章）。[32]

让消费者获得信息，在网络信息爆炸的情况下是一项既棘手又重要的任务。许多企业建立网站，希望消费者经常浏览。[33]当然也可以采取其他各种策略，线下媒体就是吸引消费者注意力的一个途径。事实上，鉴于很多年轻消费者在看电视的同时也在浏览网站（见开篇引言），研究显示，谷歌等搜索引擎上关于传统电视广告的实时搜索量呈上升趋势。也就是说，当消费者看到一个感兴趣的电视广告时，他们就会使用谷歌来搜索更多信息。这种传统广告的线上搜索，是消费者获取公司信息和促进其进入决策过程下一阶段的重要步骤。[34]

横幅广告（banner ad）是另一种增加网站浏览量的办法，虽然点击率（点击登录企业网站的比率）通常较低，但营销人员衡量的是点击率以外的影响，包括品牌知名度、品牌态度和购买意愿。原因在于，提升品牌知名度和态度对促进网站访问和购买有着长远的影响。

作为在线广告的展示结果而不是在线广告展示时所发生的网站访问称为浏览量（view-through）。据统计，一半或超过一半与广告相关的访问通常是浏览而不是直接点击。由于在线广告的互动性日益增强，也可以采用其他测量方法，宝马Mini Cooper车型采用一种互动型横幅广告，可以让浏览者看到各种汽车的简介。对此有效的测量方法是互动率（interaction rate，以某种形式与广告互动（如浏览产品信息）的百分比）和浏览广告的时间。[35]

你也许会认为，恰当的或有针对性的广告投放场所对于增加包括点击率在内的在线广告的业绩而言，是非常重要的。例如，杜比（Dolby）设置与雷雨天气和户外有关的互动横幅广告很成功，这个广告在国家地理网站上播放时产生了更好的效果（点击率高达60%），因为这些内容与该网站浏览者所关心的主题十分契合。[36]

社交网站也在这样做。诸如MySpace等网站正在针对其会员的兴趣和特征开展相应的广告活动。通过采取针对性接触的方法，其广告业绩增长了约300%。[37]Facebook也具有类似的广告定位功能，并且可以通过会员的"粉丝"状态来定位，而广告只会传递给"喜欢"某个品牌的Facebook会员。[38]鉴于相关性是注意力、兴趣和参与度的关键驱动因素，且通过处理和点击率来衡量（见第8章），因此这种个性化的定位是十分有效的。李维斯正在中国社交媒体上使用互动式视频来发掘都市青年的自我表现需求。互动式视频允许用户通过不同的目的地和情节来定制体验，旨在"驱动用户"去关注李维斯产品的信息和图片。[39]

行为定向是以实际行为而非语言为基础的另一种定向方法。具体而言，**行为定向**（behavioral targeting）指的是追踪消费者在网络中的点击模式，并且据此决定横幅广告的投放地。[40]百事可乐通过行为定向来向对健康生活方式感兴趣的消费者推荐Aquafina，在线行为跟踪帮助其确定哪些消费者是追求"健康生活方式"的消费者，然后将Aquafina的广告推送给超过4 000个网站上的同类消费者。结果是与之前的非定向式广告相比，Aquafina系列广告的点击率提高了300%。同样，就目标受众而言，对信息相关性的感知是行为定向成功的关键。[41]公众对于隐私和透明度的担忧正在推动着行业自律，这可能或者已经包括了"无追踪列表"和隐私浏览功能。

正如我们前面看到的，网上消费者大量使用搜索引擎。毫无疑问，在与搜索相关的营销工作上的花费（包括讨论过的广告和搜索优化活动）是整个网络营销支出最多的部分，占据着网络营销支出份额的60%。[42]既然搜索结果是被排序的，而且通常消费者并不会注意超出列表的第一页的内容，关键词的选择和其他一些优化搜索引擎的技术，是公司位于相关搜索列表前部的关键。**搜索引擎优化**（search engine optimization，SEO）技术，是为了使公司的网页"能够被搜索引擎搜索到并且提高被看到的概率"。[43]

搜索引擎优化策略对互联网搜索的成功至关重要。据统计，根据行业和公司的不同，谷歌搜索的前5名的位置每年价值5 000万到1亿美元。近期一项报告指出，搜索通用关键字"家庭维修"并没有看到家得宝公司在前 10 位的名单中。相反，该品牌在 Lowe's、This Old House 和 BobVila.com 等品牌的后面，排在第 16 位上（位于第 2 页中）。据专家称，该问题可能是由于家得宝没有在 URL 中放置类别定义的关键词（如"家庭维修"）所致。[44] 这符合我们早前关于消费者互联网搜索过程中通用术语的关键性质的讨论。SEO 涉及所谓的"有机的"或自然搜索结果，付费或"赞助"列表也可通过谷歌的 Adword 计划等方式提供，公司为特定搜索词支付赞助费。

网站设计也很重要，我们将在第 17 章更详细地讨论这个问题。很明显，如果想增加网站的持续和重复访问，就要提供消费者关心的内容，并不断更新。方法包括发布与产品相关的新闻、与用户相关的论坛、新产品以及产品特性的不断更新等。企业越来越多地依靠简易聚合（really simple syndication，RSS）获取各种信息，保证网站与时俱进。营销人员可以提供电子邮件更新，以引起消费者对企业网站的访问。[45]

15.3.2 移动搜索

移动搜索和移动营销将成为各公司下一个主要增长点。约有 84% 的美国成年人都拥有一部手机（手机虽小但功能全面，有些用户还有一个像 iPad 这样的平板电脑，平板电脑也是移动设备）。[46] 并不稀奇，美国移动广告支出（包括显示、搜索和发送信息）估计有 15 亿～30 亿美元。[47] 而这只是近 1 500 亿美元的全美总广告支出的一小部分，而移动搜索预计将持续增长，特别是智能手机的功能不断完善，方便的操作使得用户把手机当作搜索信息、做决定和购物的工具。益百利最近的一项研究将手机用户分为五类：[48]

- Mobirati（19%）——比较年轻，手机伴随着成长，生活中以手机为中心。这部分人对用手机购物的兴趣更高，在回报有价值的前提下愿意接受广告，采用这些信息来决定社会活动，如去哪里吃饭。
- 移动专业人士（17%）——较年轻和较年长的人都有，在工作和个人生活中使用电话。认为手机功能至关重要，手机是信息沟通工具。这部分人希望手机除了打电话还有其他功能，他们需要通过手机获取各方面的信息。
- 社会联系者（22%）——比较年轻，认为沟通很重要，移动设备帮助他们增强社会联系。这部分人认为短信沟通就像"真实"的谈话，手机联结了他们与社会世界。
- 务实采纳者（22%）——比较年长，手机是后来出现在他们的生活中的。这部分人除了学习用手机打电话以外，还必须学习手机的其他功能。这些人也很重要，因为他们属于高收入群体。
- 基本规划者（20%）——比较年长，不接触手机或高科技。会使用手机的基本功能。这部分人只有在紧急情况下使用手机，也仅限于使用手机的基本功能。

显然，关系到信息搜索和产品购买时，这些分类及各类群体的特点对营销人员非常重要。其中 Mobirati 和移动专业人士是移动搜索的核心用户，他们使用手机进行搜索和购物，并且在一定程度上接受"推动式"移动营销广告。务实采纳者是值得考虑的，因为除了基本通话外，他们愿意接受、学习新的功能，此外，还由于他们是高收入群体。

本地移动搜索对营销人员来说也是非常重要的。**本地移动搜索**（local mobile search）是指消费者利用移动设备搜索当前（或未来计划）的地理位置的信息。谷歌就提供了这种本地移动搜索，此外营销工作也正朝着本地移动搜索的方向努力。在手机谷歌中输入关键词"意大利餐厅"，你获得的搜索结果将侧重于"本地"的信息。这是由于谷歌通过你的手机定位，然后向你发送周边意大利餐馆的信息，同时还提供了到达每个意大利餐馆的地图以及餐馆的电话号码等等。当然，你也可以选择备选位置，比如当你计划去度假的时候，想提前搜索附近的餐馆信息。此外，谷歌也可以通过以地理位置为基础的 AdWords 目标定位程序提供与你搜索内容相关的移动广告。[49]

某些消费者更愿意使用手机进行本地移动搜索。Pew 研究中心的研究发现，排在前八的本地搜索类别中的两个分别是：①搜索当地餐馆和企业；②寻找当地的优惠券和折扣。显然，提供本地信息的 App 是企业的一个关键营销战略点，这点我们之后会谈到。大约 74% 的美国成年人通过移动设备（包括本地移动 App）来访问本地信息。与互联网的使用一样，本地移动搜索和应用程序用户的人口统计学特征是年龄、教育和收入（当地移动搜索/应用程序的使用量随年龄的增长而下降，随教育和收入的增加而增加）。[50]

15.3.3 移动搜索与营销策略

移动设备的浏览器和应用程序似乎是本地移动搜索策略的关键部分。如图15-9，值得注意的是，本地移动搜索如何改变消费者寻找购买点和品牌及信息搜寻的方式。消费者在逛商场时主要从商场"内部"获取有效的信息搜寻；购买点"外部"信息的获取则在店内搜索之前或之后搜索。然而对于许多移动用户来说这种情况不会发生，他们可以在逛商场的同时搜索商场"外部"的信息。这使得零售商和店内销售人员对消费者购物体验的控制减少，让消费者有更多的自主掌控权。所以，零售商必须掌握这种新兴的搜索模式，并设计或参与到这些应用程序和项目中，进而产生与消费者之间的共鸣。沃尔玛刚开始不愿意在比价软件上分享价格，最后也让步了。

现在已经有了许多有效的搜索和购物应用程序。RetrevoQ利用这些应用程序向消费者提供本地移动搜索：

> RetrevoQ使用短信和推特发布信息，购物者可以将自己正在考虑的电子产品型号通过发送41411到RetrevoQ或者在推特上@retrevoq，RetrevoQ将给出意见，它是否值得购买、价格是否公道和该产品的在线价格范围，并在网站上给出评价链接——电子产品购买和评论的网站。

这类应用之所以变得越来越受消费者欢迎，主要是因为实用、操作便捷以及可能带来的搜索成果。当你在商店时，可以通过Shopsavvy手机搜索价格信息，这样就不必跑遍每家商店来寻找最低价了。[51] 图15-9列举了消费者可能需要的各种本地移动应用程序。

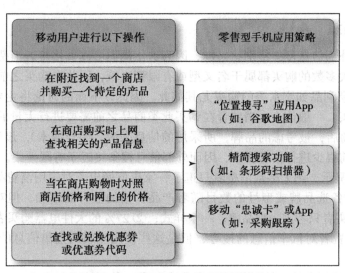

图15-9 移动位置搜寻和营销战略

消费者洞察15-2探讨了在移动营销领域的其他战略考虑因素。

|消费者洞察15-2|　　移动营销中的推动式策略和拉动式策略

移动营销活动与网络营销有诸多相似之处，即为消费者提供信息（推动式策略，push strategy），以及驱动消费者获取信息（拉动式策略，pull strategy）。[55]

移动营销的推动式策略，即通过移动设备为消费者提供有关信息，涉及多种策略。随着越来越多的消费者使用移动互联网，一种策略将继续增长，那就是在移动网页上投放广告。与电脑网络广告类似的是，移动网络广告可以专门定制最相关的移动广告内容。另一个策略是基于权限或选择的短信促销。媒体咨询公司SmartReply指出，最有效的短信项目包括：

- 建立一个可供选择的数据库，利用传统营销和邮件营销，要求消费者在一个特定的网站上进行登录或注册，可以达成目的。
- 制定短信广告，内容包括：①联系该消费者的原因；②鼓励消费者行动，如输入代码可得到折扣；③"退订"选择权。
- 展开促销活动——将促销短信发给选定的消费者。

赞助 NBA 全明星大赛时，阿迪达斯公司曾采用这种方法。它把赛事信息、商店活动、运动员海报和新鞋款式发布等整合到营销活动中。参加该活动的消费者通过发送 "originals"，在比赛期间内都可以拿到赠品。

移动营销的拉动式策略，即鼓励消费者通过移动设备获取相关信息，也涉及多种策略。其一是利用传统媒介建立起某移动网站或促销活动的知名度。美国电话电报公司（AT&T）在美国大学校园开展发送手机短信免费观看大卫马修乐队表演的竞赛活动，哪个学校发送"邀请"短信的人数最多，大卫·马修斯乐团（Dave Matthews Band）就在哪个学校演出。为了让广大学生了解并吸引他们进入其移动社区，AT&T 在各大学校园张贴广告，告诉学生们"发送 DMB 到 959"或"登录 ATTBLUEROOM.COM 网站"就可以进去。正如我们看到的，手机搜索是另一个重要的方式。手机网络用户的增长速度非常快，谷歌和雅虎等提供的功能和定位服务，使得营销人员不仅能够为传统的网站和移动产品吸引流量，也可以为当地的餐馆和零售商提供客源。

思考题
1. 与家庭电脑相比，手机更不容易监控，那么对孩子进行移动营销会产生什么道德和法律问题？
2. 除了以上所讨论的方法，还有什么新兴的移动营销策略出现？它们有效吗？请解释。
3. 营销人员在通过移动电话、网络和传统媒介开展促销活动时，会面临什么挑战？

15.4 外部信息搜集量

营销经理对消费者的外部信息搜集特别感兴趣，因为这使他们可以直接接近消费者。消费者到底进行了多少外部信息搜集呢？由于大多数的购买都属于名义型或有限型决策，因此在购买之前只涉及很少或几乎不涉及外部信息搜集。对于低价便利品如汽水等的购买尤其如此。因此，下面的讨论将主要集中于大件商品如电器、专业性服务、汽车等的购买。一般认为，消费者在购买此类商品之前需要进行大量的外部信息搜集。然而，通过不同的衡量方法（被访商店，被考虑的品牌，所采用的信息来源，综合搜索），最后会出现同样的观察结果：由于大多数消费者在购买前很少进行信息搜索，因而外部信息搜集接近于有限搜集。考虑以下结果：

- 对购物行为的调查显示，绝大多数消费者只逛了一家店就做出了对耐用消费品的购买决策。[52]
- 虽然消费者考虑的备选品牌或型号的数目随着产品价格的上升而增加，但对有些产品来说并非如此：①近半数的手表购买者只考虑一种品牌，一个样式；② 27% 的大件电器购买者只考虑一个品牌；[53] ③尽管互联网提高了消费者对汽车信息的搜寻，但是这些使用互联网搜集信息的消费者最多只考虑三个款式的汽车。[54]
- 研究依据总体的外部信息搜寻情况将消费者分成三类：①不搜寻信息者——很少或不搜寻；②有限信息搜寻者——低水平到中等水平的搜寻；③大量信息搜寻者——高水平搜寻。历时 50 年（1955~2003 年），涵盖多个产品和服务（电器、汽车、专业性服务），分别在两个国家（美国和澳大利亚）进行的八项独立研究的结果，与进行外部信息搜索的研究结果表现出显著的一致性。也就是说，进行大量外部信息搜寻的人数仅占购买总人数的 7%~20%。[56]

接下来的章节将解释为什么即使是高介入度的产品和服务，消费者在购买之前也只进行很少的外部信息搜集。

15.5 外部信息搜集的收益与成本

买家似乎总在权衡信息搜集的收益和成本。搜索的收益包括低价格、高质量和更高的购买舒适度等方面。搜索的成本则包括时间、金钱、搜索时遇到的困扰、机会成本增加、有比搜索更有乐趣的活动等等。当其他方面相同时，更多的感知到收益将会导致搜索的增加，更多的感知到成本则会导致搜索的减少。当买家认为下一个品牌（商店或者信息）花费的成本高于收益时，他们会停止搜索。在收益方面，如上文所述，由于持续的搜索和附带的学习，对于很多消费者而言，积累的知识量可能是巨大的，因此降低了在购买之前进行搜索的收益。在成本方面，当互联网可以大大降低搜索成本，提高搜索量，有助于消费者更好地制定购买决策和享受更愉快的购物体验。[57]

在本节我们将讨论影响线上和线下搜寻的预期收益与感知成本的四类基本因素：市场特征、产品特征、消费者特征和情境特征（如表15-2所示）。[58]

15.5.1 市场特征

市场特征（或更准确地说，消费者对它们的看法）包括备选方案的数目、价格范围、购物点分布和信息易获得性。[59] 显然，解决某一问题的备选方案（产品、购物点、品牌）越多，消费者越可能进行更多的外部信息搜集。极端情况是，在完全垄断状态下（如公共事业和办理驾照），人们根本无须搜集外部信息。然而，如果品牌太多或者有是太多无法进行比较的型号时，信息超载可能导致消费者购物减少，阻碍消费者搜索并导致仅在一家商店内进行搜索。因此一些营销人员战略性地推出大量型号，以便使核心用户拥有独特的式样，同时避免在完全一样的型号上与竞争者进行直接的价格竞争。[60] 这种做法将引发什么样的伦理问题呢？

消费者对同一产品领域不同品牌价格变动幅度的感知，是影响外部信息搜集的又一个重要因素。例如在图森（Tucson）的36家零售店中比较5个流行品牌的玩具，花费的最低总成本为51.27美元，最高总成本为105.95美元。很明显，在该玩具市场，有效购物将获得相当大的经济收益。像价格匹配这样的定价策略会影响消费者的价格感知，一项最近的研究发现，消费者把这样的定价意味着低价，从而当搜寻成本较高时减少信息搜集。[61] 购物中节省的费用比例可能同节省的钱数一样重要。如果消费者感到购买200美元的商品有机会节约50美元支出，就有足够动力去进行更多的外部信息搜寻。同样节约50美元，如果是在购买5 000美元商品的情境下发生，可能就没有这种搜寻动力。[62] 这涉及第8章所讨论的知觉的相对性。

商店分布，包括店铺数目、位置、店铺间距，也会影响消费者最终购买前访问商店的数量。由于访问商店要花时间、精力，很多情况下还伴随金钱支出，更近的店铺间距会增加外部信息搜集。[63]

一般来说，信息的可得性直接与信息使用相关。[64] 然而，太多的信息会引起信息超载，减少信息的使用。此外，随着时间的推移，随处可得的信息还会引发学习，减少在购买前进一步搜寻外部信息的需要。[65]

15.5.2 产品特征

产品的差异性（不同品牌之间属性和质量的差异）将会导致外部信息搜寻活动的增加。

此外，消费者似乎更喜欢寻找那些积极的产品，即那些能够带来正强化的产品（如购买鲜花、运动器材

表 15-2 影响购买前外部信息搜集的因素

影响因素	该因素的增加引起的
Ⅰ.市场特征	
A. 备选方案的数目	增加
B. 价格范围	增加
C. 商店集中程度	增加
D. 信息可获得性	增加
1. 广告	
2. 购买点	
3. 网站	
4. 销售人员	
5. 包装	
6. 有经验的客户	
7. 信息的独立来源	
Ⅱ.产品特征	
A. 价格	增加
B. 差异程度	增加
C. 正强化产品	增加
Ⅲ.消费者特征	
A. 学习与经验	下降
B. 购买导向	兼有
C. 社会地位	增加
D. 年龄和家庭生命周期	兼有
E. 产品介入程度	兼有
F. 风险感知	增加
Ⅳ.情境特征	
A. 时间可获得性	增加
B. 为自用而购买	下降
C. 令人愉悦的环境	增加
D. 社会环境	兼有
E. 体能与精力	增加

等)。相反,购买消极产品(其主要利益是负强化和消除某种外在不快)就不那么愉快(如逛杂货店、汽车修理)。在其他条件相同的情况下,消费者更可能从事有关积极性产品的外部信息搜寻。[66]

15.5.3 消费者特征

很多消费者特征会影响其对预期利益、搜寻成本以及需要进行某一特定水平的外部信息搜寻的感知。[67] 如前文所述,消费者对问题或机会的第一反应是从记忆里搜寻一个合适的解决方案。如果他认为找到了一个满意的解决方案,就不会进行外部信息搜集,所以说对现有解决方案的信心是信息搜集的一个重要决定因素。[68] 然而,消费者的过度自信往往会导致低水平的信息搜寻和低质量的决策。同时,它还会使企业在重新对其品牌进行定位时更加困难,因为消费者错误地认为自己"了解"这个品牌。[69]

如果对一个特定品牌有满意的体验,则会产生正强化过程。它会增加重复购买该品牌的概率,而减少外部搜寻的可能性。[70] 然而,对某一产品类别至少要有粗略的了解以便进行外部搜寻。例如,对于那些对汽车很了解的消费者而言,购买一辆新车之前进行外部搜寻的可能性很大,而对于那些对现有品牌十分了解的消费者而言,购买新车之前进行外部搜寻的可能性则会较低。[71] 因此,当消费者面对一个完全不熟悉的产品类别时,可能会缺乏足够的一般信息用于开展外部搜寻。

消费者倾向于形成外部搜寻的通用方法或模式。这些通用方法可称为购物导向。[72] 例如,一些人会倾向于进行广泛持续的信息搜寻,因为他们是如第7章所述的市场专家。这种持续搜寻及其产生的知识积累,可以减少他们在购买之前进行外部搜寻的需要。其他的购物导向会有不同的效果。

外部搜索倾向于随着社会地位(教育水平、职业和薪水)的不同而增加,尽管中产阶级进行外部搜寻的次数较富人或穷人而言更多。消费者的年龄会对信息搜寻产生逆向作用。外部搜寻似乎会随着消费者年龄的增长而减少。可能是由于随着年龄的增长,对于产品的熟悉程度会相应增长。新家庭和进入新的家庭生活周期的个人相比稳定的家庭而言,对外部信息有更迫切的需要。

对于某种产品类别具有高介入度的消费者通常会在持续搜寻的基础上寻找该产品的相关信息。[73] 这种持续搜寻及其产生的知识积累,可以减少他们在购买之前进行外部搜寻的需要,虽然寻求多样化会弱化这种影响。[74]

与不满意的产品表现相联系的风险感知,无论是功能性的还是象征性的,均会增加购买前的信息搜寻。[75] 更高的风险感知可能导致更高的信息搜集水平,并更依赖个人信息来源与个人经验。风险感知可以是情境性的,例如,当为晚宴聚会准备葡萄酒时,风险感知就比为个人在家准备葡萄酒要高一些。当消费者对于产品类别几乎没有先前购买经验时,风险感知也是较高的。因为在这种情况下,信息搜寻有助于降低风险感知。[76] 我们将在第17章中进一步讨论风险感知。

15.5.4 情境特征

诚如第13章指出的,情境因素对搜寻行为具有重要影响。例如,面对拥挤的商店,消费者的第一反应是尽量减少外部信息搜集。对于搜寻行为而言,时间维度也许是最重要的情境变量。解决某一特定消费问题的可用时间越少,外部信息搜集水平就会越低。[77]

礼物购买情境下(任务定义),由于风险感知增加,外部信息搜集也随之增加。同样,同时购买多种产品的购买任务,像购买一辆自行车和车上的行李架或者准备食材都会提高信息搜集水平。[78] 体力和情绪不佳(先前状态)的购物者,将较其他购物者更少搜寻外部信息。令人愉快的购物环境有助于增加信息搜集,至少在那个店里是这样;社会环境既可以增加也可以降低信息搜集水平,这取决于社会环境的性质(见第13章中更详细的论述)。

15.6 基于信息搜集模式的营销策略

有效的营销策略要考虑目标客户在购买前所进行的信息搜集的性质。搜索的两个维度特别适合用于参考:决策的类型影响搜索的水平;激活域的性质影响搜索的方向。表15-3描述了一个以上述两个层面为基础的策略矩阵。该矩阵给出了六种营销策略,下面将分别予以讨论。虽然这些策略彼此有重叠,但每一策略均有独特

表 15-3　基于信息搜集模式的市场营销策略

品牌定位	目标市场决策机制		
	名义型决策（无信息搜索）	有限型决策（有限信息搜集）	扩大型决策（广泛信息搜集）
激活域中的品牌	保持策略	捕获策略	偏好策略
不在激活域中的品牌	瓦解策略	拦截策略	接受策略

15.6.1　保持策略

如果消费者习惯性购买某品牌，企业的策略是保持这种行为。保持策略要求企业保持产品质量的一致，避免缺货，同时加强广告宣传。另外，企业还要谨防竞争者的瓦解战术。总之，企业要不断开发和改进产品，以对抗竞争者通过像派送奖券、打折、商品展销等短期竞争策略。

Morton 食盐和 Del Monte 罐装蔬菜，成功地保有一大批重复购买的消费者，百威、万宝路、佳洁士则有很多忠诚的消费者。这些品牌近年来均成功地抵御了主要竞争者的强劲攻击，保住甚至增强了市场地位。反之，Loggett & Myers 烟草公司由于没能保持广告宣传力度，损失了 80% 的市场份额。[79] 而由于品质控制上的问题，致使 Schlitz 失去了大部分市场份额。

图 15-10 中的诱惑性广告展示了怎样使用保持策略对抗竞争者的挑战。注意广告强调的是产品的改进。

15.6.2　瓦解策略

如果品牌没有进入消费者的激活域，而且目标消费者采用的是名义型决策，则企业的主要任务是瓦解现有的决策模式。由于消费者并不搜寻外部信息，甚至在购买前不考虑各种备选品牌，因此完成这一任务相当困难。随着时间的推移，低介入度学习可以为品牌营造积极的产品定位，但仅仅如此还不足以改变消费者的行为。

从长期来看，产品的重大改进，伴随着引人注目的广告，可以引导消费者进入更广泛的信息搜集型决策。在短期内，旨在打破习惯性决策的具有吸引力的广告可能获得成功，这种广告主要在线上媒体和社交媒体投放，伴随着一个强大但简单的利益基础。免费样品、优惠券、折扣和搭配销售是瓦解名义型决策的最常用的方法。因此，进入本地移动优惠券应用程序可能会有所帮助。同样，独特的包装设计和商品展销，也可能打破习惯性购买序列，[80] 比较广告常常用于达到这个目的。

图 15-11 是瓦解策略的一个实例。这个广告试图利用几个方面的优势来诱导消费者尝试其品牌。

15.6.3　捕获策略

有限型决策通常只用少数几个标准（如价格或可得性），来对少量品牌进行比较。大部分信息搜寻发生在购物点，或是购买前使用容易获得的媒体。如果品牌处于消费者考虑的品牌之列，营销人员的目标就是获得尽可能多的实际购买。

由于消费者进行有限的信息搜集，因此营销人员需要了解他们在何处搜寻信息以及搜寻何种信息。一般来说，营销人员希望将有关价格、可得性等方面的信息放在公司网站、移动应用程序以及与本地移动搜索有关的地方媒体上，并在购物点通过商品陈列及足够大的货架空间向消费者提供信息。同时，营销人员也应注意保证产品品质不变和足够的渠道覆盖面。

图 15-10

有大量忠诚或重复购买者的公司如 Temptations Cat Treats，必须不断地改进其产品并向消费者传达自身优势。

图 15-11

试图破坏消费者习惯购买或消费模式的公司,即使不考虑品牌,也要注意使用具有吸引力的广告和收益宣传来吸引消费者尝试其品牌。

15.6.4 拦截策略

如果目标市场适于有限决策,而品牌又不在其激活域中,则公司的目标是在消费者寻找有关激活域中的品牌的信息的过程中实施拦截。同样,这里的策略重点是地方媒体上的合作广告、商品陈列、货架空间、包装设计等,赠送优惠券也非常有效。由于消费者对品牌不予关注,吸引消费者的注意将至关重要。Snapple公司在 iVillage 网站上实施的行为定向策略是网络拦截策略的一个成功范例。正如一位广告总监所说:

这个产品成功的关键在于,改变受众对 Snapple 的认知(Snapple 一天),从一种奇怪的产品变为对女性健康有益的东西,是必须购买的产品。[81]

图 15-12 所示的促销活动将作为捕获策略或者拦截策略的有效部分。

除了上述各项策略,低介入度学习、产品改进、免费样品也可以用来帮助品牌进入目标市场的激活域。

15.6.5 偏好策略

当消费者决策属于扩展型决策,品牌又在消费者激活域里时,要求采用偏好策略。由于扩展型决策一般涉及多个品牌、多个产品属性和多个信息来源,简单的捕获策略可能不适用。因此,营销人员需要组织信息宣传活动,以使品牌受到目标消费者的偏爱。

首先要在那些对目标消费者十分重要的属性上建立强势地位。[82] 关于这点,第 16 章将予以详细讨论。其次,信息必须提供给所有合适的渠道,这可能需要向那些可能会向其他人推荐该产品的各个团体或者有影响力的线上参与者(如博客等)投放大量广告(如购买非处方药时的药剂师,购买农产品时的兽医和农业技术员)。应鼓励非商业性独立组织或群体检测该品牌,给销售人员提供有关产品属性的详细信息。另外,应当给销售人员额外的激励(如由厂商支付额外的佣金),以鼓励他们推荐该品牌。还应该准备购买点展示与宣传手册,一个精心设计的网站也很重要。

图 15-13 展示了本田公司网站有关偏好策略的例子。该网站设置了相关搜索并提供多个产品属性的详细信息等。

15.6.6 接受策略

接受策略与偏好策略极为类似。然而复杂的是,目标消

图 15-12

这个广告展示了拦截策略,它使消费者立即获得购买该品牌的动机。

费者不会搜寻关于品牌的信息。所以，除了前面偏好策略提到的各种活动，营销人员还需吸引消费者注意，或促使他们了解公司的品牌。这会比较困难，但许多汽车制造商多年来致力于付钱给客户来测试自己的汽车（克莱斯勒）或把车借给消费者的意见领袖（福特），目的是让消费者通过试驾体验或积极的口碑信息将该品牌汽车列入考虑范围。

图 15-13

本田公司的网站假定了一个扩展的搜索过程。它提供了大量的产品特性的数据。

互联网在接受策略中扮演重要角色。由于购买之前的关键词搜索已经非常普遍，为那些没有在消费者激活域中的公司提供了重要的机会，即应用搜索引擎优化策略，使在消费者决策过程中看到自己的品牌，希望能使品牌进入消费者的激活域。显然，一个设计精良的网站是实施这一策略的关键。

旨在增加低介入度学习的长期广告是获得认可的另外一个有用的技巧；而旨在引起消费者注意力的广泛的广告投放，也是有效的方式之一。这两个方法的主要目的不是品牌推荐，而是将品牌移入激活域中。然后当消费者购物时，会寻找该品牌的更多相关信息。

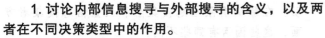

小结

1. 讨论内部信息搜寻与外部搜寻的含义，以及两者在不同决策类型中的作用。

一旦识别某个问题，消费者就会集中精力去搜寻大量信息。内部搜寻就是消费者利用长期记忆中的相关信息，确定是否有满意的解决办法，各种潜在方案有什么特点，如何比较这些方案，等等。如果通过内部搜寻未能找到合适的解决办法，那么搜寻过程将集中于外部信息，这称为外部搜寻。外部搜寻中涉及的信息，其来源有独立来源、个人来源、公司来源和产品经验。名义型决策主要涉及内部信息搜寻，而外部信息搜寻主要应用于扩展型决策。对于有限型决策来说，外部搜寻在某种程度上起到调节作用。

2. 概括消费者信息搜寻的类型。

消费者会搜寻以下方面的信息：①解决方案的适用评价标准；②各种备选方案；③备选方案在每一评价标准上的表现。

3. 描述激活域中的备选方案类型。

所有可能解决消费者问题的备选方案分为以下类别：消费者知道的备选方案（意识域）；消费者不喜欢也不厌恶的备选方案（惰性域）；使消费者不予考虑的备选方案（排除域）；还有消费者了解并偏爱的备选方案（激活域）。激活域（也称考虑域）是消费者对其进行内外部信息搜寻的方案。因此，营销人员非常关注他们的品牌是否处于大多数目标消费者的激活域。但是，由于意识域并不等同于激活域，而进入消费者考虑范围才有可能被选中。营销人员必须努力使自己的品牌进入消费者的激活域，因此要传递有说服力的信息并制定有效的策略。

4. 思考互联网和移动搜索的功能及可用的信息源

消费者内部信息，即存储在记忆中的信息，可能是消费者在以往的搜索和个人经验中主动积累的，也可能是经低介入度学习被动获得的。除了从记忆中获得信息外，消费者还可以从四种主要的信息源获得外部信息：①个人来源，如朋友和家庭；②独立来源，如消费者组织、有偿专业咨询、政府机构；③营销来源，如销售人员与广告；④经验来源，如直接试用产品。这些信息源都可通过互联网或移动设备找到。互联网和移动搜索极大地改变了消费者信息搜寻的方式，如今消费者在购买前都要进行信息搜寻，带给营销人员许多机遇和挑战。

5. 讨论促使消费者进行大量外部信息搜寻的主要的收益与成本因素

识别问题后，显性的外部信息搜集是较为有限的。通常认为消费者在购买某一商品前，会进行较为广泛的外部信息搜集，以获得更高的购买收益，如较高的品牌质量和较低的价格。然而，这忽视了信息获取需要成本。搜集信息除了花费时间、精力和金钱外，通常还要放弃其他想做的事。所以，消费者进行外部信息搜寻的前提是，预期的收益如更低的价格或更满意的商品，超过信息搜集所产生的成本。还有许多因素也影响着消费者对信息搜寻收益和成本的感知，包括市场特征（如品牌的数量）、产品特征（如价格）、消费者（如之前的学习与经验）和情境特征（如时间限制）。

6. 总结基于不同信息搜寻模式的营销策略

有效的营销策略应考虑目标消费者进行的信息搜集的性质。信息搜集水平与企业品牌是否处于激活域，从这两个维度出发，总结出以下六种潜在的信息策略：①保持策略；②瓦解策略；③捕获策略；④拦截策略；⑤偏好策略；⑥接受策略。

关键术语

意识域（awareness set）
行为定向（behavioral targeting）
购物机器人（bots）
考虑域（consideration set）
激活域（evoked set）
外部搜寻（external search）

排除域（inept set）
惰性域（inert set）
内部搜寻（internal search）
本地移动搜索（local mobile search）
即时搜寻（ongoing search）
搜索引擎优化（search engine optimization，SEO）

复习题

1. 信息搜集发生在什么时候？内部信息搜集与外部信息搜集有何差别？
2. 在外部信息搜集过程中，消费者搜寻哪些类型的信息？
3. 什么是评价标准？与信息搜集有何关系？
4. 消费者的意识域如何影响信息搜集？
5. 在消费者信息搜集过程中，激活域、惰性域和排除域起什么作用？
6. 消费者获取信息的来源主要有哪些？
7. 什么是行为定向法？
8. 什么是搜索引擎优化？
9. 什么是本地移动搜索？
10. 不搜集信息者、有限信息搜集者和大量信息搜集者在信息搜寻行为上有何不同？
11. 对于"一站式"购物者，即在一个地点将东西买齐的购物者，哪些因素可能影响其信息搜寻活动？在影响有限信息搜集者和大量信息搜集者方面，这些因素有哪些不同？
12. 哪些因素影响信息搜寻的总成本？这些因素对不同的消费者是否存在差别？
13. 市场特征如何影响信息搜集？
14. 消费者特征如何影响消费者信息搜集活动？
15. 产品特征如何影响消费者信息搜集活动？
16. 情境特征如何影响消费者信息搜集活动？
17. 描述导致下列策略的信息搜集特征：
    a. 保持策略　　b. 瓦解策略　　c. 捕获策略
    d. 拦截策略　　e. 偏好策略　　f. 接受策略
18. 描述第17题中的每一种策略。

讨论题

19. 对应于表 15-3 中六种策略，分别找出一个适合应用这些策略的品牌或产品，说明选择理由。为每一产品或品牌制定一个具体的营销策略。
20. 消费者最有可能对哪些类型的产品形成激活域？联系决策过程的类型。
21. 使用 NexTag 等网上购物服务帮助你选择一款数码相机。该服务将以什么方式帮助你形成激活域或考虑域？信息超载会导致什么问题吗？请说明。
22. 你有本地移动搜索应用程序吗？如果有，你对其的评价是什么？如果没有，原因是什么？
23. 在购买下列产品时，你们学校的学生使用哪种信息源？回答此问题时请考虑图 15-5 中列出的各种信息源。你认为在信息源的使用上是否存在个体差异？为什么？
    a. 电影　　　b. 餐馆　　　c. 公寓　　　d. 电脑
    e. 健身器材　f. 慈善捐赠　g. 衣服　　　h. 手机
24. 影响意识域、激活域、排除域和惰性域范围的因素有哪些？
25. 讨论在购买以下产品之前，哪些因素可能导致外部信息搜集的增加？哪些因素可能导致外部信息搜集的减少？
    a. 汽车保险　b. 国际旅游　c. 健身俱乐部
    d. 正装　　　e. 眼镜　　　f. 咨询服务
26. 鼓励潜在客户进行扩展型信息搜寻是否最符合营销人员的利益？说明理由。
27. 图 15-3 对营销策略制定有何启发？
28. 图 15-8 对网络市场营销策略有什么启示？
29. 要确保消费者很容易获得有关的产品信息，政府应扮演何种角色？政府如何做到这一点？
30. 回答消费者洞察 15-1 中的问题。
31. 描述你最近的购买活动，其中一次你进行了广泛的信息搜寻，另一次则做了非常有限的信息搜集。什么因素造成了这种差别？
32. 对下列产品，描述你的意识域、激活域、排除域和惰性域。与同一阶层的一般人群相比，你在这些方面有何不同吗？为什么？
    a. 汽车　　　b. 运动饮料　c. 汽车保险供应商
    d. 珠宝店　　e. 书店　　　f. 笔记本电脑
    g. 餐馆

实践活动

33. 为第 23 题设计一份合适的问卷，让五名不在你班上的同学填问卷，并准备一份调查结果报告。
34. 对于第 32 题中的产品，访问五位同学，要求他们列出在每一产品类别中所知道的所有品牌。然后，要求他们表明可能选择哪个或哪几个品牌（激活域），对哪些品牌持中立态度（惰性域），哪些品牌他们非常不喜欢且不会购买（排除域）。你的结果有何营销启示？
35. 设计一份问卷，测量消费者在购买一件昂贵的娱乐产品或服务前所进行的信息搜寻。内容包括对信息类型的测量以及这些信息的来源，同时也应测量可能影响信息搜集的消费者特征以及消费者过去对这些产品的体验。然后，运用你所设计的问卷访问两位最近购买过这类产品的消费者，分析每位消费者的反应，并根据信息搜集情况对每位消费者进行分类。你的调查结果具有哪些营销启示？
36. 对表 15-3 中的每种策略，分别找出一个适合应用这些策略的品牌。详细描述如何在每一品牌上实施相应的策略。
37. 设计一份问卷，确定哪些产品被大学生视为积极性产品，哪些被视为消极性产品。测量他们对每种产品类型的购物行为，解释你的结果和你发现的个体差异。

第 16 章

购买评价与选择

学习目标

1. 讨论实际的消费者选择如何经常偏离理性决策理论。
2. 总结消费者实际采用的选择过程及类型。
3. 解释评价标准及其测量方法。
4. 描述评价标准在消费者判断和营销战略中的地位。
5. 总结基于属性决策的五大决策规则及其战略相关性。

消费者决策的一个目标是做出最好的决策,另一个目标就是拥有许多备选方案(的自由)。当消费者有太多备选方案而感到不知所措时,这两个目标便会相互冲突,这种现象被称为选择超载(choice overload)。当消费者缺乏专业知识并且对产品不熟悉时,或当这个选择对于消费者而言很重要时,或者所提供的众多备选方案中每个方案都具有丰富多样且不重叠的特征时,这种现象更容易发生。当消费者需要从政府保健交易所提供的数十种备选方案列表中选出最佳的健康保险时,更有可能经历选择超载,并且会将其视为噩梦。然而消费者会把从32种口味中选择一种口味的冰激凌视作一次有趣的体验。在选择超载的情况下,消费者可能会做出较差的选择,而且更加不满意自己的选择,并会因此而自责。[1]

面对选择超载现象,消费者可能会陷入选择瘫痪症,最后选择不做出任何决定。当然,这会对消费者和营销人员造成同样的伤害。已有研究证实,人们在面临相对不重要的决定(例如,在30种可供选择的果酱中挑选其一)以及重要的决定(例如,选择(不)参加401(k)退休计划)时,选择不做出任何决定的可能性是相同的。幸运的是,消费者可以使用启发式方法来简化决策,从而避免不作为可能造成的负面影响。这些经验法则或心理捷径,如"购买最受欢迎的品牌"或"用最低价格购买",是消费者用于帮助自己进行决策所使用的。启发式方法服务于帮助消费者做出"满意"选择这个实际目的,虽然不是"最大程度上最好的选择",但这个选择已经足够好了。

品牌的增多以及在线和离线产品线的延伸增加了选择超载的可能性。例如,超市中拥有40 000个品牌——比如有15种托马斯英式松饼,27种佳洁士牙膏。然而,巨型储式零售商Costco采用提供更少而非更多选择的做法。这种做法可能与Costco的折扣价做法对Costco的成功做出了一样的贡献。研究表明,人们在有限的产品供应中购买更多产品,也会对他们的选择更加满意。

在线零售商由于没有空间障碍,可能会为消费者提供过多的替代品,以至于令消费者遭受选择超载,这种情况可能会导致消费者放弃他们填满商品的购物车。像Stitch Fix、Fancy、Quarterly、Birch Box和Kiwi Crate这样的在线零售商正试图通过彻底消除消费者的选择来解决选择超载的问题。"女性个人设计师"网站Stitch Fix,通过让顾客填写一份关于其喜好的调查来开启其购物过程。这份调查有助于消费者思考自己想要什么,并且这些数据构成了为顾客生成推荐的算法基础。购物者也可以提供一个链接,从而连接到她的Pinterest上,这个链接可以为购物者的个人造型师在进行产品挑选时提供更加详细的信息。在花费20

美元的造型费后，购物者会收到一个有五件服装和配饰的盒子，平均每件 65 美元。购物者不想要的物品可以免费退回给商家。

选择超载是一种现实情况，但大多数消费者喜欢他们有足够的选择以备挑选。营销人员的任务是找到最佳选择，并提供充足数量的最佳选择，但不要提供太多以致触发选择超载。为此，营销策略应包括优化产品结构，即确定数量适当并且具有差异化的备选方案，使消费者易于做出决策，即构建决策过程并且减少感知风险。

正如开篇引言所表明的，消费者会根据总体目标采用各种方式进行决策，既有简单的，也有复杂的。在问题识别和信息搜集之后的决策阶段是备选方案评价和选择。备选方案选择也被称为"消费者选择"。事实上，消费者甚至在搜索过程中就在评价备选方案。消费者评价和备选方案选择是本章的重点。

16.1 消费者选择和选择过程的类型

营销者有时设想消费者选择的潜在过程遵循理性选择理论。理性选择理论或隐性或显性地假定一系列关于消费者选择的事项，这些假设通常并不正确。下面来讨论这些假设。

- 假设 1：消费者寻找一个问题的最优解决方案，并基于它做选择。

然而，营销者逐渐明白，消费者选择并不总是这样。首先，消费者不总是抱着找出"最优品牌"的目标。相反，有许多可备选的元目标。**元目标**（metagoal）指的是消费者寻找结果的一般性质。除了选择最优替代方案，元目标包括最小化决策努力或最大化一个决策较之其他选择的合理性。[2] 思考第 14 章中提到的名义型决策。那些购买介入程度较低的消费者可能很少或不进行外部信息搜集，因为他们能从记忆中回想起一个满意的品牌。在这种情况下，消费者通常会选择该品牌，而不进行进一步搜索或决策努力，尽管对于他们来说，这不是最优品牌。因为，如果购买介入程度低，其他目标开始起作用，比如最小化搜索和决策努力。

- 假设 2：消费者拥有找到最优解决方法的技巧和动机。

但是，营销者日益懂得，消费者通常没有能力或动机去完成寻找最优解决方案这个高难任务。例如，消费者受到有限理性的支配。**有限理性**（bounded rationatily）是指消费者处理信息的能力有限。[3] 而且，正如第 14 章表明，大部分决策不会产生高介入度去激发消费者通过扩展决策制定最优解决方案。又如开篇引言表明，许多美国网站正在力图帮助消费者处理信息超载，信息超载伴随太多选择。

在英国，选择超载催生了一个叫"就买这个"（Just Buy This One）的网站，该网站在一个产品类别和价格范围内只推荐一个品牌，并给出它是最好选择的三个理由。该公司主管称：

> 我们知道 25% 的人面对价格对比网站上的选项时不知所措，所以我们决定创造一些非常简洁并且非常有用的东西。网络购物过去是一种简单的方式，但是它如今已经太拥挤了。[4]

- 假设 3：最优解决方案不会随着情境因素（诸如时间压力、任务界定或竞争环境）的不同而改变。

但是，营销者逐渐意识到，消费者偏好可能并且肯定会随着情境的不同而改变（第 13 章）。例如，当我们疲倦或处于紧张状态时，我们的决策更容易受到限制。而且，当有新产品加入竞争产品集，它也会改变消费者选择。关于这一点，我们稍后将做进一步讨论。

因此，当你在阅读本章时要牢记消费者决策的三个特点：①人们在寻找最优解决方案时不总是理性的；②决策不一定是最优的，因为消费者的认知和时间是有限的；③决策是可塑的，因为它会随着情境而发生变化。另外，要牢记消费者决策比我们之前研究得出的可能更具有循环性、情感性和不完整性。

消费者选择过程的类型

让我们从消费者可能采用的三种常见的决策过程开始分析。你会注意到一些决策方式不是基于品牌及其特征的比较——一个由营销经理提出的重要假定（有时不准确）。下面要谈的三种决策过程分别是**感性选择**（affective choice）、**基于态度的选择**（attitude-based choice）和**基于属性的选择**（attribute-based choice）。当我们对它们简单地单独描述时，要牢记它们不是相互排斥的，它们可能在一次决策中被结合起来使用。首先，让我们看一下消费者购买一台数码相机时的三种决策情景。

- 情景1（感性选择）：当一位女性消费者在当地一家商店驻足时，一款相机吸引了她的眼球。她查看了它的线条和整体外观，认为该相机看起来时髦、现代并且很酷。她又查看了另一款相机，发现它太庄重和乏味。再斟酌了几分钟，想象自己在聚会和婚礼上使用第一款相机会给他人留下的深刻印象，她决定购买第一款相机。

- 情景2（基于态度的选择）：该消费者记得，她的朋友拥有奥林巴斯Stylus，该款相机很好而且看上去不错；而她父母有一台柯达Easyshare相机，也用得很好，但就是太笨重了点；还有，她自己的富士FinePix没达到她的期望。在商店里，她看到奥林巴斯和柯达卖同样的价格，于是选择了奥林巴斯Stylus相机。

- 情景3（基于属性的选择）：上网了解并决定了自己最看重的功能之后，这位消费者走进当地的一家电子产品商店，比较各种品牌在她最看重的功能上的表现，即相机大小、变焦、自动性能和存储容量。她在脑海里将各种型号的属性和整体质量印象排了序。在此基础上，她选择了奥林巴斯Stylus相机。

以上三种情景涉及不同的选择过程。第一种情景代表感性选择。[5] 感性选择在本质上强调整体。品牌并没有被分解为明显不同的部分加以分别评价。对这种产品的评价，一般集中在使用时所引起的消费感受上。评价本身很大程度上或者完全取决于其对产品或服务的即刻的情感反应。[6] 基于感性选择，实际上采用的是"我感觉它怎么样"的决策标准。[7] 消费者想象使用该产品或服务时的情景或者画面，并且对使用该产品或服务将产生的感觉进行评价。[8]

潜在购买动机影响感性决策的使用。根据某种标准，动机可以分成终极性和工具性两种类型。当消费者的潜在动机是追求终极效用而不是工具性效用时，可能采用感性型决策。**终极性动机**（consummatory motives）是指动机引发的行为本身对个体具有奖赏和刺激作用，**工具性动机**（instrumental motives）所激发的行为则是为了实现另外的目的。例如，上面情景1中的消费者很明显是受到情感奖励的刺激，该情感奖励在于拥有和使用该相机会让她看起来新潮和时尚（终极性动机），而其他消费者可能受到相机能拍出高质量照片的刺激，照片可以留着以后欣赏（工具性动机）。[9] 图16-1显示了对这些动机有吸引力的广告。Huntsman Springs高尔夫球场和钓鱼社区和玉兰油广告在动机诉求上有何不同？

图 16-1

左图所示的Huntsman Springs高尔夫球场和钓鱼社区的广告试图通过展示产品或者消费本身是值得的，来刺激消费者的终极性动机。右图所示的玉兰油的广告通过展示使用产品可以达成最终目的来刺激消费者的工具性动机。

营销者进一步研究了更多基于情感的选择。[10] 很明显，这种选择与营销中普遍认为的有更多认知成分的决策有很大不同。对那些在本质上可能是基于情感的决策（主要是由终极性动机引起），营销者应该设计能带来正面体验的产品和服务[11]，应该帮助消费者想象在消费中和消费之后的愉快感觉。[12] 对于新品牌、新产品或服务来说，这一点尤为重要。对新产品或者新品牌已经有体验的消费者，会很自然地以此为基础做出情感反应。而那些尚未体验的消费者，也许不能正确预测该产品或品牌带来的体验和感觉。比如，人们在想象"白水（white-water）漂流之旅"时，可能认为这会带来恐怖感，而非愉悦感。图16-2所示的广告帮助消费者设想他们拥有产品时的积极体验以及随之而来的感受。

第二种情景代表基于态度的选择。基于态度的选择包括运用一般态度、总体印象、直觉和启发线索等，在选择时不用根据属性对不同的品牌进行比较。[13] 值得注意的是，许多决策（即使是对相对重要产品的购买）似乎都是基于态度的。回顾第14章和第15章，大部分消费者在购买之前才迅速从外部收集少量的产品信息。他们所做的决策通常是基于态度而做出的。

动机、信息的可得性，以及情境因素之间的交互作用决定了做出基于态度选择的可能性。可以推断，人们追求最优决策的动机越低，他们做出基于态度选择的可能性越大。这点涉及第14章提到的购买介入度、名义决策和有限决策，它们都可能倾向于产生基于态度的选择。当信息获取难度大或者消费者面临时间压力时，他们更可能基于态度做出选择。注意时间压力是如何增加搜寻成本感知的，并使利用记忆做出基于态度的选择显得更具吸引力。

图 16-2

这个广告通过鼓励消费者想象出拥有该产品的乐趣来激励消费者做出基于情感的选择。

第三种情景代表基于属性的选择。基于属性的选择要求消费者在选择时具备有关产品特定属性的知识，并且在不同品牌间对其属性进行比较。这比基于情感和态度做出选择时进行全局比较更加费时费力，但更可能产生接近最优化的决策。同样，动机、信息的可得性和情境因素的交互作用决定了做出基于属性选择的可能性。

基于属性的选择与第14章中我们讨论的扩展型决策很类似，通常发生在购买介入度或动机较高的消费者身上。可获得的品牌越多，属性信息越多，消费者越可能做出基于属性的选择。那些拥有重要的属性优势，但是没有形成很强声望或者很好形象的品牌就可以利用这一点。方法之一是通过诸如品牌属性矩阵的方式提供信息，使消费者很容易进行属性比较。这样的矩阵可以出现在广告、销售展示、宣传册子中，或者出现在公司或品牌的网页上。[14] 采取这种策略的公司可以在信息中突出其品牌，如将其放在最前面或使用粗体字或者有颜色的字体。

图16-3中的广告说明了属性型和态度型选择策略的不同之处。左边的Viviscal广告强调品牌的具体特点，和属性型选择是一致的。右边的EXY Sharker滑板广告强调品牌和产品整体的印象及其使用者，和态度型选择是一致的。

值得注意的是，这三种选择过程通常不是单独使用的。例如，感性或情感标准可以认为和功能标准是一起的。有时，消费者更受情感驱动并最终选择功能较次的品牌。[15] 这种在享乐属性和实用属性之间的权衡，对于营销者开发新产品和开展促销活动是非常重要的。另外，有时消费者可以利用感性的和基于态度的选择过程来建立或缩小他们的产品考虑集（consideration sets）。这种类型的阶段性决策非常普遍。对于营销者而言，了解情感和态度对消费者形成诱发集（evoked set）的作用非常重要。

考虑到基于属性选择的本质、复杂性和对于消费者和营销者的重要性，本章下面将集中讨论基于属性的选择。图16-4给出了基于属性选择过程的各个阶段的一个概览。

图 16-3

左边的 Viviscal 广告鼓励以其主要产品功能为主的基于属性的选择。
像 EXY Sharker 滑板这样的广告就是通过关注品牌、整体表现和形象而非特定的产品功能来假定或鼓励基于态度的选择。

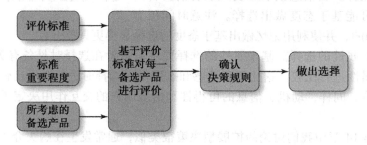

图 16-4 基于属性的选择——备选品评价与选择

16.2 评价标准

基于属性的选择很大程度上取决于品牌间一个或多个属性的比较。这些属性被称作评价标准,因为它们是评价品牌的维度。**评价标准**(evaluative criteria)是消费者针对某一特定问题,寻求的一些内容、特性和利益。虽然功能属性很普通,评价标准也可能是感性的(品尝巧克力蛋糕伴随的愉悦),或者是重要的社会参照群体的反应(比如那些社交性的消费品)。例如,在购买电脑之前,你会关心价格、速度、内存、操作系统、显示器以及售后保障。这些因素可能成为选择电脑的评价标准。同样是购买电脑,其他人可能会采用一套完全不同的评价标准。

消费者从各种方式感知和利用评价标准,包括极端方式(如价格越低或单位油耗越少越好)、限定指标(如价格不能超过 100 美元,每加仑⊖至少跑 25 英里⊜等)或区间(如价格在 85~99 美元都可接受)等各种形式。[16] 对于那些新的产品种类,消费者必须经常判定各种标准的哪个水平是好的。例如,第一次购买烤肉架的消费者只有很少的产品经验,但必须决定买燃气型还是烧炭型、圆形的还是传统形状的等等。等到购买并使用之后,

---

⊖ 1 加仑(美)= 3.785 41 立方分米。
⊜ 1 英里= 1 609.44 米。

这些偏好水平就可能建立并稳定下来。[17]

16.2.1 评价标准的性质

典型的评价标准,常与消费者所期望获得的利益相关。例如,消费者需要含氟的牙膏(评价标准)以期减少蛀牙(利益)。在这种情况下,营销者强调这种特征给消费者带来的利益而不是该特征本身会更具有说服力,因为消费者想得到的是利益。图 16-5 中的广告主要侧重于产品给消费者带来的利益而不是产品的技术特征。

评价标准可能在类型、数量和重要性上存在差异。消费者在购买决策中采用的评价标准可能很多,包括从显性的成本、功能特性到无形因素,如样式、味道、情感的生成、声望以及品牌形象等方面。[18] 图 16-6 展示了两个相似产品如何强调不同类型的评价标准。左边的 Blue Wilderness 广告强调了有形属性和技术特征,右侧的 Purina 广告更侧重于无形属性和感受。

对那些相对简单的产品如牙膏、肥皂或面巾来说,评价标准的数量很少。相反,在购买汽车、智能手机或住房时会涉及多种评价标准。个体特征(如产品熟悉程度、年龄)和购买环境特征(如时间压力)也会影响到评价标准的数目。[19] 例如,时间压力往往会减少消费者对产品属性的检查数量。[20]

图 16-5

消费者通常只对那些能够为自己带来利益的产品特征感兴趣。这个广告强调了产品能为消费者带来的核心利益而不是产生这些利益的技术特征。

图 16-6

Blue Wilderness 和 Purina 广告的产品类别是相同的,但消费者会对这两则广告采取不同的评估过程。

市场营销者尤为感兴趣的是消费者赋予每一评价标准的重要性。三位购买便携式电脑的顾客可能都应用表 16-1 中列出的六个评价标准。但是如果他们对每一标准赋予的权重差别较大,他们购买的品牌可能不同。

表 16-1 顾客评价标准

标 准	重要程度排序			标 准	重要程度排序		
	顾客 A	顾客 B	顾客 C		顾客 A	顾客 B	顾客 C
价格	1	6	3	内存	6	2	5
处理器	5	1	4	重量	4	4	2
显示器质量	3	3	1	售后服务	2	5	6

顾客 A 主要关心价格和售后服务,顾客 B 要求运算速度和能力(体现为处理器和内存),顾客 C 则看重使

用的便利性（体现在显示和重量）。假设他们各自代表一个顾客群体，我们便会得到基于同样选择标准但对各个标准赋予不同权重而形成的三个截然不同的细分市场。

评价标准及个体赋予它的权重不但会影响品牌选择，还会影响到是否及何时认识到某一问题。例如，那些关注汽车样式多过价格的顾客，比那些持相反权重排序的顾客更频繁地购买新车。[21] 因此，市场营销者希望理解消费者所使用的品牌评价标准，以便能够发展合适的品牌特征并把这些特征传播给目标市场。此外，市场营销者常常企图改变顾客所采用的评价标准来使他们的品牌受益。[22] 因此，衡量评价标准是一个重要的营销活动。

16.2.2 评价标准的衡量

当一个营销经理或公共政策制定者准备采用一种有效的策略去影响顾客选择时，他必须了解：
- 顾客采用何种评价标准。
- 在每一评价标准上，顾客如何看待不同的备选品。
- 每一标准的相对重要性。

因此，要确定消费者在某一特定的购买选择中所采用的标准往往是很困难的，尤其是在涉及情感或情绪因素时。此外，要了解消费者赋予每种标准的权重也十分困难。

1. 决定采用什么评价标准

要判定某一具体购买决策中消费者采用了什么评价标准，市场营销研究人员可采用直接方法或间接方法。

直接方法包括询问消费者在特定购买决策中采用了何种标准，或者在焦点小组访谈中观察消费者的言行。不过，消费者有时不会或不能陈述他们对于产品的评估标准，尤其是在涉及情感或情绪因素时。例如，Hanes公司根据消费者调查得出的结果，将其L'erin牌化妆品定位于实用型而不是浪漫型或情感型产品，结果遭受了约3 000万美元的惨重损失。当该品牌重新定位为富于魅力、奇特夸张的产品时却又获得了成功，虽然消费者在接受访问时并没有将这些列为期望的属性。[23]

因此，间接测量方法通常是很有帮助的。**投射法**（projective techniques）就是其中一种（见附录A和表A-1），该技术让受访者指出"他人"可能会采用的标准，这个"他人"当然很可能就是受访者的投影，由此我们能间接确定他所应用的标准。

知觉图（perceptual mapping）是另一种有用的用于确定测量标准的间接方法。先让消费者判断备选品牌的相似性，一般会让消费者看可能配对的品牌，最后指出哪对品牌是最相似的，哪对次之，一直到所有的配对都排完序；最后将这些判断数据用电脑处理，得出各品牌的知觉图。消费者并没有指明具体的评价标准，而只是对所有配对品牌的相似性进行排序，最后得出一个知觉图，消费者的评价标准实际上就是这个知觉图的维度。

请看图16-7所示的对啤酒的知觉图，该图来源于某消费者对各种品牌啤酒之间相对相似性的判断。考察该表，我们可将横轴看成是物理特征如口味、热量和度数，纵轴反映的是价格、质量和地位等。命名坐标轴，因此每个评价标准都能判断出来，这使得我们能理解消费者的知觉和他们区分品牌所采用的标准。

2. 特定评价标准下消费者对品牌绩效的判断

可以用多种方法衡量消费者对品牌特性的判断，包括顺序量表、语义差别量表和利克特量表（见附录A和表A-3）。其中语义差别量表应用最广泛。

在对产品或品牌的情感反应进行度量时，没有一项技术是特别有效的。投射法能提供一些新的见解。SAM作图技术可用来更直接地测量情绪的高兴—兴奋—支配维度（见第11章），也是一个有用的选项。

3. 确定评价标准的相对重要性

消费者赋予各评价标准的权重能用直接或间接方法来衡量。不管用哪种方法，我们都应该注意使用的情境，因为属性的权重是随情境变化的。恒和量表是最常用的直接方法（见第11章）。

最常用的间接衡量方法是**联合分析**（conjoint analysis）。在该方法中，向消费者展示评价标准不同的一系列产品或让他们进行产品描述。例如，消费者可能会看到24种不同的笔记本电脑的描述，它们在四个标准上有所不同。其中两种如表16-2所示。

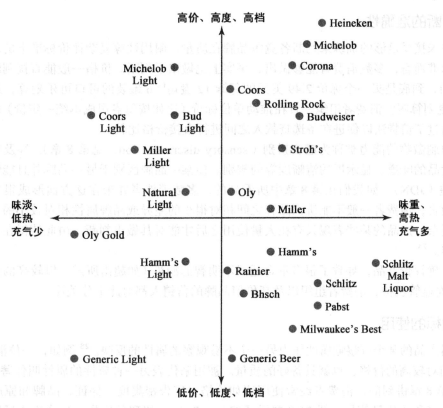

图 16-7 不同啤酒品牌的知觉映像

消费者根据其对这些属性的偏好对 24 种电脑排序。根据这些偏好排序，高级计算机软件就能得出消费者给每种属性和每种属性水平的相对重要性（见附录 A 和图 A-1）。

阳光器具公司（Sunbeam）就采用了联合分析法来重建各细分市场的食品加工设备系列。阳光公司测试了 12 个不同属性，如价格、发动机功率、刀片数目、转筒形状等。根据这些属性的相对重要性形成了多个细分市场。按重要程度排序，其中两个细分市场的关键属性如表 16-3 所示。这些结果帮助阳光公司根据评估标准的权重为各细分市场特别研发产品模型，更好地满足消费者的需求。

表 16-2 两款电脑描述

Intel 酷睿 2.4GHz	Intel 酷睿 2.0GHz
节能标识（有）	节能标识（无）
5.1 磅重	4 磅重
1 250 美元	850 美元

表 16-3 两个细分市场的关键属性排序

便宜/大容量细分市场	多速度/多用途细分市场	便宜/大容量细分市场	多速度/多用途细分市场
价格为 49.99 美元	价格为 99.99 美元	7 刀片	能作为搅切器和混合器
4 夸脱⊖的转筒	2 夸脱的转筒	高功率发动机	转筒为圆柱形
2 挡变速	7 挡变速	转筒为圆柱形	喷口

16.3 个体判断与评价标准

如果你准备买一台便携式电脑，很可能在价格、重量、显示器、清晰度等属性方面对不同品牌进行比较，这种比较得出的结论不一定是完全正确的。例如，5 分钟测试期内读取最轻松的显示器，工作超过两小时情况就不一定如此。其他不能直接进行比较的属性如质量，可能要通过品牌或价格来判断。而且，消费者对产品属性重要性的感知受到很多外在因素的影响。直接比较的准确性，用一个属性来判断另一属性的好坏（替代指标）以及属性重要性的变化，这些对营销者来说都是很关键的问题。

⊖ 1 美制湿量夸脱＝32 美液盎司＝946.353 毫升。

16.3.1 个体判断的准确性

普通消费者并未接受足够的训练来判断各竞争品牌在质量、耐用性等复杂评价标准上的表现。然而，对大多数较为直接的标准而言，多数消费者能够做出，事实上也做出了判断。价格一般能直接判断和比较，但有时候也会变得很复杂，到底是买一个标价 2.49 美元的每罐 12 盎司⊖ 6 罐装的可口可乐划算，还是买一个 2 升装标价 1.59 美元的更划算呢？消费者组织一直在推动单位标价（比如按每盎司成本统一定价）以使得这种比较更容易。联邦政府通过了信贷法以促进在备选贷款人之间进行直接价格比较。

个体辨识相似刺激物的能力被称为**感官辨别**（sensory discrimination，见第 8 章），涉及对多个方面如立体声音响的声音、食品的味道、显示屏的清晰度等的辨别。使某一品牌区别于另一品牌并且能够被识别的最小差别称为**恰可察觉差**（JDN）。如我们在第 8 章中所看到的，多数消费者并未在这方面形成很好的辨识能力。有研究指出，大体而言，消费者一般不能辨识品牌之间相对很小的差异或品牌属性相对较小的变化。另外，许多产品和服务十分复杂，产品的某些表现只有在大量使用之后才能对其做出判断，由此使得在不同品牌之间做出精确比较变得困难。[24]

消费者不能准确评价产品，导致了很多不合适或不明智的购买（如超出所需，以较高的价格购买了较低质量的产品）。[25] 政府监管机构、消费者组织以及高价值品牌的营销人都对此十分关注。

16.3.2 替代指标的使用

消费者常使用产品的某个可察觉属性作为另一个不易观察的属性的反映。[26] 例如，一位消费者可能会推断：既然一种产品卖相对较高的价格，也就具备好的质量。被用来代表另一种属性的属性叫作**替代指标**（surrogate indicator）。正如第 8 章讲到的，消费者经常使用诸如价格、广告密集度、保证、品牌和原产国作为产品质量的代表，我们也将其称为质量信号。图 16-8 展示了 Grana Padano 奶酪的广告，这个广告试图采用质量的替代指标。

一般来说，当消费者缺乏知识做出判断，对购买决策兴趣不大或者缺乏其他与质量有关的信息的时候，替代指标的作用就会更强。不幸的是，替代指标和质量之间的联系总是有限的。[27] 显然，当消费者过于依赖和实际质量几乎没有关系的指标时，很可能做出次优决策。

替代指标以消费者的观念为基础，即他们认为两个属性（如价格水平和质量水平）通常是有关系的。消费者也会形成另一类观念，认为轻和坚固、味道好和热量低、高纤维和高蛋白质是不会共存的。[28] 营销者如果企图推广两个或两个以上消费者认为互斥的属性，除非传递出令人非常信服的理由，否则失败的概率很大。所以，充分了解消费者关于其产品属性之间的联系的看法对市场营销者来说是很重要的。

16.3.3 评价标准的相对重要性和影响

评价标准的重要性会随个体、时间的变化而变化，也就是说，虽然消费者对各种标准的重要性的感觉大体一致，但也会受许多因素的影响。这些因素包括：

（1）使用情境。产品或服务使用的情境（见第 13 章）可能会对使用何种标准决策有重要影响。例如，服务的速度和所在的地段可能对午餐时选择餐馆很重要，但对于在特殊场

图 16-8

营销人员有时使用价格、保证、品牌或原产国作为产品质量的象征。Grana Padano 奶酪的广告就是使用原产国作为质量的象征。

⊖ 1 盎司（美）= 29.573 53 立方厘米。

合下选择餐馆就不那么重要。[29]

（2）竞争环境。一般来说，竞争品牌之间评价标准的差别越小，则该标准在决策过程中的影响可能就越小。[30] 例如，你可能会认为笔记本的重量很重要，但如果你正在考虑的所有笔记本品牌的重量都在4～5磅之间，这一属性就变得不那么重要了。

（3）广告影响。广告可以通过多种途径影响评价标准的重要性。例如，引起人们对某一属性关注的广告，可能会提升这一属性在消费者决策过程中的知觉重要性和影响力。[31] 正如我们在第8章和第9章中看到的，对比、突出和意象都可以用来提升人们的注意。

16.3.4　评价标准、个体判断和营销策略

很明显，营销者必须了解消费者所使用的与其产品相关的评价标准，并且设计出超越这些标准的产品属性。营销传播组合的各个要素都必须向外界传播这些优越之处。

市场营销者也必须认识到消费者判断评价标准的能力和应用替代指标的倾向，并要对此做出反应。例如，多数新消费品最初都经过了与其竞争者相比较的盲测。**盲测**（blind test）就是在测试时不让受测试者知道产品的品牌名称。这种测试使得市场营销者能评估产品的功能特征，并判定在没有受品牌偏好和厂商偏好影响的条件下，新产品与特定竞争产品相比是否有优势。你认为在产品的市场潜力评估中只使用盲测有什么缺点？

市场营销者也会直接运用替代指标。现代公司在10年前推出的10年100 000英里的保修是该行业的一个里程碑。其推出的目标是为了克服人们对另一个替代指标（即原产国）低质量的看法。也就是说，美国消费者当时不确定韩国制造的汽车的质量，保修方案的推出就是为了克服这个问题。

对于像葡萄酒、进口啤酒等形象产品，更高的价格往往代表更高的质量。因此，固然对于大多数产品而言高价会导致需求量下降，但对于这种基于形象的产品来说，由于质量是根据较高的价格来推断的，较高的价格通常会推动更高的需求。

品牌名称也是质量的一个重要的替代指标。Elmer's公司在推广一种超级胶水时就强调其品牌的良好声誉（Elmer's超级胶水的广告称，"与你可信赖的名字粘在一起"）。不出名的公司有时可以通过和有声望的公司结成"品牌联盟"，从著名品牌的质量声望中获益。例如，一个新的冰激凌品牌可能因为使用了M&M的成分而可从后者的高质量形象中获益。[32] 另外，如"美国制造""意大利风格"或"德国工程设计"等原产国主题广告也很普遍。

营销者必须了解影响消费者对评价标准赋予权重的因素。某种属性虽然重要，但由于在竞争者之间差别不大而对消费者决策产生不了影响，了解这点很关键。这提醒营销经理，应找到产品差异化的关键来进行品牌定位，强调特别适合自己品牌的使用场合，或者采取意象战略把消费者的注意力吸引到公司品牌特别强势的属性上，都是非常有效的策略。

16.4　基于属性选择的决策规则

正如前面提到的，消费者采用的选择规则通常是不精确的，而且选择过程通常是无意识或不费脑力的。下面所引述的是关于消费者使用复杂选择规则（补偿性地把一项属性赋予很高的权重）时的情况：

> 我真的很喜欢福特的小型面包车，但它的后车厢是上举式的而不是开门式的。我想它如果做到这点的话，我们可能就买福特了，因为通用和福特的产品确实非常相近。后车厢上举式的门是福特和通用最大的区别，我们买通用的车只是因为喜欢它的后车厢门开的方式。我喜欢福特汽车的内部设计，我喜欢它驾驶的方式，我喜欢对它的感觉和一切，但是当我们带着小孩、货物或其他东西时还要把门举起来，这非常难受。它很难举起来，如果你手里拿着什么东西的话还必须让孩子们退后，不然会打到他们的头，这可是个大问题。你知道福特比通用要便宜很多，它们之间的价格相差1 000～2 000美元。价格也是个问题，我们确实跟福特的销售人员谈过了价钱，但是不能得到我们想要的价格差，这个价差主要是因为它的后车厢门。[33]

尽管上面所描述的不一定是消费者决策的很准确或很典型的代表，但是确实增加了我们对消费者决策过程的理解，同时对我们制定营销策略也提供了指导。

假设你已经从价格、重量、处理器、电池寿命、售后服务和显示质量六个方面对诱发集中六个品牌的手提电脑做出了评价。我们还进一步假设每一品牌在某一属性上的表现特别突出，而在其他某个或多个属性上表现稍差，如表16-4所示。

表16-4　6种便携式电脑的评价排序

评价标准	消费者知觉					
	宏碁	惠普	康柏	戴尔	联想	东芝
价格	5	3	3	4	2	1
重量	3	4	5	4	3	4
处理器	5	5	5	2	5	5
电池寿命	1	3	1	3	1	5
售后服务	3	3	4	3	5	3
显示质量	3	3	3	5	3	3

注：1＝感觉很差；5＝感觉很好。

你会选择哪个品牌呢？答案在于你所采用的决策规则。消费者使用五种决策规则或模式：连接式、析取式、编纂式、排除式和补偿式。消费者在进行决策时通常使用一种或多种规则。通常的做法是使用一种相对简单的规则来减少备选品的数目，然后再使用较复杂的规则在余下的选项中进行选择。[34] 例如，在选择公寓的过程中，我们首先排除掉那些离校园太远或者租金超过每月700美元的选择（连接式决策规则），然后对余下的备选品的各个特征进行细致的考察，如地点是否方便，价格如何，是否有游泳池，房间的面积如何等（补偿式规则）。可以注意到一些在线购物服务如 Price Grabber，通过过滤掉那些不符合消费者标准的品牌来完成此过程的第一阶段。

下面所描述的决策规则中，前四种是非补偿性规则，这意味着一个很高水平的某项属性也不能弥补另一属性的低水平表现。在公寓选择的例子中，消费者不会考虑一所临近校园但是租金超过每月700美元的公寓。好的位置不能补偿无法承受的价格。相反，最后一个规则是补偿性的，消费者平均考虑各项属性，这就使一个较高的某项属性值能够弥补另外一个属性的较低值。

最后，我们还要知道连接式规则和析取式规则可能产生几个可接受的选项，而其他三种规则通常只产生一个"最佳"选项。

16.4.1　连接式决策规则

在**连接式决策规则**（conjunctive decision rule）下，消费者对每一评价标准设置最低可接受的表现水平，然后选择第一个或者所有超出了这个最低标准的品牌。例如，在决定购买电脑时，你会说"我将考虑所有（或我将购买第一个）符合我认为重要的属性标准的品牌"。假设表16-5列出的是你的最低标准：

表　16-5

属　性	权　重	属　性	权　重
价格	3	电池寿命	1
重量	4	售后服务	2
处理器	3	显示质量	3

任何低于这些最低标准的品牌都将被排除在外，不再进一步考虑。参考表16-4，我们可看到有四个品牌被排除——联想、宏碁、戴尔和东芝，因为它们未能符合所有的最低标准。在这种情况下，剩下的两个品牌也许

具有相等的满意度，也许消费者会再应用其他决策规则从中选择一个。

因为消费者处理信息的能力是有限的，所以经常使用连接式规则将信息处理任务缩小到一个可操作的水平。这种规则经常在购买住房、计算机和自行车等商品，以及租赁公寓和选择度假地点时被采用。连接式规则用于排除那些价格不适合、位置不好或不能提供其他期望属性的对象。在排除那些不符合要求的备选方案之后，对符合这些最低标准的选项，则采用其他规则来做出选择。

连接式规则也常用在低介入度购买中。在这类购买中，消费者在一个品牌集合中每次只评价一个品牌，然后选择第一个符合所有最低标准的品牌。如果公司的目标消费者使用的是连接式规则，则提供的产品在每个标准上都要超出消费者的最低要求。由于在低介入购买中，消费者通常购买那些他们评价过的第一个符合标准的品牌。对于这种商品，广泛的分销和充裕的货架空间是非常重要的。不仅如此，了解没有选择第一项满意产品时消费者如何继续选择也是非常必要的。图 16-9 中的广告试图向消费者保证其品牌具有他们可能需要的每个功能。

图 16-9

这个广告试图向消费者保证其品牌具有他们可能需要的每个功能，这符合连接式决策规则。

16.4.2 析取式决策规则

在**析取式决策规则**（disjunctive decision rule）下，消费者针对每一个重要属性建立一个最低可接受的表现水平（通常是不容易达到的较高水平的标准），任一品牌只要有一个属性超出了最低标准都在可接受之列。可以用一句话来概括析取式规则，即"我将考虑所有（或购买第一个）在任一我认为重要的属性上表现好的品牌"。假设你应用析取式规则做决策，属性的临界点如表 16-6 所示：

表 16-6

属　性	评　价	属　性	评　价
价格	5	电池寿命	不关键
重量	5	售后服务	不关键
处理器	不关键	显示质量	5

你会发现宏碁（价格）、康柏（重量）和戴尔（显示质量）可以进一步考虑（见表 16-4）。在应用析取式规则时，你可能购买第一个你发现可接受的品牌，也可能借助其他决策规则在这三个品牌中做出选择，或者添加附加标准。

当目标消费者使用析取式规则时，产品至少超过一项消费者要求的关键标准的最低要求很重要，这点应该在广告信息和产品包装上强调。由于消费者经常购买他们所遇到的第一种超过某一项他们所要求的标准的产品，因此我们认为广泛的分销和充裕的货架空间是非常重要的。同样，了解当第一项满意产品没有被选择时，消费者如何继续选择也是非常必要的。图 16-10 强调了一个重要属性，适用于高度重视该属性并使用析取式决策规则的消费者。

16.4.3 排除式决策规则

排除式决策规则（elimination-by-aspects decision rule）要求消费者对评价标准按重要程度排序，并对每一标准设立临界点。从最重要的属性开始对所有品牌进行考察，没有超过临界点的备选品牌被排除在外。如果不止一个品牌超出临界点，考察过程将根据第二重要的标准重复进行，这将持续到仅剩一个品牌为止。该消费者的逻辑是:"我想买一个具有其他品牌没有的重要属性的高水平的品牌。"

考虑表 16-7 的排序和临界点,按排除式规则,你将选择哪一个品牌呢?

图 16-10

析取式决策规则选择在任一重要属性上符合或超过高标准的产品。

表 16-7 属性排序及临界点

属　性	排　　序	临　界　点
价格	1	3
重量	2	4
显示质量	3	4
处理器	4	3
售后服务	5	3
电池寿命	6	3

价格标准将排除联想和东芝（见表 16-4），剩下的品牌中，康柏、惠普和戴尔满足重量要求（宏碁被排除）。请注意，东芝也符合重量要求但没有被考虑，因为它在最开始的价格属性中被淘汰了。最后只有戴尔符合第三位的显示质量要求。应用排除式规则，最后我们选出了一个品牌，它具有其他所有品牌具有的需求特性，而且还多一个其他品牌所没有的特性。

当企业的目标消费者使用排除式规则时，重要的是超过消费者要求的标准（按次序）能比竞争者多出一项。这个优于竞争者的优势应该在广告信息和产品包装上加以强调。企业也可以试图改变消费者对评价标准所赋予的权重。图 16-11 中的广告符合这样的决策规则，这表明该品牌具有其他竞争对手没有的需求特性。

图 16-11

排除式决策规则想要寻找一个具备较高级别的其他品牌所没有的属性的品牌。

16.4.4 编纂式决策规则

编纂式决策规则（lexicographic decision rule）要求消费者将评价标准按重要程度排序，然后他将选择最重要属性中表现最好的品牌。如果有两个或两个以上的品牌在最重要的属性上表现相同，则对次重要属性进行评价，直到只剩下一个品牌。消费者的思想可以这样表述："我将选择在最重要的属性上表现最好的品牌，如果在该属性上两个或多个品牌表现相同，我将根据次重要属性选择表现最好的一个。"

编纂式规则与排除式规则很相似，差别只是编纂式规则在每一步都寻求最佳表现的品牌，而排除式规则只是寻求表现满意的品牌。所以，应用编纂式规则分析上面相同的数据，结果会选择宏碁，因为它在最重要的属性中表现最佳。如果宏碁在价格上列第四，它将和戴尔等序；然后戴尔将按其最佳的重量排序而被选中。

当公司的目标消费者使用这一规则时，必须保证产品在最重要的属性上的表现超过其他任何竞争品牌。这个优于竞争者的优势应该在广告中被强调。产品在最重要的标准上至少要与其他竞争者相当。如果竞争者在最重要的标准上有相对优势，那么即使你的产品在次重要的选择标准上有杰出表现也无济于事。如果你不可能在最重要的属性上建立竞争优势，注意力就应该转向第二重要的属性上（假设在最重要的属性上不分上下）。如果不能在关键的属性上赶上或者超过竞争者，公司就应该试着把另一个属性变得更重要。

图 16-12

使用编纂式决策规则的消费者选择在其认为最重要的属性上表现最佳的品牌或服务。Tostitos 广告强调它是用真正的奶酪制成的。

图 16-12 中所示的 Tostitos 广告强调了一个目标市场中最重要的关键特征，在消费者使用编纂式规则的情况下，这则广告能有效促使消费者选择这个品牌。

16.4.5 补偿式决策规则

前四种规则都是非补偿性的，因为某一属性的优秀表现并不能补偿其他属性的拙劣表现。有时消费者在决定对某一产品总体品牌偏好的时候，希望能够均衡一些表现极好的属性与较不吸引人的属性。例如，菲多利（Frito-Lay）、纳贝斯克和奇宝（Keebler）公司正利用消费者对新的小包装的狂热，而一些消费者抱怨其价格偏高，菲多利等公司则指望其便利性和 100 卡路里的新包装所含的卡路里控制因素可以弥补目标消费者对价格的负面印象。这就是它们假设目标市场会对这一产品采用补偿式决策规则。在这种情况下，这似乎还行之有效。有位消费者不赞成大量购买然后定量使用的观念，他这样解释：

> "如果你能够控制，这当然很好。但我们是很现实的，我们愿意购买这种 100 卡路里的包装。当然，我们可能会多付一些钱，但我们也因此不会多吃而增肥。"[35]

补偿式决策规则（compensatory decision rule）陈述的是消费者将选择在有关评价标准的判断上总体表现最好的品牌。用公式可以表述为：

$$R_b = \sum_{i=1}^{n} W_i B_{ib}$$

式中 R_b——b 品牌的总体排名得分；
W_i——赋予评价标准 i 的权重；
B_{ib}——品牌 b 在评价标准 i 上的得分；
n——是相关的评价标准的数目。

该式与第11章中所述的多属性态度模型相同。如果你采用表16-8中所示的相对重要性得分,按补偿式决策规则,你将会选择哪个品牌呢?

应用补偿式决策规则,你会选择戴尔,因为戴尔取得最高偏好度(见表16-4),其计算结果如下:

$$R_{戴尔}=30\times4+25\times4+10\times2+5\times3+10\times3+20\times5$$
$$=120+100+20+15+30+100$$
$$=385$$

表 16-8

	重要性得分
价格	30
重量	25
处理器	10
电池寿命	5
售后服务	10
显示质量	20
总分	100

针对那些使用补偿性决策规则的消费者,我们可以用一些相对较高的属性值去弥补那些相对较低的属性值。但关键是在更重要的特征上应该和竞争者相等或者接近,因为它们在决策中比其他特征占据更大的权重。回忆一下本章开篇描述的小型面包车的购买事例,因为福特车在关键属性上弱于对方,所以该消费者虽然喜欢福特的大部分特征,但最终还是选择了通用。不过,消费者确实表达了如果价差更大的话就愿意改变决策的意愿。对于补偿性决策来说,相关属性的总和必须要超出其他竞争者。

补偿式规则往往最为劳神费时。同时,消费者在决策过程中同时考虑多个属性是很困难的。此外,随着竞争对手进入市场,它们可以改变现有替代品的吸引力。消费者洞察16-1中就讨论了这种情境效应。

16.4.6 决策规则综述

如表16-9所示,每个决策规则都会产生一些不同的选择。因此,营销人员必须了解目标消费者使用哪种决策规则,以便将产品定位在这个决策框架内。

表 16-9 品牌选择与决策规则

决 策 规 则	品 牌 选 择
连接式规则	惠普、康柏
析取式规则	戴尔、康柏、宏碁
排除式规则	戴尔
编纂式规则	宏碁
补偿式规则	戴尔

如表16-9所示,每种规则都产生了一个某种程度上相异的选择。所以,为了在这种决策理论框架下定位一种产品,必须了解目标顾客所采用的决策规则。

研究表明,人们的确用到了这些规则。[37] 低介入度的购买涉及相对简单的决策规则(连接式、析取式、排除式或是编纂式),因为消费者会试图减少做出这类决策所付出的精力。[38] 高介入度的决策和购买因为涉及相当高的知觉风险,人们会趋于更仔细地评价优劣。消费者不仅会应用更复杂的决策规则(补偿式规则),而且在不同阶段可能应用不同决策规则评价不同属性。[39] 当然,个体特征、产品特征和环境特征也会影响消费者所采用的决策规则。[40]

每个市场营销管理者都必须清楚,在特定的购买情景下,目标市场消费者最可能应用的决策规则或规则组合是什么,并制定出相应的营销策略。

|消费者洞察16-1| 情境对消费者选择的影响

理性选择理论表明,消费者选择和偏好是独立于情景之外的。举个简单的例子,该理论假定,无论什么时候消费者对5美元折扣的评价都是一样的。但是,情况并不总是这样。与原始标价100美元的产品比,消费者在购买标价10美元的产品时,会对5美元折扣的感知价值更高。这可以用第8章提到的相对偏好来解释,消费者对5美元折扣的评价会受到产品的初始价格的影响(见图16-13)。

类似地,消费者决策时的竞争情境或第13章中提到的购买情境都会对消费者产生影响。影响消费者决策的情境有很多。在这里我们讨论一下"折中效应"。[36] 看看图a中的选择情境1中A、B两个公寓的两个属性的得分(离学校的距离和1~100质量等级)。如图a所示,A公寓离学校远但是环境和房子质量很高,而B公寓恰好相反。在这两间公寓之间选择涉及补偿性规则,也就是说要在距离和房子的质量之间做出权衡。如图中所显示的,两间公寓的市场份额是一样的,也就是说50%的学生选了公寓A(更看重质量),另外50%的学生则选择了公寓B(更看重价格)。

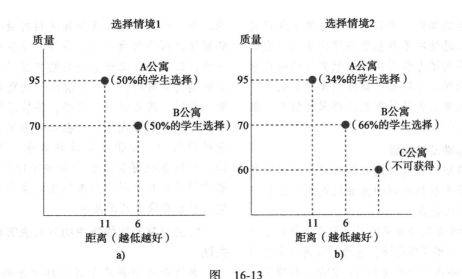

图 16-13

现在开始考虑图 b 中的选择情境 2。在这种情况下，有第三所公寓 C——消费者知道它存在，但是目前无法获得。它和学校的距离比 A 和 B 都近（优势），但房子质量上比 A 和 B 公寓都差（劣势）。理性选择理论假定即使存在这样一所公寓 C，消费者对于公寓的选择仍其——A、B 各一半。尤其是当公寓 C 确实不存在时，理性选择理论者会认为，A、B 两所公寓将保持各自一半的市场份额不变。然而，现实结果却不是这样的。当增加了公寓 C（即使目前它无法获得），公寓 B 的市场份额却增加到了 66%。

这就是所谓的折中效应，因为增加了公寓 C 使选择公寓 B 成了一个折中方案。公寓 B 是两个极端选择（A：距离远但质量高；C：距离近但质量差）的折中。消费者偏好折中的选择并且认为这样更符合（元目标）。当折中品牌更为消费者熟悉，折中效应表现也更为明显。

折中效应对营销者有重要启示。如上面讲的例子中，房产中介想出售一栋房子，首先要向顾客展示一个顾客无法获得的房子，从而让他们提供的房子看起来是一个折中的选择，以此来增加顾客购买的可能性。因为消费者通常会在网上搜寻和评价，然后去实体店购买选择的品牌。所以，对于零售商来说，他们可以创造一个"仅可网上获取"的选择（第三种选择），来使得他们店内产品看起来是折中选择，以此增加销售。

思考题

1. 为什么折中效应与理性选择理论相冲突？
2. 除了容易做选择，你还可以想出消费者喜欢做折中选择的其他理由吗？
3. 将品牌设计为折中备选品的营销策略是否存在伦理问题？说明理由。

小结

1. 讨论实际的消费者选择是如何经常偏离理性决策理论的

理性选择理论有如下三个假定：①消费者总是寻找一个问题的最优解决方案并在此基础上做选择；②消费者具备寻找最优解决方案的能力和动机；③消费者所认定的最优选择不会随着情境因素的变化而变化。然而，所有这些假定已经至少在某些消费者决策中被推翻。给出的理由包括消费者有备选的元目标，消费者受有限理性支配，消费者感知的最优选择会受到情境因素的影响。

2. 总结消费者实际采用的选择过程及类型

感性选择从本质上讲是一种整体选择方式。品牌没有被明显分解为独立于总体评估的不同部分。基于情感的决策运用的是"我感觉它怎么样"的规则，并且这种决策往往在产生消费动机时做出。

基于态度的选择包括使用一般态度、总体印象、直觉或者启发线索，在选择时不需要对属性进行逐一比较。低购买介入度、产品信息缺乏、情境因素（如时间压力大等）会提高基于态度的决策的可能性。

基于属性的选择要求在选择时消费者要具有关于

备选方案特定属性的知识，而且需要对各品牌属性进行逐个比较。相比感性决策和基于态度的决策，它需要消费者付出更多的精力和时间。它也更可能做出更接近最优决策的选择。导致基于属性决策增加的因素包括：高购买介入度、较易获取的品牌属性信息、情境因素（如时间压力小等）。

3. 解释评价标准及其测量

评价标准是消费者针对特定问题而寻求的各种特性和利益，是消费者根据不同的消费问题用于比较不同品牌的表现水平或特点。

在运用评价标准制定营销策略时，需要衡量以下三个问题：①消费者应用了哪些评价标准；②消费者在每一个标准上对各个备选品的看法如何；③每个标准的相对重要性如何。上述问题的测量并非易事，尽管可以运用一些方法，包括知觉图像、恒和量表和联合分析。

4. 描述评价标准在消费者判断和营销战略中的地位

个体区分相似促进因素的能力被称为"感觉辨别"。对于像价格、尺寸和色彩等的评价标准，消费者很容易准确判断。而另外一些标准，如质量、耐久性和健康属性等的评价则要困难得多。总之，研究表明，个体通常不能察觉品牌间相对微小的差别或者品牌属性方面的细微改变。另外，许多产品和服务的复杂性，以及产品或服务的某些方面只有在多次使用后才能判断其好坏，使得品牌之间的精确比较变得很困难。此时，消费者常用价格、品牌名称或其他一些变量作为质量的替代指标。在消费者很难对备选品做出准确评估时，营销者可以利用替代线索来影响其选择。营销者也可以通过广告和定位于特定使用情境，影响消费者对不同产品属性相对重要性的判断，以此使消费者青睐自己的品牌。

5. 总结基于属性决策的五大决策规则及其战略相关性

当消费者根据几个评价标准来判断备选品牌时，他们必须用某些方法从各备选品中选择某一品牌。决策规则就是用来描述消费者如何比较两个或多个品牌的。五种常用的决策规则是连接式、析取式、编纂式、排除式和补偿式。前面所说的这些决策规则更适合于运用在功能性产品的购买和认知性决策场合。因为不同的决策规则需要运用不同的营销策略，所以市场营销者必须弄清目标市场消费者所用的决策规则。

关键术语

感性选择（affective choice）
基于态度的选择（attitude-based choice）
基于属性的选择（attribute-based choice）
盲测（blind tests）
有限理性（bounded rationality）
补偿式决策规则（compensatory decision rule）
联合分析（conjoint analysis）
连接式决策规则（conjunctive decision rule）
终极性动机（consummatory motives）
析取式决策规则（disjunctive decision rule）

排除式决策规则（elimination-by-aspects decision rule）
评价标准（evaluative criteria）
工具性动机（instrumental motives）
编纂式决策规则（lexicographic decision rule）
元目标（metagoal）
知觉图像（perceptual mapping）
投射法（projective techniques）
感知辨别（sensory discrimination）
替代指标（surrogate indicator）

复习题

1. 什么是理性选择理论？
2. 什么叫作有限理性？
3. 什么叫元目标？
4. 消费者决策常用的元目标有哪三种？
5. 什么是感性选择？什么时候可能发生？
6. 在终极性动机和工具性动机之间存在什么区别？
7. 基于属性的选择和基于态度的选择有什么不同？这两种方式在什么时候最有可能会被采用？
8. 什么是评价标准？在哪些特征上它们会不同？
9. 你如何确定消费者应用了何种评价标准？
10. 有哪些方法可以衡量消费者对品牌特性的判断？
11. 如何了解消费者赋予各评价标准的权重？
12. 什么是感觉辨别？它在产品的评价中有何作用？可觉察差别是指什么？
13. 什么是替代指标？它们在消费者评估过程中如何使用？

14. 什么因素影响评价标准的重要性？
15. 什么是连接式决策规则？
16. 什么是析取式决策规则？
17. 什么是排除式决策规则？
18. 什么是编纂式决策规则？
19. 什么是补偿式决策规则？
20. 在制定市场营销策略时如何应用消费者关于评价标准和标准权重的知识？
21. 了解消费者在一个特定购买中可能使用的决策规则对企业制定市场营销策略有何帮助？

讨论题

22. 回答消费者洞察16-1中的问题。
23. 你会采取基于属性的还是基于态度的决策过程来购买（租用或者赠予）下列东西？什么情境因素会改变你的方法？
    a. 从收容所收养宠物
    b. 电影
    c. 数字阅读器
    d. BBQ烘烤架
    e. 私人教练
    f. 运动鞋
    g. 一款新的洗发水
    h. 一套公寓
    i. 智能手机
    j. 人类家园国际组织
24. 重复上一题，推测你的老师会如何回答它们。他的回答在哪些方面与你不同？为什么会有这些不同？
25. 对问题23中的哪种产品你有可能采取感性或情感型决策？情境因素将起到什么作用？
26. 在购买（租用或者赠予）问题23中的产品时你会用什么元目标？它们的相对重要性对你来说是怎样的？
27. 列出在购买（租用或者赠予）问题23中的产品时你会采用的评价标准及其权重，情景因素会改变它们和它们的权重吗？为什么？
28. 重复上一题，推测你的老师会如何回答它们。他的回答在哪些方面将与你不同？为什么会有这些不同？
29. 描述一次基于感性选择的购买，一次基于态度选择的购买，一次基于属性选择的购买。为什么你所用的决策过程会有所不同？
30. 列出五种在品牌决策中可能会用到替代指标作为评价标准的产品。说明消费者为什么会使用这些替代指标，以及企业如何强化它们的应用（例如强化它们的重要程度）。
31. 表16-10是某个消费者在购买助动车过程中所应用的评价标准、标准权重、可接受的表现水平以及对各个品牌表现的判断。讨论在分别应用编纂式规则、补偿式规则和连接式规则时会选择何种品牌。

表 16-10

评价标准	标准权重	可接受的最低水平	备选品牌					
			Motron	Vespa	Cimatti	Garelli	Puch	Motobecane
价格	30	4	2	4	2	4	2	4
马力	15	3	4	2	5	5	4	5
重量	5	2	3	3	3	3	3	3
耗油量	35	3	4	4	4	2	4	5
色彩	10	3	4	4	3	2	5	2
结构	5	2	2	3	3	3	3	3

注：1=极差，2=差，3=一般，4=好，5=极好。

32. 描述你在进行问题23中的产品决策时会采用的决策规则。请问你在不同的情境下会应用不同的规则吗？哪些情境下会？为什么？这些决策中是否有感性决策？
33. 描述你最近对两次大件物品和两次小件物品购买的过程。其中情感或感觉扮演了何种角色？每次有不同吗？每次你应用了何种评价标准和决策规则？为什么？
34. 讨论一下哪些替代指标可以用于评估问题23中所列出的产品或活动的感知质量。

实践活动

35. 向 10 名学生展示消费者洞察 16-1 中图 16-13a 的选项，并向另外 10 名学生展示图 16-13b 的选项。你有观察到折中效应吗（增加不可选择公寓 C 导致公寓 B 的市场份额增加）？选择折中方案的学生是否解释了他们这样选择的原因？他们提供哪些原因呢？

36. 对两个最近购买过重要物品的学生进行一次深入的调查，让他们描述经历的过程。报告你的结果。如果每一位代表一个细分市场，在营销战略方面有什么启示？

37. 列出学生在选择租赁公寓时可能用到的一系列评价标准，然后在当地报纸或学生报纸的广告栏中选择几所公寓，并将它们列成一个同 31 题中一样的表。请五位学生来评估这些信息并询问他们，若只有这些公寓可选的话，他们会选哪一个。再请他们用一个 100 分的常数和量表对各评价标准打分。最后给他们一组描述不同决策规则的陈述，让他们选择与其决定过程最相符的规则。分析在此决策规则和重要性排序条件下他们应该做出的选择，这一选择是否与其实际选择相一致？报告你的结果。

38. 做一个能推导出消费者在选择下列物品时会应用的评价标准的简短问卷。让每位受访者指出其对每一个评价标准所赋予的相对重要性，然后，汇总你和其他几个同学搜集的信息。在此基础上做一个市场细分，并针对每一细分市场拟订一则广告，在广告中强调你的品牌将满足消费者的需要。
    a. 手表
    b. 跑鞋
    c. 电影
    d. 快餐店
    e. 信用卡
    f. 慈善活动
    g. 家庭影院
    h. 健身俱乐部

39. 进行一次口味试验，以确定志愿的味道测试者能否在下列产品领域三个不同品牌之间感受到可觉察差别。试验中，不同被测品牌被放入不同的可识别的容器里，再贴上标有字母 L、M、N 的标签。向志愿者提供一个足够的时间来评估每个品牌，然后让他们说出其对 L、M、N 三个品牌的识别。最后评价这些结果，讨论它们的市场营销意义。
    a. 可乐
    b. 减肥可乐
    c. 柠檬酸橙饮料
    d. 碳酸水
    e. 土豆片
    f. 果汁

40. 为某种视为社会地位象征的产品设计一份问卷，分别应用直接和间接方法来衡量该产品的评价标准。比较采用这两种方法的调查结果，讨论它们的异同点以及哪个评价标准最有可能在品牌选择中被应用。

41. 寻找并复制或者描述一则应用替代指标的广告。说明它是否有效，为什么？你认为公司为何要用这种方法？

42. 寻找并复制一则试图改变消费者赋予品牌选择中所用的评价标准的重要程度的广告。并讨论它们是否有效，为什么？公司为何要采取这种方法？

43. 寻找并复制两份基于情感选择而设计的广告。思考公司应用这种方法的出发点，是否行之有效，并说明理由。

44. 访问一位销售以下产品的商人。弄清他们对消费者在购买这种产品时使用的评价标准、权重、决策规则和替代指标的设想。如果他们对较大细分市场的看法是准确的话，在市场营销中应如何利用它们？
    a. 豪华汽车
    b. 厨房家具
    c. 空气净化器
    d. 化妆品
    e. 滑雪衫
    f. 精美艺术品

第 17 章

商店选择与购买

学习目标

1. 描述零售业的发展
2. 讨论互联网和移动购物渠道
3. 解释影响商店选择的零售和消费者因素
4. 概括影响品牌选择的店内和网上因素
5. 理解购买在购物过程中的作用

科技在各个方面威胁着实体店铺（brick-and-mortar stores），而实体店铺也在利用科技维持生存[1]。例如：

1. 橱窗展示：消费者并没有减少去商场的次数，但他们光顾的店铺数量在降低。网上购物后，他们缩小了选择范围，不再像过去那样需要逛尽可能多的店。这使得意在将路人转化为购物者的橱窗展示面临更大的挑战。在科技的帮助下，固定、单调、静态的橱窗展示可以变为抢夺消费者注意力，鼓励消费者互动，向店内引流的视觉吸引物。例如，利用（Kinect科技）传感器，耐克（Nike）Hyperdunk+ 运动鞋的橱窗展示允许你测量你能跳多高（来扣篮）：

> 你站在街边蓝点上尽可能地跳高，系统会询问你是否保存分数，你可以通过点击橱窗上的贴纸选择"是"或"否"，这使整个玻璃橱窗看起来像一个触屏（然而实际上，是摄像机在捕捉你手部的运动）。随后，你可以在一个排名网站上以类似 Strava 的形式与他人比较[2]。

零售商 Ted Baker 在"Merry Kissmass"假日橱窗展示中，于其纽约新店的入口上方搭建了一个巨型电子槲寄生。他们邀请消费者"在一个数字背景幕布前'自拍'亲吻的照片，在 Instagram 或 Twitter 上转发并标记 KissTed。这些照片将在另一个屏幕上展示，并参加一个有机会赢得浪漫旅行的比赛。"

2. 购物者娱乐：实体店有机会借助科技手段，设计情感互动、具有娱乐性和值得记忆的环境，从而为消费者打造"购物者娱乐"体验。一个范例是位于伦敦摄政街 4.4 万平方英尺⊖的 Burberry 旗舰店。位于改建的 1820 Prince Regent 大楼中，整个 Burberry 商店是戏剧和技术的整合体。进入商店后，消费者将看到世界上最高的室内零售屏幕（超过 22 英尺），自支撑石阶梯和精心布置于各处的"定制黑色青铜灯笼、家具、石膏制品、木制镶板和地板，以及传统玻璃标牌"。所有这些都达到了预期的效果——让顾客感觉已经到达 Burberry World Live（Burberry 网站首页）。镜子可以瞬间转变为屏幕，播放"T台镜头和独家视频，以及卫星技术支持的现场直播"。在每天特定时间，会出现"破坏性数字接管"，所有 500 个扬声器和 100 个屏幕同步显示相同的内容。RFID（射频识别）标记的商品能够触发店内和试衣间内的镜子，将其转变为视频屏幕，为消费者提供产品信息——设计、拼接、历史，并在此过程中创建触摸按键，让消费者与品牌形成深度互动。为了使购物互联网化，携带 iPad 的 Burberry 工作人员不仅可以回答关于库存和下单的

⊖ 1 平方英尺 = 0.093 平方米。

问题,还可以现场收款,无须顾客携带商品到收银处排队支付。该店旨在利用实体店提供网购般的用户体验。

3. 库存:线上商店无限量库存的优势也可以在实体店实现——通过大屏幕信息亭、触摸屏订单点和在线信息亭上显示的虚拟库存来扩展其实体库存。一个例子是由全球运动零售商阿迪达斯(Adidas)开创的虚拟鞋类墙,内置LCD触摸屏幕,使消费者能够创造并看到3D效果的鞋,从而大大增加了销售量。

4. 消费者追踪:线上商店可以通过追踪cookies(软件代码的位)来跟踪消费者在互联网上的行迹。现在,许多公司(如RetailNext、Euclid Elements、Nomi、ShopperTrak、Brickstream、WirelessWerx、Shopperception)正在使用科技——智能手机独特的Wi-Fi地址、热度地图、接收手机无线电信号的传感器,在线下世界做同样的事情。实体店可以获取消费者店内行动轨迹,他们在各个地点停留的时间,他们考虑过的商品,进入商店的路人数量,他们逗留的时间以及他们离开后是否返回等数据并用于分析,以提供对人员安排规划、商品决策、商店布置和橱窗展示等至关重要的信息,从而吸引顾客并影响购物者。另外,当消费者在商品附近时,根据消费者店内位置的信息,零售商可以向消费者的智能手机(Shopperception、Shopkick和Snapett)发送关于商品的信息以及优惠券和折扣。

很明显,零售业已经成为市场营销中一个激动人心的领域。那么,零售领域的前景将会怎样呢?

在消费者搜寻信息和选择品牌之前、之中或者之后,消费者会选择要进行购买的零售店。品牌对于零售店很关键,因为品牌是顾客光顾哪家零售店的主要决定因素。零售店对于品牌也很重要,因为零售商可以让品牌接近它们的目标顾客。图17-1中的Husky广告提供了一个例子,广告中品牌和几个零售商被同时宣传,说明零售店和品牌对彼此的重要性。

我们本章的重点是描述零售业态的演变、影响店铺选择的因素,以及店内(和网上)品牌选择的决定因素。

17.1 零售业的发展

正如开篇引言所表明的,零售业在技术的作用下正在发生显著的改变。零售商店(retail outlet)指的是消费者可以购买到商品或服务的任何地方。它已经远远不止实体商店和购物目录,还包括互联网、交互电视广告以及移动购物应用程序。在不到20年以前,微软之父比尔·盖茨(Bill Gates)做过对零售业未来的描述,在当时看起来可能遥不可及,但是现在,就算不是全部,至少他曾经预言的大部分内容,同时还有一些他没有预见到的,都已经或者正在发生。我们来看一看他当时的描述:

图 17-1

这个Husky广告显示营销人员经常使用广告来创造品牌需求,并将消费者引导至适当的店铺。

> 你正在观看电视上的"塞恩菲尔德"(Seinfeld),你喜欢他穿的衬衫,于是就用遥控器点击它。表演停止了,屏幕顶端出现下拉式菜单,询问你是否想要购买。你点击"是",另一张菜单就让你选择颜色,你选择黑色。下一张菜单则列出你的信用卡,询问你将使用哪一张,你选择万事达卡或者其他信用卡。最后,衬衫应该送到什么地方去,是你的办公室、你家还是临时住所。选好地点之后,你的任务便完成了。菜单消失,"塞恩菲尔德"继续播放。
>
> 就像你可以告诉电脑你的信用卡和地址一样,你也可以利用超级市场的三维扫描仪来测量你的体形。这一系统会保存你的精确尺码,并将数据自动传送给工厂。在那里,机器人会按照这个尺码为你裁制衣服。通过隔夜邮递服务,第二天一早衣服便会送到你的门口。[3]

如今,电脑可以以多种方式获得并记住消费者的个人信息和偏好,这些方法包括行为跟踪和可以实现服装定制的全身扫描。此外,很多有线电视提供商正尝试采用交互电视广告,让使用者在广告中获得更多的产品信息，甚至像在锐步（Reebok）的案例中一样购买产品。[4]

除了交互电视广告，还有一种概念叫作交互电视节目，此类节目中的品牌可以使用电视遥控器搜索和购买。如果你认为这遥不可及，就去登录 www.clikthrough.com，在那里你可以观看流行艺术家的音乐视频，而且视频中的品牌和产品是可以搜索和购买的。

在 Katy Perry 的视频《Walking Up in Vegas》中，一个男人穿着一件黑色的衬衫。点击衬衫，出现一个消息盒子，提供更多关于这件衬衫的信息。点击"现在购买"按钮，你会进入内曼·马库斯（Neiman Marcus）的网上商店，并在那里购买这件衬衫。

本章的重点是互联网（线上）和商店（实体店）零售，同时也将讨论移动应用程序对消费者线上和实体店购物行为日益增长的影响。此外，其他形式的非店铺零售，如购物目录、电话销售、直邮、电视购物（被称作**在家购物**（in-home shopping））等也依然重要。互联网和移动零售的结合已经引起了另一个我们将要讨论的问题，即多渠道与全渠道的营销和消费者。

17.1.1 网上零售

在第15章中，我们已经了解到，网络是一个主要的信息来源。而且，网络也是一个主要的零售渠道和在家购物手段。表17-1显示了网络零售目前的规模。[5]

表 17-1

目前网络零售的规模		目前网络零售的规模	
美国互联网用户（百万美元）	288	网上支出占零售总支出的比例	11
美国网上（非旅行）零售总支出（十亿美元）	279	受网络影响的店内总销售额（十亿美元）	1 543

表17-1列示的几个具体方面，以及网络购物的整体而言，特别值得关注。第一，互联网用户数量每年的增长率大概是3%，相对来说比较低。这是因为大多数美国成年人已经是互联网用户。第二，网上销售额年增长率一直稳定在12%（这一数据很大程度上由产品类别决定）。第三，估计有66%~88%的互联网用户都曾在网上购物。因此，未来网上销售额的增长将更多的来自现有消费者的网上消费的增加，而不是依靠互联网用户数量的增长。弗雷斯特（Forrester）估计，到2010年，70%的网上销售额的增加将来自现有网上购物者消费的增加。[6] 并且网上销售还有很大的增长空间。即便不考虑网络渗透较低的食品杂货店的销售额，线上销售额仍然只占到零售额的大概15%左右。最后，就实体商店的销售额而言，互联网对其有重要影响，进而增强了互联网作为零售渠道的重要性。我们将在本章的后面部分讨论这种"交叉渠道"（cross-channel）效应。

排在网上销售前五位的商品类别是：①旅游；②服装（包括配件和鞋子）；③电脑及外围设备；④汽车及零配件；⑤消费类电子产品。消费者网上购物的原因多种多样，且其中多数与目录购物的原因类似（见表17-2）。[7]

表 17-2

原　因	线上购物	目录购物	原　因	线上购物	目录购物
便利	67%	62%	希望产品能被送来	16	31
价格合理	41	40	没时间去商店	13	17
产品独特	33	40	朋友推荐	7	7
曾经购买过该公司的产品	28	39	冲动	4	5

资料来源：*Catalog Age*. Reprinted with the permission of Primedia Business Magazines & Media Inc. Copyright 2001. All rights reserved.

最近，许多专家都认为购物目录最终将消失。然而，购物目录和网络似乎是相互补充的。比如，最近的一项研究表明，当消费者收到购物目录时，去该零售商网站购物的概率几乎翻倍，而其花销也会增加16%。[8]

1. 网上购物者的特点

很显然，网上购物者首先必须是网络用户。正如我们在第 15 章中看到的，网络用户通常都是具有较高的收入和教育水平的年轻人，尽管这种特征的差异正在消失。Pew Research 估计，现在有 66% 的美国成年互联网用户都曾在网上购物。网上购买者的人口统计特征与网络使用者相似。也就是说，他们是更年轻（主要区别在于他们是 65 岁以下还是 65 岁以上）、非西班牙裔、拥有高学历和高收入的宽带使用者。[9] 此外，上网经验似乎可以增加网上购买。[10] 而且，益博睿公司的研究发现，可以根据对网上购买有影响的网上态度、经验和行为将消费者划分为如下购物人群。[11] 图 17-2 展示了鞋类零售商 Jambu 的网站截图。你能判断哪类群体是它的目标客户吗？

图 17-2

不同消费者在网上浏览和购物的方式不同。这个网站的目标客户是哪类购物者群体？

- 网购狂热者（Upscale Clicks and Bricks，17%）。他们在过去 12 个月中在网上购物的可能性比普通消费者高 68%。他们一般是高收入的中年人，最可能在网上购物，但也会和普通消费者一样在商店购物。在购买前，他们会进行大量的网上信息搜索。
- 虚拟购物者（Virtual Shoppers，26%）。他们在过去的 12 个月中在网上购物的可能性比普通消费者高 10%。他们更年轻，且分布于高收入与低收入人群之中。这部分人群更倾向于使用网络来寻求最大的优惠。
- 地位奋斗者（Status Strivers，20%）。他们在过去的 12 个月中在网上购物的可能性比普通消费者高 4%。他们更年轻，而且主要是女性。这部分人将购物看作有乐趣的活动和一种消遣的方式。她们喜欢通过购物和浏览商店来紧跟潮流，也是大型购物中心的主要顾客。
- 商店狂热者（Mall Maniacs，10%）。他们在过去的 12 个月中在网上购物的可能性比普通消费者低 15%。这部分人属于中等收入水平，喜欢尝试新事物，喜欢购物。他们在购物中心购物的频率仅次于地位奋斗者。
- 必需品购买者（Just the Essentials，14%）。他们在过去的 12 个月中在网上购物的可能性比普通消费者低 27%。他们年龄更大，收入中等。这部分人只是寻求产品的功能必要性。无论任何一种形式的购物方式，他们的购物频率都是最低的。
- 传统主义者（Original Traditionalists，13%）。他们在过去的 12 个月中在网上购物的可能性比普通消费者低55%。他们年龄更大，收入水平较低。这部分人具有商店和品牌忠诚，喜欢购买美国货和绿色商品。他们到商店购物的概率处于平均水平，是最主要的目录购物群体。

一项针对亚洲消费者的研究也得出类似的分类。[12] 很明显，为了让网上购物持续增长，营销人员必须克服抑制网络购物的障碍，尤其是对于地位奋斗者和商店狂热者。这并非只是一个简单的提议。这些消费者喜欢购物，而且喜欢购物的乐趣。很多人可能是喜欢与别人一起购物，而这却是网络购物所缺乏的。有趣的是，必需品购买者可能被网上购物的便捷性和折扣所吸引，而不会在意网络购物是否是功能性的。

2. 网上购物的障碍

对于某些产品、消费者和情境，相比于购物目录、传统商店或其他线下渠道，网上购物可以提供更多选择，且更方便，价格更优惠。然而，在多数情况下，消费者更偏爱传统商店。确实，对于大多数消费者和大多数产品类别，传统商店仍然是消费者的最佳购物渠道，接着才是互联网和购物目录。[13] 网上购物的一个明显障碍是上网条件，尽管如我们在第15章里看到的，这一障碍的影响正在快速减弱。但对于那些能够上网的人来说，其他障碍依然存在。弗雷斯特研究公司发现，对于虽然上网但不在网上购物的人群，下列原因是导致这一现象的主要影响因素。[14] 研究表明，类似的原因也适用于亚洲消费者（见表17-3）。[15]

表 17-3

原　因	%	原　因	%
无法接触产品	36	更喜欢网上了解产品信息，线下购物	24
不想提供个人财务信息	32	感觉没有必要在网上购买	23
送货成本过高	29	无法与销售助理在网上交流	14
退货麻烦	26		

资料来源：Forrester Research, 2010.

上述及其他障碍关系到如何将网站访问者转变为购买者，这是寻求提高网上销售额的市场营销人员主要关心的问题。消费者洞察17-1将讨论使网站访问者转变为购买者的策略。

17.1.2 店铺零售

大部分的零售还是在传统店铺里进行的，而且在可以预见的未来也将一直如此。然而，传统的店铺零售也是有弱点的。请看一项来自Roper调查的结果，该调查询问消费者不喜欢到店铺购物的原因（见表17-4）。[16]

表 17-4

原　因	百　分　比	原　因	百　分　比
销售人员缺乏相应的信息	74	太拥挤	58
要排很长的队	73	很难找到人来帮助自己	54
很难找到产品	64	购物时间太长	38
停车和交通问题	64	不喜欢购物	34

资料来源：From Roper Reports Telephone Survey, August 2003.

很显然，对于许多人来说，店铺购物既没意思也不省时间，而零售商在通过各种形式改变这一点。[17] 拥有户外人行道、餐馆和公园的生活方式中心正在兴起，它们模仿过去的小镇零售，激发消费者兴奋的情绪，适应不断变化的购物习惯。品牌商店正在成为主要销售网点，同时也是品牌促销的载体，如李维斯、耐克和锐步。店内店也在尝试中，沃尔玛有在同一个屋檐下的眼镜店、银行和餐馆。大型超市如沃尔玛和家得宝（Home Depot）正在尝试更小型的店面。[18]

除了各种形式之外，传统百货商店已经开始努力在其店内打造"终点站"，以此来增强它们店面的整体形象并提高其客流量。例如，美国的梅西百货（Macy's）在特定的区域设立了婚纱沙龙，而塔吉特和凯马特

（Kmart）则提供设计收藏品来吸引消费者。[19] 事实上，塔吉特对时尚设计师收藏品的运用已经让它的形象比沃尔玛等商店更时髦。

越来越多的零售商正在努力通过布景、音乐、私人导购等手段增强其商店的体验元素。一些商店聚焦于顾客的体验方面，例如美国女孩（American Girl）商店不仅卖玩偶，也提供诸如就餐或聚会的体验。这在一定程度上使得儿童的社交过程变成了购物体验，或者是母女、父女在一起的购物体验（详见第 6 章）。类似地，Bass 专卖店既卖产品，也拥有展示鱼类的水族馆、射击区和餐馆等。Dick 运动产品拥有一个高尔夫俱乐部测试体验区，并且有些店面甚至还有攀岩设施。

如你所见，由于传统零售店在功能维度上很难与网络商店竞争，因此它们在着力成为大型娱乐中心，聚焦于社交元素。比如，明尼阿波利斯附近的 Mall of America 就建在游乐园边上。它还建了一个小型的高尔夫球场、夜总会、主题餐馆和水族馆（见图 17-3）。零售业是一个激动人心、竞争激烈的行业，最了解顾客的零售商将成为未来的赢家。

图　17-3

正如这本《美国商场观光指南》（*Mall of America Visitors Guide*）中所展示的，店铺零售商为客户提供附加值的一个途径是为其营造有趣的购物环境。

17.1.3　网络成为多渠道策略的一部分

大多数零售商不仅仅在线上销售，还采取多渠道营销策略，利用多种零售渠道接近顾客。多种渠道包括实体店铺、网络和购物目录等等。多渠道营销可以采取多种形式，其成功源自各种因素。比如，如图 17-4 所示的地区性店铺零售商可以通过网络迅速达到全国乃至全球品牌的规模。另一方面，网络也可以使传统的零售商如彭尼百货（JC Penney）和萨克斯第五大道精品百货店（Saks Fifth Avenue）影响到小社区，而在过去这是很浪费资源的。

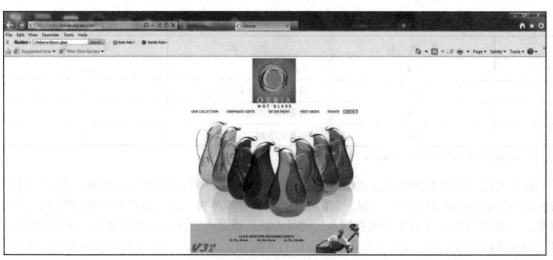

图　17-4

互联网销售网站能将本地或地区性企业迅速变为全国性甚至国际性企业。

多渠道营销的增长反映出消费者购物方式的变化。顾客越来越可能成为**多渠道购物者**（multi-channel shoppers），即消费者会通过多种渠道浏览和/或购买产品。研究表明：[26]

- 最常见的形式是线上到实体店（在网上搜索，在实体店购买）。这是75%以上的多渠道购物者偏好的方式，远远多于偏好在实体店搜索、网上购买的7%购物者。
- 大约78%的网络购物者使用两个或以上的渠道来搜索和购买。
- 多渠道购物者收入更高，在一家零售店的花销要比单渠道购物者高15%～30%。
- 类似的多渠道购物者及其购物模式也存在于欧洲。

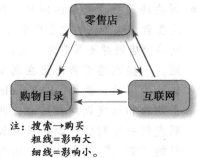

如图17-5所示，零售渠道之间是互补的，因为没有哪个渠道能够做到十全十美。因此，网上购物可以克服传统购物的缺点，如缺乏经验丰富的销售人员，找寻店内产品的不便，而传统购物也可以提供实物接触和解决紧迫的购物需求。[31] 图17-5还强调了购物目录对网上购物和零售店购物的重要推动作用，即使其曾被预测将在网络零售时代消失。

图17-5 多渠道购物者通过一种渠道搜索，在另一种渠道购买

资料来源：DoubleClick Multi-Channel shopping study——Holiday 2003, www.internetretailer.com, January 2004.

|消费者洞察17-1| 将网站访问者转变为购买者

由于大约有90%的美国成年人使用网络，其中约2/3的人有网上购物经历，因此，要提高网上销售额，就需要增加有经验的网络用户上网购买的频率和开销。我们为网络零售商提出了一系列的建议，以帮助它们将网站访问者转变为购买者。

- 合适的登录页面。不合适的登录页面会成为购物杀手。例如，在搜索房产保险并点击链接后，出现的登录页面是关于汽车保险的。企业正努力将登录页面与点击的消费者类型相匹配。例如，精英岛旅游胜地（Elite Island Resorts）面向不同购买者设计了两个不同的登录页面。[20]
- 解决隐私和安全问题。网络隐私和安全是网上购物的最大障碍之一，导致了数十亿美元的销售量流失。**网上安全问题**（online privacy concerns）是指消费者担心其网络上的个人信息会被不正当使用。网上安全问题包括面向儿童营销的问题、营销信息泛滥以及身份被盗用等。[21]

有四种方法也许可以缓解网上安全问题。第一，利用直接控制（direct control）让消费者通过"选择进入"功能自主选择个人信息的使用方式。[22] 第二，使用直接信任信号（direct trust signal），比如隐私声明，以及安全验证系统的使用和沟通，例如VeriSign。[23] 这些信号可以提高信任度，降低隐私担忧，增加购买量，虽然有时也并不如此。第三，使用与公司网站投资有关的间接信号（indirect signal）。例如，一家"利用冲击波技术，以便用户体验网上演示，通过旋转产品图像获得更多附加信息"的公司，与另一家"通过文字和静态图表"来传递相同信息的公司相比较，研究表明，一旦消费者察觉公司在网站上投入更多，其信任度就会提高，网络购物的可能性也会提高。[24] 最后，把品牌作为信任度的间接信号。研究表明，消费者更倾向于向值得信任的商家提供具体的交易信息，而不是他们不熟悉的商家。[25]

公司需要根据其网站访问者的类型采取相应的方式。搜索者（搜索产品为主）对网站投资相关的间接信号较敏感，而浏览者（娱乐为主）对隐私声明这类直接信号较敏感。

- 解决消费者无法接触产品的问题。消费者不能在购买前接触、操作、检验和试用产品是一个重要问题，这阻碍了诸如服装和家庭装潢等产品的网上销售，因为网络很难模拟这些产品的属性（如服装是否合身、家具的颜色和质地）。[27] 网上营销人员越来越善于用复杂的技术来创造虚拟产品体验，比如3D模拟、多媒体，而这些都因为宽带技术的普及而成为现实。例如，在服装行业，"虚拟试衣"功能让消费者看到模特试穿服饰的效果。MVM（我的虚拟模特）让消费者可以创建他们自己的模特，"试穿"各种品牌和风格的

服装。28

- 解决缺乏社交要素的问题。商店零售具备社交要素，这是购物的主要驱动力之一，而许多网络商店则并不具备这一点。为了解决这一问题，一些网络零售商正在创建具备社交购物体验的网站。例如，Kaboodle 网站正在把网上购物和社交网站相结合，使消费者能够和朋友们一起购物。如宜家（IKEA）的安娜这样的"拟人"网上助手，达到了更加社交化的程度。这些助手会让消费者觉得网站更加具有社交性，从而产生积极情感并增加购买意愿。29

- 处理购物车放弃问题。在购买之前，消费者购物车中约70%的商品被遗弃。这其中有大量的潜在收入，营销人员已经看见了这一机会。最近一项研究表明，有针对性的（如提醒被放弃的商品，宣传品牌核心价值，提供一些促销——因为价格和送货费用常常是主要影响因素）和及时的（24小时后，90%的被放弃购物车无法挽回）电子邮件促销活动很有用。如果实施得当，一封发给遗弃过购物车的顾客的电子邮件（或者一个促销活动中的一系列电子邮件）估计平均可以产生17.90美元的收益。这意味着那些放弃购物车的消费者可以将商品重新加入，并转变为购买者。30

思考题

1. 网络零售商还可采取什么其他策略来提高网站访问者购物的可能性？
2. 你认为社交要素在网络上也很重要吗？请说明。
3. 你认为针对购物车遗弃问题的活动为什么会如此成功？

17.1.4 移动设备成为全渠道策略的一部分

由于移动购物应用程序的出现，诞生了一群新型的全渠道消费者。**全渠道消费者**（omni-channel shoppers）是指那些同时在多个渠道上搜寻和购买的消费者。也就是说，这些消费者在实体店内购物时，他们可能将商品的二维码扫入自己的移动应用程序，然后接入互联网来比较该品牌多个商家的价格；或者，他们利用移动应用程序寻找店内的折扣品或优惠券。或者他们利用自己的手机在网上搜寻更多该商品的信息或在线推荐。该购物模式的突出特点是同时使用多个渠道。前面提到的例子中，销售渠道有实体店、移动应用和互联网之分。图17-6描述了全渠道购物模式，由于手机应用程序可以上网，三种渠道在实体店中被同时用到。

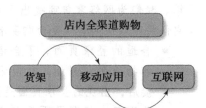

图17-6 全渠道购物者同时在多个渠道搜索信息和进行购买

全渠道购物者都是非常依赖移动设备和移动应用程序的技术行家。他们多是年轻Y一代、高消费层和技术达人的X一代和老的Y一代。全渠道购物者比多渠道购物者在一个零售商那里要多消费15%~30%，因此成为零售商的关键目标顾客。看一下梅西百货高管的以下陈述：

我们对于梅西百货的全渠道零售策略做过很多讨论。我们的顾客是全方位的——她忙于工作，陪朋友外出时随身都会带着一部移动设备。她活跃在Facebook、Twitter和YouTube等许多其他社交媒体网站。我们希望顾客与梅西百货之间无障碍沟通。不论顾客在线上还是实体店，通过笔记本电脑、Driod或是iPad购物，对我们都是没有区别的。梅西百货最好的顾客是那些同时在我们的网店和实体店买东西的顾客。我们有一系列策略将实体店顾客吸引到线上，也能将网上顾客吸引至线下。当今的顾客不再是一成不变的。这就是我们接触顾客的方式。32

尽管多渠道营销策略可以提高消费者开支，但也非常具有挑战性。需要考虑将各种渠道实现无缝对接、协调统一，同时确保它被接入合适的移动应用程序，并在众多搜索引擎中位置突出。像IBM等大型技术公司正在为像梅西百货这样的公司提供解决该类问题的方案。

17.2 影响零售商店选择的因素

特定零售店铺的选择涉及根据消费者的评价标准对可供选择的店铺进行比较。本节我们将介绍常见的消费者用于选择店铺的标准。虽然大多数关于店铺选择的研究与在零售店中做选择有关（如彭尼百货或西尔斯百货），我们也会在可能的时候基于新出现的例证介绍消费者是如何选择网上零售商的（如 Buybooks.com 或亚马逊（Amazon.com））。

17.2.1 商店形象

某个消费者或目标市场对一个零售店铺所有特点的整体印象，被称为**商店形象**（store image）。这同第 9 章中所讲的品牌形象是类似的。一项研究列出了下列构成商店形象的 9 个维度及其 23 个构成要素。[33] 请注意店堂气氛层面的构成要素都带有强烈的感情色彩（见表 17-5）。

这项研究着眼于实体店铺，用于其他类型的零售商店时则需要对维度和构成要素做适当的调整。比如，最近一项对网上零售商店形象的调查发现，以下 7 个维度和相关构成要素影响网络零售商店的选择（见表 17-6）。[35] 构成商店形象的维度和构成要素中，哪些在网络商店最适用，哪些最不适用？

表 17-5

商店形象	
维度	构成要素
商品	质量、品种、式样、价格
服务	提供按月付款、销售人员、退货方便、信用、送货
主顾	顾客
硬件	设施清洁、店堂布置、购买便捷、吸引力
方便	店铺位置、停车
促销	广告
店堂气氛	温馨、有趣、兴奋、舒适
制度	店铺声誉
售后	满意度

资料来源：J. D. Lindquist, "Meaning of Image," *Journal of Retailing*, Winter 1974, pp. 29-38.

表 17-6

网上零售商形象	
维度	构成要素
有用	良好的产品和信息、价值、与兴趣吻合
有趣	有趣、吸引人、浏览起来很愉快
易用	容易使用和浏览、灵活的网站设计
值得信赖	信誉、信息安全和保密性
风格	有帮助、友好的、知识丰富的、安静的
熟悉度	线上和线下广告，总体熟悉度
结算交付	快速、灵活的配送和交易

资料来源：Reprinted from H. van der Heijden and T. Verhage, "Online Store Image," *Information and Management* 41 (2004), pp. 609-17.

正如这些研究所示，零售商的整体形象（包括网上零售商和店铺零售商）涵盖了功能性和情感性因素，其中情感因素的重要性不容忽视。

营销者在制定零售策略时，需要大量地使用有关形象的数据。[36] 首先，营销者控制着许多决定商店形象的要素；其次，不同的消费群体喜爱不同零售商店的不同方面。因此，对大多数零售商来说，塑造在情感和功能上都符合目标市场期望的形象极为重要。比如图 17-7 中所示，时尚行业零售商借助设计师收藏来提升其高端、前卫的品位，打造具有情感感染力的商店。

其他零售商店则着眼于功能性的因素。比如，亚马逊和购物网站 Buy.com 强调商品的品种和价格，而 7-Eleven 便利店则强调为顾客提供方便（包括位置的便利、更长的营业时间和快速的服务），这适用于方便是关键要素的情境。

图 17-7

设计师收藏品是零售商提升形象的一种方式，能使其店铺形成针对目标客户的适当定位。

| 消费者洞察17-2 | 多渠道购物 |

宜家是瑞典大型家用商品零售商，拥有巨大的实体店铺，以其蜿蜒的路径而著称，鼓励消费者在店内漫步，更适合消费者浏览和购买商品。宜家还有一个易于浏览的网站，消费者可以从该网站订购商品。此外，它将购物目录发送到消费者的家中。即使拥有这"三重威胁"，宜家仍未解决消费者确定沙发、椅子和桌子等在家中看起来是什么样的问题，直到宜家推出其增强现实应用程序。它的工作原理为：消费者通过宜家产品目录看到她喜欢的东西——比如一个沙发。她用智能手机或平板电脑扫描页面。然后，她把目录放在她可能会放置沙发的地方——比如在靠墙和窗前的位置。通过使用智能设备，她可以看到沙发在她家的样子。宜家产品目录的300个产品中，有100个可用于这一虚拟现实应用程序。该程序可能对目前14%的购买错误尺寸家具和70%的不了解自己家尺寸的宜家客户有所帮助。[34]

始于纯粹网络商店的零售商已经发现了添加实体店的价值和好处。时尚精品眼镜供应商Warby Parker就是一个例子。2010年推出后，它通过电子商务模式，直接向消费者销售眼镜，成功搅乱了眼镜行业。通过垂直整合眼镜的设计和制造，它能够提供低于行业标准的价格，从而消除了支付极高品牌许可费用的做法。它师法苹果零售店，其新开业的Soho纽约实体店的设计重点是消费者体验。这个20步宽的商店有老图书馆的感觉——水磨石地板、黄铜图书馆灯、滚动梯子和精心挑选的旧书（消费者可以购买）。眼镜不是锁在玻璃柜里，而是开放供消费者试戴。消费者可以在环绕商店的镜子中看到自己，也可以在照相亭中拍摄自定义照片——一种比手机自拍更新颖的体验。为了完成这项服务，一周七天都有店内验光师提供事先在线预订的50美元验光服务。

电子零售商可以使用其网站的数据——客户特征和位置，以及销售量，来指导其实体店的决策——店铺位置、商店大小和商品选择。例如，高档男装供应商Bonobos建立了实体店Guideshop，以解决客户希望在网购之前试衣的问题。客户提前预约（通常持续45分钟）去Guideshop商店试衣。Guideshop是拥有充足库存的小型商店（700平方英尺）——拥有所有11个腰围尺寸和4个内缝长度的卡其裤，以便店员为客户试衣和选择尺寸。客户随后可以在Bonobos网站上购买服装。

网店数据分析表明，电子零售商在短时间内（几天到几个月）于高客流量区域开设更便宜的临时（pop-up）商店，收益可能要比开设旗舰店好。手工制品卖家Etsey，模仿在线拍卖行eBay已经采用过的方法。像一个老式的手工艺品展，Etsey的临时商店为卖家提供了一个实体空间来展示他们的手工制品。卖家使用笔记本电脑显示库存，并使用智能设备Paypal和Square进行销售。E-bay的第一家实体店是其在伦敦的圣诞市场，被放置在一个集装箱中。开设四天的假期购物吸引了2 500名客户。该店的虚拟库存包括投影在墙上的350个高评价产品，每个产品都附有社交媒体推荐，并带有QR（快速响应）代码，消费者可以使用移动设备扫描以向eBay支付。通过建立线下店面，这些在线零售商的收益由于实体和网络市场的互动而翻倍。实体商店展示消费者可以触摸和感受的选定商品，同时其电子商店中的虚拟商品作为后台库存。实体店可以吸引新客户，同时制造舆论热点吸引其网络客户。

思考题

1. 目前在网上销售的产品中，你认为哪些应该保持仅在网上销售，哪些应考虑建立（永久性或临时的）实体店？
2. 一些传统零售商（梅西百货、诺德斯特龙和沃尔玛）已经采取多渠道策略。它们已经建立了网上商店，为客户提供网上购物、店内退货的便利。这样的便利是否会鼓励你购买以往不会购买的产品？
3. 你认为自己是全渠道购物者吗？作为消费者，这种方式对你有什么价值？

17.2.2 零售商品牌

与商店形象密切相关的是**商店品牌**（store brands）。在极端情况下，商店或店铺就是一个品牌。例如盖普（Gap）、维多利亚的秘密（Victoria's Secret）和Body Shop International，它们店里的所有商品都来自商店自有品牌。传统上，零售商只使用制造商品牌，只有西尔斯和Montgomery Wards这样的商家才发展了自有品牌。

到了20世纪70年代，许多商店开始发展商店品牌作为全国性品牌的廉价替代品，这种做法一直延续到现在。[37]

然而，越来越多的零售商如沃尔玛和塔吉特正在发展高质量品牌，这些品牌使用商店的名称或独立名称。自有品牌不仅为零售店带来了可观的利润，而且发展得当的话，还会成为零售店铺的重要特色，即成为吸引消费者到该店购物的原因之一。[38] 最重要的是，没有其他店铺可以使用其品牌。商店品牌获得成功的关键因素很明显——高质量的产品，合理的价格。以低价提供质量适中的商品，这一传统模式并不是最好的。[39] 事实上，最近的研究表明，至少在某种程度上，消费者对零售商品牌（例如塔吉特的 Archer Farms）购买的增加会提升其对该零售商（塔吉特）的忠诚度。[40]

17.2.3 零售广告

零售商运用广告向消费者宣传其特点，尤其是产品的销售价格。很明显，价格广告（传统、网络或移动互联网广告）能够将人们吸引到商店中去。一项涉及各类商品（包括汽油、床单、电子表、长裤、套装、自制咖啡机、礼服和床垫等）的报纸广告调查显示，零售商广告的影响因产品类别的不同而不同。例如，因汽油广告吸引到商店的人中有88%会购买广告中的产品，而受礼服广告吸引的人中，只有16%会购买。总体而言，受广告产品影响而进入商店的人中，大约有50%会购买广告中的产品。

如图17-8所描述的，仅仅估量广告中所宣传产品的购买情况会低估零售广告的实际影响。进店购买广告商品的顾客对其他产品的购买被称为**外溢销售**（spillover sales）。这项研究中，外溢销售额几乎与广告产品的销售额相等，即因为广告而到商店中购物的人，每花1美元购买广告中的产品，就会花另外1美元购买店中的其他商品。[41]

另一项研究得到了如下的结果（见表17-7）。[42]

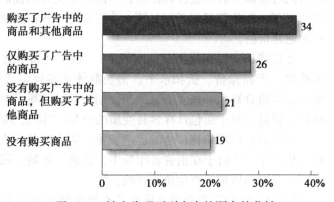

图17-8 被广告吸引到店内的顾客的花销

表 17-7

行　为	逛店理由		行　为	逛店理由	
	购买促销商品	其他原因		购买促销商品	其他原因
在促销商品上的支出	11.30	3.27	总计	29.78	25.17
在一般商品上的支出	18.48	21.90	商店利润	5.64	5.77

零售店在评价价格或其他促销手段带来的利益时，应该考虑其对商店总体销售额和利润额的影响，而不仅仅是对那些广告商品所做的贡献。尽管大部分零售广告强调的都是价格特别是促销价格，但是很多研究表明，价格往往不是消费者选择零售店的主要原因。[43] 因此，重视服务、产品种类或情感因素可能会使零售商受益。[44]

网上零售商在大众媒体上做广告，不仅是为了吸引消费者查看它们的网站，也是为了树立形象。价格和价值对网上购物者来说无疑是很重要的因素，[45] 很多网站都强调了这点。另外，最近的研究表明，定制化的促销手段如电子邮件可以更好地迎合目标顾客的特征和需求，从而增加网上商店的顾客流量。[46]

价格广告决策

在考虑采用价格广告时，零售商面临着三个方面的决策：

（1）应当使用多大幅度的价格折扣？

（2）是否采用比较价格或参考价格？

（3）应当采用什么样的语言表述价格信息？

消费者常常认为广告中的价格代表折扣价或促销价。使用比较价格能大大提高消费者对节省的感知。然而，感知的强度与比较价格或参考价格的表达方式有关。所谓**参考价格**（reference price），是指与其他价格相比较的价格。如"原价 9.95 美元，现价仅为 6.95 美元"，这一广告语中的 9.95 美元就是参考价格。**外部参考价格**（external reference price）是营销者提供的给消费者用来与现行价格做比较的价格。**内部参考价格**（internal reference price）则是一个价格或价格范围[47]，消费者将其从记忆中提取出来用以与市场价格做比较。[48]

虽然存在情境影响和个体差异，[49]但是大多数消费者还是理解外部参考价格并受其影响，但又不完全相信。[50]这种不信任感源自现实生活中有些零售商对参考价格的夸大。这些夸大的价格可能是市场"建议价"，但实际上产品在市场的销售价格都低于该价格。也可能这种参考价格是商品最初的定价，由于定价太高导致销量很少，因此所谓的降价只不过是纠正先前的错误而已，并没有给消费者带来实质性的好处。由于价格和促销广告对消费者的购买影响很大，美国联邦贸易委员会（FTC）和许多州都制定有专门的规则来规范其使用。[51]

这样看来，零售商最好的办法就是标出促销价格以及以下三项：①所能节省的金额（如果金额很大的话）；②所能节省的比例（如果比例很大的话）；③所能节省的金额和比例（如果二者都很大的话）。例如，购买 200 美元的商品能节省 10 美元，就应该标明节省金额而非节省比例；如果购买 20 美元商品能省 10 美元，那么就应当同时强调节省的金额和比例；当购买 3 美元的商品能节省 1 美元时，就应当突出节省的比例。[52] 在任何一种情况下，原价都可以予以标明。[53] 正常价（节省金额计算的基础）应当是商店出售合理数量的该商品时所制定的通常价格。

使用诸如"现在仅售""比较而言"或"特价"这类词语，似乎可以增加降价商品的感知价值。不过，也因情境、产品原价、折扣水平、消费群体和零售渠道的不同而不同。[54] 是"降价 50 美分"还是"买一赠一"更让人觉得合算呢？这主要取决于促销产品的性质。对于像洗涤剂这种可以储存的产品，这两种说法效果是一样的。但是，对于面包这样容易变质的产品，"降价 50%"的说法却让人感到更值。[55]

零售商在运用价格广告时也应慎重，因为这些广告反映的不仅是广告商品的价格，而且也反映了商店的整体价格水平。[56] 由于在消费者印象中，价格、质量、服务和其他重要属性都是相互关联的，因此，不恰当的价格广告会对商店形象产生负面影响。[57]

图 17-9 中的广告将重点放在节省的金额而非参考价格或促销价格上。在某种程度上，目标消费者知道产品的正常价很高，便会利用内部参考价格或价格范围来做判断。另外，由于节省金额相对来说比较多，经研究表明展示节省金额是明智的策略。

17.2.4 店铺位置与规模

店铺位置在消费者选择商店的过程中起着重要的作用。在其他条件大致相同的情况下，消费者一般会选择就近的购物点。[58] 同样，零售商店的规模也是消费者选择商店的一个重要考虑因素。在其他条件都相同的情况下，除非消费者特别注重快速服务或方便，否则，较大的零售店会比小的更受欢迎。[59] 有意思的是，一些主要的网上商店（如亚马逊）也是"超级商店"。因此，商店规模对网上零售也是很重要的。

零售吸引力模型（retail attraction model）或**零售引力模型**（retail gravitation model）是基于商店规模和与顾客间的距离计算商店吸引力水平的工具。在零售引力模型中，商店规模一般以平方英尺计算，并被假设为衡量产品丰富程度的指标。同样，到商店的距离或旅途时间，也可以作为衡量到达零售店消耗（包括体力和精力两方面）的指标。

离商店的距离或旅途时间的影响会因为商品的不同而产生不同的影响。[60] 对于便利品或小件商品来说，距离通常很重要，因为购物者不愿意为此类商品长途跋涉。然而，对于需要高度

图 17-9

这则促销广告将重点放在节省的金额上。应该同时强调节省比例吗？

介入购买过程的商品（如汽车）或特殊商品（如婚礼礼服）来说，人们则不会在意距离。

是否愿意为买东西而长途跋涉也会随着所购物品的多少而变化。[61] 如果仅仅购买三四件便利品，消费者不会愿意跑很远的路；但如果要一次购买二三十件商品，他们则不会计较路途的远近。

消费者经常把购物过程和目的结合起来。[62] 因此，消费者在同一趟旅途中可能去参观一家健身俱乐部，跟朋友一起进餐，去洗衣店，买以后几天吃的食物，等等。因此，消费者是否到店部分取决于商店相对于其他零售点的位置以及消费者的出行模式。根据消费者的这一购物模式，把各种店铺组合起来或者在自己的商店中增加相应的部分，就会给顾客增加价值，同时也能增加店铺的收入。[63] 例如，许多超级市场开设有药房。

17.3 消费者特征与商店选择

前面大部分内容是单独讨论商店属性，没有涉及目标消费者的特征。然而，不同消费者的消费欲望和动机是截然不同的。在本章的这一部分，我们将研究与商店选择密切相关的两个消费者特征：知觉风险和购物导向。

17.3.1 知觉风险

购买产品可能存在产品使用后达不到预期效果的风险（见第15章）。这会带来很高的成本：

- 社会成本（如不为同伴所欣赏的发型）。
- 金钱成本（如一双昂贵的鞋却不好穿）。
- 时间成本（如修理电视机要先将电视送到修理店，把它留下，过一段时间才能取回）。
- 精力成本（如存有长时间工作成果的存储卡坏了）。
- 身体成本（如一种产生有害副作用的新药）。

第一种成本通常被视为社会风险，接下来的三种则被视为经济风险。不同产品的风险水平和风险类型是不同的。[64] 表17-8表明，短袜和汽油的经济风险和社会风险都很低，而发型和礼品的经济风险低但社会风险高。其他商品如个人电脑和汽车维修等，社会风险低但经济风险很高。最后，汽车和家具等商品的经济风险和社会风险都很高。[65] 表17-8还表明了情境对知觉风险的影响。比如，当葡萄酒只用于个人消费时，其社会风险和经济风险都很低，但是当用于宴请时，社会风险就变得很高。

消费者对风险的感知因过去经验和生活方式的不同而存在差异。基于此，**知觉风险**（perceived risk）既被视为产品特征，也被认为是消费者特征。[66] 例如，很多人对汽车品牌的社会风险浑然不觉，另一些人却恰恰相反。

和产品类别一样，不同零售店具有不同程度的风险。传统零售店的知觉风险很低，但较为新颖的零售方式如网上购物，知觉风险则较高。[67]

表17-8 不同类型产品的经济和社会风险

社会风险	经济风险		社会风险	经济风险	
	低	高		低	高
低	酒（个人消费） 短袜 厨具 笔 汽油	个人电脑 汽车维修 洗衣机 保险 医生/律师	高	时尚配饰 发型 礼物（不昂贵的） 酒（宴会用） 除体臭剂	正装 客厅家具 汽车 滑雪板 滑雪服

上述发现导致对零售策略的一系列新的理解，[68] 包括如下方面：

- 非传统零售渠道在销售具有高经济风险或高社会风险的商品时，应当尽量减小消费者在这些渠道购物的知觉风险，Lands' End就是通过强调免费订购，24小时免费顾客服务专线以及100%满意的承诺降低顾客的知觉风险,满意顾客的口碑传播进一步增强了这些措施的效果。
- 非传统零售渠道在销售高知觉风险的产品时,应当销售有品牌的产品,大多数网上零售商都在强调这点。
- 知名零售商的传统店铺和网站在销售高知觉风险产品方面,具有很大的优势。一般来说,这类产品应当成为其销售重点,而低风险产品可以用来填充整个产品集合。
- 减少经济风险的方法有:提供担保、合理的退货政策、安全认证系统等。正如我们所看到的,这些因素对于网上购物来说非常重要,尤其是在经济风险很高时。社会风险的降低则比较困难,雇用娴熟的销售人员,销售著名品牌和消费者满意承诺有助于减少这类风险。

图 17-10 展示了一家零售商是如何通过产品退换承诺减少知觉风险的。

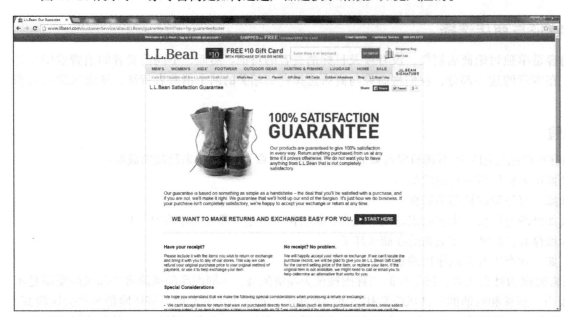

图 17-10

无条件的满意度承诺能够大幅降低知觉风险,尤其是对于目录购物或在线购物。

17.3.2 购物导向

购物不仅是为了获得产品,还有更为复杂的原因。调节生活、运动、感官刺激、社交、了解时尚甚至获取人际权力(当店员的"老板")等,都可能成为逛商店的非购物性理由。[69]当然,在不同的人之间或者一个人在不同的情境中,这些动机的相对重要性是不同的。[70]再次参见图 17-3,购物中心能够为除购物之外的活动提供一个吸引人的环境。

特别强调某些活动或购物动机的购物风格被称为**购物导向**(shopping orientation)。购物导向与一般生活方式密切相关,并且受到类似因素的影响。最近的一项研究检验了消费者对四种不同类型的零售商(传统购物中心、奥特莱斯商场、折扣商店和大型品类店)的购物动机,并发现了在四类零售商均有分布的五种购物导向。[71]

(1)冷淡购物者(Apathetic Shoppers)(16% 的购物者)没有特定的购物动机,而且"对购物不关心"。

(2)热心购物者(Enthusiast Shoppers)(22% 的购物者)享受购物的乐趣,受包括娱乐和社交等因素驱动,并且从购物中"获得娱乐价值"。

(3)目的购物者(Destination Shoppers)(21% 的购物者)的主要动机是获得品牌和形象提升型产品的预期效用,而不是其他因素如社交。

(4)基本购物者(Basic Shoppers)(22% 的购物者)的主要动机是在最短的时间内获得所需的东西。购物是必要的,而不是一种娱乐或社交。

(5)讨价还价者(Bargain Seekers)(20% 的购物者)的动机是他们以购物者的角色获得优惠的交易和较低的价格。对娱乐和社交因素并不感兴趣。

很明显,目的购物者可能会寻找精品店以获取他们的品牌产品。不过,他们也在塔吉特和其他折扣店购物，这些店为其商品线添加了设计师标签。吸引热心购物者需要在零售环境中增加娱乐和社交元素，以保持娱乐和趣味性。音乐、布局、商店人员和陈列共同营造这样的环境。讨价还价者可能不是所有零售商店的适当目标，但传统购物中心现在正在添加像沃尔玛和家得宝这样的零售商作为主要商店，以迎合这一细分客户群的需求。对于基本购物者，Lens Crafters 和 Supercuts 等服务型零售商正在为他们提供便利。

17.4 影响品牌选择的店内和网上因素

我们常常遇到这种情形：打算到某家零售店购买某一品牌的商品，结果却购买了另一个品牌或者附带购买了其他商品。店内因素诱发更多的信息处理，从而影响最终的购买决策。这一节我们将考察 7 个变量，这些变量单独或一起影响零售店（实体店或网店）内品牌的选择，它们是：购物点材料、减价、店堂气氛、脱销、网站设计、移动设备和移动应用以及销售人员。我们首先讨论计划外购买的范围和性质。

17.4.1 计划外购买的性质

消费者经常购买计划外的品牌，这一现象引起了人们对计划外购买的研究兴趣。**计划外购买**（unplanned purchases），指消费者在店内做出的购买并不是消费者进店前所计划的。虽然计划外购买这一术语含有缺乏理性和替代评估的意味，但是也并不绝对。比如，选择购买德尔蒙（Del Monte）豌豆而不是绿色巨人（Green Giant）豌豆，可能是因为前者在降价销售，这种选择并非不理性。

与其认为店内选择是随机的或非逻辑性的购买，不如将其视为消费者在店内获取了附加信息的结果，这样更有利于制定有效的营销策略。[72] 这种方法也有助于营销者利用对有关目标市场及其动机和感知过程的了解，来增加特定商品的销售。购物点广告研究所（Point-of-Purchase Advertising International，POPAI）使用了如下一些关于店内购买的概念：

- 具体计划购买。在进店之前已经决定了所要购买的具体产品与品牌，并且按计划进行了购买。
- 一般计划购买。进店之前已经决定要购买的产品种类如蔬菜，但没有决定具体商品。
- 替代。由一般计划购买或具体计划购买的产品转向购买一种功能替代品。
- 计划外购买。购物者在进店之前没有计划，但购买了该商品。
- 店内决策。一般计划购买、替代和计划外购买的总和。

上述计划外购买还可以被分为两类：回忆性购买和冲动型购买。回忆性购买（reminder purchase）在类似以下情境中发生：当顾客在店内看到邦迪创可贴就想起家中的创可贴快用完了。[73] 而**冲动型购买**（impulse purchase）则在类似这样的情况下发生：当顾客在店内看到糖果，没有多想就因突发、强烈的购买欲望而购买。[74]

图 17-11 和表 17-9 描述了在美国和加拿大，无具体计划的购买所达到的程度。它表明，消费者购买商品或品牌的决定大多是在进店后做出的。有趣的是，这种店内决策在其他国家也十分常见：英国（76%）、法国（76%）、比利时（69%）、荷兰（80%）、澳大利亚（70%）、巴西（88%）。[75] 你能从文化价值观角度解释这一差异吗？

POPAI 关于店内决策率的研究最近已经被 2008 年奥美行动（Ogilvy Action）对"美国六大零售渠道"的研究确认。该研究基于近 7 000 次购物者采访，并据此得出结论："72.4% 的购物者在类别、品牌或数量水平上进行店内购买决策。"[76]

然而，总体统计数据没有显示店内和计划外购买率因产品、消费者和情境而异的事实。

- 产品。你可能已经在表 17-9 中注意到，新鲜水果和蔬菜、软饮料、咖啡和抗酸剂等杂货品的具体计划购买率相对较高。如果算上一般计划购买，计划购买率会更高。有趣的是，近期的杂货购物研究发现，"94% 的美国家庭在购物之前会准备一个书面购物清单，72% 的购物者从不或只是偶尔购买不在清单上的商品。"[77] 应指出的是，杂货清单通常包括 POPAI 称为"一般计划"的商品，因此仍然属于"店内"决策。这是因为只要消费者必须做出某种决定，不管是产品类型、品牌还是尺寸，零售商都有机会对店内决策产生影响。

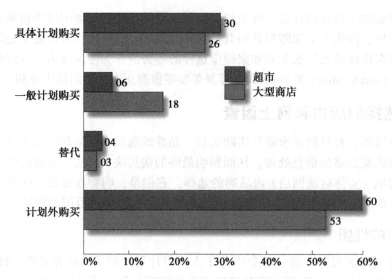

图 17-11 超市购买决策：2/3 在店内做出

资料来源：*1995 POPAI Consumer Buying Habits Study* (Washington, DC: Point-of-Purchase Institute, 1995), p. 18, www.popai.com.

表 17-9 店内购买行为

产品	具体计划	一般计划	+	替代	+	计划外	=	店内决策
总平均①	30%	6%		4%		60%		70%
头发护理①	23	4		5		68		77
杂志/报纸①	11	3		1		84		89
口腔清洁品①	30	5		5		61		71
汽油①	21	—		—		79		79
烟草制品①	32	6		—		61		68
咖啡①	42	5		6		47		58
急救品①	7	10				83		93
麦片①	33	9		6		52		67
软饮料①	40	3		5		51		60
搅拌器	23	6		4		68		77
新鲜水果、蔬菜①	67	7		1		25		33
冷疗产品②	28	35		19		18		72
牙膏/牙刷②	38	31		16		15		62
解酸药/泻药②	39	37		12		12		61
面部化妆品②	40	34		11		15		60

① *1995 POPAI Consumer Buying Habits Study* (Englewood, NJ: Point-of-Purchase Advertising Institute, 1995);
② *1992 POPAI/Horner Canadian Drug Store Study* (Englewood, NJ: Point-of-Purchase Advertising Institute, 1992).

- 消费者。虽然总体上 POPAI 估计店内决策占 70%，但在中国这一比例更高（88%），而在德国则非常低（38%）。[78] 考虑到造成这些差异的文化、历史和价值等相关因素，对于营销人员来说，逐国了解消费者至关重要。
- 情境。当消费者因较低的价格选择一家零售商，并且外出期间只在一家商店购物（例如，去一次沃尔玛购买一周的杂货）时，计划外购买会更多。[79]

总而言之，尽管消费者店内决策的比率和性质随许多因素的不同而变化，但消费者仍然在店内进行大量决策。因此，为影响店内决策所做的营销工作量也是巨大的。接下来我们将讨论这些工作。

17.4.2 购物点材料

购物点材料（point-of-purchase（P-O-P）materials）被广泛运用于产品的零售，对销售的影响很大。最近POPAI研究了超市中由各种购物点材料带来的销售增长。[80] 他们考察了店内货架上和产品陈列处的宣传材料。货架宣传材料被放置在一类产品的主货架上，包括价格标签、优惠券分发器、货架卡和悬挂标志。产品陈列处的宣传材料则是和产品放在一起，被放置在走道尽头或商店的地板上等。图17-12从视觉上提供了四种不同货架购物点材料对销售带来的提升。

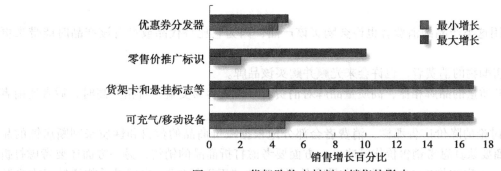

图17-12 货架购物点材料对销售的影响

资料来源：*2001 POPAI P-O-P Measure UP: Learnings from the Supermarket Class of Trade Study* (Washington, DC: POPAI, 2001), www.popai.com.

这幅图说明购物点材料的有效性可能有很大差别，因产品和品牌的不同而不同。促销的频率、品牌的熟悉度、购物点材料的普遍程度以及购物点材料的变化程度都会影响其有效性。这些因素大部分都与吸引消费者的注意力（第8章）有关。思考来自POPAI报告中的一段话：

> 当消费者面对周周不变、千篇一律的购物点材料时，他们对这种信息的接受度会降低。[81]

因此，价格促销标志和优惠券分发器的相对流行可能有助于解释为什么他们提供比其他方法更少的销售促进。尽管在类型、类别和品牌方面都有差异，但P-O-P材料却是一个重要且越来越可测量的店内影响因素。[82] 如图17-13中雀巢陈列品所示，P-O-P材料在全球范围内都很重要。

图17-13

诸如这些雀巢（Nestle）陈列品的销售点陈列，在不同文化中都有效。

17.4.3 降价与促销

降价和促销（优惠券、综合折扣、赠品等），通常与某些购物点材料的运用相结合，因此很难分清每种方法的影响。[83] 不过，已经有足够的证据证明，店内降价对决策和选择有着很大的影响。[84] 根据在美国、英国、日本和德国做的观察，通常来讲在价格刚刚降低时，销售量会有大幅上升，随着时间推移或者降价结束，销售又会回到正常水平。[85]

降价带来的销售增长有四个来源：[86]

（1）现有品牌使用者提前购买未来所需的产品（贮存），由于产品的可获性，贮存常常会带来对该品牌更多的消费。

（2）竞争品牌的使用者可能会转向降价品牌，这些新的品牌使用者可能会也可能不会成为该品牌的重复购买者。

（3）从来没有使用这类产品的消费者也许会购买该产品，因为它比替代品或没有该产品时能带来更多的价值。

（4）不经常在此店购物的消费者，也许会来光顾并购买该品牌。

价格下降时，和低质量的品牌相比，高质量品牌对消费者来说更容易受益；价格升高时，后者比前者受的损失要少。[87]

就像前面我们所讨论的降价广告那样，消费者会部分地根据减价商品的数目和性质来判断店铺的品质和形象。[88] 因此，零售商要认真思考销售价格策略，一方面要考虑打折商品的销售，另一方面还要考虑打折对商店形象的影响。另外，大宗购物者（一次购买大量商品者）喜欢"天天低价"，也就是希望店铺里大多数商品都以低价格销售，同时还有少量商品的降价幅度更大（促销）。这类消费者并不喜欢那些有很多促销商品但是总体价格仍偏高的商店。[89] 网上销售的一件衬衫标价24.95美元外加5.00美元的运送和处理费用，另一件标价29.95美元，不收运送和处理费用，你认为哪个交易更合算呢？消费者通常认为前者比后者更合算。研究表明，分部定价（前者采用的）能够产生更多的需求，同时消费者回忆的总成本要低于总体定价时的情景（后者采用的）。[90]

17.4.4 店堂气氛

店堂气氛（store atmosphere）通常受到下列因素的影响：灯光、布局、商品陈列、室内设施、地板、色彩、声音、气味、销售和服务人员的着装与行为（见第13章）。

在医院、银行或餐馆等服务业中，气氛被称为**服务环境**（servicescape）。[91] **气氛化**（atmospherics）指管理者利用实体店的零售和服务环境来引导购物者产生特定情感反应的过程。网上零售也有线上气氛，是由图画、颜色、布局、内容、娱乐性、互动性、格调等决定的。[92] 图17-14中的Gardner's Supply网站呈现了哪种气氛？

店铺的气氛会影响消费者的心情和参观逗留的愿望，也会影响消费者对该店铺质量的判断和总体印象。[93] 同样，研究表明网络气氛也会影响购物者的行为。比如，一项研究发现，如果网站的设计能引发愉悦的情绪，消费者浏览的愿望就会增加。[94] 另一项研究也发现，如果网站在浏览上有限制或者会带来负面情绪（由于顾客感觉失去控制），消费者就会避免访问这个网站。[95] 更重要的是，在店内或网上产生的正面情绪会增加消费者对该商店或网站的满意度，并产生回头客和店铺忠诚度。[96]

店堂气氛的另外一个主要构成要素是其他顾客的数量、特征和行为。[97] 拥挤是必须考虑的因素，因为它会带来负面情绪，并减少顾客量。同时，培训工作人员如何处理蛮横的顾客也是很关键的，因为其他顾客的行为会影响整个商店的气氛。[98]

音乐对店堂气氛有很大的影响（见第13章）。音乐对消费者在商店或餐馆中逗留的时间、消费者的情绪以及对商店的整体印象都有一定的影响。[99] 然而，音乐要与目标受众的特征相适应。如下所示，婴儿潮一代喜欢超市中播放的古典摇滚乐，但年纪大的人却并非如此（见表17-10）。[100]

图 17-14

诸如 Gardner's Supply 网站的零售网站设计在提供内容和功能的同时，应该创造一种适当的气氛

表 17-10

	婴儿潮一代			更年长的消费者		
	古典摇滚	管弦乐	排行榜前40名	古典摇滚	管弦乐	排行榜前40名
购买的商品数量	31	11	15	4	12	14
花费的钱	34	21	21	16	17	24
购物时间	27	16	29	21	30	28

营销者也开始研究气味对购买行为的影响（见第 13 章）。[101] 早期的研究表明，气味对购物体验有着积极的影响，尤其是与店堂气氛的其他因素如音乐一致的时候。[102] 然而如同对音乐一样，顾客对气味也各有所爱，所以应确保使用的气味不会令目标顾客反感。[103]

图 17-15 描绘了店堂气氛影响购物者行为的方式，图中的几个方面颇值得注意。首先，物质环境与个人特征相互作用，因此受青少年喜爱的气氛也许会对年纪大的购物者产生负面影响；其次，店堂气氛同时影响销售人员和顾客，然后他们之间的交互又影响双方。最后，这个模型虽然主要针对店铺营销，但越来越多的研究开始关注网上的气氛化。

17.4.5 产品脱销

脱销（stockouts）是指商店中某种品牌的暂时空缺。很明显，它会影响到消费者的购买决策。顾客必须决定是在另一家商店购买该品牌，购买另一种品牌，过一段时间再来该店购买该品牌，还是干脆放弃购买。此外，脱销会为商店带来负面的消费者态度和/或口碑，或为作为替代的商店或品牌带来积极的消费者态度和/或口碑。

有三种感知成本可能影响消费者对脱销的态度。[104] **替代成本**（substitution costs）指的是消费者认为改变产品的大小、品牌或产品本身会带来满意度的下降。这取决于消费者对其偏好品牌的忠诚度和投入，以及潜在替代品的相似程度。[105] **交易成本**（transaction costs）指的是购买替代品时花费的精力、体力、时间和金钱。**机会成本**（opportunity costs）指的是放弃或减少该产品消费所带来的满意度的减少。[106]

17.4.6 网站功能和要求

最近的研究表明，在线购物车中大约有 70% 的商品在购买时被最终放弃。这意味着数十亿美元的潜在销售损失。放弃购物车的主要五个原因如表 17-11 所示。[107]

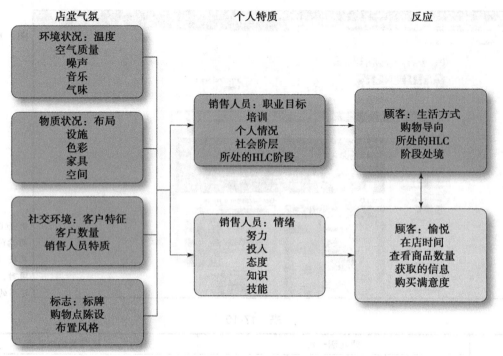

图 17-15　店堂气氛和购物者行为

资料来源："Framework for Understanding Environment-User Relationships in Service Organizations," Figure 2 in M. J. Bitner, "Servicescapes: The Impact of Physical Surroundings on Customers and Employees," from the April 1992 issue of the *Journal of Marketing*. Used by permission.

不难看出，零售网站的设计和功能上有许多地方是可以改进的。很明显，管理送货费用是很重要的，公司也在对此做出回应。亚马逊网站为会员提供了 Amazon Prime 功能，即会员只需交纳固定的年费就可以享受免费的隔日送货服务和更少的过夜费。一些针对废弃购物车的重新定位工作，以本章前面所述的促销形式为部分重点，进行电子邮件营销活动，部分原因在于价格和送货费用是在线营销的重要因素。网上购物过程的复杂性也是一个问题。因此，网络零售商正在简化在线结账过程，使其更流畅。[108] 一些公司，比如 Lands' End，提供在线聊天服务，使消费者与客服代表进行联系，客服代表可以在结账过程中回答消费者的提问并提供帮助。安全问题也是值得关注的，之前我们也讨论过解决这个问题的几种策略。另外，信用卡公司也正在采取专有号码（single-use numbers）的方法解决这个问题。采用这种受控支付方法的消费者会比之前多消费 50%～200%。[109]

关于如何提高网上购物体验，最近 ATG 对消费者做了一项调查。[110] 消费者建议的许多因素似乎都能提高网上购买的比率。一些重要的因素如表 17-12 所示。

表 17-11

运输和处理费用过高	44%
没有做好购买准备	41%
希望与其他网站进行价格比较	27%
产品价格高于愿意支付价格	25%
希望将产品留在购物车中为以后购买考虑	24%

表 17-12　提升网站的功能

网站因素	百分比	网站因素	百分比
更具体的产品信息	45	与商店交流更便利	25
更好的搜索能力	36	改进结账过程	22
在线帮助选项	29	更多符合我的兴趣或需要的产品	16
更好的导航	26	通过手机和社交媒体提供更好的入口	8

资料来源：*Consumer Shopping Experiences*, Preferences, and Behaviors (Cambridge, MA: ATG, October 2010).

很显然，因为没有做好购买准备（第二大原因）而放弃购物车的消费者，可能觉得自己没有充足的信息来做出决策。因此，更具体的产品信息和更容易的信息获取（通过搜索和导航），可以增加网上购买。个性化的产品有助于促进购买，因为这与消费者问题更直接相关。

17.4.7 移动设备和移动应用程序

虽然目前移动营销还处于起步阶段，但它显然是营销人员的下一个目标。正如我们在第 15 章看到的，本地移动搜索正在改变消费者寻找商店和在商店里寻找品牌的方式。如图 17-6 和全渠道消费者所表明的，移动设备和移动应用程序对消费者在商店内如何购物发挥着越来越大的作用。价格比较、优惠券应用和移动搜索功能允许消费者在实体购物时搜索品牌、价格和优惠。移动设备和移动应用已经成为店内影响因素，并且与其他店内要素相互作用，以史无前例的多种方式影响着购物。甚至如沃尔玛这样强大的零售商都不想落后。以往沃尔玛总是不愿意提供公开的价格信息，但是自从价格比较的移动应用出现以来，它已经决定将价格公开，以避免被排除于这一重要的购物影响力来源之外。你能想出营销人员能够采取的，使移动手机与商店要素、商店货架交互，从而对零售额产生积极影响的有趣方式吗？

17.4.8 销售人员

在美国，对于大多数低介入购买来说，自助服务占支配地位。当购买介入程度增加时，顾客与销售人员交互的可能性会增强。因此，关于销售互动有效性的研究大多集中在高介入度产品如保险、汽车或工业产品的购买上。有效的销售互动不是轻易能够解释清楚的，它受到下列因素及彼此之间相互作用的影响：[111]

- 销售人员的知识、技能和权威性。
- 顾客购买目的的性质。
- 顾客与销售人员之间的关系。

因此，为了确定最优的人员推销策略，有必要针对每一目标市场和产品类别做专门调查。

思考一下下列的购物体验：

> 我在这家店也领受了糟糕的服务。这里的店员好像要把最便宜的鞋子卖给我，好让我尽快离开……令我恼火的是，我觉得我是相当有见识的购物者，我想他们应该能看出这一点……他们没有什么见识……我的印象是他们不太喜欢自己的工作。[112]

这位消费者还会再来这家商店吗？他会推荐给他的朋友们吗？很明显，知识丰富且乐于助人的销售人员会提升消费者的购物体验，相反，缺乏商品和销售知识的销售员只会引起负面效果。

在网上零售店，营销人员正在测试在线销售员，以在消费者网上购物时与他们交互。这些在线销售员被称为 avatar，即"可作为公司代表的虚拟人物"。一项研究发现，avatar 提升了消费者对商店和产品的态度及购买可能性。研究还发现，由于可信度的增加，对于高介入度产品来说，具有专业知识的 avatar 更具影响力；而对于低介入度产品来说，外观漂亮的 avatar 则更有效，因为他们招人喜欢。[113]

17.5 购买

一旦品牌和商店都已选定，消费者必须完成交易，即通常所说的购买商品或租赁商品。在传统零售中，购买是十分直接的，一般没有停滞或延误，除非是购买大件和重要的物品，比如房子或汽车。但是，正如我们在前面看到的，许多正准备开始在网上购物的消费者因各种原因放弃购买。使网上购物更容易显然是一个重要因素。移动设备和社交网络上的购买在兴起，并可能快速增长。简化这些购物过程也十分重要。

信用卡在消费者购买中占有非常重要的地位，新技术也正在不断测试中。研究表明，使用信用卡而非现金支付，可以大大增加消费者的支付意愿和购买数量。[114] 因此，零售商应该鼓励消费者使用信用卡，即使必须支付一部分费用给信用卡公司。

商店必须尽可能简化实际的购物程序，包括缩短付款排队时间这样简单的管理策略，也包括较为复杂的操作，如将信用审核电算化以便缩短信用卡授权时间等。许多商店好像忽视了这样一个事实，即实际的购买是购物过程中消费者与商店的最后一次接触。第一印象固然重要，但最后的印象也是如此。在这一过程中，店员不仅要保持工作效率，也要乐于助人并富有人情味。网上零售商也必须降低购物过程中的复杂性、麻烦和压力。

小结

1. 描述零售业的发展

零售商店指的是为顾客提供产品和服务的任何场所。零售业已经远远不止传统的实体店和购物目录，还包括网络和交互电视广告，以及移动购物应用程序。计算机可以获取并记住消费者的信息和偏好；全身扫描仪可以帮助顾客找到合适的服装；交互电视广告和节目可以提供对广告或节目中产品的信息搜索和购买。网络和移动手机，以及应用程序正在以不可思议的方式改变着消费者在进店前和店内的购物方式，影响着消费者对商店和品牌的选择。

2. 讨论作为多渠道、全渠道购物一部分的互联网和移动设备

网络零售和包括购物目录在内的其他形式的在家零售，正成为越来越重要的零售形式。尽管在总体零售额方面仍然是实体店零售居统治地位，消费者将如网络和购物目录这样的在家购物与零售商店相结合的购物方式越来越普遍，这种购物方式被称作多渠道购物。零售商经常以多种形式（购物目录、零售店和网络）结合销售来平衡消费者从各种渠道获得的益处。

此外，移动手机和应用程序促成了一种被称作全渠道的购物和购买者形式。全渠道购买者指的是同时从多个渠道浏览和/或购买产品的消费者。移动手机和应用程序使得顾客在一家实体店内也可以同时搜索信息、价格、优惠券和折扣。对商家来说，多渠道和全渠道消费者会比单一渠道消费者的花销更多。像梅西百货这样的零售商正通过网上和移动功能努力取悦这些顾客。

3. 解释影响商店选择的零售和消费者因素

消费者选择零售店的过程如同选择品牌的过程一样，唯一的区别在于使用的标准不同。商店形象是消费者选择商店的一项重要评价标准。虽然消费者评价的维度不同，商店形象和网上零售商的形象一样重要。商店品牌可以利用也可以提升商店形象，当然也可能降低商店形象。店铺位置和规模对于消费者来说是一个重要属性，对大多数消费者而言，就近的、大型的零售店通常比较远的、小型的零售店受欢迎。消费者的特征，如知觉风险和购物导向，也是决定商店选择的重要决定因素。

4. 概括影响品牌选择的店内和网上因素

在商店里，消费者常常购买与进店前所做计划不同的商品或品牌，这被称为计划外购买。这类购买大多是由店内或网站刺激引发更多信息处理所带来的结果。然而，也有一些是冲动型购买，没有多想就因对商品突然、强烈的购买欲望而出手。下面这些变量对商店销售有重大影响，它们是购物点陈列、降价、店堂气氛、网站设计、移动设备和应用、销售人员和品牌或商品的脱销。

5. 理解购买在购物过程中的作用

一旦消费者选定了商店和品牌，必须对商品进行支付以获取所有权，此时通常包括信用卡的使用。不论是在商店内、网上或者通过电话、社交网络购物，零售商的任务是简化购买过程，因为这会提高消费者购买的意愿并且提升零售商的形象。

关键术语

气氛化（atmospherics）
外部参考价格（external reference price）
冲动型购买（impulse purchase）
在家购物（in-home shopping）
内部参考价格（internal reference price）
多渠道购物者（multi-channel shoppers）
全渠道购物者（omni-channel shoppers）
网上安全问题（online privacy concerns）
知觉风险（perceived risk）
参考价格（reference price）
零售吸引力（引力）模型（retail attraction (gravitation) model）
服务环境（servicescape）
购物导向（shopping orientation）

外溢销售（spillover sales）
脱销（stockouts）
店堂气氛（store atmosphere）

商店品牌（store brands）
商店形象（store image）
计划外购买（unplanned purchases）

复习题

1. 消费者面临购买什么和到哪儿购买的问题，这两类决策有什么不同？
2. 零售环境正在发生哪些变化？
3. 描述互联网零售。
4. 什么是多渠道购物？它对零售商的策略有什么启示？
5. 什么是全渠道购物？它对零售商的策略有什么启示？
6. 网上安全问题意味着什么？为什么这个问题对于网上购物者来说特别重要？
7. 描述6类网上购物者。
8. 什么是商店形象？它的构成维度和要素是什么？
9. 描述网络零售商形象，并将其与商店形象比较。
10. 什么是商店品牌？零售商是如何使用商店品牌的？
11. 对于零售价格广告，零售商需要哪些关键决策？
12. 什么是外溢销售？为什么它很重要？
13. 零售店的规模与距离是怎样影响商店选择和购买行为的？
14. 购买的知觉风险是怎样影响商店选择的？
15. 社会风险的含义是什么？它同经济风险有何不同？
16. 什么是购物导向？
17. 描述各种零售类型中5种基于动机的购物导向。
18. 什么是店内购买决策？它为什么很重要？
19. 什么是冲动购买？它为什么重要？
20. 在某一特定商店内，哪些店内或网站特征会影响品牌和产品选择？试各举一例。
21. 描述购物点陈列对零售销售的影响。
22. 描述减价和优惠对零售销售的影响。
23. 什么是商店气氛和网上气氛？它们是怎么影响消费者行为的？
24. 什么是服务环境？
25. 为什么计划在网上购物的顾客常常会空手而归？
26. 顾客在网上购物时常常会遇到什么问题？
27. 产品脱销会带来什么影响？

讨论题

28. 说出能够影响店内品牌选择的两种移动应用。
29. 零售店形象会影响店内的品牌形象吗？零售店所销售的品牌会影响零售店形象吗？
30. 当多渠道零售商在管理他们在各渠道的形象时会遇到什么挑战？
31. 回答消费者洞察17-1中的问题。
32. 下列产品的社会和经济风险会怎样影响消费者的商店选择行为？对这些风险的感知是如何因消费者而异的？在不同情境下，这些风险又有何不同呢？
    a. 跑车
    b. 运动鞋（用于跑步）
    c. 葡萄酒（用作礼品）
    d. 理发师
    e. 山地自行车
    f. 漱口水
    g. 手机
    h. 约会时看的电影
33. 针对文中描述的每种基于动机的购物导向，为一家网上零售商如塔吉特描述一个合适的策略。
34. 针对文中描述的5类网上购物者，为一家在线商店如J.Crew描述一个合适的策略。
35. 提出形成基于动机的购物导向的其他方法。
36. 零售商鼓励计划外购买的策略是如何因计划外购买的类型和产品类别不同而不同的？
37. 零售商可以利用哪些店内特征来提高店内消费者购物的可能性？描述每一因素应如何被使用以及对下列产品的消费者所产生的预期效果：
    a. 香水
    b. 冰激凌
    c. 餐后咖啡
    d. 从超市买来的鲜花
    e. B12酒
    f. 机油
38. 互联网零售商可以利用哪些网站特征来提高店内消费者购物的可能性？描述每一因素应如何被使用以及对下列产品的消费者所产生的预期效果：
    a. Target.com上的宿舍家具

b. Amazon.com 上的电子产品
c. HP.com 上的笔记本电脑
d. REI.com 上的背包
e. JCPenney.com 上的服装
f. Macys.com 上的化妆品
g. Sears.com 上的工具

39. 哪种商店气氛最适合下列各种商店？为什么？
    a. 为大学生服务的书店
    b. 西尔斯中的化妆品店
    c. 汽车经销商的服务部门
    d. 消费电子产品
    e. 梅赛德斯（Mercedes）汽车
    f. 不昂贵的家具
    g. 泰式饭店

40. 对于网络零售商，回答39题中的问题（除了 c 到 g）。

41. 如果在下列产品领域你所偏爱的品牌（或品种）脱销，你将有何反应？除了产品种类，还有哪些因素会影响你的反应？
    a. SUV
    b. 麦片
    c. 除臭剂
    d. 礼服衬衫 / 女式衬衫
    e. 香水 / 刮胡洁面奶
    f. 软饮料

实践活动

42. 描述当前网上零售的情况。
43. 在所在城市选择一个居民区，为下列零售店建立一个零售引力模型：①附近的超市；②购物中心。进行电话调查以检验模型的准确性。
44. 设计一张调查问卷来测量下列商店的形象，让另外 10 名同学完成问卷。讨论你的调查结果所具有的营销含义。
    a. 塔吉特百货公司
    b. Americangirl.com
    c. 赛百味快餐店（Subway）
    d. 当地的咖啡店
    e. BMW.com
    f. 沃尔玛
    g. 萨克斯第五大道精品百货店
45. 请校园里的 10 名学生以如下方式描述他们的购物导向："想一个最能描述你作为购物者的动物，并解释你购物行为的什么特征使其成为一个适当的比喻。"将你的描述与另外两个学生的相结合，是否出现任何模式？对零售有什么启示？
46. 就表 17-9 中列出的一些商品采访几名外班同学，请他们将自己最近做的购买划分为具体计划购买、一般计划购买、替代或计划外购买。然后，把你的调查结果与班上其他同学的结果相结合，估计出学生的行为模式。对比学生行为与表 17-9 的行为，并讨论其异同点。
47. 与当地一家零售店（方便店、药店等）合作安排一次临时性的购物点陈列。然后设计一套程序，在不妨碍他人的情况下，观察陈列放置之前和之后陈列区顾客光顾与选择的频率。描述你的发现。
48. 访问两家出售同类商品的零售店，并写一份关于它们使用购物点材料的报告。比较它们之间的不同之处。
49. 采访一家药店、百货店或杂货店的经理，请他们谈谈对购物点材料和价格广告的看法。
50. 使用与大学生有关的产品，设计一份合适的调查问卷并制作一个新版的表 17-9。这张表对营销有何启示？
51. 通过调查确定你们学校大学生的一般购物导向。你的调研结果对营销有何启示？
52. 在校园中采访 10 名学生，确定他们对互联网购物的使用情况和态度。将每个学生按照文中的 6 类购物者分类。他们是否符合这些分类？将你的结构与其他学生的结合比较，你能得出什么结论？

第 18 章

购后过程、客户满意和客户忠诚

学习目标

1. 描述各种购后过程
2. 讨论购后冲突
3. 讨论产品使用与闲置问题及其营销意义
4. 讨论产品处置及其与营销和公共政策之间的关联
5. 解释满意与不满的前因与后果
6. 理解满意、重复购买和顾客忠诚之间的关系

当消费者购买了产品或服务，就会存在着包括使用、处置、评估、满意等等购后问题。就像我们在知觉与购前决策中发现的偏差一样，类似的偏差也存在于购后问题中。下面是一些例子：

- **产品使用**。如果给一个消费者更大尺寸的爆米花包装盒，那么相比于中等尺寸，他会吃更多的爆米花（多吃 53%）。同样，如果消费者拿着更大的勺子，他也会吃更多的冰激凌。在吃东西这样一个简单的过程中，人们并不会发觉自己的行为在被诸如包装盒尺寸和使用工具这样的外界因素所影响。[1]

- 基于消费者投入的产品价值。消费者投入越多的劳动（或情感），就更容易去高估产品的价值，有时也将此称为宜家效应（IKEA effect）。宜家效应通常发生在必要的投入之后，当人们购买了宜家家具后，回到家中需要花费一定的力气将其组装起来，而对于亲手组装的家具，喜爱程度会更高。宜家效应意味着"含有劳动或情感投入"会给产品本身带来附加价值。[2]

- 基于所有权的产品价值。人们在出售自己拥有的产品时，通常会索取明显高于消费者支付意愿的价格。这部分纯粹基于所有感的附加价值称作禀赋效应（endowment effect），且已经在如糖果、钢笔、马克杯、帽子、T 恤衫等诸多产品的销售中得到证明。禀赋效应或许还可以解释为什么人们在购买了新的替代品之后还愿意保留着旧物件，而不愿意卖掉或捐赠。[3]

我们怎样去使用并评价所购买的产品与服务，很大程度上受到购后行为的影响。购后行为、购后过程以及其中的影响将是本章所要介绍的重点内容。

购买后会伴随一系列活动，包括使用、评价，有些情况下还涉及顾客满意以及由此带来的顾客响应，如再购意愿、正面口碑、顾客忠诚等。顾客评价还可能导致不满意，不满意有时会伴随抱怨、忠诚度下降、品牌转换和负面口碑。对于产品和服务失败的及时响应是至关重要的，包括合适的程序，如第 7 章提到的电话呼叫中心和运用多媒体跟踪潜在问题。一旦问题被识别，就需要做出合适的行动来消除或降低负面结果和顾客不满。诚如我们开篇所提到的，有效的客户关系管理（CRM）和高质量的服务，是提高顾客满意度和消除不满意的重要举措。

图 18-1 显示了各种购后行为及其相互关系，图中的内容将是本章讨论的重点，该图表明，在产品购买之后，通常是使用之前，消费者可能会马上产生购后冲突，即感到焦虑和怀疑。

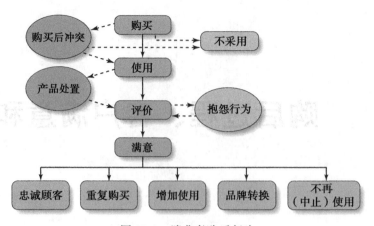

图 18-1　消费者购后行为

18.1　购后冲突

我仍然很喜欢它（一套餐厅用具），它比我们以前所用的那套要强得多，但是我想如果花费更长一点的时间，我们也许会找到更满意的。我想这确实物有所值，在那样一个价位你不可能得到更好的东西。从某种意义上说，我对这笔支出相当满意，但有时我也真希望自己当时能买一套价格更贵一点、更特别一些的。[4]

在相对较难下决心且具有长期影响的决定做出之后，上面所描述的这类反应是很常见的，这种对购买的怀疑和不安被称为**购后冲突**（postpurchase dissonance）。[5]虽然不是所有的购买，但确实有一部分购买会产生购后冲突。消费者产生购后冲突的可能性及其激烈程度，由以下因素决定：

- 忠诚度或决定不可改变的程度。决定越容易改变，购后冲突就越不易发生。
- 决定对消费者的重要程度。决定越重要，越有可能产生购后冲突。
- 在备选品中做选择的难度。越难做出选择，就越有可能产生冲突且冲突激烈程度越高。决策难度大小取决于备选品的数量，与每一备选品相联系的相关属性的数目以及各备选品提供的独特属性。
- 个人产生焦虑的倾向。有些人更易感到焦虑，而越易于感到焦虑的人就越可能产生购后冲突。

购后冲突较少出现于介入度低的名义型和有限型决策情形下。这类决策相对来说较为容易和不重要。在高介入度的决策中，购后冲突更为普遍。这些决策需要在多个有吸引力的属性中做取舍，容易导致冲突（就像上文提到的餐厅用具案例中对于质量和价格的权衡决定）。这类权衡会导致消费者的负面情绪和决策推迟。[6]因此，在这些权衡出现时，需要销售人员帮助消费者消除或降低可能的负面情绪。在广告中强调决策带来的趣味和正面情绪，或者通过激励计划，鼓励消费者即使面临权衡困境仍然继续消费。

购买完成之后，消费者可能采用以下方式中的一个或多个来重新评价购买决定以减少购后冲突：

- 增加对所购品牌的欲求感。
- 减少对落选品的欲求感。
- 降低购买决策的重要性。
- 改变购买决策（在使用前退回产品）。

广告和后续销售努力对于减轻购后冲突有巨大的作用，因为消费者会通过再评价降低购后冲突，搜集更多的外部信息来证实某个选择的明智性也是很普遍的方法。支持消费者选择的信息有助于消费者确信其决策的正确性。许多耐用消费品的营销者（如大宗家电和汽车推销商），会寄一些资料给近期的购买者，这些资料在很大程度上是专门用于证实购买的明智性与正确性的。地方零售商在家电、汽车售出后会给客户打电话，一方面确保客户没有碰到产品问题，另一方面也是为了减少购后冲突。很显然，电子邮件也是一个选择。比如，Johnston & Murphy（一个鞋和配饰的高端品牌）会给客户发送电子邮件，感谢他们的购买，邀请他们访问公司的网站，并希望得到他们的反馈，这样的沟通可以减少购后冲突并增加满意度。图 18-2 提供了另外一个例子。

与购后冲突非常相似的一个概念是**消费后悔**（consumption guilt），当消费者在使用产品或者服务产生了负面的情绪时，消费后悔就会发生。一位驾驶大型轿车的消费者可能会在考虑到过度使用资源和污染时产生一些负面情绪。下列引述很清楚地展现了消费后悔的产生。

> 现在我不得不比以前更多的计算卡路里的含量。有时我会买只 sundae 冰激凌，但是在享受完它的甜美之后，又后悔今天吃了不健康的食品。当我想到这一点，我意识到大多数产品会使我同时感到好或不好。[7]

对于那些容易使消费者感到后悔的产品，营销者应该重点强调消费该产品的明智性，给消费者一个消费它的理由。[8]

18.2 产品使用与闲置

18.2.1 产品使用

大多数购买属于名义型或有限型决策，因此很少引发购买冲突。购买者或家庭其他成员在购得产品后根本不担心购买是否明智，而是无忧无虑地加以使用。正像图18-1所示，即使存在购后冲突，消费者仍会使用购得的产品。

出于多方面的原因，营销者需要了解消费者如何使用其产品，弄清楚产品是以功能性方式还是以象征性方式被使用，这有助于更好地改进产品设计。例如，球鞋爱好者的消费亚文化（见第7章）影响了鞋类公司球鞋设计和营销的许多方面，包括针对球鞋收藏者的昂贵的限量版。

使用创新（use innovativeness）是指消费者用一种新的方式使用产品。[9] 产品新用途的出现能大幅提升产品的销售。

- Arm & Hammer 公司发现，消费者正在把它们的苏打用于冰箱除味等非烹饪性用途上。现在企业正在广告中大肆宣传这些用途，并开发出专门用于去除冰箱异味的产品。它还在其网站上开辟了一个专区，让消费者交流他们用烘烤苏打解决家庭问题的新点子。
- WD-40 是一种润滑剂，因消费者为其找到了广泛的用途而闻名。比如，消费者把它作为鱼饵添加剂，用它清除地毯上的污渍等。
- Bounce 把消费者提交的产品使用新方法，汇集成一个在线小册子。公司的律师会把这其中对消费者和环境有害的方法删除。

网络不仅可以用于观察和追踪消费者问题，也可以用来跟踪产品使用创新的各种途径。运用互联网，企业可以比以往更容易地直接收集有关产品使用创新的各种建议和想法。[10]

某种产品的使用会带动另一种产品销售，营销人员经常利用这一点。图18-3中宝洁公司旗下的佳洁士广告就是一个很好的例子。通过宣传"清洁健康的口腔带来超强体验"这样的口号，佳洁士同时提

图 18-2

高介入度的产品的广告可以帮助消费者确认消费行为的明智性并影响新的购买者。

图 18-3

营销人员可以利用某些产品需要一起使用这样一种现实情况确定互补性产品组合。

升了旗下的牙膏、牙刷和漱口水的销售。思考以下产品组合：室内盆栽植物与肥料；摩托车和头盔；照相机与相机套；运动外套与领带；衣服和鞋子。在这些情况下，前一种产品的使用都因为后一种相关产品的使用变得更容易、更有趣或更安全。零售商可以同时促销这些产品，把它们放在一起或培训推销员进行互补性销售。

日益严格的产品责任法和民事诉讼使营销经理需要考察用户如何使用产品。产品责任法规定，客户按说明书表明的方式或任何合理的可预见方式使用产品而造成的伤害都应由制造商负责。因此，制造商在设计产品时必须牢记产品的基本用途及其他可能的用法。为此，需要厂商深入了解消费者实际上如何使用其产品。

如果营销者发现消费者对如何正确使用其产品存在困惑，则应对消费者进行这方面的教育，并与消费者交流关于产品的更多合适用途。试想，有多少消费者会在自己错误理解使用说明时责备自己呢？[11] 有时候，厂商可以通过重新设计产品使之更容易使用，以此获得竞争优势。

18.2.2　产品闲置

如图 18-1 所示，并非所有卖出去的产品都被使用。**产品闲置**（product nonuse）是指买了一种产品将其搁置起来不用，或相对于产品的潜在用途仅做很有限的使用。[12]

很多产品和大多数服务，其购买决策和消费决策是同时做出的。一个人在餐馆订餐时也决定了他会在那里用餐。然而，在超级市场买回食品后还需要对食品的准备与消费再次进行决策。做出第二个决策的时间、情境与第一个决策明显不同。这样，由于购买时与潜在使用时环境的改变，就会发生产品闲置的情况。例如，卖场陈列将一种新食品展示为可用于做一道可口的小菜，此时会激发消费者联想到一种合适的使用情境，从而购买该食品。然而，一旦没有了展示时的刺激，消费者可能想不起该食品的用处，甚至不会使用它。以下是一些常见的产品闲置情形：[13]

> 锅——我想试试炒菜，但腾不出时间。
> 裙子——我一直想减肥，能穿上小号裙子而不是大号。很明显我没能减轻体重，所以小号裙子太瘦了。
> 体育馆会员资格——根本不在运动状态。

在上述情形下，消费者浪费了金钱，营销者也不大可能获得重复销售。而且，营销者很难找到合适的补救措施，也难以对消费者施加有效的影响。在另外一些情况下，通过提醒或在合适时机给予促动，消费者会使用所购的产品。在上面最后一个事例中，通过良好的记录可以发现消费者没有使用会员资格，这时个人信件或者电话邀请可能足以使这位消费者开始消费。

消费者会购买某些产品但不使用，即储备这些产品。在这种情况下，广告的主要目的应该是鼓励消费者在合适的情况下消费这些产品，甚至建议合适的情景来促使消费者消费。由于消费者已拥有产品，因此促销的任务不是鼓励购买，而是促使消费者尽快消费。比如图 18-4 中的广告所建议的将家乐氏公司的营养麦片列入日常早餐清单。

对于邮购和网上购买，购买决策和消费决策之间的分离是最为明显的，这两个决策通常发生在以下购买过程中——决定订购物品以及当收到物品时决定是保留还是退还物品。不仅仅是这两个决定中间相隔一段时间，在收到物品决定是否退货时，消费者还拥有比订购物品时更多的产品信息。比如，消费者可以触摸、试用产品。

很明显，经营网上购物和邮购的零售商希望客户保留而非退还产品。表面上看来，如果制定一个严格的退货政策可以减

图 18-4

诸如家乐氏公司的营养谷物广告，既鼓励购买，同时也鼓励消费以前购买的产品。

少退货，但这样也会减少开始订货的数量。事实上，自由退货政策可以最大化订单数量，也可以最小化退货数量。这样的政策可以减少客户感知的购货风险，并暗示产品具有很好的质量，从而增加订单。消费者也会在收到产品时，感觉到该退货制度下的产品应该具备很好的质量，从而降低退货数量。[14] 除了退货政策，一种可以更真实地展示产品从而最大程度满足消费者需求的网上工具也是有用的。第17章中提到的"我的虚拟模特"能够在没有试穿就购买时增加服装的合身程度，从而增加消费者的满意度，降低企业成本。

18.3 处置

产品使用前、使用后及使用过程中均可能发生产品或产品包装容器的处置。只有完全消费掉的产品如蛋卷冰激凌才不涉及产品处置问题。

美国每年都会产生数量庞大的垃圾。[15] 这其中包装容器占很大的一部分。每天都有大量的包装容器面临处置。这些容器或是被当作垃圾扔掉，或是被用来放东西，又或是被回收以循环利用。不论出于经济考虑还是社会责任，生产出节省资源的包装容器都是非常重要的。就像下面几个例子，有许多企业正在对此做出响应：

- Crate & Barrel 已经不再使用白色的漂白纸板来制作其经典的黑白包装盒，而转为使用由之前处置的材料所制造的更便于循环利用的纤维材料。
- 卡西欧（Casio）对其包装进行了重新设计，以减少原料的使用。

对许多类别的产品而言，即使产品本身不再具有使用价值，其实物形态依然存在。一种产品迟早会不能以消费者满意的方式发挥作用，或不再具备消费者想要的象征意义。而产品用途和象征意义都会面临处置问题。对一些消费者而言，回收是更好的选择（参考第4章绿色市场营销），而企业和政府组织都在致力于鼓励回收再利用并使其更加简便。不过目前而言，依然只有1/3的固体垃圾是被回收再利用的。[16]

对高科技产品（如手机、个人电脑和其他个人电子产品）迅速扩大的需求及其使用寿命的缩短，导致了日益令人关注的**电子垃圾**（e-waste）问题。对产品用途和象征意义的追求都会产生电子垃圾。商家和消费者都需要解决这个问题。但是一项最近的调查显示，每四台电脑中只有一台被回收利用。[17] 下面是一些减少电子垃圾的举措：

- TechForward 公司承诺将回购处置其电子产品。[18]
- 索尼现正与一家回收公司合作实施一项回收计划，这项计划可以让索尼完全用回收的材料生产新的产品。索尼也想借助这项计划获利，因为在其产品的电子垃圾里有铜等珍贵的原材料。而最大的问题就是计划实施的便利性与如何唤起消费者资源再利用的意识。[19]
- 诸如惠普（HP）、欧迪办公（Office Depot）等公司都参与了处置墨盒的活动。比如，惠普公司为客户准备了付好邮资的包裹，以鼓励客户将废弃的墨盒免费寄回其回收中心；欧迪办公给予那些提供废弃墨盒的客户折扣，让他们更加便宜地购买新墨盒。

图18-5描述了处置产品或产品包装的多种选择。遗憾的是，虽然"扔掉"不是唯一的选择，但却是迄今为止最广泛采用的处置办法。正如许多厂商做的那样，政府和环保机构试图努力改变这种做法（见图18-6）。尽管如此，仍有一些厂商在使用不必要的或难回收的包装与产品零部件。

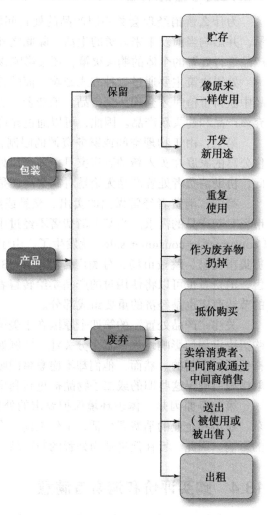

图18-5 产品处置的选择

图 18-6

合理的产品处置对于消费者和企业同样重要。

产品处置与营销策略

为什么营销经理会关心旧产品的处置问题呢？最好的解释也许是这些决策的累积效应会严重破坏环境质量，并影响当前及未来人类的生活。除此之外，也还有一些短期的经济方面的考虑。处置决定不仅影响那些对产品进行处置的个体的购买决策，还会影响该市场上其他个体的购买决策。

处置决策主要通过五种方式影响厂商的营销策略。第一，对于大多数耐用品而言，消费者只有在无法从产品中获得价值时才会购买新产品。消费者在心理上对产品进行折旧，假如产品的价值没有耗尽，他们就不会丢弃该产品和购买新产品。因此，可以通过允许将旧产品抵价以购买新产品来解决这个问题。[20]

第二，由于物理空间或财务资源的限制，在取得替代品之前必须处理掉原有的产品。例如由于空间较小，住公寓的家庭在买入新的卧房家具之前必须处理掉现有的家具。或者，某人需要卖掉旧车以筹钱购买新车。因此，协助消费者处置产品无论是对制造商还是零售商均是有利的。

第三，消费者经常做出的卖出、交易或赠送二手产品的决策可能会形成一个庞大的旧货市场，从而降低市场对新产品的需求。当某个消费者不经过中间商直接将产品卖给另外一个消费者时，**消费者对消费者的销售**（consumer-to-consumer sale）就发生了。由于消费者对销售和购买二手产品的需求不断上升，旧货出售、二手货集市交易、跳蚤市场、分类广告和诸如 eBay 的在线二手交易场所正在迅速发展。除了消费者对消费者的销售，消费者也可以将使用过的产品卖给转售者。由商业性和非营利性组织开办的出售旧衣服、旧家电和旧家具的节约商店也是经济的重要组成部分。

关注"产品处置"的第四个原因在于美国不完全是个"用后丢弃"的国度。很多美国人对垃圾以及他们的购买决定如何影响垃圾处置十分关注。[21] 例如，如果一个人确信旧吸尘器会被重新制造或转卖，他可能会乐意掏钱买一个新的。然而，他们却不愿意将旧吸尘器扔掉或自己设法将其卖出去。因此，制造商和零售商可以采取措施以确保这些旧的或二手物品被重新利用。

第五个原因是，体现环境保护要求的处置既有利于整个社会，也有利于作为社会成员的厂商。企业的股东、雇员和企业的消费者生活、工作在同一个社会和环境中，他们的环境和生活都会受到消费者处置产品决策的影响。因此，旨在促进适当处置的新产品、产品包装和项目符合社会成员的整体利益。

18.4 购买评价和消费者满意

诚如图 18-1 所示，消费者的购买评价受购买本身、购后冲突、产品使用和产品/包装处置的影响。同时，产品、出售产品的商店或两者同时影响评价。消费者可能对购买的各个方面进行评价，如信息的可获性、价格、零售店服务、产品性能等。另外，对某个方面（如产品）的满意度可能会受到对另一方面（如销售人员）满意度的影响。[22] 对于许多产品来说，这是一个动态的过程，受到许多因素的影响。[23] 然而应当记住，对于名义型决策和很多有限型决策，只有当某些因素如明显的产品功能失灵时才会导致购买者对购买的关注，从而引起主动的购买评价。[24]

评价过程

选择某种产品、品牌或零售店是因为人们认为它在总体上比其他备选对象更好。无论是由于产品标示的功能很好还是其他原因（如对这类产品的偏好或是喜欢该商店），消费者购买某种产品时，就会对产品的功能有一定的期望。消费者期望水平可以从很低（这个品牌或商店不怎么样，但我急需这种产品，而且没有其他选择余地）到很高。[25] 正如所预料的，期望水平和感知到的功效或表现水平并非相互独立。一般来说，我们对产品或商店的表现感知会与我们的期望相一致。[26]

在产品、服务的使用过程中或使用之后，消费者会对产品的功效或表现形成感知。这一感知水平可能明显高于期望水平，也可能明显低于期望水平或与期望水平持平。如表18-1所示，对购买的满意程度取决于最初的期望水平和相对于这些期望的实际感知水平。[27]

表 18-1　期望、功效和消费者满意

相对于期望的实际感知	期 望 水 平	
	期望低于最小欲求功效	期望高于最小欲求功效
更好	满意①	满意与忠诚
相同	非满意	满意
更糟	不满意	不满意

①假设实际感知水平超过最低欲求水平。

表18-1中列出了两种最常见的期望水平。第一种是期望产品的表现低于一个最低水平，同时消费者会需要一些解释。这一类选择并不典型，因为它们通常在消费者的无能集合（参考第15章）之中。但是，有三种情形会使消费者做出这一类决定：①当不存在其他选择时（一直到最近之前，苹果手机都只能在AT&T公司的信号网络下使用）；②在紧急情况下（当你的车爆胎时，附近的修车行却只有你不喜欢的车胎品牌可供使用）；③当家庭的选择对某些家庭成员而言是次优选择（suboptimal choice）时（如家里的孩子很讨厌Chuck E. Cheese，但他的父母并不）。

在表18-1中可以看到，如果一个商店或品牌的功效或表现符合一个低水平的期望，则结果通常既不是满意也不是不满意，而是非满意（nonsatisfaction），即可能不会失望，也不会抱怨该零售店或产品。但下一次遇到类似购买问题时，消费者可能会寻找更好的备选对象。

对一个品牌的感知功效低于期望水平通常会导致消费者的不满。如果感知水平与期望水平差别过大或原先的期望水平过低，消费者可能会重新开始整个决策过程。低于期望水平的品牌极可能被消费者摒弃，从而在新一轮决策中不再被考虑。不仅如此，也可能由此产生抱怨和负面的口碑传播。

当对产品功效的感知与最小期望水平匹配，即功效水平等于或高于最小期望水平时，通常会使消费者满意。消费者的满意会降低下次面临同样问题时的决策水平，即满意的购买具有奖赏激励作用，它将鼓励消费者将来重复同样的购买行为（名义型购买决策）。另外，满意的消费者可能会对所选品牌做正面的口头传播。

产品实际性能超过期望的功效时，一般会导致满意甚至忠诚。在下一部分将深入讨论的忠诚（commitment）是指消费者忠诚于某一品牌并在某种程度上漠视竞争品牌的活动。

发展现实的消费者期望对营销经理提出了挑战。消费者选择的品牌或商店必须在整体上优于其他备选对象。因此，营销经理很自然地要强调品牌或商店的好的方面。然而，如果这样的强调导致消费者形成较高的预期，而产品本身并不能满足这种预期，负面的评价就会由此引发。负面评价会导致品牌转换、消极的口碑传播和抱怨。所以，营销经理必须在对产品的热情宣传和对产品品质的现实评价之间找到平衡点。

满意和不满意的决定因素

既然功效的期望水平与实际功效是消费者满意与否的主要决定因素，我们就需要了解产品与服务的功效。一项关于消费者转换服务提供商的原因的研究表明，相对而言，竞争者的行动是较次要的因素，绝大多数消费者不会从一个满意的服务商那里转向更好的服务商，其转换服务商是因为他们感到当前的服务商存在问题。下面列举了引起转换的原因及被访者做出肯定回答的人数百分比（百分比的总和超过100%，因为很多消费者列了数条原因）：[28]

- 核心服务出错（44%）。错误（如订了过道边而不是靠窗户的座位）、账单错误、损害客户利益的服务事故（如干洗店毁了客户的婚纱）。
- 服务不周（34%）。服务生漠不关心、无礼、不负责或无知。
- 价格问题（30%）。高价、涨价、不合理的计价和欺诈性定价。
- 不方便（21%）。不方便的地理位置、营业时间、过长的等待时间或预订时间。
- 对服务失误的反应（17%）。不情愿的反应、不做反应和消极反应（这是你自己的错误）。
- 来自竞争者的吸引（10%）。更友善、更可靠、更高的质量和价值。
- 伦理道德问题（7%）。不诚实、恐吓、不安全或不健康的做法或利益冲突。
- 不情愿的转换（6%）。服务商或消费者搬迁或第三方如保险公司要求转换服务商。

其他的研究也发现等待时间对服务的评价过程有很大的影响。客户对那些他们认为企业完全可以控制的延误尤其反感。[29] 这些对如何制定营销策略有何启示呢？

还有一些研究发现负面的绩效水平比积极的绩效水平更能影响客户的满意度，有时候称其为负面偏好（negativity bias）。[30] 因此，考虑到第16章提到的属性与决策规则，产品和服务都必须在最大化某些方面的功效前使所有的功效先达到客户的期望值。

企业利用技术来提供更便利的线上及线下服务。商店里的商品价格扫描仪和有关当地价格的移动客户端使得消费经历更加令人满意。同时，与顾客代表的线上交流也对线上的消费者满意至关重要。当技术变得复杂或者失效时，常常会导致消费者的不满意。在线上结账的时候，这种技术的复杂以及失效会导致消费者放弃购买，从而使得企业损失利益（参考第17章）。

对许多产品而言，功效包括两个层面：工具性的和象征性的。**工具性功效**（instrumental performance）与产品的物理功能相关，**象征性功效**（symbolic performance）同审美或形象强化有关。例如，运动衣的耐穿性是工具性功效，而式样则是象征性功效。只有产品在这两方面的功效上都表现得很好，才能使消费者达到完全的满意。然而，至少对于服装等类别的产品而言，"不满意是由工具性功效令人失望造成的，而完全满意同时需要象征性功效达到或高于期望水平。"[31]

除了象征性和工具性功效，产品还有情感性功效。**情感性功效**（affective performance）是拥有或使用产品的情绪反应。[32] 这种反应可能缘于工具性功效、象征性功效或产品本身。如一套引来艳羡目光和称赞的服装可能产生积极的情感反应；或者，情感性功效成为产品的基本功效，如激发情绪的电影或小说。

关于线上购物满意度的研究发现以下四个重要的影响因素：[33]

- 网站设计和互动：包括诸如质量信息、消费导航、价格、产品供应、购买程序以及订单追踪等因素。
- 财务安全和隐私：包括对于欺骗以及身份信息盗用的安全措施，以及不必要的营销活动带来的隐私安全问题。
- 履行承诺以及可靠性：包括及时送达、订单的准确性、账单的准确性以及产品的质量。
- 消费者服务：包括对于消费者的支持、交流的便利以及清晰公平的退换货政策。

一项针对德国消费者的调查也发现类似的因素会影响消费者对网上零售商的满意度。[34] 最后，研究表明，在多渠道（包括互联网）的环境下，整合显得极其重要，即企业或品牌在不同营销渠道上的内容、流程与形象等方面必须尽可能保持一致。[35]

18.5 不满意反应

图18-7描述了不满意的客户几种可能的选择或反应。第一个反应是是否采取外部行动。如果消费者不采取行动，就意味着他决定容忍这种不满意状况。对不满的购买是否采取行动取决于购买对消费者的重要程度，采取行动的难易程度，消费者对品牌或零售商的满意程度和消费者本身的特点。重要的是，即使不采取外部行动，消费者也很可能对该商店或品牌形成敌对的态度。[36]

对不满状况采取行动的客户通常运用以下五种做法中的一种或几种。如图18-7所示，对于企业来说最好的做法就是让客户向企业抱怨，因为这至少给企业一个解决问题的机会。但是，绝大多数时候，客户不会向企业抱怨，而是直接采取行动，如更换品牌和进行负面的口碑传播等。

总的来讲，消费者对大部分购买是满意的。然而，由于每年要进行大量的购买，几乎每个人都有过不太满意的经历。例如，一项研究调查了540名消费者，询问他们在购买日常用品的过程中遇到了多少起产品有缺陷的情形。他们总共回忆起1 037起不满的购买。

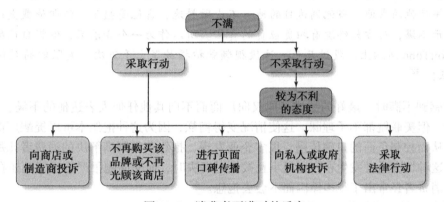

图18-7 消费者不满时的反应

这些不满意的购买导致了如下行为（此项研究不计负面的口碑传播，如告诫亲友）：

- 25%转换了品牌；
- 19%停止购买这些产品；
- 13%在未来购买中做店内检查；
- 3%向生产商投诉；
- 5%向零售商投诉；
- 35%退货。

在一项对耐用品的类似调查中，54%的不满消费者声称不再购买该品牌（品牌转换），45%的人向其亲友数落该产品（负面的口碑传播）。[37]

正如我们在第7章中讨论的，口碑传播是影响消费者行为的重要因素。比起其他信息来源，消费者更加信任口碑传播，从而在决策时更加依赖口碑传播。对于公司而言，不利的是当涉及口碑传播时，人们更愿意发泄自己的不满。有人估计，不满意带来的口碑传播是满意的两倍，即消费者对不好产品/服务的宣传两倍于他们对满意产品/服务的宣传。[38]

导致口碑传播不平衡的原因之一是，不满意带来的情绪会促使消费者进行口碑传播，这些情绪可以是失望，也可以是沮丧。这个发现清楚地指出一个事实：负面情绪越强烈，消费者越有动力在某些方面损害公司的利益。他们宁愿以牙还牙，也不会向公司抱怨，让公司予以补救。所以营销者应该学习如何避免产生这些负面情绪，并且培训服务人员学会确定和处理这些强烈的情绪。[39]

很显然，营销人员应该尽量减少消费者不满并有效解决已经出现的不满，同时还要尽量让消费者在不满时选择抱怨，而不是进行负面的口碑传播或更换品牌。我们将在后面讨论这些问题。

不满意的消费者与营销策略

营销者需要通过以下方式来满足或影响消费者期望：①通过促销来创造合理的消费者期望；②保持质量的一致和稳定，以达到消费者所期望的水平。由于不满意的消费者会进行负面的口碑传播，而口碑传播又对购买决策十分重要，一个不满的客户会形成连锁效应（ripple effect）以及乘数效应（multiplier effect）进而影响销售。[40] 不论是线上还是线下，口碑传播都需要考虑。

> 我感到愤怒。我把这件事情通过圣诞节信件告诉了62位全国各地的朋友。我的意思是，我告诉每一个人不要购买这些东西，因为他们的送达服务很糟糕。[41]

上面这类事件对营销者而言，无疑是一场噩梦，而电子邮件和博客的出现使这个问题更加严重，下面是戴夫·卡罗尔跟美国联合航空公司的一个例子：

> 戴夫·卡罗尔是一名音乐家，他正带着自己价值3 500美元的吉他旅行。他从座位上看到行李搬运工正粗暴地搬运他的吉他。当他到达目的地，不出所料地，吉他受损了。但即使戴夫以各种方式多次向美联航表示不满，对方始终没有担负应负的责任。所以作为一个音乐家，他将自己的经历做成视频并上传到YouTube网站上。没过几天，这段视频就被播放了上千万次，美联航的股价则因此下跌了10个百分点！[42]

当某个消费者感到不满时，最好的结果是他仅向厂商而不向其他任何人表达他的不满。在上面的例子中，戴夫做了很多尝试，但美联航都不予理睬，这使情况变得糟糕，因为这种抱怨本可以提醒厂商问题所在，使其做出必要的改进，从而控制负面的口碑传播。很多企业发现，抱怨获得圆满解决的消费者比那些从未遇到问题的消费者更满意。这种情况通常发生在问题很小且被及时解决时，而非问题很严重或问题还在发生时。[43]

与戴夫不同，消费者经常出于很多原因而不会去抱怨。[44]

- 人口统计特征。缺少诸如收入以及教育之类的资源。
- 性格。诸如内向等性格因素。
- 企业因素。使得表达不满的程序变得复杂和不适。

缺少消费者的抱怨对企业总是不利的，但如果是企业的不作为造成消费者不去抱怨的话，其名誉和企业根基将同样受到冲击。就像之前提到的美联航价值18亿美元的股价损失一样。

控制经由社交媒体发出的消费者负面评价是很困难的。美国电话电报公司（AT&T）就在这个问题上花费了很多精力，尤其因为在很长一段时间内它都是苹果用户的唯一选择。思考下面的例子：

> 通常，美国电话电报公司每天会在社交媒体上被提及10 000次，但在高峰时期，这个数字会急剧增长。营销经理需要增补更多的职员来应付这种暴风雨式的骤增。这个5人团队之前主要负责回复来自推特以及YouTube上的消费者不满，而现在他们的规模增加到了19人，并且改而负责Face-book。截至目前，47%的社交媒体用户回复了这个团队，并产生了每月大约32 000张的服务票据。[45]

美国电话电报公司的这种举措是为了：①发现消费者面临的问题，更好地利用社交媒体；②对消费者的投入做出回应；③通过对话来影响消费者的相关"描述"（参考消费者洞察14-1以获取更多细节）。

对抱怨做出及时有效的回应是消费者满意的关键因素。[46]大部分抱怨的消费者希望问题得到实质性解决。而且，客户想要得到的结果会因客户类型和问题性质的不同而不同，因此需要个性化的解决。[47]不能正视和有效地应付这一期望会导致更大的不满。因此，厂商应解决消费者抱怨中提出的问题，而不是只给消费者一个抱怨的机会。[48]

实际上，对很多厂商而言，通过鼓励抱怨并对抱怨做出有效反应来保留曾经不满的消费者，比通过广告或其他促销手段来吸引新客户更为经济。据估计，保留老客户的成本仅为获得新客户的1/5。[49]训练那些与消费者直接接触的员工运用适当的交流方式，授权他们在消费者提出问题时就解决它们，会增加消费者满意和忠诚。[50]

不幸的是，很多公司还是没能从组织上落实如何有效地处理消费者抱怨。这一领域应当说蕴含着很多的商业机会。[51] 思考以下这段话：

当斯普林特公司（Sprint）的首席执行官 Gary Forsee 于 3 月加入公司时，他想知道为什么需要花费成千上万的资金来吸引新的无线客户，而已有的客户却因为不满意而放弃该公司。Forsee 先生，一个曾经在电话行业（包括 AT&T 和 BellSouth 公司）工作的 30 岁的行家，希望斯普林特把客户服务与获得新客户看得同等重要。正因为这样，斯普林特公司才大为改观。事实上，斯普林特的业务单元已经完全按照新的重点——客户期望重新加以组织了。消费者不再被随便对待，或是直接由客户服务部处理。营销部门、客户服务部和销售部门不再是三个不同的单元，而是被组合成一个单元一起工作。[52]

斯普林特在整个公司范围内推行的新政产生了效益，客户的转换率得以下降。图 18-8 显示另一家公司在线上主动地去将企业运作与消费者问题和体验相协调。

图 18-8

这家线上公司主动使其内部程序与客户需求相一致。

18.6 客户满意、重复购买和客户忠诚

客户满意度是导致客户忠诚的一个很重要的因素，所以很多组织投入资源来提高客户满意度，正如下面关于纽约长老教会医院（New York-Presbyterian Hospital，NYP）的一段摘录所示：

NYP 十分重视提高全美各地病人的满意度。为了改善病人的医疗体验，NYP 贯彻了护理承诺的理念。护理承诺即要求其员工在工作和同病人及其家属、同事相处时所要遵循的一系列服务期望。这些期望是根据病人直接反馈建立的，目的是解决病人的关键问题和需要。护理承诺让医院的员工清楚地了解病人希望他们做什么，同时也给出一系列明确的标准来评价雇员在服务方面的绩效。无论对医院还是病人，合理的服务指标都是非常重要的工具。[53]

由于客户日益精明，价值意识日益强烈，有很多品牌都可以满足客户的需求，对很多营销者来说，创造满意客户是必要的，但仅仅停留在这一水平仍然是不够的，企业应以创造忠诚客户或品牌忠诚型客户为目标。

图 18-9 描述了某一特定品牌在任一时点上的购买者构成。在全体购买者中，某一百分比的人会对购买满意。正如我们已看到的，营销人员正在花费巨大的精力提高这一百分比。其原因在于，虽然有些满意的客户仍会转换品牌，[54] 但他们比那些不满意

图 18-9 创造忠诚客户逐渐成为营销战略的核心

的客户更可能成为重复购买者,尤其是当满意程度很高时。[55] **重复购买者**(repeat purchasers)是指这样一些客户,他们对某一品牌不一定具有情感上或情绪上的偏爱,但出于习惯或由于目前没有其他选择,会一直重复购买该品牌。

如我们在前面看到的,某些不满客户也可以成为重复购买者。他们认为**转换成本**(switching costs)——搜寻成本、评估和接受另一个选择的成本过高。[56] 然而,他们会进行负面的口碑传播,并且易受竞争对手行为的影响。

尽管重复购买者是企业所期望的,但单纯的重复购买者易受竞争者行为的影响。换句话说,他们购买该品牌是习惯使然,或该品牌在他们购物的地方可以买到,或该品牌价格最便宜,或是其他类似的原因。这些客户对所购买品牌并无忠诚感。**品牌忠诚**(brand loyalty)是指一种有偏向的(非随机的)行为反应,如购买或推荐,表现为在许多品牌中长期购买一种或几种品牌,是由心理(如决策制定、评价)过程决定的。[57]

服务或者商店忠诚可以用类似的方式加以定义。[58] 因此,品牌(商店或者服务)忠诚或者**忠诚型客户**(committed customer)对于某一品牌或厂商具有感情上的偏爱,会以一种类似于友情的方式喜欢该品牌。消费者用诸如"我信任这个牌子""我喜欢这个商店"和"我信任这个厂家"之类的词句来描述他们的忠诚,正如下面的客户所描述的:

> 我自己尝试了一次并且确实很喜欢它的味道。现在无论什么时候我只喝这种饮料。每天早上我跑完步之后就来一杯,清理完房间之后再来一杯。我经常在手上端着一杯,这是我的习惯。我对Gatorade这个牌子很忠诚,应该说我对它非常忠诚。我知道他们现在拥有其他品牌,经常看到折扣券,但是我从来没有买过,也从来没尝过,因为我喜欢Gatorade。我确实是这样。[59]

在高度介入的情况下,前面介绍过的纽约长老教会医院不仅建立了绩效评估的指标,还通过深入接触来为病人提供更具个性化、人性化的服务,并以理解和尊重的态度对待病人及其家属。通过这些努力,不仅使病人感到满意,还建立了忠诚的客户群。

品牌忠诚有许多来源,包括:

- 品牌认同(brand identification)。即消费者认为该品牌反映或强化了其自我概念的某些方面。这种类型的忠诚在象征性产品(如啤酒、汽车)的购买上最为普遍,在那些需要人际交往的服务中也很常见。[60]
- 品牌舒适(brand comfort)。研究发现品牌忠诚可以来自消费者舒适。消费者的舒适是"一种心理状态,消费者对服务的担忧得以缓解,而且对于服务的提供者感到平静和安稳"。[61] 由于大多数服务与客户保持高度接触,服务人员很可能在影响消费者舒适度方面扮演了一个重要的角色。
- 品牌愉悦(brand delight)。品牌忠诚也可能是因为该产品的功效高于客户的预期。[62] 这些不俗的功效表现与产品或厂商本身有关,或如早先提到的,与厂商处理投诉或客户问题的方式有关。高介入度的服务和访问一般的客户网站都能令客户产生愉悦感。[63]

正如上面所说,对于一些产品,要想培养忠诚的客户更加困难。事实上,对于一些低介入度的产品,厂商不太可能真正突出产品的特别之处或是提供特别的服务。因此,厂商应该将重心放在创造满意的重复购买上,而非培养忠诚的客户。[64]

忠诚的客户在购买产品时不大可能考虑搜集额外信息。他们对竞争者的营销努力(如优惠券)采取漠视和抵制态度。忠诚的客户即使因促销活动的吸引而购买了其他品牌,他们通常在下次购买时又会选择原来喜爱的品牌。[65] 忠诚客户更乐于接受同一厂家提供的产品线延伸和其他新产品,他们也更能原谅偶尔的产品或服务失误。[66]

最后,忠诚客户极可能成为正面口碑传播的来源。这对一家公司来说是非常有价值的。正面的口碑传播增加了受众成为客户的可能性,增加了受众与第三方分享正面评论的可能性。[67] 消费者洞察18-1列出了一些利用口碑传播来评估消费者满意和忠诚,并预测发展前景的公司。

基于以上原因,许多营销人员积极培养忠诚的客户和满意的客户。忠诚客户比单纯的重复性购买者能为企业带来更多的利润,而重复购买者同样比偶尔购买者更具吸引力。[68]

18.6.1 重复购买者、忠诚客户和利润

转换（churn）是指一个厂商的基本客户群的变动。如果一个厂商的基本客户群有 100 名客户，每年有 20 名离开又有 20 名新客户进入，那么该厂商的客户转换率为 20%。阿米卡公司（Amica，一家拥有高忠诚度的保险公司）每年的客户转换率只有 2%！[69] 现在许多厂商的一项主要目标是降低转换率。为什么？因为获取新客户的成本远高于保留现有客户的成本，而且新客户的获利性低于长期客户。思考某个信用卡公司的客户创造的利润（见表 18-2）。[70]

表 18-2 某信用卡公司客户利润（单位：美元）

	年利润
获取成本	（51）
第 1 年	30
第 2 年	42
第 3 年	44
第 4 年	49
第 5 年	55

获取成本包括广告、建立账户、寄卡等花费。第 1 年利润低是因为很多新客户是通过某种促销活动获取的。另外，新获取的客户起初对信用卡的使用率往往较低，而且他们并不使用信用卡的所有功能，这一点无论是对消费品用户还是对工业用户均是适用的。汽车服务商从每位客户身上获得的利润由第 1 年的 25 美元升至第 5 年的 88 美元，而一家工业洗衣店发现，从每位客户身上获得的利润从第 1 年的 144 美元升至第 5 年的 258 美元。

图 18-10 展示了每位客户利润增长的来源。溢价反映了这样一个事实：重复购买者或忠诚的客户倾向于持续购买该品牌，而不是等待降价或不停地讨价还价。举荐是指由现有客户的推荐而获得的新客户所带来的利润。更低成本的出现是因为厂商和客户都知道如何在长期内更有效地相互配合。最后，客户在长时期内倾向于使用一个厂家的更多类似的产品和服务。[71]

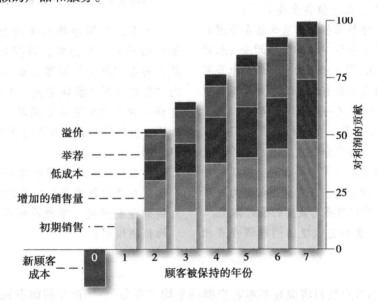

图 18-10 不同时间客户盈利性增长的来源

资料来源："Sources of Increased Customer Profitability over Time." 1999 TIME Inc. Reprinted by permission.

尽管忠诚的客户对商家最有价值，然而即使现在保有的客户主要是重复性购买者，减少转换率也会对利润的提高产生很大的影响。

| 消费者洞察 18-1 | 你了解你的净推荐值吗？

公司一直在寻找更好的方式来测量真正的态度忠诚。最新的进展让公司对**净推荐值**（net promoter score, NPS）产生了浓厚的兴趣。让人惊奇的是，净推荐值测量的消费者态度忠诚，并不是通过直接测量顾客满意或其他一些直接的忠诚测项。[72] 相反，净推荐值是基于口碑的一种直接测量。它是通过以下问题

操作的:

"你有多大的可能会向你的朋友或同事推荐 X 公司？"

0—1—2—3—4—5—6—7—8—9—10

绝对不会　　　　　　中立　　　　　　肯定会

根据消费者不同的回答，公司将他们分为以下三类：

促进者——得分为9分或10分

被动满意者——得分为7分或8分

诽谤者——得分为0~6分

净推荐值是用促进者的比例减去诽谤者的比例。被动满意消费者从某种情况上被认为是中立的，他们不会有任何与公司相关的前期行为，不论是正面的还是负面的。因此，某公司如果有60%的促进者、30%的被动满意顾客和10%的诽谤型顾客，那么该公司的净推荐值为（60%促进者－10%诽谤者），即NPS=50。所以，净推荐值是测量企业在扣除诽谤型顾客后仍剩下的企业促进者的比例。

关于净推荐值，有以下几点值得企业关注：

（1）在许多行业中，净推荐值越高意味着企业增长越强。也就是说，如果某公司的净推荐值在增长（相对于诽谤者，促进者的增长），那么未来的利润增长也是可预期的。当你认识到口碑是消费者信息的有力指标，也是消费者选择的重要来源时，这一点的确有意义。

（2）净推荐值，虽然是基于口碑的问题，但非常接近于消费者态度忠诚。因为在向朋友或同事推荐的过程中存在社会风险，它也要求公司方面事先有积极的行为。这种对风险的承担，和为某一品牌做出的努力，可以被认为是消费者对该品牌拥有高忠诚度的最好体现。

（3）与其他有关满意度和忠诚度的问卷调查表相比，净推荐值十分简单。

净推荐值并不完美（它不适用于所有行业），也不是唯一的方法。另外一些关于顾客忠诚测量的方法是和企业财务状况紧密相关的。然而，因为净推荐值的计算方法简单以及它与企业的利润增长联系紧密，很多公司都采用了这一方法，如美国通用电气公司、财捷集团以及美国运通公司。但当企业使用不恰当时，方法的简单性也就成了净推荐值的缺陷，所以重视净推荐值的使用范围变得尤为重要。净推荐值是公司运营情况的及时反映。只有在公司组织结构所有层面进行管理变革，使企业和雇员都能更好地与消费者反馈相匹配，测量净推荐值才会是有用的。正如某位专家所言：

> 如果我们开始行动，我们需要的不仅仅是个数字。消费者忠诚是驱动企业制定下一步战略规划的本质和核心。消费者在谈论什么？什么会让消费者成为企业的促进者，或是诽谤者？怎样才能让被动满意者成为促进者？

因此，运用净推荐值的公司经常建议为"推荐"型问题补充一些问题，以探究得到这个分数的原因。某公司在"推荐"问题后加入了一个开放式问题，询问"您打分时（推荐型问题）的最主要依据是什么？"这样一种方法实际上很简单，但是却为让被动满意者和诽谤型的消费者转为促进者的营销策略奠定了基础。

思考题

1. 为什么你认为净推荐值与公司发展紧密相关？
2. 你认为净推荐值与公司利润有关吗？
3. 针对企业发展，净推荐值在什么时候无法起到很好的预测作用？

减少在一年内离开的客户数目将提高基本客户群的平均"寿命"。[73] 正如前面看到的，客户与一个厂家的关系越长久，厂家从该客户身上获取的利润越多。因此，稳定的基本客户群意味着企业能够从单个客户身上获得更高的利润。研究发现，如果每年离开厂家的客户数降低5%，企业从每一客户身上获得的平均利润将有如表18-3所列的增长：[74]

表18-3　不同类型企业的平均利润增长

厂家类型	每位顾客平均增长率（%）	厂家类型	每位顾客平均增长率（%）
汽车服务	30	信用保险	25
银行营业所	85	保险经纪业	50
信用卡	75	工业洗衣店	45

营销者保持客户的动机是十分清楚的。菲尔·布莱斯勒（Phil Bressler）是马里兰州五家达美乐比萨饼屋的店主。他发现，一个老主顾在10年的特许经销权协议期内的消费额超过5 000美元。他不断提醒每个雇员记

住这个数字。糟糕的服务和恶劣的态度给经销店带来的损失可能是数千美元，而不仅仅是某次交易未果而造成的 10 美元或 15 美元的损失。[75]

然而，维持某些顾客比维持另外一些顾客更有利。例如，在一个典型的商业银行，处于高端的 20% 的顾客创造了 6 倍于其自身成本的收益。相反，位于最后 20% 的顾客却产生了 3 倍或 4 倍于其收益的交易成本。公司逐渐感觉到，要么削减增值服务，提高价格，使得不盈利顾客变为盈利顾客（或者离开，因为他们没有充分感受到价格的价值），要么温和地让不盈利顾客离开。思考下面两段话：

- 某公共电力公司有 6 名客服代表为其排名前 350 家的企业客户服务。紧随之后的 700 家客户由另外 6 位客服代表服务，最后剩下的 30 000 家客服仅仅由 2 名客户服务人员提供服务。而 300 000 位住宅用户则是由 800 电话来负责。
- 某金融机构将它的信用卡用户用不同的颜色标明，当它们出现在客户服务代表的显示屏上时，客户代表可以看见。绿色（有利润的）用户能给予充分授信，或者其他有效回应。红色（无利润的）用户没有任何议价能力。黄色（处于盈利边缘的）用户给予一个中等水平的接待。

荷兰 ING 银行甚至"炒掉"那些不符合企业成为"低接触、低利润"的金融服务提供者这一自身愿景的客户。那些需要大量个性化关注的高接触客户，并不属于 ING 的目标顾客群，为高接触客户服务的成本高出了企业自身的收费。这是因为 ING 的定价就是基于"低接触"的目标顾客群体。[76]

"炒掉"客户是一种需要勇气的商业方法。这种方法会让企业维持在低成本、高收益的水平，但是也会让之前的客户疏远，出现负面情绪（被遗弃、不满、愤怒），因此产生负面口碑。[77] 所以，营销者开始尝试用最好的方式来"炒掉"客户。很明显，温和的、人性化的并且公平的方法会起一定的作用。例如，一些公司会向消费者提供建议，哪里可以找到更符合他们需求的公司和服务。

18.6.2　重复购买者、忠诚客户与营销策略

针对特定细分市场制定营销战略的重要一步是明确该战略所追求的目标。这些目标可能是：

（1）吸引使用该类产品的新客户。
（2）争取竞争对手的客户。
（3）鼓励现有客户增加消费。
（4）鼓励现有客户成为重复购买者。
（5）鼓励现有客户成为忠诚的购买者。

上述每种目标的实现都需要制定不同的营销战略和营销组合。为实现前两个目标，营销者务必使潜在客户相信，使用本企业产品比不使用该产品或使用竞争者的产品能带来更大利益。通常的做法是在广告中承诺更大的收益、优惠券、免费尝试以及其他类似的策略。尽管当前仍有一些厂商将销售看作最后一个环节，但大多数厂商已开始认识到首次销售后就保留住客户的重要性。这一点对于非经常性购买的物品也同样适用（此时不是重复销售，而是希望有积极的或至少是中立的口碑传播行为）。

后三个目标的重点是向现有客户进行营销，这些目标的实现均以客户满意为前提。正如图 18-11 所示，厂商需要传递消费者所期望的价值。前面已经介绍了创造满意客户的方法，在此不再赘述。重点放在现有客户身上的营销通常被称为关系营销，下面将对此做进一步介绍。

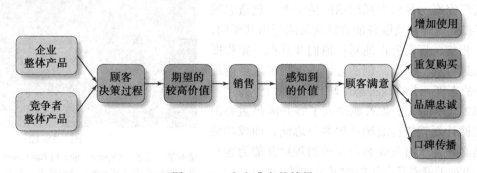

图 18-11　客户满意的结果

关系营销

关系营销（relationship marketing）是指企业试图与客户发展一种持续的、不断扩充和强化的交换关系。[78] 在很多方面，关系营销试图同客户建立一种类似多年前邻居小店同客人之间的关系。在这些关系中，店主把客户当作朋友或邻居，而不仅仅是单纯的客户。店主能预料到他们的需求，并在需要的时候为其提供帮助和建议。关系营销就是试图达到这种效果。然而在现代条件下，由于大多数业务规模庞大，要真正体现关系营销的思想，企业必须使用数据库和"定制的大众化沟通"，并更好地培训与激励雇员。[79]

思考下面的例子：

里斯超级市场（Lees Supermarkets）——一家家族公司，成立了购物者俱乐部，记录前来购物的会员。经常购物的消费者及大宗购买者会得到特殊的激励和折扣，这些激励根据客户过去的购买习惯而制定。另外，上次感恩节，600位经常购买者和高级会员得到了免费的火鸡作为礼物。这些出人意料的奖励使关键客户感到高兴并且增加了他们的忠诚。[80]

关系营销有5个关键因素：[81]

（1）发展一种核心产品或服务，并以其为中心建立客户关系。
（2）针对不同客户建立特定关系。
（3）用附加利益来扩充核心服务或产品。
（4）以有助于鼓励客户忠诚的方式定价。
（5）开展内部营销使雇员在客户面前表现出色。

上述因素说明，关系营销的关键在于集中精力了解每个客户的需要。[82] 并非所有消费者都会平等地感受到关系营销的努力。有种看法认为同企业之间的这种关系对消费者不够便利、利润不足并且面临隐私风险，这些都是导致消费者无法与关系营销接洽的因素。[83]

当前，非常流行**客户忠诚计划**（customer loyalty programs），许多公司为此开展了大量的营销活动，但实际上其中许多计划主要是用来创造重复购买而不是创造客户忠诚。除了航空公司推出的"经常乘坐者计划"外，旨在鼓励重复购买的计划还包括下面的例子：

- 万豪酒店设有"万豪奖励"。会员入住万豪酒店可以获得积分，并根据他们每年入住的时间被分为银、金和白金客户，这个系统和公司庞大的客户数据库帮助万豪酒店根据每个客户的个人档案来定制设施和促销活动。
- 运动连锁店的会员卡奖励计划可以让客户在参加他们的活动后获得积分，并可以用积分兑换球队的纪念品、食物和饮料，而球队也可以运用球迷数据库来进行个性化交流，并送给超级球迷特别的礼物（如季赛的入场券）。[84]

尽管以上描述的计划通常可以有效创造重复性购买，但并不一定能创造忠诚客户，所以要注意两者的区别。[85] 忠诚客户对某产品或厂家有一种相当强烈的感情依恋。创造忠诚客户，要求厂家提供的产品或服务恰好满足或超出其预期，甚至必须使客户相信，厂商公正地对待他们并且在一定程度上关心他们的长远福利。因此，创造忠诚的客户要求厂商形成以客户为中心的态度，并将这种态度转化为实际行动。[86]

就像图18-12显示的，企业若能深入了解并满足重要消费者的需要，忠诚计划就能有效地产生客户忠诚，而成功的客户忠诚度计划必须基于对重要客户需求的理解并能为客户提供价值利益（如对于偏爱某个品牌的促销奖励）。

图 18-12

诸如第一资本（Capital One）的BuyPower Card，成功的客户忠诚计划基于理解关键客户的需求，并为其提供利益。

人们一直在研究网上购物的忠诚度。虽然网站类型和人们访问网站的目的与传统购物不同，但图 18-11 表明，与传统产品、服务和商店一样，消费者感知的价值和满意度也对网上购物忠诚度至关重要。[87] 另外，研究还发现影响网上购物忠诚度的其他因素，比如隐私保密和安全问题就十分重要。[88] 还有研究认为，以客户为导向/个性化、互动、便利性和在线社区也是影响网上购物者的忠诚度、口碑传播和购买意愿的重要因素。[89]

小结

1. 描述各种购后过程

消费者购买之后，会伴随一系列的购后活动，包括使用、评估，有时还有满意，以及消费者对满意的回应，如重复购买、正面口碑和忠诚。评估也可能导致不满意，这种情况往往和投诉相关，以及出现忠诚度下降、品牌转换和负面口碑。

2. 讨论购后冲突

在某些购买活动后，消费者会对购买决定是否明智产生疑虑和不安，这被称为购后冲突。在下面四种情况下购后冲突很容易出现：①容易产生焦虑的个体；②购买是不可改变的；③购买的物品对消费者很重要；④购买涉及两个或多个替代品之间的困难选择。

3. 讨论产品使用与闲置问题及其营销意义

无论消费者是否经历购后冲突，多数购买者在购买产品后会使用产品。产品可以是购买者本人使用，也可以是购买单位的其他成员使用。跟踪产品如何被使用可以发现产品的新用途，产品需要改进的地方，还可以为广告主题的确定和新产品开发提供帮助。产品责任法的颁布使得营销经理了解产品所有可能的潜在使用方法变得越来越重要。

产品闲置也是需要引起注意的问题。如果消费者购买产品后不使用或实际使用比原计划少得多，营销者和消费者都会感到不满意。因此，营销者不仅试图影响消费者的购买决策，同时也试图影响其使用决策。

4. 讨论产品处置及其与营销和公共政策之间的关联

产品及其包装物的处置可以发生在产品使用前、使用后或使用过程中。由于消费者对生态问题的日益关注（并且出现了绿色营销，详见第 3 章），原材料的稀缺及成本的上升，州及联邦立法与管制机构的活动，营销经理对处置行为的了解变得越来越重要。而电子垃圾也成为另一个令人关注的问题。

5. 解释满意与不满的前因与后果

消费者对满意或不满意的感知，是消费者对产品表现的预期以及产品实际表现之间的比较过程。如果产品性能能达到甚至超出了消费者预期，那么消费者满意就有可能产生。在一些情况下，更会推动顾客承诺或忠诚。如果预期不能满足，就可能导致消费者的不满。服务是消费者满意中的最主要的决定因素，即使消费者是在购买某件产品。产品或服务的失败，没有充分地描述产品和服务问题，以及错误的定价都是导致消费者不满意的关键因素。

消费者不满意会引起很多对厂商的不良后果，包括消费者忠诚度降低、负面口碑和品牌转换。对公司来说，较好的结果是消费者向公司投诉和抱怨，尽管顾客常常不愿意直接投诉，而且一旦消费者投诉发生时，很多公司还是没有做好相应的准备来面对和处理顾客不满。

6. 理解满意、重复购买和顾客忠诚之间的关系

消费者满意会带来很多积极结果，包括重复购买、正面口碑传播，以及某些情况下会促成顾客忠诚，但并不是所有的满意顾客都会成为忠诚顾客。仅仅满足了顾客的预期（消费者洞察 18-1 里的被动满意者），并不足以形成忠诚。重复购买者也不是严格意义上的忠诚顾客。重复购买常常出于习惯（我经常购买）或者必需品（只有一种选择），而不是出于对品牌的忠诚。非忠诚顾客的重复购买者很容易被竞争者挖走。因此，与品牌承诺相联系的重复购买意愿，即品牌忠诚或顾客承诺，对营销人员来说是最重要的。随着网上零售的不断发展，营销人员正在探寻培养网上满意度和网上忠诚度的方法。关系营销和顾客忠诚计划是企业的核心战略，因为这会促进消费者满意、重复购买和某些情况下的顾客忠诚。

关键术语

情感性功效（affective performance）
品牌忠诚（brand loyalty）
转换（churn）
忠诚型客户（committed customer）

消费者对消费者销售（consumer-to-consumer sale）
消费后悔（consumption guilt）
客户忠诚计划（customer loyalty programs）
电子垃圾（e-waste）
工具性功效（instrumental performance）
净推荐值（Net promoter score）
购后冲突（postpurchase dissonance）

产品闲置（product nonuse）
关系营销（relationship marketing）
重复购买者（repeat purchasers）
转换成本（switching costs）
象征性功效（symbolic performance）
使用创新（use innovativeness）

复习题

1. 消费者的主要购后过程是什么？
2. 决策过程类型如何影响购后过程？
3. 什么是购后冲突？购买情境的哪些特征影响购后冲突？
4. 消费者在购买前可以通过哪些方式减少购后冲突？
5. 消费者在购买后可以通过哪些方式减少购后冲突？
6. 什么是消费后悔？
7. 什么是使用创新？
8. 什么是标示外用途？为何对企业很重要？
9. 为何调查并非总是获取产品创新使用的最有效方法？
10. 什么是产品闲置？它为什么是营销者关注的一个问题？
11. 产品与产品包装的处置是什么意思？为什么政府管制机构与营销人员对此感兴趣？
12. 什么是电子垃圾？它为什么令人担忧？
13. 影响消费者满意的因素有哪些？这些因素是如何发挥影响作用的？
14. 工具性功效与象征性功效有何区别？它们各自是如何影响消费者满意的？
15. 什么是情感性功效？
16. 消费者不满时会采取哪些行动？最常用的行动是什么？
17. 对于网上零售商来说，什么决定了满意度？
18. 当消费者不满时，营销者希望消费者做什么？营销者如何对此做出鼓励？
19. 什么是"转换"（churn）？它如何影响利润？
20. 与客户建立长期关系有助于增加利润，新增利润的来源有哪些？
21. 客户满意、重复购买和忠诚的客户之间存在什么样的关系？
22. 重复购买型客户与品牌忠诚型客户有何区别？
23. 什么是转换成本？
24. 营销者为什么热衷于拥有品牌忠诚型客户？
25. 针对某一细分市场的营销战略可能具有哪五个目标？对于某一特定细分市场，公司在不同的目标条件下，营销战略有何区别？
26. 什么是关系营销？关系营销中涉及哪些策略？
27. 什么是客户忠诚计划？它们主要包括哪些内容？
28. 什么因素影响了网上购物的忠诚度？

讨论题

29. 为了减少购后冲突，零售商在消费者购买商品后应采取哪些措施？对刚购买了以下产品的消费者，你建议采取何种具体行动？采取这一行动的效果是什么？
    a. 公共广播公司的募捐
    b. 公寓
    c. 舞蹈课
    d. 混合动力车
    e. 微波炉
    f. 热带鱼
30. 你的大学使用何种数据库来维持生源？总的说来，你认为公司或机构使用这样的数据库会遇到什么道德问题？
31. 厂商在客户购买后一般会采取什么措施以消除消费者购后冲突？对以下产品，你认为厂商应该采取什么样的措施，这些措施会带来什么样的效果？
    a. 手机
    b. 昂贵的手表
    c. 平板电脑
    d. 视力矫正手术
32. 企业怎样利用使用创新？
33. 讨论你如何决定消费者实际上是怎样使用下列产品的。这类信息如何用于营销策略的制定？

a. 微波炉
b. 腕表
c. 网上银行服务
d. 刚上映的电影
e. 染发剂
f. 酒店入住积分

34. 对于下列产品或服务的购买者，你如何测量其购买满意程度？你将问哪些问题？除此之外你还将搜集什么信息？为什么？如何运用这些信息评价和规划营销策划活动？
    a. 手机服务
    b. Walmart.com
    c. 汽车保险
    d. Six Flags 主题公园
    e. 健康护理服务
    f. 健身单车

35. 在面向特定目标市场销售的过程中，营销者应对何种程度的产品不满感到满意？不考虑营销者的努力，哪些因素导致消费者对产品的不满？
36. 描述最近做的一次令你不满的购买，你对此采取了何种行动？为什么？
37. 你是某个品牌、服务或者店铺的单纯重复购买者吗？为什么你不是它的忠诚客户？如果有可能，怎么做才能使你成为忠诚客户？
38. 回答消费者洞察 18-1 的问题。
39. "炒掉"顾客的可能的负面后果有哪些？
40. 你是某个品牌、服务或者店铺的忠诚客户吗？为什么？
41. 为以下产品设计一个客户忠诚计划：
    a. 高档连锁酒店
    b. 连锁杂货店
    c. 化妆品连锁
    d. 公共餐饮业

实践活动

42. 设计一份简短问卷，了解大学生中产品闲置情况及将产品闲置不用的原因。与另外 4 位同学一起访问 50 名同学，你可从中获得什么结论？

43. 设计一份问卷，测量消费者对某件价值在 100 美元以上的衣服的满意情况。问卷应包括测量产品的工具性功效、象征性功效、情感性功效的问题，同时还要测量消费者在这些方面的希望或欲求水平。在此基础上访问一些消费者，以获得关于实际功效水平、期望功效水平和满意功效水平的信息。运用这些信息，决定消费者是否获得了他们所期望的功效水平，同时将期望水平与实际感知水平之间的差异与消费者表达的满意状况联系起来。你的调查结果对企业营销有何启示？

44. 调查并测量学生对服务购买的不满情况。对于不满意的购买，了解他们为平息不满采取了什么行动。最终结果如何？你的调查结果对企业营销有何启示？

45. 设计一份问卷，测量重复购买行为与品牌忠诚。运用该问卷测量 10 名同学对以下产品或店铺的重复购买与品牌忠诚情况，确定为什么有些同学对品牌产生忠诚。
    a. 电池
    b. 意大利面酱
    c. 咖啡
    d. 灯泡
    e. 服装店
    f. 网上商店

46. 取得一家销售耐用品的零售店的合作，协助该零售店寄送用户致谢信。致谢信在产品被购买后马上寄出。在产品被购买两周后，走访用户，包括收到致谢信与未收到致谢信的用户，测量他们的满意水平并评价访问结果。

47. 访问一家食品杂货店的经理、一家百货商店的经理和一家餐馆的经理，确定哪些类型的产品最可能遭受客户抱怨，这些抱怨具有什么样的性质？

48. 针对下列产品访问 10 名同学，测量他们对这些产品的处置行为。并调查他们为什么采取这种处置行为。
    a. 笔记本电脑
    b. 手机
    c. 床垫
    d. 电视
    e. 塑料制品

49. 访问 20 名同学，确定他们属于哪些客户忠诚计划中，对这些计划的哪些方面他们比较喜欢，哪些并不喜欢？这些品牌忠诚计划对他们的态度和行为产生了哪些影响？你的调查结果揭示了什么样的营销机会？

第IV部分

案 例

|案例IV-1| 香味营销影响消费者情绪

香味营销是一种环境营销，被市场营销人员称为品牌化的最终前沿，也有人把它称为"运输情感的买卖"。一直以来，商家都在操控环境氛围上的变量，比如音乐、颜色和商品的摆放布局，但气味作为一种重要变量却是最近才得到商家的关注。研究表明，香味可以对消费者的情绪和后续的行为产生巨大的影响。气味能够改善消费者的心情，让他们在商店内停留更长时间，同时增加购买量。据埃里克·斯潘根伯格（Eric Spangenberg）教授所说：

> 我们的研究已经表明，香味可以增加客户积极的购物行为……香味让人们在商店里更长时间，消费者更喜欢在商店流连，并会有更明显的回购趋势。

使用香味营销的零售商可以大致分为两类：使用天然的香气和通过技术手段实现人为香味。消费者往往能发觉商店里的天然香气，特别是在烘焙食品店里。肉桂卷甜品店（Cinnabon）和帕尼拉面包店（Panera Bread）是零售商依靠香味来推广其商品的两个典型例子。肉桂卷甜品店有意将其商店放置在诸如商场和机场的室内购物区域，使得气味可以在走道中扩散并吸引消费者。商家将烤箱放置在商店前面，使温暖的肉桂卷的气味能传播得更远。测试还显示，如果把烤箱放在商店的后面，销售量会明显下降。为了保证香味不消失，商家还会把肉桂卷半小时烘烤一次。连锁加盟商需要使用允许范围内最薄的烤箱罩，使香味可以最大程度地飘散。同样，帕尼拉面包店不仅有白天工作的面包师，也有上夜班的面包师，这也是为了让消费者尽可能多地闻到烤面包的气味。此外，这两家甜品店的菜品都经过了精心的设计，保证了菜品香味和烘焙香气不会产生冲突，因此它们的菜单上永远不会出现大蒜之类的重味食材。

香味营销的好处不仅限于食品零售商。许多其他类型的零售商也加入到香味营销的潮流中。许多零售商正在投资开发自己的定制"品牌香味"。据著名的香味扩散器制造商尚雅（ScentAir）首席执行官安德鲁·肯德勒（Anderson Kindfuller）说：

> 各大品牌现在都意识到了香味是经营活动的一部分。我们在许多不同的环境中都在应用香味扩散系统——不仅仅是酒店和零售业，还有家庭住宅、疗养区，以及医疗、法律人员办公室等。

新加坡航空、威斯汀酒店、丽思卡尔顿、维多利亚的秘密、橘滋、布鲁明戴尔的索尼电子商店和SCSS床上用品店都是使用香味营销的典型例子。这些公司都在使用香味扩散系统，持续均匀地保持门店里那股特殊的"品牌香味"。

形成一种品牌香味实际上并不容易，商家常要花费5 000~50 000美元才能形成一种吸引人的香味，并且让消费者能够识别出这个品牌，从而延长顾客在店内停留的时间。这种技术已经有了较长的发展历程，从以前简单的风扇到融合了 HVAC 系统的冷空气扩散和干燥空气蒸发。据香味营销学会首席运营官詹妮弗·达布里诺（Jennifer Dublino）说：

> 以前，商家会用一些盒子把挥发性香料浸泡在香油中，用风扇吹动促进挥发。刚开始的时候香味十分浓烈，但慢慢就会变淡。

那时商店里的商品会抹上一层精细的油膜来保持香味，但最新进展解决了这个问题。尚雅营销总监艾德·布尔克（Ed Burke）说：

> 我们把香味融进水雾里，水雾很细微均匀，所以你甚至不能看到它从雾化器里出来。商家可以不必担心香料的残渣，还可以随时控制浓度。

香味营销十分有效，因为消费者的嗅觉比任何其他感官都更明显地与情绪直接相关。香味从消费者鼻子中的气味受体直接传递到大脑的情感处理区域杏仁核，就可以迅速起效。佐治亚州立大学市场营销学教授帕米·埃伦（Pam Ellen）说：

> 对于人体所有其他的感官，你都会在回应前先进行思考，但当闻到一种气味的时候，你的大脑会在你思考之前做出反应。

正如香味营销学会的联合主席史蒂芬·塞莫夫（Steven Semoff）所说：

> 在商场里，你的视觉和听觉已经饱和了，你已经学会了把它们关闭起来，但嗅觉不一样。视力和听觉传达到左脑，但气味是直接连接到右脑的边缘系统，这是你的情绪控制核心。气味直接触发了情绪反应，因此品牌香气能够使客户与品牌建立一种情感上的联系。

然而，对于商家来说香味营销也有一些雷区，比如并不是所有消费者都会对香气产生好感，某些气味也可能会引起一小部分患者的过敏反应和哮喘发作。此外，许多消费者可能会认为气味具有侵略性，特别是当气味太浓，或是消费者在先前就已经把这种气味和一种消极的情绪相联系的时候。此外，当商店的布置与气味不相匹配的时候，这种香气也可能会对产品的销售产生更加负面的影响。据香料研究所主席拉德·史密斯（Ladd Smith）介绍：

> 香味对于一些人是令人愉悦的，但对于另一些人却是一种糟糕的污染。这种对香味不自觉的被动接触也很可能会让人产生不快。

许多人对香味营销有道德上的担忧，特别是在消费者不知情的情况下。联邦通信委员会表示，传达低于消费者意识阈值的信息是不道德的。《感官品牌》（*Brand Sense*）一书的作者马丁·林斯特龙（Martin Linstrom）探讨了房地产行业的香味营销：

> 人们往往会更迅速地做出决策，也更愿意在购买固定资产的时候花更多钱，他们面对香味营销会显得更加情绪化，消费行为显得远不如平时理性了。我不需要特意去解释这在我看来是不是一个道德问题，但从纯粹的行为角度来看，这的确是很可能会发生的情况。

澳大利亚圣母大学市场营销教授凯文·布拉德福德（Kevin Bradford）回应道：

> 气味影响情感和情绪，它在你没有机会过滤它的时候就悄悄发挥了作用。在我看来，这其实是非常不道德的……即使气味浓度低于消费者能察觉到的水平，也仍然会影响到他们的情绪。对于这种能对人产生直接影响的事物，消费者应当知情。

然而，也有人不同意这种说法。例如诺丁汉商学院的艾利克斯·希勒（Alex Hiller），他认为：

> 的确，从总体上说，改变气味是一种人为的操纵。但它是温和的，我认为消费者实际上意识到并且已经接受了在所有人为的，尤其是商业环境中，会有一些人为的温和型操控存在。而且这种温和型的操控决不会限制任何人的自由、自主或健康。

"鼻子知道"（Nose Knows Design）的创始人特雷西·佩佩（Tracy Pepe）认为，控制香味只是为了营造让人更愉快的销售氛围，和控制灯光没有太大的差别。她说：

> 气味非常类似于大规模布置的灯光。与一个小小的灯泡不同，大规模的灯光布置可以影响人的情绪，它能使你感到温暖，它

可以对你的客人发出邀请。气味也是一样的……在社交中，我们实际上在视觉上是死气沉沉的。我们通过手机社交，持续盯着屏幕，所以气味对人来说是一个空白区。当一种香味能够吸引你走进一家商店的时候，你已经能够记住它了。例如，如果你走在商场里，忽然闻到蜡笔的气味，你会自然而然地联想到用蜡笔在纸上涂鸦的情景。突然之间，这个商场对你来说有了人性化的一面，而不再是冷冰冰的了。

总之，香味营销在各种类型的商场之中变得越来越普遍。无论它是否符合道德规范，都不能否认它很有效这个事实。据美国零售联合会营销执行主任麦克·加蒂（Mike Gatti）所说：

> 香味营销已经相当普遍……许多零售公司利用它来把客户留在商店里，营造一个温馨的环境。它也的确起到了作用，让顾客在商店停留了更长的时间。不仅如此，它也让人们在购物过程中感到更舒适了，这在很多时候会使他们在商店里花更多的钱。

讨论题

1. 第13章将香味视为影响消费者行为的情境特征。找一小群消费者，重点关注他们对香味营销的印象，同时询问他们所认为的香味对其消费行为的影响。比较这些有意识的反馈与现有研究中香味对消费行为影响的研究结果。
2. 第14章探讨了问题认知的原理。根据实际状态和理想状态，讨论香味营销在问题认知中发挥的作用。
3. 第16章讨论了消费者的选择过程。香味营销最能影响的是消费者的情感选择、基于态度的选择还是基于属性的选择？证明你的答案。
4. 第16章还讨论了有限理性，即消费者处理信息的有限性。许多使用气味扩散器的零售商会使用较为少量的香薰，此时消费者可能不会意识到零售商在操控气味。讨论其中的道德含义。
5. 当涉及香味营销的伦理含义时，你认为使用天然香味（如零售店烘烤的食品）与使用人造气味的零售商的行为有什么区别？
6. 头脑风暴一个简短的品牌名单，并确保其中一些涉及名义型决策，另外一些涉及拓展型决策。然后，想象你是这些品牌的营销人员，并描述与每个品牌相匹配的香味类型。
7. 参观当地购物中心和几家主要连锁酒店的大堂。注意在每个零售店遇到的气味。编写一份简短的报告，比较你在每个位置遇到的气味。

资料来源：J. Caplan, "Scents and Sensibility," *Time*, October 8, 2006, http://content.time.com; J. Vlahos, "Scents and Sensibility," *New York Times*, September 9, 2007, www.nytimes.com; "N.Y. Grocery .Turns to Scent Marketing," *CBS News*, July 18, 2011, www.cbsnews.com; J. Smialek, "Retailers Mix Holiday Tunes, Scents to Spur Christmas Sales," *The Round Table*, December 19, 2012, www.mhsroundtable.com; J. Sutton, "Scent Makers Sweeten the Smell of Commerce," *Reuters*, December 19, 2011, www.reuters.com; "The Smell of Commerce: How Companies Use Scents to Sell Their Products," *The Independent*, August 11, 2011, www.independent.co.uk; A. Kadet, "The New Muzak: Scent Marketing," *Market Watch*, May 15, 2012, www.marketwatch.com; R. Klara, "In a Growing Trend, Retailers Are Perfuming Stores with Near-Subliminal Scents," *Adweek*, March 5, 2012, www.adweek.com; C. Lewis, "When Scent Crosses the Ethical Line," *The Globe and Mail*, September 10, 2014, www.theglobeandmail.com; D. Montaldo, "Retailers Tap into Consumer's Response to Smell," *About.com*, http://couponing.about.com; S. Naussaur, "Using Scent as a Marketing Tool, Stores Hope It—and Shoppers—Will Linger," *The Wall Street Journal*, May 20, 2014, http://online.wsj.com; C. Winter, "What Should a Bank Smell Like?," *Bloomberg Businessweek*, January 9, 2014, www.businessweek.com; and M. Hague, "A Sense of Occasion: How Luxury Hotels and Condos Seduce You with Signature Scents," *The Globe and Mail*, September 10, 2014, www.theglobeandmail.com.

案例IV-2 亚马逊无人运货直升机准备起飞

2013年，亚马逊首席执行官杰夫·贝佐斯（Jeff Bezos）《在60分钟时事》杂志的采访中介绍了公司的计划，亚马逊准备将包裹的运输方式彻底革新。这项新的服务被称为亚马逊Prime Air，它将由一批无人机组成，可以在亚马逊购物后半小时内将小包裹直接送到消费者的门口。贝佐斯先生说：

> 它能实现一个半径为10英里的服务范围，因此在城市地区，它实际上可以覆盖很大一部分人口。并不是一切货物都能通过这种方式配送，我们不会以这种方式运送皮划艇或台锯。飞机使用电动机，所以它比货车运送更环保。这是……这还是一个研发项目。

自成立以来，亚马逊便以创新闻名，公司的未来计划也是如此。这个在线零售巨头以数字媒体起家，比如书籍和音乐。随着消费者越来越习惯于在线购物，它逐渐提供了各种各样的产品，如服装、家具、玩具、电子产品等。网购的一个消费者屏障是运费，于是亚马逊推出了以订阅为基础的亚马逊优惠计划，其中包括免费送货和其他对消费者有利的服务。现在，随着许多其他在线零售商纷纷跟进，开始提供免费送货，亚马逊的竞争优势已经下降。

与 Prime Air 一样，亚马逊将再次推出更革新的优惠服务，使其在行业竞争中脱颖而出。此外，提供此类快速配送服务也将使亚马逊对于实体零售商更有竞争力，因为消费者能立即得到满足，而不用等待数天的配送时间。通过亚马逊 Prime Air，消费者不仅能快速地收到商品，同时仍然能享受在自己家中购物的便利和舒适。贝佐斯先生说：

> 我会用我们的伟大想法来重新定义亚马逊，我们会把客户作为我们所做和所发明的一切的中心。我们喜欢先驱，喜欢探索，喜欢探索黑暗的小巷，看看另一边是什么……当你发明新的东西的时候，如果消费者愿意参与其中，那就说明旧的东西已经被破除了。

公众对于亚马逊的这次公告态度不一。许多消费者对亚马逊 Prime Air 业务的前景感到兴奋和期待，也有人认为，这只是在 Cyber Monday 前一天为了争夺头条的一场作秀。居住在亚马逊 Prime Air 服务范围中心附近的人关心的则是无人机组每天24小时飞行产生的噪声。有些消费者甚至列出了将无人机打下来的计划，有的是因为讨厌无人机运输货物的想法，也有的只是因为想把飞机打下来，然后把其携带的包裹据为己有。

同样，商界也有不同的看法。亚马逊的许多竞争对手以及物流公司都对亚马逊 Prime Air 的想法感到不屑。联邦快递的 CEO 称这个想法"简直好笑"，易趣的 CEO 称之为"长长的白日梦"，高朋团购则讽刺地回应说，想要创新式地利用弹射器来投放包裹。同时，谷歌也公开了自己的计划，他们称之为"翼"项目，是将无人机用于其他地方，包括救灾。

亚马逊目前的研究与开发进展比较顺利，但 Prime Air 的最大障碍就是联邦航空局（FAA）的法律规定。贝佐斯先生说：

> 实现这一目标的最大挑战是向 FAA 证明它的安全性……但我知道在2015年之前这不可能实现，因为最早到那个时候我们才能从 FAA 获知具体的规定。这种想法可能也有点过于乐观了，但是我想，也许花费四年五年，它是可能实现的。我们的想法会奏效，这些构想会实现，那将会是非常有趣的事。

亚马逊已经加入了一个无人机企业联盟，其中包括了 3DR（3D Robotics）、派诺特（Parrot）和大疆（DJI），其目的是推动无人机的商业使用合法化，并向公众宣传无人机使用的安全性和好处。联盟已经得到了国会的支持，依照2012年起生效的《联邦航空局现代化改革法》，美国联邦航空局将把美国国家空域开放给民用和商业小型无人机。然而，联邦航空局的规定至今尚未修订。2014年，亚马逊向 FAA 请求豁免，希望放松对商用无人机的限制，并准许公司在户外环境中测试无人机。目前为止，FAA 也还没有批准亚马逊的要求。为了继续研究和开发无人机，亚马逊计划继续在印度进行无人机户外测试，因为那里的监管环境更宽松一些。研究和开发绝不能停下来，这样的话，一旦美国放开使用商用无人机，亚马逊将立刻准备启动这个计划。

讨论题

1. 第15和第17章讨论了信息搜索和购物。如果亚马逊成功推出 Prime Air，这将如何改变消费者决策过程中的信息搜索？这会导致线上购物的增加吗？
2. 第16章讨论评估标准，第18章讨论购买后认知失调。亚马逊可以怎样帮助消费者做出关于产品的购买决策以及他们想买的产品的评估标准决策？这可以帮助消费者在网购时感到更舒服，减轻购买后的内疚和不适吗？

3. 第17章讨论感知风险。亚马逊降低了哪种感知风险？如何降低的？
4. 第17章还讨论了在线购物者的特征，并提到了在线购物的细分市场。证明你的回答。（提示：根据你的解释，可以有多个细分。）
   a. 亚马逊 Prime Air 最有可能采用哪些细分？
   b. 亚马逊 Prime Air 最不可能采用哪些细分？
5. 第13章讨论情境特征。哪些情景特征可能在消费者用亚马逊 Prime Air 购物的决策中发挥作用？请说明。
6. 第7章讨论创新类型。亚马逊 Prime Air 是连续创新、动态连续创新的还是不连续创新？

资料来源：C. Dillow, "Amazon Aims for Drone Delivery," *Fortune*, Dece-mber 12, 2013, http://fortune.com; J. Freed, "FedEx CEO Finds Delivery Drones 'Almost Amusing,'" *Huffington Post*, December 18, 2013, www.huffingtonpost.com; D. Gross, "Amazon's Drone Delivery: How Would It Work?," *CNN*, December 2, 2013, www.cnn.com; "Groupon Unveils Their Answer to Amazon's Drone Delivery: Catapults," *Huffington Post*, December 11, 2013, www.huffingtonpost.com; A. Kleinman, "eBay CEO Calls Amazon Drones A 'Long-Term Fantasy,'" *Huffington Post*, www.huffingtonpost.com; D. Nicks, "Amazon's Drone Strike," *Time*, December 2, 2013, http://business.time.com; C. Rose, "Amazon's Jeff Bezos Looks to the Future," *CBS News*, December 1, 2013, www.cbsnews.com; M. Snider, "Amazon Looks to Gain Liftoff for Drone Delivery Testing," *USA Today*, August 17, 2014, www.usatoday.com; T. Mogg, "Bezos Maintains He's Serious about Amazon's Drone Delivery Service, Currently Testing Tech," *Digital Trends*, April 14, 2014, www.digitaltrends.com; G. McNeal, "Six Things You Should Know about Amazon's Drones," *Forbes*, July 11, 2014, www.forbes.com; E. Mack, "Beware! 8 Sinister Consequences of Google and Amazon Drones," *Cnet*, September 2, 2014, www.cnet.com; L. Lorrenzetti, "Amazon May Be Flying to India to Test Drone Deliveries," *Fortune*, August 20, 2014, http://fortune.com; and D. Kravets, "FAA Grounds Amazon's Drone Delivery Plans," *Ars Technica*, June 24, 2014, http://arstechnica.com.

案例IV-3　塔吉特百货设法抵制"圣诞前移"

"圣诞前移"（Christmas Creep）是这样一种零售现象：零售商店每一年都比上一年更提前在货架上摆放圣诞节商品。现在，许多店家都一改传统，将原本感恩节之后才开始的圣诞假期购物季提前到万圣节前夕。比如说，西尔斯百货在万圣节前就开始兜售黑色星期五（传统上是在感恩节的后一天）的广告商品。其他商家也纷纷采用店外攻势加入到"圣诞前移"的队伍中。比如 Pier 1 公司在 2010 年的 7 月就发动了一场电子邮件攻势。邮件醒目处，一位雪人鼓动消费者：在圣诞购物中得抢占先机。

零售商店在夏季就开始它们的购物季的现象屡见不鲜。Hobby Lobby 是另外一家加入"圣诞前移"的公司。在 2008 年，Hobby Lobby 在 8 月就开始为圣诞节装饰店铺。2009 年，它提前到了 7 月。而到了 2010 年，Hobby Lobby 6 月就在货架上摆放了圣诞商品。一位购物者说：

> 我以前听说过"圣诞前移"，但今年称它为"圣诞冲刺"（Christmas Sprint）更为贴切，今天才 2010 年 6 月 19 日，Hobby Lobby 就已经开始了圣诞商品的 6 折促销活动，这种折扣在父亲节都不曾出现过。更夸张的是，他们都已经开始装饰大厅了！

2010 年，塔吉特百货有意等到临近传统购物季才开始节日促销活动。公司主管声称：做出这一决定，是考虑到消费者已经被各种圣诞商品展示、广告及其他促销的过度轰炸弄得疲惫不堪。为此，塔吉特百货将节日广告攻势推迟到感恩节之后。公司首席营销官 Michael Francis 解释道：

> 消费者过早地接收购物季信息确实让他们厌烦不已，而这和他们本该有的假期状态是格格不入的。感恩节原本是他们温馨的家庭时光……而不是将之定义成圣诞购物季的开端，这太让人愤怒了。

塔吉特百货并不是草率地做出这一决定的，它通过访谈和购物点数据分析，深入了解消费者对"圣诞前移"的真实看法。Francis 还指出，随着经济增长的放缓，消费者在购物季其实更愿意推迟购买。

> 过去几年，我们观察到消费者越来越根据需要进行购物了。圣诞节假期，因为持续了将近 6 个星期，

而越发像是"短跑冲刺"。

尽管塔吉特百货制定了推迟假期宣传攻势的战略，它仍然没有忽视那些更喜欢提前购物的消费者。因此，在公司大众媒体宣传攻势开始之前，某些圣诞商品就早早地摆放在货架上了，并且只有某些特定的顾客（上文所提到的喜欢提前购物的顾客）才会收到节日电子邮件（或纸质信件）。

消费者对于"圣诞前移"的反应各不相同。有些人觉得它让人焦虑，并且会带来情绪挫败。其他消费者则并不为这一提早的假期促销活动所干扰。不管怎样，"圣诞前移"确实引起了消费者博客上的讨论。同样，专家们对"圣诞前移"的看法也褒贬不一。Chis Morran，Consumerist.com 网站（一个消费者之家网站）的资深编辑定期记录了"圣诞前移"的一些事件：

> 我们的读者对于"圣诞前移"的看法是相差甚远的。有人确实认为它华而不实、让人生厌，另外一些人可以完全忽视它，还有一些人却实实在在地喜欢它……可悲的是，不管怎样，人们渐渐习惯了它。

沃顿商学院市场营销教授 Stephen Hoch 说：

> 它就像一个小型的军备竞赛。零售商之间的竞争意味着所有人都不甘落后。这就造成了每一年的购物季较之去年都会有所提前。消费者对此会反感吗？不！这会让人们沉浸在假日的氛围中吗？不！人们只有在真正的假日中才会有假期的心情。那这是不是给零售商带来了更早展示商品的机会呢？是的！

IBM 商业咨询服务公司的一个合作方 Herb Kleinberger，他同时也是零售店主，说道：

> 太过于激进地进入购物季将会导致情绪挫败。在某种意义上来说，消费者必须在心理上做好购物的准备，但这种心理准备只有等到天气慢慢转凉之后才会出现。

下面看一个比较极端的情绪挫败的例子：纽约北部的一个城镇，居民们是如何抵制"圣诞前移"的呢？他们为了拒绝当地沃尔玛提前假期购物季的提议，借助交通噪声、夜间灯光和汽车车门猛然关上的声音来表示抗议。

大多数零售商在购物季都能增加20%～30%的收入，因此每年他们趋之若鹜地将购物季提前。再者，根据美国零售联合会的调查显示：2010年40%的消费者在万圣节前夕就开始了他们的假日购物活动，然而，半数以下的消费者能在12月的前两个星期完成他的假日购物。

尽管消费者对"圣诞前移"的看法各不相同，趋势则是：零售商都纷纷跌入了一个怪圈，他们都为了这特殊的一个月去追求和去年同样的店铺销量。如果购物促销活动每年都提前一个月，零售商们为了维持和去年一样甚至是超过去年的销售量，促销活动只会更提前，至少要保持和去年一样的水平。对此，Morran 先生指出：

> 人们对这种现象已经司空见惯了，而且它也不仅局限在圣诞假期。渐渐地，你开始看到情人节紧跟着圣诞而来了。这势必会造成某一时刻销售回报的减少。

最后，根据 Hoch 教授的观点是：

> 我并不认为零售商会就此事妥协，将今年的销售数据与去年同一时间的进行比较就是一个预示。他们将在"圣诞前移"的漩涡里越陷越深。

讨论题

1. 第13章定义并讨论了消费者购物行为中礼仪情境发挥的作用，那么在本案例中，礼仪情境扮演的角色是什么呢？
2. 塔吉特百货是如何运用多渠道战略，更好地将假期提前的促销信息（"圣诞前移"）传递给那些提前购买假期商品的消费者的？
3. 第14章重点讨论了消费者决策过程中的问题认识。那么零售商在进行"圣诞前移"时，它在消费者问题认识阶段所起的作用是什么？
4. 第17章讨论了零售经理可能会通过操纵购物环境来获得消费者特定的情绪反应。请结合文中内容、本案例及你自己的经历，阐述在感恩节前或者是万圣节前夕，以假日主题装饰零售商店是如何影响消费者的购物过程的。为什么购物环境很重要？
5. 第3章讨论了一些文化价值观在消费者行为中所起的作用，那么这些文化价值观中，哪些是和"圣诞前移"及假期购物相关的呢?说明理由。

资料来源:"Christmas Creep: The Shopping Season Is Longer, but Is It Better?," *Knowledge @ Wharton*, March 1, 2006, http://knowledge.wharton.upenn.edu; "Grinch? No, but the 'Christmas Creep' Is Here," *MSNBC*, October 26, 2006, http://msnbc.msn.com; J. Kelly, "It's Not the Eggnog Talking: Christmas Is Starting Earlier," *Washington Post*, November 20, 2008, http://washingtonpost.com; A. Heher, "Black Friday Deals 2009: 'Christmas Creep' Leads to Earlier Deals," *Huffington Post*, November 2, 2009, www.huffingtonpost.com; C. Alexander, "It's June, Time for Hobby Lobby to Kick Off the Christmas Creep Season," *Consumerist.com*, June 20, 2010, www.consumerist.com; N. Zmuda, "Shoppers, Retailers Divided on Timing of Seasonal Onslaught," *Advertising Age*, November 8, 2010, p. 2; N. Zmuda, "Target Takes a Holiday from Early Ad Barrage," *Advertising Age*, November 8, 2010, p. 3; C. Berk, "New York Town Says No to Walmart & 'Christmas Creep,'" *CNBC*, November 17, 2010, http://cnbc.com; and B. Popken, "Pier 1 Kicks Off Christmas Creep Season," *Consumerist.com*, July 13, 2011, http://consumerist.com.

案例IV-4   网飞公司持续改变家庭影院行业的面貌

网飞(Netflix)公司已经改变了消费者租看电影的方式,并从中获利。很多消费者现在都使用诸如网飞这样的非电视平台。这一新的媒体现在只有25%的市场渗透,仍有上升空间。网飞拥有跨度较大的平台优势,这其中包括蓝光播放器和游戏控制台。

最近,网飞决定将其网络流媒体视频和邮寄光碟分成独立的订阅项目。这一改变惹恼了它不少的会员,因为分开订阅意味着如果你想同时获得这两种服务,总费用将增加60%。他们也在Facebook和Twitter等社交网页上表达了自己的愤慨,并扬言要取消在网飞上的服务。

有趣的是,网飞的高管们声称他们期待看到这一反应,并解释说:收入的增加要用来维持扩张所带来的成本的增加。消费者对这一举措的消极反应似乎使得竞争对手进攻的气焰更加嚣张。百视达、亚马逊和沃尔玛现在都加大力度推广自己的在线视频服务,来抢夺那些对网飞不满的消费者。分析人士预测,网飞将因此失去200万名会员。

但是,这些损失似乎可以被网飞服务的全球扩张所抵消。它增加了在中美洲、南美洲和加勒比海地区(那里正流行付费电视)国家的即时视频服务。参考下列统计数据:

墨西哥和巴西是拉丁美洲付费电视中增长势头正旺的。巴西有890万户使用了付费电视,并且预计到2014年年底,这一数字将增长到将近2 000万。墨西哥现在有970万用户使用了付费电视,并预计到2014年将达到1 870万。二者都是增长迅速的强劲市场,在2010年分别有26%和40%的增长率。

网飞计划扩张的其他地区包括欧洲和亚洲,表A和表B给出了全球数字电影交付服务的财务信息。

表IV-1 数字电影传送服务的全球市场潜力

地　　区	美元(百万)	在全球所占的百分比
亚洲	2 694	30.10
欧洲	2 327	26.00
北美 & 加勒比海	2 288	25.60
拉丁美洲	715	8.00
中东	448	5.00
非洲	354	4.00
奥希阿纳	122	1.40
合计	8 948	100.00

资料来源:Philip N. Parker, INSEAD (2008), www.icongroup-online.com.

表IV-2 欧洲数字电影传送服务的市场潜力

国　　家	美元(百万)	欧洲市场占比	国　　家	美元(百万)	欧洲市场占比
德国	380.63	16.36	挪威	34.94	1.50
英国	288.85	12.41	捷克共和国	33.93	1.46
法国	276.72	11.89	罗马尼亚	33.64	1.45
意大利	241.08	10.36	葡萄牙	31.07	1.34
西班牙	183.98	7.91	丹麦	27.38	1.18
俄罗斯	142.91	6.14	匈牙利	26.03	1.12

（续）

国　家	美元（百万）	欧洲市场占比	国　家	美元（百万）	欧洲市场占比
荷兰	86.19	3.70	爱尔兰	25.50	1.10
波兰	85.39	3.67	芬兰	25.18	1.08
比利时	50.93	2.19	哈萨克斯坦	22.29	0.96
瑞典	44.91	1.93	斯洛伐克	14.86	0.64
希腊	44.07	1.89	白俄罗斯	14.34	0.62
乌克兰	44.00	1.89	其他	84.75	3.64
奥地利	43.09	1.85	合计	2 327.12	100.00
瑞士	40.43	1.74			

资料来源：Philip M. Parker, INSEAD (2008), www.icongrouponline.com.

讨论题

1. 第10章讨论了消费者如何处理产品及服务的交付过程，其中包括了如何应对产品或服务交付失败的问题。请说明网飞在定价策略上的改变在多大程度上可以看成是产品和服务交付的失败，以及消费者对此将采取何种应对策略。
2. 你认为是什么导致了消费者对网飞定价策略的强烈不满？网飞应该如何应对这一困境呢？请解释。
3. 网飞和其竞争对手都使用互联网作为其多渠道战略的一部分。选择至少两个网飞的竞争对手（比如百视达公司、亚马逊、沃尔玛或者是红盒子），在家庭电影市场所提供的产品和服务进行深入调查分析，在与网飞公司对比之后，解释你所选择的竞争对手是怎样使用多渠道战略的。
4. 第17章讲到，益百利公司根据互联网消费者的态度和行为，将他们划分成几个细分市场。那么，这些细分市场中哪些是数字电影交付服务的目标市场呢？可以有多个细分市场选择。请解释你的理由。
5. 第15章讨论了消费者决策过程中的信息收集阶段，请指出在网飞公司制定新的价格之后，它的竞争对手能使用表15-3中的哪些战略来抢占市场份额？
6. 网飞公司开始向全球扩张它的在线视频服务，通过案例我们能看出，它在西半球已经拥有很大的市场份额了，并且考虑进入其他一些国家。
   a. 结合表Ⅳ-1，利用你所了解到的跨文化营销和文化差异方面的知识，解释网飞为什么中意欧洲市场。
   b. 结合表Ⅳ-2，请问你认为哪个欧洲国家市场对网飞公司吸引力最大？说明理由。
   c. 当进入一个外国市场后，网飞公司需要考虑的因素有哪些？

资料来源：M. Shaer, "Netflix Goes Global, but Without the Red Envelopes," *CS Monitor*, January 28, 2010, www.csmonitor.com; B. Snyder, "How Netflix Stays Ahead of Shifting Consumer Behavior," *Advertising Age*, February 22, 2010, p. 28; M. Carmichael, "Study Brings New Meaning to the Words 'Media Diet,'" *Advertising Age*, January 24, 2011, p. 2; M. O'Neill, "How Netflix Bankrupted and Destroyed Blockbuster," *Business Insider*, March 1, 2011, www.businessinsider.com; "Netflix Stock Soars on Global Expansion News," *IB Times*, July 5, 2011, http://ibtimes.com; T. O'Brien, "Netflix Bringing Instant Streaming to Latin America, Global Domination Plan on Track," *Engadget*, July 5, 2011, http://engadget.com; S. Ovide, "Blockbuster Attacks Netflix New Prices," *The Wall Street Journal*, July 12, 2011, http://blogs.wsj.com; L. Baker, "Blockbuster Targets Disgruntled Netflix Customers," *Reuters*, July 14, 2011, http://reuters.com; "Blockbuster Offers Deal to Netflix Customers," *Associated Press*, July 15, 2011, http://boston.com; "Netflix Sags as Wal-Mart Video Streaming Service Debuts," *Fox News*, July 26, 2011, http://foxnews.com.

案例Ⅳ-5　　梅西百货购物引导技术

自线上零售业出现以来，它与实体零售商之间就一直存在着固有的紧张关系。消费者越来越多地在网上购物,因为购物选择范围的扩大,消费者对于在网站上输入财务信息变得越来越放心。数字营销公司SmartFocus的消费者调查显示,大多数消费者仍然喜欢在实体店购物,但近60%的消费者正在增加线上购物活动。据SmartFocus的首席执行官Rob Mullen所说:

> 美国购物者调查显示,消费者在数字购物方面正变得越来越有经验了。使用手机和平板电脑寻找便宜货已经不再是个例,而是越来越普遍了。

千禧一代比其他任何一代都更喜欢在网上购物,并且更容易接受与在线广告商共享他们的数据,以换取更多的个性化购物体验。Mullen先生说:

> 在今天的数字世界中,广告商们会通过消费者最爱的工具(手机)来接触他们,并提供相关交易。这项调查强调了购物者知道其个人资料价值的事实,他们愿意交易其中一些用于获取折扣优惠。除了有关销售之外,当营销人员能够分析其数据时,购物者也将受益。数据分析能够发现以前无法识别的行为模式,并允许商家比较更多的报价。

实体店的另一个问题是商品展示。很多消费者已经有了经验,在实体店里试用和检验产品,但最后却在网上购买产品。SmartFocus的调查显示,约有60%的消费者参与商品展示,主要动机是寻找折扣。展示表明了实体店内购物的内在价值,实际上与消费者感兴趣的产品相近。这在服装销售中尤其如此,消费者在实体店里从触摸和尝试中获得更多的产品信息,而不是通过在线查看图片和描述。据女性时尚网站首席营收官Arnie Gullov-Singh说:

> 女性特别有试衣服的需求。实体店在未来将着眼于女性试衣需求的即时满足和解决,而不是针对商品本身的需求解决。

一些零售商正在寻找有效的方式与数字媒体合作,将展厅转化为优势。Forrester Research的移动分析师Thomas Husson表示:

> 我认为零售商可以将移动设备作为离线和在线世界之间的桥梁,而无须担心展厅的消失。

梅西百货正在与技术公司苹果和Shopkick合作,在消费者购物时,通过移动设备吸引消费者。2013年,梅西百货在位于曼哈顿和旧金山的旗舰店进行了基于位置营销的试点测试,名为shopBeacon。Shopkick在整个商店中安装了苹果的iBeacon发射器,这使零售商能够追踪消费者在商店不同位置的行为。这种基于位置的技术通过蓝牙技术在购物者的智能手机中运行。随着消费者进入商店,Shopkick应用程序将向消费者的移动设备发送提示信息,以示欢迎。然后,当他们在商店附近的某些地点走过时,将提供各种促销活动的提醒,例如个性化交易、折扣、推荐等。为了接收信息,购物者需要下载Shopkick应用程序。此外,该应用程序可以将购物者的在线浏览与商店访问相结合,在进入商店时提醒他们喜欢的在线商品。据纽约梅西百货公司国家媒体关系和事业营销副总裁霍莉·托马斯(Holly Thomas)介绍:

> (Shopkick)提供了一个很好的机会,让我们能尝试一种基于位置信息来与我们的顾客沟通的方式,而且是通过一种随身的东西——手机。一旦客户将Shopkick的app下载到她的iPhone,我们就可以给她更多的优惠、信息和奖励。我们认为这对我们的移动和数字化工作来说是一个充满活力和令人兴奋的补充。

2013年的试点测试非常成功。2014年梅西百货将购物引导技术扩展到了所有的梅西百货零售店,引进了4 000个新设备。迄今为止,这是大型零售商基于位置的店内引导技术的最大规模应用。在新闻稿中,梅西的董事会主席兼首席执行官说:

> 梅西百货和布鲁明戴尔仍然致力于在创新的前沿,并在每家商店培养有地方特色的购物体验。我们将继续测试、学习,积极开展新思想,激发我们的客户,使他们的购物更方便快乐。我们的目标仍然是帮助我们的客户随时随地购物,并且使用公司的全部库存来满足这些需求。我们是一个多方位的零售商,拥有商店、技术、互联网功能和移动接入,这些资源聚合在一起以满足客户的需要。顾客是我们所有决策的中心,我们正在进行的研究和开发将继续帮助我们了解如何更好地与他们接触。

消费者的接受度是在梅西百货商店使用指引技术的最大挑战。消费者需要主动下载一个应用程序来参与这个基于位置的技术。然而,提高购物体验的高度人性化促销活动的诱惑是许多人下载应用程序并分享其个人数据的动力,特别是如果他们已经与零售商有了接触。

讨论题

1. 这个购物引导技术最针对名义的、有限的还是延伸(或多于一个)的决策过程的消费者?证明你的回答。
2. 第17章讨论全方位购物者。你认为这种技术带来的好处是否足以抵消消费者在逛商场时手机收到推送通知时可能带来的不适?
3. 第15章讨论移动搜索,详细列举了手机用户的五个细分受众群。你认为哪一个细分受众群将最容易接受购物引导技术?哪个最不容易接受?为什么?
4. 第15章还讨论了基于信息搜索模式的营销策略。哪些策略最适合基于位置的技术?(提示:用逻辑解释,可以不止一个。)解释你的答案。
5. 第17章讨论了计划外购买的原理。梅西百货这个购物引导计划将如何影响:
   a. 计划购买?
   b. 计划外购买?
6. 找一小群消费者,并着重研究他们对基于位置的技术(如shopBeacon)的认知。他们是否会下载该应用程序来进行操作?他们会选择其中的一些零售商而不是其他零售商吗?为什么?这种技术会影响消费者对零售商的选择吗?
7. 第9章讨论品牌形象和产品定位。思考一下梅西百货以及其他百货商家的品牌形象。用一个轴表示高或低技术的应用,另一个轴记录你所选取的双极形容词。然后,构建一个包含几个百货公司的感知图。
8. 第7章讨论创新类型。shopBeacon是连续创新、动态连续创新还是不连续的创新?

资料来源:D. Butcher, "Macy's Exec: Location-Based Mobile Rewards Key Tactic to Drive Foot Traffic," *Mobile Commerce Daily*, August 19, 2010, www.mobilecommercedaily.com; R. Borison, "Macy's, Shopkick up the Ante for Personalized Shopping," *Mobile Commerce Daily*, November 21, 2013, www.mobilecommercedaily.com; H. Bray, "How Location-Based Apps Will Shape the Future of Shopping," *Discover*, April 30, 2014, http://blogs.discovermagazine.com; H. Clancy, "Apple's iBeacon Signals Turning Point for Mobile Engagement," *Fortune*, February 28, 2014, http://fortune.com; S. Cole, "Macy's Begins Pilot Test of Apple's iBeacon in Flagship New York, San Francisco Stores," *Apple Insider*, November 20, 2013, http://appleinsider.com; T. Danova, "Beacons: What They Are, How They Work, and Why Apple's iBeacon Technology Is Ahead of the Pack," *Business Insider*, September 13, 2014, www.businessinsider.com; A. Fiorletta, "Macy's Invests in New Omnichannel Strategies," *Retail Touchpoints*, September 16, 2014, www.retailtouchpoints.com; N. Gagliordi, "Macy's Rolls Out Retail's Largest Beacon Installation," ZD Net, September 15, 2014, www.zdnet.com; E. Griffith, "Consumers Hate In-Store Tracking (but Retailers, Startups and Investors Love It)," *Fortune*, March 24, 2014, http://tech.fortune.cnn.com; A. Guesenhues, "Macy's Takes iBeacon Technology Nationwide, Installing More Than 4,000 Devices," *Marketing Land*, September 16, 2014, http://marketingland.com; C. Kern, "New Survey Reveals Brick-and-Mortar Shopping Still Thrives, but Online Shopping Is Growing," *Integrated Solutions for Retailers*, September 17, 2014, www.retailsolutionsonline.com; J. McDermott, "WTF Are In-Store Beacons?," *DigiDay*, January 17, 2014, http://digiday.com; and S. Perlberg, "Retailers Look for Digital Magic as In-Store Sales Decline," *The Wall Street Journal*, September 10, 2014, http://blogs.wsj.com.

|案例IV-6| 特斯拉的新颖和环保导致了惊人的品牌忠诚度

特斯拉汽车公司(Tesla)是加利福尼亚州帕洛阿尔托的一家汽车公司,它正在改变汽车本身的市场化模式。特斯拉的价格定位为豪华车,起价在7万至12万美元之间,具体取决于型号。特斯拉生产的是全电动车型,这种车型由连接到电动机的7 000个电池组供电。这种车单程只能开大约250英里,这限制了它们长途的使用。但是,特斯拉正在纽约市和洛杉矶之间建设充电站,这些充电站将由太阳能供电。据特斯拉的创始人埃隆·马斯克(Elon Musk)说:

> 你可以在阳光下永远地免费开车,这就是我们正在努力传达的信息。所以,即使世

界末日来临，电网全部崩溃了，你仍然可以给你的车充电。

虽然特斯拉仍然是一家年轻的公司，但已经取得了巨大的成功，即使在经济衰退时期。特斯拉展厅每平方英尺的平均销售额是苹果的两倍。特斯拉的订单储备大约有30周，价值超过2.26亿美元，到2015年底的生产率预计将达到每年10万辆。加利福尼亚州、内华达州、亚利桑那州、新墨西哥州和得克萨斯州等几个州竞争特斯拉价值50亿美元的新超级工厂（Gigafactory），这个工厂将生产锂离子电池，同时创造多达6 500个就业岗位。

特斯拉的客户非常忠实于特斯拉品牌，评论家将特斯拉客户的狂热水平与苹果的客户相提并论。在《消费者报告》2013年度的调查，特斯拉汽车公司获得了最高的业主满意度分数：99分（满分100分）。特斯拉客户会向身边所有人推荐特斯拉品牌，这种方式让特斯拉品牌知名度得到了巨大的提升。特斯拉的品牌爱好者聚会活动相当普遍，甚至是特斯拉网站一个重要的部分。特斯拉的极度的品牌忠诚度可以归结为几个因素，其中包括挑战传统汽车行业的革命性尝试、情感的联系和透明的文化。

对于客户来说，特斯拉代表了汽车行业在新技术方面的革命，以及与现有汽车行业不一样的新业务。特斯拉避开常规汽车品牌中常见的传统广告和特许经营模式，而是采取直接营销方式，几乎不使用主流广告，同时还采用不可协商定价。特斯拉主要通过其网站直接向消费者销售，也会有相对较小的零售展示厅，通常容纳一辆车。这些陈列室经常设在高端的室内购物中心，这就比起传统汽车经销商有更多人流量。品牌知名度大多都是通过自由的宣传而传播出来的。汽车服务协会副总裁Jeremy Anwyl在Edmunds.com上表示：

> 他们卖了极少量的车，但是他们收获了无数的网络口碑。你必须相信（马斯克），他应对媒体的方式就像史蒂夫·乔布斯一样，很多时候产品的关注度不是通过我们认为的传统广告来产生的，真的是通过社交媒体来做到的。

这种直接面向消费者的做法已经把对手逼出了汽车经销商协会，这些公司在各州提出了一系列针对特斯拉的诉讼，以叫停直接销售，声称要求消费者从特许经营中购买汽车的法律鼓励健康的价格竞争。特斯拉的业主已经开始抗议这些在网上以及密苏里州和得克萨斯州等地的诉讼。这个争议只能进一步增强特斯拉客户的品牌忠诚度和对特斯拉品牌的归属感，因为他们有了一个共同的敌人：传统内燃机汽车厂商组成的主流机构。

特斯拉品牌忠诚度的另一个原因是特斯拉成功地与客户建立了情感联系。特斯拉的全电动技术想要以环保方式解决能源问题，而保护环境是许多消费者拥有充沛激情的原因。例如，一位特斯拉爱好者说：

> 这就是特斯拉汽车酷的地方，它让你觉得你是机动车辆新时代的一部分……埃隆·马斯克是我的英雄。

此外，特斯拉的透明文化是另一个非常吸引消费者的特色。特斯拉通过社交媒体及其博客与客户建立了公开沟通的关系。每当有任何负面的宣传，首席执行官马斯克马上通过推特公开发表声明，并在其网站上公布内部电子邮件通信。最近，特斯拉为了发展越来越环保的技术，源源不断地公开其设计，使之在公众的帮助下更快地提高。据马斯克先生说：

> 特斯拉不可能那么快速地制造电动汽车来应对碳危机。

总而言之，特斯拉革命性的方式打破了汽车行业的竞争现状，推动了环保标准的形成。这种风格，加上紧密的情感联系和透明度标准，已被证明可以在消费者之中提升品牌忠诚度，并在投资者之中推动品牌忠诚度。这是一个可以带来公众期待的伟大变革的创新品牌。

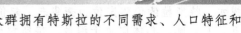

讨论题

1. 第9章讨论了模式，也称为原理图记忆和知识结构。试构建特斯拉的模式图。
2. 描述特斯拉电动汽车市场的至少两个细分。列出每个细分受众群拥有特斯拉的不同需求、人口特征和心理特征。
3. 根据你在上一个问题中的分析，为每个细分市场开发广告。一定要包括关键定位语句、关键复制点、视觉效果等等，并解释。
4. 评估特斯拉网站（www.teslamotors.com）。
5. 随着汽油价格高涨和对碳排放的担忧的不断变化，讨论特斯拉如何能够做出功利决定和价值表达的决定。
6. 一般来说，汽油价格或燃料成本如何影响消费者的决策过程，从而影响选择交通运输的考虑因素和决策规则？在特斯拉的高标价的背景下，你的答案是否改变？如果是这样，怎么改变？详细解释。（提示：考虑第15章中基于信息搜索模式的营销策略）
7. 第3章中讨论的八个"绿色阴影"部分中，特斯拉应用得最多的是哪一个？解释你回答。
8. 第7章讨论创新类型。特斯拉应该被描述为连续、动态连续或不连续的创新？解释你的答案。

资料来源：S. Reynolds, "Why You Should Copy Tesla's Way of Marketing," *Forbes*, September 1, 2013, www.forbes.com; P. D'Arcy, "Tesla Marketing Strategy," *Science of Revenue*, January 20, 2014, http://scienceofrevenue.com; S. Dechert, "Tesla Scores Again with 'Interactive' Marketing," *Clean Technica*, August 21, 2014, http://cleantechnica.com; M. McCarthy, "Tesla Generates Small Sales, Big Buzz without Paid Ads," *Advertising Age*, June 10, 2013, http://adage.com; M. Niquette, "Consumer Advocates Support Tesla Direct Sales in Dispute," *Bloomberg*, March 20, 2014, www.bloomberg.com; J. Owyang, "Tesla Lets Go, to Gain the Market," *Web-Strategist.com*, June 14, 2014, www.web-strategist.com; S. Pelley, "Tesla and SpaceX: Elon Musk's Industrial Empire," *CBS News*, March 30, 2014, www.cbsnews.com; D. Smith, "How GoPro and Tesla Hacked Digital Marketing," *The Next Web*, May 7, 2014, http://thenextweb.com; A. Taylor, "Is Tesla the Ultimate Momentum Stock?," *Fortune*, August 15, 2014, http://fortune.com; and T. Walsh, "The Cult of Tesla Motors Inc: Why This Automaker Has the Most Loyal Customers," *The Motley Fool*, September 2, 2014, www.fool.com.

案例IV-7 吉尔特集团的新忠诚度计划

吉尔特（Gilt Group）是一家在线时尚零售商，以零售价折扣销售奢侈时尚商品。消费者必须注册会员才能访问其内容，并允许参与吉尔特频繁的限时抢购。吉尔特已经变得非常流行，自2007年成立以来，已经有了600多万名会员。但是，随着限时抢购网站的流行，这些网站的数量自然迅速增加。IBIS World预测，抢购网站将从2014年的大约90个大幅增长，到2018年会有大约150家。因此，吉尔特正在努力创新脱颖而出并且维持客户数量的方法。

吉尔特推出了一个名为吉尔特内部计划（Gilt Insider Program）的忠诚计划，该计划采用了一种新颖的忠诚度计算方式。与许多只奖励购买行为的传统忠诚度计划不同的是，内部计划奖励点数，称为内部积分，为会员提供了与品牌互动的各种活动。会员仍然通过购买产品赚取积分，但也可以通过推荐朋友、参与限时抢购，通过社交媒体与品牌互动，或者浏览网站赚取积分。吉尔特研究了客户的行为，并将该计划与客户已经采取的行动相结合，以加强客户与品牌的互动。

据吉尔特首席营销官伊丽莎白·弗朗西斯（Elizabeth Francis）介绍说：

> 我们希望创建一个全新的忠诚度计划，它不仅仅在购买时奖励我们的会员，而且奖励他们与品牌所有形式的互动。吉尔特内部计划的优惠集合了我们会员最强烈的需求，从预售他们喜欢的品牌，到更深入的折扣，再到有机会参加更多的活动。奖励计划旨在为吉尔特会员提供一个平台，让他们能挑选自己最想要的回馈。

这种奖励结构十分独特，但与吉尔特的业务模式非常契合。内部积分可以兑换各种奖励，包括提前获得限时抢购，获得独家活动、额外折扣和免费送货。由于吉尔特的商业模式围绕着独家获得有限数量的奢侈品的限时抢购，因此提前参与抢购对其客户来说是非常有诱惑力的。吉尔特利用了消费者最为重视的需求，并制定了内部计划，以激励消费者参与。弗朗西斯说：

> 从技术的角度来说，这个代价是昂贵的。我们需要频繁与客户沟通来探知我们的会员想要什么。这是我们互动的好办法。

根据2013年针对全球互联网用户的尼尔森调查，这些激励措施能够吸引许多消费者。84%的受访者表示，他们更愿意通过忠诚度计划光顾零售商；75%的受访者表示折扣和免费产品是最有吸引力的奖励。增强客户服务对44%的受访者来说是重要奖励，42%

的受访者认为免费送货很重要。尼尔森全球忠诚度高级副总裁朱莉·柯里（Julie Currie）认为：

> 精明的零售商们正在挖掘数据，并寻找创新的方式来实现对客户最重要的优惠……在忠诚度计划长期建立的市场，客户往往知道那些没有提供独特优势的模仿者并不能给他们带来独一无二的优惠。全新的和创新的概念，特别是在线销售领域，与消费者想要购物的方式联系得越紧密才越是有效。

虽然会员可以通过多种类型的参与积累积分，而不只是购买，但在没有购买的情况下，会员往往要花很长时间才能获得足够的积分。例如，会员连续五天浏览网页能获得100积分，而把网页推荐给朋友只能获得25积分。然而，像免费运送这样的较低水平的回报则需要3 500积分。在不进行购买的情况下，为了达到最低的优惠券折扣（80美元），会员需要每个工作日浏览一次吉尔特网页连续250周。而购买可以获得每美元5积分的回报。

吉尔特内部计划的会员可以获得三种等级：Select、Premier和Noir，分别在得到5 000、10 000和25 000积分时达到。每进入一个等级，会员将获得额外的优惠，例如等待名单和专属VIP客户服务线。对于吉尔特目标市场的富裕客户来说，拥有独家等级意味着能拿到更多的优惠折扣。弗朗西斯女士说：

> 为了公平起见，我们制定了一个参与度奖励的方案，即除了购买，还奖励网站访问和社交互动，以便成员可以获得积分来更新层级。

以航空公司的忠诚度计划为原型的等级化忠诚计划是一种趋势，为了在传统忠诚度计划变得越来越常见的环境中吸引消费者。正是因为常见，这种忠诚度计划也常常被预期和忽视。据全球零售商忠诚计划供应商LoyaltyOne的知识发展高级总监Jeff Berry表示：

> 每个零售商几乎在每个购买点都提供一个计划，而这些等级也会使消费者有选择其中一种产品的额外动机。这几乎已经成为客户的总体计分卡，所以消费者能清楚知道自己所在的公司以及所处的等级。

虽然吉尔特内部计划是吉尔特从其他限时促销网站和忠诚度计划中脱颖而出的创新方式，但它能否持续还有待观察。北美平均每个普通消费者所在的忠诚度计划有8~12个。据《倾斜：从产品到消费者的策略转移》一书的作者Niraj Dawar说：

> 从品牌经理的角度来看，最终问题是消费者到底忠于什么，他们是忠于你所销售的品牌还是忠诚于他们的积分？如果他们忠实于积分，那么当你停止给予这些积分，你的产品将无法继续销售。或者你的竞争对手在类似的计划上提供等量的积分，消费者就将离开。

客户洞察集团（Customer Insight Group）是专门从事忠诚度计划营销的咨询团队，他们认为成功的忠诚度计划包含以下10个要素，其中许多是吉尔特内部计划所包含的：

1. 只要求客户提供你计划使用的客户信息。
2. 确保你的员工知道你的忠诚计划的好处并进行宣传。
3. 如果你的忠诚计划吸引顾客注册的速度不够快，那就让员工之间比赛，看谁可以让更多新客户注册会员。
4. 吸引更多客户加入你的计划的一个简单方法是让他们在注册时获得激励。
5. 不要仅仅关注有多少会员加入了，也要知道会员的积分情况，因为你需要他们参与活动。
6. 让你的员工能更容易地跟客户谈论忠诚计划的好处，比如给他们设计一个脚本。
7. 悄悄去尝试参与你的忠诚计划，看看员工培训是否有问题。
8. 考虑对员工实施最低忠诚度计划注册会员数要求，并将其作为员工评估的一部分。
9. 如果你的顾客在你的忠诚度计划中看到了价值并且选择了你的品牌，那他们会携带贵公司的会员卡。
10. 在忠诚度计划中加入等级，会让客户有理由投入更多的钱和忠诚度。

讨论题

1. 根据文章和你的理解给忠诚度下定义。你认为吉尔特集团的吉尔特内部计划有助于建立忠诚度吗？试说明。
2. 针对你认为可能是吉尔特目标市场的一小群消费

者，询问他们对吉尔特内部计划的看法。他们认为这个忠诚度计划将如何有效地促进参与度和忠诚度？他们对计划中提供的奖励有什么看法？然后，针对另外一组你认为不是吉尔特目标市场的消费者重复此练习。

3. 这个忠诚计划旨在实现两个目标，即增加吉尔特的消费者参与度和销售额。
   a. 你认为内部计划能够多好地实现这些目标？
   b. 你认为哪个目标最能通过这种忠诚计划来实现？
   c. 这个计划是在2013年推出的，如今有一段时间过去了，所以你能在互联网进行搜索，找到有关此计划进展的各项报告。你对a和b预测的正确度如何？

4. 许多吉尔特的会员可能会登录Gilt.com来每天浏览限时抢购，以便在吉尔特内部计划中积累积分。这种参与会使他们知道更多促销活动，许多人可能会因此进行无计划的购买。第13章讨论情境影响。哪些情境特征可能在这些购买决定中发挥作用？（提示：可以应用多个类别。）

5. 第17章讨论互联网零售，并提供在线购物细分的类型。
   a. 哪些细分市场很有可能参加内部计划？为什么？
   b. 哪些细分市场不太可能参加内部计划？为什么？

6. 第9章讨论了模式，也称为原理图记忆和知识结构。试构建吉尔特集团的架构图。

资料来源：C. Gallarello, "Gilt.com Unveils Gilt Insider Program," *Gilt.com*, July 18, 2013, www.gilt.com; Gilt, "Gilt.com Unveils Gilt Insider Program," *PR Newswire*, July 18, 2013, www.prnewswire.com; K. Grant, "Retail Loyalty Programs Add Tiers to Reward Big Spenders," *CNBC*, August 28, 2013, www.cnbc.com; "Nielsen Survey: 84 Percent of Global Respondents More Likely to Visit Retailers That Offer a Loyalty Program," *Nielsen*, November 12, 2013, www.nielsen.com; T. Novellino, "Taking a Nooner with Gilt.Com Now Pays Points," *Upstart Business Journal*, July 18, 2013, http://upstart.bizjournals.com; H. Ongley, "Seems Like Gilt Wants You to Hack Their New Loyalty Program," *Styleite*, July 18, 2013, www.styleite.com; A. Bosanac, "Customer Loyalty Programs Turn Shameless Amid Intense Competition," *Huffington Post*, August 11, 2014, www.huffingtonpost.com; and S. Burnett, "Customer Loyalty Programs: Stats, Facts and Tips for 2014," *Customer Insight Group, Inc.*, February 14, 2014, www.customerinsightgroup.com;

案例IV-8 艾柏森淘汰自助式结账以促进人际互动

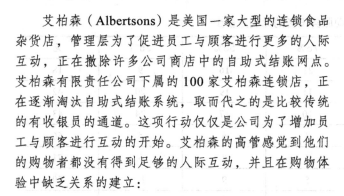

艾柏森（Albertsons）是美国一家大型的连锁食品杂货店，管理层为了促进员工与顾客进行更多的人际互动，正在撤除许多公司商店中的自助式结账网点。艾柏森有限责任公司下属的100家艾柏森连锁店，正在逐渐淘汰自助式结账系统，取而代之的是比较传统的有收银员的通道。这项行动仅仅是公司为了增加员工与顾客进行互动的开始。艾柏森的高管感觉到他们的购物者都没有得到足够的人际互动，并且在购物体验中缺乏关系的建立：

> 我们想要更多的与顾客进行交谈的机会……那是动力……我们的顾客是我们最优先的目标，并且从顾客停车开始到顾客离开商店，我们要为他们提供最佳的体验。

在他们发表声明之后，引起了一些公众的担心，因为许多顾客更喜欢使用自助式结账，并且对于失去这些自助系统的前景感到不安。艾柏森的代理商们迅速向顾客们保证，这一变化只会影响一些艾柏森独立控制的连锁店。特别是经营着460家艾柏森连锁店的超值商店公司（SUPERVALU），它的连锁店分布在太平洋西北地区、加利福尼亚州以及内华达州，他们迅速行动起来让其顾客知道这一公布的变化将不会影响到他们的商店。艾柏森另一发言人Lilia Rodriguez的声明如下：

> 尽管有许多不实的报道，但是超值商店公司所拥有的艾柏森连锁店将继续使用自助式结账系统。自从这一事件发生以后，顾客已经给我们打电话进行了沟通，我们直接意识到顾客想要并且重视自助式结账系统为他们带来的便捷。

正如以上矛盾的引述，关于自助式结账系统对于顾客是否有益仍存在一些分歧。最初引进自助式结账系统是为了减少劳动力成本以及节省购物者的结账时间。自助式结账系统很快流行起来。例如，1999年，只有6%的杂货店支持自助式结账；到2007年，这一比例已达到69%。许多顾客认为，自助式结账系统为他们提供了有价值的便利。另一些顾客感觉它们实际上是缺乏便利性的，因为自助式结账系统经常出现错误的信息，至少这时候需要一位收银员过来帮忙。大卫·利文斯顿的 DJL 研究认为，收银员和自助式结账系统哪个更有益可能取决于员工提供的顾客服务的质量。

我建议许多客户不要安装自助式结账系统，因为他们拥有如此优秀的收银员以及良好的顾客服务。这些收银员都是友好的，充满吸引力的并且提供比自助式结账系统更快的服务。遇到一位友好的收银员是购物体验的一部分。对于许多枯燥乏味的零售商，自助式结账无疑为顾客更好地接受。我们必须经常面对一些不称职的、面目可憎的、嚼着口香糖、动作缓慢的收银员吗？如果这是零售店能雇用到的最好的收银员，那么当然要使用自助式结账系统。

表Ⅳ-3、表Ⅳ-4 和表Ⅳ-5 为我们了解顾客选择自助式结账时的感知与行为提供了进一步的信息。

表Ⅳ-3　当选择主要的杂货店时自助式结账系统的重要性

完全不重要	31%	重要	26%
不十分重要	32%	十分重要	14%

资料来源：Food Marketing Institute, "U.S. Grocery Shopper Trends," 2007 report.

表Ⅳ-4　顾客对自助式结账的看法

当我只买极少的东西	66%
因为我相信这比一般的排队要快	53%
因为它更好地保护了隐私	41%
因为我喜欢自己打包	34%
与我买多少东西无关	32%
我不相信收银员会在结账过程中添加客户服务	24%

资料来源：Food Marketing Institute, "U.S. Grocery Shopper Trends," 2007 report.

表Ⅳ-5　上周你使用自助服务设备的比例是多少

位　置	平　均	100%	75%	50%	25%	无
银行	73	36	21	16	9	18
杂货店	38	8	11	19	20	42
零售店	33	6	10	17	24	43
航空公司	29	15	8	6	5	66
旅馆	21	8	5	8	8	71
餐馆	18	4	5	9	13	70
医院诊所/医生办公室	10	2	2	6	9	81
其他位置	19	5	5	9	12	68

资料来源：NRC Corporation, 2008 Self-Service Consumer Survey for North America, "The Self-Service Revolution Is Real."

讨论题

1. 自助式结账系统或者服务员工的存在是艾柏森商店气氛或环境的一部分。
   a. 根据图 13-2 中的服务环境分类，描述艾柏森将会定位于哪个方格中。
   b. 使用更多的人际互动以及更少的自助式结账系统会影响到艾柏森的定位吗？

2. 第17章讨论了介入程度、销售人员以及自助服务可能性之间的关系。收银员是销售人员的一种基本形式。根据介入度以及销售人员与自助服务的适宜性描述艾柏森商店的服务环境。

3. 解释表Ⅳ-3、表Ⅳ-4、表Ⅳ-5包含的信息。
   a. 对于喜欢自助式结账的顾客来说,自助式结账系统需要满足哪些基本要素?
   b. 哪些行业为自助式结账行业的发展提供了最好的机会?

4. 第10章讨论了马斯洛需求层次理论。通过增加公司与顾客的人际互动,艾柏森试图满足人们哪种需求?请解释。

5. 第7章讨论了创新的类型。自助式结账技术属于哪种创新类型?

资料来源:"The Self-Service 'Buy-and-Pay' Market," *Packaged Facts*, June 2008; A. Anand, "Major Grocer Getting Rid of Self-Checkout Lanes," *MSNBC*, July 10, 2011, http://msnbc.msn.com; "Supervalu-Owned Albertsons Stores Maintain Self Check-out Lanes," *Business Wire*, July 11, 2011, www.marketwatch.com; A. Gasparro, "US Supermarkets Look Beyond Standard Self-Checkout Service," *The Wall Street Journal*, July 11, 2011, http://online.wsj.com; C. Moran, "Some Albertsons Ditching Self-Checkout Lanes in Favor of Humans," *Consumerist.com*, July 11, 2011, http://consumerist.com; A. Turano, "Why Self-Checkout Lanes Are Increasingly Getting Checked-off," *Retail Customer Experience*, July 11, 2011, http://retailcustomerexperience.com.

PART 5

第 V 部分

作为消费者的组织

组织购买被认为是一个冷峻的和以效率为先的理性过程，计算机也许较人类更适合承担这一职能，幸运的是，事实并非如此。实际上，组织购买者与个体（或家庭）消费者在行为上并没有本质区别。

组织为著名品牌或地位显赫的品牌支付溢价，它们力图避免风险，同时又无力在购买之前甚至购买之后对产品或品牌做出合适的评价。组织中的个体成员运用购买与消费作为政治手段或武器，以此增加其人际的、部门的或功能的权力。组织中的营销信息也被其员工所理解或误解，同时，组织也像个体一样学习有关外部世界的正确或错误的信息。

组织购买决定在时间压力、重要性与新颖性等迥然不同的情境下做出，它们通常较个体或家庭决策涉及更多的人和更复杂的选择标准，因此，关于组织购买行为的研究既具有挑战性又充满乐趣。

如图所示的组织购买模型，以前面介绍的消费者行为模型为基础，并做稍许修改和调整。第 19 章将对这些调整予以说明。

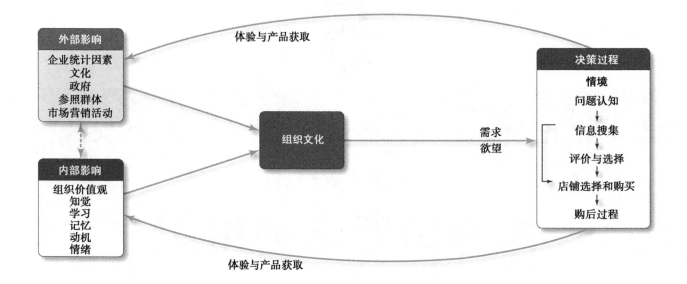

第 19 章

组织购买者行为

学习目标

1. 描述组织购买过程
2. 概括影响组织文化的外部因素
3. 概括影响组织文化的内部因素
4. 解释组织购买细分对营销战略的影响

企业也是消费者,这话初听可能有些可笑。然而企业也同样有自己的需要,且同时受到如价值观等内部因素和如参照群体等外部因素的影响。除了建立和维护品牌之外,关系也很重要。了解企业的驱动力以及经营者为何,对于营销是否成功而言十分必要。考虑以下因素:

市场细分。虽然中小规模的企业经常迷失在市场的波动中,但营销人员还是认识到这个市场潜力巨大。然而,开发这只潜力股需要适应这部分顾客群的独特需求。例如,在北美IT业,超过一半的支出来自规模小于1 000人的公司。IBM雄心勃勃地将目标瞄准了这部分人群——他们开发了一个名为"IBM快车"的项目,为消费者提供灵活而价格适中的产品和服务。[1]

品牌。你认为品牌对于组织购买不重要?可别把这个结论告诉戴尔公司。戴尔公司即便已经进军了消费者零售市场,但仍千方百计试图从硬件和咨询服务方面进军大型企业的财务部门。大型企业买家认为戴尔公司在提供企业解决方案方面还是难以同其他公司相提并论,比如IBM公司。讽刺的是,在数十年之前IBM公司也陷入过相同的窘境,但它成功转型以行业领袖的姿态再现。[2]

人际关系。人际关系也十分重要。一项关于企业如何评判其广告机构的研究显示,创意是头等影响要素。创意与广告机构实际的"客观"表现有极大的联系是毋庸置疑的。然而,机构代表与客户在职业、个人和社会背景方面的相似度也不容小觑。两者之间的相似度越高,广告公司获得的评级也会随之水涨船高。[3]

企业的购买决策通常被描述成"理性的"或"经济的"。然而,正如我们在本章开篇引言中看到的一样,除了功能之外,还有很多因素影响组织的决策。如果你意识到企业和其他组织也是由人组成的,正是这些个人而非抽象的组织在做出购买决策,就不会感到吃惊了。

了解组织购买行为需要运用很多了解个人消费者或家庭时所运用的技巧和概念(见图19-1)。尽管规模更大、更复杂,但组织仍像个体消费者一样通过感知、信息处理和经验形成自己的偏好、记忆和行为。同样,组织有自己的文化,并在其发展过程中逐步形成相对稳定的不随时间和情境变动的组织行为模式。

同家庭一样,组织会做出许多购买决策。在有些情况下,这些决策涉及对经常性购买产品或服务如纸、笔等的日常重购。而在另一些情况下,组织面对着新的、复杂的购买决策。此时,它不仅要仔细地识别问题,广泛地收集信息,而且还要进行长期且技术性很强的售后服务评价。

分析消费者行为与分析组织购买者行为之间有很多相似点,因此前面介绍的关于购买者行为的基本模型对组织购买者仍然有效。然而组织并非仅仅是人的集合,它独特的规则和文化会影响其成员的行为。因此,了解组织中与购买行为有关的特性是很重要的。

图 19-2 展示了将购买模型拓展到组织层面的基本模型。我们首先讨论组织决策过程，之后探讨决定组织文化的内部和外部因素，这是家庭生活方式在组织层面的表现。

图 19-1

与组织购买者的沟通通常包括一些与家庭购买者沟通相同的原则、恐惧诉求。

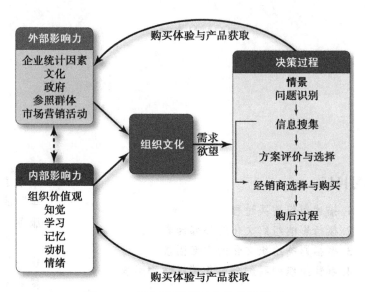

图 19-2　组织购买者行为的总体模型

19.1　组织购买过程

19.1.1　决策单位

决策单位（decision-making unit，DMU）是指组织中承担一定购买决策任务的个体（代表不同的职能部门和管理层）。[4] 组织内的决策单位有时指**采购中心**（buying center），由来自财务、工程、生产、营销等公司不同部门的人员组成，共同做出购买决策，通常是长久的重购或特殊的非重复性购买。大型和等级严密的组织在做购买决策时会比小型的和相对非正式的组织涉及更多的参与者；较之于不重要的购买决策，重要的购买可能涉及组织内更多的来自不同职能部门和不同层级的决策参与者。

下面一段话描述了惠普的销售人员关于决策单位的观点以及大医院里使用的昂贵图像系统的购买过程：

> 对医院的销售是一个两阶段过程，购买周期持续 3~12 个月。在第一阶段，我需要与医学专家打交道。他们最关心的是图像质量、产品可信度和服务。产品展示对建立良好的关系并使产品的功能和可靠性为人们所知是至关重要的。
>
> 第二阶段是与管理者协商。他们最关心的是价格和成本，这与医院的情况关系紧密。例如，如果医院的肿瘤治疗十分有名，他们就会需要这方面最优良的设备，而对其他设备的价格敏感度则较高。[5]

在表 19-1 中，我们可以看到，零售与批发企业中的采购人员与营业人员对各种属性赋予的权重存在很大差别。决策单位中的每位成员都有不同的需要，要产生积极的购买决策，就要使这些不同的需要在一定程度上达到一致。仅仅把注意力放在购买者身上是很难取得成功的。

表 19-1 不同服务属性对零售与批发相关工作人员的重要性

对采购人员的重要性	对运营人员的重要性	属 性	对采购人员的重要性	对运营人员的重要性	属 性
订购的容易性	高	中	分类递送	中	高
产品的可获性	高	中	货盘装运能力	中	高
按时送货	高	中	包装质量	中	高

资料来源：Adapted from M. B. Cooper, C. Droge, and P. J. Daugherty, "How Buyers and Operations Personnel Evaluate Service," *Industrial Marketing Management*, 20, no. 1 (1991), p. 83, with permission from Elsevier.

最终购买决策的做出部分取决于个人权力、专长、决策问题的性质、各职能部门在特定购买决策中所具有的影响力，以及组织如何解决集体决策中的矛盾与冲突。[6]

决策单位的成员扮演各种不同的角色，如信息搜集者、关键影响者、决策者、购买者和使用者。一个工厂经理可以扮演上述5种角色，而工厂里的工程师也许仅仅是信息提供者。

在产品生命周期的不同阶段（新产品 vs. 旧产品），决策单位也可能变化。考虑一下在微处理器的产品生命周期中，一个设备制造商在购买微处理器过程中决策单位的变化。在产品生命周期的最初阶段，该制造商面临的是判断性新购，并可能为此建立一个庞大的决策单位。当微处理器进入成长期，购买决策变成简单的修订重购，此时，决策单位也将随之做出调整。最后，当微处理器发展到成熟阶段，成为一个日常的低优先性购买时，购买决策过程就主要涉及购买这一基本职能。这些变化如下所示：

产品生命周期的阶段	决策单位大小	影响决策的关键职能部门
导入期	大	工程及研发
成长期	中	生产与高层管理
成熟期	小	采购

19.1.2 购买情况

购买过程受以下三个因素影响：采买重要性、选择复杂性、选择困难性。一个极端是较简单、低风险和日常性的购买决策，通常是由某一个人或一个小组毫不费劲地做出；另一极端状况是复杂的，对组织具有重大影响的购买决策。一般的购买情形介于这两种极端状况之间。表19-2提供了一种对组织购买状况进行分类的方法。[7]

表 19-2 组织购买情境与购买反应

	直接重购	修正性重购	新采购项目
情境特征			
购买重要性	低	中	高
选择复杂性	低	中	高
购买特征			
购买决策单位规模	很小	中等	较大且在变化之中
购买决策单位层级	低	中层	组织的高层
决策时间	很短	中	长
信息搜集	没有或非常有限	中等	大量
分析技术	没有或价格比较	几种	多且复杂
战略重点	无	有限	居于支配地位

应当指出，这一分类与第14章中讨论的购买介入程度的划分颇为相似。对消费者，我们将购买介入程度

分为三类：名义的、有限的、扩展的，分别与三种购买状况——直接重购、修正性重构和新购相对应。

1. 直接重购

对于不重要、不复杂的购买，属于直接重购。通常发生于重新购买基本的原料和部件时，由完全自动化的流程完成，属于职员的日常活动，在定期更新的合同指导下进行。价格和信誉是最重要的评价标准，不涉及战略方面的考虑。

2. 修正性重购

当购买的重要性适中，选择相对复杂时，购买为修正性重购。通常情况下，所购买的产品和服务属于习惯性购买，但需求有所改变，或者由于产品对公司很重要（产品可能简单但为公司大量使用，或者是产品的重要原料），公司可能定期重新评估品牌和供应商。决策单位可能是几个代表人物，包括某些中层经理人员。购买过程中搜集了更多的信息、使用更复杂的评价标准。战略问题也成为其考虑的因素之一。

3. 新采购项目

当购买决策十分重要且复杂时，需要进行新购。销售自动化系统的最初购买，新的广告代理商的选择等，就涉及这一类决策。购买者通常对于产品／服务没有什么经验，而决策单位则较为庞大并且随时间不断变化。最高管理层参与决策，战略问题至关重要，购买过程持续相当长的时间，从几个月到一年以上不等。

很明显，针对某一市场状况制定的营销战略和策略可能不适用于其他所有状况，因此营销人员在面对组织购买者时必须了解其购买任务并据此制定合适的营销策略。

19.1.3 组织决策步骤

因为组织决策通常比个人或家庭决策涉及更多的人和更复杂的决策任务，因此，影响这一过程的营销行为也更复杂。[8] 表 19-3 所示的是一家大型公司决定为其购置客户关系管理系统（CRM）的决策过程，以及每一决策阶段的主要影响来源。很显然，这类决策并不适用于每一个组织。这里的关键在于识别这是一个新的任务购买情形，每个决策单元（DMU）会涉及许多影响来源，而每种影响来源有不同的标准、不同的权力层级和不同的媒体使用习惯。销售 CRM 系统的公司为了取得成功，必须为每个影响来源提供相关信息。在如此复杂和庞大的决策单元中，这并不是项容易的任务。

1. 问题认识

在表 19-3 中，销售经理和运营经理是决策单位内识别需求的关键影响因素。可能有许多影响问题认识的因素，包括区域销售代理与销售助理的冲突，通过区域销售代理或顾客自身反映出来并且使销售经理认识到的持续客户服务问题。

表 19-3　购买新 CRM 系统的决策过程

购买决策过程中的阶段	决策单元中的关键影响因素	决策单元外的影响因素
问题识别	运营总监	领域内销售代理
	销售经理	管理人员
		销售助理
		客户关系管理代表
信息搜索	数据与客户关系管理专家	运营人员
	运营总监	客户关系管理代表
	采买经理	其他公司使用者
		办公室系统顾问
评估备择选项	销售副总裁	办公室系统顾问
	数据与客户关系管理专家	客户关系管理代表
	运营总监	

（续）

购买决策过程中的阶段	决策单元中的关键影响因素	决策单元外的影响因素
	销售经理	
	采买经理	
采买决策	一般管理部门	
	销售副总裁	
	采买经理	
产品使用	运营总监	领域内销售代理
	销售经理	管理人员
		销售助理
		客户关系管理代表
用后评价	运营总监	领域内销售代理
	销售经理	管理人员
	销售副总裁	销售助理
	一般管理部门	

表19-4表明，在高技术市场，最有可能是由某一部门的经理识别出问题或购买需要。更重要的是，采购经理也许并不是最初意识到某一购买问题的人员。因此，销售人员只拜访采购人员是很危险的。如表19-4所示，在问题的识别与购买规格的确定阶段，采购人员通常介入比较少。

表 19-4 高技术公司决策过程中的介入群体

购买决策过程的阶段	决策过程的每个阶段的创新水平					
	董事会	高管	部门负责人	实验室技术人员或操作员	采购经理或买家	财务经理会计
认识到购买需要	L	M	H	M	L	L
确定产品规格	L	M	H	M	L	L
决定要考虑哪些供应商	L	M	H	L	M	L
获得报价和建议	L	M	H	L	M	L
评估报价和建议	L	H	H	L	L	M
最终产品或供应商选择	M	H	H	L	L	L

注：L=低；M=中等；H=高。

资料来源：Adapted from R. Abratt, "Industrial Buying in Hi-Tech Markets," *Industrial Marketing Management*, 15 (1986), p. 295, with permission from Elsevier.

2. 信息搜集

信息的搜集可以是正式的，也可以是非正式的。实地访问某个潜在卖主，在实验室里试验新产品，对可能的产品规格进行调查都是正式信息搜集的一部分。非正式信息搜集则包括同销售代表进行讨论，参加贸易展销会或阅读专业杂志等。工业采购者搜集信息一方面是为了提高决策质量，另一方面则是为了获得组织内支持。[10]

对于复杂的技术性产品，组织购买者通常雇用咨询人员来提供信息和帮助评价不同的选择方案。请看咨询人员在销售自动化系统中发挥的作用：

> 购买周期的第二步是评价将现有过程自动化的可能性。并不是所有的顾客都能独立完成这样的决策。向咨询人员寻求帮助的做法十分常见。咨询人员对行业的深入了解，他们的技能和经验都使得向他们寻求帮助是这一步中最好的选择。

第三步，客户决定自动化系统的不同功能如何相互联系，资料如何搜集、储存和分析，这通常也由外部咨询人员与企业内的信息部门来共同完成。之后，客户决定需要购买的销售自动化软件和硬件，这一步在很大程度上同样依赖于咨询人员的帮助。[11]

组织购买者经常在互联网上搜索产品和价格信息。戴尔电脑网站（如图19-3所示）展现了线上的详细信息，帮助企业评估产品与价格的合适组合。

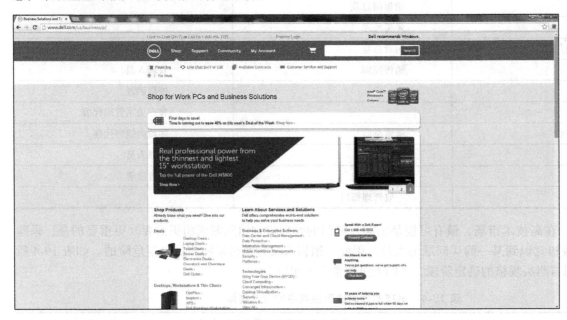

图19-3

戴尔电脑利用网络对组织购买者来说是一个很有价值的工具的方式，他们使用的功能之一是研究。

3. 评价与选择

对潜在卖主的评价和对特定卖主的选择通常是**两阶段决策过程**（two-stage decision process）。[12] 第一阶段是确定供应商清单。此时，较为普遍的是采用联结式决策过程，即将那些不能达到最低供应标准的卖主从供应商清单中剔除。在政府的导弹采购中，41个提供某种特定导弹电子系统的潜在制造商首先被确认，在实地考察这些潜在供应商的生产能力和货源后，清单上的厂家由41家削减为符合政府最低标准的11家。

组织决策的第二阶段可能涉及其他的决策规则，如重点式、编纂式、补偿式或逐项排除式模型。在上面讨论的政府采购案例中，对列在供应商清单上的余下11家厂商，再按编纂式决策规则进行筛选。此时，最重要的筛选标是价格，这样，价格最低的两家卖主被选中。

由于决策单位里的每位成员有不同的评价标准，因此评价和选择过程实际上非常复杂。请回顾之前论及的医院管理者和医药从业者之间对扫描系统要求标准的不同。在表19-5，我们看到采购部门、管理部门、运营部门或工程技术部门采用的绩效评价体系是不同的。例如，采购部门更多的涉及定价政策、支付条款和订单状态；工程技术部门更多的涉及产品知识、操作流程和应用方法。一个销售人员需要对这些影响因素的特性和共性具备深刻理解并积极回应。最近在南非的一项研究同样发现，对决策单元的不同成员来说，不同的标准是很重要的。[14] SAP网站（如图19-4所示）关注于几个组织购买者的关键绩效标准。这个广告定位于什么组织级别或者组织功能？

表19-5 评价标准与组织角色

购买决策中的评价标准	组织中的职能角色			
	采购部门	管理部门	工程部门	生产部门
产品线宽度	×	×		
产品选择范围	×	×		
设备维护的容易程度			×	×

（续）

购买决策中的评价标准	组织中的职能角色			
	采购部门	管理部门	工程部门	生产部门
技术服务人员的能力		×	×	×
服务的总体质量		×	×	
产品担保	×	×	×	×
送货				×
设备安装所需时间	×			×
建筑成本	×		×	×
价格	×	×		
卖主的财务状况	×		×	×
卖主协商价格的意愿	×			
卖主的质量声誉	×	×	×	
销售人员的能力		×	×	×
设备的兼容性	×	×		
可获得的计算机界面	×			

图 19-4

组织购买有很多原因，SAP站点试图基于几个关键的评估标准来进行说服。

我们通常假定商业采购是经济至上，即目标是使购买组织的利润最大化。[15] 本章里，我们已经多次指出，权力、声望、安全和类似的非经济标准同样在商业购买决策中扮演着重要角色。[16] 最近的一项研究表明，有一些组织类似我们在第3章中描述过的"绿色消费者"，倾向于购买绿色产品。[17] 这些组织制定政策或制度，要求购买行为对社会负责，想与这些组织进行交易的企业必须满足"产品生产不危害环境"的要求。

品牌形象和品牌权益也对组织的评价发挥作用。显而易见，品牌可以作为质量的替代指示器（参见第16章）。研究发现，即使品牌不总是被视为最重要的考虑因素，组织购买者也愿意支付一定的溢价。[18]

4. 购买与决策的执行

某一特定组织购买产品的决定做出后，接着就要确定购买方式。从卖方的角度看，这意味着如何及时得到货款。在许多政府采购中，货款在交货以后才支付，也有一些涉及按进度付款。对于建筑公司和正在建造高速公路或军用飞行器的公司来说，由于工期长达几年，付款时间至关重要。

从国际营销角度看，购买的执行与付款方式更为关键。有些国家在没有补偿性购买的情况下，是不允许资本流出的。如卡特彼勒公司在南美销售运土设备时，不得不以补偿贸易的方式从这些国家购进一些原材料，如铜。

支付条件（terms and conditions）付款、担保、交货日期等在企业间的营销中既复杂又重要。一个美国蒸汽涡轮机制造商因其担保条款过于偏向卖方，将一份巨额订单拱手让给了一家外国制造商。

面向组织营销的企业越来越多地使用互联网向客户进行直销或分销（见图19-5）。[19]他们也经常使用这种方式作为电话销售的先导，通过互联网或者800免费电话获得订单。

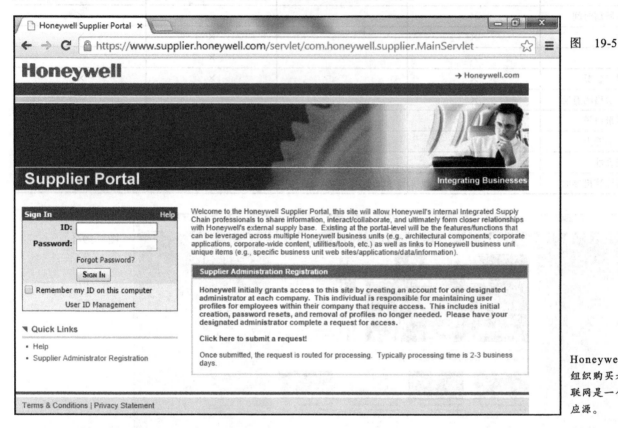

图 19-5

Honeywell深知对组织购买者而言，互联网是一个主要的供应源。

5. 使用与购后评价

组织采购的购后评价比家庭购买评价更正式。例如在采矿业，产品的寿命被分解成不同的部分以估算出产品总的生命周期成本。很多矿山同时使用不同品牌的设备，以便在下次大规模购买前决定何种产品生命周期成本最低。

购后评价的一项主要内容是卖方提供的售后服务。[20] 表19-6显示的是一群消费者与管理人员对售后服务不同方面重要性的评价。从中可以看出，管理人员对那些顾客看重的方面缺乏了解。很明显，这样的企业还需要进一步理解消费者的需求。

表 19-6 购后服务 "GAPS"

售后服务项目	服务项目的重要性			服务的受欢迎程度		
	顾客	管理人员	差距	顾客	经理人员	差距
技术人员的态度与行为	高	中	+	中	中	0
技术性服务人员的可得性	高	中	+	中	高	−
需要服务时的维修时间	中	高	−	中	高	−
对求助电话的派遣	高	中	+	中	高	−

（续）

售后服务项目	服务项目的重要性			服务的受欢迎程度		
	顾客	管理人员	差距	顾客	经理人员	差距
备用零件的可得性	中	中	0	高	高	0
服务合同的选择余地	中	高	-	中	高	-
所提供服务的价格-绩效比	中	高	-	中	高	-
需要服务时的反应时间	中	高	-	中	高	-

资料来源：Adapted from H. Kasper and J. Lemmink. "After-Sales Service Quality: Views between Industrial Customers and Service Managers," *Industrial Marketing Management*, 18 (1989), p. 203, with permission from Elsevier.

和家庭购买相似，不满的组织购买者也会转换服务提供商或者口头传播其不满的经历。[21] 在对付不满的顾客时，面向组织的公司应该采取与消费者市场营销者相似的策略。公司应该尽量降低其不满情绪，并且鼓励其向自己而不是向别人抱怨。[22]

奥的斯（OTIS）电梯公司利用客户遇到的问题和一个复杂的数据库，不仅增加了顾客满意度，还改进了其电梯产品的设计和功能。以下是关于奥的斯热线服务中心的一段摘录：

> 现在是早上5点，你已经醒了，准备去工作。你所不知道的是，楼层中的一部电梯出现故障。如果问题不解决，可能会引起更大的麻烦，让几千人无法准时上班。当你在泡咖啡时，电梯检测系统发现故障，并拉响检修警报。就在你去办公室之前，一个机修工已经带着零件到达，并解决了故障。当你进入这部电梯时，你对故障一无所知，直到你遇见已走出门外的奥的斯机修工才知道情况。
>
> 以上情景也许是奥的斯电梯的真实报道，这多亏了奥的斯服务热线（OTISLINE）系统。简而言之，该系统是一个客户交流服务中心。接线员全天候工作，接听紧急电话，派遣机修工登记并更新电梯信息。全世界有将近135万部电梯是由奥的斯热线中心的325个分部监控维护的。[23]

19.1.4 互联网在组织决策过程中的作用

正如互联网已成为消费者决策的主要力量，它也成为组织决策的重要工具。事实上，美国B2B电子商务的规模估计已超过6万亿美元，在所有的企业间销售中占据了很大比重。[24] 我们已经看到互联网在决策过程中扮演着不同的角色，时而产生领导作用，时而是信息提供者，时而又自动而有效地完成订单。[25]

就像B2C一样，搜索对于B2B购买行为也有重要影响。请考虑以下数据：[26]

- 搜索及搜索引擎与90%以上的B2B决策相关；
- 搜索引擎是60%以上的B2B决策的开端；
- 公司网站的搜索随着购买预算的增长而增长。

就不同来源的相对影响而言，以下数据说明搜索和搜索引擎在决策过程的各个阶段都有决定性意义：[27]

- 调研阶段——搜索的使用量超过B2B贸易出版物30%以上；
- 考察阶段——搜索的使用量超过B2B贸易出版物21%以上；
- 决策阶段——搜索的使用率超过传统媒体62%。

大概都不会令你吃惊，B2B电子营销花费了大约40亿美元，其中超过70%用于支付搜索费用。[28] 从营销战略的角度上说，通过互联网增加的信息可获得性，意味着当今已经有必要改变销售人员的职能了。销售人员是B2B营销策略中占主导的部分，远远超过其在B2C的影响。从历史来看，销售人员向来有传播信息的作用。然而，考虑到在当今B2B环境中网络的信息功能，销售者不仅仅要当信息的提供者，也要做解决方案的提供者。[29]

就网站设计而言，最近的研究表明网页组织、定制化、隐私保护、信息价值和个性化是评价B2B网站有效性的重要指标。[30] 这些指标在B2C情境下也是非常重要的（见第17章）。

在详尽地考察过组织采买决策行为之后，现在将我们的模型关注于组织作为消费者的方面。

19.2 组织文化

消费者购买行为模型的中心是自我概念和生活方式。组织也有一种自我概念，存在于组织成员对组织及其运作所特有的信念和态度中；同样，因为组织有不同的运作方式，因此也有一种生活方式，我们把组织的这两方面称为**组织文化**（organizational culture）。组织文化与生活方式非常相似，因为在如何做决策及如何处理风险、创新与变化等问题上，组织之间差异非常大。[31] **企业文化**（corporate culture）一词通常指一个工商企业的组织性文化。

组织文化反映和影响组织的需求与欲望，而组织的需求与欲望又对组织如何决策产生影响。例如，环境保护局、红十字会及 IBM 是三个大型组织，它们在如何搜集信息、处理信息和做决策方面有不同的组织文化。

19.3 影响组织文化的外部因素

19.3.1 企业统计因素

前面章节里我们讨论了消费者人口统计因素在了解消费者行为方面所起的重要作用，**企业统计因素**（firmographics）也同样重要。企业统计因素包括组织特征如规模、活动、目标、位置、行业类别，以及组织成员的特征如性别、年龄、教育、雇员的收入分配状况等。

1. 规模

大型组织很可能拥有分别负责购买、财务、营销和一般管理职责的各种专家，而在小型组织中，一两个人也许就能承担起这些职责。由于有更多的人参与组织的运作与管理，所以大型组织通常也更为复杂。大型组织里很多人参与购买决策意味着在向这类组织营销产品时，广告与销售努力必须瞄准企业的不同职能部门，每则信息需要强调特定职能部门所关心的问题。同样的购买决策在小企业中也许只涉及业主或经理，此时需要采用不同媒体使信息到达该决策人，同时要在同一则信息里强调该购买问题所涉及的所有关键方面。

2. 活动与目标

组织的活动与目标影响到其工作方式与行为。例如，海军在为一种新型战斗机采购电子控制系统时的做法，与波音公司为一种商用飞机购买类似系统时的做法就不相同。海军是一个要完成公众目标的政府组织，而波音则寻求商业目的，追求利润。

表 19-7 提供了基于组织目标与活动性质的一些具体的活动实例。组织目标可分为商业的、政府的、非营利的和合作的。组织活动的一般性质被描述为日常的、复杂的或技术性的。例如，政府在购买高速公路保养服务与采购导弹时的运作方式会截然不同。同样，在组织活动性质上，由几家零售商组建的合作性批发组织不同于半导体行业中几家企业设立的合作性研究机构；一个涉及器官捐献的非营利性组织不同于搜集工业统计数字的组织。

工商企业可以分为公众持股企业（股票被广泛地交易）和私人控股企业（一个或几个人拥有企业的控制权）。在前一类型的企业中，管理的目标通常是使股东的经济利益最大化，这些组织经常面临着要做出不是最佳但更符合经济利益的决策压力。

表 19-7 基于组织目标和活动性质的组织活动示例

一般的组织目标	组织活动的性质		
	日常的	复杂的	技术性的
商业的	行政管理	人力资源管理	新产品开发
政府的	高速公路维修	征税	太空探测
非营利的	筹集资金	增加国家公园的数目	器官捐献计划
合作的	搜集行业统计数字	建立行业标准	实用研究

然而，大约有半数的商业采购与个人拥有或私人控股的企业有关，这些企业的首席执行官通常就是控股人。在这种情况下，企业能够而且经常追求的目标并不是利润最大化。一项研究发现，在私人控股企业中，有如下动机驱动着管理层：[32]

- 为全家营造一个能参与工作的地方；
- 对环境加以完全和彻底的控制；
- 建立一个永久的"王国"；
- 成为富豪；
- 做家人所希望的事情；
- 避免合作或为他人打工；
- 获得社会地位；
- 造福世界或改善环境。

根据企业主动机对其进行细分是制定营销策略十分有用的方法。例如，美国的微米（Micron）电子公司，其目标顾客是小型家族企业的经理，其广告强调它比那些大型企业更理解和关心这些个体的需求。其中一则广告是这样说的，"他们不会给你白天时间，他们说你不是参与者……只是在网上与你们交流。"如图 19-6 所示，美林清晰地针对这一用户群体设计了这一广告，这一项目旨在推进长期资产管理。

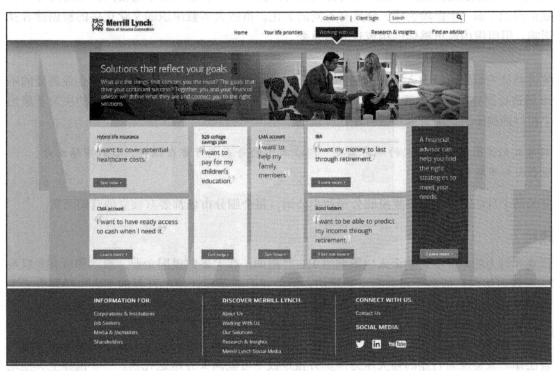

图 19-6

组织通常是私有的，而且它们的所有者都有特殊的需求和动机，给美林这样的公司创造独特的市场机会。

3. 位置

正如我们在第 5 章所看到的，美国有很多地区亚文化。这些亚文化既影响个人生活方式也影响组织文化。例如，西海岸的企业较东海岸的企业在业务运作上更倾向于非正式。美国西部比其他任何地方着装都要更随意，关系更加非正式，商务更趋于建立在个人化的基础上。同样，中西部与南部都有其独特的商务风格，营销传播与销售人员的培训要反映出这些差别。

当公司进入国外经营时，基于地域之间的文化差异会进一步扩大。那些在母国以外设立分支机构的公司，经常会遇到管理当地员工和与当地社区打交道的困难。在公司母国文化之外的区域销售产品远比在本国销售更具有挑战性。全球化的 B2B 销售和全球化的 B2C 销售一样困难。在第 2 章中，我们用"关系"讨论了中国人之间的社会联系。还记得关系是指在做生意和广泛的社会生活之中用以获取优势资源的人际关系或者纽带。[33]

然而，企业必须仔细而又深入地理解这个概念以及与其他文化相关的概念。一个中国专家指出美国人过度地利用了酒桌文化，而且这里面有很大程度的刻板印象。中国人在与美国人的交往之中充满了怀疑，请看下面的例子：

> 我发现一些外国人进来了，他们过于做作，非常想尊重中国及其文化。但是一眼就可以看出有些虚伪，而中国人很在乎真诚。中国人发现了美国人的虚伪并加以利用，这是中国人的长处。我对这些过于毕恭毕敬的外国人解释说，这不是中国文化尊崇的东西。[34]

看起来过于傲慢和过于谦卑都是与中国人交往时存在的问题。其实美国人对于推销者的态度亦是如此，过分热情的人会被视作出于绝望或者不够真诚。真正对文化之间的细微差别进行深入理解才是跨文化经营的胜利之本。

4. 行业类别

两个企业在规模（大小）、位置（伊利诺伊州）、活动（制造）、目的（盈利性）和所有权（公共的）上可能非常类似，但组织文化仍可能明显不同，部分原因是其属于不同的行业。如上所说的两家企业，如果一家生产重型设备，另一家生产计算机，我们可以预料它们会具有不同的文化。

5. 组织构成

组织文化会影响员工的行为和价值观，而同时，组织文化也同样受员工类型的深刻影响。一个主要由年轻、受过高等教育的技术型人员组成的组织（如一个软件工程公司），与一个主要由年纪较大，受过高等教育的非技术型人员组成的组织（如一个保险公司）会具有不同的文化。虽然大多数组织的文化更多的被创建者及高层主管的特征所影响，但组织内成员整体的构成也非常重要。[35]

6. 宏观细分

具有不同企业统计特征的组织可以归入不同的细分市场。由于厂商统计因素的不同进而导致企业需要的不同，以此为依据对市场进行细分被称为**宏观细分**（macrosegmentation）。[36] 开篇我们提到，IBM 的决策者聚焦于中型企业就是一个很好的例子。芝加哥第一银行是这样说的：

> 很长时间以来我们试图满足所有人的所有需要。现在我们的每家支行都在调整，实行市场细分，并使营销策略适合目标市场的需要。

该银行宏观细分的两个目标市场是中等规模的公司和小公司，每个细分市场都要有独立的营销团队。[37]

19.3.2 文化与政府

不同文化下价值观和行为的差异既影响个人也影响组织。[38] 例如，在大多数美国企业，股东和所有者权益是主要的决策标准。一段时间内，虽然公司利润急剧增加，但公司缩减规模却使上百万的工人、经理失去工作，这些行为已为美国社会所接受，而同样的行为在欧洲或日本就不被接受。在这些国家，工人福利与企业利益同等重要甚至更为重要，企业破产法规、裁员法规及工人的利益比在美国得到了更多的强调。

在美国、日本及大多数欧洲国家，行贿及类似的促销行为都是不允许的，政府制定了很多法律来禁止这类行为。在美国，来自法律和社会反对行贿的强大压力使卖方很难或不可能向买方赠送礼物。[39] 在世界上其他地方，在许多商业交易中，行贿十分普遍，由此使在这些地区从事商务活动的美国企业陷入一种道德窘境。如果不考虑美国政府的法律约束，你认为：当该美国企业在外国从事经济活动，而行贿在该国是达成交易所必不可少的条件时，它可以向该国的买方行贿吗？

在世界很多地方，工商企业与政府是合伙人或至少是密切的合作，但在美国，更为常见的是保持一定距离甚至对立。例如，谷歌与美国政府进行反竞争行为的诉讼。你认为这可能给谷歌日后的文化带来怎样的影响？

19.3.3 参照群体

组织行为和购买决策受参照群体的影响。工业品市场最强有力的参照群体也许是领导用户。**领导用户**（lead user）是富有创新精神的组织，其成功主要源于领导革新。大多数企业会注意领导用户采用的新产品、服务、技术或生产过程，并竭力仿效。[40] 一名惠普公司的销售人员这样描述领导用户的角色：

医院购买行为的另一个重要方面是关键客户的作用。这个市场上呈现金字塔形的影响层级,中小规模的医院往往依赖大的研究型和教学性医院做出技术决策。所以,保持在有影响力的医院的有利位置是十分重要的。[41]

其他参照群体如贸易协会、财务分析者及交易商协会等,同样会影响组织是否购买某一特定产品,或是否从某一特定供应商处购买。**参照群体基础结构**(reference group infrastructure)指行业内购买影响的流向。例如,高技术企业的成功,取决于如何影响处在一个将它的供应商与顾客分离开的连续统一体中的各参照群体。企业在这一基础结构中获取的认可越多,顾客将它看作是优先选择的供应商的机会就越大。

如图 19-7 所示,如果将领导用户的概念与参照群体基础结构相结合,我们会得到关于参照群体系统的更加复杂的图形。由于领导用户扮演着如此关键的角色,它们对某一产品、技术的采用会以两种方式影响基础结构中的所有成员。首先,一个领导用户采用某一特定供应商的创新产品的决定将增强该产品及供应商的信誉,反过来对该企业和余下的目标顾客之间的"基础结构"产生很强的正面冲击。其次,一个领导用户的购买决定会直接促使其他企业跟上市场潮流。

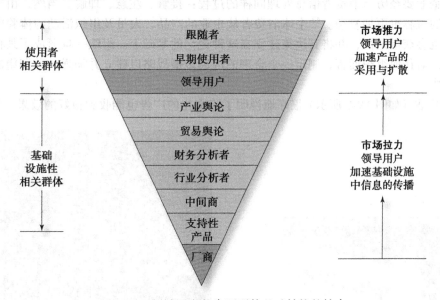

图 19-7　领导用户与参照群体基础结构的结合

资料来源:R. Best and R. Angelihard, "Strategies for Leveraging a Technology Advantage," *Handbook of Business Strategy*, 1988.

这一点的战略含义很清楚。新产品的营销者,尤其是技术产品,应该把最初的营销努力集中在获得明显优势的领导用户身上。

19.4　影响组织文化的内部因素

19.4.1　组织价值观

惠普和苹果公司都生产和销售计算机,然而两者的组织文化迥然不同。惠普是团队式、正式和等级严密的组织,苹果则是相对而言更不正式且更具创造性的组织,提倡更为开放的组织文化。为了更好地服务于各自的组织需求,营销主管必须了解不同客户在组织文化上的差异。

当你审视以下 8 种常见的商业价值观时,思考一下:惠普与苹果、梅西百货与塔吉特、亚马逊与 Buy 购物网站、联邦快递与美国邮政之间有何差别。每个企业都是大型组织,但都有其独有的组织文化价值观。对这些组织进行营销的厂商应评估不同组织在这些价值观上的差别,并且使自己的营销方式与之相适应。

(1)赞赏并鼓励冒险。

(2)竞争比合作更重要。

（3）首先是勤奋工作，然后才是休闲娱乐。
（4）个人奋斗先于群体奋斗。
（5）任何问题都能被解决。
（6）积极主动的决策很必要。
（7）变化是积极的，要主动寻求变化。
（8）业绩比等级和地位更重要。

以上列出的价值观是一个寻求变革、视问题为机会并鼓励个人奋斗的创新型组织的代表[42]，很难想象美国邮政或其他很多官僚机构会鼓励这样的价值观。同时，这些价值观构成了高技术行业中许多刚起步组织的文化基础。

图 19-8 展示的广告对追求效率和积极解决问题的组织和个人而言很有吸引力。

19.4.2 对产品的感知

处理信息时，企业要经历与消费者信息处理同样的过程：接触、注意、理解。当然，由于组织本身比消费者更为复杂，相应的过程也更加复杂。[43] 个体消费者从企业的产品、人员及组织活动的体验中获得对该企业的印象。同样，组织也会获得记忆，并将其决策建立在这种记忆的基础上。组织一旦形成了某种记忆或看法，就很难再改变。因此，对任何组织而言，制定一个合理的沟通传播战略以建立并加强一种期望的形象或品牌位置就显得尤其重要。[44]

Windstream 的广告（如图 19-9 所示）很好地说明了跨文化的广告也能收到很好的效果。[45]

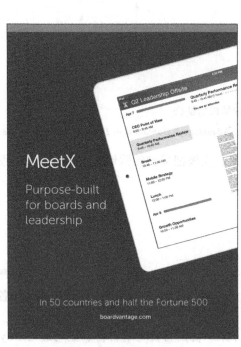

图 19-8

广告应该迎合它们所瞄准的组织的价值，这个广告将会吸引那些重视效率和积极解决问题的企业和个人。

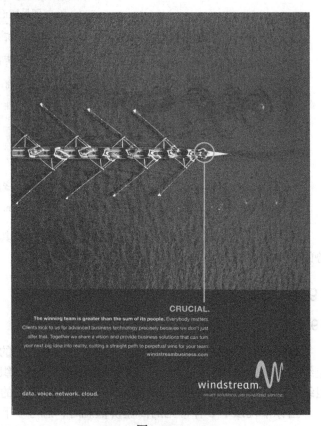

图 19-9

成功的工业广告创造并提高了公司的形象，就像这条广告一样。

广告的大小与重复同样对认知和行动有积极的影响。一项重要的研究表明，比起刊登一条广告，在同一期专业杂志中刊登多幅广告,认知度可以提高20%。[46] 广告的大小也影响由广告产生的搜寻行为。研究表明,显示全版的行业杂志广告比起小版面广告更能有效产生搜寻行为。

尽管广告(无论是在线广告还是传统广告)在组织间的信息传播中发挥着重要的作用,但直销访问在行业市场仍是最重要的信息传播手段,尽管这类访问的平均成本高达300美元左右。销售人员在行业营销中之所以极为重要,原因之一是商业活动不仅仅局限于经济层面。行业购买者喜欢与他们认识、喜欢和信任的公司做生意,公司之间的关系往往是由公司的人员在互动中建立起来的。在此过程中销售人员作为卖方的代表,无疑发挥着重要作用。正如一位成功的销售人员所指出的:

> 你必须有优秀的产品提供给顾客,但作为一个销售人员你也必须赢得顾客的心。[47]

19.4.3 学习

像个人一样,组织也从经验和知觉中学习。[48] 从卖主那里得到的积极的体验具有激励性,并导致重复购买。有效的购买过程和程序会以规则和政策形式被确定下来,从而形成制度。同样,不快的体验会导致学习和避免购买行为,同时,无效的购买程序会被摒弃。发展有效的学习能力日益成为组织成功的关键。[49]

19.4.4 动机与情绪

组织决策通常比个人购买决策带有较少的情感色彩。然而,由于具有精神和情感需要的人会影响这些决策,因此在对组织客户进行营销时,也不可忽视或低估这方面因素的影响。

在组织购买决策中经常存在个人或职业的风险。做出错误决策的风险会导致自我怀疑和精神上的不安,这种不安和怀疑的个人情绪会对购买决策产生影响。联邦快递通过广告呼吁人们使用其提供的服务,该广告向人们提出了一个实质性问题:

> 你为了替公司省下5美元而使用一种较便宜的快递业务,却将公司的重要文件弄丢了,这时你该如何向老板解释?

19.5 组织购买者细分和市场营销战略

本节中讨论的每一个要素对于市场营销策略都至关重要,因为它们构成了不同类型的组织购买者。有很多不同的方式来刻画或细分组织购买者,其中一个重要的方法就是业务型交易与关系型交易。一些购买者,由于其规模、市场定位、战略和文化等因素,在购买过程中显得更加关注业务,而另一些则更重视关系。**业务型交易**(transactional exchanges)涉及业务单一,往往历时短暂,买卖双方对彼此关系的投入不多,忠诚度也较低。而**关系型交易**(relational exchanges)则会涉及多项活动,存在较长的时间,牵扯到买卖双方很多重要性投入,忠诚度等级也较高。[50] 对于这两种类型,一位行业分析师如此看:

> 购买者有两种:业务型和关系型。业务型购买者,顾名思义,只是集中于业务方面,选择价格最便宜的、质量最好的、赚钱最快的。如果一个供应商(卖方)获得了这样的业务,他并未获得业务型购买者的忠诚,只不过是在下轮业务竞赛中再度拥有角逐的机会。而一个关系型购买者则恰恰相反,他更希望找到一个可以信任和依靠的供应商。钱(价格)是一个影响因素,但对于关系型消费者来说,他坚信如果能够与一个值得信任的供应商建立良好的关系,那么他能够享受公道的价格。[51]

研究表明,本章所谈论的诸多要素将影响到买卖双方之间的关系是业务型还是关系型的。这些要素如下所示:[52]

- 行业架构。当市场上买方很少,那么就是买方市场,买方的支配权就凌驾于卖方。在众多案例中,只要卖方威胁降低,那么买方就会更优先选择关系型交易来构建促进价值创造的伙伴关系。
- 决策制定文化。当购买决策归属于采购部门时,短期的、价格导向的决策制定文化更有可能出现,而这类购买者会倾向于选择业务型交易。
- **决策制定框架。** 当决策单位规模大、跨越职能部门，就会牵扯到更为复杂的决策过程，这时购买者倾向于选择关系型交易。
- **风险承受能力。** 低风险承受能力的购买者会优先选择关系型交易，因为这种交易过程能够减少交易过程的不确定性，保障其购买物料的质量。
- **购买行为特性。** 处于复杂购买状态（比如新购）的买方需要持续的教育和售后服务支持，就会更倾向于与在这些重要方面有所建树的供应商建立关系型交易。

关系型交易的概念与我们在第 18 章谈到的关系营销有关。关系营销在针对工业营销方面的重要性绝不亚于针对消费者营销方面的重要性。[53] 组织层级的最基本理念是要让卖方与买方在一段时间内紧密合作，提高买方的利润或运营效率，并以此来获得利润。关系是用来构建价值的，否则可能没有其他更为有效的方式。也就是说，买卖双方的合作能够聚拢资源、技术和专利，能比单打独斗更为快速和廉价地研发出新产品。

健康的商业关系取决于一系列的价值维度。[54] 这些维度是：
- **合法性和兼容性。** 这个维度是指产品的真实价值、感知价值，如品牌声誉、信任及可靠性。
- **社会关系。** 这个维度是指友谊、亲密度和买卖双方交流的程度。
- **经济和共享价值。** 这个维度是指通过联合生产、信息技术和价值而形成的买卖双方的融合程度。
- **学习纽带。** 这个维度是指买卖双方通过共同研发、员工交流和培训等所培养的在学习上的合作程度。

在关系质量感知方面，买卖双方的感知程度总会有所差距（见表 19-8）。卖方会高估其业绩表现质量，尤其在关系建立的初始阶段。

显而易见，长期且有成效的关系是建立在购买者对关系的高价值感知上的，这在关系建立的早期阶段很难出现。而卖方感知可能会有所偏差，倾向于对自己的表现做出更为积极的判断。显然，这类感知偏差的检测是非常重要的，买卖双方的感知差距也需消除或是显著降低，以保持良好健康的关系。这可以利用双方都参加的所谓"关系表现计分卡"的阶段性测评和制定相应策略来减少价值感知偏差。[56]

一些企业错误地认为所有购买者都值得建立关系型交易。在 B2C 市场和 B2B 市场中，这一观点也并不总是对的。一些顾客是值得建立紧密商业关系的，另一些则适合作为交易型客户看待，还有一些买卖关系应该考虑终止。消费者洞察 19-1 对于这一策略问题及决策提供了一些思考。

表 19-8 买卖双方对关系质量的感知差异

关系长度	买方	卖方
短期		
合法性/兼容性	4.9	5.7*
社会关系	4.7	5.2*
经济/共享价值	4.5	4.8
学习	2.8	3.1
中期		
合法性/兼容性	4.9	5.4*
社会关系	4.8	4.9
经济/共享价值	4.5	4.7
学习	3.3	2.9
长期		
合法性/兼容性	5.4	5.3
社会关系	5.2	5.4
经济/共享价值	5.1	5.0
学习	3.8	3.4

注：数值越高，意味着对表现的感知程度越满意。星号代表重要的差别。

资料来源：Adapted from B. R. Bames et al., Perceptual Gaps and Similarities in Buyer-Seller Dyadic Relationships. *Industrial Marketing Management* 36 (2007), p. 667.

|消费者洞察19-1|　　忠诚以及关系营销策略

并非所有关系都是平等的，也并非所有买方都值得关系投资。值得投资和构建关系的买方是希望并且愿意支付增值服务的，或者是渴望看到积极的关系所带来的影响，例如能够提升业绩表现或者降低交易成本。那些只通过价格来衡量，不需要也不愿意支付增值服务的买方就需要用不同的方式来对待。[55]

这要从了解买方的两点开始谈起：

（1）为他们提供服务的成本如何？这关乎买方

的盈利能力和在增值服务中投资多少仍然能够盈利的权衡。

（2）在"忠诚度的阶梯"上买方所处的位置如何？处于较高忠诚层级的买方会倾向于在公司中进行关系专用性投资，期望在新的风险项目上与你合作，愿意支付溢价等。

综合以上两个因素，就能够归纳出四种不同的组织购买者类型：

- 商品购买者（低成本/低忠诚）。这些顾客并不需要增值服务，也不想为此买单。他们只需要以最低的价格获取基础产品（商品）。他们如果能通过低成本来盈利，就可以被视为业务型顾客来服务。
- 减持购买者（高成本/低忠诚）。除非公司可以降低成本使其仍然是可盈利的商品购买者，或者说服他们为增值服务付费以保证盈利伙伴关系，否则这些合作就应该叫停。当盈利本身变得困难重重时，不向这样的购买者进行销售往往能带来更多的盈利。
- 伙伴购买者（高成本/高忠诚）。尽管服务花销不菲，但是这类顾客往往是忠诚的且愿意支付增值服务费用。应努力与这些购买者建立起关系型交易的状态，同时也要时刻注意在提高效率的同时去降低成本、增加盈利。
- 最有价值顾客（低成本/高忠诚）。这类购买者是最有利可图的，因为他们愿意支付增值服务，但又由于规模、经验等因素而使得开支得以削减。这类消费者有如伙伴，要努力构建良好关系。

许多商务活动对于购买者的管理和营销是一致的。上述的购买者细分显示，有些购买者是值得构建关系的，而有些则无须花费这个工夫。一位专家估计，可以归入最有价值顾客的购买者还不足10%。因为在时间和精力两方面，关系营销都花销不菲，所以只有部分购买者是值得发展合作关系的。

思考题

1. 是什么要素使得一些消费者相较于其他消费者更有价值？
2. 你如何让一个减持购买者转变成一个伙伴购买者？
3. 为什么商品购买者是值得保持的？

小结

1. 描述组织购买过程

像家庭一样，组织也做出许多购买决策。有些情况下，这些购买决策是例行的重复购买决策，另一些情况则涉及复杂的新购。三种采购情况在组织购买中很常见：直接重购、修正性重购和新购。每种购买情形会导致不同的组织购买行为。

组织决策过程包括问题识别、信息搜集、评价与选择、购买决策的执行及购后评价。产品的功能性特征，如价格、质量等固然重要，但品牌形象也同样重要，有些情况下甚至会增加组织购买者的支付意愿。

组织购买的执行比家庭决策更复杂，支付条款与条件也更重要。在组织购买中，如何付款也具有特殊的重要性。最后，使用与购后评价通常很正式。许多组织会对产品或服务仔细地加以实地测试，决定各种竞争产品的生命周期成本，或在大批订购前花相当多的时间对新产品进行评价。组织购买者对购买是否满意，取决于多种评价标准及许多不同人的观点。因此，要使客户满意，就要使决策单位内的每一成员在对他来说是重要的标准上获得满意评价。

2. 概括影响组织文化的外部因素

组织会形成一种运作方式或风格，我们称之为组织文化。厂商统计因素（组织特征诸如规模、活动、目标、地址及行业类别，以及组织内成员的构成特性如性别、年龄、教育和雇员的收入分配）对组织文化具有重要影响。根据企业统计因素将组织购买者分成不同细分市场的过程称为宏观市场细分。

参照群体在企业间营销中扮演着重要角色。参照群体基础结构存在于大多数组织市场中，这些参照群体通常包括第三方如供应商、经销商、行业专家、贸易出版物、财务分析者及关键顾客。领导用户是重要的参照群体，能够影响参照群体架构和其他潜在消费者。

其他对组织文化产生影响的外部因素包括组织所在的地域文化、组织所面对的政府类型等。

3. 概括影响组织文化的内部因素

组织文化的内部因素包括组织价值观、知觉、学习、记忆、动机与情绪。组织所拥有的价值观会影响组织的运作方式，组织成员也都不同程度地持有这些价值观。组织也有自我形象、动机，并进行学习。卖方组织可通过各种沟通方式来影响顾客的感知。印刷广告、直邮广告、销售访问以及网络是最常见的沟通方式。尽管组织都受理性动机驱使，然而，它们的决策都是由有情感的人来制定的，卖方组织必须理解并迎合两者才能成功。

4. 解释组织购买细分对营销战略的影响

本章中讨论的每一个要素对于市场营销策略都至关重要，因为它们影响着组织面对顾客的类型。细分组织购买者的一个重要的方式是业务型和关系型交易的划分。业务型交易涉及业务单一，往往历时短暂，买卖双方对彼此关系的投入不多，忠诚度也较低。而关系型交易则会涉及多项活动，存在较长的一个时间段，牵扯到买卖双方很多重要性投入，忠诚度等级也较高。二者的选择受到行业结构、决策制定文化和框架、风险承受能力和购买特性等因素的影响。营销人员需要调节其策略，尤其是当他们认可关系营销方式是建立在所面对的不同类型购买者基础上时。阶段性的监测对于保证买方获得所期望的价值是大有裨益的。

关键术语

采购中心（buying center）
公司文化（corporate culture）
决策单位（decision-making unit，DMU）
厂商统计因素（firmographics）
领导用户（lead users）
宏观市场细分（macrosegmentation）
组织文化（organizational culture）
参照群体基础结构（reference group infrastructure）
关系型交易（relational exchanges）
支付条件（terms and conditions）
交易型交易（transactional exchanges）
两阶段决策过程（two-stage decision process）

复习题

1. 一个组织怎样才能形成一种文化？不同的组织文化归因于哪些因素？
2. 不同的组织活动与目标怎样影响组织文化？
3. 什么是组织价值观？组织价值观与个人价值观有何区别？
4. 什么是厂商统计因素，它们怎样影响组织文化？
5. 解释宏观市场细分，描述用来进行宏观市场细分的变量。
6. 组织市场中存在哪些类型的参照群体？
7. 什么是领导用户，它们怎样影响口头传播和新产品的销售？
8. 什么是决策单位？它怎样随购买状况的不同而变化？
9. 卖方组织怎样才能影响组织购买者的感知？
10. 什么是组织动机？
11. 什么是两阶段决策过程？
12. 关系型交易和交易型交易有何区别？
13. 组织通常会遇到哪三种购买状况？组织对每一状况有什么典型的反应？
14. 互联网在组织决策过程中起到了哪些作用？

讨论题

15. 描述三个有明显文化差异的组织。解释为什么它们有不同的组织文化以及有哪些因素促成了这些不同。
16. 回答消费者洞察19-1中提出的问题。
17. 描述惠普公司与以下公司的组织文化有何不同，并说明理由。
    a. 戴尔计算机公司
    b. 联想公司
    c. 苹果公司
18. 比较下列组织在组织活动与目标上的差异，讨论这些差异如何影响组织文化。
    a. 沃尔玛与塔吉特
    b. DHL快递与美国邮局
    c. 购物（Buy.com）网站和香蕉共和国（Banana Republic）网站
    d. 奔驰汽车和纳贝斯克食品
19. 什么因素决定组织价值观或个人价值观能否在一项购买决策中发挥决定性作用？
20. 讨论宏基公司如何运用宏观市场细分策略来向工商企业销售计算机。

21. 讨论一个小型高技术企业为加速其产品在市场中的扩散，如何影响参照群体基础结构及该产品的领导用户。
22. 你对"工业品购买不像消费品购买那样包含情感成分"有何评价。
23. 对本章中讨论的每一种采购状况（见表19-2），为下列组织描述一种典型的购买：
    a. Wendy's汉堡
    b. 梅赛德斯－奔驰
    c. 塔吉特
    d. 你所在的大学
    e. Publix（美国大众超级市场公司）

实践活动

24. 分别在一家大型和小型组织中采访一位合适的人员，请他们确认本章所描述的三种购买状况。对每一组织及购买状况，要确定以下因素：
    - 决策单位的规模及涉及的职能部门
    - 需考虑的选择标准的数量
    - 决策过程的长度
    - 考虑的卖方或供应商的数量
25. 浏览某个面向组织购买者或组织会员的杂志，看看它们的广告中包含的情感等非经济性诉求的比例。
26. 分别访问一个商业组织、政府机构、非营利性组织及合作性组织的代表，确定每一个组织的厂商统计因素、活动及目标，然后找出这些组织在厂商统计因素上的差异与它们在组织文化上的差异之间的关系。
27. 访问一个负责为某家公司或者政府机构采购的人员，让其描述一次供应商试图进行关系营销的活动。从中你得出什么结论？
28. 针对某一特定组织，找出它的参照群体。如图19-7所示的那样，绘制一个等级框图。讨论这个组织如何影响这些参照群体，使之产生有利于该组织的信息传播。
29. 采访一个商业或者政府机构的经理，他最近参与到一个重要的收购决策之中。请经理描述一下每一步之中的关键影响因素（参考表19-3），讨论一下如何利用这些信息制定符合这一行业的营销策略。

第V部分

案 例

案例 V-1 | RAEX LASER 牌钢铁

全球钢材市场一直以来都受到产能过剩和增长缓慢的困扰，由此导致了竞争的加剧，使行业客户认为钢铁产品只是普通商品。于是在很多情况下，价格就成为影响购买决策的决定性因素，从而导致卖方面临利润下降的压力。

一些钢铁制造商采取的一个重要措施，就是降低运营成本来维护利润率。另一些制造商则采取差异化战略，为产品树立较强的品牌声誉和独特形象。但是在工业营销（B2B）领域，这种品牌策略是否有效呢？答案似乎是肯定的：

> 工业企业给了品牌非常正面的评价，认为品牌对营销成功很有价值，是重要的公司资产。另外，工业企业在使用制造商品牌时，会在质量、可信度和性能等方面感受到很大的差异性利益。

很显然，工业营销者看到了品牌的价值。但是，工业购买者呢？答案取决于两个方面：①该品牌为购买者创造价值的能力；②该品牌持续传递核心利益的能力。当这两个条件具备的时候，品牌就成为这些利益和核心价值的标志，并在市场上体现出差异化优势。另外，品质的一致性会增进顾客信任，强化客户关系和客户忠诚度。

RO（Rautaruukki Ojy）是芬兰的一家钢铁制造企业，在欧洲具有很高的声誉，但规模较小。该公司并不侧重削减成本，而是采取差异化的战略来赢得市场。当激光切割技术开始使用时，它看到了机会。在得知激光切割技术会造成某些质量问题后，RO进行了深入的研究，确定存在的问题和机会。

RO发现，激光切割技术涉及前期的计算机编程设置。这些设置需要很长的安装时间，于是使用者希望能够储存上一次的设置规格以供下次使用，但这要求原材料的化学成分保持高度的一致。同时，同一批次的钢材和不同批次的钢材质量要保持稳定。该行业的另一个特点是，企业往往把激光切割业务外包给专业加工厂。这些加工厂承揽的切割业务数量很不一样，也很难预测。因此，考虑到激光切割技术的这些特点，建立一个受过严格训练的客户服务部门显得十分必要。

在这一研究的基础上，RO创建了"REAX LASER"钢铁品牌。品牌具有下列价值：

- 同一批次和不同批次的钢材，品质应保持高度一致，以符合激光切割技术的规格要求。
- 分销商接受大小不同订单的灵活性。RO的供应链包括制造商（RO）、分销商和最终用户（使用激光切割技术的工厂）。由于加工的订单数量需求很不一样，且不可预期，RO必须采取更灵活的方式来满足不同订单数量的需求。在管理供应链的过程中，RO在它的分销商之间创造了一种合作的氛围，它们甚至互相分享库存以保持供应链的畅通。学习性质的座谈会和年度总结会也是这个过程的一部分。

- 客户服务。由于专业训练是非常重要的，RO 对它的内部客户服务人员也进行了深入的培训，向他们传授为客户提供最优质服务的工具。

结果是非常令人振奋的。自从 RAEX LASER 牌钢铁推出以来，销售迅速增长。客户忠诚度随之增加，客户甚至愿意高价购买 RAEX LASER 牌钢铁和衍生品牌。而且公司的努力也得到最大的激光切割技术制造商的认可，后者开始推荐 RAEX LASER 给那些购买其机器设备的客户！

讨论题

1. 画图分析 RAEX LASER 牌钢铁的价值驱动因素和购买者满意、信任、关系质量和忠诚的关系。解释为什么 RAEX LASER 的品牌策略比促销导向过程更为有效。
2. 促销和广告是否是品牌建立过程中首要的或最后的措施？这跟促销的对象，即外部顾客（案例中为加工厂）或内部顾客（案例中为客户服务人员）有关吗？请解释。
3. 讨论问题 2 中提出的内部营销对 RAEX LASER 品牌策略成功的重要性。
4. RAEX LASER 的购买者只是花更多的钱买了一个品牌名称，还是着眼于这一品牌名称所带来的实际经济利益？对购买者来说，到底有什么样的经济利益？
5. 在购买决策过程中，加工厂考虑品牌因素是不理智的决策行为吗？
6. 描述在该品牌建立过程中，参考群体和口碑传播可能采用的各种方式。
7. RAEX LASER 这一品牌被 "Ruuki Laser" 这一工厂友好型钢材取代。请从品牌感知的角度来评价这一决策。

资料来源：D. H. McQuiston, "Successful Branding of a Commodity Product," *Industrial Marketing Management* 33 (2004), pp. 345-54; and www.ruukki.com, accessed July 27, 2011.

案例 V-2 Paccar：不仅仅是卡车

Paccar 公司创建了最知名的两大卡车品牌肯沃斯（Kenworth）与彼得比尔特（Peterbilt），这两大品牌是长途货运（OTR）卡车市场的高端品牌。Paccar 公司将自己的产品出售或者租赁给有各种不同需求、需要和资源的企业。卡车行业是一个同质化市场，价格通常处在购买评价标准的首位。在这一市场中，Paccar 公司的卡车十分出众，并且由此建立了高端品牌形象——性能优越、高技术含量和强烈的品牌忠诚。请看下面的例子：

赫伯特·施密特（Herbert J. Schmidt）是位卡车爱好者，但并不是什么卡车都喜欢，只喜欢 Paccar 公司的肯沃斯牌卡车。在过去 20 年内，运输承包商 CFI 公司（Contract Freighters Inc.）只购买肯沃斯牌卡车，而乔普林（Joplin）卡车公司的首席执行官决定只购买肯沃斯品牌……计划订购至少 700 辆新肯沃斯牌卡车。当然，这些有 10 个轮子、装配柴油发动机的肯沃斯牌卡车比其他品牌要贵 10%。但在考虑了各种因素后，施密特说：" 这不是价格问题，而是质量问题。" 因为肯沃斯卡车在可靠性、转售价格和豪华内饰方面，对驾驶者更有吸引力。

Paccar 的成功源于很多因素：

- 质量。在同质化市场中，Paccar 的卡车代表了优质与豪华。由于其优质、可靠性以及转售价格公道等原因，它受到了许多货运公司的青睐。而司机钟情 Paccar 卡车则是因为 Paccar 卡车豪华及舒适的车内设计（因为长途货运司机可能要在车内待上好几天，经常睡在车内）。而肯沃斯与彼得比尔特最近都获得了 JD Powers 大奖。
- 标杆。Paccar 的不寻常之处在于它不仅仅以其他卡车品牌为比较的标杆，还精心选取其所关注的各领域的领先者，并以它们为标杆。所以，在 IT 领域，Paccar 选择微软为标杆，在定制生产方面则选择戴尔为标杆。

- 技术。Paccar 认为自己不仅是家卡车公司，还将自己定位为科技公司。更准确地说，Paccar 运用卡车行业的技术专长来保持自己的领军地位。例如，Paccar 建立了电子车辆管理系统，这是一种可以安装在卡车内的电脑模块，可以被整合到用户的 IT 系统中，提高卡车工作效率，还可以帮助用户遵守交通规则并减少文书工作。
- 定制。Paccar 不需要提供现场的卡车供客户选购，因为 Paccar 的定制程序为客户提供了数以千计的选择，而客户能在 6~8 个星期内提取自己定制的卡车。
- 行业声誉。由于在质量（JD Powers 奖）、技术（获美国国家技术奖）和计算机处理（获"计算机世界荣誉"奖）等方面的领先地位，Paccar 及其卡车在整个行业内备受推崇。而它获得的这些奖项和荣誉有助其进一步巩固已有的行业声誉。
- 租赁选择。如果你像赫伯特 J. 施密特一样一次性购买 700 辆卡车，这就说明你拥有一定的技术、资本和人力资源来管理自己的车队，然而小型的承运商缺乏这些方面的资源。所以 Paccar 的租赁业务正在不断成长，为客户提供诸如车辆维护等服务，承运商就不需要聘用相关技术人员，大幅度降低了管理费用。

最后，为了应对环境和燃料价格上涨等问题，Paccar 率先开始研制混合动力卡车。

讨论题

1. 根据你对本文的理解，请对品牌忠诚度进行定义。Paccar 的肯沃斯与彼得比尔特卡车是否培育了忠诚客户？请说明你的原因。
2. 赫伯特 J. 施密特购买肯沃斯卡车的决策属于哪一类购买过程（直接重购、修正性重购、新购）？所有承运商的购买过程都一样吗？请说明你的理由。
3. 利用一切可能的信息来源，如案例、互联网与长途货运卡车经销商等，来理解购买卡车的决策单位。决策单位的规模取决于企业的规模还是其他因素？请说明你的理由。
4. 利用一切可能的信息来源，如案例、互联网与长途货运卡车经销商等，来填写表 V-1 的内容。这些信息对 Paccar 及其他卡车公司的营销活动有何意义？
5. 解释参照群体对 Paccar 及其卡车的作用。
6. 描述拥有自己卡车的公司和租借卡车的公司的区别。根据图 19-2 中的内部和外部影响因素进行分析。
7. 如何将 Paccar 的混合动力卡车与其当前的品牌形象进行匹配？

表 V-1 评价标准与组织角色

购买决策中使用的评估标准	在组织中的功能
1.	
2.	
3.	
4.	
5.	
.	
.	
.	
.	
.	

资料来源：M. Ardlt, "Built for the Lomg Haul", *Business Week*, January 30, 2006, p. 66; and information from Paccai's Website at www.paccar.com, accessed July 27, 2011.

PART 6

第VI部分
市场营销法规

本书自始至终强调：了解消费者行为对那些规制市场行为的人和从事营销活动的人同等重要。政府官员、消费者权益保护者和普通公民都需要充分了解消费者行为，以形成和制定有效的管制法规，将营销活动纳入社会允许的活动范围之内。消费者尤其需要了解自身的行为，了解购买和消费是如何在我们所在市场和社会类型的形成中起作用的。在这一部分，我们将分析消费者行为规范在规制营销活动中的作用。

我们尤其关注面向儿童的营销活动，同时我们还将讨论以成年人为对象的广告、产品及定价等营销活动的法规。

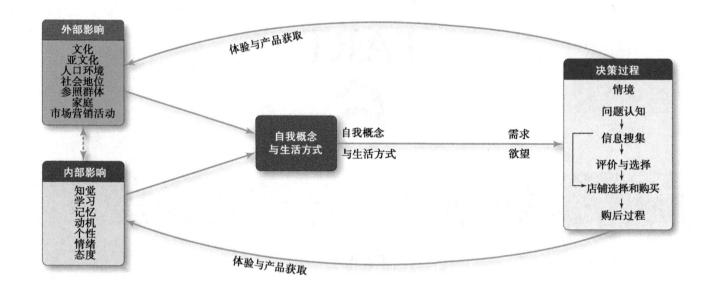

第20章

市场营销法规与消费者行为

学习目标

1. 解释儿童广告审查署（CARU）对儿童营销的两大顾虑
2. 描述以儿童作为目标受众的几类有争议的营销活动
3. 讨论美国联邦贸易委员会制定的关于网上成人隐私保护的指南
4. 解释包括欺骗性广告在内的面对成人的营销沟通问题
5. 讨论与面向成人的产品及定价等营销活动相关的监管

当涉及政府监管时，我们会想到FTC、FDA、USDA和FCC等政府代理机构。新闻媒体上充斥着关于政府监管当局需要保护消费者远离市场上的潜在危险的报道。因为油门踏板缺陷导致的突然加速问题造成了37人的死亡[1]，丰田公司在2014年被罚款12亿美元，这也是美国历史上针对汽车制造商的最大额度罚款。与丰田公司同样受到媒体关注的还有通用汽车公司。通用公司旗下的Chevy Cobalts和Saturn Ions车型的打火开关存在缺陷，且没有及时召回。而这一问题早在2001年就被通用汽车公司所察觉，但问题车辆因为没有被及时召回而导致了至少12人的死亡。2014年2月，美国的雀巢公司发起了对旗下Hot Pockets品牌食品的大规模召回活动，因为这些食品是由USDA所要求召回的"染病且非健全"的牛肉所制造的。2012年，整个美国被全国性的真菌性脑膜炎爆发的新闻报道所震惊。这一类型的真菌由"新英格兰化合物中心"生产的类固醇药物所携带，造成了64人死亡，并且使751人留下了后遗症。消费者没有办法去检验他们所驾驶的汽车、所吃的食品以及所使用的药品的安全性，只能依靠政府的监管部门来保障相关产品的安全。从这个角度来讲，政府监管部门在保护消费者免受企业行为侵害的过程当中扮演着中间人的角色，承担着保护美国消费者的使命。

在另外一方面，监管当局也要保护生产厂商免受消费者的伤害，尤其在涉及仿冒产品的方面。模仿并不总是一种恭维，有时候仅仅是一种仿冒行为。媒体报道的关于Vicks Vaporub、Vaseline、Chapstick、Johnson's Baby Oil等品牌的主要仿冒者被逮捕的消息，提醒消费者在不知情的情况下购买仿冒品会受到危害。

但是，如果消费者刻意地去寻找并购买仿冒品呢？消费者对于仿冒品的需求是强烈的。据估计，全球范围内违禁药品的黑市规模要超过武器走私以及人口贩卖。消费者对于仿冒品的需求并不仅限于假的无害化产品，如并不会产生较大风险的时尚产品——Dr. DreBeats的耳机、Mont Blanc的铅笔、Rolex的手表、Gucci的钱包，除此之外消费者还对有着较高风险的产品有需求，比如仿冒的酒品、药物等等，这些产品能够潜在地威胁消费者的健康、安全和福利。消费者在知情的情况下购买低质量的仿冒品是一种获得超出他们经济能力的品牌产品的方式。同样，拥有品牌的仿冒品也能够帮助消费者建立他们渴望的身份形象。有趣的是，消费者并不知道购买仿冒品会增加其做出不道德行为的可能性，如作弊。

消费者的配合不仅仅是仿冒行为日渐增多的原

因，也导致了盗版行为的猖獗。随着媒介的发展，诸如音乐、电影、电子书、电视节目、电子游戏等产品能够在第一时间到达消费者的手中。不管是否支付款项，消费者都能够通过简单地点击几下鼠标而轻易地获得这些产品。当消费者选择不为这些产品买单时，盗版行为便发生了。最近的反盗版措施并没有有效地防止盗版行为的发生。与此同时，隐藏用户身份和位置这一服务的增加似乎说明比起停止消费盗版产品，消费者更愿意选择躲避监管。

这好比是一个由消费者、商家和政府组成的三脚凳，来自政府的监管只是其中的一条腿。只有消费者、商家和政府三方共同努力，才能够维持凳子的整体平衡。

市场营销是一种可视度很高的活动，它既会影响个人的生活、非营利组织的成功，也会影响企业的利润。正如本书一再表明的那样，营销人员的很多行为是否符合道德伦理这一问题并没有一个清晰的界定。作为一名营销经理，在你的职业生涯中，你将面对许多这样的情境。然而，对另外一些营销活动，社会已明确宣布不合法。政府通过颁布许多法规来禁止某些营销活动，或要求企业实施某些特定的营销行为。在本章，我们将研究对营销活动的规制。对市场营销活动进行规制也需要像制定、实施营销计划那样了解消费者行为。在讨论营销规制问题时，我们将把保护儿童的管制措施同保护成人的管制措施分开论述。

本章所提供的材料给我们的一个重要的警示是，对于消费者的监管是一个持续不断的动态努力的过程，尤其是涉及技术、电子商务与儿童营销等方面时。因此，在一个时点上比较精准的监管措施，在之后的时点上可能就会过时。这一点不单单对于本章所涉及的内容是适用的，对于任何与组织监管有关的知识、信息和政策都是适用的。因此，监管领域的相关人员在做决定之前，应该确保获取最新的信息以便采取行动。正如你将看到的那样，这一问题具有相当的广度、复杂性以及动态性，这也对政府监管部门和相关企业在履行监管职能和履行相关法规的实践提出了较高的要求。

20.1 市场营销法规与针对儿童的营销

对以儿童为对象的营销活动的法规，主要集中在广告、促销、产品安全和隐私保护上。产品安全与产品设计是否合理及产品制成材料是否合适有关。我们把注意力重点放在广告和其他针对儿童的促销活动[2]上。政府规制活动的成效很大程度上依赖于儿童消费者的行为理论，尤其是他们的信息处理能力。

在监督面向儿童的营销活动方面，州和联邦政府颁布了很多法令、法规或自愿行为指南。然而，仍有很多人认为，一些营销人员在不断地利用整个营销系统尤其是广告，教孩子们注重有形的物质产品而不是诸如人际关系、正直等无形财富。

第6章介绍的皮亚杰认知发展阶段理论是关注面向儿童的营销的一个基础。该理论认为，儿童在12岁之前[3]缺少完全理解和处理信息（包括营销信息）的能力。皮亚杰的理论以及其他支持该理论的研究，构成了大多数儿童广告规制活动的基础，也为其他有意操纵儿童的营销计划的规制提供了依据。

20.1.1 儿童理解广告信息的能力

美国广告业的主要自律机构，商业促进局下的全国广告处设置了一个专门机构——**儿童广告审查署**（Children's Advertising Review Unit，CARU），负责监督儿童广告。对那些与儿童理解广告信息能力相关的广告审查，CARU 8 条规则中有 4 条与之相关：[4]

（1）当广告商推出儿童广告或在线收集儿童资料时，他们需要承担特殊的职责。广告商应该考虑到广告所针对的受众的知识水平、成熟度和社会化程度。儿童对于信息可信性的评价能力相对有限，可能无法理解广告的说服性目的，更不会理解自己所受到的影响。

（2）广告不应该具有欺骗性或不公平性，联邦贸易委员会法案保障儿童这方面的权益。

（3）广告商需要有充分的证据来证明广告宣传的客观性，广告所针对的儿童能合理理解广告所宣传的内容。

（4）广告不能刺激儿童对产品质量或性能产生不切实际的预期。

表 20-1 列出了 CARU 在指导儿童广告的信息处理时所应遵循的部分原则。

表 20-1　CARU 的信息处理指导原则

1. 广告是否造成误解，应该根据下列方面进行判断：评估目标受众一般性的儿童如何根据其经历、理性与成熟度，以及有限的认知能力和对广告宣传的评价能力来理解广告内容
2. 广告宣传不能过度利用儿童的想象。虽然幼龄和大龄儿童都喜欢诸如动画、电脑生成图像之类的虚拟情景，但广告不应捏造无法实现的性能期望，也不应利用幼儿在区分现实与虚拟方面的困难来达到目的
3. 广告应说明产品的性能和使用方式，让目标儿童能够学会使用
4. 考虑到儿童的词汇与语言技巧有限，以儿童为目标群体的广告的所有注意事项都应易被其理解。对于年幼的受众，应该使用简单的词汇，比如"你应该把它们拼到一起"。由于儿童更多的依赖图片获取信息，我们鼓励图文类的呈现方式
5. 针对 12 岁以下儿童的节目中的人物，不论是真实的还是虚拟的，都不应在他们所出现的节目中或紧接着的节目中推销某种产品或服务

资料来源：*Self-Regulatory Program for Children's Advertising* (Children's Advertising Review Unit, Council of Better Business Bureaus, Inc., 2009).

CARU 及其他一些人不仅关注儿童处理广告信息的能力，也关注儿童广告内容对孩子们产生的影响。然而，我们目前关注的焦点仍是儿童理解广告信息的能力，具体包括两个方面：①孩子们能理解广告的推销意图吗？②孩子们能理解商业广告的某些特定方面如产品或品牌比较吗？

1. 孩子们是否理解广告的推销意图

大多数研究表明，年幼儿童在理解广告的推销意图上存在困难。[5] 目前，广告界试图通过避免人物重叠和运用"广告之后再见"将广告和节目区分开来。

随着儿童产品越来越成为儿童动画节目的主角，这一问题越来越突出。产品和电视节目（还有电影）联手的玩具设计与销售日益增多。家长们认为，以玩具为基础制作的节目，不仅会对孩子们的行为与情感发展造成不利影响，还会取代或减少其他更富创造性的儿童节目。[6]

父母的关注导致了多种多样的限制或取消这类节目的建议。这些建议已引发一场有关谁在控制电视的讨论。

一种观点认为，父母有义务监督自己孩子的收视行为，如果足够多的父母发现这类节目不适合儿童并拒绝收看的话，广告主就将停止赞助这类节目。另一种观点认为，如今忙碌的父母不可能有时间审查自己孩子收看的所有节目。而且，来自同龄人的巨大压力会驱使孩子收看某特定节目或拥有与该节目相关的玩具。剥夺孩子收看这类节目的权利会导致争吵与怨恨，因此，社会需要确立合适的有关广播电视节目的标准。你支持哪一种观点呢？

2. 孩子能否理解广告中的词与短语

理解的第二个方面涉及广告中一些容易让孩子误解的特定的词和类型。例如，研究表明，有些否认意义的声明，诸如"营养早餐的一部分""每一个独立销售""不包括电池"等对于学龄前儿童是无效的。[7] 不仅低龄儿童难以理解这些短语，使这一问题更复杂的是，这类否认性声明往往未能达到联邦贸易委员会规定的"清楚明确"的要求。[8] 例如，一则玩具广告中有这样一个否定声明：

否定声明指出：买泰迪电视玩具赠一盘磁带。其余磁带则分开出售。

然而它出现在屏幕的底部，在彩色背景下只占整个屏幕大小的 3.5%，也没有被广播员重复，而且出现不到 3 秒钟，儿童只有以每分钟 200 字的速度才能读完这条信息！

在广告使用的词与短语方面，CARU 建议广告措辞用语需要考虑受众的年龄状况（如对儿童使用简单的词汇），禁止使用"仅仅""只需"等字眼来表示价格低，同时建议在特定情况下使用明确的措辞，如用"你最好能把它放在一起"，而不用"要求组合起来"。我们再来看看如下几个 CARU 和儿童信息处理技巧的案例：

- 任天堂（Nintendo）同意中断这样一则广告：在卧谈会上，一个四人家庭或四个女孩子各自用遥控器在 Wii 系统上玩《马里奥聚会 8》（Mario Party 8）。虽然广告用不显眼的方式提到了游戏与系统单独销售，但 CARU 依然担心儿童看了广告之后，在初次购买 Wii 游戏系统时，会弄不清楚其包含的内容。[9]
- CARU 向纳贝斯克（Nabisco，Inc.）传达了顾客的投诉后，公司同意更改奥利奥饼干广告。广告中，奥利奥饼干被放进烤箱后，弹出了 KoolStuf 饼干。一个 4 岁的儿童看了广告后，试着学广告里的做法，将奥利奥饼干放入烤箱里，当它们融化后，他试着用金属钳子把饼干拿出来，幸好妈妈及时制止了他。[10]

20.1.2 广告信息内容对儿童的影响

即使儿童能准确理解电视广告，人们仍十分关心广告内容对儿童的影响。这些关注部分是由于美国儿童看电视的时间太多。儿童将大量时间花在电视（包括广告）上引发了两个方面的问题：

- 广告信息对儿童价值观的影响。
- 广告信息对儿童健康及安全的影响。

CARU制定了有关儿童广告的8项基本原则，其中4条主要涉及上面这些问题（另外4条则是我们在前面所介绍的有关儿童信息处理能力方面的基本原则）。这4条基本原则是：[11]

（1）不适合儿童的产品和内容不能直接向儿童进行广告宣传。

（2）广告商应避免社会刻板印象和偏见，鼓励在广告中出现少数族裔与其他弱势群体，尽可能展现其积极向上的形象。

（3）鼓励广告商发挥广告的教育潜力和作用，对儿童个人素质和行为产生积极的影响，如诚实、尊重他人、采取预防措施、参与体育运动等。

（4）尽管影响孩子的个人和社会化方面发展的因素很多，父母在引导孩子的行为上仍负有主要责任，广告商应促进家长与孩子的良性关系。

表20-2列出了说明这些原则的若干例子。

表20-2　说明CARU具体指导原则的例子

1. 广告不应鼓励儿童要求父母或他人购买产品。广告商不应宣传给孩子买了某种产品或服务的家长或成年人比没有买的更好、更聪明或更慷慨
2. 广告商不能传递这样一种印象：拥有某件产品会使孩子更受欢迎，而没有某一产品则会使孩子受到同龄人的排斥
3. 广告不应展现处于不安全环境中的成人或儿童，或对他们自己或其他人有害的行为。例如，在展现体育活动（如骑自行车或滑板）的场景时，应提出适当的注意事项并列出安全设施
4. 广告不应该鼓励不适合儿童的行为（如暴力和性），也不应该含有能够激起儿童恐惧的内容；广告商也不应该向目标儿童展示含有这些行为或内容的网页链接

资料来源：*Self-Regulatory Program for Children's Advertising* (Children's Advertising Review Unit, Council of Better Business Bureaus, Inc., 2009).

1. 健康与安全

CARU对斯凯奇公司（Skecher）的一则四轮滑冰鞋的电视广告提出警告，该广告在传统的儿童节目时间播放。广告播放了几个十几岁的青少年，在没有使用任何防护设施（如护膝和头盔）的情况下滑冰和进行特技表演的场面。CARU认为这则广告违反了表20-2中提出的第3条指导原则。但斯凯奇公司则辩称，首先广告中没有任何儿童出现；其次没有任何法律规定在滑冰过程中一定要佩戴防护设施，而且跟产品包装在一起的安全使用说明书中已警告购买者要记得佩戴防护用具；最后，在广告中，滑冰的场景并不是以运动或者体育比赛的形式出现。[12]（你有何看法？是CARU还是斯凯奇公司有道理？）

在许多情况下，儿童都会收看成人广告。例如，CARU发现印着"远离儿童"的Proactiv Solution洗面乳广告在儿童节目之间插播，要求公司将广告从这些时段撤除。[13]

那些即使不是以儿童为目标的广告对他们也有潜在的有害影响：

在Calgonite自动洗碗清洁剂的电视广告中，一位妇女出现在自动洗碗机中。一个3岁儿童看到该广告后立刻钻进了洗碗机。CARU了解这一情况后，要求广告商停止播放该广告。[14]

Calgonite广告引起的问题说明，遵守安全指南也不是一件容易的事。该广告并不是针对儿童，而且也未在儿童节目中播出，但最终还是引发了产品安全问题。儿童收看黄金时段电视节目的事实，要求广告主承担额外的责任。[15]

确保广告表现产品的安全使用，有时确有困难，但这并非一个有争议的领域。与健康类产品相关的广告，尤其是小吃和各类谷物食品广告面临的争议更多。

2. 价值观

广告经常被指责在儿童中助长极端物质主义以及只顾自己和注重短期利益的价值观。

我们付不起这样的责任——现在的孩子们衡量自身价值是用穿着而不是内心的情感和大脑里的知识。[16]

一个重要原因是儿童广告泛滥。市场每年针对儿童所花费的广告开支大约是150亿美元。[17]另外，孩子们每年所要面对的广告为18 000～40 000次。[18]很明显，这些数字还有些保守，因为企业在一些新兴的大众媒体（如互联网）的广告开支还没有被计算在内。许多人认为，这种持续的要求购买和拥有的压力会对儿童价值观的形成产生负面影响。

大量的化妆品企业与日光浴场也开始针对儿童进行广告和产品宣传。大多数都把产品定位于好玩而不是美化作用。例如，迪士尼的产品用带有小叮当、小熊维尼等角色照片的盒子进行包装。——有位行业专家指出，现在8～12岁的小女孩开始穿高跟鞋、低腰牛仔裤、迷你裙和露脐T恤衫。[20]

现在还出现了另一种担忧，在6岁左右的儿童群体中出现了瘦身和饮食失衡的状况。[21]很多调查发现，这些现象明显缩短了孩子们的儿童时代，使之不恰当地考虑体型。很多人把此现象归咎于那些化妆品和个人产品的销售者如Lindsay Lohan。

3. 儿童电视广告小结

大多数的广告是合乎规定的。[22]CARU每年审查成千上万的广告，其中超过95%的儿童广告按规定通过了审查。[23]然而，考虑到儿童花大把时间看电视，违规广告大多数都能被他们看到，因此其影响仍不能低估。显然，CARU并没有涵盖广告的方方面面。例如，它没有也不能够反对广告刺激许多家庭对不能承担的产品产生渴望。尽管如此，CARU仍极大地提高了企业对儿童广告的责任感。许多消费者权益的支持者希望扩大CARU管辖的范围并增强其监控力度。

20.1.3 针对儿童的争议性营销活动

除了那些有争议并引发大量管制争议的电视广告外，还有许多面向儿童的营销活动。例如，标识为17岁以上或者更大年龄才能欣赏的暴力娱乐产品（电影、影碟和音乐）直到最近还在向青少年进行推广，这些行为不利于行业规制和行业自律水平的提高。[24]

本节还将对三个另外的主题进行描述，即移动端营销、学校的商业化和互联网营销。

1. 手机营销和儿童

被称为"第三个屏幕"的手机正日益成为我们生活的一部分。营销者把儿童作为下一个日益成长的巨大市场。在青少年甚至更小的孩子中，拥有手机的人数比例相对较大。[25]

这个市场上，企业采用了多种促销手段，包括手机铃声、手机游戏、短信和手机广告。营销者通过促销和广告渗入另一媒体的能力，让家长和消费者组织感到担心，他们认为这种渗透是对娱乐和广告之间良性关系的破坏。当迪士尼公司和它的合作伙伴斯普林特公司（Sprint）宣布将提供针对8～12岁儿童的手机服务时，这种担忧变得更加强烈。下面摘录了一个非营利广告监督组织（CCA）的一封信：

> 如果迪士尼公司和其他公司只是为孩子们提供一个紧急情况下与家长联系的服务方式，这是一回事。电话公司（最起码对父母来说）正在做这件事情。电信公司在华盛顿的说客们正在为此做出努力。但是在该行业所宣称的理由背后，电话公司和迪士尼实际上是想通过孩子掏空家长的腰包。营销者试图避开家长而直接与儿童进行联系。
>
> 《广告时代》杂志在7月11日报道，很多公司，包括麦当劳、可口可乐和天美时（Timex）正在从手机广告的小规模测试向全面推广进军。孩子们已经被太多的广告所围绕，他们不需要再通过手机接收更多的广告信息，无论这些信息是来自电话营销、短信营销、游戏广告营销还是其他类型的广告信息。[26]

很显然，相关问题的争论正在形成。在这场辩论中，你是更加拥护营销者还是消费者？你的答案会因为你孩子年龄的大小或者营销策略的不同而不同么？

2. 学校的商业化

关于中小学的商业化问题一直备受关注和争论。由于预算的持续紧张，学校经常会被资金需求驱动去做一些事情。学校商业化的问题所涉及的范围很广。消费者联盟将相关的行为分为如下几类：[27]

- 校内广告。校车、记分牌、公告栏、优惠券以及免费样品上的广告都属于此类。例如，Sonic Drive 品牌在学校投放广告和群发邮件来号召学生登录相应的网站为自己的学校投票。尽管这种行为并没有直接号召同学们去买它们的汉堡，但是以这种方式将 Sonic 品牌展现在学生面前无疑对于公司是有利的。校内广告的其他形式包括出售冠名权和在学生报纸上派发广告等等。例如，广告商现在能够通过"校园媒体集团"在全国的高中范围内派发广告。
- 教室广告。在教室内的杂志和电视节目上投放广告。这种类型的广告也包括在学校图书馆中所派发的杂志上的广告。"第一频道"已经在这一领域引起了很大争议。它提供了12分钟的学校新闻报道，却在其中插入了两分钟的商业内容。研究表明，这种商业广告会对学生产生影响。
- 公司赞助的教育资料和项目。也叫作赞助教育材料（sponsored educational materials，SEM）。SEM 是公司提供的教育材料，并且通常是免费的。SEM 有多种形式，包括海报、活动表、多媒体教具等等。虽然有许多标准可以用来评价这些材料，但是有一个主要的标准是商业化程度。高度商业化的 SEM 是那些没什么教育意义但是却吸引最多注意力的广告。
- 公司赞助的教学材料和激励项目。此时公司通过多样化的竞赛或者奖励，例如旅行或者免费比萨等奖励获得曝光的机会。

另一个引起高度关注的领域是直接销售，这是食品公司通常采取的策略。各主要食品和饮料公司正在努力制定和遵守旨在解决这一问题的自律准则。

3. 网络营销与儿童

孩子们正成为互联网的主要使用者。因此，企业也开始使用互联网与儿童联系。据此，出现了两个主要的担忧：一是通过操纵性销售技术不正当地利用儿童；二是对儿童隐私的侵犯。我们将在下一节讨论互联网隐私问题。

对互联网上商业行为的担忧往往涉及建立处于娱乐和广告之间的界限模糊的网站。这就与之前的担忧联系起来，也就是说儿童还不具备辨别广告信息和非广告信息的能力，其购买区别能力比较低。另一个领域的担忧是广告游戏。这些个性化的游戏把公司网站的品牌信息和产品信息当作游戏的一部分整合起来。考虑下列摘录：

> 卡夫公司的纳贝斯克世界整合了至少17个品牌的广告游戏，还有额外的经典游戏如国际象棋、麻将和双陆棋等。一些游戏把品牌整合了进去。例如，在网上相扑摔跤游戏中，游戏者可以在被击打的紧要关头使用乳酪果浆软糖或者巧克力饼干，结果使得孩子们对"S'more"味道的饼干更加喜爱。[28]

正如我们前面看到的，儿童很难区分节目内容和广告。广告植入式游戏融合了游戏内容和广告，这时区分两者对儿童来说更加困难，尤其是判断广告的销售意图。

20.1.4 儿童网络隐私问题

网络隐私与网站搜集和利用信息息息相关。从儿童方面获取信息是个敏感的话题，因为我们都知道，和成人相比，他们的信息处理经常存在缺失。对于侵犯儿童隐私的担忧促使国会在1998年10月通过了**《儿童在线隐私保护法案》**（Children's Online Privacy Protection Act，COPPA）。这项法案授权联邦贸易委员会规划更详细的法规来执行这一法案的规定。1999年联邦贸易委员会发布了儿童在线隐私保护法规，其关键内容已在表20-3中详细列出。

从2000年4月开始，此法规正式生效。此外，联邦贸易委员会和商业公司的不懈努力也是不可或缺的。儿童广告审查署采用了相似但更为细化的规则。隐私是儿童广告审查署关注的一个核心问题：

表 20-3 儿童在线隐私保护法案的关键条款

这些规则适用于如下情况：①向 13 岁以下儿童收集个人信息的商业网站和在线服务；②收集 13 岁以下儿童个人信息的普通受众网站的运营商；③拥有单独儿童专区来收集儿童个人信息的普通受众网站的运营商。非营利组织不包括在内。
1. 隐私政策。在各网站的主页上公开隐私政策，并在可以收集到个人信息的地方都附有隐私政策的链接
2. 家长提示。告知父母有关信息收集的事项，除特殊情况外，在向儿童收集个人信息之前应确保征得父母的同意
3. 家长同意。给予家长信息采集和使用儿童个人信息用作网站内部使用的选择权，并且给予他们是否要把信息披露给第三方的决定权
4. 家长权力。保证父母能够直接获得他们孩子的信息，有机会选择删除信息并在继续收集和使用信息时有退出选择权
5. 条件准入。不要把孩子参与某项活动作为条件，要求孩子披露更多超越活动合理所需的信息
6. 秘密性。保证采集儿童个人信息的私密性、安全性和完整性

资料来源：*You, Your Privacy Policy and COPPA* (Washington, D. C.：Federal Trade Commission)

1. 儿童广告审查署密切关注乔纳斯兄弟（一个风靡儿童的流行乐队）的网站，因为该网站向儿童收集个人识别信息并且未事先获得家长的同意，其告诫用语可能会使年龄尚未到达的孩子们谎报自己的年龄。该公司也努力使其网站合乎规范。[29]

2. 艺术家 Pink 的粉丝网站 Pinkspage 并未包含任何隐私声明。另外，儿童广告审查署还注意到，注册这个"粉丝俱乐部"的时候，任何年龄段的来访者都可能轻易提交诸如电子邮箱或者住址等个人身份信息。[30]

3. 一个专门针对 13 岁以下儿童的社交网站 fbfkids.com 在儿童广告审查署审查的时候，被发现没有贴出隐私政策，而且在孩子被要求提交私人认证信息之前是否征询父母的同意这点也不明确。[31]

消费者教育的重要性在联邦贸易委员会的活动中扮演着至关重要的角色。该委员会创建了"网站在线学习工具"来帮助儿童成为更为聪明的消费者，以抵制儿童网络隐私侵权行为（见图 20-1 中的 OnGuardOnline.gov site）。

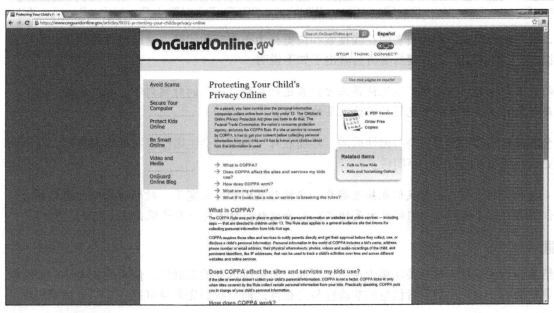

图 20-1

教育是联邦贸易委员会打击儿童网络隐私侵犯的一个重要方面，OnGuardOnline.gov 旨在帮助父母保护孩子的隐私。

20.2 对成人的营销及法规

关于成人营销活动的规则涉及很多方面，包括隐私问题、营销传播、产品特性和定价策略等。本节我们将逐一探讨这些问题。

20.2.1 消费者隐私

目前，关于出台保护成人隐私的法律法规的呼声越来越高。以前，消费者的焦虑主要集中在线下问题上，比如会员名单和消费者名单信息的出售，通过该类信息和公开使用信息的组合来创造强大的市场数据库。现在，关注的焦点则转移到了与网络相关的在线隐私问题上，现在网络信息采集和整合的速度之快，可能会造成

前面所担忧问题的扩大化。公司认为数据收集和挖掘是为了向消费者提供更有针对性的服务，这对消费者是有利的。而消费者权益保护者则认为这些手段侵犯了个人隐私。（你同意哪方的观点？为什么？你的观点是否会受到所收集信息类型的影响？）

对于成人隐私问题，联邦贸易委员会对于制定更明晰的法规踌躇不前。取而代之，它采纳了"提示和选择"的方法并编撰了相关指南，规范了消费者导向的商业网站在收集消费者个人识别信息时应该符合四大标准：①提示——关于信息收集和共享操作的声明；②选择——关于个人识别信息如何使用的选择；③准入——关于消费者能够修改和删除信息准入权；④安全——关于公司确保所收集信息的安全性。

然而，对于瞬息万变的网络环境，尤其是面对"转换"行为的利用和目标网络消费者的反应，联邦贸易委员会最近提出了一个新的框架和指南，如表20-4所示。

表20-4 新的联邦贸易委员会隐私保护框架

①公司应该在整个组织内部以及研发产品和服务的每一个阶段都来推动消费者隐私保护
- 公司应该在实践中做到实质性的隐私保护，包括数据安全、合理的信息收集范围、合理信息保存和信息准确性
- 公司应在产品和服务生命周期的整个过程保持综合性数据管理程序的运行

②公司应该简化消费者选择
- 在如产品订单等普遍接受的行为中，公司所收集和使用的消费者数据不需要提供给消费者授权与否的自由
- 面对需要授权的选择，公司应当随时随地让消费者做出是否对其数据进行披露的决定

③公司应该在数据操作过程中更透明化
- 隐私声明应该明确、简洁和更为标准化，使得隐私操作更易被理解和比较
- 公司应该提供合理的消费者数据接口，访问的程度应与数据的敏感度和其使用本质相称
- 当公司将消费者的信息使用在与数据采集时所声明的截然不同的情境时，公司应当做出明确的披露并得到消费者明确的同意
- 所有的利益相关者都要教育消费者关于商业数据隐私操作的知识

资料来源：*Protecting Consumer Privacy in an Era of Rapid Change* (Washington, DC: The Federal Trade Commission, December 2010).

关于网络隐私，一个新的现象涉及消费者的在线搜索和浏览行为被跟踪的问题。这已经在联邦贸易委员会新指南的第2部分提及，具体来讲，联邦贸易委员会做出了如下说明：

> 委员会中的大多数人都坚信构建"不允许第三方广告进行追踪机制"的时候到了。也就是说，消费者能够选择是否允许在线搜索和浏览的数据被收集的行为。[32]

联邦贸易委员会的新框架和指南目前是自愿性质的。然而联邦贸易委员会主席已经明确发表声明，在该问题上需要公司采取更为积极主动的行动，声明说：

> 行业中有支持我们的力量在，但我们也知道有些人在抱怨我们管得太宽了。对那些报酬优厚的职业反对者，我仅有这样一个疑问：你们的目的是什么？因为隐私问题不会一直是现在这个状况。[33]

20.2.2 营销沟通

对营销者提供给消费者的信息，社会关注集中在三个方面：所提供信息的准确性；信息的完整性；营销信息对社会价值观的累积影响。在讨论消费者信息的准确性与完整性之前，我们先简单审视一下广告对我们价值观的冲击。

1. 广告与价值观

我们在前面讨论儿童广告时，已讨论过广告对价值观的影响。这种影响同样会发生在成人身上——不断强调所有权和自我价值的信息流，其长期影响无论是对个人还是对社会都是消极的。很多人认为Axe的男性身体护理产品广告将年轻的女性工具化了。事实上，当人们发现联合利华同时拥有Axe与多芬这两个品牌时，巨大的矛盾就出现了。多芬是联合利华旗下另一个积极推广真实的身体形象并为女性提供资源，使其对自己的外表更自信的一个品牌。这种矛盾是显而易见的。博主们痛快就此玩了一阵子，他们甚至制作了一个广告来讽刺多芬原来的广告。[34]

大多数女性化妆品及时装广告都以强调美丽与性感为主题。每一个单独的广告也许是无害的，然而很多人认为，当人们几千次重复性地看到这一类广告时，他们便会形成一种意识，认为一个人的外表比其他方面重要得多。[35] 这会导致有害的消费模式，如置多种有关健康危害的知识于不顾而过度曝晒或节食。[36] 这些有害的方面对年轻的女孩子的影响尤为严重。[37] 那些买不起这些产品或长得不好看的人会受到伤害。反对这类指责的人则会争辩，无论处于哪种文化和哪个时代，每个人都会关心自己的外貌和财富，广告不会改变一个社会的价值观，它只是价值观的一种折射和反映。

对美的描绘及对性的轻率态度，并非人们对广告影响价值观的唯一谴责。大众传媒尤其是广告对女性的角色描绘，通常局限于以前的陈腐观念，妇女被当作花瓶和装饰。[38] 这样的描绘会影响女孩子对个人发展及角色选择的观念。当然，如图 20-2 所示，许多公司现在刻画的女性形象开始变得积极、现实。

耐克的促销活动在广告评论界及许多女性中引起了积极的反应。在该活动的一则电视广告中，画面采用快摄和慢动作相结合的方法，展示一群十几岁女孩在操场上运动的镜头，还展示女孩荡秋千和抓猴杆儿（monkey bar）的场景，而声音部分则是许多女孩在讲述女性参与体育运动的好处：

> 我会更爱自己；如果你让我参加体育运动，我会更自信；如果你让我玩，我得乳腺癌的可能性会降低 60%。如果你让我参加运动，我不会感到那么消沉。
>
> 我更有可能离开一个会打我的男人。如果你让我参与体育运动，在我想怀孕之前我怀孕的概率会降低；我会知道变得强壮的真正含义。[39]

图 20-2

现在很多公司都以一种更加积极和真实的方式来描述女性。

广告及大众媒体如何描绘少数族裔群体、老年人及其他社会群体会影响这些群体成员怎样看待自己，也会影响其他社会成员如何看待这些群体。[40] 营销者需要确保他们的广告会以一种对所涉及的群体而言是正面、积极的方式来反映美国社会的多样性。描述既涉及广告内容，也涉及由广告所支持、赞助的节目。[41] 例如，一些拉美裔群体正在考虑对美国几家主要电视网及其赞助商实行抵制，原因是它们的节目中完全无视拉美裔角色或拉美裔演员的存在。[42]

2. 消费者信息的准确性

当推销员告诉你，其提供的牌子或产品是最好的时，他是否要提供科学的证据？在哪一点上吹嘘或"允许的谎言"变成了误导和非法？判断的界限是否随情境或消费群体的不同而变化？[43]

一则广告展现了一双非常有吸引力的女性腿部。广告声称：她的腿以 100 万美元投保，但保单附有一个小小的条件，即购买"Schick Silk Effects"女士剃刀。你如何理解这则广告呢？许多人猜测保险公司在承保前肯定坚持要她使用这种剃刀。这意味着该保险公司认定，这种牌子的剃刀能安全地保护女人的玉腿。然而，恰恰在广告的底部，有一则印刷精美的否定声明：保单的条件在华纳－兰伯特公司的要求下开出并由其承保。华纳－兰伯特正是推广该剃刀产品的公司。换句话说，拥有这种剃刀的公司要求将该剃刀置于保单之中，这导致了对这个广告截然不同的理解。（那么这则广告是否合法或合乎道德呢？）

由于这些问题，许多商业集团、消费者团体和立法部门都深深担忧营销信息的误读和欺骗性。然而，判断营销信息的准确内涵并非个简单的过程，评判一则广告是否具有欺骗性也不是轻而易举的。消费者洞察20-1试图阐明利用心理框架进行的消费者欺骗。

由于不同的人群在信息处理技能和动机上存在差别，因此要想使一则信息得到准确理解还是比较复杂的。[44]例如，下面这一警示，在一个涉及模仿是一种最真诚的恭维方式还是会引起产品责任的案件中被判决为信息提供不充足。该案件里，一名工人在为卡车轮胎充气时不幸受伤。警示是这样的：

充气时将轮胎置于安全笼中或使用便携式固夹防护装置，使用带有遥控阀的须夹上夹头，以使操作者在充气时免受伤害。

法院认为：厂商有责任警告潜在使用者所有隐藏的危险；考虑到轮胎充气者往往为非熟练或半熟练工以及劳动者中很多人不识英语，他们保护自己的能力有限，因此警示以符号形式出现更为恰当。[46]正因为如此，营销者通常需提供十分详尽的信息，以便相关受众做出正确的理解。

消费者洞察20-1　语用暗示：欺骗的心理学观点

联邦贸易委员会的法规要求广告应该是真实的和无欺骗性的，广告主要有证据为其主张背书。在理解营销信息是否具有欺骗性方面是有一定困难的，一个较为妥当的处置办法是要明确联邦贸易委员会不仅检查广告主直接陈述的内容，也会考虑消费者在特定情境中的合理推测。[45]尤其是直接声明和从声明中可以推断出两种类型的暗示。我们用例子来说明：

- 直接声明："Royal为自由人（Jeep Liberty）制造轮胎。"如果你拥有一辆自由人的车，但发现Royal并未为其制作轮胎，那么这个声明就是虚假的。
- 逻辑暗示："Royal为所有越野车（SUV）制造轮胎。"因为自由人也是越野车，如果并未为其制作轮胎，那么这个声明就是虚假的。

直接声明和逻辑暗示都是相对直接的。如果证据不能有力地支持其广告内容，那么这个声明就是虚假的。

然而，还有另外一种暗示存在，叫作语用暗示。**语用暗示**（pragmatic implications）是指消费者用"现实"的方式去解释广告语言获得的内容，它并非直接陈述，也不属于逻辑暗示。例如，如果一个朋友告诉你，只要你开口，那么他就"能够"立马飞奔过来帮助你做项目，那你就可能会推断出这意味着你的朋友会帮助你。注意，你的朋友并没有确切地（直接地）说他会帮忙，他只说他能够帮忙。你认为你的朋友会帮助你就叫作语用暗示。推断是知觉过程的一部分（第8章）。让我们再一次回到那个Royal轮胎的例子。

语用暗示："需要给你的自由人安上轮胎吗？Royal是你的得力助手。"

许多消费者可能从这则广告中会推断出Royal想要表达的是自己拥有适合自由人车型的轮胎。但是，注意这则广告并没有直接说明轮胎具有这样的功效。问题是，Royal公司在这种情况下是否会被认定为欺骗性广告呢？

如果Royal公司没有适用于自由人车型的轮胎，答案是肯定的。联邦贸易委员会在判断广告是否存在欺骗性的时候，不仅会审查直接展示的内容，也会考虑一个理性消费者可能推断出的结论。

语用暗示的一些类型有：

- 暧昧用词——指并非用文字内容来进行暗示的修辞手法。一个例子就是"除草机对抗杂草"。看到这句话的消费者很可能相信这款除草机能够"除掉"杂草。因为该除草机公司并没有明确保证，所以可能有人会辩称该公司没有欺骗消费者。但是在联邦贸易委员会看来，一个理性消费者面对这段对话很可能会推断出"除掉"杂草的含义，但事实上这款除草机并不能除掉杂草（该公司没有足够的证据来证实其论点)。所以这则声明可以被视为欺骗性广告。
- **并列祈使**——这是把两个互不相关的陈述句组合在一起,使得两者看上去相关并且更改原先含义的修辞手法的花哨说法。思考下面这个例子:"使用Royal轮胎,度过一个安全的冬季。"看到这句话的消费者很可能推断有什么东西能够发挥功效:"使用Royal轮胎能够帮助自己在冬季更安全地驾驶。"然而,直接陈述的话语仅是"过冬更安全……"和"使用Royal轮胎"。于是,这又是一则虽没有明指,但是却暗示了信息(通过语用暗示)的广告。这就意味着该陈述也可能被判定为具有欺骗性的广告。

这些例子听上可能很复杂,但其本质便是如此。一些行业,比如保险业中,可能大段文字都是监管市场营销材料中所说的内容,以便保证其与可能适用的联邦贸易委员会法规和其他国家或者联邦法律的一致性。营销沟通中的底线是"你没有把某件事情直接陈述出来并不意味着你没有完全表达出这件事情"。并且该法律也对虚假直接声明和虚假暗示声明保留追索权。

思考题
1. 了解消费者认知如何帮助营销者避免欺骗性广告?
2. 你能够想到其他可能产生语用暗示,致使营销者陷入欺骗性广告危机的技巧或者方法吗?
3. 你认为如果联邦贸易委员会认定的涉及欺骗性广告的公司被曝光的话会产生什么影响?

对明示的文字信息进行规制尚且不易,规制具有精细含义的视觉信息的广告则难度更大。[47]例如,一些人对啤酒广告提出批评,认为成群的年轻人兴高采烈地畅饮这些酒精类饮料不妥,因为广告中的画面、图像所传递的信息是:这些年轻人之所以开心和受欢迎与他们消费酒精饮料有关。

最近,美国政府和行业自律机构开始规制视觉传播信息。

- 联邦贸易委员会(FTC)最近对贝克啤酒广告提出了警告,该广告的画面是年轻人在游船上痛饮啤酒,FTC认为广告宣扬了不安全的航海行为。
- 美国广告部(NAD)要求"Balance Bar"删除广告中的医生画面和关于临床研究的声明,因为Balance Bar并没有证明其提供的配方对普通大众也具有临床有效性。

但是,有关视觉方面的问题可能会需要更深一步的讨论。图20-3展示了一个全国知名品牌的产品和一个与其具有相似包装的产品。消费者被这些包装误导了么?或者,这些类似的产品本身是对行业领导者的一种合法的竞争?[48]

矫正广告(corrective advertising)是广告主为消除先前的误导性信息或不准确信息在消费者中的影响而做的广告。下面是两个有关矫正性广告的例子:

- 你还记得我们以前关于"多米诺"糖给你力量和活力的广告信息吗?实际上,任何糖都不是力量和活力的特殊或唯一来源,多米诺也不例外。你所需要的是均衡的饮食、充分的休息和适当的锻炼。
- 如果你不明白我们先前的广告所说的"海浪牌越橘汁比橙汁或番茄汁具有更多的食物能量"是指什么,在此仅做更透彻的说明:广告中的食物能量不是指维生素和矿物质,而是指食物热量即卡路里,仅此而已。

早餐中的食物能量很重要,因为很多人在开始新的一天工作之前并没有摄入足够的卡路里或食物能量。海浪牌越橘汁较大多数早餐饮品含有更多的食物能量。而且,海浪牌越橘汁在为你和你的家人提神的同时,还补充维生素C,它是一种与众不同的早餐饮品。

- 糖料信息公司:你还记得我们过去在广告中对糖的宣传吗?餐前食用含糖食品是如何有助于抑制你的食欲?我们希望你

图 20-3

模仿是一种最真诚的恭维方式还是会引起消费者的混淆?

不要误以为我们所说的小小的饮食告诫就是减肥良方。在控制和减轻体重方面，根本不存在捷径和神奇秘方。减肥问题十分复杂，研究并未揭示饭前食糖有助于体重减轻或抑制体重增加。

虽然矫正广告的有效性一直存在争议，但联邦贸易委员会仍认为它不失为保护公众的一种有效方法。同样，由于竞争者的不实宣传而受到伤害的公司，经常也要求采用这一方法作为补救。事实上，竞争对手采取法律手段的威胁经常是竞争对手放弃比较广告的重要原因。例如，考虑到它所造成的大量的诉讼案（例如由Playtex、J&J-Merck、Kimberly-Clark和Georgia Pacific提起的诉讼），宝洁公司一直重新审视旗下不同品牌激进的广告策略。[49]

3. 信息的充足性

消费者不仅要获得准确、真实的信息，还需要有足够充分的信息。为确保消费者获得充分的信息，政府颁布了很多法律，联邦诚实信贷法就是其中之一。

很多年来，社会对修改营养标示法案的呼声很高，1990年美国政府对这方面的法律做了大幅度修改。虽然有关营养标示所产生的影响的研究结论不一，然而这些标示确实为许多消费者提供了非常有用的信息。研究发现，营养标示法规颁布后，企业提供信息的方式有了很多的改进。遗憾的是，那些在教育和收入方面处于不利境地的消费者，对这类信息的利用程度较低。[50]

FDA最新的一项标签规定涉及反式脂肪。虽然1990年颁布的《营养标签与教育法案》（NLEA）推动了食品包装上营养成分表的诞生，但是这个表中仅有一行显示食物的总脂肪含量，新规定要求在营养成分表中添加反式脂肪总量这一列。这一改变促使食品公司对反式脂肪进行更加深入的研究，并对食品的标签进行重新设计。而这一改变背后的逻辑如下：

> 反式脂肪是对健康的最新威胁。反式脂肪是用来生产人造黄油、深度油炸食品、曲奇饼、蛋糕和饼干的氢化油原料。反式脂肪使食物具有消费者所期待的质地，并且能够延长食品的保质期。反式脂肪类似于体内的饱和脂肪，能够提高低密度脂蛋白胆固醇（坏）的水平，与此同时也降低了高密度脂蛋白胆固醇（好）的水平。因此，美国食品和药品管理局发布了一项规定，要求食品制造商改变其包装标签，以反映产品中所使用的反式脂肪含量。[51]

显然，这个规定为一些食品厂商提供了机遇，也对另外一些厂商构成了挑战。考虑到消费者对于健康的重视，诸如Edy等厂商（如图20-4所示）会将是否含有反式脂肪标注在包装上的醒目位置，而不仅仅是标注在营养表中，以此作为区分自己产品与其他厂商产品的重要特征。

营销者、消费者组织和政府官员均希望消费者拥有足够的信息来做出明智的购买决定。方法之一是提供所有具有潜在相关性的信息，这一方法通常被政府规制机构所推崇，对某些类型的产品如药品较为合适。

然而，该方法也会引发一些问题。"完全披露"后面的假设是，每位消费者在做购买决定时，都会使用这些具体详尽的信息。遗憾的是，消费者通常并不像上面假设的那样行事。相反，他们可能会面临信息超载（见第8章）和忽视所有或大部分可以利用的信息。图20-5中Clarasonic的广告就是通过设计组织信息来防止信息超载问题的一个实例。

比如，在药品类别中，联邦药品法规要求能充分披露信息，在相对简单的印刷广告中要附有信息披露栏，通常用小字体描述有关剂量、慎用和警示等方面的内容。很多企业声称，这样的广告增加了成本，同时减少了消费者的可获信息，又没有相应的利益补偿。[52]很多消费者权益保护者也认为，现在的方法并没有满足消费者的真实需要。

线上隐私政策正日渐完善，有很多方面能够影响消费者信息超载和理解。[53]联邦贸易委员会的隐私保护框架正

图 20-4

关于反式脂肪的规定要求公司重新设计自己的包装，并因此成为一些公司在竞争中差异化自身产品的方式。

在纳入这一部分（见表20-4）。

营销人员和政府管制机构面临的一个新问题是互联网广告的信息披露，这涉及对诸如"手头存货有限"或"只在参与活动的商店出售"之类的广告诉求提供相关的证据或证明。联邦贸易委员会要求信息披露"清楚、醒目"，这一标准对广播、电视和印刷媒体均形成了明确的规则和指南。同时，联邦贸易委员会还为网上市场制定了下列一般性准则。（这些一般性准则足够了吗？）

- 披露应与已验证的声明放在一起。
- 披露要醒目。
- 避免其他方面的信息分散对披露的注意力。
- 如果广告长度允许，应进行重复披露。
- 保证披露的数量、大小与持续时间充足。
- 目标听众能理解披露的语言。

20.2.3 产品问题

消费者组织对产品有两大担忧：一是安全性；二是对环境是否友善，即是否造成环境污染。很多联邦或州级机构负责监督产品安全性。最重要的机构是 FDA 以及消费产品安全委员会。一般来说，确保产品使用的安全并不会引发争议，然而，要保证产品使用不存在任何隐患或风险几乎是不可能的。

三轮脚踏车是引发幼儿伤害事故的主要原因，它是否应当被禁止生产和销售？制造商、消费者组织和个人对此可能见仁见智，看法不一。一些人认为，应禁止三轮脚踏车的销售；而另外一些人则认为，孩子是否骑三轮脚踏车应由父母决定。虽然在上述问题上人们看法不一，但无论是赞成还是反对销售三轮脚踏车的人都会同意：应向购买者提供有关骑三轮脚踏车的风险及减少风险的方式等信息。当然，对到底应由谁提供这类信息以及用何种方式提供，人们仍存在分歧。实际上，三轮脚踏车仅仅是众多引发安全性争论的产品之一。

我们在第3章已较详细地讨论了消费者要求提供环境友善产品的愿望，正如本章所指出的，很多消费者希望所购产品在生产、使用和处置过程中尽可能减少对环境造成的损害。很多企业正在努力生产这样的产品，然而，不少消费者组织则希望制定法规，要求企业采取更快速的行动来服从或满足环境标准。

可能有害的商品包括枪支、烟草制品和酒精饮料等都需要遵守联邦、州乃至于城市层面的法律。美国食品和药物管理局于2012年推出了新的香烟包装设计。香烟包装的一半版面必须被有关吸烟危害的文字警告覆盖，并且还要配有被香烟破坏的牙齿和肺的图片。[54]

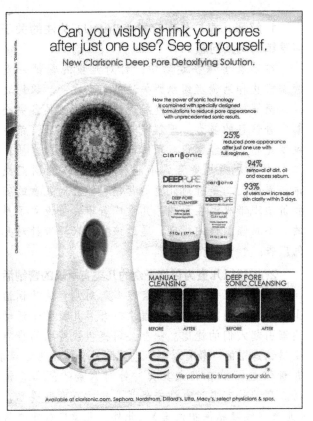

图 20-5

Clarasonic 的广告就是一个通过信息组织来防止信息过超的例子。

20.2.4 定价问题

消费者希望价格公道，即价格由竞争决定；价格的标示准确，即不含隐藏性价格。联邦贸易委员会是管理定价活动的主要政府机构。

在定价方面，最富争论性的领域也许是参照价格的使用。**外部参照价**（external reference price）不同于产品的实际价格，是指由制造商或零售商提供的价格。参照价最通常的呈现方式是"平时价是 X 元""建议零售价 Y 元"——我们仅卖 Z 元。问题是，实际销售过程中，很少有产品是以参照价销售。虽然州政府和联邦政府制定了一些法规来限制和规范参照价的使用，然而这些法规执行起来颇有难度。由于长期以来参照价被很多企业滥用，很多消费者对这类价格疑虑重重也就不足为奇。

小结

1. 解释儿童广告审查署（CARU）关注的关于儿童营销的两大问题

在消费者保护运动中，针对儿童的营销一直是管制机构和消费者组织所关注的焦点之一。原因之一是，根据皮亚杰的认知发展理论，儿童不具备完全理解广告信息的能力。理解能力分为两个维度：第一个维度是指儿童经常很难理解商业广告的说服本质；第二个维度是指儿童常常不能够理解具体的词汇或短语。原因之二是针对儿童的营销可能会对儿童的安全和价值观带来潜在影响。儿童广告审查署设立了具体的、不具强制性的指南，通过该指南来评价针对儿童的广告。

2. 描述以儿童为目标受众的几类有争议的营销活动

除电视广告之外，还有很多针对儿童的营销活动也引起了人们的关注。通过手机开展儿童营销活动在逐渐引起人们的忧虑。一些公司提供或赞助的带有浓重推销意图的"教育材料"也受到社会的谴责。目前，儿童权益保护者们尤其关注针对儿童的网络营销活动。联邦政府通过立法来保护儿童的互联网隐私，即《儿童在线隐私保护法案》。此外，儿童广告审查署在这方面也提出了一些操作指南。

3. 讨论美国联邦贸易委员会制定的关于网上成人隐私保护的指南

对于成人隐私问题，联邦贸易委员会对颁布具体法规还是有所顾虑的。然而，面对瞬息万变的网络环境，尤其是隐蔽的消费者在线定位和追踪，联邦贸易委员会最近提出了一个新的框架和指南，用以应对组织的隐私设计问题，简化有关隐私问题的选择和给有关隐私事务与声明更大的透明度和简洁性。

与隐私相关的一个日益突出的问题是，消费者能否选择是否允许他们的在线搜索和浏览行为被追踪到。联邦贸易委员会对该问题持否定态度，即如果消费者愿意，他们可以选择不被追踪。

4. 解释包括欺骗性广告在内的面对成人的营销沟通问题

与儿童广告一样，广告的累积效应对于成人价值观的影响也令人担忧。另外，立法者和商业企业也都关注成人消费者是否能够接收准确、充分的产品信息。信息的准确性与欺骗性广告相关，而且要铭记联邦贸易委员会从直接说明和暗示两方面审查广告的真实性。语用暗示是暗示的一种形式，它是指消费者以"实际的"方式理解广告语言的含义（既不是直接陈述，也不是逻辑暗示）。

法规也关注信息提供量。很多相关法规的潜在假设似乎是信息越多、越完整越好。然而，直觉和相关研究发现，太多的信息可能会导致信息超载和次优的消费结果。

5. 讨论与面向成人的产品及定价等营销活动相关的监管

消费者顾虑和产品规制的焦点涉及两个层面：产品是否安全？产品是否对环境友善，即是否会造成环境污染？对定价的关注则放在价格的公平性和标价的准确性上，以便有助于消费者在不同品牌之间进行比较。

关键术语

儿童广告审查署（Children's Advertising Review Unit，CARU）

《儿童在线隐私保护法案》(Children's Online Privacy Protection Act，COPPA)

矫正广告（corrective advertising）

外部参照价（external reference price）

语用暗示（pragmatic implication）

复习题

1. 人们对儿童营销主要有哪些方面的担忧？
2. 在儿童理解广告信息的能力方面主要存在哪些问题？
3. CARU是什么？它是做什么的？它的一些规则是什么？
4. 针对儿童的商业信息内容的主要关注点是什么？
5. 在广告对儿童的健康与安全所产生的影响方面，主要存在哪些问题？
6. 儿童广告对儿童的价值观会产生何种影响？
7. 关于针对儿童的手机营销，社会关注的焦点在哪里？
8. "学校的商业化"的含义是什么？商业化主要能够

发生在哪些领域，主要的担忧有哪些？
9. 为什么消费者权益保护者对网上儿童营销深表关切？
10. COPPA 规则的主要条款有哪些？
11. 如何判定 COPPA 是否一直被有效践行？
12. 针对成年人的营销沟通活动，社会关注的焦点在哪里？
13. 广告对成年人的价值观会造成何种影响？
14. 语用暗示是什么，它与信息的准确性和欺骗性有何关联？
15. 人们对消费者信息的充足性有什么担忧？
16. 什么是信息超载？
17. 什么是矫正广告？
18. 联邦贸易委员会在网上设置的"清晰和显著"披露的一般准则是什么？
19. 与产品有关的主要监管问题有什么？
20. 与价格有关的主要监管问题有什么？
21. 什么是参照价？对参照价人们有何疑虑？

讨论题

22. 一则有关 General Mills 的全麦产品的电视广告做出了如下表述：16 盎司的优质天然麦片中所含有的维生素才能够和 1 盎司的加强麦片相比。公共利益科学中心向 General Mills 公司提交请愿书，声称该广告是骗人的。该中心的立场是，这一说法夸大了全麦产品的营养价值，因为全麦产品在其他重要营养元素的含量上并不是其他对应产品的 16 倍。
    a. 这种说法有误导性吗？解释之。
    b. 联邦贸易委员会应该如何处理类似情况？
    c. 这个案例对于市场营销管理的借鉴意义是什么？
23. 火鸡火腿看起来像火腿，尝起来也像火腿，但是其并不含猪肉，而是全部由火鸡做成的。一项全美范围的消费者调查显示，消费者们普遍认为火鸡火腿当中同时含有火鸡和火腿。美国农业部根据字典上对于火腿的定义批准了这一商品标签。字典上关于火腿的定义是这样的：从任何动物的后腿上切下来的大块肉。请讨论消费者是如何处理有关该产品的信息并应用该信息来决策是否购买商品的。（有一家法院判定该标签误导消费者，但是这一判决被更高一级法院所驳回。）
    a. 这一商品标签是否具有误导性？
    b. 美国农业部应该如何处理这起事件？
24. 多大数量和什么类型的广告可以在电视节目中向如下年龄段的孩子们投放？
    a. 小于 6 岁
    b. 6～9 岁
    c. 10～12 岁
25. 食品饮料产业的自律法律对于规范面向儿童的市场营销活动是足够的么？
26. 广告对于孩子的价值观有影响么？FTC 和 CARU 如何保证孩子们被传递正向的价值观？请详细阐述。
27. 怎样的规则，如果有的话，应该被用来管理针对儿童的移动营销？
28. 怎样的规则，如果有的话，应该被用来管理针对儿童的互联网营销？
29. 怎样的规则，如果有的话，应该被用来管理课堂内的广告宣传？
30. 广告能够影响和反映一个社会的价值观么？
31. 一则有关啤酒的广告展示了这样的情景：一群年轻人一边喝啤酒一边娱乐，以此告诉人们使自己更受欢迎、更快乐的方式是喝酒。你是否认同这样的广告？
32. 回答消费者洞察 20-1 中的问题。
33. 你认为矫正广告是否有效？评估文中所提到的三则纠正信息。
34. "因为骑三轮是小孩子意外伤害的主要原因之一，所以相应的产品应该被禁止。"针对这一问题请陈述你的观点和理由（前半部分的陈述是事实）。
35. 你会在多大程度上依赖于营养成分表来指导你的购买？为什么？
36. 你认为参考价格反映了大量产品销售的实际价格么？这是否因为商店、季节或者其他因素的不同而不同？

实践活动

37. 在商业频道观看两小时星期六早上的儿童节目，注意有多少则广告出现。广告涉及哪些产品？主题是什么？几年时间里上百小时地观看这类广告对儿童价值观的形成有何影响？

38. 访问2~4岁、5~7岁和8~10岁的小孩各一名，确定他们对电视广告中的推销意图与推销技术的了解程度。
39. 访问两名小学二年级老师，请他们谈谈对公司提供的教育材料以及消费者联盟要求对这些材料予以限制的建议有何看法。
40. 以成年人和黄金时段的广告为对象，重做第37题。
41. 找出并复印或描述两则你认为具有误导性的广告，说明你选择这两则广告的理由。
42. 访问一家大型超市，从成本和营养角度识别最好的和最差的早餐麦片。你从中获得何种结论？

第VI部分

案 例

|案例VI-1| 阿贝克隆比服装公司向青少年销售上托三点式比基尼

青少年（8~14岁）是个巨大的市场并且拥有不可小觑的购买力，市场营销者将越来越多的注意力放到这个细分市场自然不足为奇。但是，以青少年作为目标客户的营销并非没有争议。最近阿贝克隆比＆费奇公司（Abercrombie & Fitch）引进了可供只有8岁小女孩穿的衬垫比基尼。家长们对于这类以"上托三点式"泳装上衣为卖点的营销策略表示出强烈的不满，并立即发生了公开反对阿贝克隆比公司的行为。请看在阿贝克隆比公司网站上所发布的评论：

- 对你们这种过早给小孩子区分性别的行为感到羞耻。
- 在父母辛辛苦苦给孩子创建安全家园的时候，你们却要让小姑娘们露出自己的胸部？简直变态。

阿贝克隆比＆费奇公司对此做出了回应，将比基尼上装重新定位成"薄衬式"，并且将年龄区间也上调至12岁及以上的女孩。最终，这个特殊的成衣被完全移出了网站。涉及青少年消费者而引起的争端对阿贝克隆比＆费奇公司而言并不陌生。在7年后的2010年秋天，该公司又发布了季度服装，将年轻人分成几组并在不同阶段脱衣展示。公众认为这场发布会完全是软色情，鼓励了青少年之间的不良影响。在2002年，阿贝克隆比＆费奇公司就因制造了儿童尺寸的丁字裤惹上了争议，这些内裤上甚至还印刷着"秀色可餐"或者"眨巴眼睛"的标语。阿贝克隆比＆费奇公司毫无歉意地拒绝召回这批内衣：

> 给这些小姑娘设计的内衣是想要凸显出她们的欢快和可爱。任何的误读都只不过是旁观者的看法罢了。

父母和儿童的处境实在堪忧，营销者和媒体都逐渐灌输并强化青少年性别的刻板印象：将女孩描绘成沉迷于购物和名人的性感时尚追随者，将男孩刻画成沉浸在电子游戏、豪车和体育中的硬汉。阿贝克隆比＆费奇公司受到了来自媒体和父母们的激烈抵制和憎恶，其品牌形象也大打折扣。

青少年的购买力估计为430亿~510亿美元。女孩习惯将个人储蓄花在为她们量身打造的化妆产品方面，包括Llp Smackers、Mary Kate和Ashley这类品牌。这巨大的购买力主要是来源于零花钱和礼物，并且对于家庭消费决策也有影响。青少年在每年父母如何多花费1 700亿美元的方式方面也扮演了重要的角色，在如度假决策或者电脑购置等大型家庭购买中，青少年也有相当影响力。

青少年市场的消费者行为与儿童市场的消费者行为是不同的。青少年形象意识强，愿意花高价购买最新款。作为在同辈中获得认可的手段，青少年会模仿潮流造型或是跟随喜爱的明星来打扮。他们看起来和同辈类似，但也有自己的风格。例如，服装品牌的相同款式有各种不同的颜色，这在青少年市场极为普遍。他们也倾向于拥有更多数量类似或相同的产品，如手链和项链。妮塔·罗林（Nita Rollins），这位在数字营销机构资源处任职的营销主管说道：

> 越多越好。过度拥有带来的成功感是无可比拟的……（青少年）并不明白社会禁令，所以他们认为拥有10个芭比娃娃或者几条牛仔裤、几双鞋子都是无可厚非的事情。

最后，青少年也有很强的社会和环保意识。想想看，在他们短短的生命阶段，青少年获得了多少有因果关联的绿色市场营销信息，这自然而然地转化为他们在消费产品时对环境和社会影响的关注。肯·尼什（Ken Nisch），这位零售顾问和设计公司JGA的主席表示：

> 青少年有很强的同理心。他们想知道制作产品时是否伤害到了动物。在他们很小的时候就产生了社会良知。他们拥有美妙的生命，所以他们也想为这个世界做些什么。

讨论题

1. 针对青少年的营销带来了一些道德伦理问题。第6章讨论了皮亚杰认知发展阶段理论。
   a. 皮亚杰的认知发展阶段理论中有哪一步是包括青少年的？
   b. 青少年理解抽象概念的程度如何，比如"女性的物化"这一概念？
2. 从第20章的儿童广告审查署的自律指南角度，审视阿贝克隆比的行动。针对将更适合成人使用的产品对女孩营销这一情况，哪一条法则最适用？
3. 第3章讨论了几条关键的美国价值观。里面的哪一条价值观是和阿贝克隆比&费奇公司制造青少年上托式比基尼相悖的？为什么？
4. 第6章讨论了消费者社会化过程。一些人认为消费者社会化是父母应该肩负的责任，而另一些人则认为营销者通过把儿童定位为目标客户起到了助力。青少年的父母怎样才能确保他们的孩子在面临暴露服装的市场选择时，能够接收到积极的社会化过程？
5. 第6章讨论了家庭决策制定过程和家庭购买角色。青少年在家庭决策制定中扮演什么角色？在不同的购买环境下，青少年的购买角色有何变化？
6. 利用本案例中的信息和文本中对于青少年的描述，想象你在销售闪亮的唇彩，在你制定说服该目标顾客的信息时有什么伦理问题是必须考虑在内的？

资料来源："Abercrombie's Sexy Undies 'Slip,'" *CNN Money*, May 28, 2002, http://money.cnn.com; J. O'Donnell, "As Kids Get Savvy, Marketers Move Down the Age Scale," *USA Today*, April 13, 2007, www.usatoday.com; C. Sweene, "Never Too Young for That First Pedicure," *New York Times*, February 28, 2008, www.nytimes.com; K. Reynolds, "Tweens and the Retail Market," *University of Alabama*, 2009, www.ua.edu/features/tween/economy.html; "Marketing and Consumerism: Special Issue for Teens and Tweens," *Media Awareness Network*, 2010, www.media-awareness.ca; L. Chernicoff, "Exclusive Inside the New Abercrombie & Fitch Quarterly," *Fashionista.com*, June 24, 2010, http://fashionista.com; N. Mandel, "Padded Swimsuits for All? Abercrombie and Fitch Marketing Padded Tops to Young Girls," *NYDailyNews.com*, March 27, 2011, http://articles.nydailynews.com; L. Dishman, "Abercrombie's Padded Bikinis for Tweens Prove There's Nothing New Under the Retail Sun," *CBS Interactive Business Network*, March 28, 2011, www.bnet.com; and J. McCarthy, "Abercrombie Responds to Tween Bikinigate," March 29, 2011, *iVillage.com*, www.ivillage.com.

案例VI-2　儿童网上隐私保护

表VI-1提供了一种工具，可以用来评估那些面向13岁以下儿童的网站在多大程度上遵循了《儿童在线保护法案》的规则。每一行都代表了儿童在线保护法案的一项重要条款（具体内容详见表20-3），而每一列则代表了不同的公司网站。

表VI-1　COPPA规则——评价工具表

COPPA 条款	公司 A	公司 B	公司 C
隐私政策			
通告家长			
家长同意			
家长知情权			
有条件披露			
保密性			

每一公司网站可以按照遵守《儿童在线保护法案》的每一条款的程度在表上打分：1＝很差；2＝差；3＝中等；4＝好；5＝很好。另外，也可以用打钩的方式在每一格里做标记，以表明《儿童在线保护法案》的法律条款是否得到满足。

讨论题

1. 访问3个或以上面向13岁以下儿童的网站（如Nick.com、Disney.com等网站），并且完成《儿童在线保护法案》评价工具表格。
2. 根据《儿童在线保护法案》评价工具表撰写评估报告，分析这些公司执行《儿童在线保护法案》规定条款的情况。你认为这些公司在哪些方面需要改进？请说明理由。
3. 你认为《儿童在线保护法案》的法律条款是否充分？为了更好地保护儿童在线隐私，你认为哪些方面应进一步强化？

附录 A　消费者研究方法

本附录里，我们将介绍消费者行为研究的一些一般性知识。这些知识只是入门性的，如果要从事消费者研究项目或评价一项消费者研究计划，阅读一本好的营销调研教材是必不可少的。

A.1　二手资料

从事任何研究项目，首先应全面搜集与此项目有关的现有资料。现有资料包括两个方面，即内部资料和外部资料。前者指企业过去所做的一些研究、销售报告、会计记录等方面的数据，后者则是指从新闻报道、商业杂志、政府机构、贸易组织、营销调研公司、广告公司、学术杂志、贸易杂志、书本等各种渠道获得的资料与数据。

计算机检索是搜集二手资料的既经济又快捷的方法。跟很多大企业一样，绝大多数大学和大型公共图书馆都订阅了提供各种信息、报道和资料来源的多种数据库。这些数据库包括（当然不仅仅局限于）：① ABI Inform——提供多种贸易和学术刊物的电子版本；② MarketResearch.com——在线提供详细的行业报告；③ Simmons Market Research Bureau 数据；④ Mediamark 数据；⑤ Standard Rate and Data Service，SRDS。从美国人口普查网站上可以获得公开的人口统计信息（www.census.gov）。*The World Fact Book* 则是获得全球信息的一个很好的来源（www.cia.gov/cia/publications/factbook/）。

A.2　原始资料收集：问题和方法

如果某一方面的信息不能从二手资料中获取，就需要搜集原始资料。原始资料是为了解决某个特定研究问题而搜集的第一手资料。例如，我们可能使用美国人口普查的数据去更好地了解园艺业的人口统计资料（二手资料），但如果要获得我们将要使用的某种具体的园艺工具的品牌名称信息，就必须使用调查方法（原始资料）。

抽样

原始资料的搜集涉及与顾客交谈或观察其行为，有时也可以通过询问知情的其他人如销售人员获得。由于时间和经费的限制，我们不可能调查每一位潜在的消费者，而只能选择潜在购买者中的一部分做调查，即抽样。正如下面将看到的，抽样涉及一系列重要的决策。抽样阶段出现错误是很难在研究的后期得到纠正的，因此应十分慎重。抽样所涉及的一些主要决策将在下面做简要描述。

1. 界定总体（define the population）

抽样的第一步是界定总体，即确定哪些是我们感兴趣的消费者。我们是希望访问品牌的现有使用者，该类产品的现有使用者还是该类产品的潜在使用者？我们是想调查购买者、使用者还是涉及购买过程的每一个人？总体界定必须考虑制定营销策略所触及的那些消费者行为。

2. 确定抽样框（specify the sampling frame）

抽样框是反映目标或兴趣总体的个体或家庭名单。一本电话簿或在某一购物中心的购物者均可作为一个抽样框。完备的抽样框包含了某一时点上总体的每一成员。电话簿没有列入所有的家庭名单；有些人经常去购物中心，而另外一些人则没有或很少去购物中心。因此，找到一个完备的抽样框几乎是不可能的。正因为如此，我们必须对此引起的误差产生警觉。

3. 选择抽样方法（select a sampling method）

此时的一个重要决策是选择随机抽样还是非随机抽样。非随机抽样尤其是判断抽样，也可以提供良好的结果。判断抽样涉及对知情的消费者或个人的认真选择。例如，一家公司可能决定调查大学男生联谊会与女生联谊会中的积极分子，以估计学生对一种主要在大学校园销售的碳化葡萄酒的态度。抽取的这些样本可能会提供很多有用的信息，但也可能会带来一些偏差，因为这些人较一般大学生可能收入更高，在社会上也更为活跃。

最常见的非随机抽样是方便抽样，它是以研究者认为最方便的方式选择被调查的对象。这种抽样方法会带来很多偏差，一般应予以避免。

随机或概率抽样则是采用某种形式的随机过程从抽样框中选取样本。根据这种方法，可以是从经过某一购买陈列点的顾客中3取1进行访问，也可以是运用随机数表选择被访家庭，或者由计算机随机抽取电话号码以确定被调查对象。如果运用随机抽样程序，我们可以计算在规定限度内样本具有或不具有代表性的可能性。

4. 决定样本规模（determine sample size）

最后，我们必须决定选取多少样本，即调查多少被访者。如果运用随机抽样，可以求助于公式做出这方面的决定。一般来说，总体越具有多样性，调查的准确性要求越高，需要访问的人数就越多。

A.3 资料搜集方法

A.3.1 深度访谈

深度访谈可以涉及一个访问者和一个被访者，也可以涉及一个访问者和8~15人构成的被访小组。后一种情形被称为**集中小组访谈**（focus group interviews），前一情形则被称为**个人深度访谈**（individual depth interviews）或者一对一访谈。深度访谈通常被归入定性分析研究之列。在一对一的访谈中，调查者并不依照问卷的次序询问预先设定的一系列问题。相反，所问的问题相当宽泛和自由，访问者视应答者的反应做进一步询问和深究。虽然如此，调查必须遵循一条规则，即访问者不应有意识地影响被访者的回答。换言之，不能给被访者任何压力或暗示，要使被访者轻松、自由地回答各种问题。

个人深度访谈适合运用于以下六种情境：

（1）要求对个体行为、态度或需要进行深入探究。
（2）讨论的主题可能具有高度私人性或保密性（如个人投资）。
（3）讨论的主题带有情感性或具有某种使人窘迫的性质。
（4）存在某种非常强烈的被社会认可的规范，服从群体的压力会使群体讨论对个体反应产生重要影响。
（5）要求对某些复杂行为或决策模式（如家庭度假计划）有非常详尽的了解。
（6）与专业人士访谈或谈论被访者的工作。

焦点小组访谈可以运用于以下情境：①激发产品创意时所做的顾客基本需要研究；②新产品想法或概念探究；③产品定位研究；④广告和传播研究；⑤消费者参照域的背景研究；⑥问卷设计的初始阶段了解消费者所使用的语言与词汇；⑦态度和行为的决定。

标准的焦点小组访谈涉及8~12名被访者。一般来说，小组成员构成应反映特定细分市场的特性。被访者根据相关的样本计划挑选出来，并在具有录音、录像等设备的场所接受访问。讨论由一名主持人或协调人组织，协调人一般在1~3小时的讨论过程中试图发展如下三个清晰的阶段：①与小组成员建立起融洽关系，构建起小组互动规则，设定访谈目标；②在相关领域激发热烈的讨论；③试图总结小组的各种反应，以决定小组成员在基本观点上的一致程度。一般来说，在分析讨论会上的记录内容之后，协调人或另外某个人应对每一节的讨论准备一份小结。

A.3.2 观察法

观察法适用于以下情形：①调查者所关注的行为是公开的；②这些行为经常且重复出现或者是可以预测的；③行为发生在相对较短的时间跨度里。观察性研究通常要做出五个方面的决策：

- 自然情境下的观察还是人为情境下的观察，我们是在自然情境下等待某一行为的出现，还是创造一种人为情境使行为在此情境下产生。
- 公开观察还是隐蔽观察，在多大程度上消费者意识到我们正在观察其行为。
- 结构性观察还是非结构性观察，是将观察限定在预先确定的那些行为上还是观察所有出现的行为。
- 直接观察还是间接观察，是观察行为本身还是仅仅观察行为产生的结果。
- 人工观察还是机械观察，是由人来观察还是由机械来观察。

A.3.3 生理测量

生理测量直接测量个体对刺激物如广告的生理反应，属于直接观察的范畴。这些反应有的是可控的，如眼球移动，有的则是不可控的，如皮肤触电反应。眼球跟踪相机可以确定消费者在每一刺激物要素上的逗留时间及顺序。皮肤汗腺技术可以测量消费者对广告或包装的情绪反应。

A.3.4 投射技术

投射技术是用来测量消费者在一般情况下不愿或不能披露的情感、态度和动机。投射技术的理论基础是：对模糊客体的描述需要解释，而这种解释又是建立在个体自身态度、价值观和动机的基础上的。

表 A-1 对一般的投射技术进行了描述和举例说明。

表 A-1 动机研究技术

	1. 联想技术
词语练习	给消费者看一张文字表，然后要求他把反应过程中最初涌现在头脑中的那个词语记录下来
连续词汇联想	给出一张文字表，每念出表上的一个词语，要求消费者将所联想到的词语记录下来，如此直到把表上的每个词语念完
分析与运用	消费者做出的反应被用来分析，看是否存在负面联想。对反应的延迟时间进行测量，以此估计某个词发的情感性。这些技巧都能挖掘出比动机研究更丰富的语意学含义，并被运用于品牌命名和广告文案测试
	2. 完形填空
语句完成	消费者完成一个诸如"买凯迪拉克的人_____"的语句
故事完成	消费者完成一个未叙述完的故事
分析和运用	分析回答内部以确定所表述的主题。另外，还可分析对不同主题和关键概念的反应
	3. 构造技术
卡通技巧	让消费者看一幅卡通图，然后要求填上人物对白或赐给某一卡通人物的想法
第三者法	让消费者说出为什么"一个普通的女人""大多数医生"或"大多数人"购买或使用某种产品。购物单方法（描述一个会购买这些东西的人具有的特点）、"丢失的钱包"方法（让丢钱包的人描述其钱包里的物品特点）都属于第三者法
看图说话	给消费者一张画有购买或使用某种产品的人物或图片，让他以此编一个故事
分析和运用	与完形填空时相同

A.3.5 调查法

调查法是从大量消费者中系统搜集信息的方法，一般涉及使用结构性或半结构性问卷。调查可以采用邮寄问卷、电话访问和人员访问方式。人员访问通常在购物中心进行，有时也被称为购物拦截访问。

每种访问方法既有优点也有局限。

人员访问法（personal interviews）可以运用复杂的问卷和产品展示，适合于从消费者处搜集大量信息。同时它也可在相对短的时间内完成。然而，人员访问费用较高而且存在很多偏差。

电话调查（telephone surveys）的优点是完成迅速，提供良好的样本控制（谁回答问题），费用不算太高。运用电话调查也可搜集大量信息，但询问的问题必须相对简单，同时，还可能存在访问者引入的偏差。

邮寄调查（mail surveys）花的时间最长，所问问题一般应比较简短。这种方法可用来搜集中等复杂程度的数据，其优点是费用较低，访问者偏见或偏误能在较大程度上得到消除。

网络调查（online surveys）由于具有低成本、迅速、便捷的特性，开始越来越普及。但这种方法的主要问题在于网络使用者在收入、教育、种族、性别等人口统计变量方面存在某些偏向。随着网络受众在目标人群中的代表性的增加，这一问题的严重性将会减少。

调查法的一个主要问题是拒访所引起的偏差比较大。在大多数调查中，被选择参与调查的对象不到50%的人实际接受了调查。在电话访问和人员访问中，很多人不在家或者拒绝合作；而在邮寄问卷调查中，很多人拒绝或忘记做出回应。

我们可以通过电话或人员再访方式提高调查反应率。再访应安排在不同的日子或同一天的不同时段。金钱激励，如在信封里附上1美元可以增加邮寄问卷的回收率。同样，预先联系或预先打招呼，如寄上一张说明调查表即将寄来的卡片，或在问卷表寄出去后不久再寄上一份提醒式明信片，均有助于提高回收率。

如果调查反应率不是百分之百，即计划的被访者中有一部分没有接受调查或拒绝接受调查，我们必须对这些没有反应的被调查对象与实际接受了调查并给予了反应的被调查者是否存在差别给予足够关注。有很多技术可以帮助我们估计无应答（nonresponse）误差及其概率。

A.3.6 实验法

实验法涉及在改变一个或多个变量（如改变产品特征、包装颜色、广告主题）的条件下，观察这种改变对另外一个变量如消费者态度、学习或重复购买行为产生的影响。在控制条件下改变的变量称为自变量，这种"改变"称为"操控"，即在不同水平上系统地改变某一个因素。例如，如果我们对不同的消费者分别采用1美元、1.5美元和2美元的定价，即在三个不同水平上操控价格。

受自变量影响而改变的变量称为因变量。实验设计的目的是组建一种环境或情境，在此情境下因变量的改变很可能是自变量的改变所引起的。实现这种目的的方法是通过高水平的"控制"，即操控感兴趣的变量而保持其他因素不变。在上个例子中，我们可以展示三组不同的产品概念，其差别仅仅在于价格不同；其他任何因素，如设计、包装颜色等，在不同的价格水平下都保持不变。其中的逻辑是：只要被操控的变量（自变量）改变了，我们就有充分的信心认为自变量就是因变量发生变化的原因。

根据欲研究的自变量的数目和水平的不同，存在很多不同的实验设计方法。不同的实验方法可以达到不同的控制水平。在实验室环境中，我们可以严格地控制所有外在的影响因素，从而认为自变量的变化是导致因变量变化的原因。因此，在实验室中进行的实验设计具有很高的内部效度。

在实地实验中，我们尽可能地将研究置于相关性最强的环境中进行，这就意味着放弃原始的实验室控制，是为了了解消费者在"真实世界"中的行为。实地实验十分重要，因为它具有外部效度，即我们的实验结果能够推广到真实世界中的程度。同时也意味着某些偶然的外在影响会扭曲我们的结果（从而降低外部效度），然而周密的计划可以减少这些出乎意料的外在因素的影响。

联合分析：使用实验方法检验属性的重要性

联合分析是实验法的一种应用，向消费者展现在几个评价标准上有不同属性水平的一组产品或产品的描述。例如，笔记本电脑的制造商对如下4个属性感兴趣：处理器（2个水平：Intel Core Duo 2.0GHz 或 Intel Core Duo 2.4GHz），使用无线网络（2个水平：是或否），重量（2个水平：4磅或5.1磅）以及价格（3个水平：850美元、1 250美元和2 000美元）。上述4个属性的不同水平组合成24种不同的笔记本电脑，其中两种可能为：

Intel Core Duo 2.0GHz	Intel Core Duo 2.0GHz
可以使用无线网络	可以使用无线网络
5.1 磅	4 磅
1 250 美元	850 美元

消费者根据自己的喜好，对 24 种组合进行排序。基于这些排序，电脑程序就可以获得消费者对于 4 种属性的相对重要性的重视程度。

例如，请看图 A-1，设想让消费者对在 4 种主要的属性上有不同水平的 24 种电脑设计进行排序。之后，依据不同的属性对其偏好进行分析，可以得到反映各属性重要性的偏好曲线。从图 A-1 来看，处理器是消费者进行选择时考虑的一个至关重要的因素，而重量则几乎无关紧要。

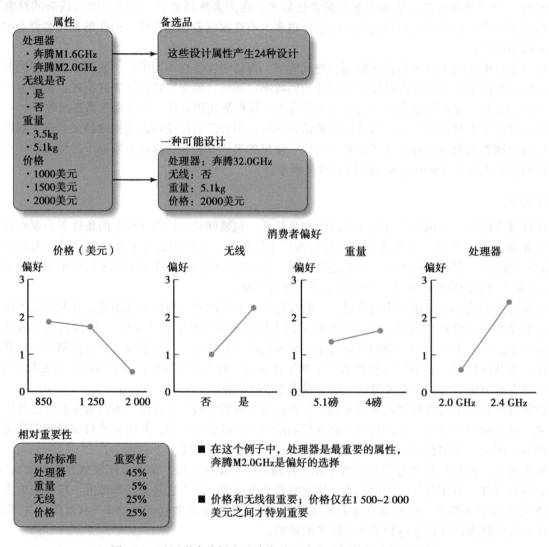

图 A-1　运用联合分析方法决定笔记本电脑评价标准的重要性

联合分析受到研究者所列出的属性的局限，如在对软饮料属性的联合分析中，除非研究者将卡路里含量作为一种属性列出来，否则联合分析不会提供关于此饮料卡路里含量的任何相关信息。如果某项重要的属性被遗漏，就可能导致对市场分析的错误预测。此外，联合分析也不适合测量情感性较强的产品。例如，该使用哪些属性进行对香水的联合分析呢？

A.3.7 问卷设计

所有的调查和大多数实验均需运用问卷或调查表作为搜集数据的工具。一份问卷实际上就是一系列旨在引发信息的正式问题，问卷可以用来测量或衡量：①过去、现在或将来的行为；②人口统计特征，如年龄、性别、收入、教育、职业等；③知识水平；④态度和意见。表 A-2 勾勒了问卷设计的基本步骤。

表 A-2　问卷设计的步骤

1. 基本决定
   需要搜集哪些信息
   谁是目标被访者
   用何种沟通方式到达目标被访者
2. 决定所问问题与内容
   这一问题确实需要吗
   该问题能激发或产生所需的信息吗
   被访者能正确地回答这一问题吗
   被访者将会准确回答这一问题吗
   是否存在外部事件使被访者的回答具有偏向性
3. 决定应答方式或形式
   该问题最好是以开放提问方式、多重选择方式还是以两分方式提出
4. 决定提问的措辞
   所用的问语是否对所有的被访者均只有一种含义
   问题中的任何字、词是否另有含义或具有引导性
   问题里是否隐含任何的备选答案
   是否有任何未指明的与所问问题相关的假设
   被访者将从研究者所期待的参照体角度回答这一问题吗
5. 决定问题的排列顺序
   所有问题是以一种合乎逻辑且避免引入误差的方式排列的吗
6. 决定问卷格式
   问卷设计是否会导致混淆
   是否考虑了最大限度地减少记录偏差
7. 试测与修正
   最终问卷的确定是否取决于运用少量样本所做的预试？试测中的应答者是否与最后要调查的被访者相类似

A.3.8 态度量表

态度通常使用一些专门的量表加以测量，消费者被要求在自认为最恰当地描述某种事物或态度的选项中做出标记。

存在不同的态度量表类型，包括：

1. 非比较性评价量表（noncompa rative rating scale）

非比较性评价量表要求消费者评价某个对象或该对象的某一属性，而不与其他对象或属性做比较。如"你喜欢百事减肥可乐的味道吗？"

非常喜欢　　　　　　喜欢　　　　　　　　不喜欢　　　　　　非常不喜欢
———　　　　　　———　　　　　　　———　　　　　　———

2. 比较性评价量表（comparative rating scale）

比较性评价量表则提供直接比较点，如指明某个竞争者，"你所喜爱的品牌""理想品牌"等。下面列出了比较性和非比较性量表的例子：

"较之于 Ultra Bright（UB），你怎样评价 Tom's of Maine（TM）的味道？"

喜欢 TM 远胜于 UB　　更喜欢 TM　　同样喜欢　　更喜欢 UB　　喜欢 UB 远胜于 TM
———　　　　　　　———　　　　　———　　　　———　　　　———

3. 语意差别量表（semantic differential scale）

语意差别量表运用两极形容词让消费者表明他对某个目标对象的态度。例如：

"根据如下属性评价本田 Accord 牌汽车。"

快　＿＿＿＿＿　＿＿＿＿＿　＿＿＿＿＿　＿＿＿＿＿　＿＿＿＿＿　＿＿＿＿＿　慢
奇特的　＿＿＿＿＿　＿＿＿＿＿　＿＿＿＿＿　＿＿＿＿＿　＿＿＿＿＿　＿＿＿＿＿　平庸的

两端位置表明"极";接下来靠近两极的一对位置表明"非常";中间的位置表示"有点";而紧靠中间位置的一对位置表示"既不也不"。

4. 李克特量表（Likert scale）

李克特量表要求消费者对一系列与态度对象相联系的陈述句表明同意或不同意的程度。下面是一个运用李克特量表测量态度的例子:

（1）梅西百货是本镇最有吸引力的商店

非常同意	同意	中立	不同意	非常不同意
＿＿＿	＿＿＿	＿＿＿	＿＿＿	＿＿＿

（2）梅西百货提供的服务并不令人满意

非常同意	同意	中立	不同意	非常不同意
＿＿＿	＿＿＿	＿＿＿	＿＿＿	＿＿＿

为了分析李克特量表上的反应,每一类别的反应被赋予一个数值。例如,可以将非常同意赋值为 1,同意为 2,依次类推,非常不同意为 5。或者,可以运用 –2 到 +2 对李克特量表上的五个位置赋值。

A.3.9　测量态度的三个组成部分

在第 11 章中我们曾经讨论过,态度可被分解为认知、情感和行为三部分。表 A-3 展示了对于每个态度成分的详细项目。

表 A-3　测量态度成分

认知成分（使用语意差别量表测量对于特定属性的信念）						
健怡可乐						
味道浓	＿＿	＿＿	＿＿	＿＿	＿＿	味道淡
价格低	＿＿	＿＿	＿＿	＿＿	＿＿	价格高
无咖啡因	＿＿	＿＿	＿＿	＿＿	＿＿	有咖啡因
味道独特	＿＿	＿＿	＿＿	＿＿	＿＿	味道与其他各类雷同
情感成分（使用李克特量表测量对于特定属性或总体品牌的感觉）						
	强烈同意	同意	中立	不同意	强烈不同意	
我喜欢健怡可乐的味道	＿＿	＿＿	＿＿	＿＿	＿＿	
健怡可乐定价过高	＿＿	＿＿	＿＿	＿＿	＿＿	
咖啡因对身体有害	＿＿	＿＿	＿＿	＿＿	＿＿	
我喜欢健怡可乐	＿＿	＿＿	＿＿	＿＿	＿＿	
行为成分（测量行动或行动倾向）						
我上次喝的软饮料品牌是＿＿＿＿。						
我经常喝＿＿＿＿品牌的软饮料					＿＿＿＿肯定会买	
你购买的健怡可乐的可能性是?					＿＿＿＿可能会买	
					＿＿＿＿很可能买	
					＿＿＿＿很可能不会买	
					＿＿＿＿绝对不会买	

A.4 评价广告效果

成功的广告（或者其他任何营销信息）应该完成以下功能：
（1）展露。必须与消费者有实质接触。
（2）注意。必须被消费者注意到。
（3）解释。必须被恰当地解释。
（4）记忆。必须被储存在记忆中，并在恰当的时候能被提取出来。

广告评价包括以上四个方面，然而，绝大多数的关注集中在注意而较少集中在记忆上。

A.4.1 对展露度的测量

对印刷媒体的展露度通常采用发行率来测量，很多商业广告公司都提供这样的资料。然而，通常这些资料并没有以与公司的目标市场相一致的方式分组或分群呈现。例如，公司可能的目标客户是中低社会阶层人群，而发行率的测量可能按照不同的收入群体而非社会阶层进行细分。

日记记录和电话采访是两种测量广播媒体展露度的方法。日记记录是指消费者对自己每天收听广播的情况加以记录，电视展露度通过机械观察来测量，即可以通过电子设备自动记录人们观看什么频道的节目。当任何住户成员按动遥控器上的按钮时，就会自动登录，而每台电视机所对应的住户的人口统计特征被储存在中心计算机上，从而形成完备的观众档案。

网站能自动记录在一段时期内总的访问量以及从每台电脑上的访问次数（这也属于机械观察的一种）。旗帜广告和所出现的网站的展露度通常都以点击率来衡量——网站访问者的比率或者点击旗帜广告的总人数。

A.4.2 对注意的测量

广告、包装、网站等的吸引力可以部分通过一种直接的方式加以测量——**目光监测仪**（eye tracking）。当消费者注视着印刷广告、布告栏、货架、包装或网站的图像时，屏幕下的摄像机会将一束看不见的光射过消费者的瞳孔，准确无误地测量他所注意的内容。这种技术可以帮助营销人员决定：①哪部分信息被注意到；②消费者观看信息时是采用什么顺序；③在每部分停留了多长时间。

对注意的非直接测量技术有剧院测试、隔日回想、识别测试、Starch 评分等，也包含了对记忆某些部分的测量。剧院测试是指在剧院中放映电视节目的同时展示商业广告，让观众填写问卷，以测量什么电视广告以及广告的哪部分吸引了他们的注意力。隔日回想（DAR）是应用最普遍的测量广告吸引力的方法。消费者在观看广告一天后接受访问，其对广告整体和某些特定内容的回忆被作为衡量注意程度的指标。

DAR 的测量方法也受到了不少批评，因为它主要适用于理性的、事实性的、硬性的和高参与度的产品广告的测量，而忽视了情感性、软性的广告。事实上，对于很多产品和目标市场，后者往往更为常见。因此，人们开始尝试开发对于电视广告的**识别测量**（recognition tests），将所感兴趣的广告或者广告的局部，与其他广告一起展示给目标顾客，衡量他们对于所测广告的识别度。

Starch 评分（Starch scores）是测量印刷广告注意力吸引度的最常用的方法。向被测者展示他们最近所读过的杂志上的广告，他们回忆自己曾经阅读过哪些部分（如标题、图示、复制区等），三个部分的得分如下计算：
（1）注意。回忆在展示中看到过该则广告的人的比例。
（2）看到 - 联想。回忆起阅读过某部分广告并且能识别品牌或广告商。
（3）阅读最多。回忆起阅读过某部分广告并且能识别品牌或广告商。

Starch 评分法使得间接测量对广告总体和关键部分的注意程度成为可能。

A.4.3 对解释的测量

对于解释的测量可以采用我们曾经提到的很多研究方法：焦点群体、调查、投射技术。营销主管一项关键的任务就是超越对于识别的简单解释，关注消费者的情感和感觉。第 11 章中讨论的 AdSAM® 技术对此十分有用。

附录 B 消费者行为审计

在这一部分,我们将提供一张关键问题清单,这一清单有助于引导你从消费者行为角度开发营销战略。消费者行为审计只不过是一张旨在使关键行为层面不致被忽视的检查表,并不能保证营销战略的成功。然而,全面而认真地回答这些问题,将极大地提高营销计划成功的可能性。

我们的审计是围绕营销经理必须做的关键性决策来组织的。第一个关键性决策是选择哪些消费者作为目标市场,其次是为每个目标市场的产品定位,最后是确定市场营销组合:产品、定价、分销、促销,营销组合必须与企业希望的产品定位相吻合。图 B-1 描述了这一过程。

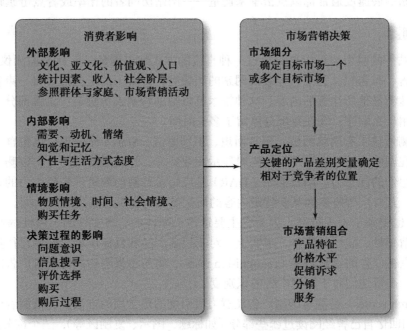

图 B-1 驱动营销决策的消费者因素

B.1 市场细分

市场细分是将产品的所有可能用户分群的过程,每个群体的消费者具有类似的需要,不同群体的消费者需求存在较大差异。新产品最终开发之前,必须进行市场细分。另外,对于现有产品,应定期进行全面的市场细分研究。之所以应经常对现有产品进行市场细分的分析,根本原因在于消费者需要的动态性。

1. 外部影响

(1)是否存在与我们的产品消费特别一致或特别不一致的文化或亚文化?

（2）我们的产品是适合男性还是适合女性消费？持续的性别角色变化会影响人们消费我们的产品和如何消费我们的产品吗？
（3）对于我们的产品，不同的种族、社会、地域或宗教亚文化是否存在不同的消费模式？
（4）不同的人口统计或社会分层群体（年龄、性别、城市／郊区／乡村、职业、收入、教育）在消费我们的产品上是否存在差别？
（5）在同一职业群体中，相对收入较高或较低的成员是否更适合消费我们的产品？
（6）我们的产品特别适合特定的角色如学生、职业女性吗？
（7）将营销重点集中于特定的采用者阶层合适吗？
（8）处于家庭生命周期不同阶段的消费群体对我们的产品是否具有不同的消费模式？家庭里到底是谁参与购买决策过程？

2. 内部影响
（1）我们的产品能满足不同个体的不同需要与动机吗？能满足哪些需要？具有不同动机的个体有哪些特征？
（2）我们的产品是否特别适合特定的个性类型？是否特别迎合特定类型的自我概念？
（3）哪些情绪（如果有的话）受到这种产品的购买或消费的影响？
（4）我们的产品适合于某种或某几种独特的生活方式吗？
（5）不同的群体对我们产品的某种理想形态是否具有不同的态度？

3. 情境影响
我们的产品适合特定类型的情境而不是特定类型的人群吗？

4. 决策过程的影响
（1）在选择本产品过程中，不同的个体会采用不同的评价标准吗？
（2）潜在顾客对现有产品或品牌的忠诚程度是否存在差别？

B.2 产品定位

产品定位是确定产品在消费者心目中的位置，即相对于竞争产品或竞争品牌，消费者如何看待我们的产品。营销经理必须决定在每一细分市场产品所希望的位置。这一决定通常是以市场细分时要回答的问题及消费者对竞争品牌的感知为基础。当然，现在和潜在竞争者的能力和动机也应当考虑。

1. 内部影响
（1）对于此类产品的每一细分市场，一般的语义结构是什么？
（2）对于公司希望服务的消费情境，该产品在每一细分市场的理想形态是什么？

2. 决策过程影响
决策过程中消费者运用哪些评价标准、决策规则和重要性权重？

B.3 定价

营销经理必须设定与欲求的产品位置相一致的定价政策。价格实际上是消费者为获得某一产品所支付或付出的所有东西，包括时间、心理付出和现金成本。

1. 外部影响
（1）目标消费者拥有任何与定价方面相联系的价值观吗（例如，乐意使用信用卡和进行炫耀性消费）？
（2）在支付日常生活开支以后，目标消费者拥有足够的收入来购买该产品吗？
（3）为确保产品扩散，降低价格来获得足够的相对优势是必要的吗？暂时性降价会促进消费者对产品的试用吗？
（4）家庭里是谁评价产品的价格？

2. 内部影响

（1）价格被认为是地位的指示器吗？

（2）购买该类产品时讲究经济、实用是否与目标消费者持有的价值观相一致？

（3）价格是目标消费者形成对该类产品品牌看法的重要方面吗？

（4）对于该产品，什么是目标消费者感知的合理或公平价格？

3. 情境影响

价格所起的作用是否随情境而异？

4. 决策过程的影响

（1）较低定价可以用来引发问题认知吗？

（2）价格是一种重要的评价标准吗？所采用的评价标准适用何种决策规则？价格作为质量替代指示器的可能性有多大？

（3）消费者对店内减价活动做出反应的可能性有多大？

B.4 分销策略

营销经理必须发展起与产品定位相一致的分销策略。对于有形产品，涉及销售点的选择；对于服务则涉及服务地点的确定。

1. 外部影响

（1）目标消费者具有哪些与分销相关联的价值观？

（2）目标市场中，男性与女性对分销系统是否有不同的要求？双职工消费者、单身消费者和"单亲父母"消费者在产品分销上是否具有独特需求？

（3）分销系统能否利用参照群体把具有共同利益或兴趣的个体凝聚在其周围？

（4）产品是否特别复杂，为确保其扩散是否需要建立高服务网络或通路？

2. 内部影响

（1）所选择的分销点被认为与企业欲求的产品位置相匹配吗？

（2）何种类型的分销系统与目标市场的生活方式相一致？

（3）对于不同的分销通路，目标市场消费者持有何种态度？

3. 情境影响

分销系统的理想特征是否随情境而异？

4. 决策过程的影响

（1）目标消费者的激活域包括哪些店铺？他会在企业选择的这类店铺搜集信息吗？

（2）目标消费者运用哪些评价标准和决策规则来评价店铺？

（3）店铺选择是先于品牌选择还是后于品牌选择，抑或两者同时进行？在多大程度上产品决策是在店内做出的？

B.5 促销策略

营销经理还需为其产品发展与其定位状况相一致的促销策略，包括广告、非功能性包装特性、宣传、促销和人员推销等方面的策略。

1. 外部影响

（1）目标消费者持有的哪些价值观可以运用于营销传播？哪些价值观应在传播中淡化或避免？

（2）对特定目标市场的传播活动应如何与该市场出现的性别角色感知相适应？

（3）每一目标市场的非语言沟通系统是什么？

（4）如果可以的话，在广告中如何运用参照群体？
（5）我们的广告有助于使产品成为一个或多个"角色相关产品集"的一部分吗？
（6）我们能够到达并影响意见领袖吗？
（7）如果我们的产品是一种创新产品，是否存在能够运用促销予以克服的扩散障碍？
（8）家庭中的哪些成员应收到我们的产品信息？各自应收到何种类型的信息？

2. 内部影响

（1）我们的促销活动是否以我们所希望的方式展露在目标市场面前？是否引起了目标消费者的注意并得到正确的理解？
（2）我们运用了适宜的学习原理来促使消费者记住我们传达的意思吗？
（3）我们的营销信息与目标消费者的购买动机相关吗？这些信息有助于减少可能的动机冲突吗？
（4）我们考虑了广告或产品使用的情绪性或情感性意义吗？
（5）广告中所描绘的生活方式是否与目标消费者所追求的生活方式相一致？
（6）如果我们想通过促销组合策略改变目标消费者的态度，是否选择并恰当地运用了最为合适的态度改变技术？

3. 情境影响

我们的营销计划考虑了适合该种产品使用的所有情境吗？

4. 决策过程影响

（1）问题认知是自然发生还是需要广告予以激发？应该产生一般性问题认知还是选择性问题认知？
（2）目标消费者在问题认知之前将寻找或关注有关该产品的信息吗？或者，当目标消费者不搜集我们的产品信息时，我们必须接近他们吗？我们能有效地运用低介入学习原理吗？消费者使用何种信息源？
（3）目标消费者在认知问题后会寻找有关该产品或品牌的信息吗？或者，我们需要在消费者购买决策过程中介入吗？如果消费者确实寻找信息，他们使用哪些信息源？
（4）决策过程中目标消费者运用哪些类型的信息？
（5）在购物点需要多少和哪些类型的信息？
（6）存在购后冲突的可能性有多大？我们可以通过促销活动来减少购后冲突吗？
（7）我们已给予目标消费者充分的信息以确保产品的恰当使用吗？
（8）促销活动产生和激发的消费者期望是否与产品的实际表现或绩效相一致？
（9）广告与促销信息的设计是试图鼓励重复购买还是旨在形成品牌忠诚？

B.6 产品

营销经理必须确保实体产品、服务或想法具有理想产品定位所要求的各种特征。

1. 外部影响

（1）设计的产品是否适合目标市场的所有消费者，即是否适合该目标市场不同性别、不同年龄的各种群体？
（2）如果是一种创新产品，该产品是否具有迅速扩散所要求的相对优势？该产品的复杂程度如何？
（3）产品能否满足不同家庭成员的不同需要？

2. 内部影响

（1）产品被认为与企业欲求的产品形象相一致吗？
（2）产品能满足目标消费者的关键需要吗？
（3）产品与目标消费者心目中的理想产品相一致吗？

3. 情境影响

产品是否适合于各种潜在的使用情境？

4. 决策过程影响

（1）该产品或该品牌在关键属性上较目标消费者所使用的其他备选品牌表现更出色吗？

（2）在被目标消费者使用的各种可预见的用途中，该产品表现如何？

（3）该产品的绩效或表现等于或超过目标消费者的期许吗？

B.7　顾客满意与忠诚

要在长期获得成功，营销者必须创造满意的消费者。为此，企业提供的产品、服务应超过顾客预期，只有这样，才能创造忠诚的消费者和赢得竞争优势。

（1）哪些因素会导致消费者对我们的产品产生满意感？

（2）哪些因素会导致消费者对我们的产品或对我们公司产生忠诚感？